主编　钟起煌
顾问　周銮书
副主编　邵　鸿　彭适凡（常务）　方志远

江西通史

江西人民出版社
Jiangxi People's Publishing House
全国百佳出版社

《江西通史》编辑委员会

主　任　钟起煌

副主任　钟健华　傅伯言

委员（以姓氏笔画为序）

方志远　孙家骅　邵　鸿　林学勤　彭适凡

编委会办公室

主　任　孙家骅

副主任　游道勤

工作人员（以姓氏笔画为序）

王琴红　王紫林　曾　敏

常务编辑

林学勤　徐建国　游道勤

江西通史

北宋卷

许怀林 著

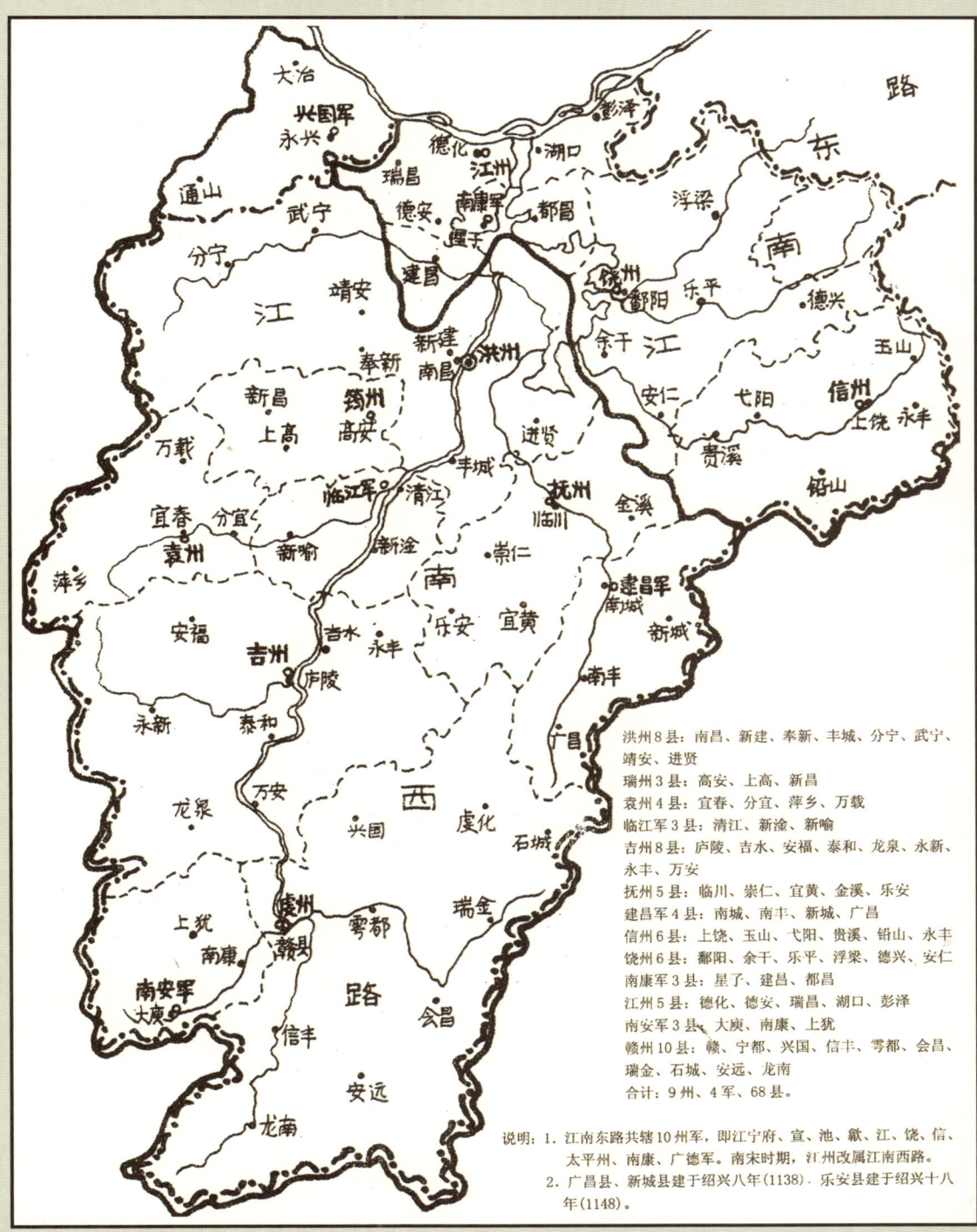

北宋江西十三州军图（许怀林绘制）

① 北宋青白瓷铁绘十二支俑
② 政和元年青白釉印花盒（鄱阳出土）
③ 元祐元年青白釉狮纽温酒碗（铅山出土）

① 欧阳修像
② 欧阳修手迹
③ 欧阳修故里西阳宫
④ 王安石像

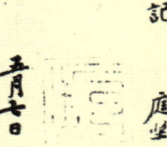

① 黄庭坚书《王纯中墓志铭》
② 周必大刻《欧文忠公集》
③ 黄庭坚《致景道十七使君尺牍》

总 序

钟起煌

世界上的很多事情都是由机缘而起因执著而成,包括我们这部《江西通史》。

说由机缘而起,是因为这件事情的发生几乎纯属偶然。2002年夏天,我和彭适凡、孙家骅同志谈到江西悠久的历史、谈到江西辉煌的文化,因而产生了组织专家编撰《江西通史》的设想,彭、孙二位当即认为此举当行而且可行。

说因执著而成,是因为一旦有这个想法,而且认为这是一件研究江西历史、弘扬江西文化的重要工程,就决心去做。为此,我征询了周銮书同志的意见,并邀请邵鸿和方志远同志共商此事,得到他们的热烈响应。2002年10月18日,在江西省文物局和江西师大历史文化与旅游学院共同举办的全省文博教育成果展示与经验交流会上,我向大会通报了编撰《江西通史》的意见,引起全体代表的热烈反响,大家用长时间的热烈掌声表示支持,认为这是贯彻"三个代表"重要思想、全面挖掘和整理江西传统文化、推进江西经济文化建设的一大盛事。有了这个共识,12月13日,准备工作进入实质性阶段。在我的主持下,召开了有关专家和编辑人员的联席会议,对编撰《江西通史》的指导思想、作者人选、工作日程、成果形式等具体问题展开了比较细致的讨论。2003年2月15日,召开了第一次编撰工作会,《江西通史》的编撰工作就此正式启动。

虽然说是机缘和偶然,但新的《江西通史》的编撰,实具备诸多因素和条件。

一、江西在中国历史上具有重要的地位。根据最新的考古发现,在江西这块土地上,人类的活动至少已有20万年历史,它是中华民族发展史和古代文明发展史的重要组成部分;唐末五代以来,随着全国经济重心的南移,江西遂为全国经济文化最为发达的省份之一,其物产之富、人才之众,举世瞩目;进入20世纪,江西又因为中央苏区的建立而成为全国苏维埃运动的中心。很难想象,在十分漫长的时段里,没有江西的中国历史将会是什么样子。

二、文献与实物资料丰富。江西既有"物华天宝、人杰地灵"之誉(唐王勃语),又素称"文章节义"之邦(宋司马光语)和"人文之薮"(清乾隆帝语),存世官修私撰文献极为丰富。近年来一系列的考古发现,既可弥补文字记载之不足,更可与文献资料相互印证,为编撰《江西通史》提供了可供参考的实证材料和科学依据。

三、前期成果丰硕、学术队伍整齐。老一辈的历史学家仍然健在,他们不但学术积累深厚,而且对研究江西历史有着强烈的责任心;中青年学者正趋成熟,他们继承了前辈学者的严谨学风,又吸收了新的研究方法和研究技术,思维敏捷,勇于创新。在他们的共同努力下,这些年来已有大批高质量的有关江西历史的学术成果问世,这些成果涉及江西历史的方方面面,为编撰《江西通史》奠定了坚实的学术基础。

四、政治环境宽松、经济形势发展。盛世修志是中国的传统。改革开放以来,政通人和,国泰民安,江西经济和全国一样,有较快速度的发展。这为编撰《江西通史》提供了自由的学术气氛和比较充裕的财力保证。近年来,江西的学术事业和出版事业取得了有目共睹的成就,连续获得中宣部"五个一"工程奖和国家图书奖、中国图书奖,给江西文化艺术界和学术界以振奋,也引起了各兄弟省市的关注。这些成就的取得,为我们组织大规模著作的编撰工作提供了经验。而周边各省如湖北、湖南、浙江以及其他省市新编通史的纷纷问世,对《江西通史》的编撰是有力的推动,也提供了有益的借鉴。

五、从我个人来说,当时也恰恰能分出一些精力和时间来抓这件事情。于是尽力协调各方面的关系,为作者们、编者们排除各种障碍,以保证这项重大工程的圆满完成。

四年来,《江西通史》的编撰工作得到了各方面的关心和支持。黄智权、吴新雄省长亲自过问此事并指示有关部门给予支持,省政协将其作为一件大的文化事业进行推动,省社联将其列为重大科研项目,江西师大、南昌大学、省社科院、省文物局、省博物馆和省考古所等有关单位也对参与编撰的专家们给予各种便利,出版部门派出了强大的编辑班子并准备了足够的启动和出版资金。特别要指出的是,各位作者在繁忙的教学和科研工作中,能够将《江西通史》的写作列入重要的工作计划并全身心地投入。我在第一次全体编撰会议上指出,《江西通史》的编撰是一项挖掘和弘扬江西历史文化传统的千秋事业,希望作者和编者将其视为自己学术生涯中的事业。事实证明,作者和编者们后来都是这样要求自己的。正是因为有了各方面的支持和全体编撰人员的共同努力,11卷的《江西通史》才能顺利地完成书稿并得到如期出版。

明代中期,随着区域经济文化的发展,修撰地方志成为一大文化现象。各省、各府乃至各县的省志、府志、县志大量涌现。此后遂为传统。盛世修志也不仅仅限于修前朝历史,更大量、更具有普遍意义的乃是修当地地方史。具有全局意义的江西省志也正是在这个时候产生的。自明中期以来,江西整体史著作已编撰过多部,其中著名的有:林庭㭿《江西通志》(37卷,明嘉靖四年),王宗沐《江西省大志》(8卷,嘉靖三十五年;万历二十五年陆万垓增修),于成龙、杜果《江西通志》(54卷,清康熙二十二年),白潢、查慎行《西江志》(206卷,康熙五十九年),高其倬、谢旻《江西通志》(163卷,雍正十年),刘坤一、刘绎、赵之谦《江西通志》(180卷,光绪七年),吴宗慈、辛际周、周性初《江西通志稿》(9编,民国三十八年)。20世纪末,又有许怀林的《江西史稿》(1994年,江西高校出版社),陈文华、陈荣华主编的《江西通史》(1999年,江西人民出版社)问世。这些著作在保留江西历史遗存、挖掘江西历史文化方面作出了重要的贡献。如何在充分吸取前人成果的基础上有所发展、有所创新,是对新编《江西通史》的考验。

为了使新的《江西通史》更具有时代特色和历史价值,更具有划时代的意义,我们对这部著作提出了以下的要求。

一、中国历史是一个整体,我们在研究任何地方历史的时候,都不能脱离这个整体。因此,正确认识各个历史时期江西在全国政治经济格局中的地位就显得尤其重要,必须充分关注江西与中央、与周边地区的关系,不溢美、不自卑,不关起门来论江西,将《江西通史》写成一部与中华民族的整体有着血肉联系的江西历史。

二、《江西通史》是系统记述和研究江西历史的大型学术著作,由众多学者共同参与完成。一方面,各卷是作者的个人成果,是作者最新研究成果的结晶,可以也应该有自己的风格和特色,所以希望作者精益求精,使其成为各自领域的学术精品。另一方面,甚至更为重要的是,它又必须是一个整体,是一部"通史",所以全书11卷必须有统一的体例和统一的要求,在文风上一定要力求简洁、明快。各卷作者务必服从整体、服从大局,使自己的作品成为整个《江西通史》的有机组成部分。

三、《江西通史》必须是一部真实、动态、有可读性的信史。所谓真实,是指史料翔实、言必有据。此"据"是经过考证后认为合理的,否则,"尽信书则不如无书"(孟子语)。这就需要每个作者既尽可能地系统爬梳和挖掘史料,又谨慎辨析和使用史料。所谓动态,是指用发展的眼光看问题,既将问题放在特定的历史背景之下,又特别关注它的演进过程,因为即使是同一件事物,其状态和作用也是随着时间的推移和社会的变迁而变化的。这就需要每个作者以历史唯物主义和辩证唯物主义的观点和方法去阐释历史、去探讨历史演进的规律。所谓有可读性,是指应该用流畅的文字、叙述的方法写作,展示的是作者的观点和结论,而不是考辨的过程,它的体例是史书而不是论文。无图不成书。图文并茂是中国出版物的优良传统和重要特点,《江西通史》应该在尽可能的情况下,收集能够说明江西历史各阶段各方面状况的历史图片,以加强其历史感和可信度,同时也使其更具有可读性。

四、以人为本,以民为本,以基层社会为本。所谓以人为本,指的是要写成人的历史,以人的活动为描述对象,即使是制度、习俗,也应尽可能地有人的活动。所谓以民为本,指的是尽可能地站在大众的立场上来叙述历史、看待历史,更多地叙述大众的活动。所谓以基层为本,是因为地方史本身就是基层乃至底层的历史,要尽可能地揭示基层组织和底层社会的活动状况。在此基础上,充分重视统治者和社会精英对社会的主导作用,重视自然环境、人文环境,特别是包括传统价值观念和现实政治制度等在内的上层建筑对个人、对大众、对底层的影响和制约作用,写成一部上层建筑与经济基础互动、国家权力与基层社会互动、社会精英与人民大众互动的历史。

11卷本《江西通史》即将付梓,我们希望它的出版能够成为江西历史研究的新的里程碑、能够成为江西文化史上的一大盛事。当然,能否达到这个目标,还要由读者和历史来检验。

【目录】

前言   1

第一章

江西的州县建置与分路管辖   1

第一节 强化航运控制环境中增建的三"军" …… 1
    一、统一战争中的江西 ……………… 1
    二、南康军的设置与对江湖咽喉的制约 … 8
    三、南安军的设置与大庾岭路的整治 …… 9
    四、临江军的设置与赣中物资的转输 …… 11

第二节 析建新县——经济区域的扩大 ……… 12
    一、持续增置的十二县 ……………… 12
    二、永丰等县建立的社会经济缘由 … 14

第三节 江南西路、东路的分辖 ……………… 17
    一、十三州军六十五县的领属关系 … 17
    二、江南西路统辖的州县 …………… 18
    三、湖东地区隶属江南东路 ………… 20
    四、江西地区发展的一致性 ………… 21

第四节 江西地方兵的配置 ………………… 23
    一、厢兵 ……………………………… 24

	二、乡兵 ……………………………………	27
	三、屯驻禁兵 …………………………………	28
	四、器甲制造 …………………………………	29

第二章
户口增多与劳动人口的分布   31

第一节	户口数量持续增长 ……………………………	32
	一、本地户口的发展趋势 ………………………	32
	二、户口数量的基本统计 ………………………	36
	三、江西人口在北宋总人口中的比重 …	38
	四、十三州军的人口分布 ………………………	42
	五、户数与口数不协调：口作丁理解 …	45
第二节	户口结构与家族 ………………………………	49
	一、民户的分类 …………………………………	49
	二、主户与客户 …………………………………	51
	三、主户中的大家族 ……………………………	55

第三章
农业生产的发展   58

第一节	农耕工具的改进与应用 ………………………	59
	一、铁锄与耕牛 …………………………………	59
	二、粮食加工工具 ………………………………	60
	三、插秧、灌溉工具 ……………………………	61
第二节	农田水利工程的兴修 …………………………	62
	一、江湖防洪堤岸的兴建 ………………………	62
	二、陂坝池塘的修筑 ……………………………	64

【目录】

第三节	梯田的不断垦辟	70
	一、吉州、抚州等地的梯田	70
	二、耕地面积的扩大	73
	三、水旱灾害与生态环境	75
第四节	粮食作物品种的增加	78
	一、早稻、晚稻与小麦的栽种	78
	二、吉泰盆地栽种的水稻品种	81
	三、粮食产量与漕粮征收	84
第五节	经济作物的繁盛	87
	一、土产与贡品	87
	二、桑蚕生产的勃兴	90
	三、茶的种植与制作	92
	四、柑橘的广泛种植	99

第四章
手工业生产的繁荣　　102

第一节	纺织业的进步	103
	一、纻布、葛布与莲花纱	103
	二、丝织业与"桑蚕院"	104
第二节	陶瓷业的兴盛	106
	一、景德镇瓷窑与青白瓷	106
	二、吉州永和窑及窑炉、作坊	122
	三、南丰白舍窑	125
	四、七里镇窑	128
	五、临川白浒窑等窑址	130
第三节	冶金业的繁荣	131
	一、冶金业的兴旺	132

	二、德兴、铅山等地的铜矿开采	134
	三、张潜与浸铜技术	136
	四、铁矿场与铁产量	140
	五、矿山的经营管理	141
第四节	永平等铸钱监与钱币铸造	146
	一、铸钱监的设置	146
	二、钱币铸造	150
	三、提举坑冶铸钱司	161
第五节	造纸、刻书与造船业	163
	一、造纸、刻书、刻碑	163
	二、造船业	164

第五章 交通商贸与食盐运销   166

第一节	水陆交通	167
	一、陆路交通的拓展	167
	二、江河水运交通网	170
	三、赣江航道地位的提高	173
	四、巨额的物资运输	177
第二节	商人与商业	179
	一、繁盛的商业	179
	二、活跃的商人	180
	三、增长中的商税	182
	四、酒课征收	187
第三节	食盐运销与走私	190
	一、淮盐在江西的运销	190
	二、江西州县的盐课	191
	三、虔州的私盐与改销广盐	194

【目录】

第六章
民众生活与社会风气　198

第一节　关于州县形势的评议 …………… 198
　　一、对州县振兴气象的夸赞 ………… 199
　　二、对州县实际情况的议论 ………… 201

第二节　佃客的地位及官私剥削 ………… 204
　　一、佃客的人身地位 ………………… 204
　　二、豪强地主对农民的欺压 ………… 207
　　三、官府的赋役剥削 ………………… 210

第三节　义门家族与江州陈氏 …………… 217
　　一、豪强大姓 ………………………… 217
　　二、义门家族 ………………………… 219
　　三、同财共居的"义门"陈氏 ……… 222
　　四、"义门"陈氏《家法》 ………… 224

第四节　民俗中的好讼与尚巫 …………… 229
　　一、民知法而好诉讼 ………………… 229
　　二、田讼是诉讼的首要内容 ………… 233
　　三、舆论关于"好讼"的评议 ……… 234
　　四、吏治与档案建设 ………………… 237
　　五、民信巫鬼与官吏治巫 …………… 239

第五节　渐起的修谱之风 ………………… 242
　　一、苏洵的修谱理论与实践 ………… 242
　　二、欧阳修的修谱理论与实践 ……… 243
　　三、对欧苏等家族谱牒的分析 ……… 244

第七章

书院与学校教育的勃兴　247

第一节　家族书院的兴办 …………………… 249
　　一、私塾 ……………………………………… 249
　　二、书院 ……………………………………… 251
第二节　州县学的兴办与推广 ……………… 264
　　一、州县学的兴办 …………………………… 264
　　二、州县学的缓慢发展 ……………………… 267
第三节　州县学记介绍 ……………………… 270
第四节　藏书诸名家 ………………………… 275

第八章

科举人才的涌现　279

第一节　众多进士的涌现 …………………… 281
　　一、进士数量的评估 ………………………… 283
　　二、进士的地域分布 ………………………… 286
　　三、状元简介 ………………………………… 289
　　四、《宋史》列传中的人物 ………………… 294
第二节　推动朝政的宰执大臣 ……………… 296
　　一、北宋前期 ………………………………… 296
　　二、北宋后期 ………………………………… 309
第三节　实干的中下级官僚 ………………… 322
　　一、北宋前期 ………………………………… 323

【目录】

二、北宋后期 …………………… 330

第九章

经学、史学、文学与科技新成果　348

一、经学家及其著作 …………… 348
二、史学家及其著作 …………… 359
三、文学家及其著作 …………… 370
四、训诂、音韵学著作 ………… 378
五、科技著作与水利专家 ……… 381
六、建筑技术成果 ……………… 384

第十章

佛道宗教的传播　395

第一节　佛教的广泛传播 ………………… 399
一、朝廷对佛教的提倡与管理 ……… 399
二、杨岐宗、黄龙宗的崛起 ………… 402
三、惠洪与佛印 ……………………… 409
四、众多的寺院 ……………………… 412

第二节　道教的广泛传播 ………………… 418
一、朝廷对道教的提倡与利用 ……… 418
二、道书的继续编辑 ………………… 420
三、主要宫观简介 …………………… 422

附录

主要参考文献　430

前言

北宋时期的江西地区是社会全面进步的地区,在政治、经济、文化等领域中江西人民都作出了重大贡献,正处于凸现优势的重要阶段。从北宋开始,中央朝廷更看重江西,多半是从经济、文化上衡量;社会各界人士则从现实出发,对江西更感兴趣,士人、商贾、僧道都愿到江西来;而一些保守官绅轻视江西的旧观念,不得不在事实面前适时更变。

一

北宋的建立,结束了五代十国的分裂局面,封建统治全面加强,我国社会发展进程加快。

赵匡胤取代后周,面对的形势是北边有强大的契丹(辽),长江流域有四川的后蜀,江陵的南平,湖南的楚,杭州的吴越,金陵的南唐,以及广东的南汉,福建的闽。此外,在太原还有一个契丹保护下的北汉。鉴于后周的军事实践中,赵匡胤认识到"当今劲敌惟在契丹",因而对它采取守势,集中力量消灭南方的割据政权。经过二十余年的交战,到太宗太平兴国四年(979),宋才最后削平了北汉,基本实现了统一。

为了防范藩镇割据、篡夺频繁的局面重演,北宋朝廷全力消除分裂时代造成的弊政,强化自身的统治地位。一开始便收兵权、财权,削藩镇,全面实行中央专制集权。首先是收夺高级将领的军权,取消统掌军队的殿前都点检、副都点检,改设殿前司、侍卫马军司、侍卫步军司,分别领兵;军政事务归枢密院管理,而实权全在皇帝手中。宋太宗对出征作战的大将,实行"将从中御"的措施。其次,分割宰相权力,改变其"事无不统"的职责。设枢密使,既牵制握兵的将领,又使宰相不管军政;设三司使,总盐铁、度支、户部之事,掌财政大计,削除宰相的财权。再次,不让武将出任地方长官,并削减他们的事权。一路之中以转运使司专掌财赋,设提点刑狱司分掌刑狱司法。州郡添设通判一职,借以制约长吏。这一系列政治措施,收到了"强干弱枝"的统治效果,使朝廷有了坚实的经济基础。

对地方的统治与管理,一方面凭借"路"的建制为朝廷分治,另一方面在军事上加强中央禁军,又普遍设置厢军、乡兵等地方兵,强化了防守边境和镇压民众的武力;而修造城池、漕运钱粮、整治河道等重大劳务,都由厢军担任,减轻了农民繁重的徭役。

经济上采取"田制不立"、"不抑兼并"的政策,使庶族地主经济获得较大的发展空间。与此相适应,诏令田主放松对佃农的束缚,让佃农有"去而之他"的佃耕自由。赋役制度以田为本,按人丁的征取退居次要地位。户口分类不再注重身分等级,而是根据田地房产的有或无,把民户划为主户、客户。根据主户财产多寡,分成若干等级,其中的上等户属于地主阶级,下等户属于自耕农、半自耕农。客户则是佃农。农业中确立了契约租佃制度。工商业中实行官府创办的行会制度,藉以保证官府所需物资的供应。矿产一律国有,盐茶酒由官府专卖。从总体上衡量,农业、手工业都有明显发展,科学技术获得更大的进步。

思想领域之内,大力重整忠孝伦理秩序,恢复礼乐权威。注意提升士大夫的作用,确立"不杀士大夫及言事官"①的政策。让学者致力阐发儒学义理,宣扬"回向三代",由此而掀起改革思潮,促成庆历、熙丰新政出现。在此同时,与拘守章句训诂的汉学相对立的宋学蓬勃兴起,王安石"新学"的风行以及张载、二程诸人学术思想的传播,都是学术思想活跃的表现。书院与学校教育相对普及,科举取士人数大量增加。经学、史学、文学等传统学术领域,都增添了重要新内容。大批杰出人才的涌现,推动了文化教育继续下移,水平进一步提高。

总之,北宋通过政治上加强,经济上放松,思想上放宽等措施,巩固了统治地位,社会物质文明和精神文明都达到新的高度,既超过了前代,也使后代难

---

① 赵匡胤定的这条"家法",实为不杀朝中谏诤大臣,对其他的读书人还是要杀的。《容斋随笔》记曰:"太平兴国末,孟州进士张雨光,以试不合格,纵酒大骂于街衢中,言涉指斥。上怒,斩之,同保九辈永不得赴举。"(见续笔卷十三)不仅杀当事人,还株连"同保九辈",何其残酷。

于企及。

北宋的统一是相对的,在它的北、西两边还有辽、西夏政权,长期与之对立较量,给宋朝统治造成很大的影响。辽朝,是契丹族在我国东北地区建立的王朝。唐朝末年,契丹贵族耶律阿保机势力逐渐强大,于五代后梁贞明二年(916年)自立为皇帝,国号契丹[①],定都上京临潢府(在今内蒙昭乌达盟巴林左旗)。后晋时期,辽太宗从石敬瑭手中得到燕、云十六州,统治地域扩大到今河北的北部地区。北宋建立以后,宋辽双方多次交战,太平兴国四年(979年),宋太宗率兵灭北汉,乘胜进攻幽州(辽的南京,今北京),在幽州城外的高梁河(北京西直门外)惨败,负伤,乘骡车仓皇逃归。雍熙三年(986年),宋军再度兵分三路北伐,中、西两路进军顺利,但东路军在涿州(今河北涿州)遭遇辽军主力,粮饷又供应不上,仓促后撤到岐沟关(涿州西南40里),被耶律休哥骑兵打得大败。宋太宗急命中西两路撤回,驻守原来防线。从此以后,北宋放弃收复燕、云的打算,改为消极防守的政策。于是,自保州(今河北保定)以东至海,依河道地势增修塘泊,开辟水田;保州以西到太行山,则大量种植榆树、柳树,构成屏障。凭借塘水与树林对辽骑兵的阻挠,增强宋军对辽的防守力量。

景德元年(1004年),契丹军队大举南侵,一直打到黄河北岸的澶州(今河南濮阳,因有澶渊,又名澶渊郡)附近,南岸的汴京城内,君臣顿时惊惶一片,宰执大臣中王钦若请迁都金陵,陈尧叟主张迁往成都,寇准则主张抵抗,并且要真宗亲征,鼓舞士气。十一月,真宗等人前往澶州途中,契丹统帅萧挞览中宋军伏弩而死,士气大挫。双方于是议和,订立"澶渊之盟",宋辽以白沟河为界,在沿边开放榷场贸易。此后,宋辽维持了较长时期的安定局面。

西夏,是党项羌族在今宁夏建立的地方王朝。党项是古代羌族的一支,原居青藏高原,后迁至甘肃、青海一带。唐僖宗时期,党项夏州刺史跖跋思恭协助唐朝镇压黄巢军,受封为夏国公,赐姓李。北宋建立以后,西夏李继捧向宋太宗献出所领银、夏、绥、宥、静五州之地,宋太宗赐其姓赵,名保忠,留居汴京。继捧族弟李继迁则走避漠北,联络豪右,用汉人为参谋,与辽朝结盟,共同对抗宋朝。宋真宗初年,对李继迁实行安抚政策,给还五州之地。不久,李继迁被归附于宋朝的吐蕃军队打败,受伤致死,由儿子李德明继位。"澶渊之盟"以后,李德明既向辽请封,又与宋和好。真宗"姑务羁縻,以缓争战",景德三年(1006年)订

[①] 其国号多次更改,947年改称辽,982年仍称契丹,1066年再改辽,故本书中两名互见。

和约,封李德明为西平王,赐姓赵,并给银万两、绢万匹、钱三万贯、茶两万斤。此后一段时间宋夏边境有耕无战,西夏经济得到一定发展。明道元年(1032年)十月,赵德明死,子赵元昊继位。元昊充分利用与宋辽通好的时机,推进改制工作,如扩建宫殿,确立年号,仿汉字创制西夏文字,翻译汉文典籍。大庆三年(1038年、宋仁宗宝元元年),元昊称帝,国号大夏,史称西夏。宋仁宗不承认元昊的帝位,边境战争再起。元昊在二三年的交战中,虽然得胜,但兵力死亡过半,宋朝的"岁赐"停了,边境榷场关闭了,经济生活十分困难,不得不转而求和。庆历四年(1044年)达成协议,元昊向宋称臣,但"帝其国中自若也"。治平四年(1067年)西夏国主谅祚死,八岁的儿子秉常继位,当权的母党集团改变亲宋政策,连年在边境上挑衅。严峻的形势使宋神宗决意进行军事对抗。宋夏之间长期和战不定,夏竦、王韶、徐禧等江西士大夫均先后参与西北边防军务,作出了自己的贡献。

二

在国家形势相对稳定情况下,江西地区的经济文化发展进入了历史新阶段。

江西的区位优势,在北宋时期进一步增强。鄱阳湖—赣江航道,对北宋朝廷加强对南方大地的统治,实有举足轻重的地位。由于它是沟通中原与岭南的主干道,北宋需要凭此航道实施对江西、对岭南的政治统辖与财赋征收,因而迅速加强了对航道沿线城乡的行政区设置与管理,以求航运安全畅通。于是,南康、临江、南安三个军几乎同时设立,而在江西境内又新增十余个县治,对地方实行严密而有效的治理。从经济角度上看,县治的建立是对当地开发成果在制度上的确认。鉴于赣南在五岭南北地区的枢纽地位,还在虔州(今赣州)添置了江南西路兵马都监,使其与广南东路兵马都监配合,共同消除"地接广东,江山险阻,私铸盗贩习以成俗,啸聚出没,民受其害"[1]的老大难问题。江南西路兵马都监设置于虔州的决策,为明代在赣州设立南赣巡抚,统管江西、福建、广东、湖南四省的八府一州之地,提供了切实的历史经验借鉴。

政治统治之所以要加强,就北宋时代的江西地区而论,主要是因其经济繁盛、实力增强而起。这个时候江西地区的人口增加很快,崇宁户数达200万余,

---

[1] 《宋会要辑稿》职官四九之五。

occupied到宋朝户口总数的10%左右,这种高比重的人口态势,历史罕见;与唐朝元和户数(29万余)比,增加了5.89倍,与北宋初年户数(65万余)比,增加了2.07倍。在那时的历史大背景里,人口激增是社会发展加速、后劲强大的证明。不断增多的人口,带来丰足的劳动力资源,为社会发展提供了不可或缺的基本条件。人口繁多之后,耕地面积跟着扩大,粮食农业振起,引发了"丁粮之繁,赋输之伙,疆理之充斥,讼诉之纷纭"的尖锐社会矛盾,使得"为州与县者常病之"①。要解决这种统治欠缺,最实际而有用的办法,便是分土析户,加设县治,就近而及时地认真管理。人们从这里看到,政府有效的管理促进了社会经济发展,而生产事业的强劲活力反证了管理的有序。于是,社会向前推进,有了粮食优势,洪州所领之地"赋粟输于京师为天下最";有了手工业、矿冶业优势,铜矿冶炼、钱币铸造生产占据领先地位,景德镇等众多瓷窑的窑火旺盛,等等……航运交通的便捷,促使商品贸易活动空前繁荣,以致冒牌名品——抚州民户织造的麻纱冒充莲花庵的莲花纱——也能畅销;也有了标示商品产地、制造人的广告意识——景德镇青白瓷粉盒写出姓氏名款。这样的一些活动内容,让我们又看到社会中的影像:由产品丰富催生出来的剧烈市场竞争,使商品经济水平有所提高,角逐牟利手段日益多样,而保护经济权益的意识也相应强烈起来。江西作为国家的一个重要财富基地,在北宋已经完全确立起来。

民众日渐宽裕的经济生活,培植起来富而重教的风尚习俗,造就出教育文化领域的空前繁荣。各种民办的家族书院在继续勃兴起来,其中有的领先于全国,如东佳书堂、华林书院、雷塘书院等书院。分散于地方的大大小小书院,弥补着唐末以来的官学空缺,有效地延续了传统儒学教育,使许多平民子弟获得了读书、应举的机会。终北宋一代,江西有1700多人实现夙愿,成为进士,竟至有人自豪地说:"取高科,登显仕者,无世无之。"②按《宋史》资料统计,事迹写入传记的江西人86名,官职达副宰相以上的18人,占执政官总数310人的5.8%。从宋太宗时代开始,历真宗、仁宗、神宗、哲宗、徽宗各代,朝廷权力中枢成员内,都有了江西官员。这些出身寒素的平民,一下子进入权力上层,乃至左右朝政,导演出北宋政坛上许多精彩场面。汪藻说,"宋兴百年"而后有许多江西乡户"相与出耕"为"闻家"、子孙高中为显宦的评议,正合真宗以后各朝的实际。上

---

① 光绪《江西通志》卷六八,段缝《(永丰)建县记》。
② 汪藻:《浮溪集》,卷十九《为德兴汪氏种德堂作记》。

层权贵人物的更变组合,如此的前所未有,令人震惊,引发巨大而复杂的社会反响。不论是赞扬或是沮丧,却是都抹杀不了江西名流留下的深刻印记。

宋学是中国传统学术史上的高峰阶段,时代赋予他们的使命是重整礼乐秩序,健全统治制度,自觉进行政治改革成为士大夫的主流意识。围绕这个思想主流,人们从不同角度阐发自己的见解,垒起传统学术的新高峰。从这个高峰的各个侧面,都可以看到举旗的领军人物中江西人的形象。刘敞、李觏、王安石等人的经学,欧阳修、王安石、曾巩等人的文学,欧阳修、刘恕、刘攽等人的史学,乐史、欧阳忞的历史地理学,晏殊、晏几道的词学,黄庭坚的诗学,曾安止的农学,张潜的矿冶学,方会、慧南的佛学,以及吕南公等一批平民学者,都以其杰出的精神劳动成果,在历史的丰碑上刻下了他们的英名。王安石在政治、思想、哲学等领域创新与建树,影响更为深远。这个历史阶段上的精英群体表明,从北宋开始,江西的文化事业正在加速发展,水平相应提高,虽然本身还有明显的地区差别,但其代表者已经进入全国先进行列,整体上不再是主流文化的边缘地区。吴孝宗的评议是对的:

> 古者江南不能与中土等。宋受天命,然后七闽、二浙与江之西东,冠带诗书,翕然大肆,人才之盛,遂甲于天下。江南既为天下甲,而饶人喜事,又甲于江南。盖饶之为州,壤土肥而养生之物多,其民家富而户羡,蓄百金者不在富人之列,又当宽平无事之际,而天性好善,为父兄者以其子与弟不文为咎,为母妻者以其子与夫不学为辱。其美如此。①

吴孝宗这段议论,虽然是为余干县写的《学记》,立足于饶州说话,但其所论事实,在吉州、在虔州也能找到,所以可看作全江西地区的时代新气象。吴氏是抚州人,活动在北宋中期,耳闻目睹着家乡四境风俗的进化,故能敏锐地抓住并简要地概述明白。当我们在八九百年之后,仍能比较充分地读到这些先贤的著述,从中体会到那时的社会生活情状,是幸运的,无不钦佩而敬仰。自然,我们也完全信服吴孝宗的论说。江南、江西与中土比较,由"不如"到"甲天下"的变化,其原由,其过程,则是都与江西13州军的具体演变密切连在一起的。

---

① 洪迈:《容斋随笔·四笔》,卷五《饶州风俗》。

三

对宋代江西历史的展示,我们将北宋与南宋分开叙述,北宋时期江南东路的江、饶、信州以及南康军的事情,一并纳入江西地区的考察范围。

北宋(960—1127年)、南宋(1127—1279年),各超过150年,时限虽不太长,也不算短。摆在历史的长河中这只是一瞬,以人的创业年限来说,已是几代人的奋斗历程,其间的曲折变化很多,矛盾纷纭复杂。把北宋、南宋的江西历史分为两卷介绍,可以让人事与时序结合得紧一些,因果关系更密切一些。

两宋的319年统治,是我国古代历史的重要时期。所经历的世事演变,北宋与南宋差异明显,各自处在不同的大环境中,政治、经济、文化诸领域各有自身的特点,如果合在一起叙述,势必难以因时制宜、恰如其分地揭示其因果变化。例如,北宋与辽、夏的关系,根本不能和南宋与金的关系相提并论。统治方略的改革变法运动,是北宋时代的产物;而对金朝主战与主和决策的取舍,只能烙上南宋的印记。北南宋都有党争、官僚集团之间的相互倾轧,但其因由、内容与表现却是大不相同。生产领域的技术进步比较缓慢,然而三百年间的辛勤劳作,成效有起伏变化,由于受多种条件的制约,不同行业中的不同阶段,有的在继续发展,进步了;有的却显得衰颓,甚至跌落下去。例如铜矿开采冶炼、铜钱铸造业的高涨与衰退,分别在北宋、南宋阶段叙述,有利于交代统计数据背后的内容。如若统合在一起写,将会与横向展开的通史体例相抵触。

思想界的景况更热闹。北宋的学人们侧重秩序重建的政治主线,各自抒发见解主张,有如"百花齐放"。对王安石"新学"的议论,没有引发为激烈的思想学术对抗;熙丰变法之后的政治倾轧,基本上是权势利害的争夺,已经远离思想学术之争了。南宋以后理学家的论争,人品修养已经上升到主流地位;朱陆两大学派的对立,先是有尖锐的学术交锋,继而形成门派利害之争。官僚集团之中对朱熹理学的驳难,不时与政治打击交织在一起。

私家书院在北宋的勃兴,完全承担着供士子读书的历史使命,其教与学的社会效益明显而直接。南宋时期书院的再起,作为一种教学机构,私办与官办并存,同时又有了学派的徽记,被当作宣传某家观点、培养本派门徒的基地。书院先是以"新潮"出现,尔后积渐成习,充当了传统,同时又跟着时代推移而有新的变化,这是尤为值得注意的。

诸如此类的社会政治、经济、文化大变局，无不直接或间接作用于江西，引发相应的起伏进退，都需要以贴切的事实为根据，作出实在的分析说明，避免忽而北宋，忽而南宋式的跳跃，或是间隔一两百年的政令与事例，凑合起来述说一个结论。

然而，真正实施起来，遇到的困难不少。地方历史的个性，使研究工作有方便之处，同时有其局限。历史发展的各阶段中的重大情节，在每个地区不是都有充分的体现。经常碰到该有的却偏无的情况；全局上重要的事项，往往在该地区却不显紧要，没有什么人事活动记录下来。这时，"东边不亮西边亮，黑了南方有北方"的取材方法，在地区历史中就不灵了。当历史考察的时间跨度缩短，地域界限缩小之后，这种困难就越大。尽管不以别地、异代的事迹充数，正是地区历史研究贴近实际的长处，但困难也恰恰出在这里。例如，北宋时代江西各地开垦速度加快，经济区域扩展，粮食产量增多。但是，耕地面积、亩产量的一些数据资料却都只有南宋的，时间间隔过大，不宜拿来当北宋的史事根据，借以说明当时农业的发展水平。事情的另一面是，因资料缺憾而留下的粗疏，也许比不合适的史事填充更客观些，对后继者的研究将产生更真实的启发。

江西是一个很完整的省级行政区，但是在历史上有两头完整、中间分开的发展过程，即是两汉的豫章郡、明清的江西布政使司都是管辖着整个江西省境，六朝时期的江州、唐代的江南西道、宋代的江南西路、元代的江西行中书省，其辖区或大或小，都与江西省境不一样。我们现在写江西历史，涵盖的地域自然是以今天的省境为限，对历史上的分辖状况，首先是说明清楚，其次则是尽可能地统合起来叙述。宋代的江南西路、江南东路，分别管辖着江西省的13州军(北宋时期西路管9州军，东路管4州军；南宋时期西路管10州军，东路管3州军)。本书在叙述过程中将13州军都包含在内，采用"江西地区"或"江西全境"的说法。若是遇到历史素材的限制，不可能在西东两路中进行加减，得出13州军的总体状况之时，则照录"江南西路"的原始资料。但是，绝不能说这个江南西路"约当今江西"，只能说它反映了大半个江西地方的状况，因为没有包含江、饶、信、南康4州军(超过鄱阳湖以东全部地区)。

"江南西路"所辖10州军之中，有一个兴国军不属今天江西省境。兴国军建立于太平兴国二年(977年)，辖永兴、大冶、通山三县，从此脱离鄂州，与洪、吉等九州军同属于江南西路管辖，由北宋至南宋，直到元朝至元三十年(1293年)

割隶湖广行省(今属湖北省),才与江西脱离行政隶属关系。这个州级行政区在长达316年中与江南西路连为一体,与洪州分宁县、武宁县山水相连,完全应该在宋代的江西史册中占有篇章。然而,由于元代以后的分离,更由于立足现代看过去的观念所支配,一直没有注意这三县的人物与史事,以致写不出兴国军三县这段时间的历史。这个缺憾,只能留待日后弥补。

四

近几十年来,史学界对宋代历史的研究非常重视,可谓盛况空前,相关论著以千百数。涉及江西地方的研究成果,集中在几个典型名人身上,表现出既多又少,点重面轻的状态,江西在总体上还不是学界关注的热点。从1980—2003年,国内发表的宋史论文之中,约有886篇与江西相关,其中属人物研究的778篇,占87.8%,属事项的只有108篇[①]。人物中共有29位,以王安石最多,达342篇,占43.95%。其后依次为欧阳修(117)、陆九渊(60)、黄庭坚(56)、文天祥(45)、李觏(42)、曾巩(21)、杨万里(18)、洪皓(14)、洪迈(12)、谢枋得(11)、晏殊(5)、刘恕(4)、曾布(4)、马端临(4)、刘过(3)、江万里(3)、刘敞(2)、孔文仲(2)、王韶(2)、洪遵(2)、刘辰翁(2)、黄庶、陈彭年、刘攽、曾肇、洪刍、胡铨、欧阳守道各1篇。研究王安石、欧阳修等人的文章特别多,显然是因为他们在北宋社会上的影响面广,引起反响大,尤其是熙宁变法,留给后人的启迪因时而异,常说常新。学者对这些著名人物的研究兴趣,主要不是出于对江西地方的关注,而是就其政治业绩或学术成果着眼的。当时江西的大批精英人才,是社会各个领域的重要领导者或参与者,他们的建树,推动了宋代社会前进,为祖国文化宝库增添了珍贵内容。然而,这批精英人才的毕生业绩,直接作用于家乡的不多,因而关于他们的各种阐述,也少有涉及江西社会情状的文字。

研讨社会事项的论文有108篇,分别属于19大项,即书院(27)、文学(7)、民众反抗(4)、义门家族(4)、人口(3)、钱币(3)、刻书藏书(3)、茶叶(3)、诉讼(3)、铜矿(2)、蚕桑(2)、水稻(2)、理学(2)、水利、手工业综述、盐政、鄱阳湖区经济、信州社会各1篇;考古发掘(38)。在这些项目中的文章,书院一类的特别多,这是书院教育史研究成绩斐然的反映,是江西书院教育盛兴的必然。白鹿洞等著

[①] 据中国宋史研究会编《宋史研究通讯》第1—44期汇集的"宋史论文资料索引"统计。

名书院成为关注的热点,而更广泛的县乡教育却少有涉猎。生产门类的文章数量不多,但少有重复,每一篇论述的都是新话题,揭示一个新领域。然而开掘的深度和广度有限,缺乏系列性的成果,远不如对精英人物的研究。已有的这些文章,探讨了社会多个侧面,为后来者的工作奠定了良好的基础。

有关的专著,几乎都是人物研究方面的,如欧阳修、王安石、李觏、曾巩、黄庭坚、陆九渊、杨万里、文天祥等人的传记,或他们学术成就的专著。不论是中国学者,或日本、美国学者的著作均是如此。目前仅见的一本例外是,美国学者海姆斯·罗伯特《士与绅:宋代江西抚州的地方精英》(剑桥大学出版,1986年),该书的中文译本正在出版之中。日本学者斯波义信《宋代江南经济史研究》(方健、何忠礼译,江苏人民出版社2001年版)的"前篇·五·3"《江西袁州的水利开发》,也是对江西一个地区历史的综合讨论。前者整本书谈宋代抚州,以人物为中心,将社会经济、文化教育、社会治理都统合起来,使精英的诞生与其活动处于其生活的社会环境之中。后者是该书"局部地区事例"4个中的一个,以宜春在唐代开建的灌溉渠道——李渠为中心,将袁州地区的经济开发事迹,自两汉至明清都点到。他们都对所选定的专题进行了全面而深入的考察,从宏观上认识一个地区,将专题做成综合研究,以专题作切入点,然后扩展其纵横联系,全面发掘其因果内涵,使微观的题目在宏观考察中得出带普遍性的结论。这种研究方法显然值得重视。

地方历史研究的基础在地方。全省各市县有一大批热爱地方史的同仁,他们各尽其能,研究乡土文化,不断贡献自己的劳作成果。江西省历史学会1980年重新成立,连续在南昌、庐山、萍乡、赣州等地召开学术年会,影响及于全省,吸引与汇聚了许多同志到这个队伍中来。省史学会先后编辑印刷了《江西历史研究论文集》《庐山历史研究论文集》《王安石研究论辑》《浩然正气》(江西人民出版社出版)等,这些交流资料,是大家积极参与研究活动的一部分结果。全省的地名普查、地方志编纂工作展开以后,有更多的人比较深入地接触乡土历史,获得编纂历史资料的经验。各县地名志、新县志编撰完成之后,不少人继续搜寻资料,梳理归纳成文,取得了可喜的成果。其中不少篇章是以宋代的人事为探讨对象,对进一步拓展江西历史综合研究,提供了宝贵的资源。

由于各地区的历史文化优势不同,现实工作安排差别比较大,开展对本地区宋代历史文化研究的状况不一致,比较起来,吉安、抚州两地做得更为出色。吉安有研究与宣传"庐陵文化"的机构,专门组织学者做研究工作。他们编辑的

前言

《庐陵文化》报已出版70余期,刊登的文章中有许多是写欧阳修、刘沆、曾安止、胡铨、杨万里、文天祥等贤哲以及宋代吉州社会经济、文化兴旺发达事迹的。抚州成立了临川文化研究会,集中人力研究"临川文化",宋代的抚州、建昌军是其研究的地域范围,已出版罗传奇、吴云生《王安石教育思想研究》(江西教育出版社1991年版)、吴文丁《陆九渊全传》(百花洲文艺出版社1999年版)、宋友贤《曾巩传》(广东教育出版社2000年版)、《王安石》(江西人民出版社2006年版)等。

在高等学校中,南昌大学有"江右思想家研究所",宋代的李觏、王安石、陆九韶、陆九龄、陆九渊、文天祥等是其研究的重要对象。上饶师范学院有"朱子学研究所",编辑出版《朱子学刊》(黄山书社出版),刊发的研究作品以朱熹为核心,兼及"陆学"等思想家。此外,都昌县在组织对江万里开展研究,已出版《江万里研究》《江万里研究论文集》;修水县组织对黄庭坚进行研究,等。

考古学领域的成果,是很重要的一个大方面。几十年来,江西考古文博界的几代人,辛勤劳作在田野,一大批宋代的文化遗址(墓葬、窑址、建筑等)以及出土文物,通过他们的发掘与研究,揭示了其历史内涵和学术品位,为历史研究提供了珍贵的实物素材,补充了文献资料的不足,有的考古资料纠正了前人记述中的偏差或失误。历年来的考古成果集中反映在《江西文物参考资料》、《江西历史文物》《南方考古》等刊物上,著名的如:景德镇湖田窑、吉州永和窑、赣州七里镇窑的发掘;德安南宋周氏墓、南丰宋墓、南丰宝岩塔等出土的丝绸、绘画、瓷俑、铁龙等文物的研究;刘涣、曾巩、熊本、张潜、汪澈等近百通墓志铭的清理,都是重要的考古成果。专题性的考古研究著作有余家栋著《江西陶瓷史》(河南大学出版社1997年版),杨后礼、范凤妹编撰《宋元纪年青白瓷》(庄万里文化基金会1998年版),周迪人等著《德安南宋周氏墓》(江西人民出版社1999年版),彭涛、石凡《青白瓷鉴定与鉴赏》(江西美术出版社2004年版)等。

以上所述的各个方面,有许多都是统合北宋与南宋两代,在借鉴与参考时需要进行区分。各个方面已有的工作成果,为研究宋代的江西地区奠定了良好的基础,至少在三个方面是决不能忽视的,一是学术界对宋代社会历史的总体认识,大家关注的热点问题以及取得的成果和发展的水平;二是关于江西地区在宋代的发展状况,人们已经讨论了的重要历史问题;三是对相关史料信息的把握。资料是基础,研究的结论来源于客观真实的史料。资料占有的多少,在相当程度上决定了研究的成败。掌握的史料越丰富,就越有利于从实际出发,分析它们的来龙去脉,因果联系,归纳出合符历史真实的结论,避免轻率地套框框,得出论与史不符的看法。社会处在不断演进之中,每一历史阶段上的进步都是相对的,都还存在这样那样的落后。研究的任务既要充分展示进步,总结成功经验,弘扬优良传统,同时又需恰如其分的揭示问题与不足,指出历史局限性,以便明确未来的奋斗目标。江西在宋代正处于经济文化大发展的时期,有大量令人鼓舞的成就可写,然而也有不足和落后的东西,点明和认识这一点同样有积极意义。

　　1980年我写《试论宋代江西经济文化的大发展》一文,按今天的省境考察宋代的江南东西两路所辖的江西13州军,得出关于人口、生产、文教等社会各方面的基本数据与发展情状,从而作出相应的评估结论。再从历史发展中看宋代的江西,估量江西在国家全局之中所处的位置。现在回过头看,这样去研究是可以的,但却十分粗糙,单是一篇短文,远远不能够写好这个题目。还有,那时也没有按北宋、南宋的阶段差异做考量。此后的二十多年间,我陆续写了关于人口、家族、行政区划、农业、手工业、铜矿业、民风风俗以及几个人物的专题文稿,在一些点上有了相对深入的思考。后来写出了《江西史稿》(江西高校出版社1993年版),大量增加了宋代部分的篇幅,补充了许多具体资料,揭示的侧面随之加多,然而总体上却仍缺乏系统的研究,不少事项依然是若明若暗,拿不出自己的主见,例如书院与科举文化的昌盛,究竟在各州县有怎样的事实?数以千计的进士来自哪些地方,其地域分布状况如何?等。这既是个人学力不足,研究不够所致,也是学无止境的反映。自然,还受一些客观因素制约。现在的这本《江西通史·北宋卷》,主观上尽量想在原有基础上提高,框架也已经是北南宋分开的,但是曾经遇到的问题并没有都解决,况且是否解决得确当,也还是疑问。行文之中平铺直叙的多,精彩的见解与论点却少。其中的缺失不当之处,依旧在所难免,期盼读者批评指正。愿此书继续成为后来者的垫脚石。

第一章
江西的州县建置与分路管辖

第一节
强化航运控制环境中增建的三"军"

一、统一战争中的江西

1. 北宋王朝的建立

后周显德七年(960年)正月,禁军统帅殿前都点检赵匡胤在陈桥驿策动兵变,黄袍加身,取代了后周恭帝,改朝代名为宋,史称北宋,年号改为建隆。

北宋王朝的建立,虽然是以武力威迫禅让,实际上是社会形势发展的必然,符合人心要求。从朱温灭唐,建立梁王朝开始(907年),中原地区先后建立过梁、唐、晋、汉、周五个王朝(史称后梁、后唐、后晋、后汉、后周),每个王朝统治时间都很短,到赵匡胤代周建宋,共只50余年,时局一直激烈动乱。与此同时,在江南等地先后有吴、南唐、吴越、闽、楚、南汉、南平、前蜀、后蜀、北汉十国,神州大地处于严重分裂状态。几十年间,五代十国的统治者依靠武力,相互攻掠,割据争斗,"大者称帝,小者称王"[①],各霸一方。剧变无常的现实,让割据

---

① 《新五代史》卷三九《刘守光传》。

者宣称:"天子,兵强马壮者当为之。"①直率地表达了改朝换代的欲望。整个中国"豆分瓜剖",兵变时常发生,战祸造成对城乡极大的破坏,各种苦难最后都落在民众身上。久乱思治,社会迫切要求结束分裂割据局面。

后周世宗柴荣统治时期,内部稳定,军事力量强盛。一方面减轻赋税,废除军队的营田,散给民户作永业田,注意发展农业生产;另一方面发动统一战争,率兵西击后蜀,夺得秦(甘肃天水)、凤(陕西凤县东北)、阶(甘肃武都县东)、成(甘肃成县)4州;南攻南唐,夺取了淮南江北之间14州之地。但是,他重病缠身,未能完成统一大业,即告病逝。继位的是7岁幼子柴宗训,史称恭帝。小儿为帝,"主少国疑",为赵匡胤这位禁军统帅提供了"兵变"夺权的绝好时机。

赵匡胤不失时机地实现了当皇帝梦,虽说是乘人之危,夺人之国,却符合历史潮流,顺应了民心,是进步之举。他不同于以前的窃权者,没有乘机大肆抢掠财货,而是和助手们缜密决策,整顿统治秩序,避免新的社会动乱。当时,赵普对拥立赵匡胤的诸将说:

> 兴王易姓,虽云天命,实系人心。前军昨已过河,节度使各据方面,京城若乱,不惟外寇愈深,四方必转生变。若能严敕军士,勿令剽劫,都城人心不摇,则四方自然宁谧,诸将亦可长保富贵矣。②

把禁止"剽劫"、收拾人心看作夺取政权的首要条件,将稳定统治与"长保富贵"联系起来,是赵匡胤集团的共识。正是在这个创建政权的国策指导下,赵匡胤黄袍加身之时下令:

> 近世帝王,初入京城,皆纵兵大掠,擅劫府库,汝等毋得复然,事定,当厚赏汝。不然,当族诛汝。③

赵匡胤克服了借兵变而抢掠的恶习,以厚赏换来诸将的拥戴,达到了安定民心、稳定统治的目的,终于结束了五代王朝的短命现象。

---

① 《旧五代史》卷九八《安重荣传》。
② 《续资治通鉴长编》卷一,建隆元年正月癸卯。
③ 《续资治通鉴长篇》卷一,建隆元年正月甲辰。

第一章
江西的州县建置与分路管辖

北宋政权面临的首要大事,一是继续完成统一战争,二是加强君主专制集权统治。对统一战争确定的方略是先南后北、先易后难,即先攻取南方几个王朝,积蓄财富,然后攻打太原的北汉,避免一开始就与强敌契丹交锋。建隆三年(962年)宋军攻占江陵(湖北江陵)、潭州(湖南长沙),并吞了荆湘,掌握了统一南方的军事主动权。乾德二年(964年),以几万军队伐蜀,后蜀主孟昶随即投降。人们发问:蜀军"十四万人齐解甲,宁无一个是男儿"①?为什么不能对数量更少的敌军组织抵抗呢?这是后蜀统治衰败的证明,也是统一事业得人心的反映。

开宝四年(971年),宋军攻入广州,灭南汉。东南一隅已在宋军大包围之中,灭亡只在旦夕。开宝八年(975年),金陵(江苏南京)城破,李煜出降。太平兴国三年(978年),据有漳、泉二州的陈洪进、吴越国王钱俶,逼于形势,都主动"纳土"、"归地",向北宋投降称臣。

太原的北汉小朝廷,因得到契丹军队支援,在开宝二年(969年)曾迫使宋军退兵。太平兴国四年(979年),宋太宗借统一南方的政治威势,亲率大军围攻太原,北汉守军力竭出降。至此,结束了五代十国的分裂局面,相对的统一形势稳定了下来。

关于强化专制集权统治,主要是采取削藩镇、收兵权、收财权等措施,达到了加强朝廷中央,削弱州县地方的目的,最终杜绝了武将夺权的闹剧再度发生。

2.南唐迁都与败亡

宋军向南推进,使南唐中主李璟十分恐慌,急于迁都,他说:"建康与敌境隔江而已,今吾徙都豫章,据上流而制根本,上策也。"②群臣对此"上策"多数不赞成,只有枢密副使唐镐等人表示支持。前方形势越来越严峻,李璟迁都的心情于是更迫切。交泰二年(959年)十一月下令把洪州升为南昌府,称作南都。接着派官去操办筹备事务。建隆元年(960年)十一月,传来开封宋军训练水上作战的消息,李璟"惧甚"。这时,又有彭泽县令薛良投奔宋朝,"且献平南策。唐主闻之,益惧","遂决迁都之计"③。

建隆二年(961年)二月,李璟从建康起程,溯长江向南昌进发。他留下太子从

---

① 孟昶投降时,其妾花蕊夫人亦相随入宋后宫。太祖赵匡胤命她赋诗,她即诵曰:"君王城头竖降旗,妾在深宫那得知。十四万人齐解甲,宁无一个是男儿。"见王士禛《五代诗话》卷八《花蕊夫人》,人民文学出版社1998年版。
② 《江南野史》,见《十国春秋》卷十六。
③ 《续资治通鉴长编》,卷一建隆元年十一月庚申。

嘉(即后主李煜)镇守金陵,自己率六军百司浩浩荡荡而来,凡千余里不绝。船至当涂,大摆宴席。及至江州,群游庐山寺观,遍览胜景,赋诗谈宴,十余天方才离去。开先寺是李璟游览的重点。当时他"弭节雍容"的画像,以及用过的榻都被僧人保存下来①。三月,到达南昌。李璟的朝廷文武百司、大批官僚及随从人众,一下子全涌进南昌城内,而"城邑迫隘,官府营廨,十不容一二,力役虽繁,无所施巧,群臣日夜思归"②。李璟自己也很失落,"退朝之暇,北望金陵,恒郁郁不乐"。暂时还没有追兵的流亡生活,使李璟君臣上下情绪极坏,遂复议东迁。未及行而李璟发病不起,于六月死去。遗嘱留葬西山,但是后主李煜不赞成,迎梓宫还金陵。南都先是由李璟的弟弟韩王从善为留守,后改由邓王从镒继任③。南昌作为南唐的都城,前后约四个月,而其南都的建制,则维持到开宝八年(975年)宋灭南唐为止。

在李煜统治的十多年里,南唐政局实际上已为宋朝控制。李煜虽在其位,而精力主要集中在敬佛诵经上面。他在宫苑造寺礼佛,一班官僚或趋附谈佛法,或佞道信鬼神。又纳周氏为皇后,倾心声色,留情乐府,歌舞竟日,厌倦军国大政。开宝三年(970年)南都留守林仁肇提议乘宋军连年征战,往返数千里,已经疲惫的时机,让他率兵收复淮南旧地。李煜害怕事功不成,反而速招败亡,不听。宜春人卢绛,曾读书庐山白鹿洞国学,后去金陵,上书论时政,得到枢密使陈乔的赏识,用为枢密院承旨,迁沿江巡检。卢绛招募丁壮,组建水上兵勇,献计攻灭吴越钱氏,消除异时诱导宋军进犯的祸根。可是,李煜认为钱氏已是"大朝附庸,安敢加兵",也不采纳。后来事态发展证明,卢绛的预见是对的。

宋朝已深悉李煜怯懦无能,放手剪除碍事的江南守臣。南都留守林仁肇力主抗击宋军,赵匡胤遂决计先除掉林仁肇。他向南唐使者说:林仁肇已归降,送来自己画像作凭信。李煜得报,"鸩杀仁肇"。枢密使陈乔曾说:"令仁肇将外,吾掌机务,国虽迫蹙,未易图也。"及仁肇死,乔叹曰:"事势如此,而杀忠臣,吾不知其死所矣。"④

---

① 黄庭坚:《南康军开先禅院传造记》:"及中主作洪都,盖尝弭节雍容,故榻与画像存焉。"《山谷集》卷十八,四库全书本。
② 《续资治通鉴长编》卷二,建隆二年三月。
③ 据《抚乐云盖乡南济宣城能安公房族谱》"源流总图"载,邓王从镒的长子李衡,善词章,袭封宁国公,开宝八年南唐灭亡之际,"挈家宵遁,倍道趋临江(军)新淦登贤乡之桃溪金水渡,卜筑而居。未逾年,宋太宗嗣位,以后主所制《过涧歌》词,因其中语多不平,遂疑出自公笔,特命剪唐宗嗣。公乃匿原姓李,从父封邓王,易姓邓,以所封宣城为郡,星居隐遁,以避捕。"此后,这支邓氏家族繁衍起来,发展开去。
④ 马令:《南唐书》卷十二,《林仁肇》。又《续资治通鉴长编》卷十三,开宝五年闰二月癸巳。

第一章
江西的州县建置与分路管辖

开宝七年(974年)十一月,宋军从潭州进入南唐西界,攻萍乡,萍乡制置使刘茂忠击败宋军,升为袁州刺史,掌握着南唐西部地区的军政大权。刘茂忠,吉州安福县人,熟悉赣西的山河地势以及社会民情,很能因地制宜决策,组织军民奋力防守。然而,金陵方面已经难守。

宋军围困金陵累月,后主急召驻守湖口的神卫军都虞候朱令赟入援。朱令赟帅军十万,守护金陵上游地区,保障京城粮饷供应,不敢轻易挪动。部将请乘江水上涨速下,令赟却顾虑后面被宋军占据,如若不能速胜,则"粮道且绝,其为害益深"。他要求南都留守柴克贞代替他镇守湖口。但是,柴克贞正卧病不能前行,他也就迁延时日,不敢东下金陵。

后主无奈,一面紧催援兵,一面与宋会谈,图谋缓兵。道士周惟简,鄱阳人,后主曾召他进宫讲《周易》,发现他"有远略,可以谈笑弭兵锋"。于是命周惟简与徐铉同往汴京。他俩对赵匡胤说:"李煜以小事大,未有过失,奈何见伐?"赵答:"尔谓父子者为两家可乎?"两人不能对。他们反复数次去谈,徐铉竟至"声气愈厉"。赵匡胤按剑,怒曰:

"不须多言,江南亦有何罪,但天下一家,卧榻之侧,岂容他人鼾睡乎!"[①]

"卧榻之侧岂容他人鼾睡",这是句名言,充溢着帝王的霸气,是赵匡胤攻灭十国的精神支柱。李煜的所谓"弭兵"策略,没有自强振起的实际,不以军事实力作后盾,只是徒劳。

开宝八年(975年)十月,朱令赟不得已自湖口率军东援。他在湖中结缚大筏,长百余丈,装载从江西各地征集的军粮、器用物资。兵士乘战舰数百艘,大者每艘容千人,号称15万大军,顺流而下,直趋采石。但是,当时长江水浅,不利于大筏巨舰航行。朱令赟进至虎蹲洲,见宋军于洲渚间多立长木,若帆樯之状,疑有伏兵,即稍逗留。他所乘舰独大,高十余重,行驶不便,遭宋军集中兵力攻打。令赟纵火拒斗,宋军不能支持。忽然风向倒转,反焰自焚,水陆诸军不战皆溃。"令赟惶骇,投火死"[②]。粮米戈甲俱被烧毁,烟焰不止者约10日。援军惨败,金陵随即陷落,南唐亡。李煜及其子弟宗属等全都被押赴汴京,宋太祖封李煜"违命侯",软禁在京城内。

庐陵人刘洞,曾向后主李煜献诗,未得赏识。宋军围金陵,将破,他仍在城

[①] 《续资治通鉴长编》卷十六,开宝八年十一月辛未。
[②] 《十国春秋》卷三十《朱令赟传》。《续资治通鉴长编》卷十六,开宝八年十月己未:"生擒令赟及战棹都虞候王晖等,获兵仗数万。"

中,写诗于路旁曰:"千里长江皆渡马,十年养士得何人?"其实南唐并非无人,而是缺乏赵匡胤式的主宰者。

3.李煜的怨悔与江州的抗战

宋军攻围金陵之际,曾遣使威迫沿边郡县投降,使者至江州彭泽县,县令欲降,而主簿吴举坚决反对,以大义说服县令,"乃共杀使者,为煜守"①。然而,李煜自己精神不振,辜负了臣民的期望。他在品尝了囚徒生活之后,返思昔日的豪侈安乐,生在帝王家,自然而然当皇帝,既不懂治国,更不识兵战,被围危城,仍在宴乐场中,怎么不亡?他写道:

> 四十年来家国,三千里地山河。凤阁龙楼连霄汉,玉树琼枝作烟萝。几曾识干戈!一旦归为臣虏,沈腰潘鬓销磨。最是仓皇辞庙日,教坊犹奏别离歌。垂泪对宫娥。(《破阵子》)

假若李煜有指挥军队打仗的经历,假若他在金陵城头上率众抵抗……这些都是不可能有的。历史的真实是,他不顾灭顶之灾,仍与宫娥酣歌曼舞。如今他只能在汴梁遐想往事:"故国不堪回首月明中。雕栏玉砌应犹在,只是朱颜改。问君能有几多愁,恰似一江春水向东流。"(《虞美人》)

他有无穷的愁思,"剪不断,理还乱",不时发出感叹:

"无限江山,别时容易见时难。流水落花春去也,天上人间。"(《浪淘沙》)②

李煜的怨悔,是一代帝王轰然覆没的余音,给后代留下了一段难得的人生教训。不幸之中也有一幸,李煜是难得的词人,由帝王到囚徒的剧变,使他的词跳出脂粉伶工的局限,有了全新的境界,这些哀怨的词作,竟成了历史的绝唱。然而,他的感慨,仍然只是他个人的境遇,丝毫不及其他臣民。在这次改朝换代之际,江州的命运最惨。

宋军于十一月庚辰在湖口打败万余南唐军,获战船500艘,乘势围攻江州城。开宝九年(976年)四月,江州被攻陷,全城数万人被杀。先是,李煜出降,又手书命郡县悉降。江州指挥使胡则据城坚拒③。江州刺史欲降,胡则反对,并与

---

① 《欧阳修全集·居士集》卷三五《零陵县令赠尚书都官员外郎吴君墓碣铭》。
② 李煜的词,均见赵仁珪主编《唐五代词三百首》,吉林文史出版社,2002年版。
③ 此据马令《南唐书》卷十七《胡则》。《续资治通鉴长编》卷十七,记作"军校胡则"。

第一章
江西的州县建置与分路管辖

牙校宋德明联合,率众攻杀了刺史,再全力守城。宋军在曹翰指挥下攻城,自冬至夏,城未破而死者甚众。后胡则病重,防守削弱。四月丁巳,城被攻陷,江州民众仍奋力巷斗,誓不退却。此时胡则僵卧床上,被俘,遭曹翰腰斩。曹翰又下令拆除城墙七尺,使江州以后无城可守。

当时随曹翰入城的宋朝江州知州张霁,惩治了抢掠民财的曹翰军士。曹翰恼恨民众控告了其军兵,遂以江州军民守城抗拒为由,发怒屠城,以为报复。于是,"死者数万人,取其尸投井坎,皆填溢,馀悉弃江中"。一座江防重镇,顿成死城。

城中之人被杀得"民无噍类",全完了,他们的家财随即被抢光,"民家货赀巨万,皆为翰所得"。曹翰为了将巨额财宝运走,想出了一个掩人耳目的办法:"翰因请载庐山东林寺五百铁罗汉像归,至颍州新造佛舍。遂调发巨舰十余艘,尽载金帛,置铁像于其上,时号为'押纲罗汉'。"①杀人劫财者要造佛舍,以示慈悲! 阿弥陀佛,主张慈悲为怀的佛教被刽子手当成了罪恶的遮羞布。

当时有人针对胡则据守而遭屠城之事,散发传单说:"由来秉节世无双,独守孤城死不降。何似知机早回顾,免教流血满长江。"②这位作者痛惜数万生灵,表彰秉节之士是好的,但不去讨伐屠城者,却责怪坚守者未出降,则是对杀人狂的宽容。面临凶残之敌而选择投降,不可能改变"押纲罗汉"之流的屠杀。如果浩然正气不要了,只留下屈服的奴气,这个民族就绝没有希望。

江州受到的摧残,还不仅于此,民户的田地房屋也被霸占。两年后,宋太宗赵光义为了安抚悲愤怨恨中的民众,曾诏令退还田宅:

> 初,曹翰屠江州,民无噍类,其田宅悉为江北贾人所占有。诏州长吏访寻其民之乡里疏远亲属给还之。知州张霁受贾人赂,为隐蔽,不尽与民,民诉其事。戊寅,霁决杖流海岛。③

这条诏令,证明城中居民确实被杀光,故而只可能寻访其"乡里疏远亲属"。昨日的张霁,惩治了打抢的兵士,如今却因包庇占人田宅之罪,被决杖流放。宋太宗对张霁丝毫不宽容,却对屠杀数万人、抢劫全城并祸及庐山寺庙的曹翰,

---

① 《续资治通鉴长编》卷十七,开宝九年四月辛亥。
② 《五代诗话》卷十《江州坠纸》。
③ 《续资治通鉴长编》卷十八,太平兴国二年五月戊寅。

不予追究。如此不公,意在何处？也许认为曹翰的杀戮,是在消灭卧榻旁边的"他人",对其夺天下有功；处罚张霁则是安抚"自家"的臣民,用意还是在天下,不过已经由"夺取"进到"坐稳"的阶段。

江州军民誓死守城的表现,北宋朝廷既恨且畏,事后仍对乡民征取重税,并驻兵屯守此地。一百多年以后的南宋时候,人们仍记得此事。江州德安县人王阮赋诗曰：

  天下虽同扰,江西又不偆。宿师惟此地(原注：江南独此屯戍),履亩倍他州(原注：曹翰平江州,独用伪唐全税)。
  诸将纷纷是,有司日日掊。文符竞旁午,膏血罄诛求。①

王阮生活在南宋中期,是江州当地人,说不定其祖上曾经深受其害,所以对北宋初年事记忆犹新。江州百姓在改朝换代时期所受的灾祸,可见影响深远。这个江湖交汇的要津地带,将来恢复生产的艰难,也由此可以想见。

二、南康军的设置与对江湖咽喉的制约

宋朝强化专制集权统治,不仅是收兵权、削藩镇、集财权,还对行政区划进行调整,使其更趋严密,对地方有更强劲的控制力度。宋初,将唐朝的"道"改为"路",路的数量增多,而其辖区缩小。每路之中设置转运使、提点刑狱、提举常平等"监司"官员,既互相制约,又合力增强对所辖州县的监督。各地的州、军与县级行政区都有增置,整个区划体系日趋完密,朝廷对地方的统治力度空前增强。

江西地区的行政区数量比唐代明显增多,这是江西地区的人口繁衍,生产旺盛的结果,同时也是专制统治日益强化的证明。由于州县赖以建立的经济基础更加坚实,所以州县数量虽然众多,却都能稳定地向前发展,没有重复出现"立而又废"的曲折变化。首先增建的一个州级行政区是南康军。太平兴国三年(978年),以星子镇置星子县。星子镇位于庐山东南麓,鄱阳湖北端西岸,隔水与都昌相望。五代杨吴大和年间(929—935年)立星子镇,隶江州浔阳县。南唐保大年间(943—957年)浔阳县改名德化,星子镇属德化县。宋军攻湖口,曹翰屠江州,几年的激烈战乱,使近在咫尺的星子镇遭受巨大的破坏性影响。然而,它

---

① 王阮：《义丰集》,卷一《上九江唐舍人文若五十韵》。四库全书本。

第一章
江西的州县建置与分路管辖

在鄱阳湖狭长颈部"负山襟湖"的战略位置不变。所以,在战争创伤还没有痊愈的时候,就有了建立星子县的决定。执掌星子镇市征的孔宜奏曰:"星子当江湖之会,商贾所集,请建为军。"于是"诏以为县,就命宜知县事,后以为南康军"①。很显然,宋太宗看重的不是该镇的人口数量与物产多寡,而是它"当江湖之会"的区位优势,着眼于强化鄱阳湖航道出入口的控制。依《宋史·地理志》,星子由镇升格为县仅只四年之后,即于太平兴国七年(982年),以星子县建南康军②,提高了它的行政权力,扩大了其统辖地域。

"军",本是唐朝的藩镇,又称方镇,以节度使统辖,兼及附近的州县,是一个军事镇守的大区域。后来设节度使的军越来越多,它们的辖区与权力相应缩小,职责与州刺史无异。欧阳修说:五代、宋朝皆因袭旧制,"以军目地,而没其州名。又今置军者,徒以虚名升建为州府之重"③。即是以军的名号代替州,增重其位望,实际上就是州级行政区,不再是军镇。

南康军下辖星子、都昌、建昌(今永修)三县,等级同下州。都昌县位鄱阳湖东岸,于太平兴国七年由江州割来;建昌县在星子南边,同年由洪州割来。鄱阳湖北端的两岸三县统合为一个州级行政区,完全控扼住了进出江西的航运交通,成为"南国咽喉,西江锁钥……为江右之门户"的形胜要地,其政治、经济、军事诸方面的意义均极紧要。因此,南康军尽管境域不大,人口只有26,000多户④,经济实力不强,"土瘠民贫,赋税、讼狱不能当大郡十一",但是位置有战略意义,它枕山面湖,地当要津,具有"山川形胜甲于诸郡"⑤的优势,历来受到社会重视,自始至终是江西行政区系列之中的重要环节。

三、南安军的设置与大庾岭路的整治

南安军,同下州,治大庾县,辖大庾、南康、上犹三县,淳化元年(990年)正月建立。这三个县位于赣江西支章水沿线,控扼着赣江航道与大庾岭上梅关驿道的驳接交通。此前这三县均由虔州管辖,现在分离出来,组建为州级行政区,正是为了增强对这段交通要冲的管理。

---

① 《宋史》卷四三一《孔宜传》。
② 《续资治通鉴长编》卷二三,记南康军建立为该年二月丙寅。
③ 欧阳修:《新五代史》卷六〇《职方考》。
④ 王世懋:《饶南九三府图说》,《丛书集成初编》本。
⑤ 乐史:《太平寰宇记》卷一一一载,当时南康军户26,948,平均每县仅8,982.6户。

梅关驿道自张九龄于唐开元四年（716年）开拓一次,比较畅通了。北宋统一,岭南完全在掌握之中,这条通道在南北联系中的巨大作用日益受到重视。引发建立南安军的直接动因,则是广盐运销岭北、百姓群体私贩食盐的问题。宋朝政府规定,江西为淮盐销售地区。但是,淮盐经过长途运输,纲吏舟卒侵盗贩鬻,亏损严重,从而杂以沙土凑数,待运到虔州以后,已经"卤湿杂恶,轻不及斤,而价至四十七钱。岭南盗贩入虔,以斤半当一斤,纯白不杂,卖钱二十,以故虔人尽食岭南盐"。还有福建的汀州,紧邻虔州,也要依赖岭南盐,是以"二州民多盗贩广南盐以射利。每岁秋冬,田事才毕,恒数十百为群,持甲兵旗鼓,往来虔、汀、漳、潮、循、梅、惠、广八州之地……岁月浸淫滋多,而虔州官榷盐岁才及百万斤"①。老百姓对官府盐政的反抗行为,既减少了宋廷的赋税收入,又危及众多州县的社会治安。北宋统治者记得很清楚,不久前这里曾经是"中天八国王"张遇贤武装控制的地方。所以作为对策之一,便是建立南安军,提高当地官府的统治权威。史称:

> 太平兴国中,（杨允恭）以殿直掌广州市舶。自南汉之后,海贼子孙相袭,大者及数百人,州县苦之。允恭因部运入奏其事,太宗即命为广、连都巡检使。又以海盐盗入岭北,民犯者众,请建大庾县为军,官榷盐市之。诏建为南安军,自是冒禁者少。②

前此的大庾县,远离虔州,界连广东,必定是控制松弛。现在就地设军,并将毗连的上犹、南康二县从虔州割隶过来,集中管制赣江与大庾岭水陆联运交接地区,统治效果便明显扩大了。

对策之二是,划南安军三县为广盐销售区,虔州仍为淮盐区。这是承认客观事实的明智让步,既默认了百姓的需要,又照顾了淮盐利润"视天下为最厚"的实际,没有过多地侵削其行销地盘。

将岭南与岭北通道的咽喉地区置于南安军的控制之下,运输官物的新政策随之推行。大约在南安军建立不久,宋太宗命供奉官刘蒙正前往岭南,规划运输香药入汴京。刘蒙正实地考察之后,奏报"请自广、韶江溯流至南雄,由大

---

① 《宋史》卷一八二《食货下四》。
② 《宋史》卷三〇九《杨允恭传》。

第一章
江西的州县建置与分路管辖

庾岭步运至南安军,凡三铺,铺给卒三十人,复由水路输送"①。海外诸国进口的香药,从广州上岸,沿北江溯流至韶州,折入浈水至南雄县,经三铺陆运,翻越大庾岭而达大庾县,复由水路,自章水入赣江,经鄱阳湖,东下长江,至扬州转入运河而达汴京。这条运输线路,或称之为广南货物运输入京的方案,得到批准实行,并长期坚持至于近代,成为中原与岭南的交通大动脉,对沿线众多州县城镇经济的兴旺,影响极为深广。

四、临江军的设置与赣中物资转输

临江军,治清江县,辖清江、新淦、新喻三县,建立于淳化三年(992年)。临江军位于赣江中段,袁水自西来会,是赣中地区的又一个行政中心区,水陆交通的枢纽点,官民过往与物资运输的集散地。这个地区统治力量的强弱,对漕运安全,关系极大。所以,宋太宗批准江南转运使张鉴的建议,在此曾置临江军。《宋史·张鉴传》称:张鉴巡视至此处,建议"割瑞州清江、吉州新淦、袁州新喻三县置临江军,时以为便。召还,特被慰奖"②。清江、新淦这块地方,在江西腹心地带,四通八达,历来受到社会的重视,五代杨吴、南唐都在这里设过制置使,清江建县时不隶州,曾直接隶属镇南军节度使,正是这两朝政府强化对这个地区政治统治的反映。北宋设临江军于清江县,使这种政治需求固定下来,更具有制度性的持久意义。南宋前期,守侍御史汪澈言:"江西岁以筠、袁二州民苗米,令赴临江军输纳。"③可见,临江军不仅能有效地控制赣江航运,而且有利于赣西袁州、筠州地区的财赋安全转输。

赣江航道的安全问题,素来为社会所关注。由于航道上的货物运输繁忙,而城乡间生活无着的人又多,故有铤而走险者,在航道上为盗贼,劫掠过往舟船。临江军建立之后,以增强航道管制为职责。鉴于赣江舟船被劫的事时常发生,漕运因为"沿江多贼"而困扰,宋太宗派杨允恭督江南水运。他沿途剿捕盗贼,"行及临江军,择骁卒,挐轻舟,伺下江贼所止,夜发军城,三鼓,遇贼百余,拒敌久之,悉枭其首"④。杨允恭的这次捕盗行动,厮杀得很剧烈,竟有一百多武

---

① 《宋史》卷二六三《刘蒙正传》。

② 《宋史》卷二七七《张鉴传》。此处称瑞州不妥,应为筠州。南宋理宗宝庆元年(1225),避理宗赵昀名讳,才改筠州为瑞州。

③ 《宋会要辑稿》食货九之十,绍兴三十年十一月三日。

④ 《宋史》卷三〇九《杨允恭传》。

装盗贼在这里与官军对抗。

南康、南安、临江三军在宋太宗统治初期接连建立，是对鄱阳湖—赣江航道北、南、中三段各设下一个政治据点，也就将航道全线严密控制了起来，不仅有利于对江西地区的统治，更有利于对江西以及岭南财富的攫取。这三个军的辖区都比较小，只辖三县，和下等州相同，因其所处位置十分重要，有力地保障着交通大动脉的安全，在加强政治统治同时，客观上增进了政治、经济、文化交流，加速了地方社会发展。政治与经济相互为用的规律，在这里得到例证。

第二节
析建新县——经济区域的扩大

一、持续增置的十二县

江西地区继五代增建了大批新县之后，北宋又新建12个县，全境已有13州军65县，行政区划整体上已臻于完密。

南康、南安、临江3军的设立，朝廷的着眼点主要是增强对赣江—鄱阳湖航道的控制，保证南北交通大动脉畅通，漕运江南财富安全顺利。接着增加新的县级行政区，则主要是适应生产发展，经济区域扩大的需要。从太宗太平兴国三年(978年)开始，至徽宗崇宁二年(1103年)的一百多年间，陆续增建了12县，它们是：

星子(978年)、会昌(980年)、新昌(今宜丰，981年)、新建(981年)、兴国(982年)、分宜(984年)、安仁(今余江，988年)、金溪(994年)、永丰(1054年)、万安(1071年)、永丰(今广丰，1074年)、进贤(1103年)。

这12个新县中的前8个，和南康、南安、临江军一样，都是在太宗时期的十几年间所建，再次表明太宗对强化统治、夯实政权基础的迫切欲望。此外，这也是江西地区从南唐以来开发加速，新的经济区域成长起来，客观需求官府管理跟上，故而强化统治的意愿能够很快在这里兑现。

这些新县的位置，大致上是北部3县(星子、新建、进贤)；西北部2县(新昌、分宜)；东北部2县(安仁、永丰)；中东部3县(金溪、永丰、万安)；南部2县(会昌、兴国)。如此分布格局，显示着开发正向四方推进、经济水平渐趋均衡的气象。

第一章
江西的州县建置与分路管辖

就经济区的整体而言,是顺着由北向南推进的趋势发展。

新县之中有7个是复置。当地在六朝时期曾经设过县级政区,到了隋唐时期被废罢,降格为镇,并入附近的郡县。经过较长时间的恢复发展,重新兴旺起来,于是再由镇升格为县。例如:新昌县,曾在三国吴、南朝梁、唐朝初年三次设为宜丰县,北宋初是继唐武德八年(625年)之后的第四次,从高安县析出,以盐步镇为核心建立的。废了三百五十多年之后重新建县,故定名新昌。

兴国县,三国吴统治时期曾经设平阳县于此处,西晋改名平固县,至隋开皇九年(589年)并入赣县。有三百多年历史的平固县,废并了约四百年之后,至太平兴国七年(982年)再次重建。新县以年号为县名,仍从赣县划分7乡,加上庐陵、泰和的部分地区,设县治于潋江镇。

安仁县,这里在西晋时设晋兴县,后改名兴安县,不久废入馀干县,降为晋兴乡。南朝宋,以晋兴乡设安仁县。隋开皇九年(589年),再废为馀干县辖的晋兴乡。唐末,晋兴乡升为镇。北宋初年,晋兴镇改为安仁场。该场位于信江入鄱阳湖的冲要地段,上控闽浙,下襟江湖,航运商贸比较旺盛,至太宗端拱元年(988年)升安仁场为县。

新建县,位南昌县西部,唐武德五年(622年)在此设西昌县,县治在石头津。三年后废入豫章县。南昌是江西地区的首府重地,发展比别处更快,辖地广,乡镇多,至太平兴国六年(981年),再次划出西边的16个乡置县,定名新建,意为"取南昌旧地而新建之",县治仍为石头津①。

进贤县,在南昌东南部,三国吴于此设钟陵镇,后升为钟陵县。南朝宋、齐时代废钟陵县,梁、陈时恢复。隋文帝将钟陵县并入豫章县(南昌县改名)。唐初,再设钟陵县,武德八年(625年)又降为进贤镇,仍隶属豫章县②。经过约四百年的开发,至宋徽宗崇宁二年(1103年)升进贤镇为县。割南昌县4乡、新建县2乡为其辖地。

---

① 此据《新建县志》(1991年版)。但是,乐史《太平寰宇记》卷一〇六,记作"割南昌水西一十四乡置新建县,仍于州城升平里故伪将林仁肇私第充县廨署"。乐史此书写于当时,所述事项详明具体,当时人记当时事,应是可信的。石头津在城外赣江边,是南昌水路交通要津,即古书上的石头浦(渚),也许人们不把它看作南昌远郊,故说新建与南昌"分治郭下"。而县志记载明洪武三年(1370年)才将县治由石头津迁入城内。二者的差异缘由,待考。

② 宝应元年(762年),避代宗李豫名讳,改豫章县名为钟陵县。德宗贞元间,钟陵县改名南昌县。

万安县，位赣江中上游交接区，县治设于吉州至虔州交接处的赣江边，三百里险滩的北端第一滩惶恐滩即在此处，由岭南北上的客货船只，到达万安便进入平缓的安流航段；反之，逆流南下的舟船至万安，心里便惶恐忧虑，全赖当地篙工的技艺与勇气了。此滩本名"黄公滩"，是苏东坡将它更名"惶恐滩"。东汉献帝时于此地置遂兴县，三国吴改遂兴为新兴县，晋恢复旧名。隋开皇九年（589年）废遂兴县，辖地并入太和县。南唐保大元年（943年）置万安镇，宋熙宁四年（1071年）升镇为县，割龙泉（遂川）、太和、赣县三县地为其辖区。

永丰县（今广丰县），位江西东北角，与浙江、福建接界。唐武德四年（621年）于此立永丰镇，隶上饶县。乾元元年（758年）置信州于上饶县，同时从上饶县析出永丰镇置永丰县。元和七年（812年）撤永丰县，辖地仍并入上饶，依旧为永丰镇。经过二百多年的发展，至宋神宗熙宁七年（1074年），再升永丰镇为县。于是，江西有两个永丰县，一个隶属吉州，一个隶属信州。一直到民国初年，信州永丰县才改名广丰县。

上列各县都经历过多次置废曲折，有着共同的兴衰原委：起伏不定的变动是在魏晋南北朝，下延至唐朝初年，而恢复与发展则是在相对稳定的时代。它们起始设县之时，凭借着两汉以来的开发根基，然而六朝的大局不稳，频繁出现战乱，城乡摧残日甚，遂至经济衰退，基础削弱，故而被废并。当时局好转，有了重建家园的社会环境，这些原已开发过的基地有更大的人口吸引力。随着众多的劳动力到来，使其经济加快复苏，重新成为本地比较繁盛的中心区，具备了建立县治的物质基础，遂能再次设县。

二、永丰等县建立的社会经济缘由

行政区划是在强化管理、实现中央对地方统治畅通的需求下产生的。换句话说，区划为了行政，国家要实现统治，必须分块治理。然而，某一个地区是否设行政区，根本上取决于它的经济状况，看它有没有经济价值，有多大的价值。对地区经济价值的评估，关键条件是人口数量与生产开发程度。凡是经济条件不具备的地区，不会设行政区；经济状况衰退了，行政区就将撤消或降低级别。反之，则会增设，乃至提高其行政等级。北宋江西地区在南唐之后，继续大批析建新县，正是由于经济大发展的结果，建县的直接动因都是经济。最突出的事例是吉州辖下的永丰县。

永丰县，至和元年（1054年）十月以报恩镇为中心建县。该地原是吉水县辖

第一章
江西的州县建置与分路管辖

区。由于生产开发迅速,不得不分建新县。首任知县段缝《建县记》中写道:

> 至和元年十月一日有诏,以吉州吉水县五乡书社之民三万有五千家为永丰县,以昔之报恩镇为治所。按吉水之为邑,自太平兴国至至和初,尤为诸邑剧,丁粮之繁,赋输之伙,疆理之充斥,讼诉之纷纭,为州与县者常病之。兹者特请于朝,得有此诏。①

从太平兴国到至和初年只有70年,在这期间吉水县的生产开发比别县快,人丁多,田地广,赋税量激增;各家的耕地互相穿插,由此引起的利害纠纷频繁出现。吉水知县、吉州知州两级地方长官为审理这些讼案,劳累疲乏而头痛,很难实现有效的治理。这一切都是由于土地充分垦辟,耕地作为财富主要象征的价值提高,故而土地所有权的转移加速。追求发家致富必然兼并土地,而土地频繁易手就会田界交错,兼并越是剧烈,争夺土地的诉讼就越多。因财产激发的社会矛盾加剧,州县官的日子便清闲不了。

解决矛盾的唯一出路,就是析建新县。一个县拆分为两个县,各自维护较小地域的封建统治秩序,就近严加管理,调节社会经济关系,可能更有效地征收到大量的赋税,使地方得到安宁,并加速发展。当时分割的地域为吉水县东南部的5个乡,人口计3.5万户。割取的这一块,是很大的一个经济地域。与唐代比较,天宝元年(742年)吉州全境5县共计户数只有3.7万余,而这时的吉水县下降为镇。后来复为县,再降为场,直到南唐保大八年(950)才又升为吉水县。此后吉水的农业稳定上升,人丁兴旺,故而出现地大人众、极难治理的弊病,被迫分户拆地,一次即分割出一个永丰大县。

万安县是赣江航道上的重要码头,它的建立,主要是因赣江航道畅通,过往舟船增多所致。唐开元间,张九龄主持开拓大庾岭驿道,贞元间虔州刺史路应"凿赣石梗险",使水陆联运比较方便些了。进入北宋以后,赣江航道的行政管理相应加强,运输比以前安全。仁宗时,江西提刑蔡挺、广东转运使蔡抗兄弟,又一次对岭路进行整修;虔州知州赵抃也曾征集民工,"凿赣石梗阻,以通

---

① 光绪《江西通志》卷六八《廨宇二》。欧阳修《泷冈阡表》碑阴《世谱图系》,写建县时间为"仁宗至和二年"。这可能是下诏之日与执行兑现之间的差距。

舟道"。①经过多次疏凿之后,滩石险情有所减轻,舟船过往趋于快捷,于是客商来去更频繁,万安镇的地位跟着提高。从南唐开始设镇,到升镇为县,已有一百余年的建设,该镇四面乡村的农业生产趋于旺盛,人口和耕地都在增加,地区经济的逐步壮大,推动了升镇为县的进程。建县之时,江西转运使金君卿等认为:万安"镇当水陆之冲,舟车之会,控扼赣郡之咽喉,凡漕运重寄皆属于此",依然看重它在赣江航道上的码头地位。但是,同时应该看到,镇升格为县之后,以一个完全的政权单位行使管理,民政、赋役、刑狱、治安之类,全部纳入国家系统,藉航运码头带动起来地区经济,就将获得更大的发展空间,在相对有序之中运行。

金溪建县的重要条件之一,是采矿业的发展。金溪位于抚州临川县东部,原为临川县辖地。唐宝历元年(825年)于此设上幕镇,管辖当地的冶炼场,开采镇东的白面坞、金窟山、宝山三处银矿。南唐交泰元年(958年),以上幕镇及近旁的归政乡设置金溪场,职权比上幕镇扩大。36年之后,便以金溪场为中心,加上临川县割来的归德、顺德、顺政3乡,设置金溪县。可见该地前进的轨迹,一直是在银矿的带动下,而银矿的经营又始终离不开农村与农业。从当地经济的实际分析,是农耕居主要,但是银矿开采格外受到官府的重视。现存白面坞摩崖石刻上的《金溪场银坑记》,从尚可辨识部分文字中,得知初时"良冶之子四集",而后银坑"创乎长庆三年,废□宝历二载",即从823年至826年,仅四个年头。南唐后期"复于乾德四年岁在丙寅(966年)"设置银场,开采银矿。记文的作者是"文林郎知场事张恽",写作时间是开宝二年(969年)二月六日②。开宝八年(975年)南唐灭亡,金溪银场自然转入北宋。其间有银坑官吏葛祐,因矿脉枯竭,出银很少,倾家产垫赔仍不够充数。葛祐二女不忍其父受榜掠之苦,愤然投炉自焚,以示抗议。淳化五年(994年),"有司以利不偿费,举二女事上闻,遂罢场置县"③,可见银矿产量不旺,而农业日益繁盛,故而场废而县立。

分宜县,由于宜春"地大人众,壤沃利厚",在雍熙元年(984)八月分出10个

---

① 《宋史》卷三一六《赵抃传》。

② 2004年3月30日,我在金溪县文管所吴定安所长带领下,到白面坞(俗称羊屎山)山上,察看到《金溪场银坑记》石刻,文字刻在山腰的巨石上,经千余年风雨侵蚀,剥落较多,又无较好的站立位置,不易辨识字迹,故难抄录全文。拍照也看不清文字。此摩崖石刻是极为珍贵的文物,有十分重要的研究价值,亟宜妥善保护。

③ 康熙《金溪县志》卷三《银冶》。

第一章
江西的州县建置与分路管辖

乡,共计2万户,以安仁镇为县治,建县"以便民欲"。参考永丰知县段缝的记述,从这几个简单文句中,也可以推想到分宜的态势,同样是因为人口多了,耕地广了,社会经济生活中的问题层出不穷,民众要求加强行政管理。建县"以便民欲",即是符合官府所需,——更有效地获取更多的财赋。

综上所述,北宋江西增建的12县,皆因社会经济基础比以前更雄厚,需要有更健全的行政机构,就近而及时地加强管理,以利社会发展。而且其中的大多数是在宋初建立,是在旧基上重建,这就充分显示出迫切的客观需要。顺应了这个趋势的政府行为,受到民众的支持,也发挥着管理效能,促进当地社会继续发展。以后我们叙述到的经济与文化发展事实,将能反证行政区设置的积极意义。北宋阶段江西政区沿革的史实,最好地展现了行政区划与社会经济之间的辩证关系,尤其是相互推进的关系。

第三节
江南西路、东路的分辖

一、十三州军六十五县的领属关系

北宋时期是江西行政区划发展的全盛时期,在区划结构和数量分布两方面,承前启后,奠定了后来发展的格局与规模,元、明、清三代沿袭其整体结构,只变更过州级政区名称,增加了一些县级政区。

综计江西全境,共有13州军,分别管辖着65县,各自领属情况如下:

洪州,领八县:南昌、新建、奉新、丰城、分宁、武宁、靖安、进贤。

筠州,领三县:高安、上高、新昌。

袁州,领四县:宜春、分宜、萍乡、万载。

吉州,领八县:庐陵、吉水、安福、太和、龙泉、永新、永丰、万安。

抚州,领四县:临川、崇仁、宜黄、金溪。

信州,领六县:上饶、玉山、弋阳、贵溪、铅山、永丰。

饶州,领六县:鄱阳、余干、乐平、浮梁、德兴、安仁。

江州,领五县:德化、德安、瑞昌、湖口、彭泽。

虔州,领十县:赣、虔化、兴国、信丰、雩都、会昌、瑞金、石城、安远、龙南。

建昌军,领二县:南城、南丰。

南康军,领三县:星子、都昌、建昌。

南安军,领三县:大庾、南康、上犹。

临江军,领三县:清江、新淦、新喻。

在饶州辖下,还有永平监;江州辖下还有广宁监。这是两个铸造铜钱的机构,与县同级,但没有管辖地域,不是行政区。

北宋各地,凡属官府开办的重要矿山,铸造铜钱、铁钱的作坊工场,都设"监"管理经营,其中大型的监有较大的管辖地区,甚至下辖一两个县,完全纳入行政区系列,等同于下等州。据《元丰九域志》,神宗时期共有40个监,其中4监同下等州,它们是荆湖南路的桂阳监(银)、成都府路的陵井监(盐)、梓州路的富顺监(盐)、夔州路的大宁监(盐)。江西的永平、广宁二监在铜钱铸造中的地位高,然而都在土地平旷,交通便利,经济发达的州治所在地,故此级别不低而无辖区,虽列在州下,但不算作一个行政单位。

州的等级,据《宋史·地理志》载,洪州等9州均为上等,建昌等4军都"同下州"。南唐析出的建武军,入宋以后改名建昌军。改名的年份,《元丰九域志》及《宋史·地理志》均作太平兴国四年(979年)。而南宋陈孔林的《新城建县记》说"太平兴国二年赐今额",提前两年。王平叔景德二年(1005年)写《改建昌军治记》说:"太平兴国三年十月,敕改建武曰建昌……淳化二年(991年)九月,敕札抚州南丰县以为属邑,便岁输,从民欲也。"① 先后三年的差异,尚难断定是非,现抄出供研究参考。

二、江南西路统辖的州县

江西全境的洪、饶等13州军,分别隶属于江南西路、江南东路。

北宋参照唐代划分"道"的政策,在各州军之上划分为"路",借以加强朝廷中央对地方州、军的监督与控制。"路"的辖区比唐代的"道"更小,而职权扩大,不再是"道"那样的监察区,已经具有地方行政区性质。各路设置转运使,总掌利权以归上,兼纠察官吏以临郡,诸如经度租税、军储、转输漕粮以供邦国之用;巡察所部,检查储积,审核账册,刺举官吏臧否,荐举贤能,条陈民瘼,兴利除害,劝课农桑等。地方"观其政而轻重朝廷",朝廷"信其言而赏罚官吏"②,具

---

① 同治《南城县志》卷九之三。
② 《续资治通鉴长编》卷二八○,熙宁十年正月癸亥。

第一章
江西的州县建置与分路管辖

有"与天子分土而治"的权威①。转运使是一路的主要监临长官,称为"监司",还有部刺史、部使者的别名;而侧重其控制地方财赋的职责,是漕运之臣,通称"漕司",另有漕计、计使、将漕等别称。

各路之中还设有提点刑狱公事,掌管一路刑狱公事,并兼劝课农桑,举刺官吏,通称"宪司",亦是监司。神宗熙宁以后,还设有提举常平仓司,掌管常平、义仓钱谷、庄产、户绝田土,及贷青苗钱,与免役、市易、坊场、河渡、水利之法,并有刺举官吏之权,通称"仓司",同时也是监司。此外,还有安抚使或经略安抚使,掌"一路兵民之政",称为"帅司",也有刺举官吏之权,也是监司。真宗初年,安抚使只在西北沿边路分设置,徽宗以后,江浙诸路守臣也带安抚使。转运使等几个一路的长官权势相当,互不统属,又相互制约,他们合力管理州县,各自对朝廷负责。这套官僚制度,对皇帝专制集权统治十分有利。

在江西地区,除转运使、提点刑狱等路的长官之外,还曾设有兵马都监一员。鉴于虔州地理形势复杂,兼与闽粤山区连接,盗贼与治安问题严重,宣和二年(1120年)四月六日,徽宗诏:"虔州地接广东,江山险阻,私铸盗贩习以成俗,啸聚出没,民受其害,可于江南西路、广南东路添置路分都监各一员。"②路分都监,即路分兵马都监。江南西路的兵马都监坐镇虔州,显示北宋朝廷对虔州辖控周边地区的地理位置特别重视。

北宋初将江西地方划入江南路。太平兴国元年(976年)分江南为东、西二路,后又合并为江南路。至道三年(997)分天下为十五路,有江南东路、江南西路。若干年之后东西二路又合并。天禧二年(1018年)复分为东西二路,此后未再变动。江南西路统辖10州军,即洪州、虔州、吉州、袁州、抚州、筠州、南安军、临江军、建昌军、兴国军。

兴国军,同下州。原为鄂州的永兴县。太平兴国二年(977年),以永兴县置永兴军;三年,改名兴国军,辖永兴、冶县、通山三县。该军位长江南岸,紧接江州瑞昌县,洪州武宁县、分宁(今修水)县,相互的地缘关系密切,划入江南西路之后,统属关系稳定,持续至明朝初年。

---

① 《宋史》卷三三七《范镇传附祖禹传》。关于宋代转运使的职权、性质等问题,参见许怀林:《北宋转运使制度略论》,《宋史研究论文集》,河南人民出版社1984年版。

② 《宋会要辑稿》职官四九之五。

三、湖东地区隶属江南东路

鄱阳湖东部地区的饶州、信州,以及治所在湖西的江州、南康军,自江南路分为东西二路,它们便划隶江南东路。长期的行政隶属联系,增进了这四州军与江东其他州军的经济、文化交流。

江南东路,辖江宁府、宣州、徽州、池州、江州、饶州、信州、太平州、南康军①、广德军。首府为江宁(今南京市)。宣州、徽州、池州、广德军在今皖南地区。

徽州,三国吴为新都郡,西晋改名新安郡,隋统一后改名歙州,唐天宝元(742年)复名新安郡,乾元元年(758年)再改名歙州。北宋宣和三年(1121年)改为徽州。辖6县,婺源即其一。婺源县建立于唐开元二十八年(740年),割休宁县回玉乡、饶州乐平县怀金乡为辖区②。

池州所辖的东流县,原隶江州,唐会昌元年(841年),以彭泽县东北端黄菊乡置东流场,南唐保大十一年(953年)升场为县③,隶江州。宋灭南唐,于太平兴国三年(978年)将东流县划隶池州(今为安徽东至县)。

信州,曾辖7县。淳化五年(994年)升弋阳县宝丰场为宝丰县,景祐二年(1035年)废宝丰县为镇。康定元年(1040年)复县,庆历三年(1043年)又废。约50年间,反复两次置而又废,此后再没有振起。其原因是采矿业衰败。宝丰场为开采铜矿的山区,唐朝贞元元年(785年)设场④,产量情况不明,废宝丰县后不见记录。

江州、饶州、信州、南康军在江南东路的西边,有航道交通与矿冶业优势,受到朝野上下的重视。信州的铅山县,因矿产旺盛,宋灭南唐之后,曾将其收归朝廷直辖⑤。饶州鄱阳县为信江、饶河(乐安江与昌江合流后之名)流入鄱阳湖的总汇地区,过往官绅多,货物运输量大,因此,朝廷主管坑冶的官署"提举坑冶铸钱司"设在这里,江南东路的提点刑狱司也驻在鄱阳。

---

① 《宋史》卷五五《地理四》的"南康军"下有:"本隶西路,绍兴初,来属",易误会为南康军在北宋时属西路,实则仅指建炎四年的"江西路"。该书在"东路"下的北宋部分即写有南康军。又,王存的《元丰九域志》"江南东路"下列有南康军。

② 乐史《太平寰宇记》卷一〇四。

③ 乐史《太平寰宇记》卷一〇五。

④ 《弋阳县志·大事记》第8页。南海出版公司出版,1991年版。

⑤ 宋灭南唐在开宝八年(975年),《太平寰宇记》卷一〇七《信州》条下写明铅山县"直属朝廷",但何时隶属信州,未见记录。

第一章
江西的州县建置与分路管辖

四、江西地区发展的一致性

洪、饶等13州军分属江南西路、东路的区划状况,是唐代江南道分东西二道以后隶属关系的延续。开元二十一年(733年)江南道划为东西二道,西道之中含宣州、歙州、池州等19州,地域相当于今江西全境及安徽、湖南、湖北的一部分。乾元元年(758年),置"洪吉都防御、团练、观察、处置使,兼莫徭军使",只领洪、吉、虔、抚、袁五州,同时,置"宣、歙、饶观察使"①。在这一年新建立的信州,隶江南东道。广德二年(764年),改洪吉都防御等使为江西观察使,治洪州,管洪、饶、吉、江、袁、信、虔、抚八州。这八州之地,即今江西省境域,此后直至北宋初,长期处在一个大行政区的管辖之下。处在江西地区完整的山川地理单元之内,江、饶、信等地与江东路的连接,没有隔绝它们与洪吉等地的社会交往,倒是有利于加强江西地区和江东地区的人际关系,对整个江西的经济、文化发展不无积极影响。

以洪州南昌为核心的鄱阳湖流域,占江西地域94%以上,饶、信州县全都包含在内,是一个完整的地理结构。经过漫长的历史演进,农耕为生,兴衰与共,你来我往,习俗咸同。宋人论及江南东西路的风尚,照例二路合并,一起评说。《宋史·地理志》在江南东西路的小结中,点出它们在地理、物产、人文、贡赋、习俗等多方面的共性,文曰:

> 江南东西路……东限七闽,西略夏口,南抵大庾,北际大江。川泽沃衍,有水物之饶。永嘉东迁,衣冠多所萃止,其后文物颇盛。而茗荈、冶铸、金帛、秔稻之利,岁给县官用度,盖半天下之入焉。其俗性悍而急,丧葬或不中礼,尤好争讼,其气尚使然也。

《地理志》此处点明的东西南北界域,与唐代江西观察使的辖境,也即后来的江西省境范围一致;所言的经济文化优势,民俗特性,也符合实际。

人口迁徙流动,是地区之间文化交流、发展经济的一个动力。咸通、乾符之后,江淮很不安宁,大批人户退入皖南山区,徽州成了流民的中转基地,朱、洪、程、张、汪等姓氏家族,都先在歙县篁墩居留,再进入江西饶州

---

① 《新唐书》卷六八《方镇表五》。

的浮梁、德兴、鄱阳等县,子孙繁衍之后,进一步扩散至洪州、抚州等地①。

关于农耕生产,金溪陆九渊也是将江东西一并评论。他任荆湖北路荆门军知军期间,告诉朋友说:

> 江东西田土较之此间相去甚远。江东西无旷土,此间旷土甚多。江东西田分早晚,早田者种早占禾,晚田种晚大禾,此间田不分早晚,但分水陆……此间陆田,若在江东西,十八九为早田矣。江东西陂水多及高平处,此间则不能,盖其为陂,不能如江东西之多且善也。②

陆氏生活于南宋,然而他所熟悉农田水利等社会民情,并非仅是他在世的时候才形成;他所说的江东西,自然是他熟悉的家乡江南西路抚州、金溪和讲学多年的江南东路信州、贵溪、铅山各地。

关于文化教育,抚州临川人吴孝宗为饶州余干县写《学记》,同样是把西路和东路当作一个地区看待。他说:"古者江南不能与中土等。宋受天命,然后七闽、二浙与江之西东,冠带诗书,翕然大肆,人才之盛,遂甲于天下。"③

行政区划的分开,虽有领属关系造成的发展差异,在自给自足的小农经济为基础的古代,这种差异是很小的,尤其是对地理因素一致、曾经几百年为一个行政单元的江西州县,相互差异又显得很次要。鉴于此种背景,本书以下展开的经济、文化、人物各章节的叙述,均将江东的江、饶、信州、南康军纳入,使用"江西地区"、"江西全境"或"江西13州军"等称呼。凡是不能做这种加减的时候,则使用"江南西路"的名称。(图版1:江西行政区划示意图)

---

① 详见许怀林《唐末五代的北人南迁及其对江西地区的影响》,见《庆祝邓广铭教授九十华诞论文集》,河北教育出版社1997年版。又,陈柏泉《江西出土墓志选编》,第27《宝文阁待制程节墓志铭》,江西教育出版社1991年版。
② 《象山全集》卷一六《与章德茂三》。
③ 洪迈:《容斋随笔·四笔》卷五《饶州风俗》。

第一章
江西的州县建置与分路管辖

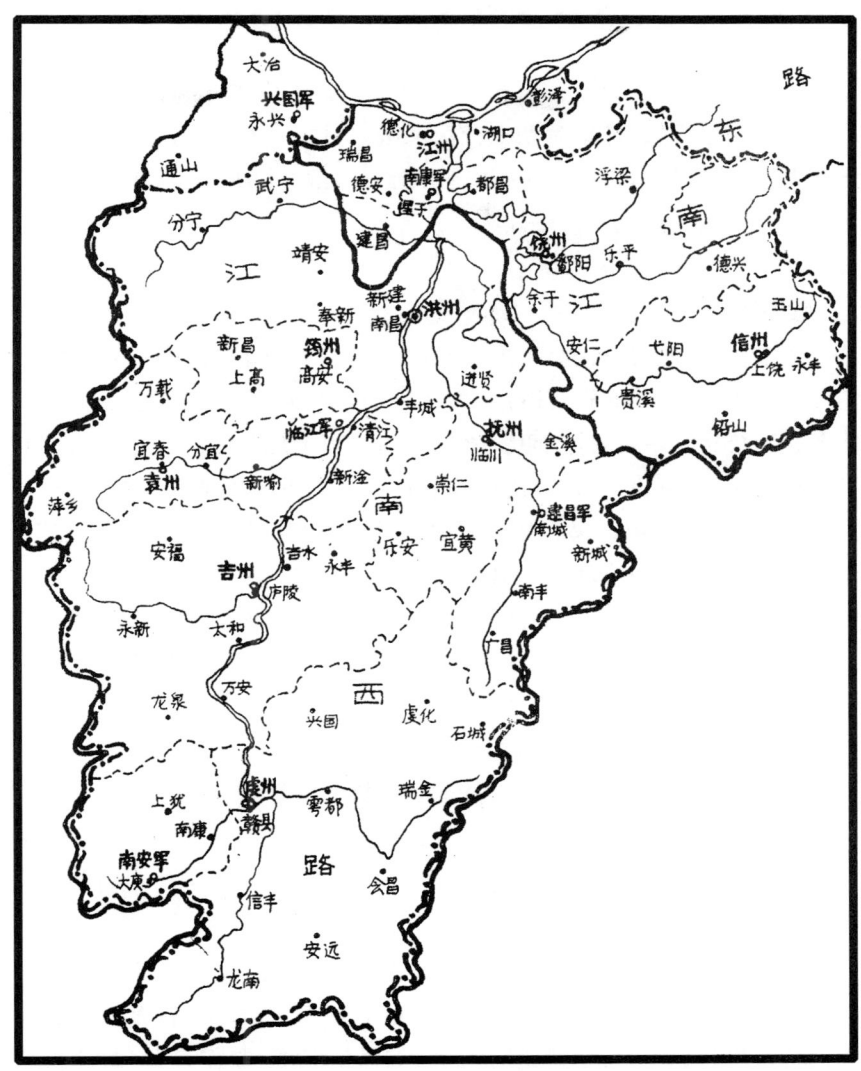

图 1 江西行政区划示意图

第四节
江西地方兵的配置

宋朝的军队,分中央与地方两类,朝廷中央的称禁军,地方有厢兵、乡兵、蕃兵等多种。厢兵、乡兵各地都有;蕃兵只在周边少数族聚居区设置。厢兵供杂役,是"材不中禁卫,而力足以充役"的士兵。乡兵又称民兵,官府对他们不供粮饷,是"不养之兵"。神宗时期推行保甲法,把民户中的丁壮组织起来,"联其什伍,而教之战",这也是民兵。负责地方防御盗寇、巡徼驻守的主要是乡兵。江西地方只有厢兵、乡兵、弓手等。

一、厢兵

北宋初,在原来藩镇兵中挑选壮勇者入中央禁军,余下的老弱者留本城为厢兵。后来,也通过招募来补充。凡遇灾荒年,州军长吏便招兵,招募而来的壮健者充为禁兵,"不及尺度而稍怯弱者,籍之以为厢兵"①。大中祥符三年(1010年),江西大旱,饥民众多,江南西路安抚使兼知洪州王济既煮粥救济,同时"录饥民为州兵"②。对招饥民为兵的做法,官府认为"不收为兵,则恐为盗",但也有人表示反对,如欧阳修就说,这样做只求"一时之不为盗,而不知其终身骄惰而窃食也",战斗力与意志都不强;而且,导致"所留在南亩者,惟老弱也",危及农业生产。刘敞对荒年招兵也是持批评态度,他的《荒田行》写道:

> 大农弃田避征役,小农挈家就兵籍。
> 良田茫茫少耕者,秋来雨止生荆棘。
> 县官募兵有著令,募兵如率官有庆。
> 从今无复官劝农,还逐鱼盐作亡命。③

此外,罪犯也是厢兵的一个重要来源。罪犯中配隶牢城者,即属厢兵。《水浒传》中描写林冲被发配沧州牢城营,充当"配军"的情节,符合宋朝实际。

厢兵的职责,主要承担地方劳务,如修筑城墙、制作兵器、筑路修桥、打造舟船、冶铜铸钱、治理河道等。厢兵的劳作,减轻了民户的劳役负担,然而,他们消耗的巨额生活费用,必然转嫁到农户的身上。

厢军人数众多,间或从其中挑选少壮者补充禁军。真宗大中祥符五年(1012年)二月,诏广南、荆湖、福建、江南、京西等路对"见(现)管杂犯配隶军人

---

① 《欧阳修全集·居士外集》卷九《原弊》。
② 《宋史》卷三〇四《王济传》。
③ 刘敞:《公是集》,卷十八,中华书局据聚珍版丛书本排印,1985年版。

第一章
江西的州县建置与分路管辖

等",差使臣拣选,"其少壮者即差人管押赴阙引见,当议选配近上军分"①。天禧元年(1017年),诏各地厢军中拣选出5000余人补入禁军。仁宗、神宗两朝,也对厢兵进行"教阅",即军事训练,以备盗贼,但厢兵作为劳役兵的基本性质不变。

厢兵的隶属,名义上"内总于侍卫司",实际是地方外军。厢兵的编制分军、指挥、都三级,但驻屯分散,"一军之额有分隶数州者,或一州之管兼屯数州者"②。许多厢兵是因事招募而来,随宜而置,故名号众多而猥杂。神宗熙宁三年(1070年)五月,枢密院奏称:

> 诸路厢军名额猥多,自骑射至牢城其名凡二百二十三。其间因事募人,团立新额;或因工作、榷酤、水陆运送、通道、山险、桥梁、邮传、马牧、堤防、堰埭,若此者事在而名未可废;及剩员直、牢城皆待有罪配隶之人;壮城专治城隍,不给他役,别为一军;而教阅厢军亦自为额。请以诸路不教阅厢军并为一额,余从省废。③

如此众多的名号,确实猥杂。然而,这却是宋代厢军历史作用的一份证明,人们由此看到厢军广泛承担着的劳务类别,他们是北宋的劳动大军,是维系社会正常运转的不可或缺的力量。正因为厢军要负担"水陆运送",所以在赣江入鄱阳湖的地段——新建县昌邑地方,发现了一颗广南厢军的铜印,印文为"澄海第六十九指挥第三都记",背面印纽铭文为:"元祐六年二月少府监铸"④。宋代厢军的设置,对了解我国古代兵制、徭役的演进,有着重要意义。根据枢密院的建议,熙宁四年(1071年)对厢兵进行了一次整顿,裁并了一些番号。元丰末年,北宋各地共有厢兵马、步指挥840,兵227,627人,而京城及诸司或因事募兵

---

① 《宋史》卷一八九《兵三·厢兵》。
② 《宋史》卷一八九《兵三·厢兵》。
③ 《宋史》卷一八九《兵三·厢兵》。
④ 新建县昌邑乡1971年发现此印,该印长5.4、宽5、厚1.6公分,纽顶刻"正"字。《宋史》卷一五四《舆服六》:熙宁五年"诏内外官及溪峒官命赐牌印,并令少府监铸造,送礼部给付。"六年十二月又诏:"自今臣僚所授印,亡没并赐随葬,不即随葬因而行用者,论如律。"由此可知,在昌邑这个航道要冲地区,发现广南厢军的印,当是该部负担"纲运官物"的带印军官死亡在此而随葬,或者不慎遗失在这里。简报见《文物工作资料》1973年第1期家栋、柏泉《新建县发现宋代官印》;又,余家栋《江西新建发现宋代官印》,载《考古》1973年第5期。

之额不在其内①。江西的厢兵数量,没有找到统计数字,只在熙宁整顿之后有一个相关数字,可以参考,即"江南路"整顿之后共53指挥,16,650人。按列出的20个番号、61州军(次)中,属江西的38州军(次),占62.3%,居主要地位,故厢兵也应是占大多数(照此比例折算,在江西的厢兵约有10,373人)。

熙宁以前,江西地区各州军的厢军有马军、步军两种,步军中包括水军和各类劳作者;熙宁以后没有马军,但步军中有"拣中骑射",可能是指挑选教阅的哪一部分。具体番号见下表:

表1.1　　　　　　　　北宋江西厢兵的番号及分布②

	熙宁以前	熙宁以后(江南路中的江西州军)
马军	拣中骑射:抚、江、吉、袁、筠、饶、信州、南康、南安、建昌、临江军	水军:洪、虔、饶、信、江、吉、筠、抚州、临江、南康军。
步军	水军:洪、袁、虔、饶、信、江、吉、筠、抚州、临江、南康军 保节:洪、虔、江、饶、信、吉、筠、袁、抚州 贡运:饶州 水运:临江军 牢城:江南诸州军 梢工都:洪州 本城剩员:诸州并有 旧水军:江南(天圣后无) 静江:南安军(天圣后置) 造船军匠:吉州(天圣后置) 壮城:洪州(天圣后置) 钱监:江州(天圣后置)	贡运:饶州 水运:临江军 梢工都:洪州 造船军匠:吉州 牢城:诸州军 壮城:洪州 下卸钱监:江州 拣中骑射:抚、江、吉、筠、袁、饶、信州、南康、南安、建昌、临江军 本城:南安军 静江:南安军 保节:洪、虔、江、饶、信、吉、筠、袁、抚州

厢军番号中多数可以顾名思义,知道所承担的劳务内容,有的则不能。其中的"教阅厢军",需教习武技。明道二年(1033年)枢密使王曙奏:"天下厢军止给役而未尝习武技,宜取材勇者训肄,升补禁军。"仁宗准其奏。"教阅厢军"的

---

① 《续资治通鉴长编》卷二二八,熙宁十二月丙寅;《宋史》一八九,兵三。
② 《宋史》卷一八九《兵三》。"壮城",专门修筑城隍。

名目,当是由此而来①。

二、乡兵

乡兵,"选自户籍,或士民应募,在所团结训练,以为防守之兵也"。他们来自主户,在本地训练与防守,故规定"税赋止令本州输纳,有司不得支移"。从兵源性质看,"多数乡兵选自户籍",其实是征兵;少数乡兵由士民应募,"其实是募兵"②。各地乡兵有不同的名称,如保毅、忠顺、强人、砦户、弓箭手、弓箭社、义勇、义兵、土丁、壮丁、弩手、枪手等。江南西路的乡兵主要为枪杖手。

熙宁七年(1074年),诏籍虔、汀、漳三州乡丁、枪手。当时制置盗贼司言"三州壤界岭外,民喜贩盐,且为盗,非土人不能制",故有此诏令③。关于赣闽粤交界地区的民众"贩盐且为盗",李觏认为不宜以剿捕方式镇压,可以招抚他们,变为官府掌握的武装。皇祐四年(1052年)十一月,他针对广南侬智高暴乱提出十条对策,其五曰:

> 江岭之交,最多盐贼,起而为大害者,往往有之矣。此本良民,但为衣食,与商贾何异哉?惟其犯禁耳。俗吏不明事体,武卒又贪赏钱,不料形势,多方伺捕。彼自以其罪重,宁斗而死。幸而不死,岂得复为平人哉?求活草间,固其宜矣。愚谓当少缓之,……权住给赏,如此则伺捕者宜其缩手,犯禁者得以安心。苟能加以仁恩,亦可录为死士。④

李觏这条对策,不仅是化消极因素为积极因素,满足目前镇压侬智高之需,还在于他如实地评议"盐贼"的性质,表达他的"茶盐之禁,本非便人"观点。自然,李觏的建议不被采纳,对虔、汀之间"盐贼"的镇压武装仍在加强。

元丰二年(1079年),江西转运副使蒋之奇请求增加乡兵,于是"诏虔州枪

---

① 厢军有需"训练备战守之役"的,从新建县昌邑地方发现的广南厢军铜印可以证明。据《宋史》卷一八九《厢兵》载:庆历中,招收广南巡海水军、忠勇、澄海,"虽曰厢军,皆予旗鼓训练,备战守之役"。澄海,北宋时期分布在潮、梅、桂、柳、崖、儋等34州(今广东、广西、海南),其中广、廉、儋等11州的"系教阅"。

② 王曾瑜:《宋朝兵制初探》,第74页,中华书局1983年版。

③ 《续资治通鉴长编》卷二五〇,熙宁七年二月癸酉。

④ 《李觏集》卷二八《寄上孙安抚书》。

杖手千五百三十六人,抚州、建昌军乡丁、关军、枪杖手各千七百七十八人,为定额"①。虔、抚、建昌各有的一千五百多人的枪杖手,都在每年农隙教练武艺,"以备奸盗"。

元丰七年(1084年),江南西路的枪杖手人数定额8,035名,依照保甲法编排,每年教阅一次②。哲宗元祐中减去7,142人。约十年以后,又增加人数。到徽宗宣和三年(1121年)经兵部奏请,继续增加"补足原额"③。由这几条史事看出,江南西路的枪杖手人数约在万人以内,主要编排在虔、抚、建昌三州军。按这三州军的地理位置,是在武夷山西部沿线,表示着防务的重心在此,与虔、汀等州私盐贩运猖獗不无联系。

三、屯驻禁兵

禁兵,是皇帝的卫兵,即是朝廷掌握以备京城守卫与征战的军队,由殿前司、侍卫司统辖。但是有一部分驻扎外地,"非屯驻、屯泊,则就粮军也"。嘉祐四年(1059年),诏令"荆南、江宁府、扬、庐、洪、潭、福、越州募就粮军,号威果,各营于本州;又益遣禁军驻泊……于是东南稍有备矣"④。嘉祐五年十一月,江南西路钤辖司奏准:徙本路都监一员于虔州驻泊,"如昇、洪、荆、潭等处,招置威果一指挥,以隶禁军"⑤。显然,这些威果"就粮军"是为加强东南防务,控制江西、福建之间的武装盐贩子而设的,既减轻京城的军饷供应压力,又扩充了禁军数量。屯驻在各地的禁军番号不只"威果"一个,还有勇捷、忠节、归远、宣毅等。编制以指挥(营)为基本单位,每一指挥规定为500人,实际都不足额,大致300~400人。上引李觏《寄上孙安抚书》提到:"诸州旧有'宣毅'百数。"他说的"百数"显然不是"指挥"数,而是人数,可见更不足额。至于给养则是很好的,李觏说:"今之卒伍,饩廪甚厚。"按《宋史·兵志·廪禄之制》:禁兵军士俸钱"自一千至三百,凡五等;厢兵教阅者,有月俸钱五百至三百,凡三等。下者给酱菜钱

---

① 《续资治通鉴长编》卷三〇一,元丰二年十一月庚午。
② 《续资治通鉴长编》卷三四五,元丰七年四月乙亥,"福建转运使贾清言:昨提点江西刑狱,编排虔州诸县枪杖手,立额依保甲为法,岁一按阅,民以为便。江西一路可以推行。诏下本路,依虔、抚州、建昌军等处现行法。"
③ 《宋史》卷一九一《兵五》。
④ 《宋史》卷一八九《兵一》。
⑤ 《续资治通鉴长编》卷一九二,嘉祐五年十一月辛亥。

第一章
江西的州县建置与分路管辖

或食盐而已";"春冬赐衣,有绢、绵,或加绸、布、缗钱"。江南西路的禁军人数,熙宁三年(1070年)定为6,800人。江西地区禁军的分布,详如下表:

表1.2　　　　江西地区屯驻禁军番号及分布表

番号及指挥总数	熙宁以前江西指挥数	番号及指挥总数	熙宁以后江西指挥数
勇捷26指挥 忠节60指挥	洪州1 信、饶、洪、虔、吉州、临江、南康军各1	宣毅174指挥	江、洪、虔、吉、抚、筠、袁州、建昌、南安军各1
归远16指挥 宣毅288指挥	洪州2 洪、虔、吉、抚、袁、筠州、建昌、南安军各1	威果25指挥 忠节60指挥	洪州2、虔州1 信、饶、洪、虔、吉州、临江、南康军各1
威果25指挥	洪州2、虔州1	归远16指挥 雄略25指挥	洪州2 吉州(熙宁三年增置300人及置步军雄略一。)
江西指挥合计	21	江西指挥合计	22(熙宁三年增置300人及置步军雄略一。)

注:1.熙宁三年增置300人及置步军雄略一。
　　2.熙宁以后的"宣毅"各指挥中,原注:"江南东路江宁、江南西路虔各一,拨隶威果、雄略;洪、吉、抚、建昌各一,皆改教阅忠节;筠、袁、南安各一,不充额。"

神宗时期实行将兵法,元丰四年(1081年)东南地区共编为13将,江南东路为第5将,江南西路为第6将。

四、器甲制造

宋代军队使用的兵器装备物品,由官营作坊制作,京城设有南北作坊、弓弩院,地方"诸州皆有作院,皆役工徒而限其常课",通过工匠劳役制来生产,定出产品数额以便监督检查。按规定,"诸州岁造黄桦黑漆弓弩等凡六百二十余万"[①]。另外还制造兵幕、甲袋、梭衫等什物,以备行军宿营需用。

---

① 《宋史》卷一九七《兵十一》。以下未注出处的引文,皆见此卷。

诸州皆有的兵器作坊,在皆需制造的弓弩等什物之外,还会临时派造一些军队需用之物。康定元年(1040年)四月,仁宗"诏江南、淮南州军造纸甲三万,给陕西防城弓手。"江南指江南东、西二路。护身甲用纸制作,可见这些纸料的坚实程度相当高[1]。元符元年(1098年),"诏江、湖、淮、浙六路合造神臂弓三千、箭三十万。"

有时派下的军用物资,本地无有,需去别处买来上供。神宗元丰三年(1080年),江西吉州奏:"奉诏市箭笴三十万,非土地所产,且民间不素蓄,乞豫给缗钱,期以一年和市。"[2]本地不出产物品的也要征调,实是苛酷。

军用物资和军队一样,都严格控制在官府手中,不容许民间所有,因而对制作器甲的工匠,定有严格限制的政策。嘉祐七年(1062年),下令江西制置盗贼司:"在所有私造兵甲匠并籍姓名,若再犯者,并妻子徙淮南。"不准江西各州军民间私造兵器、衣甲,擅自制造的工匠都写上黑名单,再犯的将连同妻子迁徙淮南。

在江西有众多屯驻就粮的禁兵,有在各州军的大批厢军,还有八千多枪杖手,他们都需要常年供应吃穿,再加制造数额巨大的弓箭、纸甲等兵器,民众因此而承受的负担极大。神宗时期,朝臣陈襄上奏说:

"臣观治平二年天下所入财用大数,都约缗钱六千余万,养兵之费约五千万,乃是六分之财,兵占其五。"[3]按陈襄的估算,禁兵一名每年的钱粮不下50千,厢兵一名每年不下30千。依上节所述江西屯驻禁兵约6,800名,每名50千,共需34万;厢兵约10,373名,每名30千,共需31.1万余,二者合计为65.1万余缗。仅这两部分兵员的钱粮供应,就相当于熙宁十年江西十三州军商税总数40万余缗的一倍半。徽宗时期,在江西的走马承受(由宦官充任)弹劾江西"一路以钱半给军衣,非是"。提举江西常平张根提出异议:"东南军法与西北殊,此事行之百五十年矣。"江西的军队人数不算多,耗费的钱粮却占赋税的1/2,"此事行之百五十年",可见从北宋初年即是如此,沉重的负担一直延续至末年,持久未改。

---

① 纸甲,明·朱国桢著《涌幢小品》卷上《纸铠绵甲》称:"纸甲用无性极柔之纸,加工锤软,叠厚三寸,方寸四钉,如遇水雨浸湿,铳箭难透。"可见制作不易,对纸质也有特别要求。笴,即箭干。不知此种箭干是何种木、竹,竟"非土地所产"。

② 《历代名臣奏议》卷二二○。

③ 《宋史》卷三五六《张根传》。

第二章
户口增多与劳动人口的分布

江西地区的经济开发,在持续积累的发展过程中,进入北宋时期已经到达全面而快速增长的阶段。唐朝后期,士大夫对江西的评议是:"江西七郡,列邑数十,土沃人庶,今之奥区,财赋孔殷,国用所系。"①这份官文书所说显得比较空泛,但是有两点值得注意,一点是郡县数量,七郡之下数十县,实只37县,即称"土沃人庶",那时江西不超过30万户,这表明唐人衡量富庶的标准是如此;第二点,江西在国家全局中的地位,已经是"财赋孔殷,国用所系",这是当时的实情,衰落中的唐王朝全靠江南各郡财赋支持。和以前比较,这个评议不错;往后比较,则是低水平的。到了北宋时代,江西社会发展进入新阶段,大量的客观事实让人们确信,"土沃人庶"与"财赋孔殷"的论断毋庸置疑,其内涵已非常充实。

经唐末五代而至北宋,江西地区相对安静,社会发展没有中断,生产开发继续上升,经济实力增强,进而成为国家的重要财赋基地。促使这个形势发展的主要原因是户口繁庶,劳动力增多。大量增长中的人口,既因前期的迁入者扩大了人口基数,更由于安定环境中的自然增殖。两股力量互相激荡,使人口发展曲线急速上升,超越前期六七倍。在生产技术还比较落后,技术革新又缓慢的时代,人们致力于农耕劳作,依赖劳动人手,因而人口数量是决定生产进退的关键因素。在叙述社会经济的时候,我们首先将北宋江西人口的增长史实,在此交代清楚,以便其后各个领域的评述,获得坚实的立足基地。

---

① 白居易:《除裴堪江西观察使制》,见《全唐文》卷六六一。这里说7郡,当是因信州还在江东道辖下所致。

第一节
户口数量持续增长

一、本地户口的发展趋势

北宋江西地区处于人口增长高峰期。促成高峰形成的基本原因,是社会环境相对安定,人口自然增长迅速。唐、五代时期由北方迁入的家族,早已定居生根,繁衍生息,使江西各地的人口基数扩大了。所以,北宋以后虽然没有出现外地人口大量进入,但江西的户口数量仍是持续上升。

1.继续迁入的家族实例

唐朝中后期,北方战祸频仍,大批离乱中的民众往南方迁徙,不少人沿着皖南山区通道,进入江西。五代十国阶段,仍然极不安定,江西地区既有户口迁入,也有迁出。吉州的彭氏等几百上千人家,随彭玕避祸西走至湖南,落籍于土家族山寨①;抚州危全讽的子孙,有一支进据信州,后"为杨氏击败,奔杭州,易姓曰元"②,后嗣中有元绛,在宋英宗时官至参知政事。与迁出者比较,进入江西定居者当占主要。

相对于中原州县,江西各处仍称安稳,"无边徼警扰,故徙者依焉",保持着巨大的人口吸纳力。已经迁入者均落籍置业,成了土著;同时还有新的家族进来,如李寅,本居建安,官至诸司使,宋灭南唐后,他"至豫章,乐其山水,曰'此可以终吾身也',遂临州之东湖,筑第宇以居……寅事亲孝,治家有法,闺门之内肃如也"③,成了北宋南昌东湖边上的著名家族。

南城吕南公,原居金陵(今南京市),其曾祖父在南唐灭亡之日,家被焚毁,仓皇避难,迁居南丰,至其父转入南城。他在《吕氏家系》中说:"开宝八年(975年),王师加金陵,兵官樊若水至城下,晚请于帅,以燔民庐,而吾家毁焉。曾祖王父君抢攘挟其二子,轻赍南遁,至江州遇其故人有禄者,教以宜走南丰,于是从之。"吕氏定居建昌军南丰县,景况日趋窘迫,至大中祥符元年(1008年),吕

---
① 详见许怀林《唐末五代时期江右豪杰的浮沉与影响》,载《江西师大学报》2003年第4期。
② 《宋史》卷三四三《元绛传》。
③ 《宋史》卷三百《李虚己传》。

第二章
户口增多与劳动人口的分布

南公之祖父卒,其父出生才10月,"家贫不能自存",其祖母携子嫁南城人傅可忠,遂为南城人①。

临川饶氏,"其先世家金陵",南唐亡后,举家迁抚州临川县,"买薄田数亩,力治耕种,遂有其居"②。还有临川王氏、南丰汤氏,也是这期间迁入的③。

2.北宋开基的众多村庄

综观江西各地总体人口形势是,迁入的人数明显比以前减少,本地居民繁衍生殖旺盛,新的聚落涌现,呈现持续上升的景象。下面以8个县境的唐、宋开基建村的资料,具体展示这种人口形势。

表2.1　　　　　　　　唐宋间德兴等八县建村形势表

县名	新建村数	唐、五代建村				北宋建村				南宋建村			
		小计	外省	邻县	本县	小计	外省	邻县	本县	小计	外省	邻县	本县
德兴	191	102	46	19	37	52	22	4	26	37	6	10	21
永新	191	30	8	6	16	65	4	22	39	96	2	19	75
宁都	170	46	12	10	24	65	1	17	47	59	1	16	42
宜丰	174	8	1	4	3	62	2	29	31	104	7	31	66
金溪	249	43	12	10	21	91	18	40	33	115	31	54	30
永丰	282	69				82				131			
资溪	85	22	6	12	4	26	2	15	9	37	5	22	10
黎川	32	3	0	1	2	8	0	7	1	21	6	9	6
合计	1374	323	85	62	107	451	49	134	186	600	58	161	250
%	100	23.5				32.8				43.7			

资料来源:永丰县据1993年版《永丰县志》第563页《全县历代氏姓建村一览》,其他7县均据该县地名志逐条检出统计。

表中的八县是随意而定的,宁都、永新建县始于三国吴,都是江西的古县。宜丰立县开始于三国吴,后来罢废了很久,稳定的建县在北宋前期,当时名新昌县。德兴立县在南唐初年,金溪立县在北宋前期,永丰立县在北宋中期。黎川、资溪二县这时仍是南城县的境域,南唐以前这里曾经设立东兴、永城二县,但废立不常。南宋绍兴间建立新城县(即黎川县),明代万历间建泸溪县(即资溪县)。因此,黎川、资溪二县村落的发展趋势,反映的是南城县的概况。八县散

---

① 吕南公:《灌园集》,卷一七《吕氏家系》。
② 吕南公:《灌园集》,卷一九《饶寺丞墓志》。
③ 吕南公:《灌园集》,卷二〇《临川王君墓志铭》、《汤进士游夫人墓志铭》。

处江西四方,居中的稍多,大致上可以由此看出江西全境的概况。两宋及其以前共建村1374个,其中唐、五代(包括唐以前的)建村占23.5%,北宋32.8%,南宋占43.7%。两宋共占76%以上,是经济开发区快速扩展的生动证明。宋代开基的1051个新村之中,由外省人迁入建村的为107个,只占10%多一些;而因本县家族人口繁衍、扩建开基的新村为436个,占41%以上,由邻县民户拓展而来建村295个,占28%,两者合计为69%以上。可见,江西本地人口增殖,是促使人口持续上升的主要原因。

3.对开基建村者的分析

不同的州县所在,表现出地区差异。德兴县东邻浙江,北接婺源,是唐、五代时期中原流民进入江西的首选定居地。德兴建县以前在乐平辖下,秦汉时期曾是长沙王吴芮的故居地,有吴园古村存世。六朝时期矿冶业已经兴起,曾设过银城县。所以,中唐以前开基的古村已经不少,上表把这些古村包含在"唐五代建村"一栏内。唐后期至五代迁德兴的外省家族开基村落46个,半数以上(25个)是徽州来的,如歙县篁墩(或作黄墩)董姓、程姓、齐姓、傅姓;其他21个村多数来自福建、浙江,少数个别来自山东、广东。而徽州辖下的婺源县迁来的尤多,计有俞、叶、程、胡、祝、吕、潘、汪、张等九姓22村。发展至北宋,外省迁入者开基22村,其中徽州来的12个,全部由婺源迁出;南宋外省迁入者建村6个,婺源占4个。大批前代的迁入者落籍之后,子孙成为当地人,裔孙繁衍,继续析分,拓建新的自然村,便转入本县族姓开基人系列。例如篁墩人程盛,于唐僖宗中和四年(884年)迁入德兴井坞建村,其子孙迁往雷溪西岸新建村庄,遂名曰"新建"。该地逐渐兴盛发达,后来成了新建乡政府驻地。新建村程氏又分出在海口乡建小浮溪村,在皈大乡建泸口村①。后嗣不绝,析分无已。人口多了,村庄跟着稠密起来。

《地名志》的自然村储存的历史人口信息,在宋代人的墓志铭中得到印证。例如北宋饶州浮梁县程节,上世"子孙蕃衍,散在天下,多出黄墩之裔。黄墩与饶接,祠庙坟墓俱在。曾高以来遂家浮梁。当南唐偏据,皆终隐不仕"②。入宋以后,中举出仕,程节在宋徽宗时任广南西路经略安抚使。

德兴张潜、张由父子的墓志铭,也很典型。张潜的祖辈,"避黄巢于歙之黄墩。国初乃迁饶(之德兴)"。至张由时代则是"世为饶之德兴人","张氏德兴望

---

① 详见《德兴县地名志》第35、48、51页。德兴县地名办1984年编印。
② 陈柏泉:《江西出土墓志选编》,第27号《宝文阁待制程节墓志铭》。江西教育出版社1991年版。

第二章
户口增多与劳动人口的分布

族"①。这些人在唐五代之时,还是饶州德兴、浮梁一带的新移民,几代人之后,祠墓产业俱在当地,便成了世居,乃至望族。徽州、饶州壤地连接,自古交往频繁。徽州山地绵延,比较封闭,距中原不算太远,在战乱年代却能满足"即深而潜"的需求,故而成为南迁者的中转基地。饶州位于徽州南部,大部分地方已属低平,浮梁、德兴二县处于山区与平地交接地带,浮梁有农业、陶瓷业的优势,德兴有农业、铜矿业的优势。它们的西南面紧接乐平、鄱阳,水运便利,为著名的鱼米之乡。所以,饶州物产丰盛,发家的机会多,时局转安之后,程、张等家族由徽州迁来者亦多。

吉州永新县,位于赣西井冈山麓中部,远离通衢大都,不受中原战乱侵扰,素称僻静之地,其建村形势与德兴县完全相反。永新由于建县时间更早,本地著姓定居年深日久,尽管也有不少迁入的外地人,但主体优势仍在土著及邻县开基者手中。永新、德兴两县宋以前建村总数相同,而外省迁入者建村数相差悬远,德兴为74村,永新只14村。发展趋势都是后来者居上,而永新尤为强劲,宋代建村数高占84.3%,德兴只46.6%。本县家族析分开基的新村永新县显著增多,而德兴却没有这种现象。德兴大概由于矿冶业的需求,自古至今广纳外来人口,形成"五方杂处"的文化风俗,而永新反是,较小地域内的家族交流,形成稳定而单纯的文化风俗。

虔州宁都县处于赣南丘陵山区,筠州新昌县(今宜丰县)在赣西北腹心内地,它们的建村发展态势大致同于永新。例如宁都县,由外省进入开基的村落,五代以前记下12例,到了北宋、南宋都只1例。先来的迁入者已成土著了,继之而来的主要是邻县的居民。肖田乡坪湖岭开基者,是唐末由金陵上元县迁来的戴天赋。几代人之后,坪湖岭的戴万崇在北宋初年拓建出荆林村。宁都田埠乡有一个片村,是石城县李翊俊开基,他在乾德五年(962年)迁来田埠乡建布头村,子孙后人多起来,于是扩建出高排、背寮、排上、店下等自然村,形成一片李氏村落群②。类似的繁衍析分事实,在邱姓、卢姓、肖姓等家族中都有。

抚州金溪县的情况另是一种,表现出很强的个性。唐宋建村总数高达249个,而唐末、五代的只有43个,占17.3%,宋代有206个,占82.7%。唐中期以前的古村不见记录,而北宋开始陡然增多,有旺盛的开发势头。促成这股势头的力

---

① 陈柏泉:《江西出土墓志选编》,第29号《通直郎张潜行状》、第31号《将仕郎张由墓志铭》。江西教育出版社1991年版。

② 《宁都县地名志》第30、324页。宁都县地名办1984年编印。

量,既有不少的外省迁入者,更有大批邻县人移居过来,本地析分的家族也不少。外省移民的来路很广,包含福建、浙江、安徽、湖南、河南、陕西、山西、四川、广东等省,人数逐渐增加,与其他县逐渐下降的走势,截然不同①,这种大范围的人口吸收能量,值得仔细研究。

从整体上看,江西自然条件优越,养生之物丰足,众多的丘陵盆地,都有山水之乐,先来者人丁兴旺,后到者皆得安居,各处充满生机,富有凝聚活力,所以呈现户口滋盛,村庄—开发区日益稠密的景象。

二、户口数量的基本统计

在北宋历朝的户口资料中,可以从太宗、神宗、徽宗三代得到江西13州军的分计数字,由此能够知道江西一百多年中的户口数、主户与客户数,及其逐渐增长的程度。

表2.2　　　　　　　　　　北宋江西地区户口统计表

州军名	太平兴国间(980—989年)			元丰三年(1080年)			崇宁元年(1102年)	
	主户	客户	合计	主户	客户	合计	户数	口数
洪州	72350	31128	103478	180760	75474	256234	261105	532446
筠州	29396	16933	46329	36134	43457	79591	111421	204564
饶州	22805	23112	45917	153605	34590	188195	181300	336845
信州	28199	12486	40685	109410	23207	132617	154364	334097
虔州	67810	17336	85146	81621	16509	98130	272432	702127
袁州	44800	34903	79703	79207	50477	129684	132299	324353
吉州	58673	67780	126453	130767	142630	273397	335710	957256

---

① 本节内容根据《地名志》资料写成。地名志成书于上个世纪80年代,其资料研究价值在于:它是在广泛调查基础上编成的;有大量家谱资料,如宁都县"地名普查中查考的家谱名录"为1060部;家谱中关于祖辈迁徙落籍,有比较具体的人名、地点、时间三要素;编撰者不会因写这些古人古事受牵连,或避嫌而曲笔。当然,后人记古事,不可能精确,但这是通病,不独是《地名志》的缺陷。借《地名志》考察历史户口,对把握增减大势,有参考价值。

另外,祖辈由外省迁入者,能否当本地户口看待?答案是肯定的。人口流动是绝对的,不可能世代都以原始祖居地当乡贯。两晋南北朝的"土断"政策,就是以"人安其业,丘垄坟柏,皆已成行"(《晋书·范宁传》)的事实,把侨民正式归入当地户口的。入乡随俗,由客户变土著,是普遍规律。

第二章
户口增多与劳动人口的分布

续表

州军名	太平兴国间(980—989年)			元丰三年(1080年)			崇宁元年(1102年)	
	主户	客户	合计	主户	客户	合计	户数	口数
抚州	—	—	61,279	93915	61921	155836	161480	373,652
江州	12,319	12045	24364	75888	19496	95384	84569	138,590
建昌军	11002	7845	18847	89582	25626	115802	112887	185036
南康军	14642	12306	26948	55527	14969	70496	70615	112343
南安军	—	—	—	34024	1775	35799	37721	55582
临江军	—	—	—	68286	21111	89397	91699	202656
合计	392636	266513	659149	1188726	351241	1719968	2007602	4459547

1. 资料来源:太平兴国数据《太平寰宇记》卷一〇六至一一一;元丰数据《元丰九域志》卷六;崇宁数据《宋史》卷八八《地理四》。

从北宋初年到崇宁的一百五十年间,江西人口按户数比较,元丰比宋初增106万余户,崇宁比元丰增28万余户,比宋初则增加了134万余户,是宋初的3倍多。就13州军自身比较,户数最多的前5名,宋初是吉、洪、虔、袁、筠州;元丰时变为吉、洪、饶、抚、信州居前,虔州变为第9,袁州退居第6,筠州第11名;崇宁时则是吉、虔、洪、饶、抚州居前,信州退居第6,袁州降为第7,筠州为第9名。由此看出,赣江中下游地区的吉州、洪州一带,始终是人口最密集的,而赣东的饶、信、抚州一片,是人口第二多的地方。虔州的户口曲线很有研究价值,宋初它在江西居第3位,元丰时跌到第9位,崇宁时跃居第2位,如此大幅度起落的原因是什么,还没有找到答案。

换一个角度观察,户口最少的州军,宋初是建昌军、江州、南康军三地,建昌军这时还只有南城一县[南丰县是淳化二年(991)割过来],所以人口最少的地区是江湖交汇处。这里在太平兴国年间人口稀少,当是曹翰凶残的屠杀留下的恶果。元丰时期,末尾的三个是南安军、南康军、筠州,但绝对数都已大增,最少的南安军有3.5万余户,比前期的江州多1万余;筠州有7.9万余户,相当于宋初的第4名。崇宁时期,殿后的是南安军、南康军、江州,它们的户数和元丰时差不多,江州甚至有所减少。

总体上看来,赣江—鄱阳湖航道两端地区人口少,中间的大片地区人口众多。航道两端的码头经营虽然很活跃,然而多是过往的流动人口,他们一般不会在那里定居落籍,在以征收赋役为目标的户口统计中,这批人不会被当地官府检刮进来。而以农耕经济为主体的众多州县,土地对人口有最大的吸引力,发家致富与安土重迁紧密结合,因而将一个又一个的家族凝聚在这里,形成良性循环的发展地区。现代社会关注的人地矛盾——人多地少造成的社会压力,还不是当时江西的主要矛盾。

三、江西人口在北宋总人口中的比重

江西地区的人口数在总人口中的比重,从唐朝元和年间(806—820年)开始上升,进入北宋以后,长期保持在百分之十左右的水平,与其他地区比较,处于前列位置。详如下表所示:

表2.3　　　　　　　　北宋初年江西户口占北宋户口比重表

道名	户数	百分比%	江南道中的江西州军	户数	江南道中户数前十名	户数
诸道总计	6,108,635	100	洪　州	103,478	吉　州	126,453
江南道	1,833,957	30.02	吉　州	126,453	洪　州	103,478
河南道	1,230,139	20.13	虔　州	85,146	泉　州	96,581
剑南道	867,488	14.20	袁　州	79,703	福　州	94,470
（下略）			抚　州	61,279	建　州	90,492
			筠　州	46,329	虔　州	85,146
			饶　州	45,917	袁　州	79,703
			信　州	40,685	杭　州	70,457
			南康军	26,948	昇　州	61,679
			江　州	24,364	抚　州	61,279
			建昌军	18,847		
江西诸州军	659,149	10.79			合　计	869,738

资料来源:乐史《太平寰宇记》,光绪八年金陵书局刻本。此表为北宋初年情况,即《太平寰宇记》写作的太平兴国至端拱年间(976—989年)。

南唐归宋之际,江西地方除江州之外,没有受到大的破坏,继续比较安定地发展,表中的户口数量,可以说是南唐以来的增殖结果。乐史遵照唐代十道的区划来统计户数,河南、江南、剑南三道之外其他七道的户数都很少,多的如河北道为58万余户,不及江西州军合计户数;少的如陇右道只6万余户,与江西抚州相当,故略去未列。江西地区的州军全部在江南道中,据所列各州军分计

第二章
户口增多与劳动人口的分布

数相加,超过了河北、山南、淮南、关西、河东、岭南、陇右诸道,占诸道总计户数10.79%的高比重,这该是宋代长期划分江南东西二路的基本条件。在江南道的48个州军中,户数居前十位的州中,江西有吉、洪、虔、袁、抚五个,合计户数占此十州总户数的52.44%,可见江南道户口重心向江西地区倾斜。

熙宁十年(1077年)江西的户、口、丁数量及其在诸路中的位置,如下[①]:

表2.4　　　　　熙宁十年(1077年)江南西路户口丁数比重

路别	户数		口数		丁数	
	主	客	主	客	主	客
诸路总计	10,109,542	4,743,144	23,426,994	9,876,895	12,284,685	5,562,188
江南东路	902,261	171,499	1,609,612	289,843	1,019,134	186,027
江南西路	871,720	493,813	2,010,646	1,065,201	884,329	380,798
江南西路占总计%	8.6	10.4	8.58	10.78	7.2	6.8

上列户口数据显示,约有十分之一的户口集中在江南西路。若就江西地区而言,尽管有一个兴国军似不能计入,但在东路10州军之中有江、饶、信、南康4州军应该加进来,因此,总户口之中分布在洪、饶等13州军的数量,将超过十分之一。

这份数据有较高的可信度,首先,它是毕仲衍经进《中书备对》的,具有朝廷认可的权威性。熙宁年间,在此数据之外,不见有如此详备的、涵盖北宋各路的户口统计资料。

其次,数据体现的户口结构合理性,与北宋普遍的户、口、丁三者比例关系基本上是一致的。诸路总计的户数为14,852,686;口为33,303,889;丁为17,846,872;户口比是1:2.24;口丁比是1.86:1。江南西路的户数为1,365,533;口为3,075,847;丁为1,265,127;户口比是1:2.25;口丁比是2.43:1。

考察深入至路以下的州军户口状况,在王存《元丰九域志》标注的户口资料中,可以得出下表:

[①] 《文献通考》卷十一《户口二》,检正中书户房公事毕仲衍经进《中书备对》之户口数。

表 2.5　　　　元丰三年(1080年)江西户口占北宋户口比重表

路名	户数	百分比	江西州军	户数	居前十名的州	户数
诸路总计	16,569,874	100	洪　州	256,234	潭　州	357,824
京东路	1,359,666	8.20	筠　州	79,591	吉　州	273,397
河北路	1,232,659	7.43	饶　州	188,195	洪　州	256,234
陕西路	1,355,244	8.17	信　州	132,617	开封府	235,599
淮南路	1,357,064	8.19	虔　州	98,130	京兆府	223,312
两浙路	1,778,953	10.73	袁　州	129,684	福　州	211,552
江南东路	1,127,311	6.80	吉　州	273,397	杭　州	202,806
江南西路	1,287,136	7.77	抚　州	155,836	泉　州	201,406
（下略）			江　州	95,384	江陵府	189,922
			建昌军	115,208	饶　州	188,195
			南康军	70,496		
			南安军	35,799	合　计	2,340,247
江西州军	1,719,968	10.37	临江军	89,397		

资料来源：王存《元丰九域志》，中华书局1984年版。

上表数据证明,距宋初百年之后的元丰三年(1080年),江西13州军拥有的人口仍然占北宋的十分之一以上。这个时期的饶州、信州、江州、南康军划隶江南东路,而江南西路中有兴国军,为此我们进行了加减。据各州军的分计数得出了全江西地区的户数,并检出了诸路户数最多的前十个府州的名次,江西有吉、洪、饶三州,共计有户717,826,占10府州合计户数2,340,247的30.67%,在平均数之上。就北宋全局考察,户数超过百万以上的有7路(不足百万的均省略),淮南路居中,江南3路的合计户数为4,193,400,超过北方的3路(多245,831户)。在江南3路的户数中,江西13州军共有1,719,968户,占41.02%。在江西居住的人口多,劳动力自然充足,这就为社会经济发展准备了首要条件。

到了北宋晚期,江南的整体发展优势更趋明显,户数最多的前7位、口数均超过200万的路,只有永兴军路在关中,其余六路均在江南。江西地区的户、口总数都多出其他路,保持着领先地位。就单个州军比较,户数最多的前10名,潭州居最(户439,988),泉州第十(户201,406),江西的吉州、虔州、洪州分别居第2、4、6位;按口数排列,则有较大的变化,太原府第一(口1241768),宣州第十(口470749),吉、虔、洪州分别为3、4、8位,仍然突出。详如下表:

第二章
户口增多与劳动人口的分布

表2.6　　　　崇宁元年(1102年)江西户口占北宋户口比重表

路名	户数	百分比	口数	百分比	江西州军	户数	口数
诸路总计	20,264,307	100	45,324,154	100	洪州	261,105	532,446
两浙路	1,975,041	9.75	3,767,441	8.31	虔州	272,432	702,127
江南西路	1,664,745	8.21	3,781,613	8.34	吉州	335,710	957,256
福建路	1,061,759	5.23	—	—	饶州	181,300	336,845
江南东路	1,012,168	4.99	2,009,997	4.43	抚州	161,480	373,652
永兴军路	1,001,498	4.94	2,779,227	6.13	信州	154,364	334,097
荆湖南路	952,397	4.69	2,180,072	4.80	袁州	132,299	324,353
成都府路	882,579	4.35	2,492,541	5.49	筠州	111,421	204,564
（下略）					江州	84,569	138,590
					建昌军	112,887	185,036
					临江军	91,699	202,656
					南康军	70,615	112,343
江西州军	2,007,602	9.90	4,459,547		南安军	37,721	55,582

资料来源：《宋史》卷八五至九〇，《地理志》一至六。

虔州户口增加显著，不仅在江西地区突出，在北宋各路中也是名列前4位之中。与它紧邻的吉州户口数更多，吉、虔二州户口合计达到608,142户，1,659,383口，分别占江西州军户口总数的30.29%、37.20%，已经改变了人口分布南北不平衡的格局。虔州与其东南西三边的邻居比较，其人口优势更彰显出它在东南地区的地位。《宋史·地理志》列出虔州附近诸州元丰年间户数是[①]：

汀州户81,454，漳州户100,469，邵武军户87,594，梅州户12,370，潮州户74,682，循州户47,192，韶州户57,438，南雄州户20,339，惠州户61,121，郴州户39,393。

汀、漳等10州军之中，只有漳州的户数超过10万，全都大段低于虔州。它们共计有户582,052，虔州户数占其46.8%。存在这种明显的重轻差别，故而江西兵马钤辖坐镇虔州，朝廷处置该地民众的食盐走私，或者其他武装动乱事件，必定首先控制虔州。以虔州控辖东南的战略，历朝都保持不改。

[①] 汀、漳、郴州、邵武军为崇宁户数；口数只郴州记作"138,599"。

表 2.7　　　　　　崇宁元年(1102年)户口最多的前十名

府州名	户数	口数	府州名	户数	口数
潭州	439,988	962,853	太原府	155,263	1,241,768
吉州	335,710	957,256	越州	279,306	367,390
虔州	272,432	702,127	开封府	261,117	442,940
成都府	182,090	589,930	洪州	261,105	532,446
大名府	155,253	568,976	京兆府	234,699	537,288

资料来源:《宋史》卷八五至九〇,《地理志》一至六。

江西从北宋初年至北宋晚期的120余年间,人口持续增长,户数由65万余一增再增至200万余,净增134万余户,超过初期的2倍。户数超10万的州,初期只有吉、洪二州,晚期增为吉、洪、饶、抚、信、袁、建昌七州军,显示出全境人口普遍密集的旺盛气象。这个时期人口上升的强劲特色,超越了历史上任何阶段。西汉元始二年(公元2年)至刘宋大明八年(464年)的四个半世纪里,江西人口大起大落,由6.7万余户、35.1万余口一度上升至40.6万余户、116.8万余口;却很快跌落至只有4.6万余户、33万余口,处于最低点。隋唐大统一时代,江西户数从8.5万余增加为29.3万余,历时二百年,才净增20万余,仍属缓慢之中①。对比唐末五代之后的北宋时期江西人口态势,确信江西地区的大发展阶段已经开始。

四、十三州军的人口分布

各州军所处位置不同,辖区大小不一,下辖县有的多,有的少,仅是以州军作为考察的单元还嫌疏略,有必要再按每县平均户口数进行分析。这种平均数不同于按国土面积折算的人口密度,或者说,从开发的深广程度上比较,每县平均数不如人口密度精确。但是,在单一农耕经济占统治地位的古代,平均数的研究价值并非不重要。况且,古代的州县政区面积,因界线无法划定,极难计算清楚。江西13州军按县平均户数演变状况如下表:

---

① 许怀林:《江西历史人口状况初探》,载《江西社会科学》1984年第2期。

第二章
户口增多与劳动人口的分布

表2.8　　　　　　　　　北宋江西13州军各县平均户数表

州军名	太平兴国(976—984年) 县数	太平兴国(976—984年) 平均每县户数	元丰三年(1080年) 县数	元丰三年(1080年) 平均每县户数	崇宁元年(1102年) 县数	崇宁元年(1102年) 平均每县户数
洪　州	7	14,782.5	7	36,604.8	8	32,638.1
筠　州	4	11,582.2	3	26,530.3	3	37,140.3
饶　州	5	9,183.4	6	31,365.8	6	30,216.6
信　州	5	8,137.8	6	22,102.8	6	25,727.3
虔　州	13	6,549.6	10	9,813	10	27,243.2
袁　州	5	15,940.6	4	32,421	4	33,074.7
吉　州	7	18,064.7	8	34,174.6	8	41,963.7
抚　州	5	12,255.8	4	38,959	4	40,370
江　州	5	4,872.6	5	19,076.8	5	16,913.8
建昌军	1	18,847.5	2	57,604	2	56,443.5
南康军	3	8,982.6	3	23,498.6	3	23,538.3
南安军	—	—	3	11,933	3	12,573.6
临江军	60	—	3	29,799	3	30,566.3
总计		10,140.7	64	26,874.5	65	30,886.1

资料来源：各州军辖县数见《宋史·地理志》，并参见本书第一章。各州军户数见表2.5，此表不重复列出。

表中所示平均每县户数，显示持续上升发展势头：太平兴国年间超过万户的有洪、筠、袁、吉、抚、建昌6州军；超过五千户的有饶、信、虔、南康4州军；低于五千户的只江州。按北宋初年所定诸县等级，除京师赤畿外，有望、紧、上、中、下5等。4000户为望，3000户以上为紧，2000户以上为上，1000户以上为中，不满1000户为中下，500户以下为下[①]。江西按县平均户数，太平兴国江州间最低，但每县也在所定最高标准之上；元丰年间，虔州最低，却已接近一万户；崇宁以后便全部超过万户，最高的建昌军达到五万六千户以上，总平均每县超过三万户，是"望县"标准户数的七倍多。如此普遍旺盛的人口态势，前所未有，这是经济实力强劲的有力证明。

从13州军总计的平均每县户数看出，崇宁数是北宋初年数的3.05倍。以此作为太平兴国至崇宁时期江西户口的增长指数，便可比较出各州军户口的增长速率。显然，虔州、江州、饶州、抚州、筠州、信州、建昌军7处都超过平均指数，

---

① 马端临：《文献通考》，卷六三《职官十七·县令》。

其中以虔州最高,达4.16。在元丰、崇宁两次的平均每县户数中,超出总计平均数的则是建昌军最高,其后是吉州、抚州、筠州、洪州、袁州、饶州。这种差异,是地区发展不平衡性的表现,既因原有基础不同,也和各州自然条件有关,影响着它们在北宋阶段的演变程度。

建昌军在北宋的一百多年间,开发加速,人口增长始终维持领先地位。作为州级行政区,它刚建立不久,辖县仅只一二,但开发的力量强劲,人口繁衍快。这里统计户数涉及的县数更少,故而误差可能相对地小一些,更接近实际一些。参照《地名志》中的自然村创建材料,可以窥见大批户口聚集于此地的原委。资料显示,这里迅速增长的人口主要是垦种田地,安家立业,较少避兵逃亡,甚或流窜劫掠的成员。建昌军治南城县东部地区,北宋以前开基的村庄为15姓24村,北宋之后又有19姓新建31村。新来的19姓是邱、傅、鲁、邓、胡、邹、章、周、饶、黎、胥、孙、熊、吴、于、徐、朱、万、汪、梁、梅、李、蓝、石。他们迁出老家,不是逃避战乱,皆因人丁兴旺,原村庄内出现"人多地狭"的困难,需要寻求新的耕作田地,于是主动迁徙,乐意出去开拓新的家园①。

南端的虔州和南安军,从北宋初至崇宁年间,仍然是户口最少的所在。虔州平均每县户数增幅虽然大,但绝对数值并不大。太平兴国时期每县仅6549户,元丰时为9813户,崇宁数已大增,但仍低于平均值(30,886)。南安军在元丰时期仅多于虔州,而崇宁时最低。换句话说,北宋时期的虔州、南安军城乡,还处在地广人稀、大山长谷的荒僻状态,等待开垦与可以垦种的潜力非常大,距离人地关系的"饱和"状态还很遥远。但是,另一方面也需注意,即官府在虔州掌握到的户口,不等于当地实际居住的人数。虔州山深林密,界连闽广湘赣四省之间,北宋时正是食盐武装走私严重地区,官府的控制力度有限,因而是避役逃民最便于隐身之地,也是对抗官府、占山筑寨者的大据点。王安石《虔州学记》说,这里是"铜盐之贩,道所出入,椎埋、盗夺、鼓铸之奸,视天下为多"。毫无疑问,这些"顽梗"、"化外"人口不可能统计到。摆在江西各州军之中,虔州、南安军落在后面,就其本身而论,发展速度不慢,虔州由元丰到崇宁的20年间,每县平均户数增多1.7万余,绝无仅有。如果与福建、广东两面的邻州比,则其人口优势十分显著,完全与其辖控东南的战略地位相称。

关于人口密度,由于行政区面积难以确定,尤其是各州军的界域无法划

---

① 详见1987年《黎川县地名志》第12—76页,1985年《资溪县地名志》第24—138页。

第二章
户口增多与劳动人口的分布

准,所以各州军人口密度不可能得到,上述的每县平均户口数大致可以当密度参考。现转引梁方仲编制的《宋代各路人口密度》中的部分数据,借以估量各路之间的人口状况。

表2.9　　　　　　　　　北宋江南西路人口密度比较

路别	年度	面积(平方公里)	口数	每平方公里口数
各路合计	北宋	2,504,987.65	45,324,124	18.1
江南西路	崇宁元年(1102)	131,688.84	3,643,028	27.7
江南东路	同上	86,134.95	2,148,587	24.9
两浙路	同上	122,622.34	3,767,441	30.7
荆湖南路	同上	128,221.91	2,180,072	17.0
荆湖北路	同上	123,579.13	1,315,233	10.6
福建路	元丰三年(1080)	127,326.09	2,043,032	16.0
广南东路	同上	170,576.75	1,134,659	6.7

资料来源:《中国历代户口、田地、田赋统计》甲表40。

上表数据是一个大概数,有多种因素需要考虑,如境界范围、古今亩制换算、行政区的变异等。表中"江南西路"计入了兴国军,但不含江、饶、信州、南康军,人口数字与本书经过加减后的不同。然而从这个大概数中,得知江西地区人口密度在江南各路中居于第2。在北宋诸路之中,四川的成都府路居第1(45.5),梓州路居第3(27.9),江南西路退居第4位,属于北宋时代人口密度大的地区。

综观江西13州军,以赣江为轴心横切三大块,发展相对迅速的是北部和中部。但是,北部的江湖交汇地区,一因大江阻隔,农耕有限,二因兵灾频繁,使德化、湖口等县经常遭遇破坏,户口不易积聚。中部广袤的丘陵地带,土地平旷,物产富庶,社会宁静而交通便利,故能人丁滋盛,稳定壮大,析建的新县便主要出现在这里。南部比较滞后,存在广阔的人群生存空间,在这里开垦田地、发展农林经济的大潮,还没有真正到来。

五、户数与口数不协调:口作丁理解

户口统计数字中存在户数与口数不协调的矛盾。以崇宁元年江西户口总数折算,平均每户为2.22口,即是户与口之比例低至1:2.2。各州之中,户口比率最高的吉州、虔州,分别也仅为1:2.87、1:2.59;最低的南安、建昌军,分别只有1:1.47、1:1.63。每户平均人数只有二人左右,不符合历代"一家五口"的户型传统,也为家庭人口的实际存在所否认,真要是每家不足3人,这个社会就将消亡,江西人口持续增长从何谈起?那么,为什么会出现这样的统计数据?究其原因,不能只从江西一地寻找。

江西13州军户口数极不协调的问题,不是本身特有的现象,而是宋代各地共有的普遍问题。崇宁元年北宋总户数为20,264,307,总口数为45,324,154,平均每户的口数为2,34,只高于江西0.12。由此看来,《宋史·地理志》记出的这批户口数,存在可信度问题,要么户数记载偏高,要么口数记载偏低,但不可能各路各州都是如此;或者应将口数作"丁"数理解。而且,《文献通考》户口考、《宋会要辑稿·食货》及《续资治通鉴长编》诸权威典籍所载户口数,都存在同样的疑窦。所以这是北宋统治制度本身所造成,致使官府的统计史料在形成中出现特殊性,并不是史籍记述过程造成的问题。

综观中国历代家庭规模一家五口的概率,验证社会生活中的事实,对宋代户口史上的这个大疑团,比较合理的解释应是:口数需作丁数理解。

宋朝学者、士大夫对此事曾有不少议论,大致是二派意见,一派主丁数说,一派主隐漏说。例如:吕祖谦认为,官府为征收赋役,只统计丁口,不计较人数。他说:

> 大抵赋役之法,其根本一见于户籍、丁数,若户籍、丁产不定,虽有良法美意,亦无自而行。"为了统计丁数,"国朝丁齿,太平兴国九年(984年)江浙湖岭令人户以二十成丁,六十八(入)老。[①]

李心传则认为,口数少的原因是隐漏所致,他不说赋役征收中的丁与口问题。他说:

> 西汉户口至盛之时,率以十户为四十八口有奇。……唐人户口至盛之时,率以十户为五十八口有奇。……自本朝元丰至绍兴户口,率以十户为二十一口,以一家止于两口,则无是理,盖诡名子户漏口者众也。[②]

---

① 吕祖谦:《历代制度详说》,卷三《赋役》,"六十八老","八"字应是"入"之误。
② 李心传:《建炎以来朝野杂记》,甲集卷十七《本朝视汉唐户多丁少之弊》。

第二章
户口增多与劳动人口的分布

蔡攸、何志二人，于政和三年（1113年）四月二十五日，因详定《九域图志》，发现有户口隐漏不实问题，两人举出州县实例予以说明，他们合章上言：

> 伏见本所取会到天下户口，类多不实，且以河北二州……之数，率三户四口，则户版刓隐，不待校而知。①

所说河北路的二州，指德州、霸州。按《地理志》，此二州的崇宁户口数，德州户44,591，口82,025；霸州户15,918，口21,516，二州合计户60,509，口103,541，户口比为1:1.7。

李心传所说"诡名子户漏口者众"，与蔡攸、何志说的"户版刓隐"的社会弊端，其实都是由赋役制度所致。宋代赋役实行"推排物力，以定户等"的政策，即按财产和劳力多少划定每户的等级，然后按户等确定该纳的租税和负担的力役。民户为了减轻负担，便会采取各种办法隐瞒财产，少报丁数，求得降低户等，减少租税徭役。所以，关于导致户口比例不正常的两种解释，归纳起来是一个根源，赋役。既然统计的只是丁口，民户又隐漏丁口，故统计到的只是部分的丁口，于是和户数就是1与2多些的比例。赋役征收中的苛刻与繁重，迫使民户想方设法抵制，二者都是普遍存在，故而户与口之数量奇特也处处皆然。在实行只统计丁的政策，与民户隐漏丁数的行为之间，官府只计算丁口是主要的，民户隐漏只是部分性的，只起次要的作用。

历代王朝对户口进行统计，都是为了掌握住民众，以便征得赋税和调到劳力，北宋不能例外。赵匡胤当皇帝后，很快于乾德元年（963年）下令统计男丁数量："诸州岁所奏户帐，其丁口男夫二十为丁，六十为老，女口不须通勘。"②在这个政策指挥下，各州县当然只注意男丁数量，不会计较百姓中的老小和妇女人数。可是，在史籍记载上，宋人往往将"丁口"与"人口"混用，很随意，不去严格区分。也许当时的人习以为常，由赋役而丁口，观念上成了思维定式，一说人便只想到丁。每个时代都有自己的流行话语，过去时代的省略用语，约定俗成的社会行情，后代的人就难以理解。因此，史籍上的"口数"宜作"丁数"理解，才能

---

① 《宋会要辑稿》食货十一之二七。
② 《续资治通鉴长编》卷四。

读懂普遍存在的户多口少、不合常情的统计资料。

我们取得这点共识以后,再来看每户平均只有两个多男丁,就能和一家五口的通例相适应。景祐年间(1034—1038年)叶清臣上疏说:"景祐元年天下户一千二十九万六千五百六十五,丁二千六百二十万五千四百四十一"①,在《续资治通鉴长编》上,这一年的户口统计却是户10,296,565,口26,205,441②。数目完全相同,但"丁"写成"口"。这个户口之比,即是户丁之比为1:2.5,和崇宁元年户口之比一致,证明崇宁的口数实是丁数。

江西的实际也是如此。王安石曾说过,"抚之为州,民之男女以万数者五六十"③。他是抚州人,对家乡情况熟悉,对乡亲数量的概述不会是不着边际的。而崇宁时抚州户数为16万余,口数为37万余,每户平均2.31口,比例符合北宋总体水平,而男女人口数量却比王安石所说少了许多。在《同治临川县志》中记景定年间(1260—1264年)抚州的户丁数是:"抚州户247,329,丁口557,479",二者之比为1:2.25,和崇宁抚州户口之比相同。

对"口数"的男丁性质分析以后,我们再来观察宋代江西的人口数。依"一家五口"的传统规模推算,崇宁时江西200万余户,五倍之则为1,000万余口,这有没有可能?回答是肯定的。宋代江西广泛开垦梯田,手工业的各个行业普遍兴旺,社会生产需要有充足的劳动力。遇上灾荒年景,地方官请求赈济饥民,这时会注意男丁之外的人口,例如朱熹在南康军知军任上,碰到大旱灾,疏请赈灾,开列南康军饥民29,578户,内大人137,607,小儿90,276,合计227,883人,平均每户7.7人④。其次,从环境与人口的关系上看,在190年后的至元二十七年(1290年)江西有1,425万人,而这是江西在宋元之际几十年战争摧残之后的数字。

以上是认定户数可靠而口数应看作男丁的分析。在此同时,也要承认居次要的一面,"分户析产"是宋代社会的通病,户数也不是完全符合实际的。南城李觏曾揭露出一个极端的事例:

里中一老妇,行行啼路隅。自悼未亡人,暮年从二夫。寡时十八九,嫁

---

① 《宋史》卷一八四《食货·茶》。
② 《续资治通鉴长编》卷一一五。
③ 《王安石全集》卷八三《抚州通判厅见山阁记》。
④ 《晦庵集·别集》卷七《奏乞推赏赈济上户》。

第二章
户口增多与劳动人口的分布

时六十余。昔日遗腹儿,今兹垂白须。子岂不欲养?母岂不怀居?徭役及下户,财尽无所输。异籍幸可免,嫁母乃良图。①

为求减轻徭役负担,尤其是抵制"徭役及下户"的苛政,不得不走"异籍"一途,以求"幸免",这就有了要60多岁的老母亲出嫁的惨事。建昌军南城县人"分户析产"的方式,决不是绝无仅有,逃避繁重赋役的现象也非个别地区,所以人数少的小户人家随处都有。当然长期每户少到只两个多一点人数就奇怪了。

折衷强调丁口的赋役政策,与"分户析产"弊病两种实情,既要承认户数中有析出的小户,更应注意"口数"是"丁数"的实际。此外,各地还存在一批"同财共居"的义门大户,他们在人口数中的分量也不应忘记。所以,户口中的成分构成,所蕴含的社会关系,值得深入研究。

第二节
户口结构与家族

一、民户的分类

北宋户口制度继唐、五代的遗绪而定。大致上说,首先,按民众居住地区分,有坊郭户和乡村户之别。坊郭户,指居住在州县治所等地的城镇人户,城镇居民多了,必需作为法定户口分类的一种,这也是城镇商业经济活跃的结果。不论是住在城镇还是乡村,人们称呼坊郭户和乡村户之时,常是指主户,如太宗时下诏,严禁北边粮食走私,凡有"坊郭、乡村诸色人户"向辽朝走私粮食者,不论多少一律"处斩"。这可能是战时政策,但表明了所指的走私者是有田地、有粮食的主户。神宗施行"免役法",曾诏两浙路"坊郭户不及二百千,乡村户不及五十千,并免输役钱"②。免役法实施的对象本就是主户,但坊郭户与主户不是同一个概念,凡是居住城市之人,都包含在坊郭户之内。

其次,按百姓身份区别,有官户与民户之分。官户,在唐代是指隶属于官府的奴隶户,由"配隶诸司"、"配隶没官"的罪犯及其所生子女而来,这些人在州

---

① 《李觏集》卷三五《哀老妇》。
② 《宋会要辑稿》食货六六之四二。

县无户贯。赵匡胤当皇帝不久,基于稳定统治秩序需要,于乾德元年(963年)颁行《宋刑统》,其中继续《唐律》中有关官户条文精神,说"官户者,亦谓前代以来配隶相生,或有今朝配没,州县无贯,惟属本司"①。但是,随着社会形势发展,北宋的官户已变为"品官"之人,起了实质性的变异。引起这种变异的社会原因,以及变异的基本过程,是唐宋历史阶段上的紧要课题。大约在仁宗时期,官户已是指官绅富豪了。天圣年间(1023—1032年),福建莆田县有人"与官户、形势(户)计会",反对这些富豪霸占当地陂塘,"百姓争讼,州县一向抑迫,不与申理"②。州县不与百姓申理,是迫于官户权势,故而压抑百姓。官户享有减免差役、科配的特权,家中有人是现任权贵,就可由民户改为官户,办理严格的手续:"诸被受省曹誊降到圣旨、若朝旨,或直承处分以民户改作官户,或依官户例减免差役、科配之类,并行讫,限当日实封申审尚书户部。"③官户的认可,由朝廷的户部审核备案,可见受到高度重视。

官户与形势户往往联在一起,因为形势户是有权势的人户。形势人户,早在唐代已见记载,但作为正式的户口类别是在北宋。太祖开宝四年(971年)因为民户倚仗"形势"而"输租违期",下诏"诸州府并置形势版簿,令通判专掌其租税"④。编制"形势版簿",即是设立专门的形势户册子。形势户主要指各种胥吏,"谓现充州县及按察司吏人、书手、保正、耆户长之类,并品官之家,非贫户弱者";"诸县税租夏秋造簿,其形势户每名朱书'形势'字以别之"⑤。由此看出,在法律文书中,形势户的涵盖面比较宽,衙门中的吏人、书手,民间的保正、耆户长以及品官之家都在内。官吏富豪难以分割,他们拥有权势与财富,故而官私文书中常见官户、形势户连在一起议论。编制专门的"形势版簿",或标注红色"形势"二字,都在告诉世人,这批人户是社会上的强势群体,不能等闲视之。

再次,依据占有土地财产状况,区分为主户与客户,这是宋代户口版簿中最具特色的内容,而"客户"也是宋代最值得注意的阶层。

---

① 《宋刑统》卷六。
② 蔡襄:《蔡忠惠公集》,卷二二《乞复五塘札子》。
③ 《庆元条法事例》卷一六《诏敕条制》。
④ 《续资治通鉴长编》卷一二,开宝四年正月辛亥。
⑤ 《庆元条法事例》卷四七《违欠税租》、《税租簿》。

第二章
户口增多与劳动人口的分布

二、主户与客户

在官府的户口统计中,照例都会将主户、客户区分登录。北宋继承五代遗制,在刚建立的建隆元年(960年),就下令"据诸州现管主户","升降天下县望"①,即重新划定县的望、紧、上、中、下等级。宋代的客户,没有户籍的含义,不是指侨居的客民,而是经济状况上与主户的区别。简单地说,凡是占有土地的人户划为主户,不占有土地的划为客户。拥有土地者要交纳赋税,故主户又称税户,"税户者有常产之人也,客户则无产而侨寓者也"②。所谓"侨寓",实是佣作佃耕。客户中多数是佃农,佃户,一部分是贫民。虽然客户中有的可能是由外地迁来,因破产贫穷而为人佃耕。但是,佃耕者不等于都是外来的破产农民,而外来者之中也有官绅富户,如前述的南昌李寅、南丰吕氏、临川饶氏。正由于主客户之分是以有无土地财产为界限,所以不是一成不变的,主户倘若失去土地便降为客户,客户一旦开垦得到无主荒地,有了自己的耕田,即升为主户,要向官府缴纳田赋。

依照上节所述,户口统计为的是征收赋税,口数作丁数看待,那么,户数统计就只需登录主户,无须考虑无地而不纳税的客户。实际相反,户口资料中恰恰有比较详备的客户数据。官府掌握客户多寡的目的何在?难道是因其有上升为主户的可能?这个疑问尚待研讨。

主户、客户之分,不仅是对乡村户而言,也反映在坊郭户中。在征收税租的政策中,规定要将坊郭户、乡村户的主户与客户的人丁状况分别记录清楚。例如,《抚州府志》征引《景定抚州志》载:

> 主户:十七万一千三十。坊郭户一万七千五百四十;乡村户十五万三千四百九十。
>
> 客户:七万六千二百九十。乡村户六万三千二百四十三;坊郭户一万三千四十八。③

尽管《景定抚州志》反映的是南宋中期的抚州资料,但是作为户口划分政策,应是继承了北宋的传统,对了解北宋的户口状况仍有重要的参照意义。现在我们看到的许多宋代户口资料,都省略了主客在坊郭与乡村户中的区分。然而,在农业社会中(不独是北宋),农村人口是最主要的,从事农业的人口占绝大多数,其中有

---

① 《宋会要辑稿》食货六九之七七。又,《续资治通鉴长编》卷一,建隆元年十月壬申。
② 《宋会要辑稿》食货一二之一九。
③ 光绪《抚州府志》卷十四。

的人也居住在城镇。如《景定抚州志》所显示的，则是详尽的主客户分布数据：

主客合计247,320户，其中乡村户216,733，占87.63%；坊郭户30,588，占12.37%；
主户占69.15%，客户占30.84%。
按居住地区分，主户中的坊郭户占10.25%，乡村户占89.74%；
客户中的坊郭户占17.10%，乡村户占82.89%。

这就清楚地告诉我们，抚州的农村人口虽然很多（占87%以上），但其城镇人口——坊郭户已有12%以上。其次，城镇中的主户少，客户也比较少，表示从事手工、商贸等非农业人口在城镇占主导地位。总体上看，主户在人口总数中占2/3以上，他们中约90%的人是农民，居住在乡村——这可以看作是北宋江西的一般状况。

主客户的划分与登录，普遍而长期地存在于北宋各个州县，数量很多，变化复杂，包含着土地占有关系与阶级结构的复杂内容，使抽象的户口数字因此而充实、形象化了，读者可以从中窥见该地的贫富分化、阶级结构等方面的现状以及发展态势，是了解当时社会生活实情的重要素材。下面对北宋江西各州军主户、客户数量的增减变化，进行总体观察，具体数据如下：

表2.10　　　　北宋江西13州军主户客户统计表

州军名	太平兴国间(976—984)			元丰三年(1080年)		
	主户	客户	合计	主户	客户	合计
洪　州	72,350	31,128	103,478	180,760	75,474	256,234
筠　州	29,396	16,933	46,329	36,134	43,457	79,591
饶　州	22,805	23,112	45,917	153,605	34,590	188,195
信　州	28,199	12,486	40,685	109,410	23,207	132,617
虔　州	67,810	17,336	85,146	81,621	16,509	98,130
袁　州	44,800	34,903	79,703	79,207	50,477	129,684
吉　州	58,673	67,780	126,453	130,767	142,630	273,397
抚　州	—	—	61,279	93,915	61,921	155,836
建昌军	11,002	7,845	18,847	89,582	25,626	115,802
江　州	12,319	12,045	24,364	75,888	19,496	95,384
南康军	14,642	12,306	26,948	55,527	14,969	70,496
南安军	—	—	—	34,024	1,775	35,799
临江军	—	—	—	68,286	21,111	89,397
合　计	392,636	266,513	659,149	1,188,726	531,241	1,719,968

资料来源：太平兴国数据《太平寰宇记》卷一〇六至一一一；元丰数据《元丰九域志》卷六。

第二章
户口增多与劳动人口的分布

1.客户

上表内容告诉我们,太平兴国年间江西客户总数为235,874,占主客合计户数597,870[①]的39.45%;元丰时期客户总数为531,241,占主客合计户数1,719,968的30.88%,下降了约6个百分点。客户减少,即是占有土地的农户增多,在一定程度上反映出垦种地域扩大的趋势。深入观察各州军主客户数量变化,不难发现丘陵山区的州军客户比重相对更小,下降的幅度更大。以表2-7所列各州军主、客户数为依据,算得各州军客户所占比重及其变异状态如下:

表2.11　　　　　　　　江西13州军客户比重变化表

州军名	客户占总户(%)		州军名	客户占总户(%)		州军名	客户占总户(%)	
	太平兴国	元丰		太平兴国	元丰		太平兴国	元丰
洪州	30	29.4	袁州	43.7	38.9	南康军	45.6	21.2
饶州	50.3	18.3	抚州	—	39.7	临江军	—	23.6
虔州	20	16.8	信州	30.6	17.5	南安军	—	4.9
吉州	53.6	52.1	筠州	36.5	54.6			
江州	49.4	20.4	建昌军	41.6	22.2	江西合计	39.45	30.88

客户比重比较小,下降幅度比较大的有南安军、虔州、信州、饶州、江州、南康军、建昌军七处,其中虔、信、南安、建昌四州军都是丘陵山地,垦种拓展更显著的地区,即在无地佃农通过加倍劳动垦荒,而获得一小块耕地的空间更大的所在。尤其是虔州,相对地旷人稀,在宋初(包含南安军)的比重就很低。因此,这些州军主户人口增长的程度也相应更高。饶、江、南康三州军在鄱阳湖区,客户比重下降更快的原因,可能与航运、渔业发达,单纯从事种植业的农户更少有关系。

从总体上考虑,客户的比重大,无地农民的生活处境很窘迫。太平兴国时期客户为26万多,元丰间为53万多,在总户数中的比重虽然由39.45下降为30.88,比北宋总体平均数低[②],但高于江东、河东、两浙等路,居第8位。客户长期占百分之三四十,是近1/3左右的广大农民群体。客户的生活情况复杂,各地

---

① 因抚州户数未区分主客,此处的主客户数及合计数中都没有计入抚州。表2.10中则将抚州户数平分,加入主客计算,故合计更大。

② 《续资治通鉴长编》卷三一〇,元丰三年主户11,244,601,丁16,236,430;客户5,485,903,丁7,594,351。主客合计户16,730,504,丁23,830,781。客户占总户数的32.8%。

区之间有不小的差别,但共同的特点是:"佃人之田,居人之地",称之为"浮客"①;"贫者……乃依人庄宅为浮客耳"②;"乃乡墅有不占田之民,借人之牛,受人之土,庸而耕者"③。佃种富豪的田地而交纳田租,故称"佃客"。还有"牛客"(自有耕牛的佃户)、"小客"(自家无牛的佃户)。佃客向富豪地主交租,有的是收获谷物的一半,称对分制;无牛的小客,要交六成,甚至按三七分;如果佃客既无牛又无农具,则要交纳八成,劳作终年只能得到2/10。此外,还有名目繁多的额外剥削。所以,虽然垦种地域扩大了,却仍然是阶级对立严重,贫富悬殊。平民思想家李觏指出其原因是:"耕不免饥,土非其有也";"贫者无立锥之地,而富者田连阡陌"④。李觏是南城人,一生主要在家讲学和著述,他所说社会情状,首先是南城县周围地区的现实,同时也是江西其他州军乃至更广大地区的一般情况。

2.主户

主户的构成主要是以财产为标志。按财产多少划分五个等级。对财产的计量则随乡土所宜,分别用四种办法:"或以税钱贯百,或以地之顷亩,或以家之积财,或以田之受种,立为五等。就其五等而言,颇有不均,盖有税钱一贯,或占田一顷,或积财一千贯,或受种一十石为第一等;而税钱至于十贯,占田至于十顷,积财至于万贯,受种至于百石,亦为第一等。其为等虽同,而贫富甚相远。"⑤这里列出的四个定等依据,归纳起来是两个。"税钱贯百"即按田地征收的夏税钱,"田之受种"是指依下种数量确定田地广狭,二者与"地之顷亩"是一回事,只是各从不同侧面去考核占有土地的多少。这是其一。另一种是"家之积财",它包括土地(田亩物力)、浮财(房屋、农具、牲畜、林木等,称实业物力),合在一起为家业钱。同为第一等户,不同地区的财产差距达十倍。总体上看,依占有土地数量划分户等是普遍性的。

一等户,一般指占有三顷以上田地的民户。有的多达几十顷、上百顷,称为出等、高强、无比、极力户,往往即是官僚大地主。

二等户,占田地二顷左右。

---

① 《李觏集》卷二八《寄上孙安抚书》。中华书局1981年版。
② 《李觏集》卷一六《富国策二》。
③ 石介《徂徕集》卷下《录微者言》。
④ 《李觏集》卷二〇《潜书一》。
⑤ 《续资治通鉴长编》卷三七六,元祐元年四月。

第二章
户口增多与劳动人口的分布

三等户,占田地一顷左右。

一二三等户通称上户,人们认为"乃从来兼并之家"①。"兼并之家"的含义难以确指,可理解为有能力扩大土地占有量,在增殖财富过程中,会采取不仁义的手段,损人利己;他们对土地的经营,主要是出租土地、剥削佃农,因此,可以泛指富绅地主。

四等户,占田地五六十亩。

五等户,占有田地二十亩以下。四五等户通称下户。有时人们将三四等合在一起称"中下之家",约等于比较富裕的自耕农。下户也被称作贫民,他们的"田业陇亩之多寡无甚相远,粗粝不充,布褐不备,均未免冻馁之忧"②。田少而衣食不充足,碰上天灾人祸,这些下户有可能破产,田地被富裕上户兼并,而赋税却仍在自己名下,"产去税存",户籍虽然还在主户之中,实际则是"无产税户"。

在主户的五个等级中,第四、五等下户占绝大多数。北宋中期,张方平于庆历元年(1041年)上仁宗的奏疏中说:"天下州县人户,大抵贫多富少,逐县五等版簿,中等已上不及五分之一,第四第五等户常及十分之九。"③照此推算,元丰间江西的118万余主户中,约106万余户为下等户。由此可以知道,只有小块土地和没有土地的佃客是农民的主体,江西快速增长中的人口,主要就是这些下等农户。

三、主户中的大家族

江西各地的上等户中,有不少家大业大的大家族,在当地有很大影响。有的著称于地方,得到官府表彰,成为州县的支柱;有的称霸横行,为害乡里,扰乱地方,受到惩处。

1.孝义家族

《宋史·孝义传》中查到的江西"孝义"大家族有八家:

许祚,江州德化人,八世同居,长幼七百八十一口。

李琳,信州人,十五世同居。

俞隽,信州人,八世同居。

---

① 韩琦:《韩魏公集》,卷一八《家传集》。
② 《续资治通鉴长编》,卷三六二,元丰八年十二月丙寅。
③ 张方平:《乐全集》,卷二一《论天下州县新添置弓手事宜》。

胡仲尧,洪州奉新人,累世聚居,至数百口。他家建学舍于华林山别墅,"聚书万卷,大设厨廪,以延四方游学之士。淳化中(990—994年),州境旱歉,仲尧发廪减市直以赈饥民,又以私财造南津桥。太宗嘉之,除州助教,许每岁以香稻时果贡于内东门。"淳化五年(994年)其弟仲容进京贺寿宁节,太宗召见,特授官为试校书郎,赐袍笏犀带,以及御书。

陈兢,江州德安人,"义门"陈氏之后。当其父辈时代,已是十三世同居,长幼七百口。淳化元年(990年),江州知州康戬奏报说陈兢家食不足,"诏本州每岁贷粟二千石"。其侄陈旭为家长时,全家千口。至道初(995年),参知政事张洎对太宗说:"旭宗族千余口,世守家法,孝谨不衰,闺门之内,肃于公府。"真宗大中祥符四年(1011年)陈旭被命为江州助教。仁宗天圣元年(1023年),旭弟蕴继续为助教。

洪文抚,南康军建昌(今永修)人,"六世义居,室无异爨。就所居雷湖北创书舍,招来学者"。南康军将其家事迹报到朝廷,太宗派人赐给御书百轴。文抚遣弟文举入京"贡土物为谢",太宗书"义居人"三字赐之,命文举为江州助教。至道三年(997年)八月,"又诏表其门闾。自是每岁遣子弟入贡,必厚赐答之"。

瞿肃,建昌军人,宋真宗时其家百五十口,四世同居,"长幼孝悌,乡人化之"。宋真宗下诏"蠲其课调"。

颜诩,吉州永新人,"一门千指,家法严肃,男女异序,少长辑睦,匜架无主,厨馔不异,义居数十年,终日恰愉。"

以上这些以"孝义"著称的大家族,有几个共同特点:一是久不分家,历世同居,人多族大;二是长幼孝悌,"家法严肃",能约束众多的家族成员,谨守官府政令,对当地有表率作用;三是多有家族书院,甚至"聚书万卷",供子弟读书,或延招学者交流;四是与官府关系密切,贡献土特产品,获得朝廷嘉奖,或者"蠲其课调",或者得官位。总而言之,这些大家族对地方治理、安定社会有利,起到了"乡人化之"的作用,故而事迹被采入国史,留传了下来。(有关"义门"家族的生活情况,第六章还会详述)

2.豪霸家族

在孝义型大家族之外,还有一批豪霸型的大家族。他们占有大片田产,对朝廷不恭顺,在地方藐视官府,不奉官法,欺压小民,劣迹昭彰,大都被称作恶霸豪强。例如:饶州浮梁县臧有金、饶州豪民白氏、抚州民李甲、饶英、临江军的诸豪大姓之家等。

南城等地方,还有豪强大户奴役很多养女,招兵入赘,侵吞赘婿衣粮的奇

第二章
户口增多与劳动人口的分布

异剥削现象。

南城的这种豪强兼并之家,是在做贩卖人口的生意,以出卖养女肉体作钓饵,在侵吞兵卒衣粮的同时,并获得纺绩奴婢,扩充其家庭手工作坊的劳动力。

兼并之家通过对农民佃户的残酷剥削,霸占田地,奴役人口,对官府也常有冒犯行为,因而会遭到比较刚正的官员的惩治。对这些奴役大量客户耕作的豪霸,以资财称雄乡里,乃至"武断乡曲"者,也有人发表不同的看法。例如,李觏提出可以对他们采取正面利用的政策,他皇祐四年(1052年)十一月写信向江南西路安抚使孙沔建议:

> 古之治民唯欲富庶,今之治民特恶豪右。夫富豪者,智力或有以出众,财用亦足以使人。将济艰难,岂无其效?今之浮客,佃人之田,居人之地者,盖多于主户矣。若许富人置为部曲,私自训练,凡几度试,胜兵至若干人,或擒盗至若干火者,授以某官,仍寝进纳之令,以一其志。凡人既得以兵自防,又得以官自进。苟有余财,其谁不勉?

在这里,李觏对富豪采取分析的态度,前述的兼并者以养女招兵入赘、侵吞衣粮的行为,他断然谴责;同时认为富豪者是"智力出众"所致,他们有"财用足以使人"的实力,可以发挥他们"将济艰难"的潜能。至于浮客多于主户的现实不必忧虑,可以允许他们将佃客编制成"部曲",以便地方"得兵自防",而富豪"得官自进"。所以,地方长吏不宜"恶豪右"。如此方案,该是借鉴了魏晋时代世族的家兵、部曲制度,是其身居乡里而心忧朝廷的积极设想。仁宗时期的北宋社会,内忧超过外患,所谓盗寇"一年多似一年","一伙强似一伙",尤其是岭南爆发侬智高叛乱,朝野上下更是纷纷议论对策,寻求强化统治的妙方。当时能像李觏这样以平民身份,积极建言献策,可谓绝无仅有。很显然,这是他《周礼致太平论》、《庆历民言》系列政治思想的一个具体体现。这是其一。

其次,对富豪群体不是简单的厌恶、憎恨,而是揭露其劣迹,肯定其积极方面。他在这里所论的富豪,明显不是只就孝义大家族而言,而是将豪强富室通包在内。主张"治民唯欲富庶",反对"治民特恶豪右"。李觏有不少"摧制兼并"的意见,这里表述的是不能笼统地"恶豪右"——打击富豪。他认为,如果让富豪编练部曲以自卫,并且授官以劝进,"苟有余财,其谁不勉",对地方治安必定有利。这种较开明的政治主张,十分难得,也是他积极的政治思想的反映。

第三章
农业生产的发展

　　农业,是立国之本。北宋对农业生产采取积极发展的政策,陆续颁行了招集流亡、赈济饥民、废除烦苛、蠲免逋租、减轻税负、推广占城稻种、鼓励江南种麦、兴修农田水利、承认佃户有更多的人身自由,等等。江南地区的农业,对北宋立国至关重要,而江西十三州军又是江南的一个主要地区,因此,北宋朝廷特别重视江南、重视江西地区。随着北宋统治日趋稳定,以农业为轴心的社会经济总体向前推进,江西的农业继续获得新的发展。

　　江西社会经济是在南唐已有基础上提高的。北宋并吞南唐之时,江西各地除江州受破坏严重之外,基本上都是完好的,民众仍然生活于安定的家园,故而人口增,生产旺。南城李觏向朝中大臣直陈天下利害时说:江淮"耕有余食,织有余衣,工有余材,商有余货"。开矿铸钱,烧瓷制茶,财用不穷。水行陆走,馈运而去,"而不闻有一物由北来者",成了国家的重要财富基地。实在的客观经济成就,让人们坚定地判断出:"当今天下根本,在于江淮。天下无江淮,不能以足用;江淮无天下,自可以为国。"①李觏江淮富实的判断是客观的;江西经济振兴的成绩,是这种论断的确切依据。在农业经济领域,主要表现在生产技术改进、水利工程兴修、耕地面积扩大、粮食产量丰盛、经济作物繁多等方面。

---

① 《李觏集》卷二八《寄上富枢密书》。中华书局1981年版,第302页。

第三章
农业生产的发展

第一节
农耕工具的改进与应用

一、铁锄与耕牛

我国传统的农业生产工具发展至北宋时代,已经全面定型化了,新的进步是某些方面的改进与推广应用。从以下的点滴事实中,可以窥见一般概况。开垦土地使用铁锸,耕地使用铁犁。1973、1976年在雩都县的唐代墓中、1980年在大庾县的隋末唐初墓中都有铁锸出土,证明这种起土用的铁工具晚至唐朝的赣南,农民还在使用。到了北宋,起土功效更高的铁锄,已在赣北武宁县出土。农业出版社1981年的《农业考古》创刊号封三,刊出了一件武宁县的铁锄,其形制已经与现代铁锄完全一样,性能也该是一致的。约嘉祐二年(1057年),王安石《和圣俞农具诗十五首》中有《钱镈》、《耰锄》二首,钱镈是中耕的工具,"欲收禾黍善,先去蒿莱恶";耰锄之功用,超过争战的兵器,"君勿易耰锄,耰锄胜锋镝"。

耕牛是农耕主要畜力,人们对耕牛非常爱惜,十分看重。1972年江西省考古工作队在鄱阳县团林乡北宋施氏墓中,发掘出随葬铁器5件,其中4件为铁牛,牛的形制大小一致,长18厘米,高10.5厘米。墓主施氏是鄱阳名臣龙图阁待制熊本之妻,其娘家"为江左名家",本人"以懿淑柔慧之姿,高于族属",是远离农耕的贵妇人,在她的墓中竟然放有4条铁牛为冥器,正是民间高度重视农业与耕牛的反映。爱惜牛力的风尚,在诗人的作品中也有反映,《和圣俞农具诗十五首》之十《耕牛》,诉说着牛的辛劳与贡献:

> 朝耕草茫茫,暮耕水潏潏。朝耕及露下,暮耕连野出。
> 身无一毛利,主有千箱实。睆彼天上星,空名岂余匹。

之十五《牛衣》则展示了牛的困苦以及主人对牛的爱护:

> 百兽冬自暖,独牛非氄毛。无衣与卒岁,坐恐得空牢。
> 主人复护恩,岂啻一绨袍。问尔何以报,离离满东皋。

"离离满东皋"与"主有千箱实",这是耕牛对主人呵护的回报;而耕农的全部努力,也就是企求田野禾苗茂盛,秋来有个大丰收。

二、粮食加工工具

对稻谷的筛选,王安石《和圣俞农具诗十五首》中有《飏扇》,描写筛选的情状是:"精良止如留,疏恶去如摈。如摈非尔憎,如留岂吾吝。无心以择物,谁喜亦谁愠。翁乎勤簸扬,可使糠秕尽。"由此看来,农夫筛除糠秕的工具"飏扇",很可能是簸箕,也有可能是风车。脱粒的工具,已见石磨、石臼。石磨,用以磨去稻谷壳。1977年在赣州市七里镇的宋代瓷窑遗址中发现石磨盘1件,形制与现代的石磨相同。磨盘中区为圆形磨台,台的中心有一圆孔,备装磨轴之用。台面刻有斜纹磨齿。磨盘外区为漏漕,漕外开有一流。磨盘外沿作七瓣葵花形边,是唐宋时期流行的葵式铜镜作风。石磨结构与功能的写实制作,是艺人对生活有体验,而配以葵花形外边,则是特意的艺术加工。

石臼,可用以舂米,退去粗皮。黄大临在萍乡给弟庭坚的诗有云:"早秋旋舂尝曲蘖"。南昌洪刍《田家谣》也说:"大妇碓舂头鬓疏,小妇拾穗行饷姑。"1979年在宁都县璜陂乡宋元瓷窑遗址近旁的河床上,出土了12件石臼,排列在一条直线上,它们大小相仿,上部略大,下部略小,台面略呈方形,面边长52~57厘米,臼深30厘米,直径36厘米。可能因长期使用所致,臼面磨损严重。"这种石臼见于唐代渤海国旧京城遗址",故其年代应当是宋代的。这么多石臼排列于窑场附近的河沿,表明它们是用来舂碎瓷土的,同时又说明"劳动人民已经充分利用水力资源为动力,把单臼的人力石碓发展成为多臼的水碓,从而把这种单一用于粮食加工的农业机械,推广到陶瓷工业的加工上去,发挥了更大的作用"①。

据江西省博物馆《馆藏农业科技文物目录》所载,出土的粮食加工工具,还有进贤县政和七年(1117年)墓中出土的瓷磨、瓷杵臼。贮存粮食的谷仓,在墓葬的冥器中也有出土:武宁县1972年出土的陶仓(北宋),宜春县1977年出土的青瓷仓(宋初),以及崇仁、乐安、东乡、清江等地出土的影青瓷仓(宋)、南昌、新淦出土的陶仓(宋)。谷仓当作随葬品普遍出现,应该是农业发达、粮食(稻米)成为财富的主要象征之反映。

---

① 薛翘:《记赣南出土的古代农具·石臼》,《农业考古》1981年第1期。

第三章
农业生产的发展

三、插秧、灌溉工具

秧马,是拔秧或插秧的辅助工具,形状如小凳,但面板微凹,四只脚下还装置有一块略微上翘的底板,人坐凳上,能较快地在水田中滑行,进行拔秧或插秧操作。此种秧马于北宋中期在湖北流行,绍圣元年(1094年)苏轼贬往惠州,途经吉州太和县,看到曾安止《禾谱》之后,赞赏其"文既温雅,事亦详实",然而惋惜他没有记述农器,特将自己写的《秧马歌》赠安止,附在《禾谱》之后,让它们一道流传开来。苏轼《题秧马歌后》说:"吾尝在湖北见农夫用秧马行泥中,极便,顷来江西,作秧歌以教人。"①秧马这种比较快速而省力的辅助工具,遂在江西使用起来,农民称之"秧马凳"或"秧凳"。

平原、丘陵地区农田的灌溉机具——水车、筒车,也已出现并在推广应用。筒车,多使用于丘陵山坡地带,在水流湍急的河沟中,或拦河筑坝束水,使流速增大,再在其上安装木质转轮,大圆轮上捆扎若干竹筒,轮盘受水冲击转动时,下部没入水中的竹筒灌进水,而上部竹筒中的水即流进沟渠,上下翻转,不停地提水倒水,故名筒车,亦称水转翻车。宁都璜溪瓷窑的石臼排列河岸,显然是在河上筑坝束水,冲击安装在水渠中的筒车转动,带动连杆上的石杵进行舂碓的,与此同时,不停地把河水提升上来,沿沟渠流进了较高的田地中,不费人力,即可获得灌溉效益。此种机具多了,诗文中遂有描述,梅圣俞咏《水车》云:

> 既如车轮转,又若川虹饮。能移霖雨功,自致禾苗稔。
> 上倾成下流,损少以益甚。汉阴抱瓮人,此理未可念。

王安石的和诗云:

> 取车当要津,膏润及远野。与天常斡旋,如雨自灑泻。
> 置心亦何有,在物偶相假。此理乃可言,安得圆机者。

---

① 《三苏全书·苏轼文集》卷九〇。语文出版社2001年版。苏轼《秧马歌》引文说:"予昔游武昌,见农夫皆骑秧马,以榆枣为腹,欲其滑;以楸桐为背,欲其轻。腹如小舟,昂其首尾,背如覆瓦,以便两髀。雀跃于泥中,系束藁其首以缚秧。日行千畦,较之伛偻而作者,劳佚相绝。"

上引梅王二人唱和诗描述的水车，显然都是筒车。至于平旷田地使用的水车，如抚州临川等地又称龙骨车，是用方形小木片制作出几十节链条，套装在约一丈长的木漕中，架在水塘边，一头浸在水中，用力手摇，另一种是脚踏，转动链条，将水刮载（车）上来，流进田中。故而说到这类水车的诗句便是"遥闻青秧底，复作龟兆坼……翛翛两龙骨，岂得长挂壁"（王安石《寄杨德逢》），"山田久欲坼，秋至尚求雨……龙骨已呕哑，田家真作苦"。（王安石《山田久欲坼》）筒车、龙骨车素来受到农民欢迎，长年使用，直至20世纪中期，在江西各地农村还能见到。

第二节
农田水利工程的兴修

一、江湖防洪堤岸的兴建

在江河湖泊沿岸建筑堤防，保护农田，防止水患，改善灌溉条件，对农业生产十分有利。北宋期间，江水泛溢使赣江中下游两岸城乡受灾较多，故堤岸工程主要见于洪州、临江军、南康军、虔州辖区江湖沿岸。

洪州：

南昌县的赣江大堤，从唐元和三年（808年）韦丹兴筑之后，维持至北宋已经溃坏。北宋前期，洪州知州程师孟督民重修，史称"积石为堤，浚章沟，揭北闸，以节水升降，后无水患"[1]。他主要做了三件事：沿赣江筑起石堤，疏浚赣江下游的分支——豫章沟，再建了一座水闸。有了这样几项工程，南昌一带就可以防治洪水向两岸泛滥，引导江水快速流入鄱阳湖，又能治理内涝。几十年之后，赣江沿岸堤防再一次维修加固。仁宗时期，赣江堤又损坏严重，洪州知州赵概看到"州城西南薄章江，有泛溢之虞"，遂调民"作石堤二百丈，高五丈，以障其冲，水不为患"[2]。

丰城县的赣江堤，始筑于唐永徽年间（650—655年），到北宋天圣、明道年间（1023—1033年），再次筑成石堤，"凡三级，级高一丈，袤一百五十丈"[3]。

---

[1] 《宋史》卷三三一《程师孟传》。
[2] 《宋史》卷三一八《赵概传》。
[3] 光绪《江西通志》卷六四《水利》。

第三章
农业生产的发展

临江军：

清江县沿赣江岸边，筑有破坑堰、桐塘堰，用以"捍江护田及民居地，凡二千顷"。[②]堰，是横截河水的低矮堤坝，或为集中流量以便航运，或为引水入渠灌溉沿岸农田。破坑堰、桐塘堰可以"捍江护田及民居地"，可能是半截漫水矮堤，挡住部分江水往另一侧奔流。

南康军：

星子县东南紧接鄱阳湖北端水域，凡出江入湖的舟船，过往的商客，进出的官宦士大夫，都要经由此处。但是要找附近可以停泊的港湾，上水要走30里至渚溪，下水需行5里至神林铺，唯独县城近傍是高崖竣岸，风大浪涌，难以泊停，非但往来之船无休息补给之处，县城居民之舟，驿站递运之舫，亦无停靠的码头。所以，商旅不停，贸易萧条，官民贫困。元祐中（1102—1106年），南康知军吴审礼创筑避风港区，"栅木为障"，阻隔洪涛巨浪。崇宁中（1102—1106年），知军孙乔年进一步垒石为堤，增强港湾抗御风浪的能力，"内浚二澳，可容千艘"[②]，大大改善了航船停留泊岸的安全条件，在此停泊的舟船增多，促进了航运与商贸的发展。

虔州：

州治赣县是赣江上游的航道中心地，北有万安至赣县航道的礁石险滩，州城所在又值章贡二水交汇处，城墙长年在江水波涛冲击下，很易溃坏。嘉祐年间（1056—1063年），知州孔宗翰主持加固城基，"伐石为址，冶铁锢之，由是屹然"[③]。熙宁年间（1068-1077年），知州刘彝又于州城墙"作水窗十二间，视水消涨而启闭之，水患顿息"[④]。所谓"水窗"，现在我们还能在龟角尾的墙根看到，它可以启闭而制约江水消涨，防治浸灌与内涝，此"水窗"实际上即是水闸，但形制上有其特色。（图版2）

---

① 《宋史》卷四三三《程大昌传》。
② 《明一统志》卷五二，《南康府·石堤》。
③ 《宋史》卷二九七《孔道辅附宗翰传》。
④ 同治《赣州府志》卷四二《官师志·刘彝》。

图2 赣江龟角尾"水窗"

江湖堤岸水闸工程,有着防洪涝、护田地、便航运等多种作用,各依其所在而作用有所侧重。这些堤岸坚牢与否,直接关系着农业、农村与农民的利益,而这也是全社会的利益。赣江之外的抚河、信江、饶河、修水等河沿岸,尚未找到有关堤岸水闸等工程建设的史料,这可能是研究工作不深入细致所致,或许是这些地区的植被非常好,经济开发尚有限,河水泛涨造成的灾损小,故而堤岸水闸的建设还没有受到社会注意。

二、陂坝池塘的修筑

丘陵地带约占江西全境2/3面积,广袤的低丘农田是江西的主要耕作区,然而地段位置不同,有的附近有河流,有的没有,灌溉不易,故此农民因地制宜,修筑了不少陂坝,拦水引流灌溉;或在低洼地挖塘,蓄水备用。

吉州:

太和县槎滩陂。该陂建于五代末或北宋初年,坐落在今泰和县禾市镇的禾溪上游与邕水合流后的河道上,西距县城约60里。创建人周矩。康熙《西江志》称:"陂长百余丈,滩下七里许修筑碉石陂,约三十丈。又于近地凿渠为三十六

第三章
农业生产的发展

支,分灌高行、信实两乡田无算。"① 《西江志》即江西省志,它对槎滩陂的功能概述比较清楚,而关于创建的始末则没有写。2002年1月我到当地调查,发现周矩之孙周中和在皇祐四年(1052年)写《槎滩碉石二陂山田记》刻石立碑,该碑现在螺溪乡爵誉村周氏祠堂。碑记中有关文字如下:

图 3　泰和县槎滩陂

　　里之有槎滩、碉石二陂,自余周之先御史公矩创始也。公本金陵人,避唐末之乱,因子婿杨天中竦守庐陵,卜居泰(太)和之万岁乡。然里地高燥,力田之人岁罔有秋,公为创楚。于是据早禾江(今名禾溪)之上流,以木桩竹条压为大陂,横遏江水,开洪旁注,故名槎滩。滩下仅七里许,又伐石筑减水小陂,潴蓄水道,俾无泛溢,穴其水而时出之,故名碉石也。乃税陂近之地,决渠导流,析为三十六支,灌溉高行、万岁两乡九都稻田六百顷亩,流逮三派(此为地名)江口,汇而入江(指赣江)。自近徂远,其源不竭。昔凡硗确之区,至是皆沃壤矣。

　　既而虑桩条之不继也,则买参口之桩山,暨洪冈寨下之篠山,岁收桩

---

① 康熙《西江志》卷一五《水利》。

木三百七十株,架洪水(木?)三株,茶叶七十斤,竹条六百四十余担,所以资修陂之费,而不伤人之财。二世祖仆射羡公,以先公之为犹未备也,又增买永新县刘简公旱田叁拾陆亩,陆地五亩,鱼塘三口,佃人七户,岁收子粒,贮以备用,所以给修陂之食,而不劳人之饷。……①

据康熙《西江志》记载,周矩是后唐天成(926—930年)进士,则碑记所说"避唐末之乱"的"唐",当是后唐或南唐,由此推定槎滩陂创筑在五代末或北宋初。该志称陂"长百余丈,滩下七里许筑涧石陂,约三十丈"。陂,是拦河而筑的矮坝,可引水灌田,或集中水流以利航运。此陂以木桩竹条筑成,故名槎滩陂。周矩、周羡父子合力建好的槎滩陂,拦阻禾溪水,使流往东北方向的河水改向东南奔流。他们不仅建成引水灌田渠道,还购置田产备作维修费用,考虑得细致而长远。(图版3)

作为周氏一族修筑起来的槎滩陂,在宋真宗时期经历了一个由私陂向公陂转变的过程。《槎滩碉石二陂山田记》继续写道:

先是,山田之入,皆吾宗收掌支给。由(南)唐迄今,靡有懈弛。至天禧间,祖德重兴,一时兄弟皆滥膺官爵,不遑家食。前之山地田塘,悉以属□地诸□□□□业者理之,供赋赡陂,岁有常数。凶岁不至于不足,乐岁之羡余则以偿事事者之劳,斯固谨始虑终,图为永久云。

为维修槎滩陂而置办的山田产业,从周氏家族自己管理,转为当地诸受益家族掌理,整个水陂产业的产权性质必然随之而变。导致这种变化的根本原因,可能是有关家族经济利益之争引起,但在直接层面上的表现,却是周氏家族由乡户向官户的转变,以他们的主动转让而实现的。查《泰和县志》、《江西通志》的进士名录,天禧年间(1017—1021年)及其以前,爵誉周氏还无人中进士,周中和是第一个,时为天圣二年(1024年),官至屯田员外郎。因此,这种由私而

---

① 该碑为明正统年间重刻,现立于泰和县螺溪乡爵誉村周氏祠堂内,文中"架洪木三株",不知确切含义,或许指横架在闸口之处的梁木。周羡所买永新刘简公之田产,据民国22年《泰和南冈周氏爵誉仆射派阳冈房谱》卷六《吐退文约》,是"庄田三十六亩五分,陆地五亩,居屋一十七间,火佃七户,鱼塘四口"。碑记全文及槎滩陂详情,见许怀林《槎滩陂——千年不败的灌溉工程》,收入《漆侠先生纪念文集》,河北大学出版社2002年版。

第三章
农业生产的发展

公的转变显得更具积极意义。周家自己无人掌管得了,而陂渠河水流淌在36条支渠,灌溉的农田非周氏一家之地,涉及的家族还有萧、康、蒋、胡、李、刘诸大姓,企图一家称雄,垄断其利,势所不能;而因渠水招来的争斗,不可避免,后果势必两败俱伤。周中和代表家族宣示,顺应客观形势,将自家的陂渠交由众家共理,由一家之利变为众家共享,促成地方和谐兴旺,这是十分开明之举。他写此碑的用意在彰显父祖功德,同时告诫子孙谨记:

> 先公之善,不特一乡而已。为子孙者,当上念祖宗之勤,而不起忿争之衅;均受陂水之利,而不得专利于一家","苟或倾圮不治者,亟修葺之;侵渔不轨者,疾攻击之。

后来的事实证明,周氏家族权益之转让,不论是主动或被迫,都值得肯定;"不起忿争之衅"的警告生效,——当地不见有因陂渠而打斗的记录,而经常修葺陂渠则是事实。槎滩陂顺利成为高行、万岁两乡[大观二年(1108年),万岁乡改名信实乡]的公产,当地乡绅不断主持维修,对它的管理措施在后来更趋具体,也比较合理,所以直到千年之后的今天,仍在发挥灌溉效益。

万安县,在北部苏溪乡境内建有梅陂。梅陂建在蜀水中游,创筑时间不详。据同治《万安县志》记载:"宋明道二年(1033年),何嗣昌以寺丞知龙泉县事。县之禾蜀旧有梅陂,灌田二百余顷,岁久湮没。景祐初(1034年),何嗣昌修复之。"修复的梅陂,是用乱石柴草垒成。该陂也因注重维修,故而世代使用不绝,抗日战争期间改名为万安渠,1951年更名梅陂渠,至今仍有灌田效益。1954年前,该陂所在的苏溪由万安县划归泰和县,梅陂渠相应移交泰和县管理①。

龙泉县(今遂川县),建有北澳陂、南澳陂。北澳陂又名虎潭陂,在县城泉江镇西郊右溪河下游,肇创于南唐,北宋时重修加固,引水东下灌田,并为县城濠沟充水,护卫城池。南澳陂又名大丰陂,北宋景祐年间(1034—1038年)知县何嗣昌主持修筑,建在县城西南部的左溪河下游,引河水至黄塘鹅鸭洲与达溪小河水汇合,再筑横痕陂拦水东流,灌田约6000亩。皇祐二年(1050年),知县陆若

---

① 详见《泰和县志》卷一一第五章第二节。中共中央党校出版社1993年版。为什么龙泉知县主持修复万安县的梅陂?看同治《万安县志》纪事,似乎那时该地为龙泉县辖区。如果是这样,当地改归万安又在何时?此疑点尚待考证。

济得知北、南二澳陂已经"溃决壅塞",即率民"开筑,深浚之",恢复了它们的灌溉功能。北澳、南澳二陂,历代维修保护至今,仍是县内重要的引水工程①。

安福县,治平年间(1064—1067年)知县黄中庸主持修筑寅陂。陂在县西安福乡七里山泸水河上,"筑堤潴水,灌田一万三千亩"。《明一统志》称:"至今民享其利。"②

永新县,北宋前期筑有袍陂,坐落在县城禾川镇约3里的西光村,在禾水中游河床上,打木桩堆石成矮坝,引水灌田。相传筑陂时,丞相刘沆(995—1060年)脱袍置工地以示支持,故名袍陂③。

抚州:

临川县,嘉祐四年(1059年)知县谢卿材重筑千金陂等9座陂坝。千金陂坐落在县东南抚河上,始建于唐,后多次溃决,又多次维修。继谢卿材之后,熙宁年间(1068—1077年)知县谢洞又维修一次,使千金陂等工程继续发挥引水灌溉效益。

袁州:

宜春县,至道三年(997年)、天禧三年(1019年)、宣和六年(1124年),先后三次对约二百年前创建的李渠浚治整修,使其仍能"引仰山水至郡城,灌田二万亩"④。

萍乡县,芦溪镇的袁水上原有神陂,拦河开圳,引水贯穿市中,"荫田常丰"。大观三年(1109年)被山洪冲毁,至宣和六年(1124年)知县郑强督民修复,恢复了神陂的灌溉功能。也许是这次对陂坝作了新的改进,效益更好,故"民德之,因号郑公陂"⑤。

各种陂堰堤垱工程的兴修,抗御着水患,保护了江河两岸农田,改善着低

---

① 详见《遂川县志》第十三篇第一章第三节,江西人民出版社1996年版。此处何嗣昌与泰和县何嗣昌重出,都是据新修县志,但《泰和县志》注明转引自同治志(第468页),而在"历代县官表"中不列(第242页)。《遂川县志》则在"政务"与"水利"都标明何嗣昌是遂川县令,时间一作明道二年(第213页),一作景祐间(第444页),前后只差一年。由此看来,似应相信《遂川县志》。但《明一统志》卷五十六吉安府"名宦"中无何嗣昌,《宋史》也无他的传记,没有更多的资料参考,尚难决断,故都写出,待考。

② 光绪《江西通志》卷六四《水利》;《明一统志》卷五十六《吉安府·寅陂》。

③ 刘沆,永新县禾川镇雾源村人,皇祐三年(1051年)任参知政事,至和元年(1054年)升同中书门下平章事。

④ 光绪《江西通志》卷六四《水利》。

⑤ 光绪《江西通志》卷六四《水利》。

第三章
农业生产的发展

平地区的灌溉条件,促进了农耕生产,提高了农业经济水平。吉州泰和、龙泉诸县陂坝的增多,尤其是它们产生了非常长远的灌溉效益,与生产开发区的扩大紧密相连,构成互为因果关系,对当地农业经济的发达,以至教育文化事业的昌盛,都有极大的作用。

陂坝建筑多,设计与施工经验相应丰富,技术水平也就更高。江西民众这方面的特长得到官府的重视。熙宁变法时期推行农田水利法,中书省于熙宁八年(1075年)九月五日奏报:"访闻深、祁、永宁等州军葫芦、滹沱、沙河、新河山水泛涨,例皆冲决岸口。所有合修完堤防及开浚淤淀,欲令外都水监丞及水利司检计施行。"神宗批准中书省的建议,8天后又下诏:"江南西路转运司访作陂匠人,优给路费,仍与大将驿料赴司农寺。"[①]调江西筑陂工匠去河北修筑陂塘堤防,改变一般的摊派劳役做法,并且让陂匠享受大将级的旅途待遇,表明朝廷的急切心情和对江西陂匠的信任态度。

已有的陂塘堤坝中小型的居多。乡间小河上的滚水陂坝,或是垒石堆成,或加木桩拦护,基础不牢实,抗御水流冲击的性能低,若是遇到大洪水,多半被冲毁。所以容易溃坏,维修负担重,极少有像泰和槎滩陂那样设置专项山田,保障适时兴工维修的经费开支。

诸州陂坝的修建与维护,有一部分是地方士绅、家族出资并主持进行,如槎滩陂的创筑,是最好的典型;再如德兴的张氏,是当地经营农业、矿业的官绅望族,在北宋中期,德兴、乐平二县之间的一座大水陂,"浸溉甚广,而善决",因工程浩大,一般人不敢揽这件事。张潜去看了之后说"此易与尔。不一劳不久逸,不渐费不永宁"。于是,他出资雇工,买来土石等材料,一举阻塞了决口,"使水道与陂面平,迄今无患,远近取以为法"[②]。这里所说的"今",指徽宗崇宁末,表示了此陂已几十年没有决口。

地方长官承担着兴修农田水利的责任,北宋朝廷规定:知州、知县有"劝课农桑"的职责。真宗景德三年(1006年)二月三日,"定知州兼管内劝农使"[③]将主持兴修水程工程,作为法定的官府事务。故而多数陂塘堤坝修筑事迹,都与某个长官联在一起。州县长官的优劣由此可见一斑。往往是立志为民兴利者少,只图享乐与升官者多。因此,水利工程兴废不定,效益时有时无,不能长期持续

---

① 《续资治通鉴长编》卷二六八。
② 《通直郎张潜行状》,见陈柏泉《江西出土墓志选编》,江西教育出版社1991年版,第85页。
③ 《续资治通鉴长编》卷六二。

发挥,经常处于"淹废岁久"与"力复其旧"的缓慢循环状态。

第三节
梯田的不断垦辟

一、吉州、抚州等地的梯田

随着平原低地耕垦日益充分之后,不断加多的人口带来的压力,促使农民逐步垦辟岗地和低山地,将大小丘陵变成了耕作区,于是世人面前出现了梯田。从唐后期到宋代,江西的梯田不断扩大增多。

赣中的吉州是一个典型地区。泰和县位赣江中游沿岸,为吉泰盆地的中心部分,又西接井冈山区,有大片的高岗及山地。发展至北宋中后期,太和(今泰和)的耕种区域已深入远郊岩谷之中。农学家曾安止对家乡的情景是这样描述的:"自邑以及郊,自郊以及野,峻岩重谷,昔人足迹所未尝至者,今皆为膏腴之壤。"由郊外扩展至"峻岩重谷"之区,应是经过较长岁月的劳作,反映出垦辟高丘陵与山地的浪潮已兴起很久了。曾氏概括性的评述,可以在黄庭坚的诗文中找到印证。

神宗元丰四年(1081年),黄庭坚任太和知县。次年,为官盐专卖事他到西部乡村走访,写出了十多首诗,抒发见闻感慨。其《上大蒙笼》诗前半阕曰:"黄雾冥冥小石门,苔衣草路无人迹。苦竹参天大石门,虎远兔蹊聊倚息。阴风搜林山鬼啸,千丈寒藤绕崩石。清风源里有人家,牛羊在山亦桑麻。"

《劳坑入前城》诗中说:"刀坑石如刀,劳坑人马劳。……白狐跳梁去,豪猪森怒嗥。……山农惊长吏,出拜家骚骚。"

《丙辰仍宿清泉寺》诗曰:"山农居负山,呼集来苦迟。"

《彤陂》曰:"彤陂之水清且泚,屈为印文三百里。呼船载过七十余,褰裳乱流初不记。……知民虚实应县官,我宁信目不信耳。僧言生长八十余,县令未曾身到此。"①

上面摘录的诗句中,大蒙笼、大小石门、劳坑、刀坑皆地名。彤陂,当即上述

---

① 《黄庭坚选集》,黄宝华选注,上海古籍出版社1991年版,第132—142页。

第三章
农业生产的发展

槎滩陂的附属工程,在县城西部约60里处。山区农民的生活环境在诗中得到生动而具体的反映。依山而居,隔山为邻,夹河谷相望,若走来相聚,至少需大半天。然而山坡地段已垦种成熟,"牛羊在山亦桑麻",原是虎、兔、豪猪、狐狸出没之区,现在已有山农的屋宇了。黄庭坚不辞辛劳,深入山乡采访民情之举难能可贵,然而若是深山没有变成"膏腴"的农田,村庄不在山坑之中,他也不会到"无人迹"的荒野中去。八十多岁的老僧说,没有见到县令过彤陂,由此可以想见当地改变荒凉的努力,至少已经八九十年了。又,由此看出上述槎滩陂的创建,对当地农耕生产的作用非同小可。

抚州、建昌军在盱江—抚河流域,丘陵山地的开垦也比较普遍。南丰县曾致尧说:"盱江南北地方千里,田如绮绣,树如烟云,原隰高下,稍涉腴美则鲜有旷土。"①曾致尧(946—1012年)为曾巩祖父,所说情景是南唐至北宋前期的现实。到了北宋中后期,耕垦地域进一步拓展。例如南城县麻姑山,农民继续在此垦种不止,将高山谷地耕作成了不愁水旱的良田。曾巩描写其情景是:

> 麻姑之路摩青天,苍苔白石松风寒。
> 峭壁直上无攀援,悬磴十步九居盘。
> 上有锦绣百顷之平田,山中遗人耕紫烟。②

麻姑山距南城县城西20余里,今天坐汽车盘旋直上约需一小时,才能到达宫观所在,即"绝顶上"人间仙境,这里的水稻田,竟然"水旱之所不能灾","其获之多,与他壤倍"③,曾巩惊叹这是"天遗此以安且食其众"——梯田耕作之成效在麻姑山极为显著。

抚州的地理条件与建昌军相同,民风习俗一样,梯田也日见增多,故王安石概括地说"抚之为州,山耕而水莳,牧牛马,田虎豹"④。农耕不仅在平衍低地进行,而且向山坡地拓展了。

梯田沿山而上,当你站在山腰,抬头望,逐级如梯,田在头上;往下看,层层

---

① 曾致尧:《春日至云庄记》,见正德《建昌府志·秩官》。
② 《曾巩集》卷四《麻姑山送南城尉罗君》,中华书局1984版。
③ 《曾巩集》卷一七《仙都观三门记》。中华书局1984版。
④ 《王安石全集》卷八三《抚州通判厅见山阁记》。吉林人民出版社1996年版。

跌落,田在足下。不论耕耘与收获,无不受爬山之劳累。欧阳修《愁牛岭》曰:"邦人尽说畏愁牛,不独牛愁我亦愁。终日绕山行百转,却从山脚望山头。"①

日出劳作,日落收工,耕种山坡梯田,人牛具困,但却是农民最大的希望所在。

江州庐山地区,也开垦出一批山坡梯田。熙宁年间,陈舜俞谪监南康军酒税,在庐山脚下买山田耕作,他写《濂溪》诗曰:"岂无城中居,高墙围大屋。爱此原野间,山静溪水绿。人家买良田,岁取十千谷。我耕山下土,所获亦以足。藜羹佐渊鱼,晨炊买樵木。……乘霜归荒径,趁雨添新劚。应恨公未归,公贫犹待禄。"诗中所说的"我耕山下土",自然不是陈舜俞本人实际劳作,他身边还有"童仆"侍候,而是表达他在山中购置土地,使荒辟之区变成了田园。"乘霜归荒径,趁雨添新劚",可以理解为对荒地的开辟。

在庐山之下买山田而居的士大夫,比陈舜俞更早的如刘涣,于仁宗时退隐庐山,欧阳修赋《庐山高》赠之,说"羡君买田筑室老其下,插秧盈畴";李常写《刘凝之墓志铭》,说他"卜庐山之阳以居,五亩之宫,灌园茹蔬"。

大约同时的周敦颐,他自己《题濂溪书堂》曰:"庐山我所爱,买田山之阴。田间有清水,清泚出山心。……窗前即畴圃,圃外桑麻林。芋蔬可卒岁,绢布足衣衾。"②也都不同程度地促使庐山脚下山地开发,水稻与桑麻作物增多起来。

还有一个不该忽略的事实是,山间处处的佛寺,都是一个又一个大小不等的"畴圃",即便是衰落者也不例外,惠洪说:"寺已余十僧,田不登百数"(《七月十三日示阿慈》)。元丰年间,苏辙贬谪筠州(治今高安),路过江州,游庐山山南诸寺观,站在白鹤观前,见到五老峰山下的景致是:"浮云有意藏山顶,流水无声入稻田。"③赞宁弟子显忠的诗云:"牛羊数点烟云远,鸡犬一声桑柘深。高下闲田如布局,东西流水若鸣琴。更听野老谈农事,忘却人间万种心。"禅农结合的清规生活,已是北宋僧众的普遍样式,不独是禅僧。故此寺庙与耕田同在。

---

① 《欧阳修全集》居士集卷一一。中国书店1986年版。
② 《周敦颐全书》卷五,江西教育出版社1993年版,第288页。"濂溪",一作"濱溪";"所爱",一作"久爱";"圃",一作"囿";"芋",一作"千"。
③ 《三苏全书·苏辙集》卷一〇《游庐山山阳七咏》。语文出版社2001年版。

第三章
农业生产的发展

高山密林,水源丰沛,坐落山腰的梯田,总有流下的山水灌田,栽种水稻。

二、耕地面积的扩大

陂堤堰塘等农田水利工程,于防洪护田同时,增强了灌溉效益,更因梯田垦辟的地域拓展,使江西全境的耕地面积扩大,以水稻为主的粮食产量增加。现有史料中的耕地面积数据有两个:

一是神宗时期王安石推行农田水利法,熙宁三年间至九年(1070—1076年)新开辟的水利田处数与亩数如下[①]:

表3.1　　　　　　　　熙宁年间水利田增加数量

路　别	新增处数	亩数	占总计数%	每处平均亩数
江南西路	997	467,481	1.30	468.9
江南东路	510	1,070,266	2.97	2098.5
诸路总计	10,803	36,036,886	100	3335.8

仅就新增水利田面积论,江南西路在各路中居第13位,属比较少的路分。这可能是那时可耕地区已经基本耕作出来,可辟为水利田的荒地很少了,而且分散在各个丘陵山谷之间,所以表现出新增的水田处多而面积小,平均每处的田亩数远比诸路平均数少;而新增点很多,分布很广,则是各州县农村都有水源可资利用所致。

二是元丰三年(1080年),检正中书户房公事毕仲衍写入《中书备对》的熙宁十年开封府界、18路的官民田地数目[②]:

---

① 《宋会要辑稿》食货六一,上。
② 《文献通考》卷四,田赋田。

表 3.2　　　　　　　　　　熙宁年间江南西路田地面积

路别	田地(亩)	其中民田	占田地%	占诸路总计%
诸路总计	461,655,557	455,316,361	98.63	100
江南西路	45,223,146	45,046,689	99.61	9.8
江南东路	42,944,878	42,160,447	98.17	9.3
其他各路的田地亩数是：				
开封府界	11,333,167 亩	京东路	25,828,460 亩	京西路	20,562,638 亩
河北路	26,956,008 亩	陕西府路	44,529,838 亩	河东路	10,226,730 亩
淮南路	96,868,420 亩	两浙路	36,247,756 亩	荆湖南路	32,426,796 亩
荆湖北路	25,898,129 亩	福建路	11,091,453 亩	成都路	21,606,258 亩
梓州路(田在山崖,难记顷亩)		利州路	1,178,105 亩	夔州路	224,497 亩
广南东路	3,118,518 亩	广南西路	12,452 亩		

　　上列诸路的耕地面积,除淮南、陕西之外,都比较少。江南西路田地面积,在各路中仅次于淮南路(9,735万余亩),高于陕西路(4,471万余亩),居第2位;江南东路居第4位。

　　江西地区全境的13州军之中,4个(江、饶、信州及南康军)隶属江南东路。所以,考察江西全境的耕地,需要加进东路的这4州军,同时减去西路的兴国军。因为找不到各州军的田地分计数,只能按平均值推算。东路辖10州军,平均每州军得田地429万余亩;西路辖10州军,平均每州军为452万余亩。加减之后,江西全境为5,786万余亩①,占诸路总计的比例上升为12.5%。基于这个耕地面积数,所以上面第一点作出"可耕地区已经基本耕作出来"的判断。

　　北宋江西耕地多至4,500万~5,700万亩以上,有可能吗？光绪《江西通志》的田赋部分,将宋代田亩写作"15万余顷",如果刻印不错,则明显是对45万余顷的怀疑与否定。然而,《江西通志》的数字小得难以置信,不可能和当时的人口与县治数量相适应;也没有其他数据可供参考旁证。相反,45万余顷虽然偏高,但却是可以理解、能够接受的。因为,北宋诸路的田地总数上升,太祖开宝九年(976年)为2,953万余亩,太宗至道三年(997年)为3,125万余亩,真宗天禧五年(1021年)为5,247万余亩,英宗治平三年(1066年)为4,400万余亩,神宗元丰六年(1083年)为4,614万余亩。首尾两次相比,上升了1.56倍。垦田面积增加

---

① 折算式为(4522−452)+(429×4)=5786(万余亩)。

第三章
农业生产的发展

的根本原因,是劳动人口繁多,它和户口增殖必然适应。同一时间的户数依次为309、413、867、1291、1721万余户,首尾相比,上升了5.57倍。而江西地区的户口数,如上节所示,在诸路中是增长最快的,那么,它的垦田面积也必然相应地增加。

认定45万余顷耕地面积偏高,还因为将它与今天江西全省耕地面积比较。今天全省面积相当北宋江西地区的13州军,耕地面积只有4000万亩,少于45万顷。但是,今天的城镇市区、道路交通、工矿建筑、居民住宅,以及各种公共设施所占去的土地面积——其中大部分是可耕地,则是北宋时代无可比较的。扣除这个因素,故说北宋的45万余顷偏高是可理解的。

其次,唐宋两代江西的县治数量,也显示出很大差距。从唐初至元和间约190年间,县数由23增为37,多14个;北宋时江西继南唐县治大增之后,再增13个,经历的时间约120年。县治在较短时期内持续增多,正如上节所述,是人口与耕地大幅度上升的结果。正是根据这样的社会实际,宋史专家漆侠教授指出:北宋的垦田数额"不仅是前代未曾达到,即使是后来的元明两代也未超过";"江南西路是宋代人口增加最快、垦田增加最多的地区"[①]。其实,我们不需要拘泥于绝对数字,而是综合考察社会经济状况,可以从农业兴旺的事实中,看到北宋江西耕地迅速增加的形势。

三、水旱灾害与生态环境

农耕经济离不开水土,最害怕水旱等灾害。北宋时期江西发生的自然灾害以水旱灾为多,对农业生产造成了损失。从发展的眼光看,这时的水旱灾情相对较轻,农业生态环境总体上良好。

1.以水灾占多数的自然灾害

北宋时期江西地区自然灾害不算严重,但防灾能力很弱,基本上没有防护

---

① 漆侠:《中国经济通史·宋代经济卷》,经济日报出版社1999年版,第65、70页。为便于比较,这里将我在《江西史稿》中编制的明代江西省户口、耕地面积数附录于下:

时　　间	户数	口数	田地数
洪武二十六年(1393)	1,553,923	8,982,482	43,118,600
弘治四年(1491)	1,363,629	6,549,800	40,235,247
万历六年(1578)	1,341,005	5,859,026	40,115,127

转录于《江西史稿》,江西高校出版社1993年版,第506页。

设施,处于"任其自然"状态,广大民众在灾害面前只能"听天由命"。据地方志资料,各州军记下的自然灾害以水灾居多,其次为旱灾。疫病、冰雪、蝗虫、饥馑等灾害偶有出现。

水灾:

受害范围在两个州军以上的灾年6次,受灾地小而灾情重的年份1次,分别是:

淳化元年(990年):夏六月,吉州大雨,江涨一丈三尺,漂坏民田庐舍。江州水涨二丈八尺。秋七月,洪州江水涨,坏城三十堵,漂民舍二千余户。遂川、太和、新淦、吉安诸县受灾。

大中祥符三年(1010年):夏六月,吉州、临江军并江水泛溢,害民田。秋七月,袁州水涨,害民田,堕州城。太和、清江、万载、宜春、分宜受灾。

大中祥符四年(1011年):洪州七月江涨,筠州、袁州水涨,害民田,坏州城。丰城、九江、高安受灾。

景祐三年(1036年):夏六月,虔、吉等州水,(有)溺死者。袁州大雨,水骤涨,淹民庐舍、官署、仓库。筠州久雨,遂川、吉安、宜春、高安、南城、宁都受灾。

皇祐二年(1050年):夏六月,信州、建昌军大水,水破城,没官舍,淹民居。上饶、广丰、弋阳受灾。南城龙安乡山水发,斩大树,潏大屋,民有不得其尸而殓者。

治平元年(1064年):洪州大水,建昌军大水。

个别年份洪水凶猛,但受灾地域较窄,如景祐元年(1034年),修水沿岸的分宁、武宁二县山洪暴发,分宁漂溺民居二百余家,死者三百七十余口。

以上7个年份的大水灾,受害地点集中在江河沿岸城镇,农田受害的面积、损失程度都没有记载。

旱灾:

次数少,受灾县分不多。见于记录的9年次:景祐二年(1035年),乐平旱。嘉祐二年(1057年),奉新旱。熙宁三年(1070年),铅山春旱。元丰元年(1078年),鄱阳旱。元丰七年(1084年),鄱阳、浮梁旱。元符元年(1098年),宁都大旱。建中靖国元年(1101年),上饶、弋阳旱。大观二年(1108年),江西诸州皆旱,夏六月至冬十月不雨。大观三年(1109年),金溪大旱,六月至十月无雨。抚州旱,自六月至十月,田土尽裂,作物枯死。

其中旱情涉及全省范围的是大观二年,但是,这次旱灾造成什么样损失,

第三章
农业生产的发展

不见记录。旱情比较重的是大观三年,抚州的农作物枯死。其他年份受旱地域只是一两个县,而且没有灾损情事。

气象灾害。大雨雪,雍熙二年(985年),星子、都昌冬天大雨雪,江水冻合,可胜重载。会昌、大庾十二月大雪,牛畜冻死,江水冻十日乃解。

虫灾。记录了一次,大中祥符九年(1016年)新干县秋螟起。

饥馑。记录了三次:景德元年(1004年),全省诸州饥,金溪大饥。景德四年(1007年),信州、铅山、弋阳饥。皇祐二年(1050年),南城夏天大水灾后,大饥。熙宁三年(1070年),铅山春旱之后,大饥。对饥馑的求助,仅见大中祥符三年(1010年)八月,江州知州王济"督官吏为糜粥",并"录饥民为州兵",据说"所全活甚众"①。荒年选兵,赈济之时扩充了兵员,得一箭双雕之效,是宋朝的祖传统治术。

蛟害。这可算是江西地方特有的灾害。鄱阳湖水深面阔,鱼鳖任便繁殖,汉晋时即发现有"蛟"为害。大中祥符三年六月,出使江西的内侍赵敦信返京上言:"江中有蛟为行人害,舟筏多覆溺者。"真宗乃令南康军长吏祭蛟②。把"蛟"当神供奉,可见对其敬畏心重。

总体上看,北宋时期江西灾情轻,灾损小。比较多发的水灾出现在真宗大中祥符三、四年,地域是赣江中下流沿岸县乡,表现为暴雨骤涨,持续时间不长,淹及沿江农田,但"民田不至全伤"③。在北宋167年间,江西地区较大的水灾7次,平均每23.86年一遇,证明当时生态环境好,森林茂密,水土流失轻微。"清涨"与烟瘴的存在,是对这个推论的旁证。

2.良好的自然生态环境

"清涨",即无雨而涨水,河水不浑浊。当时江西境内植被良好,尤其是赣南林木葱茏,涵养蓄积的雨水量大,特别是赣江东源贡水、西源章水,中部还有支流桃江,将赣南约4万平方公里山林的积水,汇聚到虔州城外龟角尾以下的赣江干流。由于山林丛密,蓄水力强,山区雨水不易下泻,如果赣县境内没有下雨,而其他诸县下雨,隔一段时日才众水流到,于是虔州以下的十八滩河段,便出现晴天涨水现象,即是"无雨而涨,土人谓之清涨"④。见于史书记载的"清涨"

---

① 《续资治通鉴长编》卷七四,大中祥符三年八月戊辰。
② 《续资治通鉴长编》卷七三,大中祥符三年六月辛未。
③ 《续资治通鉴长编》卷七六,大中祥符四年六月甲子。
④ 方勺:《泊宅编》,卷三,中华书局1983年版。

有：南朝梁大宝二年(551年)六月,陈霸先率军过十八滩,"高祖之发也,水暴起数丈,三百里间巨石皆没"①。北宋徽宗即位(1101年),苏轼从岭南返回,至赣县,"予发虔州,江水清涨丈余,赣石三百里无一见者"。宋以前"清涨"现象常能碰到,在虔州显庆庙里"刻石以识于庙庭甚多"。

与"清涨"相连的是"烟瘴"。由于山林幽邃,形成"烟瘴",致人疾病："虔州龙南、安远二县有瘴,朝廷为立赏增俸,而邑官常缺不补;它官以职事至者,率不敢留,其则至界上移文索案牍行遣而已。"②官场上传言："龙南、安远,一去不转。"这表明赣南的南半部地域,森林密闭,开发区域很小,生态环境仍然呈现原始性的恶化。

"清涨"与烟瘴的根本原因,都是大山森林繁密所致,说到的地方都是赣南,但是这不表示修水、信江、饶河、抚河等江河流域的上游山区没有"清涨"与瘴气。当时赣东、赣西的闭塞状态同样是比较严重。北宋中期,吉州永丰知县段缝认为,江西号难治的原因,是"民居深山大泽,习俗不同"。各地破产农民,为逃避赋役与豪强欺压,藏进深山老林,或聚集反抗,即被称为"峒寇",所谓"五合六聚,各以峒名其乡"③。所谓"峒",是指山林深邃的所在,不是开阔平展地区。在吉州的中心区泰和县,黄庭坚曾到"阴风搜林,山鬼呼啸"的乡间;抚州、建昌军的盱江(抚河上半段)两岸农村,曾致尧看到的是"树如烟云"。类似的描述很多,这些当然也是森林广袤、山区密闭、雨雾浓重的证据。

第四节
粮食作物品种的增加

一、早稻、晚稻与小麦的栽种

北宋江西农村普遍栽种早稻、晚稻,早稻之中新增占城稻。适宜旱地栽种的小麦等旱作物也逐渐推广开来。

早稻、晚稻都是一季稻,不是双季稻,指两丘田里成熟期早晚不同的稻。一般情况下早稻在农历五月收割,晚稻要迟至十月,故晚稻又称迟禾、大禾。据南

---

① 《陈书》卷一《高祖上》。中华书局标点本。
② 庄绰:《鸡肋编》,卷下。上海古籍出版社1991年版。
③ 《宋史》卷四〇五《王居安传》。

第三章
农业生产的发展

宋初年的江西安抚制置大使李纲的奏疏:"本司管下乡民所种稻田,十分内七分并是早占,只有二三分布种大禾。"①农民主要栽早稻的原因,一是生长期比较短,利于渡过"春荒",解决"青黄不接"的口粮困难;二是早稻出米率比较高,有利于农民吃饱肚子。

占城稻。占城稻是早稻中的新品种,于真宗时传入,迅即传播江西农村。大中祥符五年(1012年)五月戊辰,"上以江淮两浙路稍旱,即水田不登,乃遣使就福建取占城稻三万斛分给三路,令择民田之高仰者莳之。盖旱稻也。仍出种法付转运使,揭榜谕民"②。皇帝下诏,由朝廷指挥各路长官(转运使)执行,官府并提供种子,告知栽种技法,遂顺利传播开来。当然更主要是符合民众的切身利害,受到农民欢迎。江西与福建壤地相接,民间交往素来密切,占城稻既然已在东邻的田里广泛种植开来,仅选调种子即三万斛之多,其经济价值信息必定早已传播过来——比如盐贩的来往即是一条便捷的传播途径,分别从铅山、金溪、南城、瑞金、会昌等关隘路口,传入信州、抚州、建昌军、虔州乡村,而其时间应会比官府的行政命令更早。

占城稻是否"旱稻"?这里说"令择民田之高仰者莳之",似为旱稻,或者是耐旱性强的水稻。然而,在江西农村,早稻、占谷这两个称呼,作为水稻品种是互通的(详见下节)。其次,占城稻即便原来是旱稻,也会在栽培中经选育改良,由旱稻变水稻。苏轼由筠州到江州一路上,写春夏间农村的景象说:"甘山庐阜郁相望,林隙熹微漏日光。吴国晚蚕初断叶,占城早稻欲移秧。"③可见江西北部栽的占城稻已是水稻了。

双季稻。双季稻实际上不是一个品种,而是水稻的一种栽培制度,但是,如果把它看成再生稻,也可当作一个品种,太和曾安止《禾谱》即把"再生禾"作一个品种看待。这种稻北宋时已在部分农村出现,尤其是那些早占禾之中成熟期更短的品种,为收割以后再栽第二次水稻提供了可能。李觏写家乡南城的农事时说:"自五月至十月,早晚诸稻随时登收,一岁间附郭早稻或再收,茶或三收,苎或四收。"④很明显,他这里说的"附郭早稻或再收",应是指有的早稻,并非普遍的都能再收。他没有说明"再收"的具体情状,只说与茶、苎麻一样在一年之

---

① 李纲:《梁溪全集》,卷一〇六。四库全书本。
② 《续资治通鉴长编》卷七七。
③ 《三苏全书·苏轼诗集》卷二三《白塔铺歇马》。语文出版社2001年版。
④ 乾隆《建昌府志·风俗》。

中有多次收获,这就可能不是播种再栽,而是早稻成熟后掉落田中的谷粒,萌芽之后生长结实的自然收获,并非耕作制度中的预先安排。这种水稻再生现象,在史籍中多记入"物异",如:

《文献通考·物异考》:"元丰二年(1079年),洪州六县稻已获,再生皆实。"

同治《南昌府志·灾异》:"元丰六年(1083年),洪州七县稻已获,再生皆实。"

重复出现的再生皆结实现象,农民积累的经验多了,就会从偶然中得到启发,有意识地在收割早稻之后再栽一次,争取一年在同一丘田里得到两次收获。因此,北宋时代江西境内栽培双季稻的可能性极大。

晚稻。这种水稻在春末栽种,初冬收获,一般多在偏凉的丘陵地区水田栽种。晚稻的亩产量比较低,而米质好,乡农认为这是因为晚稻吃到四季水。农民自己往往吃不到,多半被用来交纳租赋,供官府与富室享用。

小麦、杂粮。种植小麦、杂殖五谷,在各州县农村已经常见,是粮食生产中的新成果。随着梯田广泛垦辟,旱地也相应增多,小麦等旱作物跟着推广开来。另一方面,官府也有提倡种麦的政令。太宗诏江南、两浙、荆湖、岭南、福建诸州长吏,劝民杂殖诸谷,"民乏粟、麦、黍、豆种者,于淮北州郡给之","并免其租"①。这个诏令,适应了江南地区农业发展的客观需求,有利于小麦、杂粮种植,亦是防水旱、抗灾荒的有效措施。由于小麦、杂粮逐渐种得多了,粮食品种不断由单一向多样化方向发展,虽然各地因水土条件差异,作物品类会有所侧重,然而单纯种水稻的农村已经不多了。例如分宁县(今修水县),曾巩介绍说:"田高下硗腴,随所宜杂殖五谷,无废壤。"②

南城县,麦粟已经多见。熙宁年间科举落选,退居乡间的吕南公,记录了不少田间民事,于夏收时作《粟熟二首》,抒写此时种田人的心情。其一曰:"昨者小麦熟,野人稍相宽。新粟今又黄,喜闻不青干。补助复几许,久饥情所难。"③麦粟的补助虽然不多,对于久饥的农民却是最及时的接济,穷人们能因此稍微宽心一些。

袁州宜春、分宜乡间稻麦桑相继竞长,让人留恋。杨亿《阁门廖舍人知袁州》云:"烟波莫叹重湖远,桑梓仍将别墅邻。麦穗微黄稻苗绿,朱幡入境便是

---

① 《宋史》卷一七三《食货·农田》。
② 《曾巩集》卷一七《分宁县云峰院记》。中华书局1984年版,第272页。
③ 吕南公:《灌园先生集》,卷一。四库全书本。

第三章
农业生产的发展

春。"这虽是鼓励廖舍人前去上任,但麦黄稻绿却是现实。在分宜县境内,人们看到水稻、大小麦、桑蚕并盛:"老牸挽犁泥没膝,剡剡青秧针水出。大麦登场小麦黄,桑柘叶大蚕满筐。"(孙觌《分宜道中》)

筠州高安农村,苏辙在谪居此地时看到:初夏季节,桑蚕旺盛之时,也是"麦熟正磨镰"的收割日子。并且大麦和茶叶都种在丘陵旱地,生长季节连接,故在说黄檗茶的时候连着大麦:"黄檗春芽大麦粗,倾山倒谷采无余"。

农民因地而宜,或稻或麦。又因冬小麦为夏熟作物,正可补充青黄不接时的口粮,故此虽有吃稻米的习惯,仍然尽量多种,既弥补粮食不足,又可得一些面食调剂胃口。有了这种广泛的社会需求,以及北宋久已存在的生产基础,便出现了南宋初年小麦生产不减于北方的局面。建炎之后,大批北方民众迁居江南,小麦需求量急剧上升,更加促进了麦粟的种植,于是有"江南不减淮北"的说法。庄绰记载说:

> 江、浙、湖、湘、闽、广西北流寓之人遍满。绍兴初,麦一斛至万二千钱,农获其利,倍于种稻。而佃户输租,只有秋课。而种麦之利,独归客户。于是竞种春稼,极目不减淮北。①

建炎、绍兴年间农田"竞种春稼"的风气,与北方人到来之后有关,但绝不仅是这个外在因素,"佃户输租,只有秋课。而种麦之利,独归客户"的租佃经济常规,是久已存在的习俗,不是喜好面食的北方人多了才有。事实证明,麦类作物从北宋开始,已经成为江西地区粮食作物中的重要品种,已是农民的紧要口粮。

二、吉泰盆地栽种的水稻品种

吉泰盆地农业生产条件优良,有悠久的稻作农业历史,发展至北宋,栽培的水稻品种繁多,集中地反映了江西水稻生产的盛况。

哲宗时期(1086—1100年),太和县曾安止写成《禾谱》,记下了西昌(泰和古称)、吉安一带的水稻品种。据他的调查统计,当地稻种"其别凡数十种"。在他编制的"谱表"中,列出的有44个,即:

---

① 庄绰:《鸡肋编》,卷上。中华书局1983年版。

早禾粳品十二：稻禾、赤米占禾、乌早禾、归生禾、黄谷早禾、六月白禾、黄蓓蕾禾、小赤禾、红桃仙禾、大早禾、女儿红禾、住马香禾。

早禾糯品十：稻白糯、黄糯、竹枝糯、青稿糯、白糯、秋风糯、黄柜糯、赤稻糯、乌糯、椒皮糯。

晚禾粳品八：住马香禾、八月白禾、土雷禾、紫眼禾、大黄禾、蜜谷乌禾、矮赤粳禾、稻禾。

晚禾糯品十二：黄柜糯、矮稿糯、龙爪糯、马蹄糯、白糯、大椒糯、大乌糯、小焦糯、大谷糯、青稿糯、骨稿糯、骨雷糯、竹枝糯。

附早品二：早稻禾、早糯禾。

附晚品二：赤稑糯、乌子糯。

《禾谱》"三辩"中还记有6个品种：

白园禾："以江南早晚较之，早种如六月白，晚种如白园禾之类。"

黄穋禾："今江南有黄穋禾者。"

穧禾："今西昌晚种中抑有所谓穧禾者。"

早占禾、晚占禾："今西昌早种中有早占禾，晚种中有晚占禾。"

再生禾（女禾）："今江南再生禾，亦谓之女禾。"①

现存《禾谱》一书，仅是泰和县《匡原曾氏重修族谱》中摘录的一部分，并不是《禾谱》全书，就已有50个水稻品种，可见泰和地区的稻种非常丰富，水稻生产很是发达。农民群众很重视品种的选育更新。例如占城稻，在宋真宗大中祥符五年（1012年）传入江南地区。据曾安止说，"西昌传之，才四五十年"，然而农民根据当地的生态环境条件，渐渐培育分化出早晚二个不同的品类。

泰和地区水稻农业发达，系统记述稻种的《禾谱》便应运而出。种水稻、吃大米，成为民间必须，水稻生产登上了社会经济首位，促使人们在观念上对它高度重视。曾安止《禾谱序》写道："近时士大夫之好事者，尝集牡丹、荔枝与茶之品，为经及谱，以夸于世肆。予以为农者，政之所先，而稻之品亦不一，惜其未有集之者。"曾安止以"农为政先"、为稻种作谱的重农思想，正是应运而生的必然。他有志于此，于是写出我国历史上第一本水稻品种专志。士大夫为"牡丹、荔枝与茶之品，为经及谱"，同样反映了经济生活中的客观存在，也是生产发展的生动证明。

---

① 转录自曹树基《〈禾谱〉及其作者研究》，载《中国农史》1984年第3期。尹美禄《从〈禾谱〉看北宋吉泰盆地的水稻栽培》，也转述了《禾谱》的部分内容，该文见《农业考古》1990年第1期。

第三章
农业生产的发展

《禾谱》问世后受到社会称赞,绍圣元年(1094年),苏轼贬往岭南,路经太和,得见《禾谱》,称其"文既温雅,事亦详实"。同时,"惜其不谱农器",作《秧马歌》一诗相赠,附于书后。南宋时,曾安止侄孙曾之谨"追述东坡作歌之意",将种水稻需用的器具写成《农器谱》,与《禾谱》相配,并寄赠陆游评议。陆游读后,为之赋《耒阳令曾君寄禾谱、农器谱二书求诗》,诗曰:

> 欧阳公谱西都花,蔡公亦记北苑茶。
> 农功最大置不录,如弃六艺崇百家。
> 曾侯奋笔谱多稼,儋州读罢深咨嗟。
> ………
> 神农之学未可废,坐使末俗惭浮华。①

陆游基于抑制浮华之风的旨意,批评"谱西都花"、"记北苑茶"而不记录水稻品种,是抛开为政的根本,如同轻视六经。这个批评不免偏激,却有积极意义。

银珠稻,产于建昌军南城县,是晚稻(大禾)中的优良品种,民间传说是麻姑山中稻田生长的。至迟在仁宗时已选为贡品,上供朝廷。欧阳修于嘉祐五年(1060年)八月十六日,草拟给建昌知军杨仪的敕书,表彰他"进奉银珠稻米"②。明李贤等修《明一统志》卷五十三建昌府"土产"中,"银珠米"下记"宋时太守沈造尝献"。沈造,出处不详,其献银珠米的过程也说不清。

红米,产于筠州高安县。红米稻也是大禾品种,米粒红色,胚皮较硬,但煮成饭有很浓的香味。苏辙谪监筠州税务期间,吃了红米饭,并写诗曰:"饭软莫嫌红米贱。"③红米是少有的优质米,出产少,并非到处能吃到。

香稻,洪州奉新县出产。县人胡仲尧淳化年间自动减价卖米赈济饥民,太宗特为嘉奖,命他为"州助教,许每岁以香稻、时果贡于内东门"④。此香稻的品质、身价,不在一般优质稻之下。

---

① 《陆游集》卷六十七,中华书局1976年版。欧阳修著《洛阳牡丹记》(一作《牡丹谱》);蔡襄著《荔枝谱》、《茶录》。"六艺",即六经。《史记·滑稽列传》:"孔子曰:六艺于治一也。《礼》以节人,《乐》以发和,《书》以道事,《诗》以达意,《易》以神化,《春秋》以道义。""儋州",指苏轼,哲宗绍圣间(1094—1098年)他贬居琼州(今海南省),即唐代的儋州。
② 《欧阳修全集·内制集》卷八。
③ 《三苏全书·苏辙集》卷一二《和王适新葺小室》。
④ 《宋史》卷四五六《孝义传·胡仲尧》。

三、粮食产量与漕粮征收

农业生产兴旺,粮食丰足,是江西的经济优势。然而限于历史资料稀缺,粮食的亩产量及总产量却难于具体统计说明。现参考相邻地区的零星记录,以及相关文字叙述,借以看到一个大概。

江浙地区在仁宗时期,亩产二三石,北宋晚期到南宋初期已是三四石①。江西主要产粮区的产量,大致也在这个水平上。范仲淹在景祐元年(1034年)任苏州知州时说:"姑苏岁纳苗米三十四万斛。"庆历三年(1043年)任参知政事时又说:"臣知苏州日,点检簿书,一州之田系出税者三万四千顷,中稔之利,每亩得米二石至三石,计出米七百余万石。"②苏州的稻田产量与税粮数额,在当时是很高的。比范仲淹晚三四十年的曾安止,写《禾谱》时说吉州的粮食态势:"江南俗厚,以农为主。吉居其右,尤殷且勤。漕台岁贡百万斛,调之吉者,十常六七,凡此致之县官耳。"③江南西路漕运出去的赋粮百万石是稻米(详见下文),其中吉州占六七成,则是60万~70万石米。参照苏州的产量水平,每亩得米2~3石。

我们可以大致上说,吉州等产粮区在中熟年份的亩产量也可达二三石米。按七折计算,二三石米约合三四石稻谷,达到了很高的水平④。

孔武仲对筠州稻米丰足的实情有一段描述。筠州位于南昌西边,是重要产粮区。唐朝武德七年(624年)曾在高安县设米州,当因其水稻旺盛而置。不久州废,而水稻仍在。南唐保大十年(952年),再设筠州,北宋时定为上等州。哲宗绍圣四年(1097年)孔武仲写其经济状况:

"筠为江西支郡,近岁乃更昌大蕃富。其属邑布在险阻,乐岁粒米狼戾,而四方商贾不能至。囷仓之积,守之至白首而不发。"⑤

---

① 详见漆侠:《中国经济通史·宋代经济卷》,第154页。漆侠教授此处没有说明是稻米、或稻谷,故引用时也不区分。
② 范仲淹:《上吕相公并呈中丞谘目》(1034年)、《答手诏条陈十事》(1043年),见《范仲淹史料新编》,沈阳出版社1989年版。
③ 曾安止:《禾谱·序》。
④ 游修龄编著《中国稻作史》写"稻的产量",以表格说明稻产量发展趋势,表4-3称:"南方稻米"每市亩产量,隋唐为1.136市石,宋为1.387市石,分别为两汉的211.94%、258.86%。见该书第210页。中国农业出版社1995年版。游氏所据资料,源于余也非《中国历代粮食平均亩产量统计》,载《重庆师范学院学报》1980年第3期。
⑤ 光绪《江西通志》卷六七孔武仲《无讼堂记》。

第三章
农业生产的发展

筠州高安、上高、新昌(今宜丰)三县比较封闭的自然地理环境,导致交通不便,商贸不畅,粮食运不出去,遂有殷实蓄富的优势。这种闭塞,不会改变该地稻米充足的事实,"粒米狼戾"与藏至"白首而不发"的民情,并非人口稀少,消耗有限得来。据前章的人口数据,筠州在太平兴国年间平均每县11,582户,元丰三年(1080年)为26,530户,崇宁元年(1102年)为37,140户,一向是人口繁伙之地①。人多而粮足,表示着亩产量不低,然而极少销售出境,这对当地社会的稳定不无好处。

从整体上考察,江西州县生产的粮米,不仅满足了本地约200万户民众的口粮需求,还有大批运销外地。曾安止《禾谱序》说民间贩卖稻米的盛况:"春夏之间,淮甸荆湖新陈不续,小民艰食",商贾就会到吉州等地来贩运稻米,"水浮陆运,通此饶而阜彼乏者,不知其几千万亿计,朽腐之逮实半天下"。苏轼曾上奏说:"勘会熙宁八年,两浙饥馑,朝旨截拨江西及本路上供斛斗一百二十五万石,赐本路赈济。"②元祐七年(1092年)十一月苏轼又奏:"去年浙西水灾,陛下使江西、湖北雇船运米以救苏、湖之民,盖百余万石。"③这些事例告诉我们,北宋时期的江西已是重要的余粮大区,是朝廷赖以赈济饥民的大户。江西民间外运稻米中的商品粮数量无法统计,只有漕粮才有统计数据可以说明。

官府向江西征取的漕粮数额相当巨大。北宋定都汴梁,倚重兵立国,而兵恃粮,军粮供应依赖漕运,所以漕粮是宋王朝至急至重的大事。宋太宗毫不掩饰地说:"东京养甲兵数十万,居人百万家,天下转漕仰给,在此一渠水,朕安得不顾。"④所指"一渠",是汴渠。东京汴梁的粮食供给,通过汴渠、惠民渠、广济渠和黄河四条水道转输供应,然而主要的来源是由汴渠运来的东南六路的粮食。每年江、淮、湖、浙诸路数百万石米及百物众宝,都经由汴渠输送至京城。据记载:

太平兴国六年(981年),汴渠运米300万石,菽100万石;黄河运粟50万石,菽30万石;惠民河运粟40万石,菽20万石;广济河运粟12万石。合计552万石,其

---

① 筠州地狭人稠之状,可与河南府比较,该地在仁宗时期共只75,900余户,置有洛阳等19县,平均每县3,994.7户(范仲淹《答手诏条陈十事》);崇宁时增至127,767户,设16县,平均每县7,985.4户(《宋史·地理志》)。
② 苏轼:《相度准备赈济第一状》(元祐五年九月七日),见《三苏全书·苏轼文集》卷二八。
③ 苏轼:《乞免五谷力胜税钱札子》,见《三苏全书·苏轼文集》卷三三。
④ 《宋史》卷九三《河渠志》。

中汴渠400万石，占72.46%。至道初(995年)，汴渠运米580万石。十余年间，汴渠运米已经远远超过四河运输总量。汴渠出众的运粮能力，促使真宗于景德四年(1007年)下诏："定汴河岁额六百万石。"而陆续聚集汴渠的粮米，据第二年(大中祥符元年，1008年)登录，达到700万石，超过定额，为二十多年前的两倍多。由此可见，汴河漕粮，是重中之重。换句话说，东南六路运去的稻米，是宋朝命脉所系。那么，江西在这里占多大的比重呢？

从定额600万石至北宋末，江西稳定在120万石以上。熙宁八年至十年(1075—1077年)，沈括为三司使，主管财政，他记录的漕粮数额是：

> 发运司岁供京师米以六百万石为额，淮南一百三十万石，江南东路九十九万一千一百石，江南西路一百二十万八千九百石，荆湖南路六十五万石，荆湖北路三十五万石，两浙路一百五十万石。通余羡岁入六百二十万石。①

从沈括的具体统计之中，看到东南六路的粮食态势，按漕粮数量排名，江南西路居第三位。定额漕粮与实际运到的有二十万石的差异，此"余羡"来自何处？有一则史料说：

发运使主管的东南六路财货转输于京师，年额上供米共计六百二十万石，内中四百八十五万石赴阙，一百三十五万石送纳南京。其中

淮南：一百五十万石。内中一百二十五万石赴阙，二十万石赴咸平尉氏，五万石赴太康；

江南东路：九十九万一千一百石。内中七十四万五千一百石赴阙，二十四万五千石赴拱州；

江南西路：一百二十万八千九百石。内中一百万八千九百石赴阙，二十万石赴南京；

湖南：六十五万石尽赴阙；

湖北：三十五万石赴阙；

两浙：一百五十五万石。内中八十四万五千石赴阙，四十万三千三百五十二石赴陈留，二十五万一千六百四十八石赴雍丘。②

---

① 沈括：《梦溪笔谈》，卷十二。
② 张邦基：《墨庄漫录》，卷四。

第三章
农业生产的发展

这是张邦基在《墨庄漫录》中记下的数字,六路漕粮运赴的地点与数量都很清楚,应是可信的。分计数的总和为625万石,与沈括所记比较,是淮南多20万,两浙多5万。

政和七年(1117年),朝廷再次督促漕粮运输,"立东南六路州军知州、通判装发上供粮斛任满赏格,自一万石至四十万石升名次减年有差。张根为江南西路转运副使,岁漕米百二十万给中都。"①张根得到记录表扬,自然是他能兑现大运输量。张根的窍门是:由于数额大,路途远,督运艰难,每岁额外多存30万石应急,以便有足额漕粮运到。因此,江南西路每年实际的漕粮数是150万石。

120万~150万石漕粮,还不是全江西地区的数额,我们有必要从13州军的隶属关系方面折算。依沈括所记,江东99万余石平均折算,江、饶、信州、南康军合计得39.6万石。江南西路内减去兴国军应占的平均数,约12万石。如此加减之后,江西13州军应为148万石左右,与东南六路中占第一位的两浙路接近了。若再加额外存留的30万,约达180万,超过两浙路。事实上吉州、饶州、洪州等粮食大州,其粮额远在平均数之上。曾巩于熙宁九年(1076年)任洪州知州,熟悉家乡故实,了解地方财政,故直率地说洪州"其部所领八州,其境属于荆、闽、南粤,方数千里。其田宜秔稌,其赋粟输于京师,为天下最,在江湖之间,东南一都会也"②。

漕粮重赋,是江西农民作出的重大贡献,同时又是从未脱却的沉重负担。它映现了江西粮食农业旺盛,稻米产量巨大的境况。重负与旺盛,相互激荡,使江西作为国家的农业基地,非常牢固地确立下来,持久发展不衰。

第五节
经济作物的繁盛

一、土产与贡品

经济作物种类繁多,然古籍记录并没有认真的分门别类,而且有的经济作物与相关的手工制品合在一起,如苎麻与苎布,种茶与制茶,难以分目叙述。故先录出土产和贡品名目,由此看出物产多样及产品声望,然后再根据资料状

---

① 《宋史》卷一七五《食货志三》。
② 《曾巩集》卷一九《洪州东门记》。

况,叙述几种作物(产品)的生产盛况。

北宋前期江西各地的"土产"如下:

洪州:蜡、柑橘、葛布、丝布、罗汉菜、笋(出西山佳)、梅煎(唐开元二十五年都督韩朝宗以梅煎难得,取乳柑代。今并停。)、黄精(西山出)。

筠州:贡南烛子、南烛花。出调露、紫源茶、乌药(出乌峰,故名)、薯蓣、土硃、牛尾狸、黄雀儿鲊、紫竹(小而劲直)、羊桃。

饶州:茶、簟、瓷器。

信州:蜡、葛粉。

虔州:糖、蜜梅、竹梳箱、斑竹、石蜜、葛布、艻茶(香味第一,最难得)、雪瓜、桃(出冬桃山,经冬始熟)、五色鲤。

袁州:白苎布、葛、纸、竹鞋、黄精、地黄、棉布、酒(按王烈之云:宜春酒酎随岁计上供)、龙须草、茶、土绫。

吉州:玉版笋、水晶葱、龙须草、抱石鱼、藤(贡)茶、紫草、橘、碁子、竹纸、丝布、白苎布。

抚州:箭竿、柘木、葛、茶杉纸、朱橘、苎布、牛舌纸。

建昌军:吴茱萸、承露仙(俗谓之白药)、麻姑酒(麻姑山取神功泉酿者佳)、金丝布(唐时入贡)。

江州:云母、葛布、布水纸、石耳、鳙鱼、葛、栗、茶。

南康军:布水纸、葛布、蛤粉、石斛(出庐山悬崖)[①]。

上列诸州军土产共计80种。其中纺织品7种,葛布、丝布、白纻布、棉布、苎布、金丝布六种,都不是绢、帛之类的丝织品。白纻布与苎布,都是苎麻织品,它们的区别该为是否漂白。明确为丝织品的只有"土绫"一项。茶有紫源茶、艻茶两个名品。纸有竹纸、牛舌纸、布水纸3种。筠州的"薯蓣",不知与明末传入的番薯有何异同? 宋以后筠州还有没有?

土产之中有3种上贡,即南烛子、南烛花、藤。另外,袁州的酒是否还"随岁计上供",不明确。有的研究者将《太平寰宇记》的"土产"等同于贡品,并与《新唐书·地理志》、《元丰九域志》的"土贡"连在一起叙述,不妥。古人分明用"土产"、"土贡"两个子目,今人应注意它们的区别所在。三部史书所列物产,《新唐

---

① 宋·乐史《太平寰宇记》卷一○○至一一一。饶、信等州的金银铜等矿产未录,以免和下节重复。原书记录的贡品照旧列出,"土硃"、"云母"可能是矿产,也可能是药品,故未分出。

第三章
农业生产的发展

书》明显更少，《元丰九域志》则精确无疑(详下)。其间的差异，不容忽视。还有一个重要情节是，乐史《太平寰宇记》在有的物产下有注释，如洪州的梅煎，已注"今并停"，不是贡品了。筠州的土产前两种加"贡"字，后九种加"出"字，区别很清楚。吉州的藤下注"贡"字。建昌军的金丝布下注"唐时入贡"，则在北宋不是贡品。所以，"土产"不能当作贡品，只能理解为特产、名品；其中少数入贡，多数不是，原书未写明的不宜主观地推定为贡品。

王存等《元丰九域志》反映的是北宋中后期的事实，其中卷六所记的江西各州军"土贡"如下：

江州：生石斛、云母各一十斤。

饶州：簟一十顶，麸金一十两。

信州：葛粉一十斤，白蜜三十斤，水精器一十事。

南康军：茶芽一十斤。

洪州：葛三十斤。

虔州：白纻二十匹。

吉州：葛一十匹、纻布一十匹。

袁州：白纻一十匹。

抚州：葛三十匹。

筠州：纻一十匹。

南安军：纻一十匹。

临江军：绢一十匹。

建昌军：绢一十匹。

各州军进贡的土产以纻布居多，涉及5州军，共计60匹；绢则有临江、建昌二军进贡，共计20匹。这些质地优良，有一定名望的产品，应是苎麻种植持续普遍、桑蚕生产得到发展的反映。葛布仍是纺织品生产中的一个优势，虽只洪、抚二州入贡，数量却多，各30匹，可见颇受欢迎。

欧阳修在皇祐五年(1053)八月，因送母柩归葬永丰县沙溪，又一次体验了家乡风情，写诗曰："为爱江西物物佳，作诗尝向北人夸。青林霜日换枫叶，白水秋风吹稻花。酿酒烹鸡留醉客，鸣机织苎遍山家。"[①]永丰农村处处都有种苎麻、

---

① 《欧阳修全集·居士集》卷一四《寄题沙溪宝锡院》。"织苎"之"织"，原注"墨迹作缉"。缉苎，意为把很短的一根根苎麻纱捻接成长长的细丝条，以便上机织成麻布。

织苎布的习俗,成为欧阳修向北方人夸耀的一项内容。

吉州龙泉县(今遂川),麻苎甚多,苏轼被贬岭南,路过吉州时,得知黄庭坚之兄黄大临在龙泉任知县,遂"枉道相访",他们坐小艇游虎潭,苏轼观景赋诗,有句曰:"草间狐兔悉敛避,云暗桑麻遍陇头。"①麻不择地,田边地角皆宜种植,故有遍陇头的景象。

在抚州、袁州、虔州等地的地方志书中,都记有"俗喜麻苎"的民风习俗。

二、桑蚕生产的勃兴

桑蚕生产受到社会重视,北宋初期开始便逐渐在各地发展起来。太平兴国二年(977年)六月,江南西路转运司奏报说:

> 诸州蚕桑少而金价颇低,今折绢,绢估小而伤民,金估高而伤官。金上等旧估两十千,今请估八千。绢上等旧定一千,今估一千三百。余以次增损。从之。②

这个建议得到批准。桑蚕与金的价格比例调整之后,种桑养蚕的收益提高,刺激了农民生产积极性,必然使桑蚕兴旺起来。到了北宋中期,李觏便对蚕桑盛况作出如下描述:

> 愚以为东南之郡,山高者鲜不凿,土深者鲜不掘。……平原沃土,桑柘甚盛。蚕女勤苦,罔畏饥渴。急采疾食,如避盗贼。茧薄山立,缲车之声连甍相闻,非贵非骄,靡不务此,是丝非不多也。③

李觏所说的蚕桑盛况,是东南地区的普遍现象,更是江西本地的客观存在。江西各地在北宋阶段经营蚕桑的事例很多,下面我们稍微细致地展示各州县的情形:

建昌军,桑蚕生产在吕南公的笔端是:"蚕蛾已撒明年卵,蚕妇乍闲愁夜

---

① 乾隆《龙泉县志》卷一《形胜》。
② 《续资治通鉴长编》卷一八。
③ 《李觏集》卷一六《富国策第三》。中华书局1981年版,第137页。

第三章
农业生产的发展

短。"①这是写蚕妇的辛劳。吕氏若不熟悉育蚕劳作,写不出如此逼真的情节。吕南公比李觏晚出,而经历相似。熙宁中他"试礼闱不偶,退筑室灌园,不复以进取为意"②,甘心在乡耕读,其"灌园"即含养蚕之事。他家"百本柔桑绕茅屋,一陂清水灌沙田",自己"著书耕钓平生事,梦寐西村五亩桑"③。正是由于他"安贫守道,志希古人",不慕官场富贵,日常生活中思虑的是农桑事务,故能真切地揭示蚕妇育蚕的心意,反映南城地方的生产实情。

饶州,水稻与桑蚕均盛。元祐六年(1091年),余干县进士都颉写《七谈》,畅叙饶州风土人物,第二章言"滨湖蒲鱼之利,膏腴七万顷,柔桑蚕茧之盛"④。遗憾的是《七谈》文本不传,桑蚕生产实情难以知晓。

江州,白居易任江州司马时,诗文中已提及浔阳县桑蚕事。进入北宋,江州的栽桑养蚕业有了更大发展,丝绢成了夏税的主要项目。寓居江州的孔平仲深感当地农民因蚕丝多而赋税重:"见蚕成茧能几日,缯帛输官千万匹。"⑤

陈氏"义门"家族的"都蚕院",是江州桑蚕业旺盛的集中体现。陈氏居住江州德安县,家族内设"都蚕院",众多的女性成员除8名媳妇负责炊煮之外,其他人统在都蚕院内养蚕织绢。院内设院首,内分若干蚕房。凡45—58岁的称蚕婆,45以下的称蚕妇。每间蚕房安排蚕婆1人、蚕妇2人,发给蚕种2两。女孩儿"各令于蚕母房内同看桑柘",织造夏税丝⑥。

洪州,桑蚕纺织素来称盛。新建县内官绅家族妇人如厚田谭氏,"蚕绩必恭亲"⑦。武宁县农民"男勤耕稼,女务蚕绩"⑧。分宁县"其人修农桑之务,……女妇蚕杼,无懈人"⑨。桑蚕业已成洪州农村普遍的生产项目,是男耕女织中不可缺少的劳作内容。

筠州,据苏辙的观察了解,桑蚕业在当地是官民共同关注重要事务。他给

---

① 吕南公:《灌园集》,卷四《和次道村田歌》。四库全书本。
② 《宋史》卷四四四《吕南公传》。
③ 《灌园集》卷五《次韵酬朱推官》、《梦寐》。
④ 洪迈:《容斋随笔·五笔》,卷六《鄱阳七谈》。
⑤ 孔平仲:《朝散集》,卷一《闻砧作》。
⑥ 详见道光《义门陈氏大成宗谱》家法33条。
⑦ 姚勉:《雪坡舍人集》,卷五十《谭氏孺人墓志铭》。
⑧ 同治《南昌县志》卷六《风俗》引《武宁图经》。
⑨ 《曾巩集》卷一七《分宁县云峰院记》。

高安县令罗审礼的诗说:"政成仍喜新蚕熟,归去还将旧橐空。"①把这位县官的清廉和蚕桑丰收联系在一起。苏辙注意到,蚕长成与小麦熟在季节上有关联:"蚕眠初上簇,麦熟正磨镰。"②苏辙在神宗元丰年间,被贬筠州五年,熟悉了高安一带的农事,并以"蚕熟"作为地方的重要政绩颂扬县官,可见桑蚕在高安社会经济中的显著地位。

吉州泰和县的蚕桑生产,在黄庭坚的诗文中也有反映,如说"已非红紫时,春事归桑柘","是日劝农桑,冰销土膏作"③等。

以上诸条史实充分说明,蚕桑生产在江西北半部州县已经普遍发展起来,成了城乡民众经济生活中的重要内容。

三、茶的种植与制作

种植和采制茶叶,是农业经济中的重要门类,商品性成份很重。自唐德宗正式征收茶税以后,"百年以来,极于嗜好,略与饮食埒"。北宋官府对茶业生产实施严格控制,保证茶利归于官府。凡种茶农户称"园户",岁课以茶输租,余茶全由官府收购;官府先给钱,后收茶,谓之"本钱"。其他农户每年输税,也可折茶交纳,称为"折税"。商贾要做茶生意,纳钱或金帛于京师榷货务,提出要某处茶,由榷货务给券,谓之"交引";也可将钱或金帛交往东南某茶务、茶场。凡茶入官以轻估(价低),其出以重估(价高),如散茶买自园户每斤从16钱至38钱,分59等;出卖时从15钱至121钱,分109等,故"县官之利甚博"。为求获得最大税利,官府垄断——"榷茶"的政策,时紧时松,或专卖,或有限制地通商,处于多变之中。

茶的品种,分片茶、散茶二类。片茶需蒸造,福建的建州、剑州所制"最为精洁",而品名有龙、凤、石乳、白乳之类12等。散茶出淮南、归州、江南、荆湖,有龙溪、雨前、雨后之类11等,江浙又有以上中下或第一至第五为号者。又有一种腊茶,也需蒸造,建州所产者其乳泛汤面,与溶蜡相似,故名蜡面茶,后改蜡为腊。茶价依各类各等而异。

江西茶业从唐代发展而来,产地遍及全境,主要是江、饶、信、洪、抚、筠、

---

① 《三苏全书·苏辙集》卷一二《送高安罗令审礼》。语文出版社2001年版。
② 《三苏全书·苏辙集》卷一一《阴晴不定简唐觐秘校并敖吴二君》五首之二。
③ 黄庭坚:《山谷集·外集》,卷十《寄陈适用》,卷十一《寄题安福李克先春阁》。

第三章
农业生产的发展

袁、临江、建昌、南康等州军,产量高居江南诸路之首。产品中片茶、散茶都有,虔、袁、饶州、临江军的片茶有仙芝、玉津、先春、绿芽之类26等,江州出的又有以上中下或第一至第五为号。江西地区出产的茶质量优良,市场效益很好,对社会生产、群众生活和官府财政都关系巨大,饮茶用具的制作以及茶事诗文创作,也相随繁盛起来。

北宋社会对茶的认识与品评,一方面被看作非常紧要的物质财富,另一方面,在上层社会中受到特别推崇,是将它认作珍贵的饮料,品茗是高雅的享受,彰显的是文化价值,徽宗的《大观茶论》,最集中地反映了这种思想观念。他在序言中写道:茶之为物,擅瓯闽之秀气,钟山川之灵秉,有祛襟涤滞,致清导和之功效,这是庸人孺子不知的;茶具有冲淡简洁,韵高致静的特性,不是烦躁而惶遽之时所能品味到的。本朝历年看重"建溪之贡,龙团凤饼,名冠天下,婺源之品亦自此盛"。凡荐绅之士,或布衣文人,"咸以高雅相从事茗饮。……莫不碎玉锵金,啜英咀华,……不以蓄茶为羞,可谓盛世之清尚也"①。帝王至尊的赵佶,有足够的清闲品尝龙团凤饼,其他的士大夫名流,在茶事诗文中也流露着同样的气息。徽宗等人也写茶的采择、制作、鉴辨、品名、茶具等等,客观上提供了生产领域的一些情节,然而,他们的主观用意乃是证明自身,展示其在此清高茗饮中不凡的水准。

1.名品茶

双井茶,洪州分宁县出产,名声最著。双井是黄庭坚的家乡,所产茶叶制作精细,宋仁宗时期盛传开来。欧阳修记述曰:"腊茶出于剑、建,草茶盛于两浙。两浙之品,日注为第一。自景祐以后,洪州双井白芽渐盛,近岁制作尤精,囊以红纱,不过一二两,以常茶十数斤养之,用避暑湿之气。其品远出日注上,遂为草茶第一。"②叶梦得《乙卯避暑》中也说:"今草茶极品,惟双井、顾渚。"景祐(1034—1038年)为仁宗年号。叶梦得,苏州吴县人,卒于南宋绍兴十八年(1148年)。可见双井茶成为"草茶第一"的声望,从北宋至南宋的一百余年间长期得到社会公认。

《宋史·食货志》记南宋初年的名品茶叶,实际上也是北宋中后期的事实。志中列举了6种名茶,即"雪川顾渚,生石上者谓之紫笋,毗陵之阳羡,绍兴之日

---

① 赵佶:《大观茶论》,见《说郛》九十三。委宛山堂本。
② 《欧阳修全集·归田录》卷一。

铸,婺源之谢源,隆兴之黄龙、双井,皆号绝品也"。黄龙、双井,皆分宁县所产。这表现了一种品茶倾向,上层社会中嗜好和推崇的只是那五六种茶品。名品、绝品,产量少而质量精,是特出之代表,受到格外夸赞。黄庭坚喜爱自家生产的茶,特意送双井茶给苏轼品尝,并写《双井茶送子瞻》诗说:"我家江南摘云腴,落硙霏霏雪不如。"福建蔡襄,是善于制茶品茶的名宦,他告诉友人说:"向得双井四两,其时人还未试,叙谢不悉。寻烹治之,色香味皆精好,是为茗芽之冠,非日注、宝云可并也。"①欧阳修赞誉双井茶的特色,对其名望予以公正评议,其《双井茶》说:

  西江水清江石老,石上生茶如凤爪。
  穷腊不寒春气早,双井芽生先百草。
  白毛囊以红碧纱,十斤茶养一两芽。
  长安富贵五侯家,一啜犹须三日夸。
  宝云日注非不精,争新弃旧世人情。
  岂知君子有常德,至宝不随时变易。
  君不见建溪龙凤团,不改旧时香味色。②

  双井茶后来居上,跻身于名品之中。周煇《清波杂志》中又说:"双井因山谷而重,苏魏公尝云:平生荐举,不知几何人,唯孟安序朝奉(分宜人)岁以双井一斤为饷。盖公不纳苞苴,顾独受此,其亦珍之耶!"苏魏公指苏颂。周煇为南宋人,津津乐道前朝名人故事,足见其人、其物在社会上影响深远。双井白芽茶因采摘适时,春季茶树刚在萌发时期,养料丰富,嫩绿肥美,所以称"摘云腴"。制作完成后,茶叶上有白毫,又细嫩,故比之为雪。官贵王侯们一啜夸三日,平素不贪礼物的苏颂唯独乐意得双井茶,足证其品质极佳。

  黄檗茶,新昌县(今宜丰县)黄柏山出。黄庭坚了解士大夫对黄檗茶很喜好,他告诉朋友说,种茶的寺僧、园户竞相拿别地出产的茶冒充黄檗茶③。黄檗茶的社会声誉好,产量少而冒充者多,正是其品质优越的表现。苏辙谪居筠州,

---

① 胡仔:《苕溪渔隐丛话后集》,卷十一。
② 《欧阳文忠公集》卷九。
③ 朱彧:《萍洲可谈》,卷二:"江西瑞州黄檗茶,号绝品,士大夫颇以相饷。所产甚微,寺僧园户竟取他山茶,冒其名以眩好事者。黄鲁直家正在双井,其自言如此。"

第三章
农业生产的发展

熟悉茶叶生长和新昌茶农劳作情状,写诗称赞黄檗茶说:

> 黄檗春芽大麦粗,倾山倒谷采无馀。
> 只疑残枿阳和尽,尚有幽光霰雪初。
> 耿耿清香崖菊似,依依秀色岭梅如。
> 经春结子犹堪种,一亩荒园试为锄。
> 细嚼花须味亦长,新芽一粟叶间藏。
> 稍经腊雪侵肌瘦,旋得春雷发地强。
> 开落空山谁比数,蒸烹来岁最先尝。
> 枝枯叶硬天真在,踏遍牛羊未改香。①

诗中点出了黄檗茶生产的茂盛,品质的优良。诗人巧妙地描述了茶叶生长过程的四季情状,以菊的清香、梅的灵秀来形容它的高雅,同时,虽经腊雪的欺侵、牛羊的踩踏,仍然保持其天真与幽香,表现出顽强的生命力。这是对黄檗茶的称赞,也是茶叶的普遍性特色,故而茶叶一经人们认识,便与社会生活结下不解之缘。

云雾茶,庐山产。庐山茶唐代已经出名,白居易在香炉峰下草堂之北开辟茶园,自己种茶。唐末五代时的诗僧齐己,游东林寺后写诗赞美庐山茶香说:"树影残阳寺,茶香古石楼。"②到了宋朝,庐山的茶叶生产进一步发展,山上林立的佛寺,有众多的僧人,他们既品茶也种茶。庐山归宗寺的志芝庵主写偈云:

> 茶芽麓蕨初离焙,
> 笋角狼忙又吐泥。
> 山舍一年春事办,
> 得闲谁管板头低。③

佛寺建在名山胜景之中,大山云雾缭绕,土肥水足,最适宜茶叶生长,所以其地所产之茶品质优良,而寺庙僧人们也都精于制茶、品茶,并且将品茶和禅

---
① 光绪:《江西通志》卷二二二《黄檗寺》夹注。
② 吴宗慈:《庐山志》,卷十,僧齐己《匡山寓居栖公》。
③ 普济:《五灯会元》,卷十七《归宗志芝庵主》。

思结合,把饮茶行为与精神思索融会贯通,创造出高雅的茶禅文化,使茶叶生产从经济领域升华至文化领域,兼具两种社会价值。山僧与茶叶的种植劳作世代继承了下来。

婺源茶,婺源县产。此茶在北宋已崭露头角,由初露优良品质而到名声大盛。正如徽宗所说:"本朝之兴,岁修建溪之贡,龙团、凤饼名冠天下,婺源之品亦自此盛。"《宋史·食货志》曰"婺源之谢源"号称"绝品"。民间的评议,比徽宗的意见更早,唐朝后期人说"婺源方茶,置制精好,不杂木叶,自梁、宋、燕、并间,人皆尚之"①。造成这种差异的原因,当是作为商品茶中的上品,婺源茶早已享誉中原,然而制作出最精的尖端产品,并且贡入朝廷,为权贵所喜好,则是从北宋才开始。

洪州西山的白露茶、鹤岭茶、罗汉茶,建昌县(今永修)云居山茶,宜春仰山的稠平茶,铅山县双港茶,都是号称"绝品"的茶。虔州岕茶,"香味第一,最难得";焦坑茶,味苦硬,稍久回味甘甜。万安县神潭茶,生在赣江岸边山岩上,配以鹅公嶂流来的密溪水,味道尤为香美。

茶磨:宋人制茶方式,适应品茶时尚,在制作"片茶"过程中,将生茶叶蒸熟,再压紧制成饼状,故而贡品中有龙团、凤饼等品名,或称龙凤团茶。饮用时需将茶饼碾碎,再以水煮沸。"落硙霏霏雪不如",即是用磨将茶饼碾成极细的粉末状了。因此,茶磨是饮茶的必备工具,有关键性的作用。如果不用磨,则用碾,"碾以银为上,熟铁次之"②,显然,银碾贵重,是皇家或权贵们的用品,民间通常为铁碾或石碾。茶饼磨碾之后,再用绢网制成的罗,筛出不够细的部分,再磨、碾,直至符合要求为止。

茶磨的质量,与石质和磨齿开凿的好坏有关。一般认为湖南耒阳生产的为上品,实则不如江西上犹县的茶磨。北宋末年,颍川(今河南禹县)人庄绰说,南安军上犹县北70里石门堡小逻村出产坚石,堪作茶磨,其佳者号称"掌中金"。据他考察:"小逻村所出,亦有美恶。须石出水中,色如角者为上。"如牛角灰黑色的花钢石,而且浸在水中,硬度高而不脆。以这种石质制成的茶磨,"其磨茶,四周皆匀如雪片;齿虽久,更开断"。磨出的茶末匀细如雪,恰与黄庭坚赞赏双井茶的标准相同。使用时间长了,磨齿不利,可以再"洗",即再加工使磨齿深一

---

① 杨华:《膳夫经手录》。丛书集成初编本。
② 赵佶:《大观茶论》,"罗碾"篇。

第三章
农业生产的发展

些,尖利一些。上犹茶磨的售价不菲,在虔州"价值五千足,亦颇难得"。比较上犹与耒阳的茶磨,"世多称耒阳为上,或谓不若上犹之坚小而快也"①。小则轻便,快则效率高,故受社会欢迎。

2.茶产量

各种名品茶,尤其所谓极品,其产量都很少。双井茶,"鲁直力推赏于京师,族人交致之,然岁仅得一二斤";浙江顾渚茶每年也只五六斤。这两种"草茶极品"的种植面积,"亦不过各有数亩"②。所以,名品的供应面很窄。社会群众饮用的,为中下品茶,这些茶产量高,供应量大,既解决各界群众的需求,又为官府提供了大量税收,充实财政,支撑军费开支。西夏、契丹等地官民对茶叶的需求,通过边关榷场贸易等途径,也得到满足。北宋维持与辽、西夏的长期共存关系,每年各需茶二三十万斤③。茶叶,对北宋朝廷的内政、外交,实际上是重要的战略物资。所以,宋朝一开始对茶叶生产便严厉控制。乾德二年(964年)八月辛酉,宋太祖下令:

> 令民茶折税外悉官买,民敢藏匿而不送官及私贩鬻者,没入之。计其值百钱以上者,杖七十,八贯加役流。主吏以官茶贸易者,计其值五百钱,流二千里,一贯五百及持杖贩易私茶为官司擒捕者,皆死。④

官府绝对垄断着茶叶销售,其政策办法是:川峡、广南两地允许民间买卖,但"禁其出境"。其余各地全部禁止,通由官府买卖。禁榷的办法是,沿长江中下游地带,在江陵府、真州、海州、汉阳军、无为军、蕲州的蕲口6个转输要会之地,设六榷货务,分别收购东南各地的茶叶,"凡民鬻茶者皆售于官";另外在淮南的蕲、黄、庐、舒、寿、光六州设13个山场。江西的袁、吉、饶、抚、洪、江、临江7州军之茶交真州榷货务;抚、吉、临江三州军的部分茶,以及南康军茶交无为军榷货务⑤。真宗时期,饶州曾一度设立茶场,收纳浮梁、婺源、祁门三县茶,但因交

---

① 庄绰:《鸡肋编》,卷下。
② 叶梦得:《避暑录话》,卷下。
③ 欧阳修在庆历四年五月《论与西贼大斤茶札子》称:"中国大货利止于茶盐而已,今西贼一岁二十万斤,北房更要三二十万,中国岂得不困?"见《欧阳文忠公集》卷一〇五。
④ 《续资治通鉴长编》卷五。
⑤ 《续资治通鉴长编》卷一百,天圣元年正月癸未。榷货务在汴京还设有一个,但不积存茶叶,只会给交钞往还。建安、襄州、复州等地曾经设过,后废去。

通困难，不久撤销。咸平三年（1000年）七月，任中正上奏"乞许浮梁等县复仓廒就便输茶"，奏文说：

> 准诏：以饶州置场买纳浮梁、婺源、祁门县茶不便于民，令臣与三班借职胡澄，审行计度。今臣等亲到饶、歙二州茶仓，询问逐处民俗，皆言溪滩险恶，转输艰阻，愿各复往日仓廒，就便输纳，及浮梁县民李思尧等，各愿自备材木，起创仓廒。①

任中正、胡澄二人实地调查后的结果，是浮、婺、祁"各复往日仓廒，就便输纳"，这就告诉我们，沿江榷货物不是直接收纳茶农的产品，而是各县仓廒就近收纳，再集中转输至指定的场务。

所以，就政策上说，各产茶地区的茶叶全部在官府控制之中。但是，实际生活中的民间走私、盗贩仍不在少数，茶农和茶商都反对官府的专制垄断，"约束愈密，而冒禁愈繁，岁报刑辟，不可胜数"，"而民之犯法者自若也"②。总体上是茶利严密控制于是官府，商贾中的豪富者与官僚纠结，乘机舞弊，谋取暴利。由于官府的强制管理，遂有不少数据资料。

乐史《太平寰宇记》记录茶产地有：筠州，土产紫源茶；饶州浮梁县，土产茶；虔州，土产茶，香味第一，最难得；袁州，土产茶；吉州，土产茶；抚州，土产茶；江州，土产茶。这七州散在江西四境，故茶产普遍，产量亦多。崇宁年间，饶州买茶额551,839斤。天圣元年（1023年），官府的六榷货务、十三山场汇总茶课数如下：

淮南6州，865万余斤；

江南10州5军，1,027万余斤；

两浙12州，127.9万余斤；

荆湖8州1军，247万余斤；

福建2州，39.3万余斤。③

合计38州6军，2,306.2万余斤。

---

① 毕沅：《续资治通鉴》，卷二二。
② 《宋史》卷一八四《食货下六》。
③ 《续资治通鉴长编》卷一〇〇，《宋史》卷一八三《食货下五》所记，同此。

第三章
农业生产的发展

江南在合计中的产地占34.09%,岁课占44.53%。江南的产茶州军15个,即宣、歙、江、池、饶、信、洪、抚、筠、袁州、广德、兴国、临江、建昌、南康军,其中除宣、歙、池、广德、兴国5州军外,均属江西地区。所以,产地之中江西占2/3,则岁课按平均数折算,江西产地能得684.66万余斤,超过两浙、荆湖、福建三地的总和,约合东南诸路总岁课的30%。这个平均数的精确度不可能太高,但由此看出江西地区茶叶生产的普遍旺盛,产量位居前列的优势,也是丘陵地区生产开发比较充分,产品大量进入流通领域的证明。江西茶叶产业的实力,评估它在北宋财政天平上的分量,对调节宋与辽夏之间关系的意义,都不可轻视①。

水土宜茶,产量丰足,给民生带来利益,也因官府的垄断与刻剥,给百姓造成灾难。熙宁变法时期,王安石特别派人调查茶法利弊,企图制订一个既利民又富国的新法,他说:"永惟东南害,茶法盖其首。私藏与窃贩,犴狱常纷纠。输将一不足,往往死鞭杻。败陈彼杂恶,强卖曾非诱。已云困关市,且复搔林薮。将更百年蔽,谓民知可否?……"②安石的理想没有兑现,茶法之害继续,终于酿成南宋的"茶商军"动乱。

四、柑橘的广泛种植

果树栽培以柑橘为主要,其次是栗、桃等。洪州、抚州、临江军、吉州、赣州、南安军等地的柑橘生产,已有相当的优势,在士大夫的诗文中经常有反映。名动京城,为封建统治阶级最高层所好者,首推吉州金橘。欧阳修说:

> 金橘产于江西,以远难致,都人初不识。明道、景祐初(1032—1034年),始与'竹子'俱至京师。'竹子'味酸,人不甚喜,后遂不至。而金橘香清味美,置之樽俎间,光彩灼烁,如金弹丸,诚珍果也。都人初亦不甚贵,其后因温成皇后尤好食之,由是价重京师。余世家江西,见吉州人甚惜此果,其欲久留者,则于绿豆中藏之,可经时不变云。橘性热而豆性凉,故能久也。③

温成皇后,是仁宗的张贵妃,她巧慧多智数,有盛宠,势动宫禁内外,卒后,

---

① 这里是就东南地区的6榷货13茶场所统地区而论,没有涵盖四川、广南等地,因而评估的茶产量也只能作相对值看待。《宋史》《食货下五》记录了对蜀茶的政策、有关官员的议论以及产销数量。
② 《王文公文集》卷四一《酬王詹叔奉使江东访茶法利害见寄》。
③ 《欧阳修全集·归田录》卷二。

谥曰"温成",追册为皇后。这么一位娇宠弄权的贵妃所喜爱之物,自然是珍美非凡的。金橘的色香味诚如欧阳修所言,味甜微酸,还有化痰镇咳的明显功效。植株矮小,可供观赏。所以,橘农在销售金橘的同时,商人们也贩卖金橘树苗。若干年后,德兴张世南说:"金橘产于江西诸郡,有所谓金柑,差大而味甜。年来商贩小株,才高二三尺许,一舟可载千百株。其实累累如垂弹,殊可爱。价亦廉,实多根茂者,才直二三镮。"①可见,金橘种植的优势长盛不衰。

金橘味美,有很大的经济价值。吉州人民因此引以为豪。宋孝宗晚年,与陪同饮宴的周必大、洪迈谈及山珍海味、四时果品:"问容斋(洪迈)'卿乡里所产?'容斋,鄱阳人也。对曰:'沙地马蹄鳖,雪天牛尾狸。'又问益公(周必大),公庐陵人也。对曰:'金柑、玉版笋、银杏、水晶葱。'上吟赏。"②他们两人各自显扬地方优势,一个说饶州鄱阳湖区的水产,一个数吉泰盆地的山珍,实事求是,没有虚夸。

吉州龙泉县(今遂川县)是金橘主产区,邻近的万安县,也处处可见,家家碧树挂金果。金橘色泽金黄,形体椭圆如鸽蛋,汁味甜酸醇厚,具独特的芳香,并有平喘、顺气、止咳、解渴、生津的医药功效。熟果的保鲜方法,欧阳修介绍的是一种,此外,乡农还采用挂树留鲜,或沙藏,或松针藏等保湿办法,也可贮存较长时间。

柑橘,是水果中的主体产品。抚河沿岸的抚州、建昌军地区是一个种植基地。抚州延续了唐代时朱橘充贡的生产传统,依旧盛产朱橘。南丰县出产橘橙,曾巩家栽有橙树,结果丰硕,他赋诗曰:

> 家林香橙有两树,根缠铁钮凌坡陀。
> 鲜明百数见秋实,错缀众叶倾霜柯。
> 翠羽流苏出天仗,黄金戏球相荡摩。
> 入苞岂数橘柚贱,芼鼎始足盐梅和。
> 江湖苦遭俗眼慢,禁籞尚觉凡木多。
> 谁能出口献天子,一致大树凌沧波。③

---

① 张世南:《游宦纪闻》,卷二。
② 罗大经:《鹤林玉露》,卷五《肴核对答》。
③ 《曾巩集》卷一《橙子》。中华书局1984年版。

第三章
农业生产的发展

这种橘橙的品质不错，然而没有得到人们的推荐，列为贡品，提高身价，遭乡间"俗眼"慢待，仍处于名望低的境况中。

赣江中下游地区盛产柑橘。洪州农村种乳柑，《文献通考》记录唐时曾有乳柑进贡，数量为6000颗，与临海（今浙江台州）并列首位。后来隐居南昌的陈陶、李觏，对东湖沿岸的橘林仍是一片赞美："古郡城池已瞰江，重湖更在郡东方。水仙坐下鱼鳞赤，龙女门前橘树香。"①他走在江边橘林旁，路绝尘埃，感觉凉爽，心情很好。

丰城的柑橘，在南唐时期已经出名。抚州刺史危全讽对人说："丰城橘美，颇思之。"②到宋代，丰城"橘皮宽鬲降气，消痰逐冷，有殊功"的治病疗效已经传开，得到证验。北宋后期，丰城知县莫强中患胸满腹胀之病，拖延半年，"百方治之不效"，后进橘红（皮）汤，随即痊愈③。后世樟树地方出产的良药"枳壳"，则是丰城民众妙用橘皮的继承发展。

饶州、信州一带也种植橘柚。浮梁县富户臧有金，为求家财安全，不仅畜犬数十头，而且"绕垣密植橘柚，人不可入"④。他将果树变成藩篱，巧妙地把经济收入和防备盗贼结合在一起。

赣南为柑橘的重要产地。赣县、南康一些人家，有自家果园，橘树多达百千株。苏轼贬岭南路过虔州，给赣县的鹤田居士王子直赠诗曰："水底笙歌蛙两部，山中奴婢橘千头。"⑤他路过南安军南康县境，见章江两岸橘林连片，作《舟次浮石》一首曰："渺渺疏林集晚鸦，村村烟火梵王家。幽人自种千头橘，远客来寻百结花。"⑥橘林之盛在此得到生动体现。种柑橘已是农村经济的重要组成部分。

---

① 《李觏传》卷三七《东湖》。中华书局1981年版。
② 吴淑：《江淮异人录》："陈元升，饶州人也。……升元中，刺史危全讽少知其异，迎置郡中。尝夜坐，危谓之曰：'丰城橘美，颇思之。'元曰：'方有一船泊丰城港，今为取之。'……"四库全书本。
③ 方勺：《泊宅编》，卷八。中华书局1983年版。书中写出了橘红汤制作的方法。
④ 《宋朝事实类苑》卷二三。
⑤ 《三苏全书·苏轼诗集》卷三九《赠王子直秀才》。又，同治《赣州府志》卷七四。
⑥ 同治《南安府志》卷二六。

第四章
手工业生产的繁荣

　　建立在农业基础上的手工业,以纺织、陶瓷、矿冶、造船等占主要,技术进步,产量倍增,达到空前的高水平,这是因地制宜,充分利用资源优势、地理优势的成果。而农林产品加工,除前述的制茶业之外,其他可以称道的很少,或不突出,这是手工制造总体上处于低水平的表现。

　　莲花纱的织造,是纺织行业中的绝唱,这是崇信出家的佛教徒杰出之创作,既揭示了明清时代江西夏布业的光辉史迹,又封闭着技艺,未能广泛传开。

　　江西陶瓷烧造历史悠久,到了北宋已是众窑争胜,景德镇窑以其创制的青白瓷,崭露头角,开始跻身于全国名窑行列。此后继续技术创新,发挥高岭土资源优势,逐渐进步为我国制瓷业的大都会。

　　铜矿开采与铸钱业的发达,是北宋江西经济进步的重大表现,也是我国冶金工业达到历史最高水平的证明。胆水浸铜生产工艺的推广应用,将德兴、铅山铜矿开采业,与其他生产行业紧密连在一起,相互促进;永平监铸钱的中心地位,使它于国家财政不能分开,成了朝廷关注的焦点。铜矿采冶与铜钱铸造在性质上是军工企业,又与民生息息相关,江西社会经济因此而增添了活力。

　　造船业的兴旺,建基于粮食农业的发达,源于数额巨大的漕粮运输需要。同时,茂密的森林与优质的造船木材,便捷的赣江—鄱阳湖航道,使漕船制造获得大发展的必备物质条件。漕船制造也控制在官府手中,也有军事工业性质,但众多的河流航道与舟船打造,使这个手工行业必然是民众性的。然而历史资料局限在官府一边,只能记述制造漕船的事迹。

第四章
手工业生产的繁荣

第一节
纺织业的进步

北宋江西的纺织业获得新的进步:苎麻布中的"莲花纱"在汴京有很高的声望;绢帛的产量大增,成为民众缴纳夏税的重要物品。

一、纻布、葛布与莲花纱

生产麻葛布品的州县很多,《太平寰宇记》"土产"中列出的有:洪州丝布、葛布,袁州葛布、白纻布,吉州丝布、白纻布,建昌军金丝布,江州葛布,虔州葛布,抚州苎布,南康军葛布。这里的"丝"、"绵",应是表示其细软如丝绵,非指以蚕丝为原料织成的。北宋初期的这些麻葛产品,发展至约百年后的神宗元丰年间,不少成了进贡朝廷名品。《元丰九域志》"土贡"中列出的品名、数额如下:

洪州葛30匹。虔州白纻20匹。抚州葛30匹。吉州葛10匹、纻布10匹。袁州白纻10匹。筠州纻10匹。南安军纻10匹①。

八个州军的贡额数,葛布70匹,纻布60匹,表示着农民利用植物纤维纺织以葛、苎两种最著,成品质量不相上下。白纻布是洁白度高的苎麻织品,至近现代还有。在北宋各路州军中,进贡白纻布、葛布的共计55个州军,其中葛布达30匹的,只有洪州、抚州、潭州3地,故江西占三分之二;白纻达20匹的,只有扬州、舒州、湖州、虔州4地,江西占四分之一。以贡葛布、纻布的总数衡量,江西与湖南并列诸路之首。

醒骨纱、莲花纱,是苎麻纺织的精品,是贵富人喜好的上等衣料。宋人陶谷认为:"临川、上饶之民,以新智创醒骨纱,纯丝蕉骨相兼撚织,夏月衣之,轻凉适体,号太清氅。"②依此说法,这种醒骨纱是丝与蕉两种纤维的交织产品,其纺织技术水平则非常高了。现代的丝麻混纺衣料,市场效益很好,受到消费者欢迎。我们虽不能说醒骨纱与现代的混纺织品有什么联系,但由此可以想象到古

---

① 葛,藤本,茎皮纤维可织葛布;苎麻,也是用其茎皮纤维织布,"纻"即苎麻纤维织成的布。
② 陶谷:《清异录》,卷三。四库全书本。

人创新成果的精妙。

莲花纱,是临川出产的又一种名贵麻纱,夏天的上等衣料。朱彧记载说:

> 抚州莲花纱,都人以为暑衣,甚珍重。莲花寺尼凡四院造此纱,撚织之妙,外人不可得。一岁每院才织近百端,市供尚局,并数当路计之,已不足用。寺外人家织者甚多,往往取以充数。都人买者,亦自能别。寺外纱,其价减寺内纱什二三。①

莲花寺尼姑精于纺织,并有很高的市场声誉和社会效益,她们的宅院实际上是麻纱作坊。端,二丈为一端,二端为一匹②。每院一年织得约50匹,四院共200匹,确属量少。佛寺静谧而保密,尼姑们在企求解脱的情绪中,以世俗农妇的女红消遣时光。她们专精致一的努力,获得了超常技艺。由莲花寺发展到临川的农家,都在织造莲花纱,形成抚州纺织品生产优势。出家人的劳作产品冲破院墙,与热闹的尘世建立起紧密的联系。

抚州临川人的制帽业也很出色,将生意做到了汴京。"嘉祐中(1056—1063年),临川人伍十八者,以善裁纱帽入汴京,止于乡相晏元献(即晏殊)宅前,为肆以待售。"③伍十八是裁缝匠师,也是精明的商家,他把店铺开进京城,设在宰相府前面,以便利用同乡关系,借晏殊的名望做大自己的纱帽生意。

二、丝织业与"桑蚕院"

栽桑养蚕的兴旺,促进了丝织业,二者互为因果,彼此推动。北宋初期,只有袁州的土绫被乐史写进《太平寰宇记》的"土产",到了元丰年间,已有临江军、建昌军生产的绢选为贡品,各贡10匹。作为税赋征收的丝绢远远多于贡品。据《宋史·食货志》记载,北宋官府在"江西和买绸绢岁五十万匹",平摊在江西约80万余主户名下,每户约0.625匹。这种"和买",原本付给三成现钱,七成食盐;徽宗以后盐不给了,"其终也,官不给直",变为强制性的无偿征收,"和买"成了特殊的税目。正规的赋税是"税租"、"上供",数额巨大,详如下表:

---

① 朱彧:《萍洲可谈》,卷二。四库全书本。
② 《左传·昭公二十六年》"币锦二两"杜预注"二丈为一端,二端为一两,所谓匹也"。《集韵·二十六桓》则曰:"布帛六丈曰端"。此取《左传》杜预说。
③ 吴曾:《能改斋漫录》,卷十八《伍生遇五通》。上海古籍出版社1960年版,第526页。

第四章
手工业生产的繁荣

表 4.1　　　　　　　　　江西交纳的绢绸丝绵数量

税目		江南西路	江南东路	资料来源
夏秋税	绢(匹)	105,538	383,659	《宋会要辑稿》食货六四之一至六六
	绸(匹)	25	62,288	
	丝绵(两)	344,784	1,198,244	
上供	绢(匹)	320,787	405,834	
	绸(匹)	64,387	90,330	
	丝绵(两)	91,000	408,934	
	罗(匹)	—	10,114	

江南东路的各项数额,均大于江南西路。江南东路共辖10州48县,其中4州军21县为今江西地,故江西13州军的合计数,要大大超过"江南西路"的负担。就江南西路的数额分析,每年夏秋税、上供两次的绢绸合计490,737匹,看来这就是官府定"和买"50万匹的依据。二者共需100万匹,按主户数约80万平均,每户约负担1.25匹。在江南东路,夏秋税、上供两次的绢绸罗合计952,225匹,饶、信、江、南康四州军共摊平均数380,890匹。四州军主户共计394,430户,平均每户约负担0.97匹。此外,东西两路的丝绵数额也很大。沉重的税负,与旺盛的生产在一般情况下是相适应的,由此可知当时丝织业普遍发展着。

下面我们来看丝绸生产的一些事例。吉州永新县绢帛生产,从赋税中折射出发展的盛况。开宝年间,南唐后主命李元清为永新制置使,他奏请永新以绢顶税:"先是,夏秋准贡现缯,民苦之。元清奏请纳帛,一匹折钱一千,以为定制。"[①]从此一直执行下来。

虔州的丝织业也很可观。北宋中期,朝廷下令在虔州征购绸绢,一次即"市绸绢十余万(匹)"。知州张式以数额过大,"非经数",即不是常额,拒绝照办[②]。这次派下的征购数,按元丰三年虔州主户数8.1万余分摊,平均每户1.23匹。依据张式的意见,10万超过了常额,则常额低于10万,但却是经常要交纳的,这透视出虔州的绸绢生产与吉州、洪州等地一样,也是重要的手工业。

江州德安县,是值得注意的绸绢产地。"义门"陈氏家族的桑蚕院,组织妇女育蚕织绢,该是当地普遍生产习俗的集中反映。都蚕院妇女织绢的原材料由"库司"调拨,产品由库司掌管。除满足本家族成员衣着需要外,还包括交给政

---

① 同治《吉安府志》卷十四《秩官》。
② 王安石:《王文公文集》,卷九一《司封郎中张君墓志铭》。

府的夏税丝绸绢,男女青年婚嫁的彩礼绢。其总产量虽不可知,但《家法》中透露的零星数字有:婚嫁彩礼每份中有"绢五匹,采绢一束"。每年夏税丝绸绢,"仰库司纽配诸庄丝绵,归与蚕妇女织造者,自年四十八以下各给绢二匹,绸一匹,女孩各给绢一匹"。这里的"给"字作"分配"解,意为分配她们织造的数量。衣装:春衣,丈夫每人丝10两;寒衣,"四十以上至尊长各给绢一匹,绵五两;四十以下各给丝一十两,绵五两";"妇女染皂,每年各与染一段"①。将这三类很不完全的配给定量,倍以两千多人,陈氏家族所能生产的丝绢,就可能是成千上万匹了。

第二节
陶瓷业的兴盛

宋代陶瓷业进入繁荣阶段,各地名窑产品争奇斗艳。江西是其中的重要产区,瓷窑多,产品好,呈现兴旺景象。浮梁县景德镇瓷窑已经名声振起,并以青白瓷的最新成就,开始进入我国制瓷业中心的光辉历程。景德镇瓷器名闻遐迩,走向了世界。在英语中,中国和瓷器两个词的拼写和读音(China)是一样的,在他们心目中,瓷器代表中国。而景德镇瓷是其中佼佼者,故有人说"China"是景德镇原名"昌南"的音译。青白瓷器皿已经普遍出现在民众生活中,这不仅是景德镇窑产品畅销,还因永和窑、南丰窑、七里镇窑等众多瓷窑也是窑火旺盛的结果。诸窑并盛,全面开花,是北宋江西陶瓷业的基本态势。

一、景德镇瓷窑与青白瓷

1.景德镇的设置

饶州浮梁县的昌南地区制瓷业,经五代进入北宋,技艺日益精进,产品更加精美,在社会上的影响逐步扩大,引起朝廷对它的重视。真宗景德元年(1004年)正式建镇,定名景德。史称:"江南东路饶州浮梁县景德镇,景德元年置。"②

---

① 道光二十七年德星堂《义门陈氏大成宗谱》卷首《家法》。
② 《宋会要辑稿·方域》十二之十七。景德镇位于昌江之南,所以后来当地人称它为昌南镇。昌南"是其地名,非设景德镇之前已有昌南镇的行政区。详见江西省轻工业厅景德镇陶瓷研究所《中国的瓷器》第四章第一节。

第四章
手工业生产的繁荣

北宋在开宝八年(975年)灭南唐,三十年之后,即将浮梁的烧瓷乡村提升为镇,设专官治理,充分说明当地制瓷业自五代以来持续稳定发展,地域经济上升,故而进入行政区划之中,开启了它制瓷事业发展的新纪元。

景德镇设监镇官,对瓷器销售实行征税,朝廷需用瓷器,则"遣官制瓷",坐镇督促烧制。苏轼《东坡志林》记载说:"近者余安道(之)孙献策榷饶州陶器,自监榷得提举。"①景德镇市《嵩峡齐氏宗谱》有记载曰:"护公,字咸英,生宋真宗咸平元年戊戌(998年)八月朔旦辰时,世居德兴体泉。仁宗景祐三年丙子(1036年),以《春秋》明经请浙江举入仕。初任景德镇窑丞,九载无失。庆历五年乙酉(1045年)八月十五,因部御器,经婺源下槎土名金村段,行从误毁御器。护叹曰:余奉命,愿死,从者何辜。即吞器死。"②余献策为景德镇监榷、提举,齐咸英为景德镇窑丞,皆因该镇瓷业旺盛而设,既征榷其税利,又督造朝廷所需之瓷器,并承担运输入京之责。这些镇的监榷官之职责,据《文献通考》称:"诸镇监官,掌巡逻盗窃及火禁之事,兼征税、榷酤,则掌其出纳会计;镇寨凡杖罪以上,并解本县,余听决遣。"③由此可以推知,景德镇的监榷、提举,该是掌管全镇事务的官,而"窑丞",可能仅限瓷器采办输送一项。

元丰五年(1082年)八月甲寅,"饶州景德镇置瓷窑博易务,从宣义郎、都提举市易司勾当公事余尧臣请也。"根据市易司官员余尧臣的奏请,在景德镇新设瓷窑博易务,首任官员是谁?该官职掌如何?《长编》在元丰六年十月甲戌记事称:"承事郎监饶州商税、茶务余舜臣言:臣兄尧臣献(策置)饶州景德镇瓷窑博易务,蒙朝廷付以使事,推行其法,方且就绪,以勤官而死。乞委臣勾当。诏令赴阙,中书审其人材可否以闻。已而,舜臣至,乞上殿。乃复诏令归本任。"④据此可知,建议者余尧臣即是第一任瓷窑博易务长官,设计了瓷窑博易务的职责规章。可惜,"其法方且就绪,以勤官而死"。其弟舜臣请求继任,未得批准。这个瓷窑博易务的内容仍然是不明确。参照当时在京师、秦凤路设置的市易务、成都府的博买都茶场的职掌,它可能也是以官钱为本,采办官府所需的瓷器等货物,借以打破商人对瓷器市场的垄断行为。

一个县以下的瓷窑地,因瓷而盛,以瓷器著称而设镇,一跃成为工商经济

---

① 《三苏全书·东坡先生志林》卷之五《以乐害民》。
② 转引《景德镇市志略》第16篇第244页,汉语大辞典出版社1989年版。
③ 《文献通考》卷六三《职官十七》。
④ 《续资治通鉴长编》卷三二九,三四〇。

都会,景德镇是一个典型。建镇之后,国家行政管理加强,文化影响跟上,瓷器生产进一步繁荣发达,于是,景德镇的名望鹊起,"景德镇瓷"的称呼逐渐代替了"饶州瓷"、"浮梁瓷"的称谓,该镇在经济文化上的地位逐日提高,超过了浮梁县、饶州。景德镇从此兴旺繁荣,光致茂美的瓷器迅速进入千家万户,并流向海外,成了各国人民借以认识中华文明的一个标志,影响极为深远,成为中国历史上少有的特例。

2.丰厚的资源与优越的条件

景德镇瓷业生产历史悠久,窑火久盛不衰,根源于得天独厚的瓷土资源,优越的地理条件。制瓷原料大致分为高岭土类、瓷石类、瓷釉类、耐火原料类。景德镇附近的地质构造分为:上层页岩,其中陶土矿厚1.5公尺;红绿色砂岩,陶土矿厚3公尺;下层页岩,蕴藏的陶土中最佳者,质坚,断口似燧石,边缘透明,条痕呈淡绿色,与玉石相似;其次者为绿色颗粒,断口不平;最次者数量少,白色,质软。产地除本镇之外,大都环绕在四周的丘陵山区,近的在数十里之外,远的数百里。其中绝大多数为相邻的江西州县,少数属外省,如安徽祁门,但距离并不远,仍是周围之区。具体分布状况是:

高岭土类:

(1)明砂高岭(又名东港高岭),产于今市区东北45公里的高岭村(今浮梁县鹅湖镇管辖),由白云母花岗岩伴晶岩风化而成的纯净瓷土,白中带淡灰色,与玉石相似,质地优良,可塑性弱,耐火度高达1710℃。主要分布在高岭村至鹅湖一带、大洲一带,已开采千余年之后,现今探明的工业储量50万吨,远景储量200万吨。国际上即因高岭村这种优质瓷土的独特价值,将陶瓷原料的通用名称定为"高岭"(Kaolin)。高岭土开采出来之后,加工成块,船运至镇。高岭的开发利用,直接促进了景德镇制瓷业的发展。(图版4)

(2)星子高岭,产于星子县海会镇的余家斜、板桥山、五虎港、长排岭等处,土质为淡褐色,可塑性弱,耐火度高达1790℃。

(3)枫源高岭,产于乐平县白塔乡枫源村,内含石英颗粒,可塑性弱,品质较星子高岭纯,可用以配上等瓷坯。

(4)贵溪高岭,产于贵溪龙虎山,呈淡黄色,含有石英、云母等,可塑性差,烧成之后色极白,属高岭瓷土中质量最佳者。

(5)石头口高岭,产于余干县石头口,耐火度为1400℃。

瓷石类:

图4 高岭土瓷土矿坑

(1)祁门瓷石,产于安徽祁门县横路头,色白略带褐色,混合有微细的白云片,可塑性很强,耐火度为1470℃。今景德镇北距祁门县城约129公里。

(2)余干瓷石,产于余干县黄金埠一带,原矿略带淡褐色,可塑性很强,经高温焙烧,成凝固状态,无吸水性,耐火度1510℃。

(3)乐平瓷石,产于乐平县礼林乡烟包山,矿石分硬、软质两种,质硬者为白色石块,质软者为淡黄色软块或粉末,以质硬者为纯。

(4)安仁(今余江)瓷石,产于余江县流源村一带,性能、耐火度等,均与余干瓷石相同。

(5)三宝蓬瓷石、南港瓷石、寿溪瓷石、石岭瓷石,均在市区附近地区,三宝蓬瓷石含有黑云母斑点及白云母,可塑性较祁门弱,耐火度约1410℃。南港瓷石的可塑性强,高温焙烧后融固,无吸水性。寿溪瓷石耐火度达1570℃。石岭瓷石原矿灰色,烧成后带暗白色,耐火度1560℃。

此外,尚有贵溪瓷石、临川瓷石、银坑坞瓷石等。

瓷釉类:

(1)产于市区的有瑶里釉果、牛角岭釉灰、八卦山灰釉石、三宝蓬石英等。

灰釉石即石灰石,系白釉、青釉之溶剂,效果很好。三宝蓬石英品质纯,是配白釉的好材料。

(2)陈湾釉果,产于鄱阳县陈湾村,耐火度为1310℃。

(3)贵溪长石,产于贵溪龙虎山,矿石呈白色,有白云母、黑云母、石英等杂物,黑云母对成品瓷的釉色影响很大,必须除去。

(4)滑石子,产于乐平县,配制瓷坯,起溶剂作用。

(5)花乳石,产于河南省,带灰白色,配白釉作溶解用,特点是溶解的时间较长。

本市区(包括浮梁县)瓷石矿已探明工业储量520万吨,远景储量550万吨。

耐火原料类:

(1)乐平白土,产于乐平县西乡小陂附近,为灰白色土块,有滑腻感,可塑性强,耐火度约1580℃,为制匣钵的主要原料。

(2)柳家湾白土,产于市区柳家湾,性质与乐平白土相似。

(3)老土,产于市区马鞍山,土质赤褐色,为铁质黏土,可塑性良好,配制匣钵,可使匣钵耐久不裂。

(4)子土,产于市区马鞍山,是制匣钵原料之一,能减少泥的可塑性,防止收缩。

本市区耐火黏土(包括浮梁县)已探明远景储量500万吨。

以上各种陶瓷矿物的开采,都用手工打钻、爆破,井下人力运输,木架支撑巷道,自然通风,矿烛照明。粉碎加工用水碓,水碓充分利用了河港水流动力,推转筒车,带动水碓,往返匀速持续地舂打瓷石,既节约能源,又使粉碎质量稳定,获得可塑性好的效果。

景德镇的自然地理条件,有利于瓷业生产,除有上述充足的原料外,还在于地处丘陵山区,河港众多,林木茂密。东与婺源县交界处群山耸立,峰峦起伏,海拔1000米以上高峰有十余座,北部、西部也是多山地区,不过山峰多在千米以下。全区大大小小山峰共约127座,现今的山地面积占总面积的41.84%,丘陵面积占总面积的28.9%,由此带来了丰足的水利资源和森林资源。境内主河是昌江,发源于祁门县流入境内以后称昌江,由北而南纵贯全境之后,往西流进鄱阳县,称鄱江,与乐安河汇合后称饶河,注入鄱阳湖。昌江在市区境内干流长119.9公里,大小支流50多条,其中以东河(番源水)、南河(历降水)、西河(大演水)、北河(小北港水)为大。众多的河流,给制瓷业带来多种好处,第一,由山

第四章
手工业生产的繁荣

涧汇流而来的清澈河水,确保了瓷业用水。"造瓷首需泥土淘练,尤在精纯"。宋代镇人造瓷,用澄清过的瓷土做胎,淘洗极精。第二,湍急的水流,最适宜于安装水碓、水轮车,使制瓷矿石舂碎加工能长年作业,有省人、省事、省钱之效。第三,便捷的河道航线,为瓷器运输提供了安全保障。镇瓷装船由昌江至鄱阳入湖,一路往北经湖口进长江,运向中原各地;一路往南顺赣江运向广州。陆路运瓷,容易破损。木船装载量大,毁坏少,节省运费。城区附近的昌江中渡口运输繁忙,瓷器装船,胚土上岸,劈柴运来,槎船开去,热闹非常。由于常年瓷器装船外运,以及沿河瓷窑众多,因而河床多被抛弃的瓷片、渣饼覆盖,平水时清晰可见,独成一色。

广袤的山林,现今仍占总面积的78.67%①,既有稠密的森林,还滋生出充足的松树、杂树、灌木,保证了烧窑所需的松柴、槎柴供应。特别是松木,油脂多,火焰长,耐久燃。烧瓷的窑柴,就是将松树锯成八、九寸长的木段,然后劈开成块,称劈柴,用劈柴烧瓷的窑称柴窑。还有烧松树枝、杂树灌木的窑,叫槎窑。长年不断的窑火,烧化了无数的木柴。源源不尽的燃料供应,才使景德镇烧瓷得以延续至今。浮梁"水土宜陶",至今依然。北宋时期,正是它蒸蒸日上的阶段。

3.青白瓷的创烧

景德镇瓷业生产空前发达,规模扩大,产品创新,畅销四方。蒋祈《陶记》载,"景德陶,昔三百余座",这个"昔"字,可以理解是北宋中后期的景况。300余座的瓷窑,摆在约千年前的景德镇,必然是"村村陶埏,处处窑火"的场面。而烧成的瓷器,"洁白不疵,鬻于他所,皆有饶玉之称"②。"饶玉"的称誉,从唐朝初期就有,持续至于北宋、南宋,这应该是瓷器质高而稳定的最好证明。光绪《江西通志》写道:真宗景德年间烧瓷入贡,器底均书"建年景德"(但是至今没有发现这种书款的实物),器身胎质洁白细腻,釉面光亮,"色白花青,光致茂美。天下咸称景德镇瓷器"。于是各地瓷窑仿造,"当时则效,著行于海内"③。贡品而受到皇帝赏识,为统治阶级所爱好,如风之靡草,自然流行于各地。那时,对瓷器看重色釉,不曾有彩绘。柴世宗御批造瓷款式,对釉色的要求是"雨过天青云破

---

① 本节资料数据,主要参考《景德镇市志略》(汉语大词典出版社1989年版)、《景德镇市志》(第一卷。中国文史出版社1991年版)。

② 乾隆《浮梁县志》附蒋祈《陶记略》。关于蒋祈《陶记》的时代,据刘新园《蒋祈〈陶记〉著作时代考辨》,见1981年《景德镇陶瓷》,又中华书局《文史》第18、19辑。

③ 光绪《江西通志》卷八六《经政略》。

处,者般颜色作将来"。景德镇窑仿效青白玉的色调和温润的质感,创烧出"土白壤而埴,质薄腻,色滋润"的青白瓷,使青瓷艺术达到了新的高峰。"色白花青",指白釉色中显出青色,是青白瓷,不是纯白色,也不是后来的青花瓷。青白瓷又称影青瓷。存世的影青瓷器,釉面光亮,基本色是白的,故称其"色白";绝大部分刻有暗花,薄剔而成,透明而略显浮起,内外均可映见,花纹本身四周略现浅淡的青绿色,所以说是"花青"。景德镇的影青瓷釉色类似玉的颜色,故而景德镇瓷有"饶玉"的誉称。北宋中期,彭汝励在给浮梁知县许某的诗《送许屯田》中写道:"浮梁巧烧瓷,颜色比琼玖。"[1]琼玖,即青白色的美玉。《江西通志》的这段描述,虽然是清朝人的见解,但是能在传世的实物中得到印证,因而是可信的。

景德镇烧制出青白瓷,在南北各大名窑之间,崭露头角,争得一席之地。宋代是我国瓷业蓬勃发展时期,有河北定州的定窑、河南汝州的汝窑、禹州的均窑、京师的官窑、浙江龙泉的哥窑,并称五大名窑。它们各有特色,有的以釉色见长,有的以文饰取胜,有的胎薄如纸,有的釉开纹片,竞相发展,享誉千秋。景德镇窑与这些名窑相比,原是比较逊色的。现在创烧出青白瓷器,即可与各名窑所烧青瓷争一日之长。青白瓷器已是社会公认的名品,需求量大,故烧制青白瓷的窑址众多。在景德镇市区周边乡村之内,现已考察认定的北宋窑址有湖田、杨梅亭、银坑坞、外小里、黄泥头、塘下、南市街、白虎湾、盈田、湘湖、月山下、凉伞树下、富坑、大屋下、灵珠、灵安、柳家湾、朱溪、西溪、丰旺、宁村等20余处。其中湖田窑址最大,位于市东南约4公里的竟成乡湖田村,仅遗存下来的已有约40万平方米。柳家湾窑址在市东南约20公里处,有11万平方米。在这些古窑遗址中,发现了许多洁白细腻、体薄透光的影青瓷,以盈田窑址堆积的青白瓷最丰富。这大量青白瓷的共同特点是:北宋早期的产品多为生活日用品,即碗、盘之类,白胎,青白釉,釉色多带微黄,釉薄处泛白,呈纯正青白色的不多。器底一般比五代的增厚,圈足较高,多数无文饰。到了北宋中后期,产品尽为青白瓷,品种空前增多,碗以斜壁式碗(即"斗笠碗")为代表,其他的品种如瓶、炉、罐、注壶、注碗、茶托、油盒,以及枕、棋、瓷雕等,也都多了起来。器胎比前期薄,釉色更晶莹碧透,有色质如玉的效果。装饰纹饰图案有牡丹、龙凤、水波、飞禽、虫鱼、莲荷、饕纹菊等纹样。"无论从产品的数量和质量,还是从产品的种类

---

[1] 洪迈:《容斋随笔》,卷四《浮梁陶器》。

第四章
手工业生产的繁荣

来看,这一时期是有宋一代最辉煌的时期。根据考察,其产品以塘下、湖田、南市街最优。"①

北宋后期,景德镇窑曾烧出红釉瓷,光亮鲜明,比定窑红釉瓷毫不逊色。宋朝在辽使臣见燕地所用为定窑瓷器,而饶州景德镇"于大观间窑变,色红如朱砂,谓荧感躔度,临照而然。物反常为妖,窑户亟碎之。时有玉牒防御使仲楫,年八十余,居于饶,得数种,出以相示云,比之定州红瓷器,色尤鲜明"②。技术发明,常常是在偶然之中受到启发,转而进行有意识的制作。窑户初见红色釉,不免惊奇,事经反复,遂在探索之后而制作,居住饶州鄱阳的仲楫老人,也能收藏数种,可见红釉瓷在景德镇已闯过了"妖而碎之"阶段,进入主动烧制时期。

景德镇制瓷工匠创烧的"饶玉"——青白瓷是对制瓷业的重大贡献。与其他瓷窑烧制的同类产品比较,景德镇窑的青白瓷釉色好,"胎中氧化铝含量低,宋代仅为18.65%,釉料在焙烧熔融过程中黏度小,易于流动,釉面烧结后,釉薄处青中泛白,积釉处白里显青,呈色理想,受到用户的赞赏"③。当时的繁昌窑(在今安徽省)烧制青白瓷始于五代,而名气不显,其瓷胎所含氧化铝高达21.52%④,釉料在焙烧过程中黏度大,不易流动,氧化还原不佳,大部分呈色不够理想,市场效益低于景德镇瓷。

北宋景德镇窑场分布范围广,规模大,多数坐落在农村,是小作坊式的独立烧造与经营。与宋朝以后比较,制瓷工艺较为简单。从产业关系方面看,制瓷业和农业未完全分离,工匠们仍是农忙务农,农闲则制瓷,是"陶氓食工不受艺佣",乡村呈现"村村窑火,户户陶埏"的火热景象。

4.不断进步的装烧工艺

瓷器装烧是在制成半成品之后,使用不同的辅助工具(窑具)装进窑中,焙烧而为成品的必经工艺过程,既是获得瓷器之果的一个关键工艺,也从一个侧面反映出烧瓷技艺逐步发展的历程。景德镇地区最有代表性的古窑址是湖田窑,瓷品中数量最大的品种是碗。陶瓷专家对湖田窑址遗物精心考察,发现碗类装烧工艺是:由五代的"支钉叠烧",发展为北宋前期的匣钵"仰烧",而北宋后期至南宋早期为多级垫钵覆烧。

---

① 江建新:《景德镇窑业遗存考察述要》,《江西文物》1991年第3期。
② 周煇:《清波杂志》,卷五《景德镇、黄浦镇等瓷器茶具》。四库全书本。
③ 杨厚礼、范凤妹:《宋元纪年青白瓷》。庄万里文化基金会1998版,第19页。
④ 《景德镇与繁昌出土影青瓷胎化学成份对比表》,载《文物研究》1995年第10期。

"支钉叠烧"是以黏土做成的垫柱为底座，用高岭土搓成小条，再断捏成小颗粒（支钉），将这些支钉粘在碗盘圈足底下，每个碗盘约9~12粒。然后把碗坯放置在垫柱上面，并将粘有同样支钉的碗坯一个一个地重叠起来，组成一柱后，送入窑中焙烧。这种装烧技法，垫柱把制品从窑的基面上升高，能利用到较高空间的较高温度焙烧。使用支钉，可使制品焙烧时不相互黏釉，成瓷以后又可以摘取。这种工艺的缺陷是：不能将火焰中的灰尘与制品隔离开来，致使釉面受污染；支钉痕迹破坏了碗盘底心的釉面（最上的一个除外），降低了成品外观质量；手搓的支钉大小有差异，在高温中软化成瓷时，极易倾斜而使制品相互黏釉；由于瓷坯在高温下软化，如果堆叠多了，最底下的碗盘足壁将会下陷而形成缺口。

到了北宋早中期，瓷工们改用"仰烧"法。即是先用耐火泥烧成漏斗状的匣钵和比碗圈足小而高的垫饼，再把垫饼放在匣钵内，将碗坯放入，圈足套在垫饼上。装有碗坯的匣钵一个一个地堆叠起来，送进窑室焙烧。匣钵的采用，使焙烧的制品避免烟尘污染釉面，且可能受热均匀，充分利用窑室空间，竖向可以多装，刺激了窑室扩大升高。可见，匣钵是重要的辅助工具，它的采用，对提高烧瓷质量，降低焙烧费用，扩大瓷器产量有重大意义。匣钵在北宋初年，已为南北著名瓷窑广泛采用，后来传向海外，在世界各地产生了很大的影响。

北宋后期，湖田窑的碗类多数仍沿用仰烧法装烧，同时出现多级垫钵覆烧。在窑址遗物中出现一些新的碗盏，它们里外满釉，只在口沿露出一线瓷胎，由于露出的骨胎比釉面粗糙，人们称这种碗盏为芒口，毛边或涩口瓷器。与这种瓷器堆积在一起的窑具有两种，一种是内壁分数级、上大下小的钵或盘状物，一种是桶式的平底匣钵。遗址上因倒窑而抛弃芒口碗盘，是由大到小、相互黏结在一起的，这表明当年装坯的情况是：

用瓷土烧制好内壁分作数级的钵或盘状物，先把一件口径较小的碟扣置在它的最下一级上，再依次扣置直径由小而大的碗坯；然后把扣置好了碗坯的钵状物，放进桶式匣中，再把桶式匣重叠起来，装入窑中焙烧。据此，可以把内壁分作数级的钵状物或盘状物，称作多级垫钵或垫盘，把使用这种垫钵（盘）装烧瓷器的方法，称作"垫钵覆烧法"。这种装烧工艺与前期的仰烧工艺比较，在减少碗盘变形、增加装烧密度等方面都更好。但最大的缺点是，给碗盘造成芒口，不利于餐饮使用。其次，垫钵只能覆烧大小递进的产品，而社会需求不是这些产品平

第四章
手工业生产的繁荣

均消费的。所以,在南宋中后期被更先进的覆烧窑具所取代①。

1988年,在湖田窑址出土一件有"政和"名款的支烧垫柱,是认识"支钉叠烧"法的实物资料。这件支烧垫柱为瓷质,涩胎,喇叭状,外部旋削刀痕明显,并刻有"政和七年二月初五日□惠口计口"、"吴六郎"名款。这是湖田窑址发现的唯一一件完整的、在同一件器物上有确切纪年款、人名款的装烧工具。政和七年(1117年)是北宋终结的前十年,这就表明,支钉叠烧与匣钵仰烧这两种装烧工艺,虽是先后递进的关系,却不是决然取代,有一个较长时间的并存过程。

5.景德镇青白瓷器选介

景德镇窑青白瓷器品类繁多,可分为生活用具、陈设艺术品、宗教冥器三大类。日常生活用瓷有饮食器、茶酒器、粉盒、瓷枕等其他用器。饮食器主要造型为碗、盘、碟、钵、渣斗、罐、缸、盂等,其中以碗、盘、碟为大宗。茶酒器中,茶具主要是小壶、小罐、托盏。酒具主要是注碗、梅瓶、碗盏、盘盏、台盏、高足杯等。执壶、带把杯、小盏等器可以茶酒兼用。其他日用瓷器主要有熏炉、香炉、粉盒、盖罐、灯、枕、砚台、水盂、象棋、围棋等。陈设艺术品主要有人物俑、戏剧俑,马、牛、羊、鹿、狗、鸡、鸭、鹅等动物瓷塑。宗教冥器一类的瓷器,属佛教的有佛、观音菩萨、罗汉、坐禅僧等;道教的有神仙人俑、四灵(青龙、白虎、朱雀、玄武)俑、十二生肖俑、东王公、西王母、金鸡、玉犬和龙虎瓶等②。

装饰工艺有刻划、印花、剔花、镂空、贴塑、褐彩等。图案纹样题材丰富,有莲花、牡丹花、菊花、樱桃等植物类,龙、凤、鱼、水禽等动物类,以及婴戏人物山水类。刻划花纹技艺,提炼出"半刀泥法",是制瓷工艺上的进步。刻与划,是两种工艺手法,现在艺人们将刻与划结合并用,故通称"刻划花"③。操作时用刀具(竹或铁质)在半干半湿的坯体上刻削,以斜刀进入,形成线条内深外浅的斜坡状,瓷工们称此手法为"半刀泥法"。由于线条半深半浅,釉料填充厚薄不同,烧成之后釉色有浓淡差异,釉厚处呈青绿色,浅薄处呈青白色,浑然一体,使花纹与釉色相互烘托,更加生动,形成特有的浅浮雕艺术效果④。

---

① 刘新园、白焜:《景德镇湖田古瓷窑各期碗类装烧工艺考》,见《景德镇陶瓷》1976年第1期。

② 唐昌朴、梁德光:《遂川发现北宋郭知章墓》,报道此墓出土了"老人俑"、"青龙、白虎、朱雀、玄武俑"、"十二生肖俑",老人俑"可能是《大汉原陵秘藏经》所说的唐宋时葬仪习俗中的'蒿里老人'"。载《江西历史文物》1980年第1期。

③ 张学文:《宋代刻划花艺术》,载《景德镇陶瓷》1987年第2期。

④ 参见彭涛、石凡:《青白瓷鉴定与鉴赏》,江西美术出版社2004年版,100~101页。

青白瓷碗在北宋中晚期大量出现，盛行的是一种碗足很高、腹深、足底很厚、足内底有酱褐色垫烧痕的高足碗。从11世纪后期开始出现足小、壁斜的"斗笠碗"。1982年九江县出土青白釉葵口盏，花口，弧腹壁，圈足，整器宛如一朵盛开的葵花，出土于雍熙三年（986年）墓中，是迄今问世最早的有绝对纪年的青白釉瓷器。德兴县元祐七年（1092年）墓出土一件荷纹碗，敞口，斜腹壁，圈足，足内有垫饼烧痕。内腹壁刻饰盛开荷花五朵，花瓣上有纤细的梳齿纹。胎薄洁白，青釉透光，是一件青白瓷佳作。（图版5）

图5 元祐七年荷花纹

盒，亦称盒子，主要为扁圆形，还有瓜形、石榴形、花瓣形、方形、六方形、八方形等。按用途可分香盒（盛香料）、粉盒（盛化妆粉）、油盒、药盒、妆奁盒等。1972年鄱阳县熊本妻施氏政和元年（1111年）墓出土青白釉印花盒，花瓣形，子母口，平底，胎质洁白细腻，盖面印珍珠地花卉纹，盒底印有"汪家记正"楷书款识，是制盒作坊的名号①。（图版6）宋代盛装化妆品的青白瓷粉盒，多在盒底印出姓氏名款作为商标，这个印花盒正是一个代表性器物。据现有出土青白瓷盒的铭记，还见有"许家合子记"、"段家合子记"、"蔡家合子记"、"吴家合子记"、"陈家盒子记"、"张家盒子记"等10余家，有的仅戳印姓氏，有蔡、陈、许、潘、余、兰、朱、程、徐、张等字号。大量的姓氏标示出来，作为产品的标记，无疑是社会需求旺盛，而市场竞争激烈的生动

图6 政和元年粉

图7 景祐五年堆塑人

---

① 余家栋：《江西鄱阳宋墓》，载《考古》1977年第4期。

第四章
手工业生产的繁荣

反映;同时,由此看出烧制瓷盒的工匠与瓷窑已专业化了,形成家族性的专业作坊。

为求产品销售旺盛,艺人们别出心裁,将粉盒制作得更具艺术性。1978年德安县刘氏景祐五年(1038年)墓出土一件青白釉堆塑人物盒,是妇女装化妆品用的粉盒。盒呈扁圆形,子母口,矮圈足。盖面有弦纹两道,满饰卷草纹。盒内堆塑以荷花蕾为中心,向三个不同方向伸藤,将盒内分隔为三部分。其中两处各为荷叶形小碗,一处为小罐。罐的对面塑一梳发髻的女佣。盒口径18、底径10、高6.5厘米。胎质洁白细腻,釉色明亮,白中闪青。此盒设计独特,构思巧妙,以荷蕾、荷叶、水罐、藕藤和女佣构成一组场景,繁而不乱,赏心悦目,既有实用价值,又有观赏价值,是极为罕见的青白瓷中上乘之作,难得的艺术珍品。(图版7)

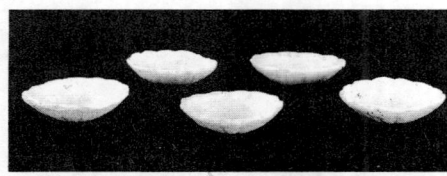

德安刘氏景祐五年墓还出土一件的青白釉折肩钵,侈口,折肩,斜弧腹壁,底平,施釉不及底。口径21、底径8、高10厘米①。釉面呈龟裂线条。底边隐约可见八个支钉痕迹,证明五代流行的支钉装烧工艺延续到了北宋,只是后来支钉形状变圆、变大或更小。其折

图8 政和八年花口碟、盏托

---

① 德安县文艺站《德安县北宋墓又发现精瓷》(执笔:周迪仁),见《江西历史文物》1979年第1期。该文称:1978年11月发现此墓,据墓志得知墓主为女性,景祐四年没,次年下葬,故该墓应为景祐五年(1038)墓。所附影青瓷盒、影青瓷钵照片得知,《宋元纪年青白瓷》一书的图版"6.青白釉折肩钵"、"7.青白釉堆塑人物盒"即此墓出土的。但后者的文字说明却又不同,钵作景祐四年,德安县1966年出土;盒作景祐五年,1983年德安县刘氏墓出土。实测数据也有一些差异,钵作高9.9、口径21、底径8.4厘米;盒作通高8、口径17、底径10厘米。关于刘氏墓问题,德安文艺站在报道文中仅说"有长80、宽70厘米的墓志一方",没有涉及墓志内容。陈柏泉《江西出土墓志选编》有"9.刘氏墓志铭(景祐五年十月)",按语说"1983年出土于德安县,志高77、宽69厘米。志石藏德安县博物馆","墓主刘氏,为石府君之妻"。二者可能即是一回事,但出土年份不同。《宋元纪年青白瓷》书中关于瓷盒的出土时间(见第89页),可能因《江西出土墓志选编》而来。这些差异,特举出,待考。

肩型制是宋代的典型品种,可作断代依据。1976年南丰县出二件青白釉花口碟,纪年为政和八年(1118年),形状为花口外敞,浅腹,弧壁,平底微凹,胎薄细腻,施釉莹润,此碟仿银器,为北宋断代的标准器。(图版8)

适应米酒消费的旺盛需求,在饮酒器皿中有一件青白釉狮纽注碗,特别引人注目。该注碗通高28厘米。分温碗、注子两部分。温碗为八瓣花形,呈初放荷花状,敞口,深腹,圈足。外壁沿边划复线,瓣间刻划垂头花蕊纹,足壁贴饰重瓣覆莲纹,与注盖边饰一致。内置注子——酒壶,注子塑有扁平把柄和弯曲流,腹部作六瓣瓜棱形,圈足稍作外撇。管状口,配一筒形盖,上坐一只狮子,昂首蹲立,挺胸翘尾,神气活现,为盖纽。狮座呈覆盆式,盖边后部切一缺口,可紧扣把柄,起定向作用。整套注碗釉面呈粉青色,釉厚处显湖青色,光泽滋润。全器开片,纹丝浅褐色,俗称"金钱"

图9 元祐元年狮纽注碗

缝。注子与温碗均饰有玲珑剔透的暗花,浑然一体,是一套制作精湛、设计考究、高雅美观的实用温酒具,也是精致的艺术品。在制作工艺上集圆雕、刻花、贴塑等技法于一器,又留传仿金银、玉器之遗风,充分展示了景德镇北宋瓷器质优工巧、光致茂美的特色。此注碗于1983年5月在铅山县新滩乡莲花大队王家坂村吴氏墓中出土,该墓纪年为元祐元年(1086年),这就为此注碗提供了绝对年代,因而为研究古代陶瓷工艺和宋瓷的鉴定提供了弥足珍贵的标准器[1]。(图版9)

艺术瓷品中的胡人牵马俑,殊为珍贵。1970年景德镇市郊新平乡洋湖毛蓬店北宋墓中出土此俑。青白瓷质,釉色莹润,光洁透亮。马膘肥健壮,昂首,作嘶鸣状。马首有辔头,背负坐鞍,尾卷结上翘。两侧各立一人俑。人面深目高鼻,粗眉卷曲,胡须斜翘,头扎结巾斜裹发髻,额前缀有额花。上着窄袖对襟小衫,

---

[1] 王立斌、陈定荣:《铅山县莲花山宋墓》,载《江西历史文物》1984年第1期。同类的瓷质注碗,还出土于南城宋墓(《考古》1965年11期《江西南城、清江和永修的宋墓》)、婺源宋墓(《文物》1982年12期《江西婺源县出土的几件北宋瓷器》)。

第四章
手工业生产的繁荣

图10　胡人牵马俑

下穿小腿马裤,腰束围兜,足蹬皮靴。左侧之人作执缰牵马状,右侧之人作执鞭赶马状。从人俑外貌到装束打扮来看,显然是阿拉伯商人的形象。在景德镇西边的乐平县宋墓中,也出土过一件素胎胡人牵马俑。1987年在抚州市宋墓中发现一件双人牵马俑,人像为汉族,但也是短衣窄裤装束,作牵马待发状。这些考古资料证实,西域各族商人到江西来转输贩易日益增多,景德镇制瓷艺人已经熟悉他们的形象,故能将其纳入瓷艺作品。(图版10)

十二生肖俑,又称十二时神或十二元辰俑。生肖俑盛行于隋至元朝,宋代的生肖俑分两类,一类是人身兽首,身首分开烧造,兽头插入人俑身上,可以活动[①]。另一类是文侍俑,手捧兽头于胸前。前述景德镇新平乡洋湖毛蓬店宋代夫妇双室合葬墓中,各出土十二生肖俑一套12件,它们头戴平顶帽,帽檐正中饰一"王"字,各自手捧一种生肖动物的头于胸前,男墓的有胡须不施褐彩,女墓的无须有褐彩。

[①]　1962年彭泽县庆历七年(1047年)墓中出土的生肖俑,即头体分制的。详见江西省文物管理委员会《江西彭泽宋墓》,见《考古》1962年第10期。

景德镇窑青白瓷器具有瓷质精、造型美、品种丰富、釉色莹润、青白雅致诸优点，既为宫廷和官贵所选用，也受到社会民众喜爱，故而需求量大，刺激生产旺盛，别的瓷窑也纷纷仿造，于是发展成青白瓷体系。在江西有南丰县白舍窑、吉安县永和窑、赣县七里镇窑、萍乡县南坑窑、宁都县固厚窑、靖安县鸦髻山窑、奉新县窑场里窑等。综计目前考古资料，江西有17个市县的纪年北宋墓出土青白瓷（详如表4.2所示）。外省瓷窑中属青白瓷系的有安徽繁昌县柯家冲窑、湖北武昌金口窑、湖南耒阳窑、福建闽清窑、德北窑、泉州碗窑乡窑、同安窑、南安窑、广西藤县中和窑、广东潮州窑、西村窑、惠州窑、阳江石湾窑、浙江江山窑、河南禹县钧台窑等。根据各窑产品工艺、釉色、造型与装饰的同异，宋代瓷业生产形成六大瓷窑体系，即定窑系、耀州窑系、钧窑系、磁州窑系、龙泉青瓷系、景德镇青白瓷系，就影响面之大而论，景德镇青白瓷系居六大瓷系的首位①。

景德镇青白瓷胎质细腻，釉色滋润，型制精美，如玉般珍贵，为社会各色人等所喜爱，诱发地方官竞相攫取，能清廉者极少，乡亲父老深感叹息。洪迈曾记述道：

> 彭器资尚书文集有《送许屯田》诗曰："浮梁巧烧瓷，颜色比琼玖。因官射利疾，众喜君独不。父老争叹息，此事古未有。"注云："浮梁父老言，自来作知县不买瓷器者一人，君是也。作饶州不买者一人，今程少卿嗣宗是也。"惜乎不载许君之名。②

彭器资赞赏的这位浮梁知县许某，独不"因官射利"，即没有以权谋私。浮梁父老铭记清廉的州县官，彭器资记载这件事，让后人有所启迪。彭器资，名汝励，器资是其字，鄱阳人，治平二年（1065年）进士第一。仕神宗、哲宗两朝，官至吏部尚书，立朝刚正，不阿权贵，指陈利害，多人所难言者。《宋史》评议他"言动取舍，必合于义；与人交，必尽诚敬"③。他所看重的人，故而是品行高尚者。

---

① 详见中国硅酸盐学会编《中国陶瓷史》，文物出版社1982年版，以及冯先铭主编《中国陶瓷》，上海古籍出版社1995年版。
② 洪迈：《容斋随笔》，卷四《浮梁陶器》。
③ 《宋史》卷三四六《彭汝励传》。

第四章
手工业生产的繁荣

表 4.2　　　　　　　　　江西纪年北宋墓出土青白瓷一览[①]

市县名	纪年	出土青白瓷器物	资料来源
九江	雍熙三年(986年) 咸平五年(1002年)	碟1 钵1	《文物》1990年5期 《江西历史文物》1983年1期
彭泽	景德四年(1007年)	浇1	江西省博物馆藏品
德安	乾兴元年(1022年)	盒2	德安县博物馆藏品
瑞昌	天圣三年(1025年) 景祐二年(1035年)	碗2、盒1 碟1	《文物》1986年1期 《文物》1986年1期
德安	景祐四年(1037年) 景祐五年(1038年) 宝元二年(1039年) 宝元三年(1040年) 皇祐五年(1053年)	壶2、盒2、钵1、碗1、盏1 盒2、盏2、碗2、钵1、罐1 盏2、钵1 盒2、钵1、盏1、执壶1 盒2、碗2、钵1	《文物》1980年3期 《江西历史文物》1983年1期 《江西历史文物》1983年1期 《文物》1980年5期 《文物》1990年9期
南城	嘉祐二年(1057年)	杯2、瓶2、盏托2、碗1、注碗1	《考古》1965年11期
德安	嘉祐四年(1059年)	壶1、盒1	德安县博物馆藏品
永新	嘉祐五年(1060年)	碗2	《考古》1964年11期
都昌	嘉祐七年(1062年)	执壶1、炉1、碟1	《江西历史文物》1980年2期
德兴	嘉祐八年(1063年)	壶1、碗1	德兴市博物馆藏品
景德镇	治平二年(1065年)	朱雀1、壶1	景德镇陶瓷馆藏品
德安	熙宁三年(1076年)	壶2、碗1、盏托1	《江西历史文物》1983年1期
吉安	熙宁六年(1073年)	钵1	《文物》1980年5期
德安	熙宁九年(1076年)	炉1	德安县博物馆藏品
铅山	元祐元年(1086年)	碟6、杯2、注碗1	《考古》1984年11期
彭泽	元祐五年(1090年)	碟1	《考古》1980年5期
星子	元祐七年(1092年)	碗2、钵2、盏2、壶1	《考古》1980年5期
德兴	元祐七年(1092年)	碗1、炉1	《南方文物》1994年3期
彭泽	元符二年(1099年)	碗1	《江西历史文物》1983、1

[①] 据杨厚礼、范凤妹撰《宋元纪年青白瓷》的"宋元纪年墓出土青瓷简表"编制。该简表所列北宋纪年墓共计67项，包括江西、辽宁、江苏、北京、河南、广东、内蒙古、浙江、安徽、湖北、河北等11省市自治区，其中江西占33项。

续表：

市县名	纪年	出土青白瓷器物	资料来源
星子	建中靖国元年(1101年)	碗2、钵2、盏托2、壶1	《文物》1980年5期
金溪	大观三年(1109年)	碗5、堆塑瓶4、盘2、盏2、罐2	《文物》1990年9期
鄱阳	政和元年(1111年)	盒1	《考古》1977年4期
南丰	政和八年(1118年)	堆塑瓶4、碗2、罐2、碟1、盏1、钵1	《江西历史文物》1983年1期
婺源	宣和二年(1120年)	碗1、仓1	《中国陶瓷》1982年总66期
景德镇	宣和二年(1120年)	渣斗1、盒1	景德镇陶瓷考古所藏品
宜丰	宣和七年(1125年)	碗4。	《江西历史文物》1983年1期
婺源	靖康二年(1127年)	碗6、碟4、盒1、瓯1、罐1	《中国陶瓷》1982年总66期

又，据江西省博物馆1982年《江西古代陶瓷陈列计划》的"纪年墓出土青白瓷综表"，及余家栋《江西陶瓷史》"北宋纪年墓瓷器一览表"，还有以下9项：

续表4.2

九江市	太平兴国八年(933年)	白瓷碟、青瓷执壶、钵	纪年资料：墓志
余江	大中祥符四年(1011年)	青瓷皈依瓶	纪年资料：地券
德安	康定元年(1040年)	青白瓷钵、瓷盒、瓷壶	纪年资料：墓志
彭泽	庆历七年(1047年)	青白瓷罐、瓷碗、瓷俑	纪年资料：墓志
永丰	皇祐？	陶俑	纪年资料：墓志
横峰	嘉祐三年(1058年)	青白瓷皈依瓶、双系罐	纪年资料：地券
吉水	熙宁八年(1075年)	青白瓷钵	纪年资料：墓志
广昌	大观二年(1108年)	瓷文武官俑、仙翁俑	纪年资料：墓志、地券
铜鼓	政和八年(1118年)	白瓷碗、高足杯、盏、托盘	纪年资料：墓志

二、吉州永和窑及窑炉、作坊

1.永和窑瓷器

永和窑又名吉州窑，位于吉州庐陵县(今吉安县)永和镇，在宽1.5公里、长2.3公里内，有古窑堆24处。创烧于五代，发展于北宋，鼎盛于南宋。南宋末衰退，持续烧造至明朝后期。关于永和镇制瓷业的兴起，明朝永乐年间镇人钟彦彰说："永和名东昌，地旧属泰和。宋元丰间割属庐陵，遂以泰和为西昌，永和为东昌，东昌之名，肇于此。上自汉唐，事迹无传。至五代时，民聚其地，耕且陶焉。

第四章
手工业生产的繁荣

由是井落墟市,祠庙寺观始创。周显德初,谓之高唐乡临江里磁窑团,有团军将主之。及宋寝盛,景德中为镇市,置监镇司掌磁窑烟火公事。辟坊巷六街三市。时海宇清宁,附而居者至数千家,民物繁庶,舟车辐辏。……历元改监镇司为都税司……余家从东固徙此,十有二世。"①永和起于五代,后周末制瓷业已有所发展,以瓷窑团的名义派军人主持。延续到北宋中期,达到"寝盛"阶段,数千家居民从事于烧瓷生产劳动。这里与浮梁县景德镇情况相同,也是因烧瓷而旺盛,在宋真宗景德中(1004—1007年)设镇,置有监镇司管理当地。钟彦彰说的这些情况,与考古发掘研究的结论是一致的。

江西省文管会1974年对永和窑遗址进行了小面积试掘,最下层出土的是青白瓷,有与景德镇湖田窑相似的产品,证明它在北宋时期是青白瓷的一个生产地。上层出土的是黑釉器、白地釉下黑彩器。这表明永和窑至南宋以后在釉色上起了变化。出土的标本器物系北宋时期的青白瓷,有圆球形注子,坦口深腹形和瓜棱形的注碗。在大量覆烧器物中,以盘、碗为主,底部印"吉"、"记"等字样;不少匣钵上刻有"曾"、"朱"、"尹"字样,显然是工匠的姓氏。永和窑所在村庄有曾、朱、尹等姓居民的后代,说明他们的祖先曾经在这里烧制瓷器。

图11　永和窑木叶纹盏

出土器物有碗、钵、碟、高足杯和器盖等,其中莲瓣纹高足杯为北宋时期常见器物。碗、钵、碟等的釉水均不及底,底部的切削比较粗糙。在乳白瓷之外,还有黑釉瓷产品,如碗、罐、壶、盆、杯等。碗多为唇口、花口,瓜棱腹,高圈足。罐、壶多瓜棱腹,底足粗涩。施釉均不完全,底部露胎。(图版11)

据清代蓝浦《景德镇陶录》,吉州窑诸窑匠中出名的有五家,"五窑中惟舒姓烧者颇佳。舒翁工为玩具,翁之女名舒娇,尤善陶,其垆瓷诸色,几与哥窑等价,花瓶大者值数金"。1980年在吉州窑遗址中发现绿釉瓷枕残片,上面有"舒家记"的铭款,为研究舒窑提供了极珍贵的实物,证明了舒窑确实是当时的名窑。(图版12)哥窑,指浙江龙泉窑的代表者

---

① 明《东昌志》(抄本)卷一《东昌图境记》序。《东昌志》,一称《东昌古迹志》,有的宋史研究者转引此资料说明景德镇的发展史,是误用。

章生一。章氏兄弟二人,兄名生一,弟名生二,都善烧瓷,但各有特色。章生一的窑称哥窑,章生二的窑叫弟窑。《处州府志》记:"凡器之出于生二窑者,极青莹,纯粹无瑕,如美玉然,一瓶一钵,动辄十数金。其兄名章生一,所主之窑,皆浅白,断纹,号百圾碎,亦冠绝当时,今人家藏者,尤为难得。"哥窑与弟窑,都是宋代著名全国的瓷窑,永和舒姓父女的产品"几与哥窑等价",可见舒窑也是名窑。

2.窑炉与作坊

永和窑烧制瓷器的窑炉与作坊遗址,有较好的遗存,对了解瓷器生产实情有重要价值。1980年10月至1981年12月,在永和镇窑区发掘了本觉寺岭窑炉和桐木桥瓷窑作坊①。窑炉不是建在山坡,而是建在废瓷片堆积层上,为斜坡式"龙窑"。窑身长大,

图12　永和窑"舒家记"瓷片

长36.8米,宽0.42~3.95米,平面呈船形。窑壁用红砖铺砌,顶部红砖券拱,呈船棚形。内壁面布满灰绿色烧结釉面。窑底为土质,经釉汁渗透与高温烧焙,形成厚约5厘米的烧结层,十分坚实。窑头火膛狭小,保存完好。窑身坡度斜陡,窄门双开,装烧量大。窑炉内出土的窑具有匣钵、垫圈、垫块、支座、辗槽以及网坠、瓷土、柴灰屑等。出土的瓷器有酱褐釉青瓷碗、双系罐、带把短流注壶、器壶、灯盏;乳白釉唇口碗、折唇碗、直唇碗、盏碟等。

永和窑炉的型制结构,窑炉两侧门通道与台阶等遗址表明,它与文献记载的装烧程序、粗细瓷的安放与炉内不同部位火候的利用等,都可以相互印证,"这种长形龙窑与圆形馒头窑、马蹄窑不同,它利用自然坡度,起烟囱的抽气作用,吸入空气,排出废气,使气温保持均匀通畅"②。

桐木桥瓷窑作坊遗址,揭露面积长18.5米,宽11.5米,地面铺红砖,砖的下面垫压着大小匣钵(内多盛装废弃之乳白釉碗),故整个地面坚实。

---

① 详见江西省文物工作队、吉安县文物管理办公室《吉州窑遗址发掘报告》,载《江西历史文物》1982年第3期。

② 余家栋:《江西陶瓷史》,第六章第一节,第239页,河南大学出版社1997年版。

第四章
手工业生产的繁荣

作坊中间有两条散水沟槽,自北向西南挖砌。散水槽东面有淘洗池、练泥池、拉坯旋削操作区;西面有两组淘洗池、制坯操作区,以及一个大操作房,房内还有小套间。作坊西南角有长方形蓄泥池。按残墙遗址分析,作坊的建筑年代时间长,大约从晚唐五代延续至元代,中间经过多次维修或改建。

作坊遗址中出土遗物有匣钵、擂钵棒、轮轴帽、坩埚、石拍子、陶坛、陶罐、网坠、瓷塑、乳白釉碗、盏、芒口印花碗、高足杯、黄褐釉青瓷碗以及"圣宋元宝"、"元丰通宝"、"建炎通宝"铜钱等。

永和窑的这个作坊遗址结构,与河南鹤壁集窑、河北曲阳定窑北宋层作坊遗址多有相似之处,"但其构筑严谨,砌叠规整精细,是一处目前少见的作坊遗址。它清晰地展现了宋元时期制瓷生产的各项程序"[①]。

吉州永和窑是宋代南方的重要瓷窑,其窑炉与作坊遗址的发掘,为中国古陶瓷史的研究增添了新的资料。从永和窑遗址、遗物看出,它集南北各名窑之大成,兼具景德镇窑、磁州窑、耀州窑、建窑、定窑的特点,在中国陶瓷史上是独树一帜的。永和窑的龙窑窑身长大,前中后三区火候不同,能同时烧造粗细、高温与低温釉瓷。在尹家山窑区出土的玩具和印有"舒家记"款识的瓷枕底,证明文献的"舒翁窑"就在今尹家山一带。永和窑始烧于晚唐、五代,以酱褐青灰釉瓷和乳白釉瓷为主。北宋时期停烧酱褐釉青瓷,而乳白釉瓷有新的提高。新出现的黑釉瓷,开始成为它的代表性品种。这两类瓷器的烧造在南宋得到很大发展,直至元代末期终烧。北宋时期的吉州窑产品计有白釉、黑釉、绿釉、影青釉等瓷种,正处于瓷业生产的发展期[②]。

三、南丰白舍窑

1.白舍窑的兴盛

白舍窑在建昌军南丰县境,又称南丰窑。古窑遗址在南丰县南27公里的白舍镇,窑址范围东西宽约2公里,南北长约1公里。1959—1984年间考古研究人员对窑址进行过多次考查[③],发现窑址堆积34处,保存比较完好的20处。窑包瓷片堆积厚约3~6米,满地的瓷片,是当年窑火旺盛的见证。

白舍位盱江岸边,自古是通粤必经之地,商旅众多,客店比邻,又盛产瓷

---

① 余家栋:《江西陶瓷史》,第241页。
② 参见陈柏泉:《吉州窑烧瓷历史初探》,载《江西历史文物》1982年3期。
③ 详见江西省文物工作队等《江西南丰白舍窑调查纪实》,载《考古》1985年第3期。

土,故而得名白舍。窑场靠近古埠头,烧好的瓷器方便装船外运。附近丘陵低山有茂密的柴草资源,岗阜水田盛产稻谷。坚实的农业基础促进了瓷业的发展。同治《南丰县志》卷十五《古迹志》写道:"白舍,宋时置官监造瓷器,窑数十处,望之如山。久废。"卷九《物产志》云:"若夫元《(南丰)州志》所载,白舍之白瓷器,瑶田墟之苎布,瞿村之白简纸,当时已称其苦窳稀薄,不足应四方之求。"由此可见,白舍窑确实是在南丰县白舍,烧瓷兴盛时期该是宋代,下延至元代。窑场遗物说明,白舍也是宋代重要的瓷器产地。出土的烧瓷工具有匣钵、垫饼。器皿有白瓷、青白瓷器两大类。其胎质洁白细腻,釉汁晶莹润泽,质量优于永和窑、七里镇窑的产品。青白窑的白度偏大,与景德镇产品偏青不同。白瓷中一部分胎壁粗厚,釉色白中泛黄。器形主要有碗、壶、瓶、杯、盘、碟、盏、灯台、水注、罐、炉、盒、皈依瓶、俑、佛像和动物等。按型制特点,大致上可分为早中晚三期:

早期:约当北宋前期。产品流行葵瓣、瓜棱、厚唇器,圈足低矮,釉色多艾青、米青一类不甚透亮的淡青色。器表装饰简略,器壁还留有旋削痕迹,圈足切削一刀而就。入窑烧焙多数采用单件仰烧法,装在漏斗型匣钵内,以泥圈作支垫。1988年白舍窑址出土一件青白釉葵口高足杯,为六出葵口,沿外卷,深弧腹至底渐内收,高圈足,内底平坦,内外腹壁与葵口相连处分别呈凹、凸状筋。通体施青白色釉,而青白中泛黄,底足露白胎。此器胎薄体轻,造型优美,如一朵绽开的出水芙蓉。葵口出筋是汲取了金银器装饰技法,获得移花接木的特殊工效,体现了高超的制瓷技法与独到的美学素养。(图版23)

中期:约当北宋中后期,是大发展的阶段。器物唇沿变薄,器口外侈,圈足增高,形制拉长。器口由葵瓣变成葵口,多瓜棱腹状。外观装饰运用堆塑、贴塑、刻划等技法,并有仿造金银器的装饰,使一件瓷器兼具金银器和玉器的艺术效果。这个时期的瓷器胎土纯净细腻,釉色的白度提高,多呈月白、卵白色调。由于产品质量大为提高,市场效益好,有与景德镇瓷器争夺市场的能力。由于产量增多,窑场范围扩大,故此在白舍镇的官山以西,牛栏坑两侧,赖坑周围的遗址地面,到处遍布着废弃的卵白色瓷片,所以有"白舍白瓷器"之称。

中期的烧制方法,仍然是以单件仰烧法为主,以漏斗状、桶状匣钵装烧,以泥圈或泥饼为垫。除底部外,基本满釉。瓷盏的烧法,一般是三幢盏套装在一个匣钵里烧。笠山窑区的小厚唇碗内底有无釉涩圈,并用细沙作隔离剂,具有明显的北宋特点。1988年出土一件"崇宁"铭款支烧具残片,瓷质,素胎,胎白坚腻,呈喇叭状,外壁镌刻"崇宁元年五月十日"8字。该烧具是白舍窑址唯一发掘

第四章
手工业生产的繁荣

到的有确切纪年的实物。

晚期:约当南宋中后期。

在纪年墓中出土的白舍窑瓷器,有南城嘉祐二年(1057年)墓的注壶、杯盏、皈依瓶等;广昌县出土的大观二年(1108年)一批瓷俑。白舍窑区的百花庄遗址瓷片堆中,出土一件轴顶碗残片,上有"……号元祐戊□"铭文,这是了解白舍窑制瓷年代的确凿证据。元祐,为哲宗第一个年号,共9年,干支中含"戊"字的是第三年"戊辰"(1088年)。该轴顶碗残片的胎釉洁白细腻,烧结坚实,是瓷业技艺成熟的证明。轴顶碗是"陶车"的部件,记年在这个制坯工具上面,可见该窑工匠对此年的重视,也许是该窑开烧的标记。

2.大批瓷俑的出土

瓷俑,是冥器,可归入艺术类瓷,各地古墓中都可能有少量的,而南丰出土瓷俑特多,足可映现白舍窑烧瓷的特色。

1982年12月,广昌县城郊乡白田大队一古墓中,出土瓷俑200多件。同时出土大观二年(1108年)地券一块,知该墓为"建昌军南丰县天授乡麟角耆故假承务郎杨敏修"之墓。广昌县原为南丰县辖地,绍兴八年(1138年)始析分南丰县之南半部3个乡建县,天授乡即其一,故此墓主是南丰县人,而瓷俑是白舍窑的产品。据发掘当事人称:瓷俑为素胎,有官吏、武士、仙翁、菩萨以及鱼、马等。人俑分段制作,先捏躯干,再植以头与手足,贴上衣冠服饰,再画颜面五官及衣纹走向。各俑均伫立端正,文臣着袍戴冠,双手执笏,武将披甲仗剑,刚毅庄重,性格刻画得形神毕肖,栩栩如生。制瓷艺人高超的雕塑技艺,写实的创作风格,在这批瓷俑上得到真实体现[①]。

1984年10月,南丰县桑田乡一石室古墓出土瓷俑90余件,其中经修复完整的84件。该墓为夫妇合葬。据出土铜钱的钱文判断,时间下限为北宋崇宁二年(1103年)。依据瓷俑排列位置及其形象,可分为墓主人2,侍从俑56(内武士2,僧侣2)、压胜神煞26。压胜神煞中有四方神俑4件,即龙、虎、雀、龟四物之首配人身;十二时神俑,均为文臣形象塑上生肖属相的动物头像。还有鼠、鹿、鳌、兽头、鸡、狗6种动物头人身俑,金鸡、玉犬俑。这许多神俑的配置,也是为保护墓主人而定,反映了人们对现世人间与阴曹地府关系的联想,也是社会地位与神灵观念的体现。

---

① 姚澄清、张天岳:《广昌县出土北宋瓷俑》,载《江西历史文物》1984年第1期

墓主俑为坐式,男高23.3厘米,女22.5厘米;侍俑端立,身高23.1~30.5厘米。侍俑形象与服饰与上述杨敏修墓的文吏俑非常接近。墓主俑为实心胎烧成,其他俑均为空心。形体写实,比例适度,采用模印、捏塑、堆贴、刻划、加彩等技法制作,冠帽、服饰丰富多彩,精巧生动。瓷胎细腻洁白,全部素烧而成。有的烧结坚实,瓷化良好。有的则火候不够,比较松脆。可能因为是冥器,是窑家把它放在低窑位附带烧造的结果。(图版13)

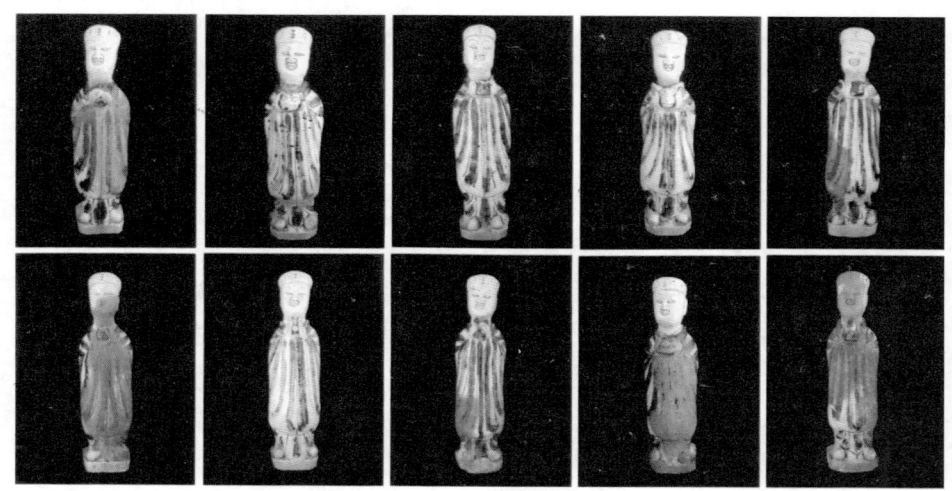

图13 景德镇青瓷生肖俑群

同时出土的影青瓷有盏2件,水盂1件,灯盏1件。它们的胎土坚致,釉色清白光洁,与白舍窑器物极相类似。此墓距离白舍窑约一二十公里,这些瓷器、瓷俑"很可能就是白舍窑的产品"①。

这两大批成套瓷俑的出土,尤其是桑田墓瓷俑有规律的成套置放,不仅是了解南丰白舍窑瓷业的宝贵实物资料,而且对研究宋代丧葬制度、服饰制度、雕塑艺术及南丰地区的社会民情风俗,都有重要研究价值。南丰白舍窑,以它大量精美的产品,证明了它是宋代江西著名的瓷窑之一。

四、七里镇窑

1.七里镇窑的兴盛

七里镇,在北宋当时称虔州七鲤镇,现代称赣州七里镇。同治《赣县志》称:

---

① 江西省文物工作队、南丰县博物馆《南丰县桑田宋墓》,载《江西历史文物》1986年第1期。

第四章
手工业生产的繁荣

"郡东南七鲤镇,七山排列状如鱼,故名。镇旧为东关务,又为窑场。……附近皆瓦砾层累,盖先朝之瓷窑旧镇也。"古窑址在今赣州市水东镇七里村,距市区3公里,沿贡江右岸分布,长约2公里,今存有砂子岭、罗屋岭、张屋岭等16处大型瓷片堆积。七里村有上窑、中窑、下窑之称。瓷片堆积厚度不等,高的达二三十米。村民利用瓷片和窑具铺路砌墙,随处可见。1985—1987年,省文物考古所会同赣州地、市博物馆对砂子岭、周屋岭、张屋岭堆积进行发掘,在张屋岭发现两条30多米的"龙窑",进一步加深了对七里镇窑的认识①。

七里镇窑始烧于晚唐,经五代至北宋,日益兴盛,南宋盛极一时,元朝末年终烧。唐末五代时期烧造青釉瓷、乳白釉瓷。北宋时期停烧青釉瓷,主要烧制乳白釉瓷,同时开始烧制青白釉瓷和黑釉瓷。

出土的窑具有匣钵、匣钵范、垫饼、擂钵、轮轴帽、荡箍、滚珠、火照等。匣钵有直筒形、漏斗形两种。轮轴帽为瓷质,八棱柱形,下底有圆锥状凹窝,窝面施白釉。荡箍为圆圈状,圈内壁施釉。火照由碗坯挖孔而成。

七里镇窑以生产日常瓷器为主,其中白釉及部分乳白釉瓷器,有碗、盏、杯、灯盏、碟、盘、枕、水盂、注壶、注碗、罐、钵、瓶、粉盒、鸟食罐等。具有明显北宋风格的乳白釉瓷是葵口高圈足碗、盏等。砂子岭出土的狮纽盖温酒注壶,在南丰县嘉祐二年(1057年)墓中也有出土。该壶制作规整,腹部呈瓜棱形,流嘴曲而细长,盖上的狮子栩栩如生,是极少见的精品。青白瓷灯盏为敞口,另一类为直口。瓷杯一类为直口,一类为六瓣葵花口。盏托多为花口。1986年七里镇窑址出土一件褐黑色釉碗、一件褐黑色乳钉罐。碗为侈口,尖圆唇,腹鼓微斜,圈足。内底压印凸弦纹一道。通体施褐黑色釉,釉汁莹润,光洁照人,酷似漆器,是北宋七里镇窑仿漆器之上品。罐为敛口,束颈,溜肩,鼓腹修长,平底。腹部压印同心圆纹,颈部饰白乳钉一圈。施浆褐釉,不及底。造型奇特,文饰精美,是宋代七里镇窑典型产品。(图版26)

1991年9月—10月,对七里镇窑区西北端的木子岭窑址进行发掘②,出土了大量乳白釉瓷器,其胎质细白,质色如玉,釉层浓厚,釉汁莹润光洁,造型规整,显系专门烧造乳白釉的窑场。从圈足内黏结的垫饼和大量漏斗形匣钵迭烧时

---

① 江西省文物考古研究所、赣州地区博物馆、赣州市博物馆《江西赣州七里镇窑址发掘简报》,《江西省文物》1990年第四期。

② 江西省文物考古研究所、赣州市博物馆《江西赣州七里镇木子岭窑址发掘简报》,载《南方文物》1992年第1期。

黏结的碗、盏、碟等分析，明显为北宋盛行的烧造技法。出土的鋬手长流壶、葵口高足碗、盏等，造型多现北宋风格，在江西的北宋墓中也经常发现。七里镇窑所出遗物表明，它与丰城洪州窑、景德镇窑、吉州永和窑和南丰白舍窑的制瓷水平一致，不愧为江西五大名窑之一。

2.龙窑的结构与性能

1985年—1986年底，在七里镇窑区的砂子岭和张家岭发掘了4座窑炉。砂子岭窑包的顶部和底部揭示出龙窑各一座。张家岭揭示出两座并排的龙窑。砂子岭底部的龙窑用红砖叠砌，顶呈券拱形。从伴出的遗物分析，当属北宋窑炉。张家岭的龙窑用青灰砖垒砌，东侧窑床平面呈船形，长37.9米，宽1.87~2.17米。窑床建在破碎匣钵与瓷片堆积层之上，倾斜度13~27度。火膛部位采用青灰砖横竖铺砌。西侧窑床的结构与东侧的基本相同。两座窑床平行并列，是目前江西仅见的。与吉州永和的本觉寺窑床比较，张家岭窑选用青灰砖纵向错缝垒砌，窑身更耐高温，更能保温。西侧窑床平面呈半月形，延长了窑身长度，扩展了窑床空间，充分利用风力，既增加装坯窑位，又能使燃料充分燃烧，提高窑床温度，烧制出更多的合格瓷器。

七里镇的窑床与遗物证明，这里是瓦砾(瓷片)层累的"先朝之瓷窑旧镇"，而北宋时期正处在发展阶段。

五、临川白浒窑等窑址

瓷器与民众生活密切联系在一起，制瓷基地素来很多，散在四境，北宋时期江西各地依旧有多处瓷窑，除上列名窑之外，还有以下诸窑也值得注意。

临川白浒窑，位于临川县上顿渡西面8公里的白浒渡，包括毛家村、二甲村、一甲村三处窑场。窑址发现于1960年，遗址上瓷器碎片很多，尤其是一甲村窑址，窑包保存完好，遗物特多，应是当时的中心区。出土的青瓷器有碗、壶、罐、钵等，釉呈青黄色或青绿色，胎壁厚重，釉不及底，窑具有竹节形筒状的支具和圆形垫圈等。毛家村、二甲村、一甲村三地所出器物，在器形、釉色、胎质和形制上均多雷同，表明是同时期的窑场。据《白浒毛氏族谱》所载绍兴五年(1135年)旧序称，元丰元年(1078年)毛氏迁来此地之前，此地叫"白浒窑"，又名白浒渡。对照采集到的窑具和青瓷器，多系唐宋时代遗物，可知白浒窑始烧于唐代，至宋代正在兴盛时期。当地民众都说："先有白浒窑，后有景德镇"，这种说法不尽可靠，但从中可以认识到白浒窑的确历史悠久，曾经窑火旺盛，在

第四章
手工业生产的繁荣

群众中影响很深①。

寻乌上甲窑,在距寻乌县城15公里的文峰乡上甲村。发现于1981—1990年间②。该地位于赣闽粤三省交接处,有马蹄河(即寻乌江)自北而南流过,注入广东省东江,水路运输方便。窑区面积约25平方公里,分为上甲、圆墩背、塘塔里、高桥头四个片区。出土瓷器有碗、盏、碟、杯、壶、罐等,其中碗、碟居多,盏、罐次之。釉色青中带黄、闪白,亦有粉青、葱绿、深黄等色。有的开冰裂细片。窑具有匣钵、垫块、垫柱、火照等。烧窑方式普遍采用桶状匣钵四支垫迭烧,故器物内底有十字形刮釉,外底露胎。

从瓷器的形制、釉色分析,以及有唇口、宽圈足碗、竖纽短流壶、高足杯、唇口折沿四系罐等,保留着晚唐、五代的风格,表明该窑产品与吉州窑、七里镇窑的同类产品基本相似。各式碗、盘、杯,罐多具宋代风格,也是江西宋墓常见器物,故寻乌上甲窑是始烧于晚唐、五代,盛于两宋,至元末衰退的瓷窑。

又,寻乌县新茶亭(32号窑址)、水口(30号窑址)两地的大批瓷片,胎质细密,釉汁晶莹,呈现白色、乳白色、米黄色、青白色等釉色,照形中的葵口浅腹碗、敞口侈唇深腹温碗、带鋬长流壶等,均具北宋常见器物的典型特点,推知这两处的瓷窑烧制年代当属北宋前后③。

据调查考证,铜鼓永宁窑,烧制年代上起唐代,下延至北宋④;铅山江村窑,应是晚唐民窑,下限至元代⑤。

第三节
冶金业的繁荣

金属矿的采掘冶铸生产大盛,是宋代江西手工业领域中的突出成就,其中又以铜矿开采和铜钱铸造业最称鼎盛。北宋中期,建昌军南城县人李觏说:"东

---

① 杨后礼:《临川县白浒窑调查》,载《文物工作资料》,1960年第2期。
② 赣州地区文化局文物科等《江西寻乌县上甲村古瓷窑址调查》,载《江西文物》1991年第3期。
③ 寻乌县文物普查队《寻乌县上甲村发现宋代窑群》,载《江西历史文物》1984年第2期。
④ 黄颐寿:《铜鼓发现唐代窑址》,载《江西历史文物》1987年第2期。
⑤ 《铅山县发现古瓷窑址》,载《江西历史文物》1983年第2期。

南之郡,山高者鲜不凿,土深者鲜不掘……矿石云涌,炉炭之焰未之有熄。"① 他对采冶业普遍兴旺的印象,首先是从江西的社会实际中得到的。饶、信、抚等州采冶业的振兴,与农业经济整体的全面发展相适应,彼此促进,共同造成了江西经济繁荣的社会局面。

采掘冶铸生产是专业性强的群体劳作,涉及社会的多个方面,不仅是经济领域的相关行业联系紧密,而且由于大批劳动者集中于偏远山区,产品是铜铁金银等直接与大刀长矛、钱币财宝相连的物资,所以更加具有政治性价值与影响,北宋朝廷从稳定统治、掌握财政的需要考虑,十分关注着矿山的开采与冶炼铸造,制订出许多有关政策,将它严格控制在官府手中。因此,冶金业的发展状况,格外受到社会关注,由此可以多角度观察社会,而问题也相应地更复杂。

一、冶金业的兴旺

据《宋会要辑稿》、《元丰九域志》、《文献通考》及《宋史》等文献记录,宋代江西开采的矿物品种多,产地也多,呈现着遍地开花、全面兴旺的发展形势。它们是:

金:饶州、抚州、南安军,以及贵溪;

银:南丰马茨湖场、看都场,饶州德兴场,虔州宝积场,信州宝丰场,南安军稳下场;

铜:信州铅山场,饶州兴利场,南康城下场,瑞金、吉州也有出产;

铁:袁州贵山冶,虔州上平务、符竹务、黄平务、青堂务,吉州安福务,信州丁溪场、新溪场,抚州东山场,以及饶州、鄱阳、乐平、德兴、余干、玉山、贵溪、新建、进贤、德安、德化等地;

锡:宁都、安远、会昌、南康、大庾、上犹、南康军;

铅:铅山、大庾、宁都。

上列矿物产地中标明了场、冶务的,是官府设置了经营管理机构的大型矿山;只有州县名的,则都是开采该矿的所在,有无官办矿山则难一概而论,或者是先有后废,或者是不甚重要而阙略,如南丰县的银矿,曾经设置马茨湖、看都等四个银场,后来停了这些银场。铁矿产地中有饶州,又有其治所鄱阳,又有其所辖的乐平、德兴、余干等县,这中间的关系如何,是否意味着"饶州"铁矿为州

---

① 《李觏集》卷一六《富国策第三》。

第四章
手工业生产的繁荣

所管辖之矿？未查得资料说明，只能照录备考。

金矿中有沙金、山金两种。淘采沙金主要在饶州的昌江沿流进行。这里是传统的沙金产地，北宋政府在"和买"名义下，向鄱阳、乐平、浮梁、德兴四县要黄金五百四十二两八钱。饶州在"土贡"名义下，每年向朝廷纳麸金10两。为了控制这些沙金，官府在饶州"尝禁商市鬻。或有论告，逮系满狱"。真宗大中祥符四年（1011年），江南转运使凌策奏请改变这种"禁商"的办法，实行"纵民贩市，官责其算，人甚便之"①。让沙金进入市面买卖，官府征收交易税，这是宋朝经济稳定以后的一个发展。

山金，见于抚州金溪县。北宋时在金溪开采山金，仁宗庆历四年（1044年）五月，曾上供"山金重三百廿四两"②。

银矿以南丰县为盛，宋代时设有看都、马茨湖、蒙池、太平四场，每年征收白银定额9179两。神宗元丰元年（1078年）实收白银5116两③。一县设有四处采银场，可见当时的盛况。据1994年版《南丰县志》，该银矿在今中和乡银坑村，有16个坑洞，因坑洞太深，无法下井察看。经对开采洞口的岩石化验得知，有银矿化，属弱化矿。

德兴县所在的银山，北宋时期仍在开采银矿，官府在此设市银场，每年"和买"定额为1749两5钱④。北宋仁宗期间，银矿"山穴倾摧"，银场停废，而银课未除。及至景祐三年（1036年）范仲淹任饶州知州，才据实力请，"一封奏罢邓公场"，去除了饶州百姓的一项重负。然而，在《元丰九域志》卷六饶州德兴县下仍写出"市银院一银场，一金场"。看来在景祐之后又恢复采银，并开采金。

信州玉山县曾是银矿开采地，并设有韩村银场，可能是矿脉枯竭，于景祐元年（1034年）二月丁酉，"废信州玉山县韩村银场"⑤。上列银矿产地中没有玉山县名，当即因此所致。

开矿的民户称坑户，冶铸者称冶户，二者合称坑冶户。矿坑中劳作者称坑丁。矿山一般均由官府控制，坑冶户为官府采掘冶铸。官办的矿冶作坊，役使士兵劳作，也雇募民匠。由于坑冶户和工匠的抗争，统治者为求获得更多收益，逐

---

① 《宋史》卷三〇七《凌策传》。
② 《续资治通鉴长编》卷一四九。
③ 《元丰九域志》卷六；《宋会要辑稿》食货三三之八。
④ 《宋会要辑稿》食货一一之五。
⑤ 《续资治通鉴长编》卷一一四。

渐放松垄断政策，允许民间开采，官府通过税收与"和买"方式得到矿产品。神宗时，实行"金银坑冶召百姓采取，自备物料烹炼，十分为率，官收二分，其八分许坑户自便货卖"①。民营矿冶业于是得到更大发展。

铜为铸钱的主要材料，关系着财政大计，所以铜禁特别严厉。熙丰变法期间一度放松铜禁，但是江西的"虔、吉州界并为禁铜、铅、锡地分"，严防民间互市钱币原料私铸铜钱。

二、德兴、铅山等地的铜矿开采②

江西的冶金业在北宋进入空前繁荣时期。铜矿开采和铜钱铸造的成绩突出，胆水浸铜技术成功地运用于生产实践，对世界化学史和冶金史作出了杰出的贡献。

铜矿开采以饶州、信州为主，其次是虔州、南安军。最重要的矿场是铅山场、德兴县兴利场。其次是弋阳宝丰场，上饶丁溪场，虔州九龚场、云都场，南安军城下场、大庾乌石务等。

铅山场的规模很大，开采点主要是貌平、官山两处，发展至北宋中后期，"招集坑户就貌平、官山凿坑取垢淋铜，官中为置炉烹炼，每一斤铜支钱二百五十"，"故常募集十余万人，昼夜采凿，得铜铅数千万斤。置四监鼓铸，一岁得钱百余万贯"。哲宗绍圣年间（1094—1098年），铅山场胆铜岁额达38万斤，是全国著名的三大铜场之一，当时舆论认为，"产铜之地，莫盛于东南"，而东南"铜矿最盛之处，曰韶州岑水场，曰潭州永兴场，曰信州铅山场，号三铜场"③。

铅山场在铅山县。《太平寰宇记》卷一〇七铅山县条写道："按《上饶记》云：出铜、铅、青碌。本置铅场、收取其利，旧在宝山，伪唐升元二年（938年）迁至鹅湖山郭水西邓田阪，即解署也，到四年，于上饶、弋阳二县析五乡以为场，后升为县。皇朝平江南后，直属朝廷。""铅山，在县西北七里，又名桂阳山，旧经云：山出铅，……又出铜及青碌。又有铜宝山连桂阳山，出铜。""铅山在县西北"，是今铅山县永平镇西北。铅山县治原在永平镇，1949年7月才迁往河口镇。铅山场升为县的时间，据县志在保大十一年（953年）。北宋朝廷直辖铅山县（太平兴国

---

① 马端临：《文献通考》，卷一八《征榷考》。
② 参见许怀林《宋代江西的铜矿业》，收入《宋史研究论文集》，浙江人民出版社1987年版。
③ 《宋会要辑稿》食货三四之二二、二七。

第四章
手工业生产的繁荣

以后还隶信州）。行政建制上的升格,是铜矿采冶事业兴旺发达的反映。在长期的开采过程中,自然也有间歇时间。《宋会要辑稿》说铅山场"端拱二年(989年)置,熙宁四年(1071年)罢",是宋初曾停止开采,不久即恢复。熙宁罢后也没有过多久便重新开采。元丰七年(1084年)十月,提点江浙等路坑冶铸钱胡宗师奏报:"信州铅山县铜坑发,已置场冶。"十余年后,即绍圣年间浸铜产量达到最高水平,"岁额三十八万斤"。

兴利场,在饶州。《宋会要》注为"旧置",表明该场在宋代以前或北宋初已经建场采矿。《系年要录》写铅山场的同时记了兴利场:"(饶、信)皆产胆水,浸铁或铜。元祐中始置饶州兴利场,岁额五万余斤。"①据此,则是兴利场在哲宗以前曾停歇过。由于胆水趋于旺盛,于元祐(1086—1094年)中重新设场浸炼胆铜。

铅山场、兴利场是北宋主要的胆铜生产基地,但是,它们在元祐、绍圣以前的矿铜产量不见记载。从对矿山的经营管理(详后)分析,铅山、德兴并非北宋后期才开采铜矿,这只表明当时的胆铜生产最受社会关注。它们的胆铜产量不算最多,领先的是韶州岑水场,它在元祐、绍圣间的黄铜、胆铜合计为396万余斤,其次为潭州永兴场,黄铜、胆铜合计为243万余斤。铅山场是胆铜,为38万斤,兴利场也是胆铜,为51,029斤②。

德兴场,在饶州德兴县。官设铜场的开采时间,《宋会要》的记录是置于大中祥符三年(1010年),于嘉祐七年(1062年)罢废,存在了五十余年。但是当地民间的铜矿采冶生产不受此限,如张潜家族利用胆矾水"浸铁为铜"③,一直在进行之中。

《宋会要辑稿》在饶州下既写兴利场,又列德兴县场,但是未点明兴利场的具体所在。不过,兴利场是胆铜的重要产地,据建中靖国元年(1101年)游经的奏章,以及危素的《浸铜要略·序》(详下),可知兴利场在德兴县。王象之《舆地纪胜》即将兴利场系于德兴县下。那么,为何又列出德兴县场?二者关系如何?因资料有缺,难以明确判断。姑妄言之:兴利场可能属饶州直辖,为了保障永平监铸钱的铜料供应,它需要有一个隶属的铜场,而德兴县场则是县管单位。二

---

① 《建炎以来系年要录》卷五九,绍兴二年九月辛卯。
② 据《宋会要辑稿》食货三三,"各路坑冶所出额数"。
③ 详《通直郎张潜行状》,见陈柏泉《江西出土墓志选编》,江西教育出版社1991年版。

场同置一县,必然会有诸多实际问题与矛盾,逐将县场并入兴利场,于是德兴县场存在时间不长,有关的文字记载也不多见。

宝丰场,在弋阳县,矿场位于今弋阳县南18公里的旭光乡铁沙街。据记载该场在宋太宗时期很兴旺,淳化五年(994年)因"铜货兴发,奉敕割弋阳县玉亭、新政两乡立为宝丰县",后来"银利寡少,铜货绝无,当司相度可公却并归弋阳县,其场务仍旧差使臣专监,只作宝丰镇名额。从之"①。这说明在淳化以前宝丰矿已经开采,废县以后虽然降为镇,铜场仍然维持生产,并非"绝无"。宝丰场与县的改易变化,是根源于铜矿的兴衰。1991年版《弋阳县志》载,铜矿在铁沙街附近的军阳山,该地明清时仍为新政乡,铁沙街至民国初期民间仍称为宝丰市。铜矿则断续开采至今。在民国年间,以及新中国成立后,地质部门多次对该矿进行过勘探。1978年勘探的结论是:"铁沙街铜矿石储藏极为丰富,品位较高,有开采价值,并被列入全国同等项目重点扶持单位之一"。②1971年创办弋阳县铜矿,1978年扩建,年采选能力达10万吨。

三、张潜与浸铜技术

胆水浸铁炼铜,亦称水法炼铜、湿法炼铜,将此技术推广运用于炼铜生产实践,是江西矿业生产的重大成果,对宋代铜矿开采、钱币铸造有深远影响。

浸铜生产的主要基地,是铅山场和兴利场。北宋政府掌握的铜场中,有胆水可供浸铜的矿场共11处,在生产中实际利用的却只有几处。建中靖国元年(1101年),曾经出任提举措置江淮荆浙福建广南铜事的游经上奏说:

> 昨在任日,常讲究有胆水可以浸铁为铜者,韶州岑水、潭州浏阳、信州铅山、饶州德兴、建州蔡池、婺州铜山、汀州赤水、邵武军黄齐、潭州矾山、温州兰溪、池州铜山,凡十一处,唯岑水、铅山、德兴已尝措置,其余未及经理。③

---

① 《宋会要辑稿》食货三四之二〇。又,据《弋阳县志》,康定末年(1041年)再升宝丰镇为县;庆历三年(1043年)宝丰县再废入弋阳县。
② 《弋阳县志·工业志·矿业》。南海出版公司1991年版,第355页。
③ 《宋会要辑稿》食货三四之二五。

第四章
手工业生产的繁荣

这位提举铜事的长官所说"未及经理",该是指官府没有去建立一套浸铜的生产机构与设施,不等于当地坑冶户不会利用胆水浸铜。应该说,到了北宋时期,我国铜矿工人已经比较普遍地掌握了浸铜技术,并成功地运用于炼铜生产实践中,在冶金技术与化学史方面作出了重大的贡献。

胆水,即硫酸铜($CuSO_4$)的水溶液,有5个分子结晶水的硫酸铜,为蓝色晶体,化学式为$CuSO_4 \cdot 5H_2O$,称胆矾,或兰矾,易溶于水,含有其成分的水即为胆水。当铁浸在胆水中,由于铁的化学性质比铜更活跃,会将铜置换出来,产生硫酸铁和铜。其化学方程式为$Fe+CuSO_4=FeSO_4+Cu\downarrow$。这就是胆水能够化铁为铜的原理。早在汉朝,我国人民对胆水就有了一定认识。唐朝显庆四年(659年)修成颁行的《新修本草》说:"石胆,此物出铜处有,……味极酸苦,磨铁作铜色,此是真者。"石胆,即是胆矾。磨铁作铜色,即产生了铁与铜的置换。唐代中期以后,炼丹术的著作中已有浸炼胆铜的记述,不过还只是在丹房之内小实验。乐史《太平寰宇记》卷一〇七铅山县条下写道:"又有胆泉,出观音石,可浸铁为铜。"这说明,铅山县群众至迟在北宋初期已经掌握了胆泉浸铜的技术。仁宗时,苏颂《图经本草》修成,其中说"(石胆)自然生者尤为珍贵,今唯信州铅山县有之"。唯信州铅山有,不确,此话该是铅山胆泉更出名的反映。之后,沈括《梦溪笔谈》又说:"信州铅山县有苦泉,流以为涧,挹其水熬之,则成胆矾,烹胆矾则成铜;熬胆矾铁釜,久之亦化为铜。"[①]由此可知,铅山县民众已将浸铜术运用于生产实践。

文献资料只记述铅山县胆泉的时候,德兴人张潜的实际行动似乎走得更快。友人万如石为他写《通直郎张潜行状》,说他"尝读神农书,见胆矾水可浸铁为铜,试之信然,曰:此利国术也。命其子甲献之,朝廷下其法,诸路岁收铜数百万"。可见,张潜总结了前人与自己的实践经验,并将写成文字,奏报给朝廷,颁行于地方,在各铜场推广应用,获得了显著的经济效益。不将发财致富的技术密藏起来,而是献进朝廷,公诸社会,可见张潜精神境界高远,将"仁义"信念见

---

① 《梦溪笔谈》卷二五《杂志》二,中华书局1958年版,第249页。又,《政和本草》中所引《图经》曰:"空青,生益州山谷,及越巂山有铜处,铜精熏则生空青。今信州亦时有之,状若杨梅,故别名杨梅青。其腹中空,破之有浆者,绝难得。亦有大者如鸡子,小者如豆子。三月中旬采,亦无时。古方虽稀用,而今治眼瞖障,为最要之物。又,曾青所出,与此同山。疗体颇相似,而色理亦无异,但其形累累如连珠相缀,今极难得。又有白青,出豫章山谷,亦似空青,圆如铁珠,色白而腹不空,亦谓之碧青,以其研之色碧也。亦谓之鱼目青,以其形似鱼目也。无空青时亦可用,今不复见之。"

于行动。

张潜《行状》中的说法,在其他文献中得到了印证。欧阳忞《舆地广记》说:"始,饶之张潜,博通方伎,得变铁为铜之法,使其子诣阙献之,朝廷行之铅山及饶之兴利、韶之岑水、潭之永兴。"赵蕃《章泉稿》也说:"布衣张甲,体物索理,献言以佐圜法。宋绍圣间,诏经理之。"张潜、张甲父子献出的就是《浸铜要略》。浸铜技术经他们总结之后,"其说始备",技术已经成熟,遂能在各地推广运用。

张潜是从事胆水浸铜的技术专家。他的子孙后辈继承其业,经南宋至元后期,二三百年间都专注于此,遂使浸铜术臻于"讲之精、虑之熟"的程度。非常可惜的是,《浸铜要略》在元至正十二年(1352年)之前张潜裔孙张理再次献给朝廷以后,就不再传世了,留传下来的有关文字,最详细的也仅是一篇不足600字的《浸铜要略·序》。序文作者是元末明初金溪人危素,他是应张理的请求而作。此序文收入危素《危太朴文集》,雍正《江西通志》的杂记中亦载此文。令人遗憾的是,浩如烟海的史书中,有成千累万的官宦传记,却没有给这个浸铜世家张氏立传,关于张氏的事迹,我们知道得很少。

据危素《浸铜要略·序》,德兴县兴利场有胆泉32处,整理成浸铜的沟有138处,依胆泉中含硫酸铜之浓度不同而区别为五日、七日、十日"举洗一次"三类。铅山场的胆泉,《舆地纪胜》卷二一记为"今淋铜之所二百四十槽"。《读史方舆纪要》说"有沟槽七十七处",其"势若瀑布",流量很大。

浸铜方法,大体上是先取生铁打成薄片,称为锅铁,放进胆水槽中,排成鱼鳞状,浸数日后,铁与铜置换,锅铁片上生"赤煤",取出铁片,刮下赤煤,入炉烹练,凡三练方成精铜。未化之铁,再与新锅铁放入胆水槽排浸。在当时条件下,"大率用铁二斤四两,得铜一斤"①。这种浸铜法是当时的先进冶金工艺,有"用费少而收功博"的经济效益。

胆铜生产工艺分胆水浸铜、胆土淋铜两种。当时有人估测说:"古坑有水处曰胆水,无水处曰胆土。胆水浸铜工省利多,胆土煎铜工费利薄。水有尽,土无穷。"②胆水、胆土的长短利弊,依一定的条件转移。主管冶铜事务的游经分析说:"胆水浸铜斤以钱五十为本,胆土煎铜斤以钱八十为本,比之矿铜其利已

---

① 李心传:《建炎以来系年要录》,卷五九。《文献通考》卷十八《坑冶》所记相同。
② 周煇《清波杂志》卷一二。

第四章
手工业生产的繁荣

厚。"①胆水与胆土相互有差别,理宜兼收其长,而与矿铜比较,即便是胆土煎铜仍然利厚,故而"宜乎朝廷之所乐闻也"。冶铜的成本降低,铸造铜钱的成本跟着降低。为求这项厚利持久而稳定,朝廷随即于绍圣五年(1098年)敕令禁止"偷盗胆铜与私坏胆水,或坑户私煎胆铜"②。适应推广浸铜工艺的需要,张甲献出的浸铜之法,当时已经刻板成书,尤袤《遂初堂书目》、陈振孙《直斋书录解题》均有著录。

胆水浸铜技术为朝廷接受,并推广运用于铜场,是在绍圣年间(1094—1098年),此前的百余年中该是处于民间私用时期,同时也是操作技术的试用、总结、提高阶段。具体到德兴、铅山两地来说,实际运用浸铜技术应更早。张潜由读神农书知道胆矾水可浸铁为铜,中经试验成功,达到"讲之精、虑之熟"的完备程度,绝非短时间所能奏效。他家殷实富裕,却私自炼铜,甘冒违禁之罪,绝不是去做渺茫的试验,而是在谋取更大的财富。最后献技朝廷,让官府获得"岁收铜数百万",换得"三班差使,减三年磨勘"的回报,可谓化险为夷,因祸得福。铅山县早已开采铜矿,铸造铜钱(详下),为何迟至绍圣才胆水流出,即时炼得38万斤胆铜?显然是民间浸铜已久,一旦合法,便蜂拥而上,故有"聚集十余万人"的热闹场面。德兴、铅山两铜场都注明是"胆铜",这只能是它们浸铜旺盛、受到重视的证明。它们更有矿铜,而且是占绝对优势的产品(现代尤其如此),但在北宋后期却是以胆铜著称的。在北宋的早期和中期,它们以何种产品为主?从游经的报告中既有对矿铜的生产统计要求,又有对浸铜的统计要求来分析,铅山场有"昼夜采凿"的劳作项目,当是胆铜、矿铜兼而有之。

随着科学技术进步,已经不用胆水浸铜,现代的湿法炼铜也不是古代意义上的湿法。但是,它作为一种经济实惠、简单易行的技术,铜矿中并没有完全抛弃。20世纪90年代后期,在德兴铜矿仍能看到浸铜的工地,他们称作"海绵铜",是将矿山的酸性废水引进大而浅的池中,浸入刨花铁,置换出铜,以为矿上的副业收入③。

---

① 《宋会要辑稿》食货三四之二五。
② 《宋会要辑稿》食货三四之二五。
③ 参见1993年《德兴铜矿志》第22章《劳动服务公司》,第387页。1995年7月我到实地考察,见到浸海绵铜的工地,浸出的海绵铜沙显紫色,据现场工人说此铜纯度很高。

四、铁矿场与铁产量

江西开采铁矿的产量,不见统计资料。现在只能依据胆铜浸炼的铁铜比例关系(2.4斤铁得铜1斤),得到用于浸铜的生铁数量,由此窥见一些生产铁的状况。

哲宗时期,铅山场胆铜岁额38万斤,兴利场5万余斤,合计约需铁96.75万斤(单就铅山计算,需85.5万余斤)。供浸铜用铁的供应,主要来自江西的信州、抚州、饶州、江州、洪州(孝宗初年改洪州为隆兴府)属的13个县场。鉴于缺少北宋期间的资料,我们用南宋前期的数据,逆推北宋的状况。据绍兴、乾道间的资料,是从以下12州军的22个县场运来:

表4.3　　　　　　　铅山、兴利场浸铜生铁来源表①

运赴铅山场(斤)			运赴兴利场(斤)			运赴铅山、兴利场(斤)		
合计		415,320	合计		18,223	合计		64,186
信州	铅山县	59,000	饶州	德兴县	3,823	池州	贵池县	3,254
	上饶县	50,000		鄱阳县	3,500	隆兴府	进贤县	3,540
	弋阳县	100,000		余干县	5,000	江州	德安县	13,824
	玉山县	35,000		浮梁县	1,700	兴国军	大冶县	24,988
	贵溪县	13,000		乐平县	3,000	舒州	怀宁县	15,280
抚州	东山场	117,000	徽州	务源县	1,200	辰州	叙浦县	1,100
建宁府	浦城县仁风场	40,000					辰溪县	2,200
处州	丽水县	100				总计:497,729斤		
	青田县	1,220						

胆水浸铜,一要胆泉源源不断涌出,二要保证供应足够的浸铜用铁。12州军22县场供铁总数约50万斤,比所需的96万余斤少了约半数,无怪人们议论说,胆铜产量下降,原因主要是供铁不足。但是,若就绍兴、乾道时期胆铜数量比较,铅山场为96,336斤,兴利场为23,482斤,合计119,818斤,只需铁259,580.5斤,比运到的铁少要约24万斤,也是个半数。所以,我们大胆地推定,

---

① 资料来源:《宋会要辑稿》食货三三,乾道二年铸钱司奏报数。

第四章
手工业生产的繁荣

北宋时期浸铜所需的铁,也是由表中所列各州县供应,而其产量相应地也比南宋前期更多,能够满足43万余斤胆铜生产的需要,总产量该是100万斤上下。

江西各铁场中,抚州东山场与信州弋阳县的产量最高,运出的数量为10万斤以上。东山场遗址在今东乡县小璜、马墟、长林等地。据《抚州府志》载:"郡城东一百二十里东山产铁,置东山铁场,其炉凡四,曰小浆、赤岸、罗首、金峰。"今虎形山乡的铁石墩尚有炼铁残渣。东山场的产量,在《临川县志》上记的,比《宋会要》所记数高一倍,作"每岁额共趁办锅铁二十四万二千零四十六斤,解往饶州安仁县,转发信州铅山场"[①]。这个产额的时间不明,可能是最高值。

弋阳县的铁矿遗址在宝丰场,即今弋阳县旭光乡铁沙街。2003年7月16日我到现场踏勘,见旭光乡政府门前大樟树下立一石碑,上书"宝丰县城遗址",但不见任何建筑遗物。乡政府所在的铁沙街,长约2里,宽约40~50米,地面全是黑色的铁碴块,现在的水泥路面,即以铁屎沙铺垫打基础。当地民众说:建房挖墙基,深至2米下面,仍是铁沙;路旁的木质地板厂堆料场,约一个篮球场大,是将一座铁沙山推平而成的。地面遗物显示,这里确是古代冶铁的基址。新版《弋阳县志》称:"唐贞元间(785—805年)在铁沙街附近的军阳山发现铁矿","堆积的矿渣到处充斥,故俗称宝丰镇为铁沙街"。参稽文献资料和遗址调查,宝丰场应是铜、铁两种矿物的开采地。

另外,在鄱阳县城西门外0.3公里的姜家坝村西北部铁砂墩、东部的韭菜湖周围,发现两处古代冶铁遗址。铁砂墩遗址分布有大小不等铁熔渣,一般直径在2米以上,有的地方大块熔渣成带状分布。熔渣附近,发现有1.20米见方的烧结土埂,壁厚15厘米,可能是冶炉遗址。韭菜湖遗址主要是残留的冶炉,湖西两个,湖东3个,直径都在1.80米左右,有的还保存有出铁口。据实地调查人邓道炼分析,这两处铁冶应是北宋永平监曾短期铸铁钱而建造的[②]。

五、矿山的经营管理

宋代的矿冶政策,既是开放性的,又是垄断性的,是在垄断基础上的开放,通过开放来扩大垄断的权益。官府提倡采矿,允许民户佃山开采金银铜铁铅锡诸矿,而对矿物产品,征税之外又全部榷买。对大型的重点矿场,朝廷派专官提

---

① 同治《临川县志》卷一二《地理·物产》。
② 邓道炼:《江西永平监铁冶遗址初探》,载《江西文物》1991年第3期。

举督责,同时将矿场经营好坏作为地方官的职责加以考核,如信州铅山县的县令、县丞,"各系主管坑冶官",他们"趁办铜铅增亏,均受赏罚"。

1. 主管矿业的官司分两部分,转运司管金银坑冶,提点司掌铜铅锡铁。提点司即提举坑冶铸钱司,主管地域为东南九路。宋初,以发运使兼提点。景祐元年(1034年)专设都大提点坑冶铸钱一员。元丰二年(1079年)因矿冶旺盛,增为二员,分置两司,一驻饶州,管江东、淮浙、福建等路;一驻虔州,领江西、荆湖、二广等路。元祐初年(1086年),以"韶州岑水等场自去年以来坑冶不发",合并二司,仍旧通领九路,驻洪州。

徽宗统治期间,又有分合的变动,但总归是以江西地方为核心,主管的官署主要在饶州,有时在虔州。

2. 对每个大矿场,基本上是按"官置场监,或民承买,以分数中卖于官"①的原则来管理。在铜场内,有吏部差注的一员监官总辖,对具体矿点,则先派官吏检踏,勘明矿源,然后让富裕有力之家承佃,自备工本开采。采冶过程中"必差廉勤官吏监辖,置立隔眼簿、遍次历,每日书填:某日有甲匠姓名几人入坑,及采矿几箩出坑;某日有矿几箩下坊碓磨;某日有碓了矿末几斤下水淘洗;某日有净矿肉几斤上炉烹炼。然后排烧窑次二十余日,每铜矿千斤,用烧炭数百担。经涉火数敷足,方始请官监视上炉匦成铜。其体红润如胭脂,谓之山泽铜,鼓铸无折,而铸出新钱灿烂如金"。隔眼簿、遍次历,是生产进度统计表,由监官按日填写入坑工匠姓名、采矿数量、碓磨数量、淘洗数量、烹炼数量。监视铜水出炉,意在防范偷漏掺杂。这是针对矿铜说的。

如若胆铜,则是"坑户就官请铁","分别水味浓淡,各人合用铁数支给,更不克铁本,以铁计铜,得铜数多,则不复问,得铜数少,计铁比较,追其所亏"②。这套督责制度,意在严格把握采矿工匠的出工勤惰、原料消耗、采冶进度、产量增亏,以及有关操作技术的运用情状,使生产管理趋于制度化,对提高劳动效率、降低生产成本、增加矿产收益,都是有益的。以北宋采矿业向上发展的实际来检验,可以说这套管理制度是矿冶经验的总结,是行之有效的,值得后人珍视。后来管理实际中的弊端不少,冶铸业绩下降,主要是吏治日益腐败所致,与管理制度本身应有区别。

---

① 《宋史》卷一八五《食货·坑冶》。

② 《宋会要辑稿》食货三三,乾道元年,提点坑冶李大正的奏议。这篇奏议,是经营铜场的既往经验的总结,不仅是南宋前期的情况,可以由此看见北宋铜矿经营管理的概况。

第四章
手工业生产的繁荣

宋朝对铜铁等矿实行垄断政策,具体做法上分为课税与"榷买"或"和买"两部分:"所产铜铅锡铁,系铸钱司二分抽分,八分榷买"①,即十分之中,二分课税,八分榷买入官。这种二八抽分政策,被认为是经久可行,委实利便的办法。榷买,即是官府将税外的8/10全部买走,是强制性的。官府支付的"榷买"钱,即所谓"本钱",如兴州青阳场、利州青泥场合计"每年炼发八千五百斤,数内除抽约二分一千七百斤不支价钱外,余数每斤支钱引八分,共合用本钱五千四百四十道"②。可见,税外的全部余额,坑户不能自主货卖。由此我们可以推知,前述各场的铜课额,应即是产量数,不能作二分税额看待。

但是,史料中还有不一致的记录,即"榷买"记作"和买",和买的分额也可以不是税外的全部。元祐元年(1086年)陕西转运司兼提举铜坑冶铸钱司言:"虢州界坑冶户所得铜货,除抽分外,余数并和买入官,费用不足,乞依旧纳二分外,只和买四分,余尽给冶户货卖。从之。"③从这条政策来看,"榷买"也可以是"和买",但仍不是由冶户决定"和买"分额;其次,当官府支付不出足够"本钱"时,可以只买税外的一半,另一半由冶户支配。这时,矿产品进入市场增多,会促进商品经济,更有利于民生。

宋朝政府对铜的垄断政策,随着时间推移,执行中逐渐有所松动。宋初,百姓犯铜禁7斤以上处以死罪,至道四年(998年)改为满50斤以上取裁。天禧三年(1019年)又改为"犯铜、鍮石悉免极刑"。神宗鼓励开矿,一度开铜禁,但是江西"虔、吉州界并为禁铜、铅、锡地分"④。为何对虔、吉采取特殊政策,是否与广南形势有关,还没有找到事实证明。总的说来,铜为铸钱必需,事关国计,宋朝政府始终控制得很紧。

金矿的管理,也是由官府禁榷,不准民间买卖。江西饶州的沙金曾经严厉"禁商市鬻,或有论告,逮系满狱"。真宗时期江南转运使凌策,以"便宜从事"的职权,处理了狱中囚犯,并奏请改变禁榷垄断,放开通商,"纵民贩市,官责其算。人甚便之"⑤。

3.铜矿中的劳动者,有役兵,有民户坑丁。役兵主要是调厢军充任,也有配

---

① 《宋会要辑稿》职官四三之一五八。
② 《宋会要辑稿》食货三四之二三。
③ 《宋会要辑稿》食货三四之二〇。
④ 《续资治通鉴长编》卷三四七元丰七年七月庚戌。
⑤ 《宋史》卷三〇七《凌策传》。

役囚徒。绍圣元年（1094年），令信州"差厢军兴浸"①，铅山场有"场兵千夫，服劳力作"。这些役兵的劳作艰苦而危险，时刻有死亡威胁。大中祥符六年（1013年）三月甲寅，江南路提点银铜铅锡胡则报告："信州铅山县开放坑港，兵卒死伤甚众"。真宗下令追查转运司"规划乖当及提点刑狱司不即闻奏之罪。"②"规划乖当"的事实有哪些？"不即闻奏"的内情是什么？都未见下文。役兵的衣食待遇，各地不同，韶州（治今广东韶关市）岑水场"所役兵士，皆是二广配隶之人"，待遇低劣，甚至"衣粮经年不至"，于是有官员请求，"欲依信州铅山场兵士例，日支米二升半"③。以厢军开采铜矿，显然是要保证对铜矿的绝对垄断权益，而代价又是最低的。比较而言，铅山场的役兵待遇稍好一些。厢兵每人每天给米二升半，可以看作是中等定额，以它作为一个指标，计算矿山役兵、工匠的粮食消耗量。铅山场役兵千夫，则一天需食米2500升；最盛时聚集10余万人，昼夜采凿，每天食米将超过25万余升，约合2500余石。

征民户开矿，北宋初已开始。太宗时，江南转运使张齐贤"求得江南旧承旨丁钊，尽知饶、信、处州等州山谷出铜，即调发诸县丁夫采之"④。这时的征调仍是强制性的徭役，与调厢军劳作没多少区别。这种调发至仁宗时还在执行。如弋阳县宝丰铜冶，"役卒多困于诱略，有致死者。（董）敦逸推见本末，纵还乡者数百人"⑤。既是"役卒"，便不是一般的匠人，然而放出之后是回乡，则应是被调的民户。而且他们是"困于诱略，有致死者"，就更不会是厢兵。所谓"诱略"，可以理解为蒙骗、欺诈，他们一旦知道真相之后，必然要求回归，厌恶困在矿山劳作。凭借这种"役卒"，于冶铜自然极为不利。这大约就是当时的知县董敦逸"推见"的本末所在。这件事发生在宝丰县废并入弋阳县之后。

由征调改为招募，是大改变，表示着宋朝对铜矿与铸钱的政策，从绝对控制转变到讲求经济效益上来。募民采铜，始见于真宗时期。《江西通志》载，真宗时荣宗范知铅山县，"会有诏罢县募民采铜，民散为盗，宗范请复如故"⑥。此种散则为盗的应募者，看来于采铜有利，又利于地方治安，所以才请复行。招募制

---

① 王象之：《舆地记胜》，卷二一。
② 《续资治通鉴长编》卷八〇。
③ 《宋会要辑稿》食货三四之二二。
④ 《宋会要辑稿》食货三四之二九。
⑤ 《宋史》卷三五五《董敦传》。
⑥ 光绪《江西通志》卷一三一《荣宗范传》。

第四章
手工业生产的繁荣

在铅山场施行的时间很长,带来了铜矿生产的繁荣兴旺。洪迈记述铅山耆老追忆的情况说:

铅山场"昔系招集坑户就貌平、官山凿坑取垢淋铜,官中为之置炉烹炼,每一斤铜支钱二百五十。彼时百物具贱,坑户所得有赢,故常募集十余万人,昼夜采凿,得铜铅数千万斤,置四监鼓铸,一岁得钱百余万贯"。

参照相关史料记载,雇募民间匠人劳作的新政策,在著名的兖州莱芜监铁冶业中也已执行,招募制代替劳役制是宋代矿冶业中具有关键性意义的重大变革,"熙丰时期矿冶业之取得高度发展,就是在这个重大变革的推动下实现的"①。铅山场"常募集十余万人,昼夜采凿"的盛况,是在北宋神宗、哲宗时期。"淋铜"即是浸铜,铅山场的胆铜产量上升,永平监等四个铜钱监的铸钱量跟着上升,"一岁得钱百余万贯",达到顶峰水平。很可惜,这种进步的、有利于炼铜铸钱的招募制后来败坏了。这是后话,此处不再展开。

由此可见,招募制的采矿制度,合理的"和买"价格,是铅山场胆铜产量上升的关键,反之,便会下降。

4.推行保甲制度,强化对坑冶民户的控制,是宋朝官府管理矿场的重要措施。在矿场内外实施保甲编制,是要防范可能出现的反抗活动。山间矿场集中了大量的劳动者,官府为此而担忧,神宗在熙宁八年(1075年)七月癸酉诏:

坑冶旁近坊郭、乡村及淘采烹炼人,依保甲排定,应保内及于坑冶有犯,知而不纠,及居停强盗而不觉者,论如保甲法。②

不仅是对旁近的坊郭乡村民户实施保甲法,矿场内的坑丁也要按保甲编制监控。元丰元年(1078年)十月初一,岳州爆发詹遇为首的反抗暴动,攻入金矿场"纵火杀人,劫掠财物",神宗急命转运使率兵督捕,并于十八日诏令:

潭州浏阳永兴场采银、铜矿,所集坑丁皆四方浮浪之民,若不联以什伍,重隐奸连坐之科,则恶少藏伏其间,不易几察,万一窃发,患及数路,如近者詹遇是也。可立法选官推行。③

---

① 漆侠:《中国经济通史·宋代经济卷》,第二编第十四章,经济日报出版社1999年版,第654页。
② 《续资治通鉴长编》卷二六六。
③ 《续资治通鉴长编》卷二九三。

神宗的这条诏令,很快得到贯彻执行,既增添京朝官监场,又编排保甲,禁私藏兵器、严连坐法等。永兴场是如此,其他矿场大致也是如此。对矿场的垄断与压制,目的是严加防范民众暴乱,维护封建统治利益。对此大事,宋朝从来没有松懈过。

第四节
永平等铸钱监与钱币铸造

北宋的商品经济发达,货币流通量很大,白银、铜钱之外,交子(纸币)也发明并流通起来;在少数地方还使用铁钱。铜钱在众多的货币形制之中,占着主导地位。因此,各大铜场冶炼的铜都用于铸钱,铸钱的机构相应设置起来,同时严厉管制铜料,禁止民间私有。宋初规定,犯铜禁7斤以上并奏裁处死,咸平四年(1001年)以后改为满50斤以上奏裁。熙宁七年(1074年),曾经废罢铜禁,结果出现民户销钱为器,铜钱自由出境,"国用日耗"的紧张局面。随后,重申铜禁。铜场、钱监都是官府经营的垄断行业,然而钱币铸造与币材联系在一起,与矿山分不开,所谓"即山铸钱"。因此,钱监设置与钱币铸造,不仅对钱币文化研究有重大价值,也是采矿业、冶铸业以及社会经济兴衰状况的直接反映。钱监与铜场等官营手工业的状况,与其所在州县的经济水平有密切关联。江西地区的铜矿开采与铸钱监的生产都很旺盛,位于其他地区的前列。

一、铸钱监的设置

北宋钱币有铜钱、铁钱二种,铸钱监有专铸一种钱的,也有铜铁钱兼铸的,大体上铜钱监占主要。铜钱监的设置,因铜铅锡铁等矿产旺枯而增减,也受社会财经形势的影响而变异。真宗时,铜钱有四监,即饶州永平监、池州永丰监、江州广宁监、建州丰国监,"京师、昇、鄂、杭州、南安军旧皆有监,后废之"。铁钱有三监,即邛州惠民监,嘉州丰远监,兴州济众监;"益州、雅州旧亦有监,后并废"。

北宋中期,陕西军兴,费用骤增,仁宗新置商州阜民监,虢州朱阳监,仪州博济监。庆历末,韶州天兴铜大发,诏即其州置永通监。熙宁年间,新旧铜钱合

第四章
手工业生产的繁荣

计16监,铁钱9监。元丰八年(1086年),哲宗即位,"诏户部条诸监之可减者,凡增置铸钱监十四皆罢之"①。

在钱监增减不定之中,总趋势是逐渐加多,而饶、池、江、建四州的钱监更为稳定。设于江西境内的钱监,主要是饶州永平监、江州广宁监,此外还见有虔州铸钱院、信州铅山铸钱院、南安军钱监三处②。

1.饶州永平监。在鄱阳县,始置于唐乾元初年(约758年)。王应麟《玉海》写道:"铸钱监唯饶之永平最古,自唐乾元初已创。"③现在研究者一般只依《续资治通鉴长编》的一条记述,认定永平监设置年代为太平兴国二年(977年),文曰:"(太平兴国二年)二月壬辰朔,(转运使樊)若冰请置监于昇、鄂、饶等州,大铸铜钱,凡山之出铜者,悉禁民采,并取以给官铸。"④

这条史料表明北宋于此年在饶州设监铸钱,不等于同时证明永平监始创于这年。《续资治通鉴长编》在太平兴国八年三月又记了转运使张齐贤主管钱监事迹,说他"求前代铸法,惟饶州永平监用唐开元钱料,坚实可久,由是定取其法……唐永平钱法,肉好周郭精妙"⑤。可见,李焘并不认为北宋以前没有永平监。

南唐灭亡在开宝八年(975年),北宋命饶州置监铸钱在太平兴国二年(977年)二月,这说明因改朝换代而停歇一年余之后,永平监便由南唐钱监改造成为北宋的了。更代之际的一度停产,不能说该监原来没有。我们循此思路再往前追。《宋会要辑稿》食货三四之三四记曰:

"李煜尝因唐旧制,于饶州永平监岁铸钱六万贯,江南平,增为七万贯。"

"因唐旧制",可知永平监不是创置于南唐,仍可能只是有过停歇。《元和郡县志》卷二八饶州鄱阳县下写道:

"永平监,置在郭下,每岁铸钱七千贯。"

这是永平监在唐宪宗以前已创置的确证。前到什么时候?乐史《太平寰宇记》卷一〇七《信州铅山县》下写"贞元元年置永平监",即是在公元785年置。清顾祖禹对此说法提出修正,认为应是指铅山县开采铅矿的事,当改写为"贞元

---

① 《宋史》卷一八〇《食货·钱币》。
② 参见许怀林:《饶州永平监——宋朝的铸钱中心》,载《中国钱币》1988年第2期。
③ 王应麟:《玉海》,卷一八〇《食货·钱币》"元丰二十七监"夹注。
④ 《续资治通鉴长编》卷一八。
⑤ 《续资治通鉴长编》卷二四。

元年复开,隶饶州永平监"①。顾氏把永平监创置时间推在贞元之前。至此,我们可以相信《玉海》的记载。王应麟说"永平最古",该是针对北宋的钱监而言。他在书中的《中兴铸钱监》条内还录存工部侍郎李擢的话:"国初,得唐乾元中所置永平监旧址。"可见乾元说不是孤证。"乾元初"与"乾元中"的差异很微小,二三百年前的事,没有原始档案记录,难免出现一点出入。唐肃宗在位七个年头,年号改了三次。至德三年(758年)二月改年号为"乾元",乾元三年(760年)闰四月又改为上元元年,乾元之名实际上只行用二年零二个月。因此,"初"与"中"的间隔很短,此种差异可以不计较。

永平监从公元758年至977年的220年间都在铸钱,没有停废过?不可能。至少唐末的激烈动乱阶段,恐怕很难维持正常状态。然而,由南唐转入北宋的下令置监,是弃旧换新,竖宋朝之形象,不宜当作永平监罢废之后的又一次创建。所以,《太平寰宇记》说:"永平监者,本饶州铸钱之所,伪唐立为监,皇朝平江南,因之不改。"②因之而不改,最好地表述了永平监的历史过程。

2.江州广宁监。在江州德化县(今九江市区),始建于咸平二年(999年)。翌年七月,广宁监署房屋在原榷货务的基址上建成,任命秘书丞知吉州太和县李某总负责,右班殿直郑某为副职。当时增建广宁钱监,是因"钱货未多",宰相张齐贤奏请派员赴江南调查,"添价及招诱人户淘采铅锡,仍按行铜山易得薪炭处,置监铸钱"③。于是,在有铸币原料、燃料,兼水陆交通便利的江州,设置了广宁监。同时在福建建州设置了丰国监。

江州德化县位江湖交汇之区,交通便利,得天独厚。当地产铜,由来已久。德化邻县瑞昌的铜岭,商周时代即已开采铜矿,是迄今所知我国最早的铜冶炼基地。《新唐书·地理志》载,江州浔阳县有铜,彭泽县有铜④。近现代的地质勘探证明,瑞昌、九江、彭泽诸县,正处于长江中下游成矿带中部的铜矿床区域,瑞昌县赤湖的武山铜矿已探明是规模大、品位高的大型铜矿;九江县城门乡的城门山铜矿是江西铜基地之一;彭泽县的郭桥附近是矿体裸露、以辉铜矿为主的

---

① 顾祖禹:《读史方舆纪要》,卷八五。
② 乐史:《太平寰宇记》,卷一○七。
③ 《续资治通鉴长编》卷四七,咸平三年五月。又,王禹偁《小畜集》卷一七,《江州广宁监记》。四库全书本。
④ 《新唐书》卷四一。浔阳县于南唐保大年间(943—957年)改名德化县,民国三年(1914年)德化改名九江县。

第四章
手工业生产的繁荣

铜矿。古史与今事相互印证,可知江州是铸钱条件很充分的所在,而创设铸钱机构,则是与当时实际需要紧密相关。故广宁监设置之后,便成了主要钱监之一。曾任滁州知州的王禹偁是广宁监创建的发动人,他于咸平三年(1000年)七月写了《江州广宁监记》,其中说:

> 至道二年(996年),某自翰林出守淮甸,调民输炭,自滁抵饶,沂洄江涛,人颇咨怨。某即按唐史具炉冶数目,郡国处所,飞奏以闻,请分监署。章未报,……圣上嗣统,聿修先旨,……咸平二年(999年)夏五月,诏尚书郎冯某,中贵人白某,……相水土之宜,度舟车之便,设局署吏,大兴鼓铸。于是建阳首焉,浔阳次焉。明年,敕江州广宁监,奏以秘书丞知吉州太和县李某总领之。①

江州有铸钱的原材料优势,且交通便利,故被选中为铸钱基地。钱监建在原榷货务旧址,"州南一百二十步"②。

3.虔州铸钱院。在今赣县,《玉海》载:"虔之铸钱院,大观二年四月始建。"③这说明该铸钱院是在徽宗尽情挥霍资财时期设置的。《宋史·食货志》写徽宗时"御府之用日广,东南钱额不敷,宣和以后尤甚。乃令饶、赣钱监铸小平钱"。可与《玉海》的记述相互印证。该志写南宋的钱币又提到"绍兴初,并广宁监于虔州";六年,"赣、饶二监新额钱四十万缗"。虔州铸钱院在此简称为赣监,可能表明该钱监坐落在赣县,亦即在虔州城。赣县衙署本来设在虔州城内,新中国成立以后,于1969年才迁往城外东边的梅林镇。

4.铅山铸钱院。信州铅山县有铸钱监、院,但具体事迹不明。《太平寰宇记》在《铅山县》条下写:"旧经云,(铅)山出铅,先置信州时铸钱,……贞元元年置永平监。"信州始置于乾元元年(758年),这里称铅山在此年之前已开始铸钱,迟至贞元元年(785年)置永平监。上文我们证引顾祖禹的论点,表示贞元置永平监之说可疑。但仍有一点可供讨论,即永平监可能初设于铅山,后移于鄱阳,因为铅山县治设于永平镇,由唐至清未变,而鄱阳县无此乡镇。信州铅山铸钱

---

① 王禹偁:《小畜集》,卷一七。
② 王存:《元丰九域志》,卷六。
③ 王应麟:《玉海》,卷一八〇《食货·钱币》"元丰二十七监"夹注。

的官府机构,有可能在唐代存留一段时间之后停止了,从此之后不见记载,宋徽宗后期才重新出现。《宋会要辑稿》称:宣和三年(1121年)四月十四日,"监信州铅山铸钱院、权县事高至临",因"捍贼有劳",升为直龙图阁、知衢州。该铸钱院后以"铜铅滋弊,并入永平监"①。这是明白写到铅山铸钱院的一条史实。高至临监铅山铸钱院的起始时间不详,该院的铸钱事迹以及废罢年月亦不知。

5.南安军钱监。《宋史·食货·钱币》写北宋前期铜钱有四监,另外"京师、昇、鄂、杭州、南安军旧皆有监,后废之"。南安军铜钱监的起止准确时间不清楚,铸钱量不见记载。

以上五个铸钱监(院),有较多资料可供研究的是永平监、广宁监两个,其他三个都不甚了了。

二、钱币铸造

1.先进的铸钱技术

发达的铸钱业,带动了相关行业的生产,构成了江西在宋代的经济优势。饶州永平监是铸造铜钱的中心基地。支撑这个基地的柱石是材料充足,技术先进。德兴、铅山的胆铜生产旺盛,保证了铸钱所需的优质原料供应;加上配料比例恰当等铸造技术成熟,故而铸成的铜钱品相精好。

北宋初期,朝廷急于稳定统治地位,花大力气理财,江南转运使张齐贤重点抓永平监铸钱,即因其技术基础好。他既抓原材料供应,增调工匠,提高产量;又注重铸造技术,提高质量。太平兴国八年(983年)张齐贤奏请提高价格,在虔、信、饶三州购买铅、锡、木炭,解决永平监"常患铜及铅锡之不给"的困难,接着"又求前代铸法,惟饶州永平监用唐开元钱料,坚实可久,由是定取用法,岁铸三十万贯,凡用铜八十五万斤,铅三十六万斤,锡十六万斤"②。

此前永平监每年铸七万贯,一下子上升了四倍多,效益十分明显。这些钱的质量怎样?当时认为"虽岁增数倍,而稍为粗恶矣"。

"稍为粗恶"到何等程度?我们可以做对比分析。张齐贤肯定开元钱料的配方,但是没有照抄其配方。唐朝铸钱,"每炉岁铸钱三千三百缗,役丁匠三十,费

---

① 《宋会要辑稿》选举三三之三五《特恩除职》。
② 《续资治通鉴长编》卷二四,太平兴国八年三月乙酉。

第四章
手工业生产的繁荣

铜二万一千二百斤,镴三千七百斤,锡五百斤"①。总共耗料25,400斤,得钱3,300缗(贯),平均每缗(贯)耗料7.69斤。按唐朝"开元通宝"的标准,每一钱"重二铢四参,积十钱重一两,得轻重大小之中",到玄宗时期,仍要求"千钱以重六斤四两为率,每钱重二铢四参"。所以市面流通的,也即是实际铸成的铜钱为每缗重六斤四两,比用料少一斤多。这少去的部分,可能是熔铸过程中的损耗所致。按所用料及所得铜钱折算,损耗率为18.79%②。

其次,铜、镴、锡三者的数量比为42.4:7.4:1,即铜占83.46%,镴占14.57%,锡占1.97%。镴是铅、锡合金,故此锡的成分实际更多,铅含量更少。

张齐贤在永平监铸的30万贯钱,共耗料137万斤,平均每贯耗料4.57斤,比唐钱少1.12斤。铜铅锡之比为5.3:2.3:1,即铜占62.04%,铅占26.27%,锡占11.68%③。比唐钱的铜含量减少,而铅锡均增加。这些差异,当是永平监铸的钱比唐钱"粗恶"的凭据。

第三,宋钱用料不久即增加为五斤十两。大概正因为人们对张齐贤所铸钱的批评,真宗咸平五年(1002年)就增加用料,"每千钱用铜三斤十四两,铅一斤八两,锡八两,成重五斤;惟建州增铜五两减铅如其数"④。这条资料在《宋史·食货志》《文献通考》钱币考都有同样的记载。1000钱即1贯,耗料共5斤10两。而每贯钱重5斤,只耗损掉10两,损耗率为11.1%。耗损量下降的原因不只一端,而胆铜精好与铸造技术水平提高应是两个主因。由于配料比例中锡的份量提高,铜钱的硬度相应提高,在流通过程中的磨损程度也将下降。

北宋铸造铜钱的原料配制,即所谓"料例",有四次增减变化,庄绰具体记述如下:

---

① 《新唐书》卷五四《食货四》。
② 损耗率计算式为25400—(6.25×3300)÷25400。
③ 对唐、北宋铜钱的成分配比,赵匡华等《北宋铜钱化学成分剖析及夹锡钱初探》(《自然科学史研究》1985年第3期)一文,从冶金学、化学的角度,对193枚北宋各代铜钱作了实测,结果是:北宋铜钱的平均值为铜66%,铅26%,锡8%;14枚"太平通宝"平均值为铜64.07%,铅24.56%,锡9.88%。对唐"开元通宝"8枚实测,成分变化很大,铜63.60%~78.40%,铅8.6%~24.15%,锡6.59%~16.03%,无统一标准。我对"太平通宝"的分析与赵文实测数据基本符合;而唐钱的铜含量与其最高数接近。
④ 《续资治通鉴长编》卷九七,天禧五年十二月戊子。"铜三斤十四两",而《宋史·食货志》《文献通考》均作"三斤十两"。本书正文中写每千钱用料五斤十两,即是以铜三斤十两计算。

自开宝以来,铸宋通、咸平、太平钱,最为精好。今宋通钱,每(贯)重四斤九两。国朝铸钱料例凡四次增减。自咸平五年后用铜铅锡五斤八两,除火耗,收净五斤。景祐三年,依开通钱料例,每料用五斤三两,收净四斤十三两。庆历四年,依太平钱料例,又减五两半,收净四斤八两。庆历七年,以建州钱轻怯粗弱,遂却依景祐三年料例,至五年以锡不足,减锡添铅。嘉祐三年以有铅气,方始依旧。嘉祐四年,池州乞减铅、锡各三两,添铜六两。治平元年,江东转运司乞依旧减铜添铅、锡。提点相度乞且依池州辟画,省部以议论不一,遂依旧法,用五斤八两收净五斤到今。①

这里所说的咸平料例,也就是《续资治通鉴长编》等史籍所记的料例,但总数少了二两。配料变动的事实表明,比较轻薄的时期是中期,即景祐三年(1036年)至治平元年(1064年)的28年间。最轻时一千钱(一贯)只重4斤半。但是三年之后便增加了。而在前后两段的长时间里,维持着5斤的水平(庄氏说的"到今",指徽宗前期)。所以总体上说,北宋铜钱的质量较好,各个铸钱监都比较严格执行了规定的配料标准。

工匠劳作的效率,北宋也比唐时倍增。北宋杨亿曾作比较说:"(唐)一炉丁役匠三十人,每年六七月停,余十月作十番,每炉铸钱三千三百贯,计一工日可铸钱三百余。国家之制,一工日可千余,用铜、铅、镴之法亦异于古。"②工效已增3倍以上。杨亿卒于真宗大中祥符七年(1014年),所说事实,正是永平监兴旺发展时期的技术状态。

2.实测宋钱不比唐钱轻薄

尤为值得注意的是,后人对唐宋铜钱实测的结果,得出的结论竟是宋钱不比唐钱轻薄。

实测之一,乾隆四年(1739年)十月,顾栋高在德化县(今九江县)东40里的鄱阳湖上,见船民从湖水底捞得"数十百万"枚古钱,"皆宋时物,杂出唐开通钱一二文"。他较其重量,唐开元通宝一枚重一钱;宋钱自太宗时的太平通宝,至高宗的绍兴通宝,除大中祥符钱有重九分半、绍圣钱有重九分的之外,其余各朝的钱均重一钱,或一钱二分以上③。这是清朝中期的一次偶遇,顾氏使用怎样

---

① 庄绰:《鸡肋编》中,中华书局本,第79—80页。
② 《杨文公谈苑》,转引《宋朝事实类苑》卷二一。
③ 详见顾栋高:《汴宋历朝钱文记》。

第四章
手工业生产的繁荣

的办法实测,我们不知道,然而他说宋钱与唐钱重量一致却是很肯定的。

实测之二,今人吉安龙吉昌《江西历代钱币》图录之中,有对唐宋钱的称量,采用其中关于唐钱、北宋钱的称量数据,可以列出下表[1]:

表4.4　　　　　　　　　　　唐宋铜钱重量比较

钱　品	5~13.5克	4.2~4.6克	4克	3.5~3.8克	3克	不明
唐钱13品	—	—	3品	6品	2品	2品
北宋钱242品	100品	28品	62品	42品	10品	—

唐钱重量数值显示,4克左右是通常的标准钱。北宋的242品钱,从初期至末期历朝的都有。后4组共计142品,占总数的58.6%。其中重4~4.6克的90品,占63.3%。还有42品接近4克的,将它们与4~4.6克的合并计算,则比重就更大;反之,将这一部分与3克的10品合计为52品,占36.6%。由此可见,北宋钱也是4克重的居多数,比较轻薄的是少数。至于北宋钱中的另100品,重量在5~13.5克之间,而且多数是8~9克的大钱,又主要是神宗至徽宗时期的折二钱,这些钱品的情况不在本题范围之内,故不予讨论。

北宋太宗、真宗两朝所铸钱品在该书共收录26品,其中重4克的14品;重4.2~4.5克的5品;重3~3.9克的7品,证明张齐贤主持永平监期间所铸之钱,符合4克左右的标准,距此标准较远的有重3克、3.2克、5克的各一品。由此而论,说齐贤所铸"稍为粗恶",似不太准确。

实测数据与文献资料出现差异,促使我们更深入地研究问题。有四点应以注意,一是冶铸技术方面,铅山场供应的胆铜精好,冶炼过程中杂质损耗少;钱料中锡含量提高,成品钱的硬度增强,流通过程中的磨损减少,故而称量起来得到更大的数值。

二是文献记录的多样性,有因时因人而异的不同评议,我们不能仅以一时一人的议论当作长时段的、总体性的结论。庄绰记述的北宋四次增减钱料成分比例,必然有轻重不一的铜钱问世并遗存下来。这种变异,不是宋代特有,而是使用金属铸币时代的通例。

元丰年间张方平上奏说:"自罢废铜禁,民间销毁(铜钱),无复可辨,销熔十钱得精铜一两,造作器用,获利五倍。"[2]十个铜钱熔得1两精铜,不考虑熔炼

---

[1]　龙吉昌、王宝珍:《江西历代钱币》,江西美术出版社1991年版,第32—119页。
[2]　《宋史》卷一八〇《食货下二》。

中的损耗,一枚仍然重1钱,一千枚重6斤4两,与文献记录中的唐钱重量相等。张方平提供的这个信息,完全不同于已有的关于钱料比例的成说。他是在反对放开钱禁的政策,要谏阻神宗,故奏议所说绝不至于信口胡言。也许张方平是专就"熙宁重宝"说的,但民间销熔铜钱不至于专挑此钱,故此假设的可能性极小。

三是唐钱每个品种的成分无统一标准,成分变动幅度很大,如铜的含量,高的达78.4%,低的只有63.6%;而北宋铜钱有统一配方,执行都比较严格,更因铜、铅、锡三者配比很科学,铸出的钱币硬度大,耐磨[①]。这样就可能出现以唐钱中含铜低的与宋钱比较。龙吉昌采集的北宋钱品既多又全,前中后各朝都有,而唐钱数量少,又只是唐后期的。据黄长椿先生鉴别,《江西历代钱币》中的唐钱,是"乾元开元"、"会昌开元"两种,不能代表整个唐代的情况。初唐、盛唐时期的开元钱较会昌开元为重。存在这种比较之中的不均等,所得的结果只能做继续研究的参考。

四是唐宋时代的衡器比现代更大。按唐宋之6斤4两,折合3125克;依4克1枚,则1贯超出875克。而实测宋金两代的铜砣、砝码,每斤合625~640克,每贯便是3875~3965克,这就非常接近每1枚4克的水平了。

综上所述,可以大致地说,宋钱不会比唐钱更轻薄。对这个问题的研究,应以实物为主要,同时参稽文献资料,深入研究相关的各个侧面,才可能得到比较正确的认识[②]。

3.铸钱量的稳步提升与中心地位的确立

江西冶铜业的基本内容是铸造铜钱,在四五个铸钱监中,永平监为主要,其次为广宁监,其他几个钱监的情况因缺少资料,无法说明。铅山场浸炼的胆铜,全部用作铸钱,每2千斤为一纲,运至沩口镇(今铅山县城河口镇),再入信江运往鄱阳,交永平监铸钱。由于铅山场胆铜充足,因而永平监长期保持高额铸钱量,正是有稳定而高额的铜钱铸造,才无可争议地处于宋代铸钱的中心地位。其发展过程大致可分四个方面来表述。

---

① 详见赵匡华等:《北宋铜钱化学成分剖析及夹锡钱初探》,载《自然科学史研究》1986年第3期。
② 参见许怀林:《唐宋铜钱之比较——宋钱不比唐钱轻薄》,载《钱币研究》1994年第1期。关于唐宋钱币重量之比较,这里是以每个钱的称量为依据,没有涉及北宋货币交易中的"省陌"折扣。如果再要将省陌因素考虑进去,则北宋铜钱单个的重量还要增加。

第四章
手工业生产的繁荣

首先是铸钱优势的显示。北宋初期，急需稳定对江南的统治，也迫切着力控制江南的财富，故而命张齐贤为江南转运使之时，太宗面授机宜说："汉时吴王即山铸钱，江南多出铜，为朕密经营之。"①张齐贤到任后采取两条措施，一是请准提高收购铸钱材料价格：

虔州岁市铅锡六万斤，斤为钱二十九，增六钱；

信州市铅，斤为钱十五，增五钱；

饶州市炭，秤为钱十，增三钱。

措施之二是改进铸造技术，"又求前代铸法"，发现只有"永平监用唐开元钱料，坚实可久，由是定取其法。"结果大见成效，年铸钱量达30万贯。南唐时，永平监铸钱年额6万贯。太平兴国二年（977年）樊若冰奏请恢复永平监铸钱，增加冶匠，年额增至7万贯，然而"常患铜及铅锡之不给。"现在——太平兴国八年（983年），经张齐贤整顿，年额直升至30万，极大地支持了北宋财政走向稳定。先前江南民间行用的铁钱，遂能顺利地由官府收集，"悉铸为农器，以给江北流民之归附者"②，政权的巩固与社会经济全面发展均获裨益。经八九十年之后，曾巩评论这件事，认为达到"民便之"的效果③。整个北宋时代江南各地都使用铜钱，永平监的功不可没。

其次，铸钱中心地位的确立。永平监炉火旺盛，经久不衰，培养出了许多高水平的熟练工匠，为扩展铸钱基地准备了条件。当生产发展到相当大规模的时候，必然会出现人员众多与原材料供应量大的困难。至道二年（996年），饶州知州马亮奏报永平监"兵匠多而铜锡不给"的实际，提请"分其工之半，别置监于池州"④，新监名永丰监。这样做既减轻了永平监的压力，充分发挥了众多工匠的潜能，又就近利用了池州的铜材，资源利用率提高而运输成本下降。当年铸钱量共计64万贯，其中永平监为40万贯，永丰监为24万贯。

咸平二年（999年），已是宰相的张齐贤，再次以"钱货未多"的实情，奏请"添价及招诱人户淘采铅锡，仍按行铜山易得薪炭处，置监铸钱"。于是经过实地踏勘，在江州置广宁监、建州（今福建建瓯）置丰国监。第二年，饶、池、江、建

---

① 《续资治通鉴长编》卷二四，太平兴国八年三月乙酉。

② 《续资治通鉴长编》卷一八，太平兴国二年二月壬辰朔。

③ 《曾巩集》卷四九《钱币》，中华书局1984年版，第668页。按：樊若冰，《宋史》、《曾巩集》作樊若水。此从《长编》。

④ 《续资治通鉴长编》卷四〇，至道二年十月己未。

四州的四钱监共铸铜钱135万贯,而"铜铅皆有余羡"①。江、建二州的钱监虽然不是从永平监分出来的,但永平监的钱料配方之类的技术与经验,肯定是后者遵循的样本。这次距64万贯的产额时间仅3年,我们认定永平监仍只40万贯,永丰监也仍只24万贯,那么他们在4监总量中约占半数,而永平监则超过4监的平均值。永平监在铜钱铸造业的中心地位当之无愧。

宋神宗时期,实施变法,商品经济大有发展。朝廷鼓励矿冶,扩大铸钱,监院数量继续增置,元丰年间(1078—1085年),铜钱监达17个,铸钱岁额为506万贯,达到宋朝铜钱铸造量的最高峰。这期间的永平监也继续发展,于熙宁末年"添招匠人",提高了铸钱量,年铸钱61.5万贯,占总数的12.15%。同时的江州广宁监为34万贯,占总数6.72%②。在17监的铸钱量之中,最多的是韶州永通监(80万贯),其次为惠州阜民监(70万贯),第三位是饶州永平监。但是,韶、惠二钱监极盛时间短,不久即因铜源锐减而一落千丈,失去领先优势。徽宗大观年中(1107—1110年),钱监减为10个,阜民监已不见记载。铸钱总量降为289万4百贯,永平监为46.5万贯,占16%;广宁监为24万贯,占8.3%③。两监的绝对铸钱量虽然也下降了,但是在总额中的比重却都上升。

对熙宁年间的铸钱生产,苏辙有批评性的看法。熙宁三年(1070年)苏辙为制置三司条例司检详文字,一日,王安石与他交谈青苗、盐法、铸钱事。关于铸钱,苏辙对曰:

> 天禧、天圣以前钱犹好,非今日之比,故盗铸难行。然是时官铸大率无利,盖钱法本以均通有无,而不为利也。旧一日铸八九百耳,近岁务多以求利,今一日千三四百矣。熙宁初至此,闻后又增仅一千矣。钱日滥恶,故盗铸日多。今但稍复旧,法渐正矣。④

苏辙的意见有几点值得注意,一是指出仁宗天圣以前所铸比以后铸的铜钱更好;二是主张官府铸钱本身不为利,利在"均通有无",即从货币流通之中

---

① 《读资治通鉴长编》卷四七,咸平三年五月丁丑朔。又《宋会要辑稿·食货一一之一》。
② 《文献通考》卷九《钱币考二》。按,所计17监铸钱的分计数相加,只有488万贯,比总数少18万贯。
③ 《宋会要辑稿·食货十一之一》。《文献通考》卷九《钱币二》说:永平等四钱监至道中岁铸80万贯,景德中至183万贯,天禧末铸105万贯。
④ 苏辙:《龙川略志》,卷三《与王介甫论青苗、盐法、铸钱利害》。中华书局校点本。

第四章
手工业生产的繁荣

获得利润;三是熙宁初期铸钱量比以前翻了一倍,乃至更多;四是由于官府所铸铜钱日益滥恶,引发民间"盗铸"增多。听了苏辙这个议论,王安石没有发表不同看法。参照北宋铜钱铸造历程,可以看出苏辙所说符合实际,其不在铸钱环节上牟利的见解,也是高明的,具有借鉴意义。北宋前后期铜钱,尤其是永平监所铸铜钱之质量,须作实物测量分析,就能有更真切的认识。

再次,充当朝廷内库存钱的主角。鉴于饶州永平监铜钱质量好,朝廷令铸钱司将永平等四监所铸的铜钱收归国库,其他的钱监铸的铜钱应付各路使用。崇宁五年(1106年)中书省下发的公文称:

> 钱监去处所铸钱数共二百八十九万四百贯,江州广宁(原注:二十四万贯)、池州永丰(原注:三十四万五千贯)、饶州永平(原注:四十六万五千贯)、建州丰国(原注:二十四万四百贯),系铸上供钱,共一百三十三万四百贯。衡州盐亭、舒州国安、睦州神泉、鄂州宝泉、韶州永通、梧州元丰系铸逐路支使钱等,共一百五十六万贯。……仍差承议郎苏茂提举措置江、淮、荆、浙、福建、广南路铜事。①

从这个诏令看出,以永平监为首的四所铜钱监所铸铜钱都是"上供",市面难得见到,其比例在10所铜钱监所铸钱的总数中占46.5%。江西的永平、广宁两监共计70.5万贯,占"上供"总数的53%。池州永丰监、建州丰国监虽不属江西地区,但与饶州永平监有内在的"亲戚"关系。因此,这四个钱监的产品全部"上供",充当宋朝统治的经济支柱,保证北宋社会稳定的特殊作用,我们一并放在江西以及永平监之中评述。通观全局,可以认为,四监所铸钱币"上供"的政策,不会只是徽宗朝所独有,而是前此诸朝也已如此。

---

① 章俊卿:《山堂考索·后集》,卷六十。永平等四监分计数相加为129万400贯,不足133万贯。又,盐亭等6监原注的分计数依次为:20万、30万、15万、10万、83万、18万。6监合计176万,多于156万。上供与逐路支用合计305万400贯,多于289万贯。

表 4.5　　　　　　　永平监、广宁监铸钱量表(单位:贯)

监名		太平兴国年 (977年)	太平兴国 八年(983年)	至道二年 (996年)	咸平三年 (1000年)	元丰年间 (1078-1085)	大观年间 (1107~1110)
永平监	钱(贯):	7万	30万	40万	40万	61.5万	46.5万
	占总额: 100%	100%	100%	62.5%	29.6%	12.2%	16.1%
广宁监	钱(贯):	—	—	20万	34万	24万	
	占总额:	—	—	14.8%	6.7%	8.3%	
同期总额:7万		30万	64万	135万	506万	289.04万	

资料来源:太平兴国、至道、咸平三次据《续资治通鉴长编》,元丰数据《文献通考》,大观数据《宋会要辑稿》,详见正文注。广宁监咸平数据《江州广宁监记》作"岁铸钱二十万贯"。

第四,铸钱的管理首府地位的形成。从仁宗时期开始,饶州永平监的管理首府地位已经确立,具体表现为提举坑冶铸钱司设置于此。(详见下节)

4.铁钱、铁器、铜镜等的铸造

永平、广宁等监铸钱生产能力强劲,使他们在铸铜钱的同时,还承担起铸铁钱的重负。仁宗朝中期,因对西夏用兵,军费开支骤增,遂于康定元年(1040年)命江州、饶州、池州钱监"又铸小铁钱,悉辇致关中。"第二年,再要三州铸铁钱300万贯,"备陕西军用"①。

徽宗大观二年(1108年)令江南东、西路和福建、两浙路铸铁钱行用;宣和以后,"令饶、赣钱监铸小平钱,每缗用铁三两,而倍损其铜,稍损其铅"②。这些铁钱或铜铁钱的铸造行用,都是时间较短的临时性措施,但所需的冶铁作坊却因之建立起来,冶铁的技术也随之有所提高。田野调查发现,鄱阳县城西的铁砂墩、韭菜湖地方,是两处冶铁场地,残留的冶铁炉直径约1.8米,铁水出口朝向湖心,这两个铁冶有可能是隶属于永平监的作坊③。

冶铁铸器技术高超,信州上饶制造的钢刀有良好的社会声誉。熙宁八年

---

① 《宋会要辑稿》食货十一之一六。
② 《宋史》卷一八〇《食货下二·钱币》。
③ 邓道练:《江西永平铁冶遗址初探》,载《江西文物》1991年第3期。

第四章
手工业生产的繁荣

(1075年)四月,王安石与神宗议论京师斩马刀局制造兵刃,需雇募民匠,神宗以支付不起工钱推却,安石曰:"若以京师雇值太重,则如信州等处铁极好,匠极工,向见所作器极精,而问得雇值至贱,何不下信州制造也。"①王安石亲见的事实是:铁极好,匠极工,器极精,充分表述了信州冶铁技艺水平之高,完全胜任军工企业(斩马刀局)的事务;而工价至贱,则是当地生活水平很低的反映。

佛道寺观的一些文物,也能窥见铁冶的工艺水准。南丰县宝岩塔出土北宋铁龙12条,分别在6个砖砌竖穴中,每穴两条,姿态各异,有的双龙并列对首相向,有的双龙首尾交错,有的卷曲环抱,形象生动。龙体长31~43厘米,高15~25厘米,宽1.7~2.5厘米,显得体形丰满。它们的躯干弯曲,腾跃奔跑,气韵飞动。工匠们采用分段铸造,逐件焊接的工艺将铁龙制成。龙身用

图14 南丰县宝岩塔

失蜡法浇铸,肢节用铆钉焊接。诸关节部件可以转动,有跃跃欲试之感②。这些铁龙为"宋治平圆觉僧累塔寺巅",至今已经九百多年,它们是冶铁匠人的杰作,是成熟的铸铁技艺的结晶。(图版14)

宜丰县元康观铁钟,铸造于崇宁二年(1103年)十一月,身高1.57米,纽高0.34米,底径1米,腰径0.8米,重600公斤。铭文称此钟为"筠州新昌县天宝乡宜丰团辛会排班岭胡辟",并代表他的曾祖、祖父、父亲施舍给元康观,还建造钟台屋一座,共费钱60贯文足。钟体上半部遍布铭文,历经900余年,仍然完好清

---

① 《续资治通鉴长编》卷二六二,熙宁八年四月己丑。
② 琴邑:《南丰宝岩塔出土宋代文物》,载《江西历史文物》1986年第2期。

晰,其中说此钟"百炼淬精,清音铿宏,遐迩俱闻"。可见这口铁钟和铜钟无异,其铸造工艺之精湛可见一斑。铸造此钟的匠师是"洪州丰城县匠人徐清"[1]。

民间冶铸作坊生产的金属器物,以铁质的农业、手工业生产工具、日常生活用具为大宗。这类产品数量巨大,与民生日用息息相关,但却缺乏文献记录,而且因铁器易腐蚀,墓葬中遗存的也少。古人还认为铁是"恶金",而铜是"美金",冥器中很少用铁质的。已见北宋墓中的铁质器物还有:鄱阳熊本妻施氏墓出土的铁牛(4件);星子建中靖国元年(1101年)墓出土的铁镰斗(2件)、铁执壶、铁勺、铁剪、铁刀、铁灯盏(各1件)[2];南城嘉祐二年(1057年)墓出土的铁鼎、铁盏、铁刀(各1件)[3];彭泽元祐五年(1090年)墓出土的铁剪(2件)、铁刀(1件)、铁棍(2件)[4]。

铜镜又称照子,是铜匠艺人冶铸的重要作品。饶州永平监铸钱,与鄱阳县铜匠铸镜,可说是相互影响,彼此促进的。在城区的南北两边和东门外一带,曾有很多铸镜作坊,铸造出菱花形、圆形、方形、葵花形和带手柄的铜镜。各式各样的铜镜背面,装饰的花纹繁缛,还多般铸上带"饶州"字样的坊记,或匠师姓氏,或作坊所在地名,目前发现的制镜工匠以叶、许、周三家为著名。已见的饶州镜铭文如:

"饶州叶家久炼青铜照子";

"饶州叶家青铜照子";

"饶州棚下叶三家炼青铜照子";

"饶州新桥许家青铜照子";

"饶州上巷周家久炼青铜照子";

"饶州朝天门里周二家炼铜照";

"饶州朝天门里周五家炼铜照";

"饶州上巷周家小一哥炼铜照子记";

"饶州炼铜照子记"[5]。(图版15)

标示的作坊有肖家巷周小三、口家

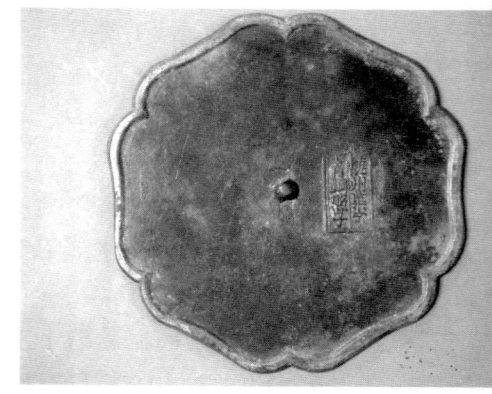

图 15 "饶州"铜镜

---

[1] 《宜丰县志》卷三七《文物古迹》,中国大百科全书出版社1989年版。
[2] 程应麟:《星子县发现北宋墓一座》,载《文物工作资料》1973年第5期。
[3] 薛翘:《江西南城、清江和永修的宋墓》,载《考古》1965年第11期。
[4] 唐昌朴:《彭泽北宋墓》,载《文物工作资料》1973年第3期。
[5] 陈柏泉:《宋代铜镜简论》,载《江西历史文物》1983年第3期。

第四章
手工业生产的繁荣

父、朝天门里周二家、石家、叶家、棚下叶三家、新桥许家、上巷周家、上巷周家小乙哥、李家、朝天门里周五家等。这里的周小乙哥、周二、周小三、周五,很可能是同一家族的堂兄弟,一个铸镜世家的成员。饶州是铸钱中心,众多的铜匠艺人,冶铜经验丰富,铸镜技艺精湛,故有很多专业铸镜匠师。但所铸铜镜传世的尚不多见,与同时代的湖州镜相比,在江西地区出土的宋镜仍是少数;然而有的研究者认为,"但镜的质量要比湖州镜好"[①]。

吉州、抚州、袁州也铸造铜镜,传世的产品有:"吉州李道工夫镜";"抚州宝应寺岭上曾家青铜镜";"袁州江北祖代杨家青铜照子";"袁州杨家炼铜照子"等。

铭文中宣扬产品质量好(久炼)、标明商号等,目的是为产品争销路,争顾客,这是民营手工业的小商品生产旺盛,而市场竞争激烈的反映。

5.金银首饰器物打造

金银首饰是富裕家庭的器物,格外受到珍重。随着社会经济发展,官僚豪右阶层扩大,使用金银首饰的人相应增多。1972年9月鄱阳县发现熊本之妻施氏墓中有:金龙头杖1枚、金发钗2枚、金发簪3枚。彭泽县元祐五年(1090年)易氏墓出土金耳环1对。

银器:鄱阳施氏墓有:银筷2枝、银勺2把、银盒1个。1973年7月星子建中靖国元年(1101年)墓出土银钗1枚、银钩1枚。彭泽易氏墓出土银镯1对,内壁打印一"官"字;银梳1把,打有"江州打作"、"周小四记"等铭记[②]。这些铭文说明,江州设有官营的金银手工作坊,打造的首饰很精巧,如金耳环上有浮雕花叶纹,造型别致;银梳镂刻双狮戏球及缠枝纹样,造型秀丽,制作纤细精巧;银镯阴刻花卉草叶纹等。

三、提举坑冶铸钱司

钱币铸造权掌握在朝廷,而直接的管理机构设在地方,即铸钱中心区饶州。统辖铸钱的总机构称"提举坑冶铸钱司",或简称铸钱司、坑冶司。其职责《宋史·职官志》载:"专以措置坑冶,督责鼓铸","掌山泽之所产及铸货以给邦国之用"。

[①] 吴水存:《九江出土铜镜》,文物出版社1993年版,第12页。
[②] 唐昌朴:《彭泽北宋墓》,载《文物工作资料》1973年第3期。

北宋初,铸钱坑冶事由发运使、转运使兼领。景祐二年(1035年)八月,始置"江浙、荆湖、福建、广南等路,提点银铜坑冶铸钱公事"①。属官有勾当公事(南宋称干办公事)、检踏坑冶官、称铜官、催纲官等。管事地域为江南东、西路,浙江东、西路,荆湖南、北路,福建路,广南东、西路等东南9路。东南9路是宋朝最重要的财富之区,铜钱铸造几乎全在这里,因此铸钱司的重要性不言而喻。神宗时期,坑冶铸钱事业空前发展,韶、惠二州的钱监生产量正当极盛时期,坑冶司一员长官极难遍巡9路,于是在元丰二年(1079年)增设虔州铸钱司,提点增置一员,分路提点②,命钱昌武领淮南、两浙、福建、江南东路,驻饶州司;李菜领荆湖、广南、江南西路,驻虔州司。哲宗元祐元年(1086年)二月,铸钱监减少,而且韶州岑水等场"坑冶不发",提点长官仍为一员,虔州司并入饶州司。徽宗政和六年(1116年)三月,铸钱司又先分饶、虔两司,不久再合归饶州司。

铸钱司下辖各地铸钱监。铸钱监经营的好坏,主要决定于各监官员的良善或其贪婪程度。真宗大中祥符年间,铸钱监长官胡则,曾发现钱监"吏所匿铜数万斤,吏惧且死",胡则将这批铜没收,算作"羡余"入账,不诛贪吏③。这个事例表明,铸钱监胥吏的偷盗现象是严重的,而忠于职守的长官看重的是铜料。由此也看出,铜的供应是否充足,在根本上制约着铸钱量的增减。永平、广宁二监应是效益好的钱监。广宁监的情况,据王禹偁的《江州广宁监记》得知:

> 岁铸钱二十万贯,铸钱之费八万八千三百六十贯四百五十,得实钱一十万一千六百三十九贯五百四十五。其为利也,溥哉!④

按所得与所费计算,收益达55.82%,利率为126.34。永平监没有这种统计资料,然而它始终处于铸钱司直辖之下,又有铅山场充足的胆铜供应,该是效益好的。铸钱监的效益,除得到巨量的铜钱"资助国用"之外,还有更深层的社会政治效益。王禹偁说:"且夫工徒无赖,聚一州而非便,散之则盗心不生矣。钱币益多,流四海而不匮用之,则盗铸几息矣。"这是说社会上的"工徒无赖",如

---

① 《续资治通鉴长编》卷一一七。
② 《宋会要辑稿》职官四三之一一九。
③ 《续资治通鉴长编》卷八〇,大中祥符六年三月甲寅。
④ 《江州广宁监记》此处所记费钱、实得钱数之和,只有189,999,比20万少一万。按"利溥"的结论,应是实钱数为11万余,正文中的百分比值,即依此折算。

第四章
手工业生产的繁荣

果在铸钱监劳作,处于官府监督管理之下,比让他们聚于州城之中,不易生"盗心";而官府掌握的钱币多了,市面足用,民间的"盗铸"就将减少,财利便都归官府了。显然,王禹偁告诉我们的是,铸钱监的存在与运作,不仅是经济与财政问题,而且是关系着盗寇这一社会稳定的大事。

上述史事证明,江西北部的饶、信、江州地区的铜矿旺盛,铜钱铸造高额而稳定,因而受到北宋朝廷的高度重视,成了国家财政的核心机构——坑冶铸钱司的所在地。南部的虔州,是另一个铸钱基地,有时还有统辖广南韶州铜矿和铸钱监的职责。以铜矿为核心的冶金业,既带动了江西大批相关行业的发展,造成社会经济整体上升的局面;又因经济实力的增强,相应提高了政治上的分量。然后,这两方面的合力,又将文化教育事业推进,加速了各种人才的培养。

第五节
造纸、刻书与造船业

一、造纸、刻书、刻碑

纸张制造为刻书业的发达准备了物质条件,而读书风气的浓厚与刻书业的兴旺,反过来刺激了造纸业的繁盛。造纸、刻书、读书三者相互促进。

江西的造纸业在宋代获得新发展,吉州、抚州、信州、南康军等地都有名品纸张出产。如吉州的竹纸,南康军的布水纸,抚州的茶杉纸、牛舌纸,金溪县清江纸(生产于清江渡,故名)等等,都是文人常用的好纸品。抚州崇仁县、宜黄县出产的牛舌纸,以稻草为原料加工制成。抚州还有一种捶纸,也是刻印书籍的适用纸品。

传世的北宋刻本书,目前知道的只有三种[①]:

天圣元年(1023年)新建县署刻印的《新建图经》,余靖纂;

元丰八年(1085年)洪州刻《阙里世家》,此为孔宗翰编的孔子家谱世系;

宣和四年(1122年)吉州公使库刻印的《六一居士集》50卷,欧阳修撰。

刻碑,与刻书版同类,但将文字刻在石板上,难度更大。碑工匠师经过长年磨练,提高了技艺,能在坚硬的花岗石板上刻出和书写一样有笔力的文字。浔

---

① 详见杜信孚、漆身起《江西历代刻书》第一章《宋代江西刻书》,江西人民出版社1994年版。

阳李仲宁刻字著名,黄庭坚题其门额为"琢玉坊"。他在碑石上刻了自己名字的碑,已知的有彭泽《大宋易氏夫人墓志》、南丰《宋中书舍人曾公墓志铭》。李仲宁不仅刻墓碑,还将文学大家的诗文镂刻上石,并有高尚的做人品德。南宋学者王明清记曰:

> 九江有碑工李仲宁,刻字甚工,黄太史(即黄庭坚)题其居曰"琢玉坊"。崇宁初,诏郡国刊元祐党籍姓名,太守呼仲宁使鐫之,仲宁曰:小人家旧贫窭,只因开苏内翰(即苏轼)、黄学士(指黄庭坚)词翰,遂至饱暖。今日以奸人为名,诚不忍下手。(太)守义之曰:贤哉,士大夫之所不及也。馈以酒而从其请。①

曾巩墓志铭末尾刻作"浔阳李仲宁、仲宪刊",显然他们二人是兄弟辈,李仲宪也是著名的刻碑工。

二、造船业

船舶制造受航运业的兴旺而发展。由于漕粮运输的特殊地位,所以官府严格控制着河道运输和造船场所。北宋时期,洪、吉、虔、江诸州,都设有官办造船场。每场派遣监官二人,分拨兵卒200人劳作,专门制造运输船只。漕粮为至重至大之事,所以漕船必由官建。天禧末年(1021年),江南及西北诸州共造2916艘,其中虔州605,吉州525,合计1130艘,占总数38.8%,居诸路第一位。其余1786艘分别由明、婺、温、台、楚、潭、鼎、嘉八州及凤翔府斜谷船场制造②。派下的造船数量多,与需要运输的货物多、造船能力强成正比。北宋仁宗时期,"三司相度,省司勘会"的结论是:"逐年般运斛斗、钱、帛、杂物,全藉虔、洪州打造舟船应付。"③这里说"全藉虔、洪州",是概指江西各船场在内的。虽然各州造船数量不是一成不变,但是江西的造船业,因航运的大格局稳定而终宋代未衰。

所制舟船主要是运粮船(漕船),同时有平底船、暖船、小料船等。船只的容载量一般为五百料(一料相当于一石),最多不超过七百料。徽宗政和四年

---

① 王明清:《挥麈录》,第三录,卷之二。中华书局1961年版,第239—240页。
② 《文献通考》卷二五《国用考三·漕运》。
③ 《宋会要辑稿》食货五十之二。

第四章
手工业生产的繁荣

(1114年)九月,尚书省言京都见缺平底船使用,遂下令"两浙路转运司各打造三百料三百只,江南东西、荆湖南北路转运司各打造五百料三百只"①。

造船所需木料,由各船场所在地供应。吉州造船场,既取料于虔州、袁州、南安军,更就近在永新、龙泉(今遂川)县采买。采买方式是官出本钱,商贾承揽贩运而至。天圣四年(1026年)七月江南西路转运司奏言:"吉州永新、龙泉两县所买造船枋木,每贯五克下陌子钱六十五文,更依例克下头底钱四文,共除六十九文,是致商客亏本,少人兴贩。令勘会南安军所买枋木,每贯止依例克下头底钱四文外,更不克陌子钱六十五文。令吉州所克枋木陌子钱乞行除放。"②朝廷批准这个建议,"从之"。

吉州船场采买枋木的运作方式,官吏克扣陌子钱、头底钱的敲诈行为,是官办船场普遍存在的常情。除克扣商贾承办的本钱外,还有侵耗工料,使用低劣木材,制作中不合规格等弊端。

龙泉县采斫枋木供应造船,在南唐时已派专官监督,同治《龙泉县志》载:

> 旧枋木场:宋志,南唐加李孟俊为采斫使,此盖斫伐枋木之所也。置县之后,采斫之名虽废,而贡枋木尚仍其旧,岁输本州造船,以税务监官领之。宋治平中,始令民纳钱于官,官自市木……③

龙泉县建县在南唐交泰三年(943年),在这之前,该地为泰和县辖区,保大元年(943),在该地置龙泉场,以李孟俊知场事,又设专营采伐木材的枋木场,采制枋木,供朝廷造船之用,给李孟俊加"采斫使"官衔。繁忙的木材采伐加工,带动了当地的生产开发,18年后便以龙泉场为核心设置龙泉县,县治即原场治(今遂川县治泉江镇水南上街南城)。"采斫之名虽废,而贡枋木尚仍其旧",一个伐木场虽已升格为县,而伐木输官仍是此县的重要贡赋。英宗治平中(1064—1067年),将输木改为纳钱,这是木材商品价值提高的一种反映。于此可见,这片地区的森林极为繁密,这里的民众有经营林木生产的悠久传统。

---

① 《宋会要辑搞》食货五十之八。
② 《宋会要辑稿》食货五十之二。
③ 同治《龙泉县志》卷二《地理下·古迹》。

第五章

交通商贸与食盐运销

交通、商贸与食盐销售三者属性不同,本应分章叙述,然而在北宋的社会大背景里,并根据江西的具体实际,将它们放在一起考察,更便于看清其中的联系和相互影响,考察它们在江西社会经济中的作用与地位。

北宋朝廷鉴于江南诸路社会经济的迅速发展,岭南在外贸中的重要地位,于灭南唐之后,即增设行政区单位,从政治管辖方面将鄱阳湖—赣江航道严密控制起来。这条贯通南北的航道,不仅是沟通汴京与广州的干线,也是江西全境交通的中轴,民生百货交流以它为主导,故而行商坐贾的买卖,商税的征纳,都以航道沿线城镇为最著。

淮盐利厚,而江西为淮盐行销区;闽广紧邻,而海盐多就近输入。百姓因淮盐杂恶价高,官府强制摊销,承受重负。虔、吉州等地的民众,因广盐质好价廉,为趋利避害,铤而走险,与闽广民众连接,竞相贩运私盐。围绕食盐走私的禁遏与反抗,官府屡次派员巡视,一再变革政策,而食盐走私依旧严重,成了北宋的老大难问题,也是江西的社会顽症,制约着江西交通运输和商业经营的健康发展。

江南大地,尤其是江西、福建、广东三地,在北宋长期稳定的环境里,都进入经济文化全面发展的新阶段,相互之间的人员与物资交往增多,梅岭、武夷

第五章
交通商贸与食盐运销

山间通道日益畅通。朝廷对地方官大范围的差遣[①]，谪迁官员频繁地往返过岭，军队制度中的更戍措施，财经方面对江南地区财富的空前倚重，都促使江西在沟通中原与闽广的交通地位日益提高。鄱阳湖—赣江航道上，没有停歇地过往着官宦、商贾、士人、僧道各色人等，稻米、食盐、陶瓷、茶叶、铜钱、香料等百货运输不歇，城乡商贸活动趋于旺盛。经济与政治因素交互作用，不断冲开丘陵山区的险阻封闭，将社会推向前进。

商贸活动中的钱币交易，北宋沿袭后汉旧制，"其输官钱亦用八十或八十五为陌。然诸州私用各随俗，至有以四十八钱为陌"。乾德五年（967年）规定："所在用七十七陌，为贯及四斤半以上。"[②]这种财政货币的政策，即钱币出纳结算以77当100，在实际生活中还会打折扣。欧阳修说："用钱之法，自五代以来，以七十七为百，谓之省陌。今市井交易，又剋其五，谓之依除。咸平五年（1002年），陈恕知贡举，选士最精，所解七十二人，王沂公为第一；御试又落其半，而及第者三十八人，沂公又为第一。故京师为语曰：南省解一百依除，殿前放五十省陌也。"[③]可见"省陌"、"依除"的做法已成习惯，在社会上普遍流行，以致对科举取士都能用以戏谑。因此，在严肃的官府统计档案中，于数字之后注有"省"或"足"字，而没有注明的都可作"省陌"理解。

第一节
水陆交通

一、陆路交通的拓展

陆路交通线路，一方面围绕江河航道发展，形成网络；另一方面，随着开发区的扩展，行政区划趋向严密，它自身也在向四周延伸，尤其是丘陵山区，官马大道之外，有了更多的乡间小道围绕，既深入比较冷僻的县乡，又外延边境，拓展山隘

[①] 州县官在大地域范围内差遣，是制度性、普遍性的，例如董敦逸嘉祐八年（1063年）登第之后，首先调连州（今广东连州市）司理参军，再知穰县（今河南邓县），又徙知弋阳县（今江西弋阳），接着迁梓州路（今四川梓潼一带）转运判官。先后四任，迂回在广东、河南、江西、四川之间，其车船旅途之劳顿、对交通运输量的增加，可想而知。

[②] 《文献通考》卷九《钱币考二》。

[③] 欧阳修：《归田录》，卷二。

岭路,联络闽、广、湘、浙等相邻的路分,提高了陆路在交通体系中的作用。

在太宗时期的《太平寰宇记》和神宗时期的《元丰九域志》中,都记有各州的"地里",而内容有所不同,我们可以从其中的差异看出交通进步。例如洪州,前后的辖区相同,而两书写出的里程不一。《太平寰宇记》卷一○六洪州作:

> 东至吉(许按,应是饶)州陆路五百二十里。东至衢州界一千四百里。南至吉州五百三十里。西至潭州界,隔山,不通陆路,取袁州至潭州,总一千二百里。北至宣州一千七百里。东南至抚州二百二十里。西南至袁州五百二十五里。西北至江州二百二十五里。东北至饶州水路四百四十里。

《元丰九域志》卷第六洪州作:

> 东至本州界五百六十八里,自界首至饶州一百九十里。西至潭州山七百八十里。南至本州界五百二十里,自界首至吉州二百一十里。北至本州界三百四里,自界首至江州二百二十八里。东南至本州界八十二里,自界首至抚州一百二十七里。西南至本州界二百八十五里,自界首至袁州一百五十里。东北至本州界二百七十里,自界首至饶州一百七十里。西北至本州界一百八十九里,自界首至南康军一百八十里。

两相对照,看出这个首府地区四至八到的陆路交通,继续在完善之中。首先,《元丰九域志》对里程的记述更精确,区分出了州治至本州界、界首至相邻州的距离,使人对所记里数有明晰的概念,这是交通线路、里程测算与交通管理更臻进步的表现。其次,洪州与潭州之间的交通大为改观,由"隔山,不通陆路,取袁州至潭州",改变为有山路780里,不需再取道袁州。

东北地区的信州,作为连接浙、闽的交通枢纽,得到进一步加强。它与浙江衢州的陆路交通,《太平寰宇记》中只有东向一条,到《元丰九域志》已是三条,自本州界首计东向为110里,东南向为205里,东北向为80里。与福建建州的陆路,也由东南向一条增为两条,自本州界首计南向为280里,西南向为400里;与邵武军的陆路为360里[①]。东部的建昌军,是连接福建的重要区域,自界首至邵

---

① 《元丰九域志》卷九《福建路·邵武军》

第五章
交通商贸与食盐运销

图 16　大庾岭梅关驿道

武军的陆路,东向139里,东南向为350里。由于诸多山间道路开通,武夷山中的客货运输,比较往日已觉得畅通了,刘敞描述它发展了的一面是:"南北人往来商货财,吏送故迎新,日暮不绝,若夷径然。"①福建商客带茶货入中原,一条重要的线路就是走建州崇安县山路,北上分水关,越过紫溪岭,进入信州铅山县,再装船由铅山河入信江,至鄱阳湖,出长江而去。

　　赣南广阔的丘陵山区,陆路交通得到较快的发展。大庾岭驿道在唐朝张九龄开凿一次之后,虽说通畅些了,但仍属狭小险峻。唐末五代之时的动乱,客货流量锐减,杂草丛生,岭路闭塞破败更甚,亟待重新整修。嘉祐八年(1063年)江西提刑蔡挺、广东转运使蔡抗,两兄弟借职责之便携手共事,"商度工用,陶土为甓,各甃其境",才使庾岭两面均"成车马之途"。他们又"课民植松夹道,以休行者"②,减轻过往商客的劳累。再次对大庾岭路进行开拓,是北宋经营岭南的

---

① 刘敞:《公是集》,卷三五《送王舒序》。四库全书本。
② 《宋史》卷三二八《蔡抗传》。

大局所促成,而畅通了的大庾岭路,为加强中原与岭南的政治、经济联系,发挥着便捷的交通纽带作用。(图版16)

虔州、南安军与福建、广东、湖南以及江西本路的吉州,陆路交通都比前更便利了。《元丰九域志》记载:自虔州边界至韶州320里,至汀州700里,至梅州476里,至吉州360里。南安军自边界至南雄州的陆路60里,至郴州的陆路450里,至韶州的陆路200里。这些里程和今天相互之间的距离比较接近。而《太平寰宇记》写虔州的"四至八到",里程都很遥远,"东至汀州一千二百里","西至郴州一千一百里","西南至韶州隔大庾岭,陆路五百五十里"①。乐史写《太平寰宇记》的时候,南安军还没有从虔州分出,整个江西南部的边界即是虔州的边界,它与东南西三面连接的诸州路程,却多于北宋中后期。这两者的差异,除估算的方法不一之外,还有山川阻隔程度的不同所致。

广袤的赣南城乡与四面的陆路更通了,和赣江航道的联运更紧密了,在这里过往的官宦、士人、客商以及货物运输,便空前频繁起来;反之,官府长年将"广南金、银、犀、象、百货,陆运至虔州,而后水运"②,民间不停的食盐走私,所谓"交、广、闽、越铜、盐之贩,道所出入"③,走出了不少州县难以稽查的小道,又都促使水陆交通受到社会各方重视,因而日益畅通。

在中部腹心地区,陆路交通也有进展。北宋前期的抚州与西边袁州、西北筠州之间,《太平寰宇记》中不见有里程记载。随后则不同,淳化三年(992年)增置临江军,将筠州的清江、袁州的新喻、吉州的新淦三县组合成一块,既加强了对赣江中段航道的管辖,也增强了中部各州的交通连接。《元丰九域志》已经记下临江军自界首东至抚州145里,西至袁州220里,北至筠州55里等陆路里程。再经袁州,自界首西南至潭州318里,西北至潭州347里,接上了与湖南首府的线路。这样,以洪州为核心的陆路交通网,可以畅通周围的各路(相当于今之各省)。

二、江河水运交通网

江西境内河流众多,据1979年的普查统计有527条。这些河流依山河走向,分布于全境,各自向中部、北部集中,汇入于鄱阳湖,经湖口注入长江。赣江为

---

① 乐史:《太平寰宇记》,卷一〇八《江南西道六·虔州》。
② 《宋史》卷一七五《食货三·漕运》。
③ 《王安石全集》卷八二《虔州学记》。

第五章
交通商贸与食盐运销

众水主干,次为抚河、信江、饶河、修水,形成五大河系。五大河系的干流河段,都穿行于丘陵、平原地区,上游与下游的落差很小,水满而流缓,适宜于舟船航行。鄱阳湖—赣江航道内与众多支流相接,形成一个完整的航运网络,外与长江航道交汇,构成我国东南地区一个大航运交通系统。北宋官府在江西征取的多种赋税、巨额漕粮、钱币等,以及从广南运往京师去的香料、百货等物,都是通过水道航运实现的。所以,配置在江西的厢军,番号之中以"水军"为多,而"水军"的分布地区很广,超过江西州军数量的四分之三。

鄱阳湖区到了北宋时代,周围已有湖口、都昌、鄱阳、余干、进贤、南昌、新建、建昌、德安、星子、德化11县,是一个更为富庶的鱼米之乡。湖体水域广阔,水流平缓,航行方便,早已是江西和中国东南地区的航运枢纽。湖区周围已有一批重要码头,如德化、湖口控扼江湖交汇之地;都昌、星子把守着湖体北部瓶颈要害;鄱阳连着昌江,是景德镇瓷器、永平监钱币出境的关口;吴城是进出赣江的咽喉,也是修水的入湖码头。这些港口城镇,都活跃在航运商贸之中,成为北宋社会关注的地区。

赣东北上部地区的饶河,以乐安河为主流,发源于皖赣边境的鄣公山(今婺源县境),由东向西奔流,至鄱阳县姚公渡与昌江相汇,始称饶河,流至龙口进入鄱阳湖。流域面积14,367平方公里[①],是鄱阳、乐平、浮梁、德兴诸县的主要交通渠道,历来以大米、茶叶、瓷器、铜矿等物资输出为大宗;徽州祁门等县的对外交通,也以这条水道为主要。昌江在浮梁进入丘陵、平原地区,河床稳定,便于航行。浮梁茶叶、景德镇瓷器的输出与扬名于世,全凭昌江这条黄金水道,不知疲倦地载来客商,运走宝货。乐安河的中上游河段,素来出产沙金,是宋代江西淘洗沙金的一个重要场地。

赣东北的南半部的信江,发源于浙赣边境怀玉山南麓,水流向西,经过玉山、上饶、铅山、弋阳、贵溪、安仁(今余江)、余干、鄱阳等县,流域面积17,600平方公里。信江自古以来是江西连接浙闽的交通要道,"闽越"进京也以船行信江为便捷。铅山场浸铜生产所需生铁的运进,大量优质胆铜的运出,都要船装水运,由信江东来西去。建州北苑贡茶进京,每年照例由崇安(今武夷山市)越过分水关,下铅山河,朝北航至河口(今铅山县治),转入信江,左折向西,全程顺

[①] 据1979年江西省内河航道普查资料,参见《江西内河航运史》(古、近代部分),人民交通出版社1991年版。以下各河流域面积数同此。

水航行至鄱阳湖而去。

赣东的抚州、建昌军,辖下诸县的人流、物流,全都汇聚于抚河,顺流北上。抚河源出今广昌县血木岭,流经南丰、南城、金溪、临川、进贤、南昌等县,然后分支流入赣江与鄱阳湖,流域面积17,000平方公里。抚河承载沿流州县物资出境,也将经由江西入闽的客货载过去,如洪州至杉关(今江西黎川与福建光泽交界处)驿路,大半是走抚河水路。离抚河航道稍远的县,如宜黄县的客货,可乘船沿宜黄河至临川县上顿渡,进入抚河航道,再航行至南昌,而后进鄱阳湖,顺水北去,沿途经过的码头,一个比一个大。

赣西北地区,以修水为主航道。修水发源湘、鄂、赣交界的幕阜山脉,河水西来,屈曲东流六百余里,出建昌(今永修)县城一百余里入鄱阳湖,流域面积14,700平方公里,承载着分宁(今修水)、武宁、德安、建昌等县客货运输。河湖交汇处的吴城码头,舟船蚁聚,客商云集,格外繁忙。

赣西中部地区,上半部有锦江、袁水两大河流,官府关注的航运主要是袁水。从北宋开始,袁水即是筠州、袁州所辖高安、上高、新昌(今宜丰)、宜春、分宜、萍乡、万载七县赋粮的输出要道。开始的政策是"江西岁以筠、袁二州民户苗米,令赴临江军输纳",绍兴以后,由于客货运量增大,运次频繁,遂感到"江道浅狭",航道不畅,舟船多阻滞在沿途,"缘此官吏恣为侵渔",乘机勒索财物,使"筠、袁之民嗟怨,盈于道路"。江西官府遂改变输纳办法,令民先于"本州受纳",再在临江军"寄敖","各州自差官吏专斗受纳,无使临江之人干预"①。此种新法,依旧未变凭借袁水运输赋粮的流通方式。

赣江,是江西第一大河,发源于赣闽边界的武夷山脉,由南向北奔流,经虔州、吉州、洪州,至南昌以后分支注入鄱阳湖,流域面积80,948平方公里,相当全江西总面积的一半。赣江上游的章水、贡水、桃江、上犹江诸水,在虔州城龟角尾下汇聚而为赣江。遇到东南西三面山区下雨,章、贡诸河水满,待众水流至虔州,赣江便有"清涨"奇观出现,顿时江水汹涌浩瀚,挤入三百里"赣石",淹没险滩,航行转安。虔州、南安军辖下的百姓,去洪州,进汴京,比较便捷的途径,仍然是乘船航行。赣江出十八滩之后进入吉州万安,便在丘陵和吉泰盆地之中穿行,又有龙泉河、禾水等支流自西来汇。至临江军以后是下游航道,水深而船大,航道更趋繁忙。赣江,无疑是江西地区最有资格的代表,人们已经用"赣"字

---

① 《宋会要辑稿》食货九之十,《赋税杂录》。

第五章
交通商贸与食盐运销

来代称家乡。临江刘敞出仕以后,思家心切,写《寄赣》五言长诗,说奔走为官不是平生志向,但又"因循竟不免",故而"羁马思故乡"①。(图版17)

总之,以赣江为中轴的抚河、信江、饶河、修水五大水系,呈放射状分布,既纵贯南北,又横抱东西,基本覆盖江西全境,13州军的人流、物流,汇聚于南昌,"豫章为四通五达之冲"②,洪州为江西的中心都会。再出湖入江,进入中原州县,参与在汴京的人生大竞争,商贸交易与政治趋向完全一致。苏轼多次航行在鄱阳湖——赣江水道上,对航道有深切体会,其《江西一首》云:"江西山水真吾邦,白沙翠竹石底江。舟行十里磨九陇,篙声荦确相舂撞。醉卧欲醒闻淙淙,直欲一口吸老庞。何人得俊窥鱼矼,举叉绝叫尺鲤双。"③诗中反映的心态,是苏轼对江西优良水道的亲切赞美。

图17 赣江章贡二水汇合航段

三、赣江航道地位的提高

赣江航道的地位,因国家政局趋稳与经济振兴而提高。中原与岭南的交通干线,曾经几次变迁④,终于由西向东移到江西。秦汉时代,主要线路是走湖南衡州(今湖南衡阳市),取道西南的永州(今湖南永州市),过灵渠,至桂州(今广西桂林市)而达广南各地。魏晋以后,主线东移,改由衡州朝南直下郴州(今湖

---

① 刘敞:《公是集》卷十三。中华书局1985年版。
② 谢尧仁:《张于湖先生集序》,《于湖居士文集》。
③ 《三苏全书·苏轼诗集》卷三八。
④ 参见蔡良军:《唐宋岭南联系内地交通线路的变迁与该地区经济重心的转移》,《中国社会经济史研究》1992年第3期。

南郴州市），翻过骑田岭至韶州（今广东韶关市），而达广州。唐朝中期开始，再次东移，改为走鄱阳湖—赣江航道，至虔州，转入赣江的西南支流—章水，至大庾县，翻越大庾岭，进入广东南雄县，再由浈水至韶州，入北江而达广州。这条贯通南北的交通大动脉东移江西，至北宋以后，已经稳固地确立下来，历宋、元、明、清一千余年，虽然东南沿海交通日益振起，增加了中原与岭南的沿海交通，但是南北交通大动脉仍在江西，基本格局依旧未变。直到鸦片战争，五口通商，广州对外贸易中心的地位，让位于上海，经由赣江—大庾岭的商货急剧减少。第二次鸦片战争之后，列强进一步深入中国内地，外国轮船在长江自由航行，对中国的商品倾销与资源掠夺，主要经由长江直接进出；我国出口的丝、茶等物的运输路线随之改道，税款由上海的江海关征收。至此，赣江—大庾岭干道急剧衰退，由"向之冲途，今为迁道。货不至，税大绌"，才失去了这个悠久的交通区位优势[1]。

我国南北主干道东移至江西的基本原因，是我国经济重心向东南地区移动，江西社会经济加速崛起，以及岭南政治经济地位增强等诸多因素促成的。北宋朝廷的关注适应了社会发展的大需求，地方官府对赣江航道的整治自然更加用心。首先，在赣江沿岸增设南康军、临江军、南安军三个州级行政区，强化了北、中、南三个关键航区的统治与管理，对改善这些地区的治安环境有积极作用。

其次，对赣江航道最险阻的"十八滩"（赣县至万安县的380里滩石）进行了整治。嘉祐年间（1056—1063年），虔州知州赵抃征调民匠，"凿赣梗阻，以通舟道"[2]，使舟船至此，更觉安全些了。然而，受当时的现实条件限制，险滩不可能根治，人们身处赣石，仍不免顿生惊恐。聪敏豁达的苏东坡被贬广南惠州，来到万安滩

---

[1] 光绪《江西通志》卷八七《榷税·赣关》。关于江西连接南北的交通干线地位问题，我曾在《江西史稿》第15章《鸦片战争以后的江西社会》集中论述过（1993年版第643—644页），现仍持其中看法。

[2]《宋史》卷三一六《赵抃传》。赣石十八滩之名，及其险状，庄绰《鸡肋编》卷下记云："吉州万安县至虔州，陆路二百六十里，由赣水十八滩三百八十里，去虔州六十里始出赣石，惶恐滩在县南五里。东坡贬岭南，有初入赣诗云：'七千里外二毛人，十八滩头一叶舟。山忆喜欢劳远梦，地名惶恐泣孤臣'。注云：'蜀道有错喜欢铺，入赣有大小惶恐滩，天设此对也。'其北归云：'予发虔州，江水清涨丈余，赣石三百里无一见者'。惶恐之南，次名漂城、延津、大蓼、小蓼、武朔、昆仑、梁口、横石、清洲、铜盘、落濑、太湖、狗脚、小湖、砮机、天注、鼍口凡十八滩。自梁口滩属虔州界。又有锡州、大小湖、李大王四洲，水涨或落，皆可行。惟石没水不深为可畏也。"

第五章
交通商贸与食盐运销

头,触景生情,所赋诗中竟将"黄公滩"改名为"惶恐滩"①,而且这一改竟成定局,为社会所接受,生动地演绎出十八滩之艰险,依然是"人同此心,心同此理"。

第三,在疏凿滩石的同时,赣粤官员合作,对大庾岭路也进行了开拓整修,使庾岭南北的水陆联运更趋畅通。嘉祐八年(1063年)开始的大庾岭路拓宽展平,直接加强了长江、珠江两大水系的社会交流,带来北宋"漕引江淮,利尽南海"的统治效益,促进了中原文化的传播和岭南地区的开发。南雄士民记下的社会变化是:由于"凡可资民生而备器用者,莫不舆马骈达,通流无阻,而岭南山川之气,遂与中州清淑相接"②。岭南地区的文明进步,在北宋时期已是很明显的了。

第四,鄱阳湖航道北端的星子县境内,水面窄而风浪大,航船经由此处,必借避风港停泊。元祐年间(1086—1094年),南康军知军吴审礼以军治滨湖,风涛险恶,舟船无停泊之所,遂在县南一里左右的湖滨水域,"构木为障",初步构筑起一个稍可防御风浪的港区。崇宁中(1102—1106年)知军孙乔年将木栅改筑成石堤,长150丈,"内浚二澳,可容千艘"③,提高了避风港抗御风浪的能力与港区容量,改善了进出鄱阳湖的航行环境。

第五,赣江航道体系中的其他大河也有整治。例如,抚河中游,至南城以后称盱江,多穿行在丘陵山谷地区,沿途滩石碍航处甚多,元祐六年(1091年),江西转运使张商英调民"凿盱水以通运道"④,提高了抚河的通航能力。

完密的水运网络,比较通畅的航运能力,使宋朝政府十分看重鄱阳湖—赣江这条交通动脉。过去广南北运的金银、犀象、香药等都是陆运,现在,太宗命供奉官刘蒙正前往考察运输线路。刘蒙正衡量利弊之后,建议"请自广、韶江溯流至南雄,由大庾岭步运至南安军,凡三铺,铺给卒三十人,复由水路输送"⑤。即是让岭南百货沿北江溯流至韶州,折入浈水至南雄县,上岸陆运,经三个驿递铺,翻越大庾岭,到达岭北的南安军大庾县,复装船下水,自章水入赣江,顺流至鄱阳湖,东下长江,至扬州转入运河而达汴京。这个运输方案,符合客观地理条件,但是

---

① 查慎行:《初白庵诗评》,卷中邢疏《坦斋通记》云:"诗人好改易地名,以就句法。《庐陵志》:'二十四滩,坡诗乃云十八滩,非也。自下而上,第一滩在万安县前,名黄公滩,坡乃为改惶恐,以对喜欢'"。见《三苏全书·苏轼诗集》卷三八《八月七日初入赣过惶恐滩》附录。

② 道光《直隶南雄州志》卷十一。

③ 同治《星子县志》卷三。

④ 光绪《江西通志》卷六三《水利》。

⑤ 《宋史》卷二六三《刘熙古传附蒙正》。

实际执行不一定毫无阻碍,已经习惯了的会有依赖,刚开始的必然不够完善。真宗时期,再一次规划改革。那时仍以广南香药等物"以邮置卒万人,分铺二百,负担抵京师,且以烦役为患"。咸平五年(1002年),命尚书都官郎中凌策"规制之。凌请陆运至南安,泛舟而北,止役卒八百,大省转送之费"①。凌策重申了刘蒙正的运输方案,并将新旧运输的利弊,以减少役卒、节省运费两点突显了出来。

明显的运输优势,促使官府进一步将广东的常规赋税上供,也改陆运为水运。大中祥符三年(1016年)二月诏曰:"如闻广南上供纲运,悉令官健护送至阙,颇亦劳止。自今令至虔州代之。"②此诏文词简略,但意思仍是清楚的。"至虔州代之",自然是以船装水载了,否则无须更代。

不仅是岭南贡赋改由赣江—鄱阳湖航运进京,福建的茶叶、租赋,也在这条航线上输送。先经信江与抚河分别运达南昌,然后"自洪州渡江,由舒州而至"③汴京。

航行在赣江—鄱阳湖上的官民客商非常多,人人都希望一帆风顺,浪平船稳,然而往往事与愿违,总会遇上风大浪涌的险情,尤其是经过水深面阔的鄱阳湖的时候,故而皆有求神庇佑的心愿。曾经亲历者告诉人们说:

> 龙王本庙在樵舍,乃洪州、南康军之间,规模不甚壮丽,而遗构最古。士大夫及商旅过者,无不杀牲以祭,大者羊豕,小者鸡鹅,殆无虚日。④

樵舍的龙王庙是"本庙",建造"最古",证明这里是南来北往的冲要枢纽地,人们对此航道码头的建设利用非常久远了。樵舍在赣江末端两条支河上,今属新建县辖。现有铭文砖出土,其铭文可与宋人的记述相互参证。砖铭为:"宋洪州樵舍镇威济善利王庙砖。"⑤给龙王的徽号曰"威济善利",正是人们渴望航行顺利的反映。祭奠龙王的牺牲充溢,则是过往舟船殆无虚日的证明。

过往这条航道的人太多,它被社会关注的程度必然超出一般的线路。这里举两个事例,借以显示大体趋势。其一,太平兴国二年(977年)太宗下令:"自今当徙

---

① 《宋史》卷三〇七《凌策传》,又卷一七五《食货志》。
② 《宋会要辑稿》食货四八之十三。
③ 《宋会要辑稿》食货四八之十四。
④ 方勺:《泊宅编》卷中。
⑤ 《新建县志》第351页,江西人民出版社1991年版。

第五章
交通商贸与食盐运销

者皆配广南"①;其二,虔州知州赵抃,了解到死于岭外的官吏家属之中,有不少人缺乏资财,无力返归中原,特意造船百只,专供运送他们使用②。遭罚过岭外者与返归途中的困危者如此之多,那么正常往来的士大夫与商旅自然更多了。

四、巨额的物资运输

在赣江—鄱阳湖航道网络上运送的客商、百货很多,但是能够具体记述的只是官物的一部分,即赋税、漕粮、钱币等。粗略估算,主要有下列诸项:

1.漕粮,每年约一百五六十万石。三司使沈括记录的江南漕米数量是:"发运司岁供京师米以六百万石为额:淮南一百三十万石,江南东路九十九万一千一百石,江南西路一百二十万八千九百石,荆湖南路六十五万石,荆湖北路三十五万石,两浙路一百五十万石。通余羡岁入六百二十万石。"③

江南东路辖10州军,其中的饶州、信州、江州、南康军为今江西的地区,是鄱阳湖滨盛产稻米的所在,它们上供的漕粮至少可占全路的4/10,约合40万石。因此,江西13州军漕粮合计约150万~160万斤,与两浙路并列,高居首位。即便仅以"江南西路"比较,远超荆湖南北两路之和,很明显这些粮食必须船运出境,漕船是赣江—鄱阳湖航道上的主角。

2.食盐,约四千万斤。先是,江西为淮盐销售区,后来虔州和南安军改行广盐。元丰四年(1081年)三司副使塞周辅言:"虔州旧卖淮盐六百一十六万余斤"。按崇宁元年(1102年)人口平均计算,虔州70万余口,每人合8.8斤。以这个指标数估算江西13州军的食盐数额,当为445.9万余口乘以8.8斤,得3,923.92万斤④。淮盐运输入江西,全由漕船载回,分销于各州县。这种粮与盐的交相输送,促使舟船总有装不完的货物,航运处于常年而稳定的繁忙状态。

3.茶叶,约六百八十万斤。遵照官府划定的地点,江西的茶叶运至真州(今江苏仪征)、无为军(今安徽无为)榷货务交纳。依《宋史·食货志》载,淮南、江南、两浙、荆湖、福建共纳茶2,306.2万余斤,其中江南居第一,而江西所出最多,据本书第二章第四节的折算,江西得684.6万余斤,超过两浙、荆湖、福建三

---

① 《续资治通鉴长编》卷十八。宋朝时期广南东路经济仍比较落后,"人言'春、循、梅、新,与死为邻;高、窦、雷、化,说著也怕。'"八州为恶地,故遭贬者多放至广南。
② 《宋史》卷三一六《赵抃传》。
③ 《梦溪笔谈》卷一二《官政二》。中华书局1958年版,胡道静校注本。
④ 江西13州军人口数,见本书第二章。塞周辅所言见《宋会要辑稿》食货二四之二〇。

地的总和，占江南4路合计1,441.2万余斤的47.5%；在诸路合计岁课中占29.7%①。江西高额的茶叶产量，出于江、饶、信、洪、抚、筠、袁7州及临江、建昌、南康三军，这十个州军都在江西北半部地区，运往真州、无为军榷货务，都必须利用船舶水运。赣东北的饶信二州的茶产地距离真州、无为军更近，但陆路翻山越岭十分困难，仍然要经昌江、信江汇入鄱阳湖，转大江而至。

4.铜、铅、锡、铁、钱。饶州永平监所铸铜钱北宋初为30万贯，元丰年间为61.5万贯，全部运出上供，进入内藏库。所需铜、铅、锡等原料，是137万~280.8万斤②。这些铸钱金属原料，除江西本地矿场供应之外，还来自广东、湖南、四川、广西、安徽、湖北等的矿场。为此，永平监专备料船七纲，计280只。江州广宁监，岁铸钱初为20万贯，后增为34万贯，不久减为24万贯，平均算26万贯，同样按永平监铸钱耗料量计算，应耗铜铅锡118.8万余斤。

永平监铸钱的主要原料供应地是信州铅山场。铅山场胆铜产量盛时岁额38万斤，"每二千斤为一纲，至信州汭口镇用船装发，应付饶州永平监鼓铸"③。浸胆铜所需生铁，每二斤四两铁浸得铜一斤，38万斤胆铜共需85万余斤铁。这些铁的大部分由江西的抚州、弋阳等13州县供应，其余还从福建、浙江、安徽、湖南的铁场运来。所以，赵蕃写道："冶台岁运江淮湖广之铁，泛彭蠡，溯番水，道香溪而东。"④这里，还没有涉及燃料供应的运输量。燃料消耗量很大，但都是附近县乡提供的。

此外，景德镇窑、永和窑、白舍窑、七里镇窑等窑场生产的大量瓷器，畅销南北各地，但无法以统计数说明。还有，广南东路转输过江西的赋税、香药、犀象、金银诸物，也是数额巨大，如香料，为汴京士女所喜欢，需用的香盒正是瓷器中的大项，故消耗掉的香料与瓷盒都不少。但也由于资料缺乏，无法用统计

---

① 据《梦溪笔谈》卷一二，无为军受纳11州军茶共842,333斤；真州受纳15州军茶共2,856,206斤；海州受纳12州军茶共424,590斤。六榷货务以嘉祐六年数为中数，计5,736,786斤半。由此可以得出江西数。无为军11州军中，江西有筠、袁、饶、江、洪州、南康军6个，得平均数459,454.36斤；真州15州军中，江西有袁、饶、抚、筠、江、吉、洪州、临江、南康军9个，得平均数1,713,723.6斤；海州12州军中，江西有饶州，得平均数35,382.5斤。此三榷货务中的江西州军共得平均数为2,208,560.46斤，占六榷货务总数的38.5%，与《食货志》数据比较，江西的岁课数更少，而比例数更高。

② 据《续资治通鉴长编》卷二四，永平监铸30万贯钱耗材"铜八十五万斤，铅三十六万斤，锡十六万斤"，合计为137万斤，照此折算，铸61.5万贯，应需铜铅锡280万余斤。

③ 《宋会要辑稿》食货三四之二五。

④ 赵蕃：《章泉稿》，卷五《截留纲运记》。香溪，是信江中间一河段的别名。

第五章
交通商贸与食盐运销

数据表达。

现仅就上述四类物资运输量,表列如下:

表 5.1　　　　　　　赣江—鄱阳湖四类物资运输量

品名	漕粮	食盐	茶叶	铜钱	铁	铜铅锡	合计
数量	100 万石	4000 万斤	684 万斤	87.5 万贯	85 万余斤	399.6 万斤	21,606.1 万余斤

(漕粮一石以 100 斤计,钱一贯以五斤计)

每年总约运输粮盐茶钱等21,606万余斤;如以漕船装载,每艘载500料(石),需调用43,212艘漕船才能装完。如此多的货物,再加熙来攘往的人流,故而"舟船之盛"经久不衰。

第二节
商人与商业

一、繁盛的商业

农业、手工业生产全盛,岭路开拓,航道畅通,加上位于四通八达的冲要区域,这就为商业贸易的发展提供了各方面的有利条件。于是来商纳贾,舟楫连樯,交易繁盛。虽然有三百里赣石险滩,与黄河三门峡、长江三峡并称惊险,但是阻隔不住南来北往的客商。一批批的舟船在虔州蚁聚待水,时运好的遇上"清涨",飘忽而过赣石。逆水上行时雇请万安篙师,曲折航行,也能抵达虔州城。鄱阳湖的风涛,有时令人惊恐,让客商滞留吴城,在望湖亭上候风观景,此亭遂与滕王阁齐名;或在鄱阳湖北端都昌老爷庙祭神,在星子港避浪,期待顺风扬帆,安全旅行。

建中靖国元年(1101年)苏轼由儋耳北归,泊舟吴城顺济龙王庙下,发现古代先民使用过的石箭镞,作文为记,留在庙中。过往此处候风的客商都顺便观赏,消减忧虑与烦恼。苏轼的记文中说:"顺济王之威灵,南放于洞庭,北被于淮泗……王之神圣英烈不可不敬者如此。"[①]揭去此话的神灵外衣,读者可以意会到赣江——鄱阳湖航道的繁忙景象及其对江淮地区的巨大影响。航行湖中虽有风涛惊险,然而扬帆风顺之际,波光潋滟,水阔天空,令人心旷神怡。早晨还

---

① 苏轼:《顺济王庙新获石砮记》,《三苏全书·苏轼文集》卷一二。

在湖口,中午已至豫章,"顺济之威灵为江湖益者不可悉数"①。航行的,撑船的,赴考的,上任的,省亲的,游学的,捕鱼的,打船的,……真是士农工商各行各业,官民僧道百色人等,受益者"不可悉数"。这条航道在世人心中留下的印记太深了。

洪州南昌是航运商贸的大都会,王安石称赞它"沉檀珠犀杂万商,大舟如山起牙樯,输泻交广流荆扬,轻裙利屣列名倡"②。这与王勃《滕王阁序》的评议迥异,不是侧重人文与政治形势,完全着眼于航运商贸的盛况。输与泻,既有过境航运,又有货物输出,行销于中原大地。交、广、荆、扬,南至两广沿海地区,西达荆州,东接扬州,正是航运商贸辐射到的地域。万商之众,如山之舟,当然不仅是漕船官舫所能包容,必有四面八方的商贾,贩易着形形色色的土特优产品,才能凑合成那热闹的市井码头场面。

二、活跃的商人

江西商人经营本地出产的名优产品,又以较高的儒学文化修养,讲究诚信仁义,在商场中赢得声誉。建昌军南城县曾叔卿是瓷器商,长年采购瓷器"转易于北方",获致利润。有一次,他准备了一批瓷品,却没有运销,遂有资本较少的转手商人"从之并售者",此人向曾叔卿买到这批瓷器,筹划运去北方出卖。他坦白地告诉叔卿:"欲效公前谋耳"。此人想,你不去做这笔生意,我却是要去的,江西瓷器在北方的销路一向很好,若能将这批瓷器运去,定会赚钱。但是,为什么曾叔卿准备好了货却又不去卖呢?他诚实地向来人说:"吾缘北方新有灾荒,是故不以行。"不仅如此,叔卿还表示,现在我告诉了你真相,也不能让你受损。于是退还货款,不卖给来人。

南城商家也做骡马生意。建昌军位于武夷山西侧,是来往福建山区州县的要区,车马运输素来受到重视。有一位陈策,他买到一匹骡子,却因脊背患病不能被鞍,养在郊野栏中。他儿子和一个"猾驵"(即奸诈的伙计、牙人)谋划,乘一官员要买马旅行,便将骡背表皮磨破,表示是新鲜外伤,是被鞍骑坐过的,卖给了这位官员。陈策知道实情后,反对坑骗牟财,追上那位买骡官员,告以实情。此人不信,经当面试鞍不行,才退了款。

---

① 释惠洪:《石门题跋》,卷二。
② 王安石:《王文公文集》,卷四二《送程公辟之豫章》。

第五章
交通商贸与食盐运销

陈策还做典当生意。他知道有的金银、罗绮等贵重物品,在典当的原主已故,或无力赎回的时候,因年深月久,会霉烂变质,罗绮的丝力将糜脆不堪用。有人为了省钱,要买典当铺的罗绮做嫁妆。陈策不愿将已经变质了的衣物出卖,宁肯投入炭火中烧掉。

商旅频繁带来市场活跃,而交易中利润的驱使又有奸诈行为产生。南城老板危整,一次带着伙计出去买鱼,只买5斤却得10斤,原来是伙计在秤砣上做了手脚。危整了解底细后,不愿让卖鱼人吃亏,赶了几里路,把鱼钱补给了他。

曾、陈、危三人的事迹,反映了建昌军商贸行业非常繁盛,体现了它在武夷山中部赣闽交通上的冲要地位。他们三人是在竞争激烈、"无商不奸"的环境里,淘洗出来的贤者、智者,以其贤——善良不欺的品德,赢得信任;以其智——生财有道的规矩,获得成功。有人将他们的事迹记下来,警示世人①。古今商界的贤者,是促使商业发达的宝贵资源。成熟的商人看重信誉,繁荣的市场需要树立诚信不欺的榜样。

经商与仕宦往往结合不分,或相互支援,或因时转换。筠州戴敷,由商入仕,因富得禄。敷从小随父闯荡,其"父为游商,出入多从焉",习熟了经商之道,学会了做生意,赚的钱多了,便谋求社会地位,提高身份,"后敷纳粟为太学生"②,获得士的资格,多了一分经商的保护力量。

抚州饶悚,科场失意转而商贩。他有很强的社交活动能力,"驰辩逞才,素捭阖于都下",不甘心居家过清冷生活。然而,科举累试不中,熙宁初又落榜,出京回乡,"庇巨商厚货免征算"。凡遇过关,他首先拜见长吏,透露朝廷将要任命什么官职的信息,并说他已得到某要员的内情。地方官员无不愿闻,并表示敬意。他随即告辞说:"下第穷生,弊舟无一物,致烦公略赐一检。"这些得知"内情"的官员,对他已有感激之情,皆曰:"岂烦如是",遂免检放行。他就这样紧抓官员谀上的心理,过关免税,"凡藉此术下汴、淮,历江海,其关税仅免二三千缗"③。

戴敷经商而后纳粟为太学生,表示了商业与商人的社会价值提高,与官绅的距离已经拉近;饶悚利用官场信息庇护商货免税,说明官场看重权钱交易,官与商在金钱面前不分彼此,热衷于科举者亦善于牟利。归结起来,是商业与

---

① 吕南公:《不欺述》。转见洪迈《容斋随笔》卷七《洛中盱江八贤》。"驵",zǎng,中介人。
② 刘斧:《青琐高议》,前集卷五《远烟记》。
③ 释文莹:《湘山野录》,卷下。

商人在社会舞台上的形象越来越高大了。

巨额商业利润的诱惑力,使大批官员参与经商,在北宋初就已突出。开国功臣赵普以贩卖秦陇木材著称。此后不断有官员经商的典型事例。天圣元年(1023年)五月,因中人奉使江、淮,多乘官船搭载货物营利,而州县不敢检察,侵蚀了朝廷税入,不得不下诏禁止。但是,禁令的实效很差,依然有官员凭借职权,趁公差而搞长途贩运。皇祐四年(1052年)十一月的诏令指出:"江淮、两浙、荆湖南北等路守官者,多求不急差遣,乘官船往来商贩私物。"[①]由于关卡不敢或不愿意检察,税款便被偷漏,侵害到朝廷财政收入,皇帝不得不出面干预。这里涉及的地域是江淮、两浙、荆湖,表明在经济发达的州县,江河航运便利的地域,"往来商贩私物"的现象更严重。有这样的官场氛围,故而彭汝砺表扬浮梁知县许某的诗有言:"因官射利疾,众喜君独否"。疾,强烈的贪欲;因官射利,发财的捷径。喜好这种生活的官僚士大夫,众多!这是吏治腐败与商业兴隆相结合的写照。

三、增长中的商税

商业贸易的发展,扩大了宋朝财政税源。《宋会要辑稿》记载,从北宋前期至中后期,江西的商税增加了152.3%。各州军的商税数额如下表:

表5.2　　　　　　　　　江西十三州军商税增长表

州军	旧岁额	熙宁十年数额
江州	在城、湖口、彭泽、瑞昌、德安、德化6务:29,147贯	在城15,362贯237文;湖口19,837.887;瑞昌3,655.638 德安3,534.195;竹米务520.938;彭泽3,234.834 小计:46,145贯729文
饶州	在城、德兴、浮梁、余干、安仁、石头镇6务:25,470	在城14,503.275;浮梁5,475.779;景德镇3,337.957 余干4,720.755;乐平10,249.567;石头镇848.381 安仁5,542.678;德兴3,797.638 小计:48,476贯030文

[①] 《续资治通鉴长编》卷一〇〇。

第五章
交通商贸与食盐运销

续表：

信州	在城、玉山、弋阳、宝丰、永丰、铅山、贵溪、沔口8务：44,261	在城16,351.353；弋阳5,978.570；铅山5,378.856 玉山4,563.221；宝丰1,208.479；沔口683.695 永丰4,231.198 小计：38,395贯372文
南康军	在城、建昌、都昌、太平、娉婷、桐城、河湖7务：26,075	在城20,670.365；都昌2,679.79；建昌5,995.92 小计：29,344贯536文
洪州	在城、丰城、进贤、武宁、南昌、奉新、分宁、靖安、新建、土坊①11务39,092	在城28,904.680；奉新1,645.169；武宁3,277.620 丰城4,749.375；分宁1,887.319；靖安441.111 进贤镇1,583.981；樵舍镇1,456.818；土坊镇2,404.677；查田镇718.110 小计：47,068贯860文
虔州	在城、兴国、雩都、东江、西江、磁窑6务：25,382	在城39,887.672；兴国670.452；雩都675.161 虔化1,014.686；会昌329.661；信丰619.932 石城72.405；龙南713.996；瑞金343.701 安远411.487；磁窑务2,887.89；东江1,643.483 西江1,966.608 小计：51,236贯333文
吉州	在城、吉水、安福、庐陵、永和镇、新市、柴竹7务：32,945	在城9,553.591；吉水5,280.88；太和②4,724.998 安福5,901.915；永新③5,468.147；永丰3,132.190 万安3,095.752；龙泉3,840.168；永和镇1,712.426 柴竹务3,772.468；沙市务1,302.505；粟传务2,227.926 小计：50,012贯174文
袁州	在城、分宜、万载、萍乡、获付、宣风、芦溪、上粟9务④：12,138	在城8,583.564；分宜1,523.304；萍乡2,519.250 万载1,522.705 小计14,148贯823文

---

① 原书只列出10个务的地点名。
② 原作"永和县"，而吉州只有泰和县，故改。
③ 原作"永兴县"，而吉州只有永新县，故改。
④ 原书只列出8个务的地点名。

续表：

抚州	在城、金溪 2 务：3,603	在城 18,275.421；崇仁 819.845；宜黄□□①1.664 金溪 583.378 小计：19,680 贯 308 文
筠州	在城、上高、新昌 3 务：4,615	在城 7,772.141；上高 1,753.814；新昌 609.381 小计：10,135 贯 336 文
南安军	在城、南康、上犹 3 务：5,108	在城 11,806.600；南康 1,487.496；上犹 1,827.724 小计：15,121 贯 820 文
临江军	在城、新淦、新渝、永泰、樟树镇 5 务：15,370	在城 6,738.573；新淦 5,696.580；新渝 3,696.94 小计：16,131 贯 247 文
建昌军	在城、南丰 2 务：9,924	在城 11,327.396；南丰 3,248.920；太平场 197.893 小计：14,774 贯 209 文
合计	务 75：263,130	务 79：400,670 贯 777 文

资料来源：《宋会要辑稿》食货一六之一〇至一二。表中凡未标示贯、文的，小数点以前为贯，以后为文。

宋朝的商业政策是："关市之税，凡布帛、什器、香药、宝货、羊彘，民间典卖庄田、店宅，马牛驴骡橐驼，及商人贩茶盐，皆算。"凡州县皆置商税务，关镇则视交易盛况或设或不设。税额大的置专官监临，景德二年（1005年）规定，商税年额 3 万贯以上的，由审官院选官临莅，税额小的则由县令、佐兼领，诸州由都监、监押同掌。持货经过，征"过税"，每值千纳二十；在市场出卖，征"住税"，每千纳三十。各地实施之中，对此政策还会"随地宜而不一"，出现轻重差异。"应算物货而辄藏匿，为官司所捕获，没其三分之一，以半畀捕者。贩鬻而不由官路者罪之。有官须者十取其一，谓之抽税。"②这一系列的条款，将经商做买卖，完全控制在官府手中，因此，极易遭受胥吏的敲诈勒索。

上表所示的江西商税，在神宗时期比以前增多，达到152.3%。其原因有很多方面，诸如王安石变法的商业新政、宋朝对粮食不征税的惯例，漕船可顺便

① 原文空缺两个字位置。
② 《文献通考》卷十四《征榷一》。又见《宋史》卷一八六《食货下八》。

第五章
交通商贸与食盐运销

带一些货物的例规,等等。仔细观察各州军税务的实际,可知江西本地经济稳定发展,得天独厚的航运条件,应是更基础性的因素。

第一,从税务点的设置分析,总数只增4个,增幅为5.3;而税额净增137,540贯余,增幅为52.3,是大幅度上升。在各州军之中,袁州、南康军的税务点明显减少,虔州、吉州则大量增多(分别为7个、5个),前此未设务的县现在有了,表示出辖区之内经济开发更加普遍的势头。整个13州军之内,在熙宁十年时共有64县,除一县设一商税务,还有15个税务设于关镇,大体上是均衡的①。

第二,各州军的税课总量,虔州第一,吉州第二。尤其是虔州,新增的税务点超过了原有的数量,而"在城"的税额高约4万贯,远比江西首府南昌多,跃居最大的物货集散地宝座,南北航运的繁盛,由此可见一斑。各个税务之中,东江、西江两务的税额,比虔州辖下任何一个县都多。这是章水、贡水两条航道因生产发展促成运输量增加的结果。但是,九个县的税额,只虔化(宁都)超过一千贯,其他都只几百,甚至不足一百,与吉、饶、信州辖县比较,差距太大。航道码头税多而县治税很少,这是商贸的农业、手工业基础薄弱的反映。赣南山区的普遍开发,还有待将来。

第三,景德镇、磁窑务、永和镇的税额不低,尤其是景德镇,达3377贯余,和附近的浮梁县合起来高达8852贯余,充分体现了瓷业蒸蒸日上的劲头。虔州的磁窑务,吉州永和镇的税课量大,是七里镇窑与永和窑的瓷器也受到民众喜爱,市场销售较好所致。从各瓷窑税收多寡方面推断,景德镇瓷窑已经领先众窑。

建昌军的太平场税务,在南丰县境内,因银矿开采旺盛,故增设一个税务。众多镇场所在地税务的活跃,是手工业、矿冶业发达的生动表现。

第四,在江西境内,以赣江——鄱阳湖航道沿线的州军增长更快,西部的袁州、筠州滞后。以数额比较,虔、吉、饶、洪、江、信六州税课最多,而增幅以抚州、南安军最大(抚州为546.2,南安军为296)。抚州的攀升,得益于盱江——抚河两岸的开发,以及赣闽经济交流的扩大;南安军税课增长,显然是由于岭路拓宽,赣石再次疏凿之后,方便了水陆联运,物货流通更畅,"过税"增多。位于大庾岭南北两边的州县,商税同步增长,岭北南安军增约三倍,岭南的南雄县由

---

① 新建县治在南昌城内,故无"在城"商税务,而樵舍镇是新建北部赣江航道码头。进贤镇正处于迅速上升时期,到徽宗崇宁二年(1103年)便升为进贤县。信州的宝丰税务,已经不是县治所在,但税收仍不少。铅山县治(永平镇)税课远远超过沥口,然而沥口是铜铅转输码头,税课仍比较多。

旧额6,073贯增至13,326贯,达两倍多。

处在航道北端的湖口县,税课超过江州"在城"数。湖口是江湖都会,水陆通津,又值时局平稳,南北四达,舟行万里,进出江西的舟船无不经由此地,故商税额达到19,837贯,超过抚州、袁州、筠州、南安军、建昌军、临江军等6个州军的各自总数。

第五,熙宁十年商税额中,列出的"在城"税额,即各州军治所征收的税共为209,736贯余,占总额的52.35%,表明13州军的商税中,过半数是在州城征得的,其他县乡中的商税只占少数。这是地区发展不平衡的表现,也是商贸活动与政治中心、交通要冲相适应的结果。"在城"税占本州军商税一半以上的有南康军、洪州、虔州、袁州、抚州、建昌军、筠州、南安军等8州军,表示着江西全境的经济开发还有巨大潜力。

江西为粮食生产大区,漕粮以外的商品粮不少,北宋朝廷的米麦免税政策对产粮州县的米粮贸易有利,但是,尽管输出的稻米很多,"不知凡几",难以数计,却在商税额中不可能有反映。为求漕粮充足,漕运畅通,保证"至急至重"的大政不出危机,北宋始终执行两项政策:一是运漕粮的船民,可以免税携带少量货物。早在大中祥符二年(1009年)四月,就定下这项规矩:"江淮发运使李溥言:粮纲舟卒,随行有少物货,经历州县,悉收税算,望与蠲免。从之。"①于是押纲官吏借此兴贩,操舟民户随宜载货,成了宋代商品交易中的一条重要渠道。二是米麦等食粮免征税,优惠粮食商贾,以利调剂余缺,粮商因此多获利益。景德三年(1006年)三司官员奏报:"富商大贾自江、淮贱市秔稻,转至京师,坐邀厚利,请官籴十之三。"真宗皇帝"不许"②。这显然是为求京师粮足,故让商贾获得厚利。对漕船与粮商的优惠政策,促进着商货流通,产生了多方面的影响,这里略述两点,其一,因为米不征税,所以南北各地粮食由市场调剂,供应比较充足,尤其是比较及时地赈济灾民,社会得以相对稳定。其二,以粮食为原料的加工生产,例如酿酒业得到了发展。

江西与其他地方比较,商贸与商税水平仍然不高。熙宁十年(1077年)以前,诸州商税岁额40万贯以上(3处)、20万贯以上(5处)、10万贯以上(19处)、5万贯以上(30处)四个等级中都没有江西城镇。数额较少的税务地点,江西所得

---

① 《宋会要辑稿》食货一七之一五。
② 《续资治通鉴长编》卷六三,景德三年五月戊辰。

第五章
交通商贸与食盐运销

如下：

5万贯以下（51处），江西有3处：洪州（11务）、信州（8务）、吉州（7务）；

3万贯以下（94处），江西有6处：袁州（9务）、饶州（6务）、江州（6务）、虔州（6务）、南康军（7务）、临江军（5务）；

1万贯以下（35处），江西有2处：南安军（3务）、建昌军（2务）；

5千贯以下（73处），江西有2处：抚州（2务）、筠州（2务）。

商税年额的高低，基本上是贸易繁盛程度的标尺，但也受其他因素影响，如税额轻重不一致，官吏汇总上缴有差异，还有宫观寺院、臣僚之家为商贩的多少。宣和二年（1120年）令关津搜检宫观寺院、臣僚之家商贩的货物，"如元丰法输税"。元丰以前不税的僧、道、官僚三者的贾贩活动，都直接影响着商税额。江西是宫观寺院众多之地，其商贸行为该不会弱于其他地区。

四、酒课征收

北宋管制酒的生产与买卖，"诸州城内皆置酒务酿酒，县、镇、乡、闾或许民酿而定其岁课，若有遗利，所在多请官酤"①。官府对酿酒业的利润极为看重，始终严密控制。

酿出的米酒分两种：自春至秋，酿成即鬻的称"小酒"，每斤自5钱至30钱，分26等；冬天酿制至夏天出卖的称"大酒"，每斤自8钱至48钱，分23等。所用米粮及制作方法，各地因水土制宜，价钱亦因地而异。由于官府设酒务，一方面酿酒出卖，另一方面征收酿酒民户的岁课。有的官员因此深感惭愧，欧阳修《食糟民》曰：

> 田家种糯官酿酒，榷利秋毫升与斗。
> 酒酤得钱糟弃物（一作"不弃"），大屋经年堆欲朽。
> ⋯⋯⋯⋯⋯
> 不见田中种糯人，釜无糜粥度冬春。
> 还来就官买糟食，官吏散糟以为德。
> ⋯⋯⋯
> 我饮酒，尔食糟，尔虽不我责，我责何由逃？②

---

① 《宋史》卷一八五《食货下七》。
② 《欧阳修全集·居士集》卷四。

对农民种糯米而没有酒饮的苦痛,欧阳修心生恻隐,然而,官家的榷酒政策,并不因仁人君子的自责而撤消。榷酒,不仅是州县官吏的职责,而且还不时有受责降的大官下放州县监酒税,苏辙即是显例。

元丰三年(1080年),苏辙因兄苏轼以诗得罪,受连累,由签书南京判官谪监筠州盐酒税,五年不得调。这个税务原有三吏共事,苏辙到时,二人罢去,由他一人包办,"昼则坐市区鬻盐、沽酒、税豚鱼,与市人争寻尺以自效;暮则筋力疲废,辄昏然就睡,不知夜之既旦。旦则复出营职"①。监税吏,不仅征收豚鱼之税,还卖盐、沽酒,是市场中的税吏兼商人。官府把酒看得和盐一样重要,垄断专卖,故酿酒之盛,酒税收入之丰厚,可由此窥见。苏辙终日与酒打交道,对酿酒行情自然熟悉,知道"江西官酿惟豫章最佳"②,所以无人往豫章寄送酒。苏辙终日守在糟缸边,闻其香,品其味,不知足,结果"饮酒过量,肺疾复作",他深自悔恨,"不知逃世网,但解忧岁课"③。一个责监盐酒税者,必须为完成酒课定额而操心。

谪监盐酒课的贬官关注酒课上升,企求早得解脱,而主管地方财赋的官司,更以增税为功,二者都可能是演变成苛剥百姓的动因。景德四年(1007年)四月,宰相王旦对真宗说,诸路"遣官检举酒税,竞以增益为功,烦扰特甚……诸州虽各有原定酒数,然随时增益不已"。于是,又下令"取一年中等之数,立为定额"④。可见,各地增加酒课的劣迹,获得朝廷的认可。

江西各地的酒务及各州军的酒税额,熙宁十年以前的数量如下:

10万以上、20万以上、30万以上、40万以上四等之内,均无江西州军;

五万以上:信州(酒务八);

五万贯以下:江州(务六)、洪州(务七)、饶州(务九:在城务,五县各一,石头务、景德务、兴利场务);

三万贯以下:南康军(务四)、虔州(务十三)、抚州(务一)、筠州(务一)、临江军(务三)、建昌(务三);

一万贯以下:南安军(务二)、吉州(务九)、袁州(务四)。

无定额:永平监⑤。

---

① 《三苏全书·苏辙集》卷八三《东轩记》。
② 《三苏全书·苏辙集》卷一二《次韵柳见答》。
③ 《三苏全书·苏辙集》卷一〇《饮酒过量肺疾复作》。
④ 《续资治通鉴长编》卷六五。
⑤ 《文献通考》卷一七《征榷考四·榷酤》。

第五章
交通商贸与食盐运销

以上酒务共计70个(未计永平监),若均以足额估算,每年征得税款约46万贯,平均每个酒务为6500余贯。神宗时期实际征得的税款,熙宁十年以前为31.2万余贯,当年是32.9万余贯(另有几十两金、银),加"买扑"——由民户承包—的1.9万余,合计34.8万余贯,与等级所定数额有10余万贯的差距。详情见下表:

表5.3　　　　　　　北宋江西十三州军酒税增长表(单位:贯)

州军名	旧税额	熙宁十年	买扑额	州军名	旧税额	熙宁十年	买扑额
江州	36,189	38,003		袁州	8,864	11,351	2,896
饶州	47,597	28,543	3,130 金62两7钱	南安军	6,522 银46两	4,106	1,746 银46两
信州	51,758	61,218	1,424	筠州	18,014	12,693	692
南康军	25,422	32,044	999	抚州	12,826	19,305	1,736
洪州	47,567	51,704	2,382	临江军	12,570	12,245	1,446
虔州	24,560	26,394	739	建昌军	15,183	13,542	375
吉州	5,305	18,215	1,778	合计	312,377 银46两	329,363	19,343 金62两7钱,银46两

资料来源:《宋会要辑稿》食货一二之一六。

酒税在财政中占何等地位,可从与商税比较中看出。旧税额中的酒课高出商税,熙宁十年数二者基本相等(酒课中加进买扑的钱和金银约及40万),故酒税与商税具有同等地位。与两浙路比较,江西的酒课多出约10万贯。天禧四年(1020年),两浙转运副使方仲荀言:"本道酒课旧额十四万贯,遗利尚多。乃岁增课九万八千贯。"[①]增课后为23.8万贯,仍少于江西。官府征得的酒税,在一定程度上是饮酒量的表示。酒税多,饮酒人增多,饮酒风气更浓,总体上看,正是商业更旺盛的结果,也是社交生活更活跃的一种表现。

---

① 《宋史》卷一八五《食货下七》。

第三节
食盐运销与走私

一、淮盐在江西的运销

"天下盐利皆归县官",是历朝坚持不变的国策,宋朝自然不例外。具体运作,有官卖,有通商,因时因地不同,经常变革部分政策,但是始终"尤重私贩之禁"①。所谓通商,指商贾纳钱或粮、帛于京师,或送粮草至西北边境,换得盐票,再到盐场凭票领盐,运销各地。盐场均控制在官府掌握之中。

宋朝食盐分池盐、海盐、井盐三大类。池盐产地在山西,井盐在四川,海盐产于京东、河北、两浙、淮南、福建、广南六路。在江西销售的主要是淮盐,其次为广盐。淮南海盐产量最高,行销地域最广,比较其他食盐,"东南盐利,视天下为最厚"。宋朝划定,江西地区的洪、袁、吉、筠、江、饶、信、抚州、临江、南康、建昌军均为淮盐地面。南安军食广东盐,虔州先是淮盐,后因广盐走私问题严重,权衡利弊之后,改食广盐。每年"漕米至淮南,受盐以归"。盐价视道里远近而上下,"利有至十倍者"②。

淮盐产于楚州、通州、泰州、海州、涟水军等沿海地带,北宋初期产量占盐产总量的51.3%,中期的仁宗朝占32.2%。盐价在产地比较低,每斤8~47钱,分二十一等。江西漕粮运至真州、楚州、泗州转般仓卸下,即运盐回归本路,沿途经过的每一个税务,都要点检发遣,既阻滞了运期,更使盐价多次提高,民众负担随之增重。太平兴国二年(977年),洪、江、筠、抚、饶、信、袁、虔州官卖盐都是"斤为钱五十"。当时太宗问荆湖路转运使李惟清:"民间苏否?"李回答说:"臣见官卖盐斤为钱六十四,民以三数斗稻价,方可买一斤。"太宗"乃诏斤减十钱"③。荆湖南北路和江南东西路都是淮盐区,而运程比江西远,价格却在同一个水平。

仁宗庆历初年,以"河流浅涸,漕运艰阻,靡费益甚"理由,再增江南、两浙、

---

① 《宋史》卷一八一《食货下三》。
② 《宋史》卷一八二《食货下四》。《文献通考》卷十六《征榷三》载:淮南、福建盐斤为钱4,两浙杭秀为钱6,温台明为钱4,广南为钱5,"其出,视去盐道里远近,而上下其估,利有至十倍者"。
③ 《宋史》卷二六七《李惟清传》。

第五章
交通商贸与食盐运销

荆湖六路盐价,"斤增五钱。民苦官盐估高,无以为食,诸路皆言不便"①。百姓淡食的事实,黄庭坚在吉州太和县看到。元丰三年至六年(1080—1083年)黄庭坚任太和县知县,奉命推销官盐,他在元丰五年四月到乡村巡察,发现乡民无钱买盐,宁肯淡食。他感触很深,一再在诗中写道:

"饱食愧公家,曾无助毫末。劝盐推新令,王欲茕独活。此邦淡食伧,俭陋深刺骨。公困积丘山,贾竖但圭撮。"(《二月二日晓梦会于庐陵西斋作寄陈适用》)

"穷乡有米无食盐,今日有田无米食。"(《上大蒙笼》)

"借问淡食民,祖孙甘餔糟?赖官得盐喫,正苦无钱刀。"(《劳坑入前城》)②

知县向百姓推销官盐,是当时的政令,黄庭坚必须履行职责。山乡民众家里俭朴简陋极了,因为严禁私盐,非买官盐不可,但苦于无钱,甚至无米下锅,致使这边有淡食民,那边是官仓食盐堆成山。当是吉州官卖食盐价高,还与地方官的贪酷有关。吉州元丰间有一任知州"增盐课二百万,民已不支,前知府魏纶复增诸县课九十五万,民益困"。继任的知州吴革没有走前两位的老路,"悉罢除之"③,百姓生活才得稍许改善。

司马光对官盐害民之事也有记述:"官自卖盐,民不肯买,乃课民日买官盐,随其贫富作业为多少之差。有买卖私盐,听人告讦,重给赏钱,以犯人家财充赏。官盐食不尽,留经宿者同私盐法。"④黄庭坚、司马光二人的叙说,互相印证官卖食盐的弊害。因盐政而来的社会问题,激起虔州等地民众武装走私食盐,成了北宋朝野长期议论的大事。

徽宗统治期间,盐价继续上涨。政和二年(1112年),饶州、信州盐一斤增钱三、江州、南康军斤增钱四。与价格上涨同时,食盐纯度却在下降,豪强又从中挟制敲诈,于是有官卖与通商的反复变动。

二、江西州县的盐课

盐课对宋朝财政的盈绌,关系巨大,故此盐利皆归"县官",不论销售地面有何种改变,利归官府是不变的。江西是盐课征收的重要地区,各州县盐课的实际征收量,据《国朝会要》(一称《元丰增修五朝会要》)的记录,熙宁九年

---

① 《宋史》卷一八二《食货下四》。
② 《黄庭坚选集》第127—133页,上海古籍出版社1991年版。
③ 光绪《江西通志》卷一三〇。
④ 司马光:《涑水记闻》,卷一五。

(1076年)实得194.9万余贯,具体情况见下表。

表5.4 江西州县盐课表(熙宁九年)

州别	盐务名	盐课数	州别	盐务名	盐课数
江州	在城	10707 贯 735 文	饶州	在城	88267 贯 433 文
	零盐场	2042 贯 040 文		乐平	26631 贯 782 文
	德安	32681 贯 604 文		浮梁	34160 贯 489 文
	湖口	20629 贯 203 文		安仁	18943 贯 480 文
	瑞昌	23520 贯 872 文		余干	33541 贯 474 文
	彭泽	18576 贯 479 文		德兴	14588 贯 768 文
	德化	2091 贯 180 文		景德镇	13494 贯 031 文
	马当镇	95 贯 280 文		石头镇	8358 贯 617 文
	小计	139313 贯 837 文		小计	237986 贯 074 文
吉州	在城	133510 贯 673 文	虔州	在城	116739 贯 606 文
	太和	47369 贯 369 文		雩都	14166 贯 640 文
	吉水	27639 贯 478 文		信丰	22464 贯 453 文
	安福	11298 贯 285 文		龙南	12382 贯 687 文
	永新	12918 贯 832 文		石城	11300 贯 967 文
	龙泉	10874 贯 494 文		兴国	45651 贯 138 文
	永丰	23054 贯 896 文		虔化	28801 贯 242 文
	永和镇	5825 贯 915 文		瑞金	16871 贯 342 文
	粟传场	1786 贯 233 文		会昌	23895 贯 060 文
	沙市务	2333 贯 462 文		于都县银场	323 贯 045
	小计	276611 贯 637 文		小计	292596 贯 180 文
信州	在城	40711 贯 096 文	洪州	在城	143052 贯 356 文
	贵溪	32471 贯 335 文		丰城	41864 贯 924 文
	弋阳	28471 贯 258 文		分宁	31616 贯 163 文
	铅山	22806 贯 843 文		武宁	15912 贯 381 文
	玉山	4410 贯 144 文		进贤镇	14399 贯 386 文
	宝丰务	7725 贯 153 文		樵舍镇	8530 贯 508 文
	汭口务	12222 贯 400 文		小计	240990 贯 731 文
	永丰	3231 贯 611 文			
	小计	152049 贯 840 文			

第五章
交通商贸与食盐运销

续表：

袁州	在城 分宜 萍乡 万载 小计	93633 贯 718 文 17873 贯 035 文 17113 贯 169 文 6252 贯 777 文 134872 贯 699 文	南康军	在城 都昌 建昌 小计	28490 贯 406 文 29436 贯 521 文 39469 贯 011 文 97395 贯 938 文
南安军	在城 南康 上犹 小计	8119 贯 656 文 41584 贯 315 文 8262 贯 500 文 57966 贯 471 文	临江军	在城 新淦 新渝 小计	40293 贯 527 文 34885 贯 637 文 16922 贯 868 文 92172 贯 032 文
抚州	在城	80976 贯 369 文	筠州	在城	86344 贯 558 文
建昌军	在城 南丰 太平场 小计	28523 贯 758 文 17719 贯 363 文 415 贯 775 文 46658 贯 896 文	歙州	婺源县	13707 贯 735 文
总计		1949645 贯 070 文		在城	904958 贯余

  首先，从上表所示州县所征盐课，使我们知道江西在淮盐销售中的重要地位。大致上每县有一个盐务（抚州、筠州不见辖县盐务的记录，但其数额巨大），重要镇场也有盐务机构，合计69务（含婺源县），盐课总数194.96万余贯，平均折算，每务得盐课28,255贯余。治平年间（1064—1067年），汴京的盐课为227万贯，淮南、两浙、福建、江南、荆湖、广南六路合计售盐得钱为329万贯①。按此折算，江西194.96万余贯占东南六路的59.25%，十分突出。神宗元丰以后，淮盐销售总额提高，而江西虔州等地改食广盐，淮盐地面缩减，所得盐课相应下降。

  其次，盐务设置有轻重之分。江州是漕粮、食盐进出江西的门户所在，盐务特多，表示着被看重的程度。不仅有"在城"，还有德化县，这是各州军中仅见的；还有一个"零盐场"，也是江西唯一的。抚州、筠州都只一个"在城"，把它理解为州治所在的临川、高安，那么抚之崇仁、宜黄、金溪，筠之上高、新昌诸县，均不见有盐务。虽然二州"在城"盐税都超过8万贯以上，处于每务平均的盐课水平，可以理解为包含了所辖各县的盐课，但其他各县不设，则百姓的食盐供应，与官府的盐税征收，都不方便。洪州的情况与抚、筠有相似之处，辖县8个，盐务只有6个，奉新、靖安二县没有反映。洪州作为江西首府，不见它是食盐转

---

① 《宋史》卷一八二《食货下四·盐》。江西盐课未区分淮盐、广盐行销区，但不会影响大势。

输总基地的痕迹;虽有进贤镇、樵舍镇盐务,却是代替了进贤县、新建县的盐务。

第二,食盐消耗必然与人口数量相适应。以元丰三年(1080年)江西13州军171.99万余户计算,平均每户负担盐课约1.13贯余。"在城"盐课应该是在城人口的表示。表列"在城"盐课合计904,958贯余,占总计的46.76%[①]。从"在城"盐课的数量中,可以探知当时已有较多民户集中在州军治所及其附近地区。但是,不能因此套用"城市化"的说法,因为那时州县治所的居民仍然是农耕为多——20世纪中期,县城中的居民还有大批的农业户——而且"在城"盐务,承担着州军治所的全县居民的食盐供应。

第四,全江西69个盐务中,有马当镇、进贤镇、樵舍镇、景德镇、石头镇、永和镇、太平场、雩都县银场、粟传场、汭口务、宝丰务、沙市务等12个非县城盐务,显示出这些镇、场的经济地位不亚于县城,它们分别以制瓷、采矿、航运码头等行业兴旺起来,是以手工业、矿冶业为主要,成了一方颇具活力的经济中心。

三、虔州的私盐与改销广盐

1.群体性的食盐走私

官府划分食盐行销地域与官般官卖政策,利归国家,朝廷和地方都可得益。然而盐质差,价格高,官府往往抑配与民,强制购买,致使偏远乡民无盐可食,故百姓愿意吃私盐。另一方面,沿海居民以鱼盐为业,用功省而得利厚,散在海边,毫无遮拦,由是盗贩者众。"又贩者皆不逞无赖,捕之急则起为盗贼。而江淮间虽衣冠士人,狃于厚利,或以贩盐为事。"食盐,日不可少,人皆必需,实为民生日用与社会经济的要务,又是国家财政与地方治安的大事。正因如此,淮盐与广盐的销售地盘之争,既是北宋朝廷的大政,又是江西地方的大事,有诸多矛盾纽结在一起。在走私这个群体中,"不逞无赖"与"衣冠士人"都参与其中,朝中盐政的制定就难免"衣冠士人"的影响。围绕食盐问题展开的利益争斗,错综复杂,长期纷扰不定,政策变动频繁。

江西的食盐问题,以南部的虔州地区最突出。淮盐自通州、泰州等地转运江、洪、袁、吉、抚、虔等州县,路途遥远,运费很高,而纲吏舟卒在运输途中侵盗

[①] "在城"盐课合计加入了婺源县盐课,如果不计,则占"总计"数的46.06%。

第五章
交通商贸与食盐运销

贩鬻,并杂以沙土,凑足短少了的分量,致使"涉道愈远,杂恶殆不可食"。但是官盐卖价却很高,因此百姓宁愿犯禁买私盐。虔州地连广南,而福建汀州与虔毗邻,也不产盐,故二州民众多私贩广南盐销售。官府要禁止,贩盐的就结伙行动,乃至搞武装自卫,形成群众性规模:

> 每岁秋冬,田事才毕,恒数十百为群,持甲兵、旗鼓,往来虔、汀、漳、潮、循、梅、惠、广八州之地。所至劫人谷帛,掠人妇女,与巡捕吏卒斗格。至杀伤吏卒,则起为盗,依阻险要。捕不能得,或赦其罪招之。岁月浸淫滋多。而虔州官卖盐岁才及百万斤,朝廷以为患。①

江西、广东、福建三地的食盐走私,既有一般的经商贩运,也有"劫人谷帛,掠人妇女"之类盗寇与走私食盐兼而有之的。官卖淮盐数量,不及定额的1/6(据下文可知虔州定额超过六百万斤),侵害巨大。大规模的食盐走私,就民众而论,有实际的生活需要,而其中又有盗寇掺杂其间。对官府而言,既关系着财政收入,又涉及统治秩序的安危,既要考虑民众的实际,又丢不掉垄断盐利的政策。

自宋初至熙宁年间,一百多年过去,情况毫无改变。淮盐官卖利益依旧受损,"江西盐课不登",地方官吏十分焦虑。熙宁三年(1070年)江西提点刑狱张颉奏报说:"虔州官盐卤湿杂恶,轻不及斤,而价至四十七钱。岭南盗贩入虔,以斤半当一斤,纯白不杂,卖钱二十,以故虔人尽食岭南盐。"

淮盐一斤卖47钱,广盐一斤半卖20钱,相差了七倍多,而且有"卤湿杂恶"与"纯白不杂"优劣之别,所以"盐课不登"的问题,自然是出在官府身上。搁置社会政治因素不论,这里的地理条件也须注意。淮盐运至虔州,不仅路远费高,还必经十八滩航道,遭受的损耗可以想见;到达的盐数量也少,每年仅59万斤,"盐至虔州不能多,民居远城郭者常淡食,而盗盐公行"②。官盐不仅杂恶,而且供应不足,为私盐公行提供了空间。另一方面,赣粤闽交接地区的山林鸟道,极

---

① 《宋史》卷一八二《食货下四·盐》。《续资治通鉴长编》嘉祐七年二月辛巳记事相同。民众走私贩盐并非虔、汀独有,苏轼在元祐四年说,"自来浙中奸民,结为群党,兴贩私盐,急则为盗。近来朝廷痛减盐价,最为仁政。然结集兴贩,犹未甚衰"。这里透露一个信息,朝廷对食盐垄断专卖,高价盘剥百姓,是迫使民众兴贩私盐的重要原因。见《苏轼文集》卷二五《乞赈济浙西七州状》。

② 《续资治通鉴长编》卷三一一,元丰四年三月甲子朔夹注。

难稽查，更方便走私透漏。很明显，淮盐不宜于此处销售。

2.改销广盐的变革

宋朝对赣粤闽三地民众的食盐走私，多次筹划对策，销盐办法几经改变。庆历中，广东转运使李敷、王繇请运广州盐于南雄州，以给虔、吉。他们运来了400万斤屯于南雄州，而江西转运司认为不方便，不去取。这次广东单方面主动调节，夭折了。

皇祐五年（1053年），仁宗诏屯田员外郎施元长会江西、广东转运使司商议利害。他们讨论的结果还是主张运广盐入虔州销售。但是，江淮发运使许元以为不可，三司支持许元，坚持淮盐的地盘不能削减，于是终止。

嘉祐中（1056—1063年），广东连州知州曾奉先奏请：由商人贩广盐至虔州、汀州，所过州县收其算（税费）。福建汀州知州林东乔奏请：让虔、汀、漳、循、梅、潮、惠七州盐通商。但是，真州（今江苏仪征）通判阮士龙上奏，不要运岭外盐入虔州，只需每年运淮南盐700万斤至虔州，200万斤至汀州，使民间盐充足，寇盗自息。相关地方的官员都提出了自己主张，各为本州着想，难以统一。

在这同时，传来了"虔州盐贼戴小八等聚党攻剽，杀虔化（今宁都）知县赵枢"的急奏。嘉祐四年（1059年）六月，朝廷遣司封员外郎朱处约督江南西路兵进讨虔州盐贼。由贩盐走私转化为攻杀县官，由讨论销盐改为进讨寇贼，突然加重了虔州食盐问题的严重性，促进了江西食盐政策的变革。

嘉祐七年（1062年）二月，命权提点江西刑狱蔡挺处理盐事。蔡挺此前知南安军，了解虔州地方实情，曾经条奏盐政利弊。至是，他下令百姓交出兵杖器械，转而给巡捕吏卒使用；凡是贩盐不及20斤，结伙不超过5人，不随身带武器的，"止输算，勿捕"。其次，组织漕船12纲，每纲25艘，集中航运淮盐，至州乃发；官府验收之后多出的食盐，给纲吏舟卒，官府再以半价买回，"由是减侵盗之弊，盐遂差善"。再次，降低虔州卖盐价格。朝廷采纳了他的办法，"岁课视旧额增至三百余万斤"①。蔡挺的办法是在保证淮盐利益不受损害的前提下，少许照顾虔州民众利益，又给纲吏舟卒适当补贴，改善与加强管理，增加政府收入。

虔州情况好转，汀州地方的私贩活动也在萎缩。过去汀州人欲贩盐，有人事先在山谷中击鼓，招来伙伴，约定日期，经常是聚拢数百人同行，人多势众，足以对抗巡捕吏卒。后来，州县督责耆保，及时捕捉打鼓者，于是结伙盗贩的人

---

① 《续资治通鉴长编》卷一九六，嘉祐七年二月辛巳。

第五章
交通商贸与食盐运销

逐渐减少。

朝廷以蔡挺办事能干,处理盐政有效,将他留任江西,半年后去掉他官衔中的"权"字,升为正任提点刑狱。治平二年(1065年)三月蔡挺调任陕西,后继者不能妥善遵行他的盐政,情况又逐渐变坏,"其弊如初",纲卒侵盗与民众私贩依旧盛行,"盐课不登"。

元丰三年(1080年),神宗采纳提领江西、广东盐事蹇周辅的意见,允准虔州食广盐。《宋史·食货·盐》记载蹇周辅建议的做法是:"虔州运路险远,淮盐至者不能多,人苦淡食;广东盐不得辄通,盗贩公行。淮盐官以九钱致一斤,若运广盐,尽会其费,减淮盐一钱,而其盐更善,运路无阻。请罢运淮盐,通般广盐一千万斤(按:应是七百万斤)①于江西虔州、南安军,复均淮盐六百一十六万斤于洪、吉、筠、袁、抚、临江、建昌、兴国军,以补旧额。"

蹇周辅的政策是既通广盐于虔州,又不减江西淮盐运销数额,两边兼顾,官府获利不少。据他在元丰四年的奏报:"虔州、南安军推行盐法方半年,已收息十四万缗。"广盐在虔州销售的政策,到此才得确立,经过一百多年的反复较量,可见变革之难。但是,由于官僚制度的局限,民众生活的艰辛,广盐走私的事情仍然不能断绝。

徽宗以后,蔡京擅权,盐法再变。强令民户交钱认领食盐。"东南诸州每县三等以上户,俱以物产高下,勒认盐数之多寡。上户岁限有至千缗,第三等末户不下三五十贯。"按50钱一斤盐折算,从30贯至1000贯,应认领600斤至20,000斤食盐。完全脱离食用需要实际,明明是强制摊派,勒索民财,"稍或愆期,鞭挞随之"。盐政变乱,弊害增多,在食盐走私的旧事上又加新的祸害。

---

① "通般广盐一千万斤",有问题。据《续资治通盐长编》卷三百十一,元丰四年三月一日蹇周辅言:"通广盐于虔州,以七百万斤为年额,以百十万斤为准备,南安军以百二十万斤为年额,三十万斤为准备;均虔州旧卖淮盐六百一十六万余斤于洪、吉、筠、袁、抚、临江、建昌、兴国等州军缺盐卖处,不害淮盐旧法,而可通广盐。"广盐与淮盐的数额相称,才是合理可行的。

第六章

民众生活与社会风气

第一节
关于州县形势的评议

一、对州县振兴气象的夸赞

北宋时代的江西诸州县,在脱却兵火的百余年安定环境里,经济文化加速发展,由此带来的社会问题也多。一方面是殷富繁盛,另一方面是纠纷斗讼风起。官府极力要控制江西的财富,州县官吏又感到难以治理。在一些社会名流的眼中,江西一些州的形象是:

洪州:

王安石的描述是:"拂天高阁朱鸟翔,西山蟠绕鳞鬣苍。下视城堑真金汤,雄楼杰屋郁相望。中户尚有千金藏,漂田种粳出穰穰。沉檀珠犀杂万商,大舟如山起牙樯。输泻交广流荆扬,轻裙利屣列名倡。……地灵人秀古所藏,胜兵可使酒可尝。十州将吏随低昂,谈笑指挥回雨旸。"①

曾巩向人介绍说:洪州"其部所领八州,其境属于荆闽南粤,方数千里。其

---

① 《王公文集》卷四十二《送程公辟之豫章》。

第六章
民众生活与社会风气

田宜秔稌,其赋粟输于京师,为天下最,在江湖之间,东南一都会也。"①

饶州:

鄱阳位鄱阳湖东岸,是进出饶河、昌江的总码头,为鱼米之乡,素称富实之地。宋太宗时,居民甘绍,"积财钜万",知州范正辞对太宗说:"东南诸郡,饶实繁盛。"②湖滨水产丰足,"鱼虾何足道,厌饫但觉腥盘杯"③。鱼虾多得不值钱,让人不把鱼产当财富,然而对普通民众,却是上好的生活资源。其文化水平高,舆论认为"鄱阳为郡,文物之盛,甲于江东"④。"江西既为天下甲,而饶人喜事,又甲于江南。"⑤富庶而文教昌盛是必然发展趋势。全面记述饶州鄱阳风土人物的,要算余干县进士都颉写的《七谈》。据洪迈介绍,都颉在元祐六年(1091年)写成此文,共分七章:

"其一章,言澹浦、彭蠡山川之险要,鄱君之灵杰。其二章,言滨湖蒲鱼之利,膏腴七万顷,柔桑蚕茧之盛。其三章,言林麓木植之饶,水草蔬果之衍,鱼鳖禽畜之富。其四章,言铜冶铸钱,陶埴为器。其五章,言宫寺游观,王遥仙坛,吴氏润泉,叔伦戴堤。其六章,言鄱江之水。其七章,言尧山之民,有陶唐之遗风。"虽然只有这些章目,却仍然可以窥见饶州物产与人物之富盛。

抚州:

百余年的生产开发,成长起一批大农、富工、豪贾之家,王安石道:"抚之为州,山耕而水莳,牧牛马,田虎豹,为地千里,而民之男女以万数者五六十,地大人众如此。"⑥

袁州、筠州:

真宗景德年间知州杨侃认为:"袁之于江南,中郡也,地接湖湘,俗杂吴楚,壤沃而利厚,人繁而讼多。自皇宋削吏权而责治术,天下之郡,吉称难治,而袁实次之。"⑦

筠州与袁州密迩相接,地理环境与人文状况一致,人们既看到其闭塞,又注意了在北宋时期获得的开发进步。哲宗绍圣四年(1097年),孔武仲评议说:

---

① 《曾巩集》卷十九《洪州东门记》。
② 《宋史》卷三百四《范正辞传》。
③ 《欧阳修全集·居士集》卷八《盆池》。
④ 张世南:《游宦纪闻》卷一。
⑤ 洪迈:《容斋随笔·四笔》,卷五《饶州风俗》。
⑥ 《王安石全集》卷八三《抚州通判厅见山阁记》。
⑦ 光绪《江西通志》卷六七,杨侃《增修郡厅记》。

"筠,江西支郡,始者市区寂寥,人物鲜少,近岁乃更昌大蕃富。其属邑布在险阻,乐岁粒米狼戾,而四方商贾不能至,囷仓之积,守之至白首而不发,苟治之有方,足以无事。"①苏辙两次贬高安,了解当地民风实情,他写亲身见闻说:"高安郡本豫章之属邑,居溪山之间,四方舟车之所不由。水有蛟蜃,野有虎豹。其人稼穑渔猎,其利粳稻、竹箭、梗楠、茶、楮,民富而无事。然以其险且远也,士之行乎当时者不至于其间。"②可见,筠州物产丰盛,但交通不便,社会名望不高,官绅名流不去。

袁州萍乡县,仁宗时有使臣范延贵押兵过萍乡,见"驿传、桥道皆完葺,田莱垦辟,野无惰农。及至邑,则郭肆无赌博,市易不敢喧争。夜宿邸中,闻更鼓分明。以是知其必善政也"。这位使臣凭此判断,现任萍乡知县张希颜是好官员③。张知县有此政绩,范使臣凭此评人,都值得借鉴。

虔州、南安军:

它们本是一个地理单元,虽然比较偏远,整体开发比较落后,但是战略地位重要,而且办学的积极性也高。北宋中期,包拯指出:"虔州据江表上游,南控岭徼,兵民财赋素号重地;累岁贼盗充斥,如类行者,结集群党,大为民害,近方稍息。"④王安石写道:"虔于江南地最旷,大山长谷,荒翳险阻,交广闽越铜盐之贩,道所出入,椎埋、盗夺、鼓铸之奸,视天下为多。"⑤但郡人办学的积极性高。苏轼说南安军官学办得好,甚至说南安之学"甲于江西"。虔州的社会情状,人们谈论得多的是食盐走私,而王安石却点出这里还有铜走私与"鼓铸之奸",这是值得探讨的问题。

吉州:

自唐以后就誉为富裕之州,民众"尚气喜讼",号为"难治"。欧阳修向人谈起家乡,总好说土特产,如在朝中介绍金橘,又赋诗曰:"为爱江西物物佳,作诗尝向北人夸。青林霜日换枫叶,白水秋风吹稻花。酿酒烹鸡留醉客,鸣机织苎遍山家。野僧独得无生乐,终日焚香坐结跏。"⑥描绘出一幅安详富裕的田园风光。

---

① 孔武仲:《筠州无讼堂记》,见《清江三孔集》卷一四。
② 《三苏全书·苏辙集》卷八三《筠州圣寿院法堂记》。
③ 魏泰:《东轩笔录》,卷十。四库全书本。
④ 《包孝肃奏议》卷三《请选人知虔州》。
⑤ 《王安石全集》卷八二《虔州学记》。
⑥ 《欧阳修全集·居士集》卷十四《寄题沙溪宝锡院》。

第六章
民众生活与社会风气

二、对州县实际情况的议论

上节诗文对洪、饶等州的正面夸赞,强调了经济发达、航运便捷、地方富实、民生安定的一面,有的出于感情因素,不免有过誉成分。然而,我们必须注意分寸,明察其相对性。即如舟船的便捷,仅是与崎岖陆路比较而言,若是想到全靠船工撑篙,或风吹漂流,其艰难与无奈,决非静室中所能比喻的。风停时节,顺水还可凭流水的冲力向前,逆水则撑篙的在船两边舷板上来回使劲强走,拉纤的在沙滩中或山崖峭壁上奋力跋涉。"逆水行舟,不进则退",多少个船工的劳累汗水与精力疲惫,才换得人生这句格言。北宋江西航运的便捷,只能处于人的体力与经验所能达到的程度。

当时的学者们还从另一个侧面观察,表述过江西州县的又一种实情。两种情状合看,就可得到比较更全面的印象。李觏对吉州、虔州的议论是:

> 南川自豫章右上,其大州曰吉,又其大曰虔。二州之赋贡与其治讼,世以为剧,则其民甿众夥可识已。虽然,吉多君子,执瑞玉,登降帝所者接迹,虔无有也。疑其南越,袭瘴蛊余气,去京师愈远,风化之及者愈疏,乘其丰富以放于逸欲,宜矣。①

吉、虔二州的共同点是税赋重、民尚讼,由此反映出民甿众夥,劳动力充足。不同点是吉多文化名人,而虔少。虔州落后的原因,是山林闭塞,俗近岭南,而与京师远隔,儒家文化传播慢。这几点分析,李觏用"疑"字表示不确定,是自谦。仔细推敲虔州地情,发现这是平实之言。对吉州也需从两方面分析,正如吕祖谦所说:"庐陵介于楚甸,土膏而人瘠,物伙而俗贫;万里连甍,剽夺时鸣于桴鼓,千艘衔尾,转输日困于舳舻。"②他很辩证地看到吉州"土膏而人瘠,物伙而俗贫"、"转输日困于舳舻"的实际,因繁盛而带来沉重的赋税负担,生产虽然发达,众多的下层民众却生活贫苦,铤而走险者的"剽夺"不时出现,旺盛与困苦总是相互依存着的。

关于建昌军,李觏期待家乡振兴,他不去夸饰,而是指出其不足的一面:

---

① 《李觏集》卷二三《虔州柏林温氏书楼记》。中华书局1981年版,第253页。
② 吕祖谦:《东莱吕太史集》,卷二《代仓部知吉州谢表》。

"建昌军距行在三千里,浮汴、淮、江湖,不几月不至,……屋数十个,盖伪李氏时作,其寿将百年。度制卑陋,尤不称事。……匪夷匪蛮,匪海山瘴蛊之地,独无富侈之资以奉俊良,使永永来,为人父母,诚可叹已。"①

建昌军与抚州的地理条件、生产水平是一致的,属同一个历史地理单元,正如李觏所说这里不是蛮夷之区,不是烟瘴之地,为什么官署屋既不多,且百年不修,陈旧卑陋。李觏的平民身分,以及在乡间的生活实践,使他有浓厚的忧患意识,更加关注去弊图新。

对任一个州县的发展形势,都可以从不同角度评议,又都需要把握优势与不足两方面。苏轼关于虔州八境图的见解最值得我们品味。虔州知州孔宗翰画了一幅山水图,将在虔州城楼上所见八方之景描绘下来,请轼赋诗。其诗序说:"此南康之一境也,何从而八乎?②所自观之者异也。……凡寒暑朝夕,雨旸晦冥之异,坐作行立,哀乐喜怒之变,接于吾目而感于吾心者,有不可胜数者矣,岂特八乎?"对社会百态,观察者的角度不同,见解各异,自有其道理,却不能偏执,以一概全,把一景绝对起来而不顾其他方面。"景由心生",从取景角度而论,不无道理,但观者之所见,不等于是所观对象之全貌。

苏轼的见解既深刻又符合实际。试以曾巩为例,他写的另外两篇文章,便不是颂扬的格式,而是谈具体问题。他说抚州:"抚非通道,故贵人蓄贾之游不至。多良田,故水旱螟螣之灾少。其民乐于耕桑以自足,故牛马牧于山谷不收,五谷之积于郊野者不垣,而晏然不知枹鼓之警,发召之役也。"③这里虽无批评的话,却凸现封闭冷僻之像。牛马不收,五谷不垣,虽是社会安宁的表现,却有民少交往、保守自足之缺陷。

曾巩说分宁县:"分宁人勤生而啬施,薄义而喜争,其土俗然也。……富者兼田千亩,廪实藏钱至累岁不发,然视捐一钱可以易死,宁死无所捐。……父子、兄弟、夫妇,相去若弈棋然。……常病其未易治教使移也。"④写了分宁人勤劳,善于生产,又说他们喜争好讼,小气吝啬,甚至"父子、兄弟、夫妇,相去若弈棋",描绘细致,优劣兼备,由此再说他们虔诚敬佛,慷慨施舍寺僧(此部分文字详后),这种复杂矛盾而有特性的民情,让读者加深了对分宁的了解。分宁为曹

---

① 《李觏集》卷二三《建昌知军厅记》。
② 《三苏全书·苏轼诗集》卷十六《虔州八境图八首·序》。
③ 《曾巩集》卷十八《拟岘台记》。
④ 《曾巩集》卷一七《分宁县云峰院记》。

第六章
民众生活与社会风气

洞、黄龙两大禅宗祖庭之地,云集的高僧与不断的香火,给民众的影响确非一言可了。

饶州德兴县,在熊本笔下它是静谧、富足而俗尚奢靡之区。他为德兴著姓万氏新建的楼阁定名"安静阁",其《安静阁记》曰:"番之东邑,曰德兴,其境众山之所环也。民耕于山间,泉甘而土腴,岁常丰美,不知有水旱之戚。其地之所出,则又有金银铜冶之饶,岩崖溪谷往往夜见宝气。汰砂掊壤,则非常之珍可致也。故邑虽小而多富室。然习俗奢侈,喜以居宇相娉,高门华屋,雄楼杰阁,金碧丹腹之丽,鳞差而栉比也。"①德兴这个矿冶大县的特征,在熊本的笔下得到充分的体现,因"金银铜冶之饶"而多富室,民俗"奢侈",证据之一就是以屋宇相尚。由富而奢,无可厚非;富而不扰民,让地方安静,是百姓之愿。

南安军大庾县,既是岭路要冲之地,又居偏远山区,狱讼多而难得公平审理,文教滞后而神庙猥多。至道中(约996年)知军李夷庚(陇西人)"雪冤狱二百余人,毁淫祠四十余所"。后来周敦颐为南安军司理,仍然以坚持依法量刑,公正审案,使苛刻的上官感悟,"囚得不死"。另一位知军祝深(三衢人),在南安立下的施政规条是:"修学化俗,饬367爱民,清讼省困,节用下士,岁丰时和。"②显然,官府行政的改善,是地方进步的首要条件。

上述诸端,都只是大概之论,具体到某一人,情况就各有不同。例如,洪州上奏:分宁县民彭泰,因入山伐薪,为虎所啮,"其女能不顾身,持刀斫虎,卒夺父命。虽古烈女,殆不能过,请加旌录"。遂赐米20石、绢20匹,仍令州县岁时存遇之③。此等父女之情,比较"相去若弈棋"的关系,是决然不同的两种精神境界。南康是南安军的属县,行政地位次于大庾,然而,景祐间(1034—1038年)知县陈升之"首建学,营文庙",却也不晚;仁宗朝征侬智高,大兵过梅岭,南康民袁乐"仗义助谷二千石"④。仅此而论,南康富裕户既有实力,又有见识。

---

① 孙以刚:《宋熊本撰文的〈安静阁记〉碑》,载《江西文物》1991年第1期。该碑1980年出土于德兴县花轿乡黄柏洋村,江西光学仪器总厂基建工地。
② 同治《南安府志》卷十五《名宦》。
③ 《续资治通鉴长编》卷一九四,嘉祐六年八月辛未。
④ 同治《南安府志》卷十七《输赈》。

第二节
佃客的地位及官私剥削

一、佃客的人身地位

从经济活动方面看,"江西人以能干运者为'作经纪'"。意思是善于经营、聚敛钱财、发家致富的人。而将受人雇佣的劳力者称为"客作儿",而且是骂人的称呼。抚州崇仁县人吴曾写道：

"江西俚俗骂人,有曰'客作儿'。按,陈从易寄荔(枝)与盛参政诗云：'……枇杷客作儿。'盛问其说,云：'……枇杷核大肉少,客作儿也。'凡言客作儿者,佣夫也。"①

客作儿,是佣夫,他们身体清瘦,骨头突出,可见生活艰苦；但被人贱视,故成了骂人的称谓。客作儿之中,以佣耕的佃户居多数。

客作儿、客户、佃户,一般说来是同义语。客户没有自己的农田,靠租地耕种为生。李觏说："贫民之黠者,则逐末矣,冗食矣；其不能者,乃依人庄宅为浮客耳。"②这些无地贫民,老实而淳朴,无立锥之地,"乃依人庄宅为浮客"。这些种田的佃客,人数众多,在江西总户数中的比例,太宗时期为39.45%,神宗时期为30.88%,数量有所减少,而比重仍不轻。(各州军的具体数据,见本书第二章第二节。)

江西客户的比重摆在北宋各路中衡量,处于中下位置。太宗时期诸道总计客户占总户数的42%,超过此平均数的有山南、陇右、淮南3道,更低的为河东、岭南、河北、剑南、江南、关西6道；江南道的客户占40%,下属48州军,低于此者18州军,其中江西4个(虔、饶、筠、洪)。神宗元丰间的诸道总计为31%,江南西路超过,为36%；与周边各路比较,高于江东(16)、两浙(21)、福建(35),低于荆南(44)、荆北(41)广东(39)③；以江西地区13州军论,在东路的江、饶、信、南康

---

① 吴曾：《能改斋漫录》,卷二《俗骂客作》,上海古籍出版社,1979年新版,第34页。
② 《李觏集》卷一六《富国策第二》。
③ 诸道数据都用梁方仲《中国历代户口、田地、田赋统计》甲表35、36中的。其中元丰数为《文献通考》卷一一《户口二》所引毕仲衍《中书备对》,王存《元丰九域志》之数与此有一定的差异。

第六章
民众生活与社会风气

都低(依次为20、18、17、21),在西路的南安、建昌、临江军、虔、洪州也低(依次为5、22、24、17、30),故而合计比重为30.88%。这大批佃耕者,是社会经济的主要承担者,但自身贫寒,法律地位低下。

宋代佃农、客户的生活实情,他们与地主之间的雇佣隶属关系,现有资料(包括史料与现当代研究成果)中缺乏贴切而具体的内容,研究者借以分析的素材,是从多方收集到的细节中综合而得的。下面依据几则带普遍性的史料,作一些原则性的说明。

第一,北宋时代的佃农(客户)租种土地,需要立下契约。太宗太平兴国七年(982年)十二月诏:"诸路……分给旷土,召集余夫,明立要契,举借种粮,及时种莳,俟收成依契约分。"[1]这是国有土地召民耕种,要公开立契约,收成之时分配果实要依照契约预定的办法分。表明出租者和佃种者双方都须遵守契约,权利比较平等。这种契约关系由朝廷发布,具有合法的政府效力。使用范围是"诸路",不受地域限制,江西地区必然也是如此。

国有土地也就是官田,其名目可类分为职田、屯田、学田、没官田等,在江西地区一般都有。职田是官吏俸禄的一部分,学田为官府拨给州县学校的田亩,二者都出租给农民耕种。屯田,初时本为驻军屯种,关涉边防利害,但内地的屯田却随着时间推移,逐渐变为一般的官田,出租给农民耕作,乃至成为佃耕者的世业。政和元年(1111年)吉州知州徐常奏报说:

> 诸路惟江西乃有屯田非边地,其所立租则比税苗特重,所以祖宗时许民间用为永业。如有移变,虽名立价交佃,其实便如典卖己物。其有得以为业者,于中悉为居室、坟墓,既不可例以夺卖,又其交佃岁久,甲乙相传,皆随价得佃。[2]

信州上饶有官庄,其权属也在转移变换中。仁宗时,江南体量安抚使韩绛到信州巡察,发现"信州官庄四百顷,以衙前四十人假官牛以耕,牛死,输课不已,人至破产,公减其课,召民愿种者与之"[3]。

---

[1] 《宋会要辑稿》食货六三之一六二。
[2] 《文献通考》卷七《田赋考七·官田》。
[3] 范纯仁:《范忠宣公全集》,卷一五《韩绛墓志铭》。

吉州屯田与上饶官庄，都逐渐向民田转化，但是占佃者没有完整的所有权，故说"便如典卖己物"；"民愿种者与之"，是原本作为衙前的一种回报，但后来却反受其害，因而逐渐像民田一样经营。吉州屯田在佃户转换时，也立契约，也可以买卖，这就和民田无异，通过"立价交佃"，"随价得佃"。所谓"祖宗时许民间用为永业，"是因其向佃户收取的租额"比税苗特重"。由此可见，朝廷所有的官田、屯田，实际都采用民间的经营方式，契约租佃关系已是普遍存在的事实。

第二，客户与土地所有者（地主）的关系逐渐松弛，有迁移的人身自由。宋代的佃客在法律上还没有完全的人权，比田主低一等，"佃客犯主，加凡人一等；主犯之，杖以下勿论，徒以上减凡人一等。谋杀盗诈，有所规求避免而犯者，不减。因殴至死者不刺面，配邻州，情重者奏裁"①。封建法制在基本点上维护着官绅地主对佃客的奴役权利。然而，另一方面又有松动，宋代的佃客应该看作是佃农，不是农奴。仁宗天圣五年（1027年）十一月的诏令说：

> 诏江淮，两浙，荆湖，福建，广南州军：旧条私下分田客非时不得起移，如主人发遣，给与凭由，方许别往，多被主人折勒，不放起移。自今后客户起移，更不取主人凭由，须每田收田毕日，商量去往，各取稳便。即不得非时衷私起移，如是主人非理拦占，许经县论详。②

这条诏令的颁布，是对早已广泛存在的既成事实的承认，但又是这种社会现象合法化的权威性标志。它涉及江南广大州县，江西地区自然不能例外。北宋前期，田客没有"起移"的权利，人身受田主束缚，因此引发佃客各种形式的反抗斗争。自此以后，佃户与田主之间改变为"商量去往"，田主不能"非理拦占"。官府承担起保护田客起移权的责任，虽然仍有待"收田毕日"的前提条件，却不需要田主的"凭由"。这个法令，将可以制约不法田主，减少田主"折勒"刁难佃户的事情。政策上的这种转变，证明野蛮的封建人身束缚放松了，客户（佃农）的法律地位有所提高。这是佃客长期抗争的结果，是社会经济日趋活跃之后出现的客观变化，有利于农业生产的发展，有利于农村劳动力向城镇手工业

---

① 《宋史》卷一九九《刑法志》。
② 《宋会要辑稿》食货一之二四。

第六章
民众生活与社会风气

领域转移,是社会进步历程中的标志性事件。

国家的政策促使主佃关系进一步松弛,提高了佃客生产积极性,符合社会发展需求。变化了的现实,必然引起人们观念跟着转变,在一些开明的士大夫言论中,已经流露出更加看重佃客的意向。苏轼说:

"客户乃主户之本,若客户阙食流散,主户亦须荒废田土矣!"①

王岩叟元祐元年(1086年)向哲宗奏报说:"富民召客为佃户,每岁末收获间,借贷赒给,无所不至,一失抚存,明年必去而之他。"②他们表达的虽然都是田主为自身利益着想,即"本望租课,非行仁义"。但认识到"客户乃主户之本",将客户的智力、体力劳动置于农业生产的首位,这是佃客地位提高的反映。佃客在农业生产中的作用更受重视之后,才会有富民态度的好转,才会有佃户自身的觉悟。"一失抚存,明年必去而之他",是对劳动力价值的自我认识。一个社会的财富观念,由对物的崇尚,转变为对人、对劳动力的珍视,社会就获得了持续发展的动力。应当承认,北宋社会生产力空前提高,生产关系中的新转变,都与主佃关系中奴役成分的削弱,存在直接的或间接的因果联系。

二、豪强地主对农民的欺压

佃客所受的人身束缚的放松,法律地位的提升,不会均衡地在各地推进,各地实际存在的主佃关系都是因地而宜,永远存在地区差异。佃耕者主要是没有土地的客户,也有少地而贫瘠的主户,他们依旧是社会的弱者,在遭受豪强地主的欺压剥削方面,依旧是最深重的。李觏描述他们的生活状况是:"耕不免饥,土非其有;蚕不得衣,口腹夺之也。……巨产宿财之家,谷陈而帛腐。佣饥之男,婢寒之女,所得弗过升斗尺寸。"③李觏没有宦游四方,一辈子在家耕读,是布衣士人,他最熟悉的是建昌军的百色人等,所以他论述到的民情都包含了他的家乡。广而言之,众多的贫穷农民,有的佃耕佣作,有的离开土地,或挖矿冶铸,或烧制陶瓷,还有的成了富豪家里的婢仆。

聚焦于南城一地,这里还有豪强大户奴役很多养女,招兵入赘,侵吞赘婿衣粮、奴役养女纺织的奇异剥削现象。皇祐四年(1037年)十一月,丁忧在家的李觏写信给江南西路安抚使孙沔,内中说:

---

① 《三苏全书·苏轼文集》卷三六《乞将损弱米贷与上户令赈济佃客状》。
② 《宋会要辑稿》食货一三之二一。
③ 《李觏集》卷二十《潜书·一》。

> 大凡从军,多是单独,初来营垒,未有妻孥,居则无屋,用则无器,于是兼并者得将养女召为赘婿。今朝有室,明日上纲,在路日多,住家时少,故其一女可当数夫。既以家口为名,即是衣粮入己。尝见一家养十二三女,请五十余分,而所养女日夜纺绩,与其家作婢耳。①

这种豪强兼并之家,是在做人口生意,以出卖养女肉体作钓饵,在侵吞兵卒衣粮的同时,并获得纺绩奴婢,补充其家庭手工劳作的劳动力。在这里,养女的人身地位受到束缚,兵卒的流动性成了他们被利用的条件。"兼并者"既侵吞兵卒的衣粮,又使养女成为终身奴婢。

江西是农业生产力巨大的地区,而佃客小民在豪强大户欺诈之下,往往田产被霸占而破产;或诉讼之时不熟悉门径,更因官吏与豪富纠结,虽有理却败诉;若再遇水旱灾荒,这些穷民更是饱受流离失所之苦,甚而卖儿女,转死于沟壑。例如虔州,熙宁间"会江西饥歉,民多弃子于道上",全赖知州刘彝出官米招人收养,每日二升,"细民利二升之给,皆为子养",才幸免于难②。在南城,人们也看到:

> 东家卖儿价何卑,西家弃妇声更悲。
> 得钱未足三日饱,既别岂有归来时。
> 山如高城路如线,回首难言泪盈面。
> 蝼蚁沟渠处处同,短长不复能相见。③

贫民卖儿、弃妇之类的悲剧,与豪强的富盛同时存在。对建昌军地区两极分化的发展趋势,李觏有个概括性说法:"产业家家坏,诛求岁岁新","朱户仍奢侈,柴门转婆贫"④。这种社会弊端不只存在于南城,其他通都大邑都有,贫与富分化悬殊的社会景象是"处处同"的。

乡间一般农民的生活状况,在士大夫的诗文中也有所反映。洪州分宁县,

---

① 《李觏集》卷二八《寄上孙安抚书》。
② 魏泰:《东轩笔录》,卷九。四库全书本。
③ 吕南公:《灌园集》,卷四《别离》。
④ 《李觏集》卷三六《村行》。

第六章
民众生活与社会风气

农民杂殖五谷,男女勤劳,而民众最祈盼的是米价不要太高。黄庶《草市》曰:"街市柴鱼集,应山鸡犬号。问知人苦乐,米价不多高。"

农民不论是在家种田,或是应募当兵,都处于贫苦之中,若遇水旱灾荒,便有家破人亡之祸。新喻刘敞《农父》曰:"入水作田,上山伐薪。人世几何,终岁苦贫。安有灵药,化为羽人。呼吸光景,为君外臣。"——作田,砍柴,下水,爬山,一年到头,总是苦、穷。无穷的现实失望,驱使苦难者企求灵丹妙药,变成神仙,只呼吸空气过日子。这种嘲讽,是对贫富不公的控诉。

"鸟飞不远,暮还其宅。我独匪人,去从兵籍。释弃耒耜,顾贪朝夕。转徙异方,终世为客。"——农民恋土,不弃家园。却被编入兵籍,丢掉锄头,转徙异方。可是,在家的农民也难安生,他们有另外的苦楚。其《农哀》曰:

> 阴阳失常度,水旱互为灾。岁暮不成耕,闾里自相哀。相哀竟何奈,田野弃污莱。欲行关租急,欲居兵赋催。同知罗忧患,谁复念婴孩。往往遗渠沟,顾之泪如颓。国庾须积粟,国帑须羡财。大臣职富国,尔命自宜哉。①

——遇到水旱灾,田地荒芜了。想去逃荒,但"关租急";留下来,又要"兵赋催"。逃难中顾不了婴孩,只有丢弃沟渠!朝廷要粮、要钱,大臣的职责就是让国库充足!你们的命注定是这样!

朝廷在灾伤年份,常有所谓蠲减田赋的诏令,然而地方官府并不执行,仍然催征诛求,农民照旧受到追租之苦,倘若申诉,必受鞭打。曾巩《追租》曰:

> 耕耨筋力苦,收刈田野乐。……胡为此岁暮,老少颜色恶?国用有缓急,时议废量度。内外奔气势,上下穷割剥。今岁九夏旱,赤日万里灼。陂湖壓埃壒,禾黍死磽确。众期必见省,理在非可略。谓须倒廪赈,讵止追租阁。吾人已迫切,此望亦迂邈。奈何呻吟诉,卒受鞭捶却。宁论救憔悴,反与争合龠。问胡应驱迫,久已瞿匶涸。计须卖强壮,势不存尪弱。去岁已如此,愁呼遍郊郭。饥赢乞分寸,斯须死笞缚。……②

---

① 转引自《农业考古》2006年第1期,孙开铨《宋代诗词农事录》,刘敞《公是集》不见《农父》、《农哀》。
② 《曾巩集》卷第四。中华书局1984年版,第51页。

——大旱之年,本该"倒廪赈",岂止是渐缓征租。可是,一派"上下穷割剥"的气势,哪里谈得上"救憔悴"!去年已如此,今年又加深,只有卖强壮,丢老弱,死路一条。曾巩在这里既是对民众的同情,又是对官府的拷问。

农民"上山伐薪",是要弥补"入水作田"的不足,可是卖柴时的遭遇更令人寒心。南城吕南公《老樵》曰:

> 何山老翁鬓垂雪,担负樵苏清晓发。
> 城门在望来路长,樵重身羸如疲鳖。
> 皮枯亦复汗淋沥,步强遥闻气呜咽。
> 同行壮俊常后追,体倦心烦未容歇。
> 街东少年殊傲岸,和袖高扉厉声唤。
> 低眉索价退听言,移刻才蒙酬与半。
> 纳樵收值不敢缓,病妇倚门待朝爨。①

——一幅瘦弱老农卖柴的画卷。白发柴重,皮枯汗多,强走气粗,细声索价,只得半价,即便疾回,因为病妻在家,无米下锅。就靠卖柴的一点钱换米度日,能不清晨快步,强劲硬拼,虽然皮焦骨瘦,也不敢稍微歇息。广泛存在的这些民瘼,饱食官禄的公卿们处之泰然。

三、官府的赋役剥削

宋人言:"古者刻剥之法,本朝皆备",江西的实际情况证明此话不虚。北宋对前代的繁苛剥削条目去掉了一些,但大多数仍旧沿袭了下来。朝政中的弊病,到了州县下面其害更甚。欧阳修景祐三年(1036年)贬为夷陵(今湖北宜昌)知县,发现"夷陵虽小县,然争讼甚多,而田契不明。避远之地县吏朴鲠,官书无簿籍,吏曹不识文字。"于是有"枉直乖错,不可胜数。以无为有,以枉为直,违法徇情,灭亲害义,无所不有。且以夷陵荒远偏小,尚如此,天下固可知矣"②。吏治

---

① 吕南公:《灌园集》,卷三。四库全书本。
② 《欧阳修全集·居士外集》卷十七《与尹师鲁书》。吴曾《能改斋漫录》卷十三《欧阳公多谈吏事》。上海古籍出版社1960年版,第393页。

第六章
民众生活与社会风气

败坏的现象,江西亦不能幸免,比如庐陵县"吏胥视民为俎豆,执鞭者众,羊失其牧,岁岁仍饥馑,夜有枹鼓,不治声闻京师"①。

为什么州县吏治如此败坏?北宋前期,继承了五代时期的弊政,那时"任官不权轻重,凡曹橼、簿尉有龌龊无能,以至昏老不任驱策者,始注为县令,故天下之邑率皆不治,甚者诛求刻剥,猥迹万状"。直到范仲淹庆历革新之时,才有所改变②。但是问题并没有完全解决,正如王安石所说:州县之吏出于"流外","固已挤之于廉耻之外,而限其进取之路矣。顾属之以州县之事,使之临士民之上,岂所谓以贤治不肖乎"?他们人数很多,"可属任以事者,殆无二三;而当防闲其奸者皆是也"③。这些州县吏员没有俸禄,全靠敲诈作奸为生,此即"挤之于廉耻之外,而限其进取之路"。后来变法,王安石即注意解决这批胥吏的官俸开支。州县吏出于流外,是北宋普遍存在的政治大患。欧、王二人论及的弊害,由来已久,各地皆是,江西地区自不能幸免。

1. **赋税** 赋税的名目很多,官田(有官庄、屯田、营田三类)由农民耕种,收其租;民田征田税。城郭征收屋税,地税。丁口要交身丁钱、米。还有杂变之赋,分牛革、蚕盐、食盐等项,随其所出,变而输纳。征收之时,分夏秋两次交纳,统称二税。夏税钱,或纳布帛;秋税米。税米又叫苗米,故合起来称夏税秋苗。交纳的地点一般是固定的,但常有以"有余补不足"的要求,需移此输彼,或移近输远,称"支移",这就增加了运输费用。还有"折变",因一时需求,将原定的此物变换为彼物,或将物改为钱、把钱变为物征收,在这种变换之中,又要承受差价负担。秋粮税额一般为亩税一斗,熙宁十年(1077年),江南西路现催额2,220,625贯匹石两斤领,其中交纳夏税748,728贯匹石两斤;秋粮为1,471,937贯石斤领。按元丰三年(1080年)江南西路主户871,720计算,平均每户负担夏税0.86贯匹石两斤;秋粮1.69贯石斤领④。宣和七年(1125年)军器少监吕源言:江南东路信州额理秋苗十万八千余硕⑤。按元丰初年信州主户109,410计算,每

---

① 《黄庭坚全集·正集》卷十七《吉州西峰院三秀亭记》。
② 魏泰:《东轩笔录》,卷三。
③ 《王安石全集》卷三九《上仁宗皇帝言事书》。
④ 《文献通考》卷四《田赋考四》;卷十一《户口考二》。宋代财政统计,把钱粮绢等税物统合在一起,故单位名称贯石匹斤等也连写。按,夏税、秋粮合计只有2,210,665,比现催额少9,960。
⑤ 《宋会要辑稿》食货五三之二二。

户平均负担0.98硕。比较江南西路与信州的二税轻重，后者的秋税为预定数额，少于1硕，前者是实收数量，远远超过1石，反映出额外征收严重的事实。此外，还有义仓米，每税一石纳义仓米一升。义仓米收入常平仓，由各路的常平司掌管，规定为赈灾之用。

夏税秋粮有定额，征收之中的苛剥无止境，就看当事官僚如何处置。英宗时期，江西连年饥荒，官府不但不给减缓，却要"征民积岁赋"；民户输纳的䌷绢长度差一点的，"旧责以满匹"，一定要更换足够一匹长的。新来的江西转运使张洞决意革除此弊，上奏获准，免征积欠赋粮；"不中度"的䌷绢，"命计尺寸输钱，民便之"①。

还有折变，实物输纳之时改纳现钱，却会增加。熙宁三年（1070年）御史中丞吕公著《上神宗论江西重折苗钱》指出："臣窃闻江南西路去年米价，每斗约四十五以来，转运司和籴五十以来，所有人户合纳苗米，却令纳一色现钱，每斗九十以来，比市价增及一倍，比和籴价亦增四十有余。"②如此苛重的折变，实属罕见。

在二税正额之外，有"和买"、折征等名目。"和买"本是国家出钱向农民购买，但是执行之中弊害不少。仁宗初年，三司盐铁判官俞献卿上言："今天下谷帛之直，比祥符初增数倍矣，人皆谓稻苗未立而和籴，桑叶未吐而和买。自荆湖、江淮间，民愁无聊。转运使务刻剥以增其数，岁益一岁。"③收成之前就被强制"和买"谷帛，农民无物可供，势必转向富户购买，承受高价。更为刻剥的是数额年年增加，使民负担逐年加重。

另一种强制是以"米盐"当钱充折。官府为了多摊销淮盐，命民户按粮购盐，称"米盐"，这已经是强卖。又以"米盐"来"和买"，是第二重强制。包拯奏报说：

> 臣窃闻江南西路今年和买绢价，转运司并以米盐充折，并辖下州军和籴斛斗，多是抑配人户。缘本路亦系灾伤地分，民食甚艰，若重有骚扰，必致流亡。伏睹庆历七年南郊赦文内，江西一路多以米盐充折绢价，亏损下民，仰转运司今后须管支见（现）钱和买。④

---

① 《宋史》卷二九九《张洞传》。
② 《宋名臣奏议》卷一〇四。四库全书本。
③ 《宋史》卷三〇〇《俞献卿传》。
④ 包拯：《包孝肃奏议》，卷七。

第六章
民众生活与社会风气

名曰"和买",却不给现钱,这种亏损下民的劣政,由来已久,虽然庆历七年(1047年)明令改正,仍无实效,竟至在灾伤之年抑配骚扰。

江南西路每年"和买"绢为50万匹,原定三分给钱,七分给盐。徽宗时不给钱。连续五年,"循以为常,民重伤困"。大观初年,江西提举常平张根上奏说:"本路和买,未尝给钱,请尽给一岁蚕盐,许转运司移运或民户至场自请。"① 按规定,绢一匹给盐20斤,准钱900。50万匹共应支盐1000万斤,而转运司没有足够的盐,变相地降低了绢价。

神宗以后,绢价已是匹值钱一千,京东地方达到千五百,但是官府和买给价很低,徽宗时只给二百。政和初(约1111年)有官员指出:"江东和买,弊如江西,比年才给二百;转运司又以重十三两为则,不及则,准丝价补纳以钱,两率二百有余。"② 江西一匹绢只给二百的恶政,竟成为参照先例!早在后周时期,绢一匹重12两,久已成为惯例,而现在要求重13两,不足的按两折200钱交纳。这无异于左手给你200,右手拿走200,最终是白要了一匹绢去。所谓"和买",起初务以利民,"然犹未免烦民;后或令民折输钱,或物重而价轻,民力寝困;其终也,官不给值,而赋取益甚矣"③。从不等价的强买,逐渐变成了无偿的诈取。

苛杂赋税名目之中还有"沿纳",即承袭五代时期的苛征杂派,依旧向民户征收。例如南唐后期,因临时军事需要,于秋税外加征三分,北宋灭南唐后,继续照征,"名为沿纳"。在吉州,居住赣江沿岸的民户要纳"勾栏地钱"、"水场钱"。勾栏地即江岸需拦挡的地段,"地已漂没入江,或官占为船场,而所输钱如故;民旧于江中编木为筏以居者,量丈尺输税,名水场钱。今禁民筏居而水场钱犹在"④。

直接对农民敲诈勒索的是州县官吏。他们凭借官府的权威,向农民催科,索取钱物。各地的乡都官皆豪家大姓之人,赋税"厘改在其手,步算在其手,造籍在其手,虽亲戚故旧之产犹不容不隐,况纠正其自产哉"⑤。当他们进行征赋催欠时,对乡民极为凶狠:"爱日捃收如盗至,失时鞭扑奈民疮。田夫田妇肩颓

---

① 《宋史》卷一七五《食货上三》。
② 《宋史》卷一七五《食货上三》。
③ 《宋史》卷一七五《食货上三》。
④ 《续资治通鉴长编》卷二二,太平兴国六年十二月。
⑤ 王柏:《鲁斋王文宪公文集》,卷二〇《建昌军王公墓志铭》。

担,江北江南稼涤场。"①经官吏们强盗一样的索取,禾场上的粮食被洗劫一空。对于官绅富室,则会尽可能优待,或明或暗地将其负担转嫁到一般民户身上。时间长了,田赋日益和实有土地数量不相称,摊派的赋税、徭役越加不平均。仁宗时期,江南西路转运使周湛整顿了州县"簿领案牍"之后,"又以徭赋不均,百姓巧于避匿,因条其诡名挟佃之类十二事,且许民自言,凡括隐户三十万"②。徭赋不均,与诡名挟佃,二者形成恶性循环,遂至一任转运使就能清理出隐户30万之多,以元丰三年(1080年)江南西路128.7万余户估算,达到23.3%。

神宗"患田赋不均",任命王安石实施改革,推行"方田均税法",丈量土地面积,参定肥瘠等级,然后确定税则。实行之中,官吏作弊扰民,不得不半途而废。徽宗时期重行方田,官吏勾结豪强,上下其手,依然是民户吃亏。宣和元年(1119年)臣僚奏报中指出:"有二百余亩方为二十亩者,有二顷九十六亩方为一十七亩者,虔之瑞金县是也③。有租税十有三钱而增至二贯二百者,有租税二十七钱则增至一贯四百五十者,虔之会昌县是也。"如此颠倒错乱的"方田均税",逼得农民流徙逃亡,田土荒废,官府不得不停止丈量,并下令"自今诸司毋得起请方田"。新的祸害停止了,旧的弊端照常存在,田税"悉如旧额输纳"。

徽宗统治时期,对民众赋税征敛更加繁重。名义上蠲免的钱粮,实际仍然要收;政策规定给本钱的,却根本没有。提举江西常平张根奏言:"本道去岁蠲租四十万,而户部责偿如初。祖宗立发运上供额,而给本钱数百万缗,使广籴以待用,比希恩者乃献为羡余,故岁计不足,至为无名之敛。"④"希恩者"即献媚求官之人,他们与皇帝上下呼应,遂有户部催征已蠲之租、本钱变作了羡余的恶劣行径。

宣和年间,以收复十六州之后,军需消耗巨大,而京东、两河之民困于调度",于宣和六年(1124年)六月诏令"京西、淮浙、江湘、四川、闽广并纳免夫钱,期以两月纳足,违者从军法"⑤。这项征免夫钱的命令来得急促而严厉。"江西一道赋钱一百五十七万,而漕运之费不预焉。"⑥地方官乃令"税一千者输一万,约

---

① 《黄庭坚全集·外集》卷第十《吉老受秋租辄成长句》。
② 《宋史》卷三〇〇《周湛传》。
③ 《宋史》卷一七四《食货上二》。"一十七亩",《文献通考》卷五《田赋考五》作"七十亩"。
④ 《宋史》卷三五六《张根传》。
⑤ 《宋史》卷二二《徽宗纪四》。
⑥ 曾敏行:《独醒杂志》,卷五。

第六章
民众生活与社会风气

日而集",逼得民间嗟怨,"小民往往去而为盗"。当免夫钱收刮到了之后,金兵已打到汴京,北宋统治告终。

2.职役　农民承受的徭役负担,主要是职役。所谓职役,指为州县官府当差;至于各种劳务性的徭役,多由厢军承担,很少调民户劳作。职役的种类有:衙前,以主官物;里正、户长、乡书手,以课督赋税;耆长、弓手、壮丁,以逐捕盗贼;承符、人力、手力、散从官,以奔走驱使。此外,还有虞候、拣掏等人。所有这十多种职役,各以乡户等第差充。乡户等第,是按贫富划分为九个户等,以上四等乡户量役轻重摊派。后来改为主户划分五等,以上三等户充役。太宗淳化五年(994年)令:"天下诸县以第一等户为里正,第二等户为户长。勿得冒名以给役。"①这条政令,一直遵行不改。

凡是轮差到职役,官府都不付给任何报酬,故而对乡户是极大的负担。到北宋中期,有人估算,一个三千户的县,五等分户以后,中等以上可任差遣的只约一千户,二三年就要遍差一次,才得归农,即复应役,直至破尽家业,方得休闲。所以人户稍有田产,就会虚立契约,典卖与形势豪强户下,以避差役。另一方面,这种职役制度更促使官豪势要之家隐庇人口,广占田土。仁宗初年,臣僚奏:"命官所置庄田定以三十顷为限,衙前将吏合免户役者定以十五顷为限。所典买田只得于一州之内典买。如祖父迁葬别无茔地者,数外许更置坟地五顷。"仁宗批准了这个奏请,但这并没有解决差役害民的宿弊。尤其是乡户为衙前役,他们主典府库,或輦运官物,往往遭官吏敲诈,或因破损短少,运途耗费巨大,倾力赔补而破产。对官豪形势影占之害,以及由此颁布的限田令,马端临评议说:"命官三十顷,而衙前将吏亦得占十五顷,余者以违制论。夫均一衙前也,将吏为之则可以占田给复,乡户为之则至于卖产破家,然则非衙前之能为人祸也,盖官吏侵渔之毒,可施之于愚憨之乡氓,而不可施之于谙练之将吏故也。……此王荆公雇募之法所以不容不行之熙丰矣。"②

熙宁五年(1072年),江西提刑、提举金君卿首先遵行诏书,募人代官押解钱帛纲趋京,不差乡户衙前,而费十减五六。原来由乡户衙前押钱帛纲入京,每1万贯匹费钱500贯足,募得替官使臣管押,每绢万匹支钱100缗足,钱万贯支钱70缗足。神宗特赐诏奖谕金君卿。

---

① 《文献通考》卷十二《职役一》。
② 《文献通考》卷十二《职役一》。

然而，法无尽善之法，行之既久弊害自生。更因官僚良莠不齐，募役法执行中产生新的问题，如征收的免役钱不是专供募人充役之用，而是"官府之需用，吏胥之廪给，皆出于此"。时间久了之后，官吏可以从中支用，而充役者却未尝支给，"是假免役之名以取之，而复他作名色以役之"。吉州安福知县上官公颖奏曰：

> 臣窃怪耆、壮、户长，法之始行也，皆出于雇，及其既久也，耆壮之役，则归于保甲之正长；户长之役，则归于催税甲头。往日所募之钱，系承帖司及刑法司人吏许用，而其余一切封桩。若以为耆、壮、户长诚可以废罢，即所用之钱自当百姓均减元额。今则钱不为之减，又使保正长为耆壮之事，催税甲头任户长之责，是何异使民出钱而免役，而又使之执役也。①

耆长、壮丁、户长三个职役名色，免役法中都是规定出钱雇募，而实际却仍然摊派，但以此名义征收的免役钱却没有减。免役钱除承帖司、刑法司两个衙门官吏支用外，其余的全部封存。吏胥的俸禄解决了，而耆长、壮丁、户长等职役的沉重负担却仍旧。看来这是一个重大的历史难题，由劳役而职役，由职役而雇役，胥吏由无禄而给禄，是社会发展中的进步，然而没有走完。北宋社会条件有限，尽管王安石的思想境界高远，政治智慧敏锐，却终因客观环境的制约，使熙丰变法结不了果。要最终完成历史的这一步，还有待未来。吉州安福县的事例，绝不会是孤立独有的，它是一个认识熙丰变法的社会实例。

以上诸端事实证明：农民创建农业，农为立国之本，而农民生活艰辛。所以，在熟悉农村的诗人笔下，农民总体上是困苦的，即便是经济全面振兴中的江西农民也不例外。兹举数例以见一斑。黄庭坚任吉州太和知县期间，于元丰五年（1082年）到山区视察，觉得山农有"嫚官府"的言行，经仔细访问，知道是"吏曹扰之至如此"。他感慨至深，赋诗曰："穷乡有米无食盐，今日有田无食米。但愿官清不爱钱，长养儿孙听驱使。"②

元丰六年，黄庭坚又赋诗曰："南村北村雨一犁，新妇饷姑翁哺儿。田中啼鸟自四时，催人脱裤著新衣。著新替旧亦不恶，去年租重无裤著。"③吉州太和，素来是农业基础厚实，地方殷富名区，却是仍然存在"租重无裤著"的窘状。

---

① 《文献通考》卷十二《职役一》。
② 《黄庭坚全集·外集卷》第七《上大蒙笼》。刘琳等校点本，四川大学出版社2001年版，第1024页。
③ 《黄庭坚全集·正集》卷第五《戏和答禽语》。刘琳等校点本，四川大学出版社2001年版，第107页。

第六章
民众生活与社会风气

新喻刘攽记录农民的生活情状,与太和农村一样:"种田江南岸,六月才树秧。借问一何晏,再为霖雨伤。官家不爱农,农贫弥自忙。尽力泥水间,肤甲皆瘠疮。未知秋成期,尚足输太仓?不如逐商贾,游闲事车航。朝廷虽多贤,正许贳为郎。"(《江南田家》)农民苦,原因是"官家不爱农",一年辛苦所获,"尚足输太仓?"不知够不够官府的需求。

第三节
义门家族与江州陈氏

一、豪强大姓

居民中的三分之二是主户,主户之中有一批富室,广有田产,称雄乡里,影响及于衙门,或子孙扬名于科场,进出于官府,跻身于学术。有的以资财出众被泛称作豪右,有的因善于治家而受官府褒奖为"义门"。不少名门望族的成员,宦业卓著,学术名高,事迹见于史册;也有的操纵地方,作恶乡里,欺压小民,或遭人抨击,或受州县制裁。从这些富有家族的活动中,可以窥见北宋江西社会的另一个侧面。

对待富裕者的社会取向,因时因人而异。有一种看法是:"古之治民唯欲富庶,今之治民特恶豪右。"①富庶不等于良善,打击恶霸,可以保护民众致富,于社会兴盛有利。北宋没有割富济贫的政策。就江西豪右的实况论,家产丰厚者中,有的为非作歹,危害社会,遭人"特恶";有的则施财行善,表率一方,朝廷旌表,地方尊敬。均是豪右,表现不一。

鱼肉小民,作恶乡间的豪霸,民众痛恨,官府也要制裁,因为他们还藐视官长,不遵法令,损害了封建统治整体利益。例如:

饶州豪民白氏,"多执吏短长,尝杀人,以赦免,愈骛横,为闾里患"②。

浮梁县臧有金,"素豪横,不肯出租,畜犬数十头,里正近其门,辄噬之。绕垣密植橘柚,人不可入。每岁里正常代之输租,前县令不肯禁"③。

抚州民李甲、饶英,"恃财,武断乡曲,县莫能制,甲从子詈县令,人告甲语

---

① 《李觏集》卷二八《寄上孙安抚书》。

② 《宋史》卷二九八《马亮传》。

③ 《宋朝事实类苑》卷二三。

斥乘舆,……英尝强取人孥"①。

临江军,"多诸豪大姓之家,以财力自肆,而二千石亦有所挟为不法,吏乘其然,乾没无所忌"②。

这批恶霸豪强冒犯官府,危害社会治安,碰到廉明刚正的官员,便受到严厉惩处。如抚州知州王彬,与临川知县蒋堂配合,按治李甲,"索其家得所藏兵械,又得服器有龙凤饰",判其大逆罪,弃市。又据饶英"强取人孥"的事实,将其发配岭南。反之,如果长官昏庸贪墨,他们便肆无忌惮。浮梁县令"不肯禁",临江军知军"亦有挟为不法,吏乘其然,乾没无所忌",即是官贪不正,故此不能也不敢伸张正义,为地方除害。

临江军的豪右,则是因为新来的判官王益而不敢妄动。"公至,以义折正二千石,使不能有所纵,以明惮吏,使不敢动摇。"王益自己依法而廉明,既监督着知军(二千石),又威慑着贪吏,诸豪大姓看到他"不可欺",遂一方面有所收敛,同时"出钱求转运使下吏出公领新淦县"。通过活动上层,调离王益,表明豪强不仅能左右临江衙门,而且与转运使的下属有纠结,买通了这些上司官吏,故而能够使官府按其意愿办事。

豪强大族之中,不乏官僚世家,科举门第。他们家进士多,权贵多,社会势力大。地方官对这些家族,既怕他们,又要争取他们的支持,故而不少政策在他们中行不通。永新县的刘沆,在仁宗朝官至宰相,"族人偶有逋负官租数十万","前后官吏望风不敢问"。刘家"偶有"拖欠便是数十万,足见其田地阡陌,气势豪横。后来程公珦来主持征收赋税,对这些人"追逮囚系,责令尽偿而后已"。当时有族人向刘沆告状,要求制裁程。刘沆表态说:"赋入不时,吾家之罪,县官安可屈法。"③这场公案,因刘沆能自律,得到妥善解决。这件事透露出的豪门与官府之间的制约关系,具有很典型的借鉴意义。

富豪之家,往往是盗贼劫掠的对象,如饶州民甘绍,"积财钜万,为群盗所掠";又可能是维护地方治安的力量。有的豪族将众多的家人佃户组织起来,保护庄园,抗击盗贼。饶州乐平县畅亮,曾经"率家人捕获群盗",以此得"赐爵公

---

① 《宋史》卷三〇四《王彬传》;卷二九八《蒋堂传》。
② 《曾巩集》卷四四《尚书都官员外郎王公墓志铭》。王益,是王安石父亲,举大中祥符八年(1015年)进士,终官通判江宁府,宝元元年(1038年)卒,享年46,葬江宁府。子7人,安石第3。
③ 曾敏行:《独醒杂志》,卷五。

第六章
民众生活与社会风气

士,钱二万,常税之外,免三年徭役"①。由于大家族富有资财,人口众多,保全身家性命的要求格外强烈,兼有能力编练武装,所以受到社会重视。李觏特别为此写信给长官,建议充分利用豪强资财与人力,扩充地方武装。朝廷奖励这些人,既是表彰他们为社会出力,也是借以弥补地方统治力量的不足。

二、义门家族

在维护地方治安,促使社会稳定发展之中,"义门"大家族的功劳不可忽视。这些"义门"家族,内部讲究伦理,提倡道义,成员之间以孝悌相处,甚至财产共有,兄弟不分家,形成凝聚力很强的家族共同体。对外和睦邻里,尊敬官府,遵守国家法令,在地方竖起了一个良好的榜样。通过"义门"家族,展示出地区社会的一个重要侧面。鉴于"义门"的社会名望很好,对封建统治的稳定很有利,《宋史》将他们的事迹写进《孝义传》,留给后代借鉴。列入《孝义传》的江西"义门"大家族有许祚、李琳、俞隽、胡仲尧、陈兢、洪文抚、瞿肃、颜诩。

此外,以至孝闻名的个人还有六位,他们是:

易延庆,筠州上高人。太祖乾德末年(968年),其父卒,延庆"居丧摧毁,庐于墓侧,手植松柏数百本。旦出守墓,夕归侍母"。数年后,以母老称疾不出。"母卒后,藁殡数年",恪尽孝道,特别感人。

江白,建昌(今南城县)人。真宗景德二年(1005年)进士,父卒,他"负土营葬,庐于墓侧,黎羹芒屩,昼夜号泣,将终制犹然",十分真诚尽孝。

彭瑜,吉州安福人。神宗熙宁年间,其母走失,他"朝夕焚香祈天,愿知母所在",坚持十余年。

毛洵,吉州吉水人。天圣二年(1024年)进士,性至孝,守官四任,皆以父母疾病解任,在家"执药调膳,尝而后进,三月不之寝室"。父母相继病故后,他住在墓地茅屋,"朝夕哭踊",哀伤过度,抱病卒。其兄溥,亦以"哀毁"而卒。

吉水县还有李筹、李衡兄弟,父母早丧,兄弟两人始终以不及事亲为恨,徽宗政和中(约1115年),他们改葬其母,"负土成坟,庐于墓左"。

德兴张氏,是《孝义传》之外的一个孝义家族,其社会价值不亚于以上诸家。德兴张氏在唐代散居江淮间。黄巢起义之时,其家避难歙州黄墩。五代末、北宋初再迁于饶州德兴,三世同居,隐而不仕,家内注重孝义,与邻间讲宽仁。

---

① 《续资治通鉴长编》卷十八,大中祥符六年九月乙未。

至北宋中期,当家者张偕,不满足于"稼穑之勤",其中子张潜(1025—1105年),已经每天读书,追慕功名,并立下誓愿:"仕宦不至将相,孰若躬为子职之为愈耶。"将高官晋爵之愿寄托在子孙身上。张潜与两个兄长共同治家,不仅经营土地,还开采铜矿,积累总结出"胆矾水可浸铁为铜"的技术。同时,张潜放弃自己的举业,转而"锐意教子孙,胜衣以上,悉遣就学,买书一监,它文集称是,凡万余卷,分四部,建巨阁,列斋馆于左右,择明师以授之"。嘉祐八年(1063年)其弟张须①中进士,治平四年(1067年)幼弟张汲中进士。元丰五年(1082年)其孙张根、外甥万如石俱中进士。崇宁二年(1103年)孙张相中进士。大观三年(1109年)孙张朴中进士。几代人中"登科者十有余人,至礼部者三十人"。熙宁中,张偕夫妇过世,张潜兄弟未分家,继续"昆弟同居数百口","内外协睦无异言"。

张氏家族重视仁义之行,不当守财奴。春夏之交,开仓粜粮,"减市价十之一";若遇小灾,则无偿散给,"如是者三十年,环旋数百里间,谷价不涌,细民赖之,虽甚饥无流徙者"。至于修桥补路,则全不计费。对贫穷无家可归之人,供给饮食医药,死亡的给棺并予安葬。在地方公益事务中,张家出钱维修陂坝(如前所述),还悬赏10万,捕治盗墓贼。乡民敬服张潜为人,故遇有争斗,多请他裁决,"得公一言,逾于赏罚之荣辱"。至于采治铜矿,总结胆水浸铜技术,献给朝廷推广,则是对社会最重大的贡献,影响深远。

张潜告诫子孙:"吾家高曾而来,以孝友立门户,岂宜堕废以忝前人。"为此他编著《家令》三篇,逐条写明"所以训敕子孙"的内容,"使后世贤可俯而就,不贤可企而及"。可是,三四年之后,"监司以嫌,檄所属勒异籍。诉不见听,乃相与号泣,逾月而后别"②。——大族鼎盛以后,是否依旧听命于朝廷,就变成官府的心病。张家也碰上了江州"义门"嘉祐年间被迫分家的同样结局。

上述家族与个人,对社会的影响有差别,从社会风气和道义文明方面说,则是一致的。宋朝提倡以孝义治天下,坚持在强化政治统治的同时,不放松思想熏陶、文化教育。奉新胡仲尧、德安陈兢、建昌洪文抚三大家族成为北宋著名的"义门",不仅是他们凭借家族的力量,把众多的成员约束在礼法之内,服从官府,崇敬朝廷,还在于致力兴办书院教育,并将家族大门打开,接纳社会人

---

① 光绪《江西通志》卷二一《选举表二》,嘉祐八年进士名单中作"张绶,德兴人,太府少卿"。
② 此段引文,均见《通直郎张潜行状》,陈柏泉《江西出土墓志选编》,江西教育出版社1991年版,第81—89页。

第六章
民众生活与社会风气

士,扩大了积极影响。所以,朝廷与州县扶持、褒奖他们,皇帝本人也与其亲近。毫无疑问,官府看重他们的,不是胡、陈、洪三家民众,而是他们最有效地实行孝义,成为百姓的表率,使当地的统治趋于稳定。《孝义传》序言说:"冠冕百行莫大于孝,范防百为莫大于义","率天下而由孝义",所以把各地履行孝义的典型家族和个人事迹70余份编纂起来,借以证明宋朝提倡孝义的"教化有足观者",获得了社会效益。

庶民大家族兴盛,是北宋时代的特色。[①]胡仲尧等"义门"大家族,都是居乡里,为庶民,并非往昔四世三公式的门阀贵族,而且这些"义门"家族的分布明显向江南偏移。唐朝时期,《旧唐书·孝友传》写出"累代义居"事迹的有7家,都是北方人氏。《新唐书·孝友传》补充了资料,列出"数世同居者"中姓氏里籍清楚的增为36家,其中江南人6家(江西有高安宋练、弋阳李植两家),占总数的1/6。到了宋代,《宋史·孝义传》著录的历世同居家族为57家,其中江南人15家,而江西又占8家,可见其盛况。探究这种社会变化的原因,至少有四点值得注意:

第一,生存的实际需要。唐末五代战乱之后,不论是迁居江南者或江南土著,都选择家族聚居形式生活,以利增强生存竞争能力。人口重心与经济重心同时南移,庶族群体优势在南方壮大起来,以儒学精神为指导的生存方式,既为他们自身珍视,也受到社会所看重。

第二,北宋政权需要扶持大家族以便强化统治。继"礼崩乐坏"之后建立的宋朝,要防止走马灯一样的五代局面,迫切需求人们移孝为忠,大力提倡"孝者天下之大本",[②]旌表孝悌之家,旨在"教孝而求忠",达到维护赵宋专制的目的。

第三,学者们收族敬宗的理论诱导。张载认为:"管摄天下人心,收宗族,厚风俗,使人不忘本,须是明谱系世族与立宗子法。"[③]苏轼补充说,必须使宗族制度深入于百姓之中,"天下之民欲其忠厚,和柔而易治,其必自小宗始"。[④]所谓"小宗",是相对于帝王"大宗"而言,但其"长子继承,庶子分封"的原则不变,"小宗"也是封建宗法制度的体现。

---

① 详见许怀林《财产共有制家族的形成与演变》第一节《宋代庶民大家族的重建与分布》,收入《江西历史研究论集》,第63—69页,江西人民出版社1999年版。
② 欧阳修、宋祁:《新唐书·孝友传赞》。
③ 《张载集》"经学里窟·宗法"。中华书局1978年版,第258页。
④ 苏轼:《劝亲睦》,吕祖谦《皇朝文鉴》卷一〇四。

第四,社会传统习惯的价值趋向。士族世家消亡了,然而宗法观念、家族情怀依旧存在。这种观念的集中体现是苏洵、欧阳修的修谱理论与谱图的问世。他们的本意不仅是自家"尊祖而贵宗",还要"天下举不可无"①,通过修谱,产生"祖宗不忘,宗族不散"的作用。

上述四项,前一项是普遍性的物质基础,第二项是迫切的政治需求,二者都是无可抗拒的客观实际。后面的两项作为反映现实的思想理论,起着强化与推动的作用。总之,社会需求安定,民众企盼振兴家业,而朝廷希望统治稳定,于是家族的团聚义居得到政治与伦理上的论证,故而"义门"式的家族发展起来了。

三、同财共居的"义门"陈氏

江州德安县"义门"陈氏家族,实行财产家族共有,历世不分家的生活样式,是北宋"义门"家族中规模最大,延续时间最久,凝聚力最强的家族。

陈氏自陈伯宣隐居庐山开始,扎根江西。其孙旺,徙家江州德安县太平乡常乐里(今德安县西部车桥乡义门村),从此家族日益昌盛。旺子崇,"以治家之道必从孝道始,乃撰家法垂示将来"②。从唐末到五代南唐,陈氏已经出名,南唐曾"敕赐义门陈氏","蠲其沿征科役"。但是,其家名声大显,特别受到朝廷嘉奖和扶持,还是在北宋以后。宋太宗免去其"本户沿征杂税",又每年"贷官米二千石"补助之③。陈家奏上《家法》,太宗命送史馆缮写存档。原来不起眼的私家文字,顿时成了国家档案。真宗赐对联褒扬陈氏:"萃居三千口人间第一,合爨四百年天下无双。"天圣元年(1023年)江州奏报"义门"民陈蕴年八十,且有行义,其家"聚居二百年,食口二千"仁宗说:"良民一乡之表,旌之,则为善者劝矣。"特授陈蕴江州助教④。经过三代皇帝接连的褒奖,陈氏遂由江南一县之内的乡民,升腾为天下人的表率,被赋予"天下无双"的地位。有帝王的褒奖在前,宰执大臣如张齐贤、晏殊等的赞扬紧跟其后,记下的诗文很多。

"义门"陈氏有耕读结合的生活方式。他家人丁昌盛,传说一夜出生32个男孩;田产广袤,一次买黄忠铺地段水田,计三千八百步,拨给东佳书堂的学田,

---

① 苏洵:《嘉祐集》,卷一四《谱例序》。
② 胡旦:《义门记》,见道光《义门陈氏大成宗谱》卷首。
③ 《续资治通鉴长编》卷二一,淳化元年四月癸丑。
④ 《续资治通鉴长编》卷一〇一,天圣元年十二月甲子。

第六章
民众生活与社会风气

即为20顷,其家每年交纳的秋粮租米达4000余斛。与众不同的是,陈氏特别认真地要自家男人耕田,女人养蚕织绢;日用物品严格平均分配;管事成员选贤任能,凭德才充任;家人毕生的生老病死全都妥善安排。大锅饭吃得有条不紊,待遇平均让人安心无忧。有了稳定而充足的自给条件之后,办起了东佳庄书院,创造性地实施初级与高级分开习学,为聪颖者提供科举出仕的良好环境,将居家乡间与进入官场兼顾起来,开辟了移孝亲为忠君的通途。身处田野而不封闭,产生了内有"肃于公府","孝谨不衰"的效果,外有"乡里率化,争讼稀少"的社会影响。所以,太宗朝宰相宋琪《赠义门陈村东佳书院》诗描述其豪盛状曰:

　　群贤肆业文方盛,孝友传家族更豪。
　　旌表异恩门第贵,史书新传姓名高。①

"义门"陈氏强力维持家族共财,厉行勤俭度日。陈氏很富有,但是家族成员的日常生活水平低,普通成员必须长年参加耕织劳作,活动的空间只是田野、都蚕院,而饮食衣鞋之类仅够维持温饱(详下节),大家生活简单,满足于老少团聚。家族经济是低消费上面的高积累,同财共居是建筑在孝悌观念上的严密管理。

"义门"陈氏的同财共居,因其自身的盛大而走向瓦解,即便没有分家的朝命,也已到了分家的门口。随着人口不断增加,常年住在祖居地的成员,只能是一部分。田庄分散他乡外县,供少年读书的东佳庄书院,也在20里之外。庆历年间,"以食指太繁,曾分遣千余口往庄舍就食",共居已经只在部分成员之间。嘉祐三年(1058年)家族聚会,"众思时节归侍遥远,聚会失期,似亏义气,告之宗长,乃创小屋五百间于东佳以处之,今之黄州庄回归院是也"②。如此安排子孙"归侍",设置家族招待500间,生动地说明"厨无异爨"早已过去,如今正是众厨冒烟了。分遣外出"就食"者以千数,一年中仅几次回归省亲,其经济收入即使稽核,也将地远难周,遥控不了,"室无私财"这个根本特征必将暗淡变色。有了几百的官宦子弟和千余就食庄舍者在外面,同财共居名不副实,"义门"变成符

---

①　道光《义门陈氏大成宗谱》卷首。
②　民国二十三年崇阳庄《义门陈氏大成宗谱》卷五。

号,分家已成定局。

"义门"陈氏的分家不是自身拆伙,而是遵命的不得已散开。据陈氏谱册说,庆历四年(1044年),其家应举登科者45人,任朝官者18人,任地方官者209人,合计272人。大批"义门"陈家精英,在众多衙门有职有权,对社会的影响日益增强。"义门"陈家在官府荫庇之下,豪盛煊赫。然而物极必反。朝野对它称颂之余不无忧虑。仁宗嘉祐七年(1062年),以"保护"的名义,命路州县三级官员登门监临,限期分家。一时间将这个家族拈阄分为291份,另买庄田43份,合计334份,散播到江、浙、闽、广、湖、湘等广大地域中去了。大的家族瓦解了,其聚居生活的景象保存在后代的思忆中,祖先制订的《家法》写进了各"义门"陈氏谱册,供人浏览。

四、"义门"陈氏《家法》

"义门"陈氏家族的财产共有制生活,能够持续不分的关键,在于家族内生活管理的均平与公正,其生存基础是小农经济的耕织结合,而精神支柱则是强烈的忠孝伦理。全家族数以千计的成员,甘心吃大锅饭的基本信息,大致集中在《家法》33条之内。

真宗咸平五年(1002年)中书舍人胡旦《江州义门陈氏宗谱序》说,该家族聚居在唐末,陈崇于僖宗大顺元年(890年)制定了《家法》,然而大显于世是北宋以后。开宝末(975年),宋灭南唐,江南转运使张齐贤奏免其家两税正色(即田赋);太平兴国七年(982年)赵普奏请免其沿征杂配(即五代以来的杂税);淳化初(990年),江州知州、殿中唐塘戬又以其乏食,奏准每年春首贷米2000石度荒;至道中(996年),太宗遣内侍裴愈带御书散给江南名山、寺观、德义之家,江州陈氏共得33卷,又赐给字派12个字,令陈氏子孙按派取名。裴愈将陈氏家法带回朝廷,太宗看后曰:"天下有此人家,真良家也。"命裴愈把它交史馆缮写,"赐王公各一本,使知孝弟之风"。裴愈遂言陈氏每年交粮4000余石至江州,运费达2000余石,"若就德安县仓,以充军马驿料",则是给"义门"更大的实惠。太宗允准。这一系列"天恩",集中出现在太宗时期,极大地提升了义门陈氏的社会名望。其家内底究竟怎样?自然成了朝野最关注的问题。换句话说,现在大家特别想了解其《家法》内容。我们现在看到的版本,最早的是道光二十七年(1847年)《义门陈氏大成宗谱》所载的三十三条。这份陈氏家法经历近千年的

第六章
民众生活与社会风气

流传翻刻,其内容与文字必定会有增改错讹①。然而,要考察北宋时代人的生活与观念情状,它仍然是一份难得的个案资料,弥足珍贵。

"义门"陈氏家法,在《义门记》中说是唐末的陈崇制订的,但其开场白说制订家法的缘起,强调其家有"代传孝弟,业继典坟"的传统②,做到了厉行伦理与重视读书并重。说到国家形势,则指明"我圣王诞敷孝治,恢振义风,锡以涯恩,阖宗荣耀"。仔细品味这些文辞,是在贯彻宋朝立国的孝治原则,与宋太宗对其家褒奖的事实暗合,完全不像唐末昭宗没落败亡景象的写照。所以,在此处剖析"义门"家法是合适的。

制订家法的目的是:"恐将来昆云渐众,愚智不同,苟无敦睦之方,虑乖负荷之理。"此即强化管束,对付违背伦理,言行出格的子孙。如此宗旨,属于人有我亦有的东西,看不出个性特色。有意思的是它的具体条文,将"公私出纳之式,男婚女嫁之仪,蚕事、衣妆、货财、饮食,必令均等,务要和同,令子子孙孙无间言而守义范也"。没有停留在抽象训诫,思想诱导的表面,而是进入日常生活的底层,在实际利益上达到"均等"、"和同"的标准。下面我们大致归纳为五个方面,介绍该家法的内容。

首先,家族的领导成员及其职责。陈氏家族掌权者有主事、库司、庄首和宅库人。"家法"写明:"立主事一人,副两人,掌家内外诸事。"他们的人选,"不以长少,但择廉谨才能之人任之,不限年月。倘有辞状乞替,请众详之。若年老衰弱,相应择人替之。若壮健仍不许退。若才能不称,仍须择人代之"。总之,要由德才兼备,能力胜任者担当。

库司2人,职权是"惩劝上下,勾当庄宅,掌一户税粮及诸庄书契。每年送纳王租,给应男女衣妆,考校诸庄租课,备办差使应用"。"此二人亦不以长幼,但择公干刚毅之流。"主事和库司是家族中执掌大权的上层核心,其人选不论长幼辈分,也不是嫡长子继承,只论才干公正,这就可能保证家族管理的高水平,体现出家族内的民主风尚,有利于维护家族团结与义居生活。

---

① 元惠宗至正十一年(135年),危素写《陈氏尚德堂记》,说湖南浏阳陈氏有家规十六条,后半部分是关于家族男女成员劳作及"公库"抽成的规定。他最后说:"九江之宗家,不独专美于前矣。"据此,浏阳陈氏确是德安"义门"分家后迁徙过去的裔孙,而其家法与我们这里利用的"三十三条家法"主旨虽同,而条目大异。其他记有"三十三条家法"的本子,文字也多有差异。本书所用的是我看到过的最早的版本。

② 《江州"义门"陈氏家法三十三条》,见许怀林《财产共有制家族的形成与演变》附录。(台)《大陆》杂志1998年第2、3、4期。

庄首,是田庄的负责人,"诸庄各立一人为首,一人为副,量其田地广狭,以次安排弟侄,各令首副管辖,同共经营。仍不得父子同处,远嫌疑也"。耕地是家族的主要财产,田庄是其基本生产单位和财富来源,经营田庄的正副庄首,均由弟侄担任,但不能父子同处,还是注意管理上的公正性。庄首要接受库司的监督,"其出入市廛,买卖使钱,须具账目回,赴库司处算明。稍不遵命,责以常刑"。"每年收到谷斛,至岁晚须具各庄账目归家,以凭考课,并由库司检点。"凡田产增添,仓廪充实者"次第加赏",凡怠惰败阙者"重加惩处"。

宅库人10名,"差定弟侄"充任,分别掌管酒酢、仓碓、园圃、门户和监收禾谷、桑柘、柴薪诸事务。宅库人和各田庄的庄首都是家族产业的实际经营者,职责分明,分工具体。庄首分片经营田地,宅库人按行业理事,在家族统治者中他们处于第二个层次,全由弟侄担当。同辈弟侄均有义务承担这份差事,也有权利管理一项家业。"差定"和"以次安排"相同,都是家长们指派。

以上四类领导成员,其选任强调德才,管事强调公正合理,分开了家族的辈分因素,杜绝亲疏程度的影响,既不是张公艺式的一切"忍"为上,也不是辈分最高者的家长专制,颇具家族内民主性原则作风。

其次,生产劳动制度。农业劳动是陈氏家族一般成员的基本活动,众多的田庄劳动者,是本家族的成员。男耕女织,按部就班,要求严格,一丝不苟。"家法"规定,男性成员"凡出入归省,须候庄首给限。自年十四以下归家限一日外,须赴同例执作农役"。他们从15岁就赴同类劳作,若要到自己的小家庭去,不能超过庄首规定的时限,不得随意在外活动或在家歇息。陈家的粮田是否出租,是否雇请佃客耕作,"家法"中没有记载,但是十个宅库人中,有人负责"抽雇庄客锄佃蔬菜",有人"管押庄客逐日舂米"。由此推想,雇佣庄客耕田也是有的。

女性成员的劳动项目有炊煮和蚕桑两种。全家族的饭菜茶水,由8名年轻媳妇炊煮,她们"不限日月,迎娶新妇则以次替之"。其他媳妇和未出嫁的女儿,则养蚕,织绸绢。陈家有一所"都蚕院",设院首,内分若干蚕房。凡45岁至58岁的称蚕婆,45岁以下的称蚕妇。每间蚕房有蚕婆1名,蚕妇2名,配给蚕种2两,女孩"各令于蚕母房内同看桑柘"。每年向官府交纳的夏税丝绸绢,由"库司纽配诸庄丝绵,归以蚕妇女织造"。

男性在田野耕种,女性养蚕织绸绢,穿衣吃饭都是自产自给的。然而它不是一夫一妇的男耕女织,而是家族内的协作劳动。这是一个家族公社。家长统一指挥全家族男女劳动力,从事生产劳动,劳动成果全部归家族所有,统一解

第六章
民众生活与社会风气

决生活资料的供应,完成应负担的赋粮税绢。家长、主事、库司、庄首(院首)、宅库人等是不同层次的掌权人、管理者;广大的男女成员是劳动者,即财富创造者。二者的地位差别掩盖在"义门"家族的大屋顶下。

第三,关于婚姻和教育。婚姻形式和社会形态相联系,"义门"男女的婚姻服从于同财共居的生活原则。陈氏家族"立开勘司一人,掌卜勘男女婚姻之事,并排定男女第行等事"。"男年十八以上,则与占勘新妇","女则候他家求问,亦属勘司酌当"。婚嫁所用礼物,规定了统一的品种和数量,由主事或库司纽配诸庄应付。陈氏子女的婚嫁,从父母包办上升为家族包办,费用由家族操持,配偶由家族选定,取舍的标准是家族的利益与名望,男女青年自己的志愿不予考虑。家长的支配权在这里不容置疑,而一视同仁的待遇,使这种支配通行无阻,并有亲亲无间的信誉。

很值得注意的一点是,陈家规定男子"皆只一室,不得置畜仆隶"。禁止娶小妾、养婢女,是在阻塞私房膨胀的通道,减少各个家庭之间的矛盾纠纷,使家族不在无休止的闺房私事中钩心斗角,腐蚀整个家族,导致聚居破裂。婚姻唯家长之命是从,男子皆只一室的原则,是陈氏聚居得以持久的重要秘诀。

对子弟的培养教育,陈氏的做法是设院学以教童蒙,立书堂以供青年深造,为参加科举考试作准备。在州县地方官办学校冷落凋零的背景下,陈家的院学与书堂既有田产保障经费开支,又有完备的措施坚持执行,办得出色,声望及于江南。

第四,关于日常生活和物品分配。"家法"中这方面的条文最多,计13条,占39%以上。可以分为饮食、衣着两部分。每日三餐茶饭,男女分坐,作两批进食。男子15—40岁的先吃,"取其出赴勾当",以利及时劳作;家长以及40岁以上的人同座后吃,"以其闲缓"。这种安排,照顾到农耕需要,没有强调尊长居前的礼节。逢年节,全体于"大厅同坐"。

饮食标准:除一般茶饭之外,尊长平日均备好酒,"任便取给";诸房老病者,每月给食油1斤,茶盐适量——这意味着可以另做治疗食品;参加农耕的男子,每五夜一会,给"酒一瓷瓯,所以劳其勤者"。

衣着:男子二月给春衣,每人丝10两。夏天绨葛衫一领。寒衣,40岁以上至尊长,绢一匹,绵五两;40岁以下,丝10两,绵五两。每人给头巾一领。(许按,"家法"中只有"表丈夫衣妆"的条文,未涉及妇女衣妆,疑有脱漏。)

男年15岁裹头,给巾带一副;女年14岁合髻,给钗子一双。

不论男女,每年给麻鞋;妇女给巾帨针管等物。

草席,每房一副,冬天发给。

草履,"丈夫每月各给三两"①。

上列内容证明,陈氏家族普通成员的生活水平是低档的。据传,陈家的祖训是:"奇服异品,莫思好玩,钱财货利,莫视泥沙。"要人在温饱的条件下不考虑改善生活,满足于最起码的家族供给制的生活待遇。生活消费品人各一份,相对平均,符合同财共居的要求;另一方面,这又是财产家族共有制原则下的家长专权,普通成员只有劳动义务,没有财产支配权的反映。当朝廷问为什么能历世不分家? 他们答:"吾家男妇一公无私。堂前架上衣无主,三岁孩儿不识母。丈夫不听妻儿话,耕农不说田中苦。"②自然,每人一份的衣食供应,只是就普通成员而设。那些掌握家族大权的上层成员绝不是这样。正如家谱中所反映的,他们出门有马车,新酒对客开,坐上多贵族,优游礼乐中。有功名、任职官的成员,更不待言。祖训要求视钱财如泥沙,仅仅是对普通成员的告诫,其目的在于维护财产的家族共有。

第五,对一般成员的行为要求和处罚规则。"家法"的封建专制性质,在这部分的条文中表现得最为明显。它要求男子必须"逐日随主事差使,执作农役。稍有不凛遵者,具名申上,取家长处分科断"。"凡入门及晨昏定省事,须具巾衫裳带,稍有乖仪,当行科断"。"凡不遵家法,不从家长命",决杖15下。

陈氏"义门"是以家长之命为全体成员的言行准则。这个家族的普通成员,要勤劳地逐日执作农役,要恭顺地遵守礼仪。他们创造的家族财富,然而处于被统治地位,获得的仅是微少的生活资料。为了使这些劳动者听命,故而极力树立家法的权威和家长的尊严,维护家族内的统治秩序。

"家法"约束的事项,还有酗酒、赌博、斗殴等。最重的处罚是"妄使庄司钱谷,入于市廛淫于酒色,行止耽滥,勾当败缺",凡有这些行为的人要"杖二十下,剥落衣妆,归役三年"。对此类行为的禁止和责罚,无疑是必要的,惩罚了家族成员中的败类,有利于家族团结和聚居生活的稳定。为了处罚违规犯法者,特设"刑杖厅"一所。

---

① "两",即是"緉",《说文》丝部:"緉,履两枚也。"宋代人称一双鞋为一緉。草履,即草鞋,以稻草编织而成。男子要在田野劳作,故每月另给3双草履,是足用的。

② 道光《义门陈氏大成宗谱》卷首《宅第制》。

第六章
民众生活与社会风气

此外,"家法"中还规定一人学医,疗治疾病。设祈祷巫室所,办理丧葬祈祷事务。置先祖道院,供奉祖宗牌位。总之,举凡生老病死,"家法"中都作了规定,人生一辈子的事务,家族都要管起来。分门别类,专人办理。

"义门"陈家是一个完整的小社会,它是北宋社会制度的缩影。但是家族的关系超越于经济关系之上,阶级的分野被牢牢地束缚在家族圈子内。正因为此,陈氏家族规模之大,凝聚力之强,史所罕见。其"义门"之"义",即封建等级统治与伦理道德规范,符合者为宜,违背者则受制裁。陈氏在这方面做得十分认真,要求严格,而且颇有成效。他们为树立"家法"的威严,在刑杖厅写出对联:"家严三尺法,官省五条刑。"[1]将家族的私法与朝廷国法连接,置家法于国法之基础的地位。正是在这一点上,朝廷注重这个基础,旌表它,强化它。

"义门"聚居既强调礼义伦理,严密而有效的管理,也很重视刑法。"义门"具体而微地表现着国家统治的内容,是封建社会的坚实基础。

第四节
民俗中的好讼与尚巫

好诉讼,信巫术,是江西民众生活中的突出习尚。这两种习尚的形成,有复杂的社会背景,也有深厚的文化渊源。巫术,是远古社会文化的遗传。诉讼,则是新近勃兴的经济文化现象。社会早已批评巫术,排斥巫术,然而民众信者仍多。生活激发起诉讼,社会需要诉讼参与运作,然而赞成者有之,反对者有之。高居于社会之上的法律早已问世,然而在统治者以法治民的同时,平民也要求依法行政,保护自己,这在北宋的江西,是很时尚之举。

一、民知法而好诉讼[2]

北宋江西农业生产加速发展,文化教育日益昌盛,众多的富室大户与不断涌现的士人促成了经济繁荣,商业交易活跃。比较前代,有更多的平民子弟通过科举考试,上进到官僚阶层,由民户上升为官户。出仕为官者都将买田做屋,

---

[1] 道光《义门陈氏大成宗谱》卷首《粹言家语》。
[2] 参见许怀林:《民俗好讼—江西民俗文化研究之一》,载《南昌大学学报》1995年增刊;《宋代民风好讼的成因分析》,《宋史研究论文集》河北大学出版社2002年版。

发家致富，借以增强自家的经济实力，光耀门楣。富而学，学而优则仕，仕而更致富，三者互相推进，互为因果。于是，扩大土地占有量的欲望普遍强烈，于是争夺土地的纠纷相应增多。所谓"疆理之充斥，诉讼之纷纭"之类的争讼，反映了民众的社会身份平等、法律意识增强，是社会在发展中新出现的竞争，不是破坏性的赤裸裸的暴力劫夺。以往豪强大族称霸地方，小民不敢抗争，或控诉无门的黑暗，已经冲淡、减少。因此，习学法律规条，了解诉讼门径，寻求胜讼诀窍之类的活动，成了乡间的热门，而总结写状纸，辩曲直，找法律根据的知识与经验，成了社会需求，相关的书册应运而生。

北宋的政治大局与社会经济相适应，专制集权加强，法制权威提高，州县衙门有很大的统治能量，百姓对皇权唯命是从，视官府为保护者，故而愿意进衙门听官吏裁判争端，诉讼遂有"打官司"的俗称。江西民间兴起诉讼之风，社会舆论认为江西人好讼。

真宗景德年间（1004—1007年），袁州知州杨侃说：袁州"编户之内学讼成风，乡校之中校律为业。故其巧伪弥甚，锥刀必争，引条指例而自陈，讦私发隐以相报，至有讼一起而百夫系狱，辞两疑而连岁不决"①。这里虽然是说袁州之民，实际可以看作是江西十三州军的普遍现象。民众"学讼成风"，实在是大进步。能够"引条指例而自陈"，说明对法律内容已经相当熟悉；敢于"讦私发隐以相报"，则是有了依法抗争自觉性。

北宋法制因袭唐朝律令格式，编制了《刑统》30条，之后随时损益，制定出大批具体条文。从太祖至仁宗庆历年间，编订出《总例》500条，《一司敕》2307条，《一路敕》1827条，《一州、一县敕》1451条②。尽管已有数千条法律敕令，仍然有"法所不载"的异样案情，后出的相同案件，便参照以前的案例判决，因而常有"引例破法"的现象。官吏断案或依法律，或据案例，没有定准。因此，民众诉讼，也需了解相关的法与例，才更利于辩护。这些就是袁州之民"学讼"的背景。官府的法制现状，促使民众将培养与提高"引条指例"的能力，看成非常现实的生存需求。

袁州民间的风气，也存在于其他州县。例如虔州：庆历年间（1041—1048年），兴国知县程珦，了解到"邑素号难治，而衣锦乡尤甚。……江西民善为赝券

---

① 光绪《江西通志》卷六七《增修袁州郡厅记》。
② 《宋史》卷一九九《刑法志》。

第六章
民众生活与社会风气

争人田,旁邑有讼,积十余年不能决,部使者委珣根连佐证,嚣然盈庭"①。会昌县,其民"健讼,善匿情成狱,户婚事多久不决"②。

吉州:至和初年(1054年),首任永丰知县段缝说:吉州吉水"丁粮之繁,赋输之夥,疆理之充斥,讼诉之纷纭,为州与县者常病之。……今天下号难治惟江西为最,江西号难治惟虔与吉为最"③。朝廷的文告称:"虔吉二州,有家学教习词诉,积久成风,胁持州县,伤害善良。"④"家学",自然是民办书院;民间"教习词诉",而且"积久成风",可见诉讼为迫切需要,早已深入社会生活之中。至于"胁持州县,伤害善良",这是对诉讼的评价,需要具体分析。州县是帝王与朝廷的具体而微,素来有绝对的权威,百姓只能驯服听命,现在敢于据法争辩,如此的"胁持州县",倒是可以防范昏官贪吏徇私枉法,有益无害。

洪州分宁县:曾巩写分宁县的民情是:"长少族坐里间,相讲语以法律。意向小戾,则相告讦,结党诈张,事关节以动视听……其喜争讼,岂比他州县哉。"⑤民众有讲习法律的习惯,喜好争讼不比别地差。

抚州、建昌军两地的民俗,与上述各地相似。如南丰县,"俗喜讼,令始至,豪猾辄构事入县,察令能否"⑥。南宋初从南城分置出新城县(今黎川),当时人陈孔林写《新城建县记》说:"建昌居江西上游,本抚州南城县,……其细民则未免健讼喜争,租赋不时,盗贼继作,前此令两邑(许按,指南城、南丰)者,质明视事,夜分乃罢,尚或不给,继以病去……"⑦由于租赋、盗贼两大社会问题,民众健讼喜争,致使知县疲于奔命,迫切要求增加一个县,以便强化官府力量。据陈孔林说,析建新县的请求自徽宗时就多次提出,可见争讼的风气由来已久。抚州崇仁县的风气有些异样,"有避刑名,塞逋负,而辄残其肢体者"。开始的时候,只是"山谷无赖之民"会这样,后来城里人、吏人也这样做。"凡此非因州县阻抑,或予夺不中,有激而后为。只欲取必于官司,以济其奸耳。"这与使用苦肉计相似,为了打胜官司,不惜自残手足。崇宁年间,丰城人孙妙仲为崇仁县尉,

---

① 同治《赣州府志》卷四三。
② 《黄庭坚全集·别集》卷九《叔父给事形状》。
③ 光绪《江西通志》卷六八。
④ 《宋会要辑稿·刑二之一五〇》。
⑤ 《曾巩集》卷一七《分宁县云峰院记》。
⑥ 王安石:《郭公墓志铭》,见《王安石全集》卷九五。
⑦ 光绪《江西通志》卷六八。

特写《截臂行》告诫吏民,期望革除这种恶习。文中说:"愚民气焚胸,一忿敢趋死。以死视四肢,截臂如去指。"看到别人"截臂"得逞,遂跟人学样。此弊成风,是因"其初姑息吏,不与杜其源"。若使奸谋者受罚,则无人仿效,"一奸不济百奸消,共致和平裨在宥"。可惜,孙妙仲的仁厚心意未能收效,截臂恶俗继续蔓延至于南宋①。

民众习惯是逐渐养成的,成为风气之后会持续存在,有很顽强的惯性。持久的社会诉讼需要,催生出诉讼教学活动,相关教材也跟着产生。沈括说:

"世传江西人好讼,有一书名《邓思贤》,皆讼牒法也。其始则教以侮文;侮文不可得,则欺诬以取之;欺诬不可得,则求其罪以劫之。盖思贤,人名也,人传其术,遂以之名书。村校中往往以授生徒。"②

由邓思贤到《邓思贤》,从教词诉的人名变为传其术的书名,他的影响之大,民众对此书需求之切,由此可见。《邓思贤》讲的是打赢"官司"的诀窍,在熟悉法律条文之后的诉讼方式方法。民众已有"引条指例而自陈"的能力,不怕诉讼,进而追求提高胜诉的本领。

《宋史》地理志对江南东、西路作出了总评议:

> 江南东、西路,盖《禹贡》扬州之域……川泽沃衍,有水物之饶……而茗荈、冶铸、金帛、秔稻之利,岁给县官用度,盖半天下之入焉。其俗性悍而急,丧葬或不中礼,尤好争讼,其气尚使然也。

物产多,赋税高达"半天下"的经济条件,是争讼纷起的前提。百姓的脾性习尚,离不开经济生活环境。毕生农耕或劳碌于山林的人,质朴、耿直、务实,却不会周旋人际关系,不了解官场行情;奔走于码头、贸迁于都市、进出于衙门者,灵敏、多识、乖巧,善于和胥吏打交道,有纵横捭阖以智取胜的技能。他们二者的生活处境,养成的思维习惯、价值观念全然不同。宋以前的史书中,不见关于江西人好争讼的谈论,到北宋却有了尚讼的社会风气,这是农业经济振兴,商贸交通发达,文化教育相对普及,法律知识传播民间,人们的法制观念增强的结果。质朴而耿直的人打官司,有一股"较真"的硬劲,往往只认"死理"而吃

---

① 吴曾:《能改斋漫录》,卷十一《孙妙仲作截臂行》。
② 沈括:《梦溪笔谈》,卷二五《杂志》。

第六章
民众生活与社会风气

亏。失败的教训,迫使他们下工夫学习法律,掌握诉讼本领。

二、田讼是诉讼的首要内容

民众进衙门要求秉公判决的纠纷案件,主要是土地所有权纠纷,为争田地而起的角逐。

唐末五代以来,江西劳动力大增,耕地趋于紧缺,占有耕地,是掌握财富的主要象征,发家致富的重大目标。各阶层成员对土地的强烈欲望,加剧土地兼并,使土地所有权转移加快。北宋实施"不抑兼并"的政策,一方面是以耕地换取政治统治权力,另一方面是适应农业经营活跃的形势。然而,经济领域中的蓬勃生机,伴随着无数的龌龊、奸诈和痛苦,引发出与日俱增的田产争夺讼案。

虔、吉州"难治",即因田地争夺激烈。兴国县的衣锦乡,顾名思义,必是官绅众多之乡,他们兼并田地的势头更猛烈,故尤难治理。而抢占田地的手法,更多地采取伪造田契,制造合法依据等欺诈手法。所谓"善为赝券争人田",吉州永新县豪民龙聿即是一例。他骗周整的田,先谋得周家其他文契的尾印,而后"撰伪券续之"。周整母亲讼于县,讼于州,讼于路,乃至朝廷,"击登闻鼓,皆不得直"[①]。即因辨识文契真假、判定归属的难度大。最后,来了知县元绛,他看出此"券年月居印上"的破绽,才判了这件悬案,龙聿"即日归整田"。

泰和县的情况,据黄庭坚等人的了解,田契的问题最多。民众插笔于冠,怀揣法律文书,随时准备打官司,"土风尊健讼,吏道要繁刑",故而讼端来势汹汹[②]。官场评议为"里俗险悍,喜构虚讼"。知县戚纶写《谕民诗》公告,其中说:"文契多欺岁月深,便将疆界渐相侵。官中验出虚兼实,枷锁鞭笞痛不禁。"[③]胥吏对待诉讼之民,是频繁用刑,枷锁鞭笞,常是屈打成招。然而,要真正验明年深日久的伪文契,不是轻易之举,故而讼诉历年不决,积案重重,涉案人多,所以地方官员为此烦恼。

永丰县之所以要建立,即因丁粮繁,赋输夥,疆理充斥即田界交错,引发利益冲突,诉讼纷纭,"为州与县者常病之"。当时组建永丰县,从吉水县分割3.5

---

① 《宋史》卷三四三《元绛传》。
② 黄庭坚:《太和奉呈吉老县丞》,见《黄庭坚选集》第151页,上海古籍出版社1991年版。
③ 僧文莹:《玉壶清话》卷四。

万户,接近全吉州在唐天宝元年的总户数(3.7万),可见人口稠密,土地垦辟与人地矛盾同时增加,所以会有田界犬牙交错,丁粮赋税中的纠葛极多,导致讼案堆积。增设永丰县的用意之一,是"欲使昔之远而难告者,今得近而赴诉;昔之纷而难理者,今得总而就绪"①。增加了一个县,能就近而及时地控诉与审理,相对地有利于更快更公正地裁决讼案。

袁州民户学讼成风,争斗的也是田产。知州杨侃指出袁州的问题在于:"地接湖湘,俗杂吴楚,壤沃而利厚,人繁而讼多。"与此相连的湖南民风也是:"(荆湖)南路有袁、吉接壤者,其民往往迁徙自占,深耕溉种,率致富饶,自是好讼者亦多矣。"②景祐二年(1035年),刘沆知衡州,当地大姓尹氏,欺邻居子幼翁老,"欲窃取其田,乃伪作卖券,及邻翁死,遂夺而有之"。其子诉于州县,二十年不得决。刘沆受理此案,验尹氏历年纳税单,发现税少而田多,于是质问:你当时立田契,按朝廷规定问过邻居吗?他们多数人还在,可传来讯问。尹氏知再瞒不住作伪,遂伏罪③。

从吉州至袁州,至湖南,凡是土地垦种扩展迅速的所在,便有土地纠纷,形成"锥刀必争"的民风。百姓竞争,官绅抢夺,都以耕地为对象。农业经济兴旺起来,耕地的价值就会提高;由科举进入仕途的人与日俱增,兼并土地的纠纷就跟着剧烈。这个时期兼并的特点是,伪造文契,诉诸官府裁决。这种土地诉讼之风,显示着经济契约关系的深入,以及国家权威受到尊重。民众的法律意识增强,文明程度提高也由此体现。围绕田产而派生出来的立继、归宗、婚嫁、分家以及祠产、墓地等方面的讼案,跟着频繁起来,堂皇的伦理往往受到赤裸的利益挑战。官府与士绅学者们关于孝义、礼乐、道德的教化,未能遏制住财富追求与诉讼风气的漫延。

三、舆论关于"好讼"的评议

江西众多州县均因民"好讼"而被列入"难治"之列。对此的评议,就已掌握的资料来看,否定的意见占多数。黄庭坚于元祐八年(1093年)九月写《江西道院赋》,其序曰:

---

① 光绪《江西通志》卷六八。
② 《宋史》卷八八《地理四》。
③ 《宋史》卷二八五《刘沆传》。

第六章
民众生活与社会风气

江西之俗,士大夫秀而文,其细民险而健,以终讼为能,由是玉石俱焚,名曰珥笔之民,虽有辩者,不能自解免也。惟筠为州独不嚚于讼,故筠州太守号为"守江西道院",然与南康、庐陵、宜春三郡并蒙恶声。①

筠州和袁州山水紧接,有同样的生产生活环境,民风一致,本在情理之中。民谚谓:"筠、袁、赣、吉,脑后插笔",正是总述四州好讼的风尚。黄庭坚认为筠州是受牵连,"并蒙恶声",这大概就是自辩而不得解脱的一例。换言之,认定讼风遍四州的舆论占上风。对这种风气,黄庭坚将他看作是"细民"的行为,"秀而文"士大夫是不会有的。其实,任何事象分析到深刻细致的程度,都有个性差异,不会人人都一样。自家受侵害而诉讼,与那种借打官司而讹诈他人,谋取不义之财的行径,不能等同;而借打官司牟财的人,在"细民"与士大夫之中都可能有。但我们不能因为抨击"讼棍"而反对诉讼。

"终讼为能",是应该肯定呢还是该否定?须具体辨析。上节周整母亲反复告状,从永新县到吉州,从吉州到江南西路,从江南西路到汴京,"皆不得直"。如果罢休不再讼,则将失去自己的"上腴田",而"豪子龙聿"的欺诈得逞,并获合法外衣。让侵吞得到保护,而受害者冤不能伸,那是昏贪官僚与豪霸们共同制造的黑暗。周整之母坚持抗争的倔劲,终因新任知县元绛的精明而胜诉。如此"终讼"能不赞颂?视为恶名声的内容,应是"善为赝券争人田",不该是受害者的顽强申辩。

黄庭坚赞赏"不嚚讼",期望用道德教化改变风俗,其赋文中说:"珥笔教讼者传问孝之章,劓耳锁肮者深春耕之耒。卖私斗之刀剑以为牛,羞淫祠之樽俎以养亲。"他的善良心愿,在北宋的现实中不可能实现。

"嚚讼"的事象,是何人搞出来的?从曾巩对分宁人的描述中可以看到一些行迹,他说:

"分宁人勤生而啬施,薄义而喜争,……意向小戾,则相告讦,结党诈张,事关节以动视听。甚者刻金木为印章,摹文书以绐吏,立县庭下,变伪一日千出,虽笞扑徒死交迹,不以属心。"

民众相互之间有了纠纷,进衙门论曲直并非坏事,然而事关节、刻印章、摹

---

① 《黄庭坚全集·正集》卷十二《江西道院赋》。

文书欺诈官吏,明显是恶劣"讼棍"借以霸占钱财、蒙蔽视听的伎俩。熟悉而且需要玩这套骗术的,不是小民,不是农夫,无财无势之人总是受害者,他们胜诉的根由是事实本身;而霸道者的惯用伎俩则是造假以混淆黑白,行贿以换取贪吏呼应。因为衙门中存在贪赃枉法的"关节",奸豪恶吏们才使出"变伪一日千出"的把戏。令人遗憾的是,有些人失于分析,将"讼棍"的劣迹看作百姓皆有的习尚,当成了分宁的"土俗"。

对民讼之事,持客观而实在的评议,当以杨侃的见解为代表。杨侃,钱塘(今浙江杭州)人,太宗端拱中(989年)进士。他在前引《增修袁州郡厅记》中说:

> 袁之于江南,中郡也,地接湖湘,俗杂吴楚。壤沃而利厚,人繁而讼多。自皇宋削吏权而责治术,天下之郡,吉称难治,而袁实次之。何者?编户之内学讼成风,乡校之中校律为业,故其巧伪弥甚,锥刀必争。引条指例而自陈,讦私发隐以相报,至有讼一起而百夫系狱,辞两疑而连岁不决。皆谓弊在民知法也。抑法者,民之衔勒,上执之可以御下,下持之可以犯上也。是故子产铸之于鼎,郑国不闻不治;商君令之于市,秦人不闻不畏。且民者,冥也。以其冥然无知,所以难治也。今袁之民,既皆知法,是易治也,非难治也。其由在上者自紊其法,故民得以纷纭于下也。呜呼!政不廉,法不平,虽非良民,口不可塞也。既廉且平,袁民其如予何!侃临郡邑十有八年矣,去年秋自筠移治是郡,察弊问俗,不俟下车,亦未尝敢变十八年之所行也。既而狱讼清,郡事简,比前所治,不见其异。则知有不治吏,无难治民。普天之下,莫非王土,安有袁乎?吉乎?难治郡乎?

杨侃的议论最可贵的一点,是主张"民知法"是"易治",非"难治"。他的高明之处,是发扬先秦法家学者的进步思想,大讲法律乃"民之衔勒,上执之可以御下,下持之可以犯上"。法律作为统治阶级意志的集中体现,它维护统治阶级的整体利益,对社会所有成员都具有约束力。尽管封建法律是以皇帝专制为目标,有许多极不公平、极不合理的内容,然而它高踞于社会之上的特质没有消失。当所有的臣民都凛遵法律,生活在法律规范之内,王朝的统治自然稳定,没有"难治"之民。

假如民不知法,州县官僚、地方豪绅妄作威福,民怨沸腾,逼上反抗的道路,则统治不稳。子产铸刑鼎,商鞅颁令于市,就是要让所有臣民按朝廷的旨意

第六章
民众生活与社会风气

办事。对朝廷而言,民知法是易治;对贪暴的官吏而言,民知法是难治。

杨侃不同寻常的见解之处,是他一针见血地指出:"政不廉,法不平","在上者自紊其法"是难治的根源。关于这一点,李觏也有同感。他讽刺昏贪官吏审案:

> 庭下缧囚何忿争?刀笔少年初醉醒。
> 黄金满把未回眼,笑刹迂儒欲措刑。①

贪官枉法,就是"政不廉,法不平"。百姓熟悉法律内容,就可以持之犯上,"引条指例而自陈",使那些目无王法的官吏难以胡作妄为。"上紊其法",故民纷纭于下,民口不可塞,这是历史经验的总结,具有深刻的借鉴意义。

袁州百姓敢于引条指例,讦私发隐,学讼校律,这是好事,有可能抑制"政不廉"、"上紊其法"的混乱现象。这也表明袁州的文化水平比较高,人们有比较强的政治知识。"编户之内学讼成风,乡校之中校律为业",正是乡校教育相对发达,法律知识受到重视的表现。与"冥然无知"相比,这是一大进步。有此进步,豪强大族就难以横行乡里;有此进步,州县官吏就难于鱼肉百姓。

四、吏治与档案建设

州县长官素质的高低,直接影响吏治的好坏。就地方"难治"一点而言,仁宗曾以江西等地"州县长吏多不得人",专门颁下一份诏令。皇祐四年(1052年)春,韩绛从江南东、西路巡察安抚还京,上奏"江西人蕃赋重,州县长吏多不得人",又"盐估高,民无以食"等事,被认作"难治之地"。于是,三月甲寅诏:

> 虔州知州、提举南安军、(南)雄州兵甲公事,自今盗贼屏息,政治有闻,岁满当旌擢之。其吉、抚、饶、信、宣、歙等知州,及吉州吉水、歙州婺源、饶州浮梁、乐平、洪州分宁、临江军新喻等知县,自今令审官院并不以次选人,任内无遗阙,亦旌擢之。②

这条"特著"的诏令,涉及的州县所在,与所谓"尚讼"的地区一致,但是没

---

① 《李觏集》卷三六《有感之三》。
② 《续资治通鉴长编》卷一七二。

有谈及民风好讼,只论州县长吏的治绩,着眼于扭转长吏"多不得人"的现状。事实上州县长官若是勤政廉明,狱讼也就宽平。周敦颐在分宁、南安、南昌审理狱讼的事迹(详后),充分证明了这点。袁州的社会实情也是这样,当地发生盗贼,很久不能破案,是因"州吏为耳目",充当了盗贼的内线。江西转运使程师孟曾为南康军知军、洪州知州,知道地方实情,他去袁州先整肃衙门,然后捕盗:"械吏数辈送狱,盗即成擒。"①赵抃在虔州的做法,也是一个例证。嘉祐六年(1061年),赵抃知虔州,他善于调查民情,因俗施治,得悉虔州历来号称"难治",于是"御之严而不苛,召戒诸县令,使人自为治。令皆喜,争尽力,狱以屡空"。赵抃的"严而不苛",关键在教戒虔州所辖的各个县令,发挥他们"为治"的积极性,达到"狱空"的效果。对于赵抃的政绩,北宋朝廷非常欣赏,神宗每次下诏虔州知州,"必以抃为言"②。这些贤良士大夫所为,完全印证了杨侃的观点:民皆知法,是易治;州县"难治"在于"在上者自紊其法","政不廉,法不平";结论是"有不治吏,无难治民"。

在对江西民众好讼的评议中,有一条别有趣味,那就是:因江西民众的诉讼,引发了我国文书档案建设。这是一桩真实的历史事件,可说是社会的格外收获。抚州崇仁吴曾记载说:

  仁宗朝,周湛为江西转运使,以江西民喜讼,多窃去案牍,而州县不能制,湛为立千丈架阁。法以岁月为次,严其遗去之罪。朝廷颁诸路为法。③

这条史料告诉读者:北宋颁行千丈架阁法,严厉实行档案出入制度,是在仁宗时期。其次,千丈架阁法的创始人是江西转运使周湛。这两点都是可信的。再次,立此法的起因,吴曾说是"以江西民喜讼,多窃去案牍,而州县不能制",这点有讨论的必要。将档案丢失归咎于民喜讼,不见得符合事实。《宋史·周湛传》对此事是这样说的:

  周湛,字文渊,邓州穰人……为江南西路转运使,州县簿领案牍,淆混无纪次,且多亡失,民诉讼无所质,至久不能决。湛为立号,以月日比次之,

---

① 《宋史》卷三三一《程师孟传》。
② 《宋史》卷三一六《赵抃传》。
③ 吴曾:《能改斋漫录》,卷一《立千丈架阁》。

第六章
民众生活与社会风气

诏下其法诸路。①

传文这里把丢档案与民诉讼的关系摆正了。按常识思考,只能是州县衙门管理混乱,档案没有合理的庋藏,严格的管理,才会导致零散丢失,以致有的文牍流入民间。有了这种事实在前,必然就有"民诉讼无所质,至久不能决"的弊政,而奸诈豪强伪造契券霸占田地就可能得逞。当然,诉讼的合理裁决,根本上取决于官吏的公正执法,但关系着事实根据的文书之有无,则是非常重要的前提。因此,不管怎么说,江西民众的诉讼活动,竟引来了我国政府档案建设的进步,意外得到制度文化的一个大成果。

五、民信巫鬼与官吏治巫

尚巫,是江西社会生活中又一种普遍存在的民俗。信鬼、尚巫,由来久远,各地都有。历朝封建政府和地方官员,多有禁令和打击措施,但是仍然流行民间,巫觋照常活动。洪州自古为江西首府,饶州是经济文化素称发达之地,然而,信鬼之风,尚巫之俗,不减偏远州县。作为民间的观念形态和迷信活动,它和帝王官贵们的斋醮祈禳活动,在本质上没有什么两样,而且具有同样的经济基础和政治背景。信鬼尚巫的活动,往往处于非法地位,却偏能顽固地延续于民间,其中原因很复杂。仅就直观现象方面来看,与生存环境很不卫生,医药条件极差,以及人们对自身疾病、对自然界的认识非常肤浅,有很大的关系。

洪州的男觋、女巫,人数多而活动频繁,对社会的腐蚀很厉害。东汉顺帝时期(126—144年)他们曾捏造"郡土多山川鬼怪",恐吓居民,骗取钱财。到了北宋,社会上巫鬼淫祀仍很猖獗,荆湖、岭南的一些地方甚至有杀人祭祀的陋俗。真宗时期,夏竦向皇帝的《对策》之中,即把"禁淫祀"列于"议国用"、"均赋敛"、"论将帅"同等地位,作为朝廷大政之一。由此看出,迷信鬼巫是那时很普遍的社会弊病。夏竦,江州德安县人,对江西的民情习俗有切实了解。他在仁宗时期任洪州知州,时值大疫,他"命医制药分给居民"。医生告诉他民众信巫鬼,"每有疫病未尝亲药饵"。夏竦说:"如此则民死于非命者多矣。"遂决定禁巫,并向朝廷奏报巫师害民的情况:

---

① 《宋史》卷三〇〇《周湛传》。

(洪州)编氓右鬼,旧俗尚巫。在汉栾巴,已尝翦理,爰从近岁,传习滋多。假托禨祥,愚弄黎庶。剿绝性命,规取货财。皆于所居,塑画魅魑。陈列幡帜,鸣击鼓角,谓之神坛。婴孺襁褓,已诱令寄育,字曰坛留、坛保之类。及其稍长,则传习妖法,驱为童隶。民之有病,则门施符术,禁绝往来,斥远至亲,屏去便物。家人营药,则曰神不许服;病者欲饭,则云神未听飡。率令疫人死于饥渴。洎至亡者服用,又言神祟所凭,人不敢留,规以自入。若幸而获免,家之所资,假神而言,求无不可。其间有孤子单族,首面幼妻,或绝户以图财,或害夫而纳妇。浸淫既久,习熟为常,民被非辜,了不为怪。奉之愈谨,信之益深。从其言甚于典章,畏其威重于官吏。奇神异像,图绘岁增。邪箓祆符,传写日夥。小则鸡豚致祀,敛以还家。大则歌舞聚人,食其余胙。婚葬出处,动心求师,劫盗斗争,行须作水。蛀耗衣食,眩惑里闾,设欲扇摇,不难连结。

夏竦描述了洪州巫觋当时的活动内容,设神坛,托禨祥,收养婴儿,驱役童隶,拒绝医药,吞没财物,骗取妇女,勾结盗贼,图绘神像,妖言惑众等劣迹。民间对巫师习熟为常,深信谨奉,听命畏威。夏竦从维护统治的高度着想,认定巫觋不仅耗蚀财赋,甚至容易聚众造反,建议严厉镇压:"宜颁峻典,以革妖风。"他没有坐等朝廷诏令,先已实施了打击奸巫,并将结果同时奏报:

当州师巫一千九百余户,臣已勒令改业归农,及攻习针灸之脉,所有首纳祆妄神像、符、神衫、神杖、魂巾、魂帽、钟角、刀笏、沙罗等一万一千余事,已令焚毁及纳官讫。伏乞朝廷严赐条约,所冀屏除巨害,保宥群生,杜渐防萌,少裨万一。①

夏竦的奏疏得到朝廷的批准,仁宗天圣元年(1023年)十一月下令,江南东西、荆湖南北、广南东西、两浙、福建路对巫师活动"悉禁绝之"②。

洪州的主客户数在元丰三年(1080年)为256,234,而此前约60年的师巫户

---

① 夏竦:《文庄集》,卷一五《洪州请断祆巫奏》,四库全书本。《续资治通鉴长编》卷一〇一载夏竦奏文,"已令寄育"作"诱令寄育","门施符术"作"门施符咒","传写日夥"作"传写日异","针灸之脉"作"针灸之方",等。两文本的文字差异还有一些,此未全部校注。

② 《宋史》卷二八三《夏竦传》。诏令写明依师巫活动情节区别定罪,全文见《续资治通鉴长编》卷一〇一。

第六章
民众生活与社会风气

为19,000余,占7.42%,可见"滋多"。这些"师巫"深入民间,扎根于社会土壤,达到"民被非辜,了不为怪"的程度。朝廷因洪州案例发布的禁令,以江南各路为对象,表明右鬼尚巫是非常普遍的社会存在,不是一地一时的偶然事件。没有社会制度的根本变革,没有文化科学的高度发展,没有民众自身的唾弃,单凭官府的一两次打击,不可能转变"右鬼尚巫"的风俗,仁宗的禁令也不会有多少实际收效。

神宗熙宁初年,虔州知州刘彝又有一次打击"淫巫"的行动。他发现"俗尚巫鬼,不事医药",一方面集中医生写出《正俗方》,专论伤寒之疾,教导民众,求医问药,同时"尽籍管下巫师得三千七百余人,勒之各授方一本,以医为业"①。巫鬼与医药对立,不仅是观念形态问题,更是医药科学的昌明与普及问题。当时荆湖地方的州县官,仿效刘彝的做法,也取得禁止巫术和推行医药的效果。夏竦、刘彝在打击淫巫同时,促使他们攻习针灸方脉,以医易业,推广医药治病,做出了成效,值得赞扬。

赣东北的民俗中也有好巫的内容。饶州安仁县(今余江)"俗好巫,疫疠流行,病者宁死不服药"。英宗时期,县令蒋静(常州宜兴人)对好巫的陋习进行了一次打击,他"悉论巫罪,聚其所事淫像,得三百躯,毁而投诸江"②。

社会现象很复杂,人的观念也不单纯。例如李觏,是具有朴素唯物主义倾向的思想家,写了大量关于社会政治、反映民生疾苦的文章,继承了荀况等人批判佛教和鬼神卜筮的思想传统。但是却对南城的"五通"神庙深信不疑,写文章宣传"五通"神,说神使其老母在景祐元年(1034年)冬的一次大疫中病愈。他著文说:"世奉'五通',祷祠之人日累什百。景祐元年冬,里中大疫,而吾家与焉,乃使人请命于'五通'。……'五通'谂以无害。疾之解去,皆约以时日,虽宝龟泰筮弗是过已。"最后他说:"五通"神"有功于予,其可以废?"③李觏的现身说法,为巫觋们的活动,提供了有利的例证。

---

① 曾敏行:《独醒杂志》,卷三。又《宋史》卷三三四《刘彝传》。
② 《宋史》卷三五六《蒋静传》。
③ 《李觏集》卷二四《邵氏神祠记》。

第五节
渐起的修谱之风

唐末五代的社会大动乱、大剧变，基本上把士族赶下了历史舞台，讲究门第的社会观念淡薄了。然而，传统习惯很顽强地遗留在士大夫身上，保族强宗的需求，在新兴的庶族官僚层中，仍然普遍而强烈地存在，于是滋生出编修家谱的积极活动。与过去不同的是，修谱的主体已由豪门世家让位于普通的官僚士大夫，修谱事务已由民间自撰代替了朝廷官修。修谱的目的不再是保护特权，而是转移到睦族敬宗、维系家族传统上面来。北宋中期，正是统治大局进入一个转折时期，政治上掀起"庆历新政"浪潮，思想上扭转"礼崩乐坏"状态，社会上则悄然兴起修谱之风。关注家谱编修，是北宋强化忠孝伦理建设的一个组成部分。王安石为许子春写《许氏世谱》，铺叙宋以前许氏历代名人，宣扬"盛德者必百世祀"的古训，故许氏后世为"忠孝之良"[①]。许子春将此谱寄欧阳修，修"读之称善"。这桩小掌故表明，通过本家族历史名人事迹，传扬忠孝观念，是宋代士大夫编写家谱的宗旨。最先提倡修家谱，并产生了深远影响的是欧阳修、苏洵。

一、苏洵的修谱理论与实践

苏洵（1009—1066年），字明允，眉州眉山（今四川眉山）人。自他的曾祖以来三代皆不显，但无衣食之忧。他发奋读书，屡试不中。嘉祐初，欧阳修读到他的20余篇文章，并向朝中官员推荐，大家互相传阅，一时士人皆学其文，以为师法。其子苏轼、苏辙同时举进士，并中制科，苏氏父子三人，遂以文章名天下。至和年间（1054—1056年）苏洵写出《苏氏族谱》《谱例序》《苏氏族谱亭记》《族谱后录》《大宗谱法》等文，倡导修谱。他指出，士族衰败而谱牒废绝，新起的权势之家"由贱而贵者耻言其先，由贫而富者不录其祖"[②]。从社会底层升上来的人不愿说祖宗，是因为没有过去世家豪族那样的世袭特权与社会地位。苏洵担忧：变化了的人情世态，就会出现兄弟之子孙相互不认识，好像过路之人；而能

[①]《王安石全集》杂著卷七一《许氏世谱》。又，刘延世录孙升所述《孙公谈圃》卷上："荆公为许子春作家谱，子春寄欧阳永叔，而隐其名。永叔未及观。后因曝书，读之称善。初疑荆公作，既而曰：介甫安能为，必子固也。"四库全书本。

[②]《谱例序》，见《三苏全书·苏洵集》卷一九。

第六章
民众生活与社会风气

继承优良传统,成为贤德之士者仅只数人。此种后果,皆因不立谱所造成。很显然,修谱的动机与行为,是士族门阀修谱的遗留与发展,农民大众与修谱无干,他们没有是否修谱的烦恼,也无人为他们的家谱之事操心。

如何挽救这种社会危机?他认为,作谱,则可记下先辈业绩,熏陶后代,使"祖宗不忘,宗族不散";激发孝悌之心,在宗族之内,乡邻之间,都将息争讼,兴礼让,讲仁义,去奸伪骄狂之行。他认定,家谱为君王所重视,士大夫应当知晓,如果不立而废,是学者的罪过。

关于修谱的原则方法,苏洵重申商周时代的宗法制度,区分大宗小宗,确定五世为一系列的作谱原则。他准此规条,把自家的《苏氏族谱》编写了出来,并写有上述系列文章,以宣示自己的修谱主张。

二、欧阳修的修谱理论与实践

大约与苏洵同时,欧阳修写出了《欧阳氏谱》,有图有序。其序说了欧阳氏得姓缘由,本族迁入吉州落籍的概况。谱图则是世次名表,依傍行斜上的方法排列。图之后则记述了祖辈的简略事迹。最后,他写了一段《谱例》,对修谱的体例讲了五项要点,他说:

> 姓氏之出,其来也远,故其上世多亡不见。谱图之法,断自可见之世,即为高祖,下至五世玄孙而别自为世。如此世久子孙多,则官爵功行载于谱者,不胜其繁,宜以远近亲疏为别,凡远者、疏者略之,近者、亲者详之,此人情之常也。玄孙既别自为世,则各详其亲,各系其所出,是详者不繁,而略者不遗也。凡诸房子孙各纪其当纪者,使谱牒互见,亲疏有伦,宜视此例而审求之。①

欧阳修这里所讲的五条,符合实情,明白易晓,切实可行。首先,他把姓氏与家谱分别开来,不将遥远而难明的姓氏渊源夹在家谱中叙述,避免杂乱不清。其次,确立家谱只写高、曾、祖、父、自身五代的原则,这非常好。"断自可见之世",不去无止境地追溯远祖,既有利于将人事写得准确明白,又能够合理解决亲疏繁简的矛盾,做到"详者不繁,而略者不遗"。再次,他告诫诸房子孙"各

---

① 《欧阳修全集·居士外集》卷二一《欧阳氏谱图序》。

纪其当纪者,使谱牒互见,亲疏有伦",这就明白地将修谱定作家族的私事,同时坚持"玄孙别自为世"原则,既分得清楚亲疏,又可以参稽互见。事实证明,凡是这样修的家谱,事迹翔实可考;反是,谱中就多有似是而非,难以致信的成分。

欧阳修没有像苏洵那样写文章专论修谱的大道理,但他们二人作谱的原则与方法是一致的。欧阳修作谱的动机,与苏洵没有差别,其谱序说:"自唐末之乱,士族亡其家谱,今虽显族名家,多失其世次,谱学由是废绝。"正是有感于家谱亡、世次失的现状,他仿照《史记》中"表"的编写方法,"上下旁行,作为谱图,上自高祖,下止玄孙",编出自家的谱。

为什么要这样编写?他解释说,旁行而列,见子孙之多少;玄孙别自为世,是别其亲疏,二者结合起来,便可"子孙虽多而不乱,世传虽远而无穷"。事实上,他之所以申明这个原则,写出自家谱图,客观上还有一个示范的意思,他告诉曾巩,"近代士大夫于氏族尤不明其迁徙,世次多其序,至于始封得姓,亦或不真"①,故"断自可见之世"是很明智的。

欧阳修曾审阅过苏洵送来的《苏氏族谱》,据苏洵说,修"见而叹曰:吾尝为之矣。……是不可使独吾二人为之,将天下举不可无也。'"②欧苏二人都有为天下先,为世人作修谱表率的用意。以后的事实证明,他们期待大家都修谱的设想得到了兑现,他们定下的原则与方法——"欧苏谱法",也在参照之中运用,并随宜更变,不断扩充家谱的内容与篇幅,完全不是欧苏之谱所可比较了。

三、对欧苏等家族谱牒的分析

欧阳修、苏洵率先修出的家谱内容都非常简约。《苏氏族谱》本文两页半:其中序文约一页,500字;表一页半。加上《族谱后录》五页,《谱例序》半页,总共也只8页,5376字。③在不足一页的500字中,说眉州苏氏自唐朝神龙初年(705年)苏味道开始,而他的谱只"自吾之父以至吾之高祖,仕不仕、娶某氏、享年几、某日卒,皆书,而他不书"。他自己只有一个"洵"字,两个儿子的名字也没有。

《欧阳氏谱图序》共六页半,前有序文12行,中间为表,占三页多。表中列出

---

① 《欧阳修全集·居士集》卷四七《与曾巩论氏族书》。
② 《三苏全书·苏洵集》卷一九《谱例序》。
③ 据《三苏全书》,为36开本,每页24行,每行28字,总计得5376字(包括标点符号)。

第六章
民众生活与社会风气

两批人的名字，前一批是南朝齐至唐的五世人，共22个人名，后一批也是五世人，自吉州开基祖——欧阳修的高祖起，至修自身，共67个人名。表之后，点出了高祖以下四代22个人的事迹，多数人只有几句话、一二行，最多的不满3行，计123字；最少的2个人，名下仅一个官称，5个字；还有7个人的名下写"事迹阙"①。末尾是三行半《谱例》。比较而言，欧谱比苏谱详细一些，多写了四代人的简要事迹。欧苏之谱都写得很简单，他们赋予族谱的功能都很单纯，作谱的动机都很单一，只为"详吾之所自出"、使"孝弟之心可以油然而生"。除此之外，没有夸饰祖宗功德，没有攀援王公贵胄，没有为财产诉讼而留下凭据，没有张扬文学而编辑著作篇什……欧苏之谱，纯是一家之谱，仅此而已。

以欧阳修精湛的文学造诣，写那样简明的家谱，理应游刃有余，然而事实并非如此。周密指出："欧公著族谱，号为精密"，但其谱表的前一半，"几三百年，仅得五世"，后一半"才百四十五年，乃为十六世，恐无是理"。基于此，周密评论说："后世谱牒散亡，其难考如此。欧阳氏无他族，其源流甚明，尚尔，矧他姓邪！"②

周密的评论依据是欧阳修在谱序中写的事，无法辩驳批评的不是。不可否认的客观实际是：一姓一族的繁衍、迁徙，如树大分枝，种子飞播，极为纷繁复杂。本来就没有世世代代延续不断的谱牒存世，后代子孙必然说不清楚历代祖先的世系和事迹。倘若硬要去写，就免不了出现漏洞。故此欧苏主张只写高祖以下五代，玄孙另起一世，再写五代。即便是这样，要写清楚，也不容易精当。如果轻率从事，就更不足征信。

其他家族的谱写得怎样？黄庭坚有一个说法，可供参考。他对宗族涣散的实情深为悲叹，向居住在荆州的族人说："宗子之礼废，同姓之子孙数世之后，遂为路人，窃尝深悲之。"因此，他表示"谱之不可无作也"，同时又批评修谱之中的虚妄行为，他说：

> 然作之者，亦不可妄作。今之人家，本寒微，或至荣显，耻其所自出，乃冒他之华腴，以为谱者；又有家本华腴，沦至污下，忘其所自出，乃甘心侪于寒微之族者，一皆可叹哉！苟或自立其身，自追其祖，不蹈夫二者之咎，

---

① 《欧阳氏谱图序》有"石本"、"集本"两种，文字略有差异，此据"石本"。
② 周密：《齐东野语》，卷十一《谱牒难考》。中华书局1983年版。

惟读书知礼义者能之乎！①

黄庭坚这段评议，让我们知道北宋中后期已有不少的家族修了谱。作谱的本意是明世系，但是恰恰是在祖宗世系方面出问题，或"冒他之华腴"，或"忘其所自出"。黄庭坚指出的这两种现象，第一种攀华腴是不光彩的行为，第二种"忘记"老祖宗为权贵(华腴)，则需重新分析。不敢正视寒微出身，以祖宗为权贵而夸耀，同样不可取。"王侯将相宁有种乎"，这是历史发展的普遍规律。古往今来，家族的升降浮沉乃平常事。北宋时代尤重科举出身，加快了新旧更替，正如黄庭坚《家诫》中所说，四十年来历观时态，"谛见润屋封君，巨姓豪右，衣冠世族金珠满堂，不数年间复过之，特见废田不耕，空困不给。又数年复见之，有缧绁于公庭者，有荷担而倦于行路者"。几个数年过程，盛大豪族就变为贫贱之人；反之，无财无势者也可能搏斗几个回合，便升至社会上层。所以，指责"甘心侪于寒微之族者"，这是"士族"心态的残余产物。祖宗是否贵显贫贱，虽然对眼前子孙有影响，却不可能预定几代以后人的命运。谱牒不该为权贵所专有。谱不可无作，亦不可妄作，这完全对。自立功勋，自我奋起，才是正道。家谱世系能明则明，不知则阙，以真实为尚。由高祖而下至自身的修谱原则，既合理又严格，理应坚持。

---

① 黄庭坚：《安福故□刘氏族谱序》。此序文《黄庭坚全集》无有，见姚义兴《泸潇人家》，2005年赣内版，第121页。

第七章

书院与学校教育的勃兴

书院在唐末五代的基础上,继续蓬勃发展,弥补着地方官学的空缺,承担起教育士子读书的重任,儒学文化因之传播扩大,使江西地区的文化水平持续提高起来。宋兴八九十年之后,朝廷下令州县兴办学校,进一步带来了教育事业的兴旺发达,强化了社会重视教育与科举的风气。众多的书院和州县学校,培养出了一大批出类拔萃的人才,由进士而官宦,在社会各个领域发挥着巨大的作用。与经济上的成就相适应,北宋江西学者在文化领域的成就,大大超越了地区界限,对当时和后世都有显著影响,在我国历史文化宝库中,增添了许多珍贵遗产。

仁宗嘉祐中(1056—1063年),抚州吴孝宗为饶州余干县写《学记》,描述了北宋江西文化事业昌盛的形势,他说:从北宋开始,江东、江西与浙江、福建的儒学文化大盛起来,"人才之盛,遂甲于天下"。而饶州各县表现突出,"又甲于江南"。原因是饶州土地肥沃,物产丰足,民众富裕,殷实之家多,"蓄百金者不在富人之列"。又当社会比较安定,故能富而重教,形成良好的民间风尚:"为父兄者,以其子与弟不文为咎;为母妻者,以其子与夫不学为辱。"①

吴孝宗的论说,虽然是针对饶州,但并不排斥洪、吉等江西其他州县。所谓"甲江南"的排名,是论者主观之见,无关紧要;而重视教育的自发追求,形成以子弟勤学能文为荣的观念,则是至关重要的进步。例如,江州都昌县,在文化教

---

① 详见洪迈《容斋随笔·四笔》卷五《饶州风俗》。

育话题中很少提及,但考古资料证明,这里的富裕户也是致力于教育的。1977年都昌县发现嘉祐七年(1062年)墓一座,出土墓志铭写道:"君讳显,字曜卿……南康军都昌邑桃源人,乡间咸以令望称……以族人众多,欲高其门第,遂基构三百间,工未毕而弃世……然弟侄协力成事。……弟昺、侄毂、虑,进士举。……若妹,若孙,拾余人皆肄于学。"①这位殷富的陈显,在族人众多的鼎盛时刻,既大兴土木,又热衷读书应举,乃至家族的女性成员也有入学者——"若妹,若孙,拾余人皆肄于学"。这个事例,无疑是当地"不文为咎、不学为辱"民风的表现。

浙江东西路、江南东西路和福建路,从五代以后,经济振兴,文化昌明,人才鼎盛,甲于天下。经济和文化二者的关系,是先有家富,然后才重视教育的风气。但是,土肥物阜不会直接产生重教的后果。社会长期安定,是必不可少的前提;当地人士追求文教的强烈欲望,以及不少地方官热心儒学的施政也是很重要的。

吴孝宗的宏论发表在仁宗嘉祐年间,鉴于进士涌现的历史进程(详见下章),他这是对客观事实的小结,不是对未来的推测,而是富而重教民风早已存在,并且见于成果,所以他敢于大胆地作出"甲于天下"的结论。这里举一点事例,比较南北地区差异。神宗熙宁年间,韩琦以使相之尊,出判相州(今河北成安、河南安阳一带),他回到家乡之后,关注学校,并见之行动,据彭汝霖记曰:"大丞相魏王韩公出判相台,大兴学校,闻二人贤,礼而致之。方事之始,州县未甚趋向,惟相台独盛,四方闻风至者众。韩公喜曰:'学校之成,二人之助也。'"②这里所说的"方事之始,州县未甚趋向","学校之成,二人之助也",透露出当地学校教育此前尚未振起,民众的积极性比较低落,而这种形势的转变是在熙宁年间才开始。知道了这个事实之后,再来回味晏殊在应天府(今河南商丘)办学,延请范仲淹教生徒的故事,可以看出晏殊引发的天下兴学热潮,在各地发展得很不平衡,即便是宋朝的北京大名府地区,也不如江西等路。

在书院这个题目下,可以分为私塾、书院两种,一般地说,私塾比较初级些,书院相对好些,名气稍大些。书院之中还可分为个人读书型、家族型两种书院。个人读书型书院就其规模而言,是最小的,然而有的以其主人日后功成名

---

① 周振华:《都昌县发现北宋墓葬》,载《江西历史文物》1980年第2期。
② 彭汝霖:《将仕郎张由墓志铭》,见陈柏泉《江西出土墓志选编》,江西教育出版社1991年版,第91页。文中所说二人指张由、钟傅。

第七章
书院与学校教育的勃兴

就,有的因其演变成家族式书院,被载入史册而提升了。家族书院一般的都有较大规模,人数较多,效果较大,其中尤以"义门"家族书院最著。

第一节
家族书院的兴办

一、私塾

私塾与书院,是民间开办的教育设施,广泛存在于州县城乡。它们的组织简单,兴废不定,教学灵活,适应民众对文化知识的需求,在推广教育,提高文化水平上有不可替代的历史地位。私塾与书院都由民众自办,二者没有重大区别。如果说私塾是更朴素的乡间教育形式,书院则更多地与官绅名流连接着。书院在发展过程中,有的演化为官办,和州县学校同时并立,成为更正规的教育机构。

散布于广大乡村的私塾,由殷实大户或村民集体开办。其中不少是家族性的私塾,但也有接纳别家子弟的。私塾中教儿童识字、写字,传授农业生产和生活中的一些实用知识,称作"发蒙",即启蒙教育,因此又称"蒙学"。多半没有校名,然而办在乡间,农忙时休学,农闲则开学,方便农民子弟入学,受到乡民的欢迎。五代南唐时期,洪州南昌乡间的一些私塾办得很好,有硕学宿儒在那里任教,令官僚们赞叹。北宋时期,乡村私塾继续发展着,杨侃所说的袁州"乡校之中校律为业",便是教学的内容更丰富了,也更受到乡民的重视。

可能是因私塾、乡校中教学法律常识,官府以民众好讼为"难治",官僚们连带着批评私塾说:"江西州县有号为教书夫子者,聚集儿童,授以非圣之书,如《四言杂字》,名类非一,方言俚鄙,皆词诉语。"①杂字,是生活常识用字,内容庞杂,取材简要,四个字一句,便于念诵。它不是孔孟儒学的四书五经,却很实用,是生活于农村的儒生们精心编撰出来的。此外,还有用地方话编写的关于讼诉的书。愚顽的官僚们视此类为"非圣之书",建议官府加以禁止,从反面证明私塾兴盛,教书夫子不少,引起了官府的注意。社会欢迎的,官府禁不了,《四

---

① 《宋会要辑稿》刑法二之一五〇。

言杂字》流传了下来,直到近代仍是坊间的教学资料①。

"教书夫子",是宋代比较昌盛的教育培养出来的知识分子——士人,其中有许多人是科举考试中的失败者,他们生活于乡间,是传统文化的忠实传播者,对社会作出了基础性的贡献。

私塾的启蒙教学,不全是一般的读书识字,也有更深的政治历史内容,如《十七史蒙求》便是此种教材。该书编撰者王令,字逢原(1032—1059年),广陵(今江苏扬州市)人,学问渊博,自《史记》至《新五代史》无不通究,将历代圣君、贤相、忠臣、义士、孝子、烈妇的事迹以类纂辑,标题皆以八字组成,四言一句,两句成对,对偶协韵,方便记诵。每题之下,附写简练的相关的故事。例如,卷三《李藩涂诏,和鼎坏麻》一条,上一句写唐宪宗时的李藩,采取涂改诏书的紧急行动,阻止了河东节度使王锷贿赂权贵,求兼宰相的企图;下一句写唐文宗时的李和鼎,反对欠缺德望的郑注为宰相,声言要破坏其任命诏书(白麻纸写成)。该书主旨,就是着重吸取历史的经验教训,从古人的言行品德中摄取精神营养。

王安石很器重王令,视为知己,曾说"力排异端谁助我,忆见夫子真奇材"②。称他是"有常心以操圣人之说而力行之"的人。《十七史蒙求》一书,正是王令展示自己志向的证明。

乡间"教书夫子"的社会需求来自两方面,一方面是迫切期望科举出仕者,另一方面是提高生活本领,以免豪强的欺压。因此,这些教书夫子的教学内容自然更丰富,有针对性。南城吕南公告诉世人:

> 卑卑穷生无令图,偶开浊眼窥字书。村田子弟念笔札,邀请禀访同师儒。远防斗讼习诡计,近就财利评侵渔。行身便事世所幸,先王教道徒迂疏。君不见,官家设庠校俊士,罗冠裾,亦工细丽苟荣禄,谁复高远稽坟谟。本期教学敦风俗,今如附子充饥腹。③

---

① 周谷城1985年8月写《传统蒙学丛书·序》,其中说:"研究宋代文化,……不妨研究研究《三字经》和《百家姓》……当时普通人所受的教育,以及他们通过教育而形成的自然观、神道观、伦理观、道德观、价值观、历史观,在这类书中,确实要比在专属文人学士的书中,有着更加充分而鲜明的反映"。
② 《王安石全集》卷七《寄王逢原》。
③ 吕南公:《灌园集》,卷四《教学叹》。四库全书本。

第七章
书院与学校教育的勃兴

许多处于社会下层的穷书生，别开读书当官的"浊眼"，去农村教田家子，受到和官府的"师儒"一样的尊重。这些农民企望子弟学得法律诉讼知识，学会打官司的技能——"诡计"，同时有书写计算的能力，防止被人蒙骗。在芸芸众生面前，"行身便事"是最切实的需求，尧舜孔孟的"教道"太迂疏无用。这难道不是"非圣之书"、非圣之事？吕南公反问：你那些科举出仕的才俊，只会罗冠裾、苟荣禄，有谁在追求"坟谟"圣贤目标？要想敦风俗，必先充饥腹。

二、书院

书院的勃兴，适应了时代的需要。"自五代以来，天下学校废"[①]，士无进修之所。同时，庶族——平民富室日益增多，他们企盼子弟学而优则仕，进入社会上层。散处民间的乡绅士人，遂家自为学，父兄为师，让子弟从小不废学业。这些民间的书院，教学不拘形式，而对经史知识的传授，诗文写作技巧的训练，却严格认真。成功者光耀门第，受挫者誓不甘休。家教与书院之间相互激荡，推动书院教育勃兴了起来。

北宋江西书院在唐末五代的基础上继续增多，教育成果显著。东佳书堂等家族书院不仅教养自家子孙读书，还接纳慕名而来的外地游学士子，使他们获得良好的读书环境，并能由此走上科举仕途。因此，这些书院名扬四方，客观上成为当时的文化学术中心，影响深远。在江西地区的大批书院之中，绝大多数是民办私家书院，他们为家族未来着想，为子孙前途考虑，拨给田产，购置书籍，认真传授经传与历史知识，文章写作技巧，办得十分细心。至于官办的书院，只知庐山白鹿洞书院一所。现有资料表明，白鹿洞书院在宋初由官府掌理，不久便因洞主明起献出学田，去当县官（主簿），衰落下去。仁宗以后，州县学校逐渐普及起来，各地民办书院的教育作用相应低落，不再像前期那样备受关注。

据光绪《江西通志》及相关县志的记载，北宋时期江西13州军开办的书院50余所（包含分不清北宋、南宋的16所）。详见下表。

[①] 《宋史》卷三一一《晏殊传》。

表 7.1　　　　　　　　　　　北宋江西书院略表

书院名	所在地	创建时间	开创人	简要说明
白鹿书院	星子白鹿洞	北宋初		南唐为庐山国学,宋初为书院
东佳书堂	德安太平乡	唐末建,宋存		嘉祐七年分家后不存
李氏山房	庐山白石庵	庆历间	李常	苏轼《李氏山房藏书记》
濂山书院	分宁治东	庆历初	周敦颐	据新修县志
芝山书院	分宁崇乡	北宋初	黄中理	同上
樱桃书院	分宁崇乡	北宋初	黄中理	同上
金湖书院	分宁	北宋	徐氏	苏轼、佛印有题诗
秀溪书院	新建北乡	太平兴国间	邓晏	新修县志说"宋有书院14所",但未分北南宋
香溪书院	新建北乡	太平兴国间	邓武	
东山书院	新建忠孝乡	宋	罗伯高	
万坊书院	新建南乡	宋	万骥	
柳塘书院	新建21都	宋	邹一唯	
三洲书院	新建24都	宋	夏文政	
莲溪书院	丰城小塘乡	淳化元年	周谔	据新修县志
敷山书院	丰城同造乡	宋	孙余庆	同上
宗濂书院	萍乡泸溪镇	皇祐年间		《萍乡市志》:"为纪念周敦颐在此讲学而建"
义方书院	宜丰治东	元祐四年	蔡谭	据新修县志
卢氏书院	宜丰五峰山	大观年间		同上
梅花书院	宜丰33都	宋		孝廉熊良辅读书处
华林书院	奉新华林山	南唐建,宋存	胡仲尧	
雷塘书院	安义城南	南唐建,宋存	洪文抚	北宋属建昌县,1518年析置安义县后改属
社平书院	安义卜邻乡	嘉祐年间	陈思悦	同上
招贤书院	安义南昌乡	元祐年间	洪民师	同上
秀峰书院	安义控鹤乡	元祐年间	黄元杞	同上
白石书院	横峰葛源	宋	刘养浩	北宋属弋阳县,1560年析置横峰县后改属
寅宾书院	德兴1都	北宋晚期	张焘	据新修县志
兴鲁书院	临川城内	仁宗时期	曾巩	曾巩嘉祐二年中进士,故推定创于仁宗时期

第七章
书院与学校教育的勃兴

续表：

书院名	所在地	创建时间	开创人	简要说明
榉林书院	金溪18都	北宋前期	黄振基	王安石兄弟曾读书于此
进修书院	资溪4都	元丰年间	石松	北宋属南城县，1578年析建资溪县后改属
龙马山房	资溪6都	北宋前期	李觏讲学处	同上
南丰学舍	南丰城南	仁宗时期	曾巩	曾巩写有《学舍记》
华林书堂	南丰王浆源	大中祥符九年		
鹿冈书院	宜黄崇4都	北宋前期	杜子野	王安石来此读书，问学于杜子野
五峰精舍	宜黄崇14都	北宋前期	即乐史别墅	据新修县志
静逸书院	宜黄崇贤乡	仁宗时期	戴琳读书处	同上
遗安书院	宜黄待贤乡	宋	邹次陈讲学	同上
定庵书院	宜黄崇19都	靖康间	王革读书处	同上
涂济书屋	宜黄崇2都	宋	涂世甫	同上
慈竹书院	乐安县西	北宋前期	乐史	北宋属崇仁县，1149年析建乐安县后改属
吉鸥书院	乐安招携乡	宋	邓氏	同上
沂水书院	乐安严溪	宋	曾思文	同上
刘氏"墨庄"	新喻	至道三年	刘式夫妇	《宋史》卷二八七
光禄书院	庐陵淳化乡	开宝二年	刘玉	据新修《吉安县志》
山松书院	吉水	宋	王子俊	据新修县志
龚坊书院	吉水	宋	龚义甫	同上
白云书院	吉水	宋	陈子章	同上
湖头书院	永丰治西	宋	金汝励	同上
匡山书院	太和县东	重和年间	罗宏	初建后唐长兴年间，此为重建
昂溪书院	万安昂溪里	宋	段奎斋	据新修县志
新兴书院	遂川衙前乡	咸平年间		永新刘沆曾在此读书
盘窝书院	遂川高车	宣和年间		又称作"孙氏书院"
王鸿书屋	雩都南峿山	皇祐年间	王鸿	据新修县志
柏林学堂	石城柏林	宝元年间	温革	李觏写《虔州柏林温氏书楼记》

说明：表中各县次序依《江西通志》的排列，"简要说明"中除标明出处者外，选录了一些能确定书院年代的资料。

上表列出的53所书院,是见于史志记载的。有的是一般书院史著作中不列的,如刘氏"墨庄"。但认真研究一下,就不能没有它。据《宋史》记载,刘式为新喻县人,曾在庐山读书五六年,南唐李煜时期以"三传"中明经进士。宋太宗朝任三司官十多年,至道三年(997年)卒。刘式平生积余财蓄书,遗产"独有图书数千卷"。其妻陈氏要求诸子潜心读书,指其书曰:"此乃父所谓墨庄也。"①诸子谨遵父母教诲,勤奋耕耘于"墨庄"之中,皆有所成。长子立本受荫得官,其他四子皆中进士(次子立之登大中祥符元年榜,五子立言登天禧三年榜),其孙刘敞、刘攽亦由进士出仕,并有学术成就。刘式长子迁居苏州,又在那里仿照"墨庄"建宝书阁;南宋绍兴间,刘式裔孙将毁于兵祸的新喻"墨庄"重建。如此"墨庄",其性质、功能、成效以及存世之久,都不亚于其他许多书院,当然应列入书院之林。

还有一些书院由于史志失载,上面的表中也未列入。但它们见于私家文集,例如:

建昌县(今永修)王永裕,祖、父几代人种田,他自己善于理财经商,"操奇赢,长雄其乡,遂以富饶"。此后,他转向文教,"筑馆聚书,居游士,化子弟,皆为儒生"②。王氏这个书馆,既教化子弟,又居留游士,是一个开放性的书院。

高安县蔡仲舒,见客居此地的青年士子新喻胡宗元,刻苦治经术,厉操行,"为辟书馆,留与甥、婿共学,旁近士家多就之者。已而讲授常数十百人,致温饱以奉之"。胡宗元在蔡氏书馆执教十多年,有了积蓄,自己建"草堂",用"十万钱买官书,无所不读,务为汪洋无涯,终日与其徒辨析义理"③。蔡氏书馆和胡氏草堂,显然都是名实相副的书院,它们的教学效果与社会影响很好,超出上表所列的不少书院。

据上表所列书院考察,它们的地区分布明显不平衡,大多数集中于北半部,而南部很少。洪州、江州(包括南康军)一片计有20所,占38.4%;抚州、建昌军一片有15所,占28.8%;吉州、临江军有10所,占17.3%;而虔州、南安军一片仅2所,占3.8%。再缩小范围来看,新建、宜黄二县各有6所,特多;安义、分宁二县各有4所,也很多;新建、安义比邻,合计10所,显示出中心地位的优势。在多寡不均的大背景里,吉州地方表现得更均衡一些,9所书院分布于6县,而吉水领先,得3所。应该承认,民间书院的多少,必然是该地经济水平和文化教育程

---

① 《宋史》卷二八七《陈恕传附刘式》。
② 《黄庭坚全集·外集》卷第二二《王长者墓志铭》。
③ 《黄庭坚全集·正集》卷第三一《胡宗元墓志铭》。

第七章
书院与学校教育的勃兴

度的反映。当然,这里的数据,与原始资料的留存状况、统计对象的识别与鉴定,和我整理工作中的疏漏有一定关系,但大趋势不会改变。

仅就书院数量而论,江西地区在北宋高居于全国各地的前列。有的研究者得出的数据是:北宋全国书院总计为73所,其中江西省23所,占31.5%,远远多于第二名湖南(9)、第三名河南(6);安徽、江苏、浙江、山东合计16所,福建、湖北、广东、四川合计14所,直隶、陕西、山西合计5所①。相关的书院统计数字,因资料来源不一,统计口径不同,出入较大,但是,江西书院数量之多的优势,则是不变的。

书院的开办时间长短,大体上与家族的兴衰一致,但都难以具体说明。规模多数较小,其中不少属于个人读书之地,没有教学活动。然而,毕竟是有一定名望和影响,故被史家选择看重②。规模大些的书院,创办者多是家族,也有个人。其宗旨都是为本家子弟读书(也有接收乡人子弟入学的),以便有参加科举,走上仕途的机会。虔州石城县人温革,求禄不成,把学而优则仕的希望寄托在子孙身上,他计划着:"少时求禄而莫之得,慨然自谓:'不得诸外,盍求诸内;不在吾身,宜在吾子孙。'"于是建柏林讲学堂,"孳孳以教子弟"。温家殷富,"不与俗人争讼买直",全副精力用在培养后代上面。他耗巨资办讲学堂,建房数十间,"凡书在国子监者,皆市取,且为楼以藏之"③。温革定下的发家目标,他所想、所为,对邻里乡党是极好的示范。

宜丰义方书院的创办人蔡谭及其弟蔡曾,都精通经史,却终生未能得官。谭在家创建义方书院,教授生徒,"有志于学者,资给之"。书院有房舍上百间,

---

① 参见白新良《中国书院发展史》,天津大学出版社,1995年版。又,李国钧主编《中国书院史》附录三《历代书院名录》,宋代列出全国书院计719所,其中江西224所,占31.15%。湖南教育出版社1994年版。

② 关于北宋江西的书院,有一个江州濂溪书堂问题,本表没有列出,然而论者多说其有(包括我过去的《江西史稿》),但事实是无,特说明于此。南宋人度正《周敦颐年谱》载:嘉祐六年(1061年)周被命"通判虔州,道出江州,爱庐山之胜,有卜居之志,因筑书堂于其麓"。当年至虔州上任,接着官永州、邵州、广东转运判官、提点刑狱,至熙宁四年(1071年)因病及母墓需迁葬,乞知南康军。八月到,十二月改葬完母墓,交出官印,辞去知军职。熙宁五年,退居书堂,"自嘉祐六年筑堂于庐山之麓,至是始定居焉"!熙宁六年,"以疾卒矣,时六月七日也"。可见,庐山之麓有书堂之屋,无周敦颐在此读书讲学之事。他自己说,晚年"强疾而来者,为葬母耳"。周在重病之中住此一年半,不治而逝。曾经对潘兴嗣说过"异时与子相从于其上,歌咏先王之道"的诺言(见潘兴嗣《周敦颐墓志铭》),成了永远的遗憾。淳熙四年(1177年)二月,朱熹写《江州濂溪书堂记》,仅说南康知军潘慈明淳熙三年复作书堂于原址,"以奉先生之祀",只字未及周在此读书、讲学、授徒等事。所以,对史志上写的书院(堂),凡能究其实者,不应只看其名。

③ 李觏:《虔州柏林温氏书楼记》,见《李觏集》卷二三。

四方来学者甚众。甘愿以其殷实的家资,用于培养人才,不计私家得失。蔡曾则移居永新,在刘沆家当塾师,教刘氏子弟读书。一日,听说刘沆要给他谋一官职,他即日收拾行装归里①。蔡氏兄弟是立志传播儒学文化,安处乡间,为教育文化的发展献出自己。这些读书人,就是当时所说的"教书先生",他们或自办家族书院,或受聘教馆,不要朝廷俸禄,也少受官府制约,既推动了城乡文教事业,也是当日读书人自谋的一条生活出路。

蔡氏是新昌望族,与分宁黄氏联姻,蔡曾是黄庭坚的姑夫,蔡曾在县城南郊建筑南园,号东郭居士,特请黄庭坚作文记其事。记文称:蔡曾四处求学,朋友半数是公卿,而他未能进入仕途,带着既闷又愠的心情,"退而伏于田里","不以有涯之生,而逐无堤之欲"在南园中过着"市隐"式的生活②。

1. 著名书院简介

江西的众多书院,就其功能与效果衡量,也很不错,走在其他地区的前面。有的书院因学生而出名,鹿冈书院是一个例证。鹿冈书院又称拿云书院,在抚州宜黄县南部丘陵山区的崇四都,距县城约30公里。创办人杜子野,是"乡贤隐儒","通经术,能属文",在家致力办书院。据《鹿冈王氏九修族谱》编入的顺治元年(1644年)谱序称:

"(先祖安石)原从崇之鹿冈乡贤隐儒杜氏子野先生为业,立有拿云书院"。

这是关于王安石读书于宜黄鹿冈的最早记述。另外鹿冈出土的《香林普同塔碑记》也说:

"寺曰香林,宋时杜公子野先生读书于此,荆公受业其门,一时师若弟览山水之奇观,乐佳木之繁荫,相与吟咏其间。"③

该碑镌刻于康熙五十年(1711年),与王氏谱序可谓前后呼应。从此以后,王安石少年时曾师事杜子野的故事盛传不衰。例如,王安石常有灯下苦读达旦之举,一日清晨,杜子野见他还坐在灯下看书,即催他去做早饭。王安石赶忙起身,跑到村中乡民家中"点火"——引来火种。杜看到他这样做事,好气又好笑,指灯斥责说:"那不是火吗!"王安石红着脸说:"早知灯是火,饭熟几多时。"

鹿冈书院因有这位宰相学生而名声大起。清代地方志书一再记述,而王安

---

① 《宜丰县志》卷四十二,中国大百科全书出版社,1989年版。
② 《黄庭坚全集·正集》卷十六《东郭居士南园记》。
③ 《鹿冈王氏九修族谱》及《香林普同塔碑记》均收藏于宜黄县乡民手中,复制件由黄建安同学提供给我。

第七章
书院与学校教育的勃兴

石及其友人的文字中却不见踪影。

书院中的一种典型形式,是年轻士子潜心读书的书房,如乐史的慈云书院,曾巩的学舍,李常的山房。这些书房没有宏壮的建筑,仅是家庭住宅旁近的小屋;没有众多的生徒,只是主人一个,或其兄弟。曾巩称之为"草舍","或疾其卑,或议其隘",但却利于劳心励志,修学进道。这些书房皆因其主人后来有了名望,而见于史志。但是,李常山房,是李常刻苦攻读之地,坐落于名山,且有藏书,而《江西通志》书院名单中却不见其名,不知何故。

李常(1027—1090年),字公择,建昌(今永修)人,出仕之前在庐山五老峰下白石庵读书。皇祐元年(1049年)中进士,历仕仁宗、神宗、哲宗三朝,官至户部尚书,御史中丞,兼侍读,加龙图阁直学士。他离开白石庵之时,将藏书九千余卷仍存庵内,供人阅读。故人称此地为"李氏山房",或"公择山房",它的私家性质,读书功能,社会效益以及影响,在北宋书院中都是最有代表意义的。苏轼因其藏书,并留下藏书,特为之写《李氏山房藏书记》,表彰其"不藏于家,而藏于其故所居之僧舍"供后来者阅读的意义(详后)[①]。李常读书与藏书的"李氏山房"虽在寺庵,丝毫没有影响他学习儒学。他从山房走向官场,爵位不可谓不高,名望不可谓不显,所以其攻读经史之地,完全有资格列入著名书院之列。

白鹿洞书院,是南唐庐山国学的继续。开宝八年(975年)南唐亡,二年后,即太平兴国二年(977年),江州知州周述奏称:"白鹿洞学徒常数千百人,乞赐《九经》,使之肄习。"太宗诏"国子监给本,仍传送之"[②]。改朝换代了,这所学校随即受到新朝的重视。所谓"常数千百人",应是"曾经有过"的意思,非"数千百人"同一时期在这里习学,更不是此刻有这么多生徒。

当时的江州地方,恰值宋军灭南唐势力之时,"曹翰屠江州,民无噍类,其田宅悉为江北贾人所占有"[③],城乡残破不堪,白鹿洞的师弟子们失去了宁静的生存环境,生活已很艰苦。故在三年之后,即太平兴国五年(980年)六月,白鹿洞主明起离开,到蔡州褒信县去任主簿。明起为了得到此等小官,建议将南唐后主李煜赐给书院的"善田数十顷"入官,"故爵命之"。书院没有了经济来源,"白鹿洞由是渐废"[④]。前后才几年时间,竟有这么大的变化。不过,"渐废"中有

---

① 记文详见《苏轼文集》卷一二〇。
② 《续资治通鉴长编》卷一八,太平兴国二年三月庚寅。
③ 《续资治通鉴长编》卷一八,太平兴国二年五月戊寅。
④ 《续资治通鉴长编》卷二一,太平兴国五年六月己亥。

起伏,延续的时间比较长。

真宗咸平五年(1002年),南康军奉命修缮白鹿洞。大中祥符初年(约1008年),直史馆孙冕获得批准,来白鹿洞授徒养老,但未至洞即病卒。皇祐中(约1051年)冕之子琛来白鹿洞,继承父志,"自起馆洞旁,教子弟,四方有来学者,因遂谷之,亦闻于时"①。看来这个孙琛书馆已取代了白鹿洞书院。"后兵起,馆焚。"孙琛书馆被兵火烧掉之后,终北宋之世,再不见记载。距孙琛建馆约二十年之后,陈舜俞在庐山实地考查,见到的情况是:"咸平五年敕重修,仍塑宣圣十哲之像,今鞠为茂草。"②这就是说毁弃已久了。陈氏未提孙氏父子,可能是因那不是白鹿书院本身之事。由此而言,白鹿洞书院在北宋时期的作用与影响很不显。

马端临《文献通考》中说:白鹿、石鼓、应天府、岳麓书院是"宋兴之初,天下四书院"。对此论断,有的研究者持有异议,认为其中有的不够格,不够大(马氏本就没有说"大");有的则看重排列先后,以此为据,夸说白鹿洞书院为"天下四大书院之首"。我理解,这两者都不符马氏原意。细读原文,他是在叙述了北宋初期皇帝给此四书院赐额,及其建置简况的事实——这即是"文献通考"之"文、献"——以后,再说他自己的研究看法,即是"考":"右宋兴之初,天下四书院建置之始末如此"③。按时间次序,白鹿、石鼓获赐在太平兴国二年(977年),应天在大中祥符二年(1009年),岳麓在大中祥符八年(1015年)。显然,这个排序先后,没有地位轻重之意,仅是介绍它们的"建置之本末"。他接着又说了嵩阳书院、茅山书院也获赐,但"后来无闻,独四书院之名著"。白鹿洞书院延至北宋中期完全败落,至南宋孝宗时期朱熹重建,名声再起,这对宋末元初的马端临来说,当然就是"后来名著"了。由此看来,马端临的考论可以认同。

为什么马端临对东佳书堂、华林书院、雷塘书院等"义门"书院没有考虑进去?对这一点我不得其解。也许因事隔二三百年,这些纯属私家书院的事迹传播不广,致使马氏对它们不甚了解,故作出了那种判断。

2."义门"书院

北宋的著名书院之中,有几个"义门"家族书院,是家族型书院之中的突出代表,是江西书院质量很高的最好例证。"义门"书院的共同特点是创办时间早,规模大,条件好,入院生员比较多,除本家族子弟外,还接纳别地学子游学,

---

① 李梦阴:《白鹿洞书院新志》,卷一《沿革》。
② 陈舜俞:《庐山志》,卷三。
③ 马端临:《文献通考》,卷四六《学校考七》。

第七章
书院与学校教育的勃兴

尤其值得称赞。它们是陈氏东佳书堂,胡氏华林书堂,洪氏雷塘书院。

东佳书堂,从唐末五代至北宋嘉祐七年(1062年)陈氏分家为止都存在,仅北宋时期即约百年。依上节"家法"的条文规定可知,这是一所经费充足,制度完备,管理有序的大家族书院。它分"院学"、"书堂"两部分。院学教授童蒙,入学者为7—15岁的学童。书堂建于东佳庄,让"弟侄子息有赋性聪敏者"和"稍有功业应举者"两类人修学,为参加科举考试作准备。东佳书堂置备有充足的书籍,并规定"见置书籍外,须令添置"。逐渐积累的结果,成了北宋"藏书之富"的十大家之一[1]。为了保证书院有充足而稳定的经费来源,家族拨给稻田20顷归其支配[2]。还制定了适当的管理制度,使其能正常运转。如"院学"的老师,是"逐年于书堂内择一人有养者为先生,一人为副"。需要的学习用品,如"纸笔墨砚,并出宅库主事收买应付"。书堂的书籍管理,则是"于书生中立一人掌书籍出入,须令知添照管,不得遗失"。长期存在的东佳书堂,使"义门"陈氏子孙能长期正常读书,不断有人应科举,中进士。同时,陈氏大开书堂之门,接纳四方学子来读,有良好的社会声誉。北宋中期,僧文莹写道:

> 李昪旌门间七家,尤著者江州陈氏……别墅建家塾,聚书延四方学者,伏腊皆资焉,江南名士皆肆业于其家。[3]

仁宗朝宰相晏殊《赠义门陈村东佳书院》诗有句云:"乡党名流依绛帐","趋庭子弟皆攀桂","翰简传经亚邹鲁","坟籍岂惟精四部"[4]。

华林书堂,为胡仲尧家族创建。书堂在奉新县城西南50里的华林山,创建的时间,同治《奉新县志》及光绪《江西通志》均作北宋"雍熙中"。但据奉新《甘竹胡氏十修族谱》、道光《奉新县志·垅墓志》的资料,胡仲尧的祖父珰在世时,已经"以书堂闻天下"。珰卒于后晋开运三年(946年),葬在华林山。到了胡仲尧主持家政时,《宋史·胡仲尧传》写其家"构学舍于华林山别墅,聚书万卷,大设厨廪,以延四方游学之士。"所以,华林书堂不是北宋才有。"应是往前推,至少

---

[1] 周密:《齐东野语》,卷十二《书籍之厄》。
[2] 徐锴:《陈氏书堂记》,见同治《德安县志》卷二。
[3] 僧文莹:《湘山野录》,卷上。
[4] 道光二十一年《义门陈氏大成宗谱》卷首。

可上推至南唐"①。但是,华林书堂和东佳书堂一样,延续至北宋,乃至南宋,而且对它题诗的北宋名家多至几十人,证明这所家族书院在北宋的社会影响最大。据奉新县志载,胡仲尧除创办华林书院以外,还在赤岸、会埠一带兴建了郁竹书院、吟溪书院、南垣书院、车坪书院等。

胡氏是一个践行忠孝伦理,家族盛大,在乡里有好影响的"义门"家族,既富实又重视教育。有关这个家族及其创办书院的简况,徐铉的《洪州华林胡氏书堂记》中介绍说:

胡氏先人好《左氏春秋》,为儒者所宗,仲尧"克扬其业,言斯出矣,身则践之。揖让周旋之仪,孝友姻睦之行,修乎闺门之内,形于群众之间。少长有礼,丝麻同爨。乡党率义,人无间然……乃即别墅华林山阳玄秀峰下书堂焉。筑室百区,聚书五千卷,子弟及远方之士,肄业者常数十人,岁时讨论,讲席无绝。"②

王禹偁《诸朝贤寄题洪州义门胡氏华林书斋序》中也说:"南昌旧都,胡氏大族。一门守义,四世不析。乃降诏命,旌其里闾。"③徐铉、王禹偁两人的记述,参照其他一些文字来看,是可信的。略举数首诗文以见一斑:

宋琪《题义门胡氏华林书院》:"贤良肄业文方盛,孝友承家族更豪";

乐史《华林书院》:"能为孝义复为文,唯有君家事渐新。……更置书堂书万卷,不辞延待四方人";

钱若水《咏华林书院》:"居近华林对白云,义风深可羡人伦。儿孙尽得诗书力,门巷偏多车马尘。楼上落霞沾笔砚,池边怪石间松筠。乡间岂独民迁善,阶砌无关鸟亦驯……"

这些诗歌片断虽是颂扬,但并不虚妄。太宗淳化五年(994年),胡氏入朝祝寿,进贡土特产品,受到褒奖,被命为秘书省校书郎。胡氏更"盛言其别业有华林山斋,聚书万卷,大设厨廪以延生徒"。朝中大臣自旧相、司空而下三十余人纷纷赋诗,颂赞这位皇帝眼中的红人。胡氏把这批诗歌编辑成册,请王禹偁为

---

① 李才栋:《江西古代书院研究》,第33页。江西教育出版社1993年版。
② 徐铉:《徐文公集》,卷二八。四部备要本。
③ 王禹偁:《小畜集》,卷一九《诸朝贤寄题洪州义门胡氏华林书斋序》。

第七章
书院与学校教育的勃兴

之作《诸朝贤寄题洪州义门胡氏华林书斋序》,实为空前而罕见的美事。当时轰动朝野,世人十分钦羡。地方富室如此依傍朝廷,交结权贵,炫耀宠幸,是社会潮流,乃时代风尚。胡氏义门特别看重朝廷对他的奖赏,皆因华林书堂确有实际成效,否则,它就必然是潮流中的泡沫,瞬即破灭,留不下遗音的。

雷塘书院,在建昌县南昌乡(今安义县黄洲乡),是洪氏的家族书院。创建的时间,也有可能在北宋以前。关于洪氏"义门"的基本资料,仅见《续资治通鉴长编》与《宋史·洪文抚传》,而后者主要是前者的翻版。《续资治通鉴长编》至道三年(997年)六月辛丑记事全文是:

> 先是,南康军言建昌县民洪文抚,六世义居,室无异爨。就所居雷湖北创书院,舍来学者。太宗遣内侍裴愈赍御书赐其家。文抚遣其弟文举诣阙贡土物为谢,太宗飞白一幅曰"义居人"以赐之,授文举江州助教。于是,诏旌表其门闾。自是每岁入贡,必厚赐答之。①

这段叙述涵盖的时间很长,前面一节说洪氏义居是至道三年以前很久的事,末句则是作者的展述。中间说的入贡与赐答才是至道年间的事。南康军奏报洪氏义居情况,以"先是"二字追记,《宋史》改作"至道中"即公元996年,也不能由此即定为书院开创之年。只宜说从此宋太宗知道了此事,而且开始扬名于朝野了。我们以前疏于细致分析,将雷塘书院定作"至道间"建,不妥。但因缺乏其他资料参证,不能说得更贴近些,故将书院创建时间写作"南唐建,宋存"。

洪氏的雷湖书院,首先是让自家的"子弟之秀者咸肄业于兹",然后才是接纳外地来的学者。通过在书院的长年讲读经史,不少子弟走上仕途。咸平三年(1000年),文抚之兄子洪待用登进士第,官至都官员外郎。后来,文举的儿子洪民师,接着考中进士,为石州(今山西省离石市)司户参军。民师四个儿子,洪朋、洪刍、洪炎、洪羽,从小得到祖母李夫人的教育,向她学习儒经;年长以后,又得到舅父黄庭坚的精心指导,皆能自立。洪朋,字龟父,两贡礼部不中,荐举知临川,38岁病卒;洪刍,字驹父,绍圣元年(1094年)进士,靖康初官谏议大夫;

---

① 《续资治通鉴长编》卷四一,至道三年六月辛丑。"舍来学者",《宋史》改作"招来学者",更明白,但是把"舍"字作动名词理解,此句仍然说得通,不必改。又,"雷塘"作"雷湖",是用词小异,民间对塘与湖无严格界限,水域不是太大的,称湖或塘均可。

洪炎,字玉父,元祐三年(1088年)进士,累官秘书少监、中书舍人;洪羽,字鸿父,绍圣四年(1097年)进士,任台州知州。朋、刍、炎三人,都是江西诗派的主要成员。

洪民师的母亲,是黄庭坚母亲之妹,她们是李常的女儿。洪民师之妻,即黄庭坚妹,生了洪朋四兄弟,年25即卒。黄庭坚对四个外甥尽力呵护,若久不相见,未尝不思念。他写信叮嘱"更须治经,深其渊源","千万强学自爱"。庭坚得悉洪刍"在官不废讲学",慰喜无量,同时"犹望官下勤劳俗事勿懈"①。"元祐党争"时期,黄庭坚被列为"奸党",贬死宜州,洪刍、洪炎、洪羽三人均受株连,遭贬窜削官。

鉴于雷湖书院培养人才的成效,宋人刘宇评曰:"化行乡党民无讼,教得儿孙尽有才。"

三所"义门"书院办的很成功,都注意开门接纳外来学者,既扩大了自身影响,又加进了学术交流内容,在满足外来学者游学之需的同时,无形中解决乃至增加了教师力量。这种双向效益,在官学废弛的时候,显得特别难能可贵。由此看出它们既是私家所办,又具有显著的社会功能,故而受到朝野重视。它们开创的时间很早,都在唐末五代时期,而其培育人才的业绩,主要表现在北宋,所以名望也是这时才更高扬开来。

这些书院能够有此成就,得益于安定的社会环境,使文教事业有了更好的发展条件,世人普遍关注的目标,由买田做屋转向科举出仕,于是建设书院成了大家族投资的重心。杨亿《雷塘书院记》中说:

> (洪氏)学馆之南有雷塘焉,因以为名,且志其地。先是,浔阳陈氏有东佳学堂,豫章胡氏有华林书院,皆聚坟索以延俊髦,咸有名流为之记述,讲道论义。况力敌以势均,好事乐贤,复争驰而并骛,宜乎与二家鼎峙于江东矣。②

鼎峙江东的三所"义门"书院,是民办书院的代表者,也是北宋江西社会勃兴的集中体现。书院承载的社会信息,以及它们作出的历史贡献,至少有以下

---

① 《黄庭坚全集·正集》卷十八《答洪驹父书》;卷十九《与洪甥驹父》。
② 杨亿:《武夷新集》,卷六。四库全书本。

第七章
书院与学校教育的勃兴

诸方面：

首先，社会开发加速，涌现出来大批平民富室，他们为保全家业，增强生存竞争能力，一般都选择了财产共有，或聚族而居的生活样式，藉家族的合力进行社会竞争。"义门"以忠孝伦理为精神支柱，而此观念的灌输必须进行孔孟思想教育。家族需要书院来强化，而书院凭借家族的支撑而生存，二者相互依存地发展起来。

其次，有了殷实的经济基础之后，自办的书院遂能持久保存下来，不断培养子弟，掌握儒学文化知识，紧抓科举入仕的机缘，由乡户而跻身官绅。他们没有世袭特权带来的思想包袱，却有"千万强学自爱"的浓厚意识，奋发向上，尽力提升社会地位。得自朝廷之上的特权，是被动的享有，缺乏生命力；发自内心的强学自爱意志，则是主动的奋斗，具有强大的生命力。

第三，坚持民办教育，培养子弟，成效显著。在"不文为咎，不学为辱"的民风熏陶下，许多平民子弟成功地走科举之路，升入社会上层，成为一代精英。他们的成才，得益于书院这个园地，有亲朋师友的切磋交流，也离不开"义门"家庭的潜移默化。事实充分证明：书院与科举相互推动，扬名科场是兴办书院的大目标，而众多举子的涌现则有赖于书院的成功兴办。是书院承担着文化教育重担，后来州县官学逐渐开办，书院的作用仍然不可忽视。因为官学数量有限，生员限额招收（只几十名），而且长期处于缺教员、少书籍状态，致使士子"轻去乡里"、"游学四方"，但官学只能接受本土生员，故游学者依然是进入私家书院。

第四，传统文化得以广泛传播，一方面培养出大批人才，提高了江西的文化名次；另一方面教化民众，使儒学深入乡间，成了更多平民的生活信念。众多的"义门"家族及其书院，以努力传授圣贤文化为己任，教学经史而使乡民熟悉纲常伦理，爱宗族而恪守孝悌仁义，产生了"邻里化其德"的社会影响，因而忠孝节义、耕读传家等信念顺利地征服着人心。

第五，朝廷旌赏"义门"，旨在宏扬忠孝，借"义门"的表率作用稳定地方，让儒学的道德观、人生观、价值观渗入社会细胞。"义门"倾心朝廷，因皇权而提升自家威信，借书院进行伦理思想灌输，增加聚居约束力。财产共有制的"义门"式家族虽然不可能推广，而儒学的统治地位则牢固地确立，传统文化因之延续并发展下来。在宋代，舍此别无选择。

第二节
州县学的兴办与推广

北宋朝廷把兴办学校,看作培养合格官僚、强化政治统治的重大国策来实施,是从仁宗时期开始的,上距宋朝建立已经70余年。仁宗天圣五年(1027年)正月,晏殊因事被御史弹奏,由枢密副使出知应天府(今河南省商丘南)。他在应天致力兴办学校,延请正在当地居母丧的范仲淹,来府学教授生徒,史称"自五代以来,天下学废,兴自殊始"[1]。

一、州县学的兴办

由于科举出仕的吸引,各地先后奏请设学,有关州县办学的政策也陆续颁行。发展的趋势则比较和缓,且有曲折。景祐元年(1034年),先后对杭州、陈州、扬州、舒州学各赐田5顷;赐楚州学《九经》。又批准蔡州、苏州、孟州立学,并各给田5顷。从景祐二年十月,至四年八月约二年内获准立学的府、州共有22个,只约占全部府、州的7.3%[2]。

景祐四年(1037年)十二月壬申,"诏自今须藩镇乃许立学,它州勿听"[3]。此条禁令,违背了社会需求,在各地执行中受阻,于是逐渐修正。第二年即宝元元年(1038年)三月己酉,又准许颍州立学。然而,"颍非镇也,于近诏不当立学,知州蔡齐有请,特从之"[4]。在社会潮流的推动下,仁宗接受范仲淹等人建议,于庆历四年(1044年)三月乙亥,诏"州若县皆立学"[5]。完全放开之后,地方官学勃兴起来,形成了高潮,欧阳修甚至说:"诏下之日,臣民喜幸,而奔走就事者,以后

---

[1] 《续资治通鉴长编》卷一〇五,天圣五年正月庚申。
[2] 据《宋史·地理志》,北宋完成统一,共有326州,以后经过调整并省,至宣和中,府、州合计288个。我在此处取其中数,以300个计算。
[3] 《续资治通鉴长编》卷一二〇。《中国大百科全书·辽宋西夏金史》的宋朝教育中,作"宋仁宗宝元元年(1038年),令藩府设立学校"(中国大百科全书出版社1998年版,第99页),不确。可能是因宝元年三月的一条记事推导出来的。
[4] 《续资治通鉴长编》卷一二一。
[5] 《续资治通鉴长编》卷一四七。

第七章
书院与学校教育的勃兴

为羞。"他预言,"天下皆立学,置学官之员"的诏书颁下,"然后海隅徼塞四方万里之外,莫不皆有学"①。考察各地实际,当然不是这样一呼百应、一帆风顺地发展起来。建学高潮兴起了一段时间,逐渐低落下去。神宗熙宁变法,重申兴学诏令,并实行"三舍法",即太学生分外舍、内舍、上舍三等,通过考试逐级上升,品行、学业具优的上舍生"取旨授官",就是不再经过科举考试即可得官。徽宗即位,又一次掀起兴办官学热潮,命"天下诸县皆置学",进一步将"三舍法"推行于州县学之中。江西曾要求将人少的州学生合并进行"上舍生"考试,崇宁四年(1105年)正月,"江西提学事司言:'考上舍有地远而学生少者,难以差官,乞并抚、筠、建昌于洪、虔、袁、南安、临江、吉,试毕,具合格人报逐州学,参定升贡。'从之"。②这个临时性的变通办法,将会刺激州县学发展。

大致上说,从北宋中期开始,州县学校逐渐兴办,民办书院相应地低落。各州县学开办的时间因人而异,地方官普遍重视的是赋租征收,狱讼审理,盗贼捕获几项,对兴办官学不是都感兴趣,"盖学校之益人也缓,威刑之取名也速",见效快则升迁快,"故为政者有所趋焉"③。

客观条件方面,缺书籍、少学官也是实际困难。"群居讲学常病无书";④"州郡有学舍而无学官",故"士轻去乡里者,以求师也"⑤。读书应举的人增多起来,教师与书本的供应便出现紧缺。所以,熙宁年间在下令州县立学同时,又命国子监镂刻印书,以补充州学,⑥并要求地方上报具有"通经"水平的品官,以及新进士可为诸路学官的人。徽宗崇宁三年(1104年)下诏,增加县学的生员人数,达到大县50人,中县40人,小县30人。从庆历兴学,到熙宁着手解决书籍学官,再至崇宁增加生员名额,已经过去六十年,可见官学的推进确实不易,培养人才少,其作用也就有限。

江西地方的州学,自景祐三年(1036年)陆续设立。正月己酉,准许洪州立

---

① 欧阳修《吉州学记》,见《欧阳修全集·居士集》卷三九。《居士外集》卷一三续添的《吉州学记》文辞有异,无"海隅徼塞……"一句。
② 章俊卿:《山堂考索·后集》,卷二七。
③ 余靖:《洪州庙学记》,见同治《南昌府志》卷一六。
④ 黄庭坚:《(分宁)藏书阁铭并序》,见同治《南昌府志》卷一六。
⑤ 《宋史》卷二九一《宋敏求传》。
⑥ 北宋国子监的书可以刻印出卖,清末叶德辉《书林清话》卷六《宋监本书许人自印并定价出售》条写道:"今北宋本《说文解字》后,有'雍熙三年中书门下牒徐铉等新校定说文解字',牒文有'其书宣付史馆,仍令国子监雕为印板,依九经书例,许人纳纸墨价钱收赎'等语。"

学,仍赐田5顷;十一月乙亥,准江州立学。此后其他州县的学校陆续兴建,详如下表。

表7.2　　　　　　　　　北宋江西州军学创建表

州军学名	始建时间	州军学名	始建时间
洪州州学	景祐二年(1035)	信州州学	景德三年(1006)建、嘉祐七年(1062)新建
饶州州学	庆历五年(1045)	筠州州学	治平三年(1066)
虔州州学	庆历四年(1044)	建昌军学	太平兴国四年(979)
吉州州学	庆历四年(1044)	南康军学	庆历间(1041—1048)
江州州学	景祐三年(1036)	临江军学	景祐三年(1036)立庙、绍兴三年(1133)建学
袁州州学	至和元年(1054)	南安军学	绍圣二年(1095)
抚州州学	庆历四年(1044)		

表7.2　　　　　　　　　北宋江西县学创建表

县学名	始建时间	县学名	始建时间
南昌	重建	万安县学	熙宁四年(1071)
奉新	咸平元年(998)	临川	咸平三年(1000)
分宁(今修水)	元祐八年(1093)	崇仁	庆历三年(1043)
上高	元丰五年(1082)	宜黄	皇祐元年(1049)
新昌(今宜丰)	崇宁元年(1102)	金溪	皇祐元年(1049)
进贤	崇宁二年(1103)	南丰	庆历四年(1044)
宜春	皇祐中(1049—1054)	弋阳	庆历间(1041-1048)
分宜	宋初建,宣和迁	贵溪	庆历间
万载	崇宁间(1102-1106)	永丰(今广丰)	熙宁间(1068-1077)
新喻(今新余)	崇宁二年(1103)	余干	嘉祐二年(1057)迁
庐陵(今吉安)	庆历四年(1044)	乐平	熙宁间
吉水	天圣四年(1026)	浮梁	元丰间(1078-1085)
安福	元丰四年(1081)	德兴	治平三年(1066)
太和(今泰和)	咸平四年(1001)	安仁(今余江)	庆历四年(1044)
龙泉(今遂川)	明道二年(1033)	建昌(今永修)	崇宁二年(1103)
永新	庆历四年(1044)	德化(今九江)	庆历间
永丰	至和二年(1055)	德安	治平间(1064-1067)
湖口	庆历间	瑞昌	庆历间
彭泽	庆历间	信丰	景德中(1006)
大庾	庆历间	雩都(今于都)	天圣八年(1030)
南康	景祐初(1034)	会昌	太平兴国中(980)
上犹	庆历二年(1042)	安远	庆历四年(1044)
赣县	皇祐二年(1050)	龙南	元祐三年(1088)
虔化(今宁都)	崇宁五年(1106)	丰城	重建
兴国	太平兴国七年(982)	新淦(今新干)	重建

资料来源:主要据光绪《江西通志·学校》,少数据同治版县志。

第七章
书院与学校教育的勃兴

上列州县学的始建时间，都是记录明白的，绝大多数是庆历四年及其以后。南昌、丰城、新淦三个县学，志文记载比较含糊，说始建于北宋以前，而后"屡毁屡建"，故表中作"重建"。还有没有列出县学的地方，大致有两种情况，一是始建于南宋或元朝，如武宁、新建；二是因有州学而未建县学，如南城、清江等。

二、州县学的缓慢发展

州、县学的兴办是奉命执行，发展态势与地方官的个人倾向有重大关系，江西各州县学校存在问题不少，正如李觏所议论的那样：

"（庆历）诏州县立学。唯时守令有哲有愚。有屈力单（殚）虑，祗顺德意；有假宫借师，苟具文书。或连数城，亡诵弦声。倡而不和，教尼不行。"①

州县长官对办学校，有的耗费心思，尽力办好；有的只是走过场，借用某处（如佛道宫观）房舍，让某人兼教职，随便应付，以备报告而已。黄庭坚也认为，州县学的发展，既受客观条件限制，更有地方官不重视的问题。元祐八年（1093年）分宁县建县学之时，又建了藏书阁，竣工之后，请黄庭坚为写《藏书阁铭并序》，其序文说："分宁县有学，所从来远矣。然邑子诸生，赖学以成就者少，挟书以游四方者多。"原因是县官只忧虑狱讼、赋租、簿书、盗贼四件事，不懂得培养人才要从县乡开始。现在的知县胡器之能够"谨名务实，教之用经，治之用律"，然后尽心办学。耆老感慨之余"合谋曰：群居讲学，常病无书……惟是公家力不能者，吾侪其劝成之。"于是，在县学有职务的人和"诸生之父兄，皆自劝市书，以给诸生之求"。最后，他对已有州学，不要县学的疑问作出解答：

> 是不然。今夫浮屠之舍，非传先王之道也，而所居如林。其堕骧不守，凡有官之君子，必左右经营，复之而后已。关市之征，先王以禁利末，其开塞有权，今则徒会其入，百人之聚，有网漏一金之利，必请而张官之置吏焉。夫士不可一日而无学，民不可一日而无教。至于兴学聚书，则虽万室之邑，以为非职之忧者，何哉？此可谓有为民父母之心，知发政之先后之序者乎？②

---

① 李觏：《袁州学记》，见《李觏集》卷二三。
② 《黄庭坚全集·正集》卷第二一《洪州分宁县藏书阁铭并序》。

分宁早有县学,但造就的人少,诸生多出游四方。这是有其名而无其实。一县之长,修缮寺庙那样尽心尽责,见一分钱的利都要设官吏征到手,唯独对"兴学聚书"不忧虑,这能说是有为民父母之心? 这难道是懂得为政的轻重缓急?

李觏、黄庭坚一前一后的"旁观"私议,在王安石的奏对中得到呼应,嘉祐四年(1059年),他《上仁宗皇帝言事书》说:

> 方今州县虽有学,取墙壁具而已,非有教导之官,长育人才之事也。唯太学有教导之官,而亦未尝严其选。朝廷礼乐刑政之事,未尝在于学。①

由名责实,王安石揭示出州县学徒具虚名,没有在造就人才这个根本上着力的弊端。十年以后,王安石受到神宗的信用和支持,遂将他改革学校与科举之法的远见卓识转变为政策,颁布施行,推进了州县学校的发展。

这个进步是相对的,不利于州县学发展的政策限制还不少。例如,在学生来源方面,各有学州县只准本地士人入学,庆历五年(1045年)诏"今后有学州县毋得辄容非本土人居止听习"。在学官设置方面,名额很少,熙宁四年(1071年)明令设置的学官只有京东西、河东北、陕西五路,其他路仍由本路官兼任。至元丰元年(1078年)下诏设学官,但是人数少,"诸路州府学官共五十三员"。其中江西地区得3名,即洪州、吉州、饶州各一员。虽说这是不肯"轻授滥设",却远不够实际需要。江西13州军之中,大多数仍处于没有正式学官的状态,至于县学,更谈不上。三十年后,于大观年间,江西吉州、福建建州的州学,"皆以养士数多,置教授三员"。

从历史发展长过程上看,学校的兴办由来已久。北宋只说本朝之事,才有兴学自庆历始的结论。洪州、饶州的官学,东晋时已经效果大显,名闻遐迩。唐末、五代战乱时期,各地学校受到不同程度破坏,恢复有早有晚,情况不一。洪州的州学,在南唐归宋十年后,即雍熙年间(984—987年)已由江南西路转运使杨缄重修;景祐二年(1035年),知州赵概大力扩建,"广廊庑,筑斋舍,绘礼器,给闲田,制度甲诸郡"②,才与江西首府的地位相称。

饶州学的重建,相传以为景祐三年(1036年)范仲淹知饶州时所创,但当事

---

① 《王安石全集》卷三九。
② 光绪《江西通志》卷七〇《学校一》。

第七章
书院与学校教育的勃兴

人说不是。余靖《饶州新建州学记》说,州学实起于庆历五年(1045年),主持者为知州张谭,"先是,郡先圣祠宫宇隳剥,前守亦尝相土,而未遑缔治,于是即其基于东湖之北偏而经营之"。浮梁人金君卿《郡学庄田记》也说:"庆历四年春,诏郡国立学,时守都官副郎张侯谭始营之,明年学成。"吴曾对这件事情分析说,范仲淹在饶州时,曾请金君卿设置馆舍,若范有意建学,其《郡学庄田记》中岂能无一言涉及,"盖是时公既为执政,去郡十年矣。所谓前守相土者不知为何人"①。

袁州学,景德三年(1006年)杨侃任袁州知州,即曾"增修讲堂"。庆历六年(1046年)知州李忱筹措"置州学房钱,以赡学徒"。及至皇祐五年(1053年),知州祖无择再扩大改建一新。对祖无择扩建袁州官学之功,《宋史》评论说:

> (无择)出知袁州,自庆历诏天下立学,十年间其敝徒文具,无命教之实。无择首建学官,置生徒,郡国弦诵之风,由此始盛。②

一些县的官学在北宋前期也已开办,例如洪州奉新县,咸平元年(998年)知县徐用和始建。以后陆续增建房屋,扩大规模。景德四年(1038年)"义门"胡仲容"捐建殿宇"。宝元元年(1038年)知县王巩增建讲堂、斋舍。元丰、崇宁期间,还有迁徙改建。

简括地说,州县学的兴办是动态过程。由于社会趋于稳定和经济状况上升,官办的学校跟着发展起来。但是州县官学兴办的早晚与实际教学效益,和地方官员的重视程度、对学校教育特性的把握,有很大关系。对州县学的发展状况,不能只抓一两个典型,不顾其他,尤其需要把普遍性的朝廷命令,与各地的社会实际区别开来。不仅要看重庆历诏令本身的意义,更要看重不同州县的实有事项,及其展开的因依过程。马端临将学校与书院比较之后,发现二者的差别是:

> 是时未有州县之学,先有乡党之学。盖州县之学有司奉诏旨所建也,故或作,或辍,不免具文。乡党之学,贤士大夫留意斯文者所建也,故前规后随,皆务兴起。后来所至书院尤多,而其田土之锡,教养之规,往往过于

---

① 洪迈:《容斋随笔》,卷三《鄱阳学》。光绪《江西通志》卷七一,则认为饶州学经始于景祐三年(1036年)范仲淹任知州时,他选定城外督军湖北岸建学,然未及建即改官知润州,延至庆历时才由新来的知州主持见称。

② 《宋史》卷三三一《祖无择传》。

州县学,盖皆欲仿四书院云。①

马端临在这里从北宋初年说起,故有开头的一句。接下来的两句,便是对学校和书院兴办成效之不同的分析。州县学或作或辍,既因朝廷旨意的更变不常,又受州县长官好恶的制约,所以会出现"不免具文"的事例。"后来"一句应是就南宋的情况而发的。

第三节
州县学记介绍

北宋学者对江西的州军县学写了一批《学记》,对我们了解北宋兴学的实况、江西办学的具体成效以及学者们关于儒学与教育的见解,都是十分珍贵的原始史料。目前知道的有以下13篇(其中有的只知其名,未见其文):

余靖《洪州庙学记》(景祐二年,1035年);

欧阳修《吉州学记》(庆历四年,1044年);

曾易占《(南丰)兴学记》;

吴孝宗《余干县学记》;

李觏《袁州学记》(至和元年,1054年);

王安石《虔州学记》(治平二年,1065年);

伍浩《(安福)新建学宫记》;

曾巩《筠州学记》(治平三年,1066年);

《宜黄县县学记》(皇祐元年,1049年);

苏辙《上高县学记》(元丰五年,1082年);

孔武仲《信州学记》(元丰六年,1083年);

黄庭坚《洪州分宁县藏书阁铭并序》(元祐八年,1093年);

苏轼《南安军学记》(建中靖国元年,1101年)等。

这些学记的作者都以熟悉情况的身份,摄取一些生动的事例,从不同的侧面评述当时兴学的总体形势,本地士绅回应办学的态度与需求,同时他们也借

---

① 马端临:《文献通考》,卷四六《学校考七》。

第七章
书院与学校教育的勃兴

此机会抒发见解,表达期望。归纳起来主要是以下几方面:

一、社会需求官府办学,民众入学的积极性高。信州,"士之待举者七百余人"①;筠州,"既而来学者常数十百人"②;吉州,"来学者常三百余人"③;上高县,"邑人执经而至者数十百人"④;南安军,军学"为屋百二十间,……给食数百人"⑤。虔州州学,在庆历中创建,然只是应诏而已,建得"卑陋褊迫",矮小而简陋,很不美观,"州人欲合私财迁而大之久矣",拖延二十一年之后,才改建"以从州人之愿"⑥;分宁县,"弟子常溢百员"⑦。

一般说来,中部、北部地区的洪、饶等州文化发展比东、西、南三边的州县更快,然而,从这些《学记》看来,三边州县的士子人数不少,求学心情急迫,不亚于中部、北部。上高县与筠州壤地相接,两地的官学生员各有"数十百人",合起来比较,其数量也就不低。而且进入官学的都是"待举者",已经对经史相当熟悉,他们在本地官学开办之前,或负笈远走,或错失时机。例如抚州宜黄,庆历兴学诏令下达之时,"宜黄犹不能有学。士之学者皆相率而寓于州,以群聚讲习。其明年,天下之学复废,士亦皆散去"。几年以后,至皇祐元年(1049年),知县李详决定办学,县里的士人皆发愤响应,"如恐不及",建学之"材不赋而羡,匠不发而多",经史诸书"无外求者"⑧。由此可见,江西州县学校的普遍兴办,是在人情"乐于学"的热潮中推动起来的。

二、庆历新政带来了州县学校的兴办,而熙宁、元丰变法将州县学的建设推向了新阶段。按照科举制度规定,士人要参加考试,必须经由州县选拔上去。经过各路举行的乡试,到礼部主持的会试,再经殿试合格,成为进士,才能得到官位。因此,对士子日常品行的考核,是非常重要的第一关。为此,必须使士人"土著",不必流动到别的州县去求学。范仲淹等人曾多次奏议,兴学校的宗旨是:

"今教不本于学校,士不察于乡里,则不能核名实,……莫若使士皆土著而

---

① 孔武仲:《信州学记》,见《清江三孔集》卷一四。
② 曾巩:《筠州学记》,见《曾巩集》卷一八。
③ 欧阳修:《吉州学记》,见《欧阳修全集·居士集》卷三九。
④ 苏辙:《上高县学记》,见《三苏全集·苏辙集》卷八三。
⑤ 苏轼:《南安军学记》,见《三苏全集·苏轼集》卷一二〇。
⑥ 王安石:《虔州学记》,见《王安石全集》卷八二。
⑦ 黄庭坚:《洪州分宁县藏书阁铭并序》,见《黄庭坚全集·正集》卷第二一。
⑧ 曾巩:《宜黄县县学记》,见《曾巩集》卷十七。

教之于学校,然后州县察其履行,则学者修饬矣。故为设立学校,保明举送之法。"①

把察士于乡里与教之于学校联系在一起,而学校又和州县结合,解决了"核名实"问题,则可选拔到优秀人才。正是基于这个指导思想,"州县皆立学"的诏令中规定:"士须在学习业三百日,乃听预秋赋;旧尝充赋者,百日而止。"应举资格的政策,促使士人走进学校。为了有效地考察到士人的实际行为,当时还下达了一道诏令:"州县学许本土人听习外,游学人勒归本贯。"②这些新政,将州县官学催生了出来。但是,庆历新政实施并不顺利,"士须在学习业"的法令执行不到八个月,仁宗在当年十一月初一下诏"罢天下学生员听读日限"③。应举与学校无关,办学便没有必要,故曾巩《宜黄县学记》说:"其明年,天下之学复废,士亦皆散去。"没有废罢的,也如王安石所说"取墙壁具而已"。

王安石变法再次推进州县办学。新法的一项重要内容是改革学校与科举之法,确定"取士皆本于学校"的目标,实行太学选士与科举取士并行的政策,使州县办学重新强调起来。

徽宗继承神宗学政,将太学的外舍、内舍、上舍三舍递选升级制度遍行州郡,三舍生由州学升贡,崇宁三年(1104年)十一月下诏:"罢州郡发解及省试法,其取士并由学校升贡。"④科举与学校融为一体,学校空前受到重视。

明了了以上科举选官制度的演变背景,读孔武仲《信州学记》便更觉明白,他说:"熙宁以来,学校最盛,内自京师,旁达边郡,聚士有舍,讲业有师,课程诵说,与夫赏罚陟黜之法,日增月长,以至大备。"有朝廷大政的推动,尤其是取士任官政策的改变,州县官学遂有其实,只是"应诏"而已的虚名弊端,便可能减少,乃至去除。

三、培育人才,阐扬人伦,强化道德灌输,为办学主旨。庆历以来的历次兴学诏令,诸多名士写的《学记》,都贯穿学校以道德育人的指导思想。儒学的基本点是通天地人之理,明古今治乱之源,把政治伦理置于首要地位。学校培养的生员都是备朝廷选用,必须是熟谙经史,践行忠孝仁义的人。

曾巩《宜黄县县学记》详细阐明了他对学校育人的见解。他说,古之人自幼

---

① 《续资治通鉴长编》卷一四七,庆历四年三月甲戌。
② 《宋大诏令集》卷一五七,庆历五年三月辛未。
③ 《续资治通鉴长编》卷一五三,庆历四年十一月戊午朔。
④ 章如愚:《山堂考索·后集》,卷二八引《长编》。四库全书本。

第七章
书院与学校教育的勃兴

至长未尝离开学校,学习《诗》、《书》、六艺,"务使人人学其性,不独防其邪僻放肆也。"

每个人从处理日常衣食之小事,到修身为国家天下之大体,皆自学出。学而成俗,深入人心,"则虽更衰世而不乱"。反之,以不学之人为吏,则无仁政,而盗贼积多。

虽然今世去古代远矣,"然圣人之典籍皆在,其言可考,其法可求",学而明之,正心修身,为国家天下做大事,全凭个人进学努力。

最后他说:"使一人之行修移之于一家,一家之行修移之于乡邻族党,则一县之风俗成,人材出矣。"这就是将修身、齐家、治国、平天下的远大目标,落实在学校教育之中。

王安石的《虔州学记》,借先王而说自己的主张,强调必需育成仁义之才。他说,"先王所谓道德者,性命之理而已";为求道德统一,必设学聚士,由官师教之。"其教法,德则异之以智、仁、圣、义、忠、和,行则同之以孝友、睦姻、任恤,艺则尽之以礼、乐、射、御、书、数。"学成者,以为卿大夫,以为牧民之士。

后世虽然道衰,但道德出于性命,"而性命之理出于人心"。天下人心,不可能服从于"聋昏"。所以,仍然是能够有所为,患在"上失其政,人自为义,不务出至善以胜之"。关键不是有无学校,而是要以"先王之法度",教人成为仁义之才。

最后,他针对虔州的社会实情说:虔州虽然旷远,"得所以教,则虽悍昏嚚凶、抵禁触法而不悔者,亦将有以聪明其耳目而善其心,又况乎学问之民?"

曾巩、王安石都认定学校的任务是转变人的思想,而曾巩侧重学者自勉,王安石强调朝廷的法度。

四、州县办学即是论政施治,教育民众不犯上作乱。学校育人与论政,二者紧密相连,又有一定区别。从时效上考虑,企求民不犯上为近期目标,养育人才则是长远追求。就教与学的关系而言,防民犯上是政治意向,控制民众,使其安于被统治地位;育人成才则是期待自身发展,壮大统治集团,造就更多的"官师",因而为政施治与教化育人是统一的。

苏轼《南安军学记》把学校教养人才视为"论政"。他说:"夫学,王者事也。""有学而不取士、不论政,犹无学也。"

苏辙《上高县学记》则说,通过受教育的学生,告诫民众不犯上:"古者以学为政,择其乡闾之俊而纳之胶庠,示之以诗书礼乐,揉而熟之,既成使归,更相告语,以及其父子兄弟。……而民之化之也速。……民观而化之,以不逆其上。"他说上高知县李怀道办学,是"思所以导民,乃谋建学宫",是"喜学之成而乐民之不犯"。

李觏对学校是政治统治的工具这一点说得十分坦率。他在《袁州学记》中说,祖无择来袁州后,知道了学官阙失状况,"大惧人材放失,儒效阔疏,亡以称上旨"。遂与通判陈侁商量,兴建学校,使袁州士民"由庠序践古人之迹",即是:

> 天下治,则弹礼乐以陶吾民。一有不幸,犹当伏大节,为臣死忠,为子死孝,使人有所法,且有所赖,是唯朝家教学之意。若其弄笔以徼利达而已,岂徒二三子之羞,抑为国者之忧。

苏氏兄弟关于学校"论政"、李觏认为应该培养忠臣孝子的见解,最好地揭示了我国古代学校的本质特征。

五、就教学而论,孔武仲、欧阳修主张进行长期而耐心的思想教育。孔武仲在《信州学记》中说,"学而优则仕",尤其要着重"明人伦"。他解析说:

> 孟子曰:学则三代共之,皆所以明人伦也。夫所谓人伦者,岂小夫哉。其分见于君臣父子之间,其守寓于仁义忠信之际,……士之志于道者不惮岁月,以游心于其间,至于四十年焉,则可以仕矣。此圣人所谓不惑之时也。

欧阳修基于化民成俗的目标,在《吉州学记》中指出教学之法应是:

> 本于人性,磨揉迁革,使趋于善。其勉于人者勤,其入于人者渐。善教者以不倦之意,须迟久之功,至于礼让兴行而风俗纯美,然后为学之成。

欧阳修要求吉州的地方官坚持把学校办好,"将见吉之士皆道德明秀而可为公卿",乡民长幼相孝慈,风俗皆合礼节。

上列诸篇学记都着重阐述古昔先王所以为教、士人所以为学之法,寄托了欧、王、曾等名家对同乡士民的殷切期望,也是宋代学者关于学校指导思想的集中展示,具有经典意义,影响深远。晚至清代,官绅们谈及州县学的宗旨,仍然说"以宋儒为宗。其庙学之记,则以曾文定公宜黄县,王荆公虔州学,朱子尤溪静江、铅山、琼州学诸记为最"①。众多的州县官学与私家书院,传播儒学文化,培育科举人才,使忠孝伦理观念渗入城乡,形成民众习俗,在一代又一代人的身上留下烙印。

第四节
藏书诸名家

书院与学校日见增多,读书的风气大盛,置备书籍成了士绅们发家扬名的一种长远投资。北宋时期书册仍然不易得到,尤其是初期,苏轼说他"见老儒先生自言其少时,欲求《史记》、《汉书》而不可得,幸而得之,皆自手书,日夜诵读,唯恐不及"。到了北宋中期以后,情况已经大变,当时不仅国子监雕印的书可以买到,坊间也有刻印的书卖,苏轼曾描述说:"近岁市人转相摹刻诸子百家之书,日传万纸。学者之于书,多且易致如此。"②刻印书籍的生产确有很大发展,为殷富家族办书院,购置经史书册以供子弟研读,提供了极重要的物质条件。不过,这也是相比较而言,家境不太富有的士子,借书、抄书的功夫还是不能少的。例如刘恕,特别嗜学,在家读书的时候,"家人呼之食,至羹炙冷而不顾"。他在晋州(今山西临汾市)和川县令任上,听说亳州(今安徽西北端的亳州市)知州宋次道家中书多,不顾路途遥远艰苦,专程走去借阅。次道备酒饭招待,他谢绝说:"此非吾所为来也,殊废吾事,愿悉撤去。"③为了防止干扰,他干脆关上房门,日夜不停地边读边抄,用了十天,把宋次道的藏书尽数读完才离开,"目为之翳",读坏了眼睛也不顾及。刘恕是勤奋苦读的突出典型,但也反映了当时书籍珍贵,不易看到要读的书。由此可见,滋生在经济水平仍然落后中的藏书家,其社会价值就更重了。

江西一些藏书家是全国闻名的。建昌(今永修)李公择,是北宋的大藏书

---

① 吴湘皋:《(会昌)庙学迁建记略》,见同治《赣州府志》卷二四。
② 苏轼:《李氏山房藏书记》,《三书全书·苏轼文集》卷一二〇。孔武仲《李公择山房》诗说"当时兄弟俱年少",注云"李公读书于庐山时年十六"。(见《清江三孔集》卷八)兄弟二人读书于此,然传说于后世的仅李常一人。
③ 司马光:《十国纪年叙》,《三刘家集》,四库全书本。

家,不仅数多,而且主动让其藏书供学者阅读,可说是创办了我国古老的公共图书馆。他留在庐山白石庵的书册达九千余卷,学者称为"李氏藏书山房"。苏轼晚年,曾用数年时间,"尽发公择之藏,拾其余弃以自补"。他对公择所为极为赞赏,特著文记其事。他说:书比金银珠宝、丝麻五谷都更好,珠宝可欣赏而不适于用,丝麻五谷有用却用之则弊,而且会用尽,唯有书"悦于人之耳目而适于用,用之而不弊,取之而不竭。贤不肖之所得,各因其才;仁智之所见,各随其分;才分不同,而求无不获者,唯书乎!"可是,苏轼接着说:古人书难得,但学得好,今人反是,"后生科举之士,皆束书不观,游谈无根,此又何也?"感慨于后生之中的弊病之余,他详细介绍李公择藏书读书的事迹:

> 公择少时读书于庐山五老峰下白石庵之僧舍,……藏书凡九千余卷。公择既已涉其流,探其源,采剥其华实,而咀嚼其膏味,以为己有,发于文词,见于行事,以闻名于当世矣。而书固自如也,未尝少损。将以遗来者,供其无穷之求,而各足其才分之所当得。是以不藏于家,而藏于其故所居之僧舍,此仁者之心也。

最后,苏轼说,我所以写此文,是"使来者知昔之君子见书之难,而今之学者有书而不读为可惜也"①。

南昌袁抗,好读书,大中祥符元年(1008年)举进士,得同学究出身,官至江淮发运使,召为三司盐铁副使。平生"喜藏书,至万卷。江西士大夫家鲜及也"②。

不少殷实大户,建书楼置书其中,为子孙能读书出仕作准备。前述的德安"义门"陈氏、奉新"义门"胡氏、建昌"义门"洪氏都是突出的,再如石城温氏也是如此。石城温革在建讲学堂的时候,同时建有书楼,"凡书在国子监者,皆市取,且为楼以藏之"。李觏特别为他写文章宣扬:"自古圣人之德业,举在于书。……今温君聚书勤勤,是有意于圣人。有意于圣人则岂一家而已,邻里乡党庶乎偃伏之矣。"还说:"今有人为藏书之楼,非特山水之胜,记之以启好书者,不亦可乎!"③

分宁黄氏,族大人众,开设芝山、樱桃两所书院以教子孙。欧阳修写黄庭坚

---

① 《三苏全书·苏轼文集》卷一二〇《李氏山房藏书记》。
② 《宋史》卷三〇一《袁抗传》。
③ 《李觏集》卷三三《虔州柏林温氏书楼记》。

第七章
书院与学校教育的勃兴

叔祖黄注《墓志铭》说:"自其祖父以来,乐以家资赈乡里,多聚书以招延四方之士"①,经过几代人的努力,达到了"聚书万卷"的规模。

南丰曾氏,素有家学传统之誉。自曾继尧开始,将书房辟为"曾氏书舍",藏书教书,父兄为师,培养子弟出仕。其子易占、孙巩继承其志,藏书益富。尤其是曾巩,"性嗜书,家藏至二万卷;集古今篆刻为金石录,又五百卷,出处必与之俱"②。

浸铜专家张潜之家,为德兴县望族,他的父祖几代人皆富而不仕。张潜"自以所学中废,锐意教子孙。胜衣以上,悉遣就学,买书一监,它文集称是,凡万余卷,分四部,建巨阁,列斋馆于左右,择名师以授之"③。张潜既买国子监镂板印制的儒经,还搜集私家文集,故而也能分经、史、子、集四部庋藏。他家建筑的家族书院与藏书阁,不仅有规模,且布局讲究,几乎可与后世学校媲美。

庐陵欧阳修,嗜书藏书,不亚于同辈。他幼年随母生活于随州叔父家,自家"贫无赀",不可能购买书籍。然他出仕以后,禄随官涨,又读书著文不辍,"独好收蓄古文图书"。晚年自号六一居士,意为"吾集古录一千卷,藏书一万卷,有琴一张,有棋一局,而常置酒一壶,吾老于其间,是为六一"。其《集古录》"凡周、秦以降金石遗文,断编残简,一切掇拾,研稽异同,立说于左,的的可表证"。不仅收集了先秦以来的金石遗文,还逐编做了考证,写在文后。他的这部丰富的金石资料,是其他藏书家难以做到的。

临江军新喻县刘氏家族,是藏书、读书而成名家的一个显例。新喻刘氏从庐陵迁来,开基祖刘式,字叔度,"辞家居庐山,借书以读",五六年不归。南唐后主时举"三传"中进士。归宋,久居财政官衙,在健全财经制度方面作出了贡献,却因此被下吏所讼,免官。刘式治家的要诀是读书、藏书。他死后,家无余财,"独有图书数千卷"。其妻陈氏指书对诸子曰:此乃父所谓"墨庄"也。诸子谨守父母教诲,勤奋于"墨庄"之中,后来次子立之为国子博士,三子立德、四子立礼,并进士及第。海陵胡瑗闻而贤之,为记其事。其孙辈如刘敞、刘攽(并立之之子),曾孙刘奉世等,皆以文章德业为时闻人。长子刘立本继承父亲传统,晚年居住苏州,筑室曰宝书阁,"聚书数千卷",对子孙曰:"此先子所以教后嗣者也。

---

① 《欧阳修全集·居士集》卷二八,《黄梦升墓志铭》。
② 《中书舍人曾巩墓志铭》,陈柏泉编《江西出土墓志选编》,江西教育出版社1991年版,第41页。
③ 《通直郎张潜形状》,陈柏泉《江西出土墓志选编》,江西教育出版社1991年版,第83页。

吾尝以此事亲,以此事君矣。行年八十,无悔于心者,今以遗汝。"①此事在当地传开,并记录以资借鉴。

在新喻的"墨庄",中经北宋末年变乱,书册散亡。但其后人仍念念不忘,时局转安以后,他们"节食缩衣,悉力营聚",至绍兴二十二年(1152),重新积聚到数千卷,珍藏于家。社会名流赞扬此事,尚书郎徐兢、吴说,皆为大书"墨庄"二字,题其藏书之室。朱熹特为写作《刘氏墨庄记》,阐扬刘氏四五代人前后接力藏书的本意,在于"耕道而得道,仁在夫熟之而已","非祖考之贤,孰能以诗书礼乐之积,厚其子孙;非子孙之贤,孰能以仁义道德之实,光其祖考";他们不是追求高官厚禄,不是为着"出于青紫车马之间"②。

筠州高安刘涣、刘恕、刘羲仲祖孙几代人,刻苦读书、抄书,同时尽力藏书,终于也成为室惟书多的名家。刘涣隐居庐山四十余年,子孙遂都在此。洪迈记曰:"刘壮舆(即羲仲)家于庐山之阳,自其祖凝之以来,遗子孙者唯图书也,其书与七泽俱富矣。于是为作记。今刘氏之在庐山者不闻其人,则所谓藏书殆亦羽化。"③其人不闻,其书羽化,究竟发生于何时,洪迈说不清楚。推想起来,其书该是毁于南宋初年的战火。然而,陆游《老学庵笔记》有另一说:"刘道原(即刘恕)、壮舆再世藏书甚富,壮舆死后,书录于南康军官库。后数年,胡少汲过南康访之,已散落无余矣。"刘氏藏书的数量,"七泽"、"甚富"之说皆是形容,难以判断。元丰三年(1080年)九月刘涣卒,黄庭坚赴其家凭吊,写《过西涧隐庐》诗,末句云:"百楹书万卷,少子似翁贤",这才对其家藏书说得具体些。少子,指刘涣幼子刘格。

官绅士大夫之中,兴起蓄书为荣之风,由读书而中举出仕,变民户为官户,光宗耀祖,号称"书香门第",对社会影响至深至广,民间于是有"耕读传家久"的坚定信念。耕是致富之基,读是发家之要,而书是到达彼岸之舟桥。北宋时代的书籍印刷仍不发达,一般人不易买到,能买到国子监刻印的书,更令百姓惊讶而钦羡。故此,大家族而能致力于藏书,可谓地方文化昌盛的表现。

---

① 刘敞:《公是集》,卷三六《伯父宝书阁记》。
② 朱熹:《晦庵集》,卷七七《刘氏墨庄记》。徐兢,字明叔,瓯宁人,宣和六年(1124年)随路允迪出使高丽,因撰《宣和奉使高丽图经》40卷,后官至尚书刑部员外郎。吴说的乡贯仕履不清楚。
③ 洪迈:《容斋随笔·续笔》卷十五《书籍之厄》。"于是为作记"一句主语含糊,四库《三刘家集》附录转引此条,改作"晁以道为作记"。"七泽",古谓楚有七泽,最小的是云梦泽(见司马相如《子虚赋》),后用以形容某种物品既大又多,此处指藏书极为丰富。

第八章

科举人才的涌现

宋承唐制,科举取士。科目有进士、诸科、武举,常选之外,又有制科、童子举,而以进士得人为盛。诸科,指九经、五经、开元礼、三史、三礼、三传、学究、明经、明法等科。制科又称制举,是偶或下诏的考试,"所以待天下之才杰",名目不定,如贤良方正,博学宏词等。仁宗初年,以制举久不举行,特予复置,增加科名至10个:贤良方正能直言极谏科、博通坟典明于教化科、才识兼茂明于体用科、详明吏理可使从政科、识洞韬略运筹帷幄科、军谋宏远材任边寄科、书判拔萃科、高蹈丘园科、沉沦草泽科、茂才异等科。神宗时罢"诸科",而分经义、诗赋以取士。

应举者不论家族门第,只要不是大逆犯人直系亲属,没有不孝、不悌行为,不是隐匿工商异类、僧道归俗之徒,都可参加考试,文章、诗赋合格,即可录取。考试分乡试(解试)、省试(礼部试)、殿试三级。赴考者通称"举人"、"举子";参加进士科考试的人就称"进士"或"乡举进士"[①]。各路的考试称乡试,及格者获得"发解"资格,赴礼部主持的会试,称省试,及格者参加殿试。殿试合格,按进士、诸科的名目分别录取,分为一甲、二甲等甲次,授予进士及第、出身、同出身、赐出身,并获得官职。省试第一名称省元,殿试第一名称状元。士人以进士

---

① 洪州人徐禧,志气高远,不事科举,没有进士功名,然而《续资治通鉴长编》卷二四八在介绍他时写:"洪州进士徐禧为镇南军节度推官、中书户房习学公事。禧与吴著、陶临皆以白衣为修撰经义所检讨,至是,又以选人入中书习学,行检正事。"他先以布衣为经义检讨,再以"选人"身份去中书省户房"习学公事",故泛称他为"洪州进士"。

科及第为荣。由于广开科举之门,让大量乡户平民子弟通过科举走上仕途,增强了百姓对朝廷的向心力,扩大了宋朝统治的社会基础。

北宋对科举制度的运用,重视对进士的选拔,在结束唐末五代长期离乱政局,转变士人既不急于出仕,又苦于官吏勒索,社会轻视读书人的恶劣风气,重建文治秩序方面,起了无可替代的作用。各地乡举秀才竞相应诏赴考,由进士而官宦,克服武夫把持州县的弊政,故而"父老见而指以喜曰:此曹出,天下太平矣"。社会厌乱,人思安定,故士人珍贵,科举顺应了民心,总体上已经消除了五代时"士厄于离乱之际,不得卒业,或有所长而不能以自见,老死闾阎"的现象[1]。

由科举而出仕,是读书人最大的人生选择,社会最看重的生活出路。正如苏辙所说:"凡今农、工、商贾之家,未有不舍其旧而为士者也。"有人赋诗曰:"老去功名意转疏,独骑瘦马取长途;孤村到晓犹灯火,知有人家夜读书。"[2]然而,在宋代士大夫中对举业不乏批评意见,尤其是一批又一批的举子只是追逐功名利禄,不以践行道义为目标,人们便提出一个问题:有志于道者该不该习举业?程颐对此有一个回答:"人多说某不教人习举业,某何尝不教人习举业也。人若不习举业而望及第,却是责天理而不修人事。但举业既可以及第即已。若更去上面尽力求必得之道,是惑也。……故科举之事,不患妨功,惟患夺志。"[3]

王安石同样主张"士志于道",认为科举出仕只是求禄,有了官俸之后,即应追求"道"。他曾对吕希哲说:"凡士未官而事科举者,为贫也。有官矣,而复事科举,是侥幸富贵利达,学者不由。"[4]吕希哲是吕夷简之孙,吕公著之子,父祖皆官至宰相,故由荫得官,吕希哲在王安石门下求学,所以王这样对他说。吕希哲听了之后,便不去科考,"一意古学"。"未官而事科举者,为贫",是士人获取俸禄的基本途经,亦可理解为考核士人是否达到当官资格的界标,这是眼前的人事,而"志于道"则是远大的精神追求。余英时论《宋初儒学的特征及其传衍》中说:"科举制度本身在价值上是中立的,它既可以是一般经生的利禄之阶,也未尝不能成为杰出之士实现其理想的跳板。以宋代为例,范仲淹、王安石如果

---

[1] 马端临:《文献通考》,卷三十《选举三》。
[2] 晁冲之:《晁具茨先生诗集》,卷十二《夜行》。
[3] 朱熹、吕祖谦:《朱子近思录》,卷七。上海古籍出版社2000年版,第90页。
[4] 朱熹:《伊洛渊源录》,卷七引吕氏《家传略》。四库全书本。

第八章
科举人才的涌现

没有进士的资格,他们便不可能取得变法的领导权。"①这个论断符合事实,对我们理解科举人才有启迪意义。关于北宋江西人才的显现与评估,不能不从进士入手,本章将首先叙述"进士"的涌现,然后择要评介一些人。

开宝六年(973年),因主考官李昉"用情取舍",太祖主持对360名下第者别试诗赋,从中再录取进士、诸科共127人。殿试从此成为常制。当时太祖对近臣说:

"昔者,科名多为势家所取,朕亲临试,尽革其弊矣。"②

权贵在科举中作弊,始终存在。然而,皇帝主持再来一次"殿试",对作弊者有一定的制约作用。

北宋的私家书院兴盛,中期以后逐渐开办州县官学,赴考举子众多,选官取士的门因而开得更大,每科录取的进士人数比唐朝成倍增加。通常每榜进士几百人,最多时达805人(宣和六年),不再是唐代"桂树只生三十枝"的稀疏景象。由于诸州所贡的人数众多,其中仍有不少人落第,而落第者又再次应举赴考,对其中多次不合格的老举子,格外开恩,赐其出身。开宝三年(970年),"诏礼部阅贡士及十五举尝终场者,得一百六人,赐本科出身"。由此途而得及第称"特奏名",从此成为例规③。终北宋一代167年,共开科69榜,平均约两年半举行一次。录进士19,066名,平均每榜276.3名。诸科15,054名,特奏名15,456名。三项合计取士49,576名,平均每榜718.5名④。

第一节
众多进士的涌现

江西的乡绅家族出资办学,士人立志自奋,进士日益涌现。这种普遍性的文化现象,具有多方面的意义。首先,北宋一代,江西地区一千七百多名进士,这意味着社会上还有更多的落榜者,更多的举人,比举人更多的诸生,这是一个庞大的读书人群体。这群读书人的数量,从官府规定的解额中可以窥见一个

---

① 余英时:《朱熹的历史世界——宋代士大夫政治文化的研究》。三联书店2004年版,第295—296页。
② 《宋史》卷一五五《选举一》。
③ 《宋史》卷一五五《选举一》。
④ 据何忠礼《宋史选举志补正》附录一《宋代科举一览表》计算。浙江古籍出版社1992年版。

大概。庆历四年(1044年)欧阳修说:"凡贡举旧法,若二千人就试,常额不过选五百人(每年到省就试及取人之数,大约不过此)。"①即是进士录取率为25%,礼部考试也是选取25%。治平元年(1064年),时任参知政事的欧阳修又奏称:"今东南州军进士取解者,二三千人处,只解二三十人,是百人取一人。"②"进士取解者",指各地选拔参加礼部考试的人,比例是1%;东南州军,包括了江西地区13州军。照这个比例推算,江西候选的科举士人有多少呢?我们以袁州为例来说,"袁州自国初时,解额以十三人为率。仁宗时,查拱之郎中知郡日,因秋试进士,以黄华如散金为诗题,……惟六人不失诗意。由是只解六人,后遂为额。"③这位查知州凭个人喜怒办事的劣政暂且不说,单就解额13人作考察,按百分之一比例算就是1,300人,再乘以13州军,则为16,900人。即便假设查某的决定推行于全江西,也还有约8,000人。这个庞大群体的形成,是社会稳定、经济兴盛、文教发达、民心向学的综合反映。

其次,大批进士以及有学识而非进士的众多士人,自觉地"修身、齐家",如南城吕南公、新昌(今宜丰)蔡曾、新喻胡宗元、赣县阳孝本、雩都王鸿、会昌赖克昌、南康田辟,等等,他们散居乡间,与乡民朝夕相处,时刻在传播传统儒学文化,灌输官府意志;也利用其所拥有的政策、法令知识以及伦理观念,解决民间纠纷,或与贪官污吏抗争,对文化的普及与整体水平的提高,对社会的健康发展,都有推动作用。南城李觏,虽然得了一个国子监直讲的名衔,实际仍然是一个平民,居乡讲学,著书立说,在中国思想史上写下了不朽的篇章,贡献不比别人差。

第三,那些为提高社会地位而读书,为求功名利禄而习举业的人,也应予肯定。他们并非社会的消极因素,其言行不等于祸国殃民的劣迹。这些人有竞争向上、不甘贫弱落后的志气,也是平民家族富而重教的成果。他们学而优则仕的骄人回报,对形成自强不息、以学为荣的民风习尚,有积极意义。

第四,进士中的官僚士大夫,大多数在"治国、平天下"的奋斗中,各自作出了不同的贡献。具体一些说,贡献主要集中于三大领域:政治领域——从太宗至徽宗各朝,都有江西官员参与朝政决策,如太宗时的陈恕,真宗时的王钦若,仁宗时的晏殊、刘沆,神宗时的王安石,徽宗时的曾布。军事领域——在军事相

---

① 《欧阳修全集·奏议集》卷八《论更改贡举事件札子》。
② 《欧阳修全集·奏议集》卷十七《论逐路取人札子》。
③ 吴曾:《能改斋漫录》,卷五《误认黄华作菊华》。

第八章
科举人才的涌现

对衰弱的北宋,王韶父子在河西的征战,不亚于宋初的武将;萧固、熊本对西南部族的经营,成效明显突出。学术领域——经学、文学、史学等传统学科的著名学者,不断涌现,或为领军旗手,如欧阳修、曾巩,或者开宗立派,如晏殊、王安石、黄庭坚。我国传统文化宝库中的丰富内涵,离不开这大批科举人才的辛勤劳动;社会历史的进步,与前后相继的科举人才是相互促进的。

一、进士数量的评估

北宋时期江西地区为13州军65县,按光绪《江西通志》选举表所列名单算,共有进士1729名[①]。占诸路进士总数(19066名)的9.06%。平均每县26.6名。此外,有制科95人(未分北宋、南宋),童子科38名。与唐至五代江西总共才76名进士的劣势相比,是沿直线上升着。在这一千七百多人之中,绝大多数都是乡间小民,一变而金榜题名,出现在朝廷的宴会上,进而穿官服,得俸禄,对他们个人及其家族是大提升,于州县邻里则是极大的示范与鼓舞,其社会反响越来越大。鄱阳人彭汝砺、熊本,父亲皆州衙孔目,汝砺中了状元,饶州知州即告诉其父不必再服役,且以所乘马及导从命州吏送他还家,乡间以为光荣。接着,熊本也名列进士前茅,新任知州照样送熊本父亲还家,"自是一郡欣艳,为学者益深,每科举尝至数十人"[②]。

科举对江西社会的推动,到了真宗、仁宗时期已大见成效。黄庭坚告诉我们,分宁徐俯的祖上,"避兵乱买田于西安山中,稍稍堙替不学"。连续三代人"皆治生货殖于田间"。到徐俯父亲手上,其家"始筑书馆,延诸生",让子弟读书习文,故而徐俯"昆弟皆为儒者"[③],改变了家门旧貌。从乡间农家走出来大批儒生官宦,非常令人振奋。对此兴旺景象,饶州德兴人汪藻是这样评述的:

> 当唐末五季,干戈纷扰之时,衣冠散处诸邑之大川长谷间,率皆即深而潜,依险而居。迨宋兴百年,无不安土乐生,于是豪杰始相与出耕,而各长雄其地。以力田课僮仆,以诗书训子弟,以孝谨保坟墓,以信义服乡间。室庐相

---

① 光绪《江西通志》卷二〇~二四《选举表》所列进士名单,制科、童子科两部分与进士科有一些人重复计数。进士科本身也不是十分精确,有8个人名重复出现,另外崇宁四年没有开考,但也列出了8人,这16人如果都算在内,则进士数为1745名。

② 朱弁:《曲洧旧闻》。

③ 黄庭坚:《徐纯中墓志铭》,见同治《义宁州志》。

望为闻家,子孙取高科,登显仕者,无世无之,而汪氏尤其章章者也。①

宋兴百年,即是仁宗后期。以诗书训子弟,得到进士及第的收获。统计数据证明,汪藻的评述符合实际。各朝进士人数如下:

表8.1　北宋江西进士递增表

时期	在位年数	进士人数	人/年	时期	在位年数	进士人数	人/年
太祖	15	2	0.13	太宗	21	51	2.4
真宗	24	110	4.58	仁宗	40	400	10
英宗	4	52	13	神宗	17	240	14.1
哲宗	14	271	19.4	徽宗	24	603	25.1

上列数据表明,进士人数持续递增,太宗、真宗、仁宗三朝连续倍增,生动地映现出书院教育的成果。到仁宗时期,已是成效大显。以后继续稳定发展,到哲宗以后再翻一番。事实正是如此,一大批家族随着富裕的步伐,同时重视文化教育,以诗书训子弟,力求登科出仕,提高社会政治地位。有那么多家族实现了读书发家的愿望,人们的看法和给予的评估自然跟着起变化,这就是吴孝宗所说的:家富户羡,又当宽平无事之时,随即形成富而好学的社会风气,"为父兄者以其子与弟不文为咎,为母妻者以其子与夫不学为辱"。成果显著的家族如:

宜黄乐氏:是宜黄文化世家,其家四代6人进士。乐史在南唐李煜时已为秘书郎,入北宋为平原县主簿,太平兴国五年(980年)以现任官举进士,先授武成军掌书记,后赐及第。其子黄裳、黄目、黄中,淳化三年(992年)同举进士。咸平元年(998年),子黄庭又中进士。天圣八年(1030年),黄裳之孙乐滋,中进士。乐黄目官给事中兼左庶子,乐黄裳、乐黄庭皆官至太常博士。祖孙四代6人并进士及第,在北宋前期江西地区少见。

临川王氏:王安石一家之中,自其祖父辈至其儿子名下,从咸平三年(1000年)至熙宁元年(1068年),69年间先后八人中进士,即其叔祖王贯之(咸平三年),父王益(大中祥符八年,1015),王安石(庆历三年,1043),其兄王安仁(皇祐元年,1049)、从弟王沆(庆历六年,1046)、弟王安礼(嘉祐六年,1061)、王安国(熙宁元年,1068),子王雱(治平四年,1067)。

---

① 汪藻:《浮溪集》,卷一九《为德兴汪氏种德堂作记》。四部丛刊初编本。

第八章
科举人才的涌现

南丰曾氏：从宋朝初年开始，子孙一代接一代在科场报捷。曾致尧太平兴国八年（983年）中进士。其弟士尧，淳化三年（992年）进士。子易从，咸平三年（1000年）进士；易占，天圣二年（1024年）进士。嘉祐二年（1057年），一门六人同榜及第：曾巩（易占子）及其弟牟、布，从弟阜，妹婿王无咎、王几同时赴京应考，皆榜上有名，无有遗者。此外，曾致尧家族中还有曾易则、曾舜举、曾叔卿、曾畴、曾序（易占侄）、曾宰（易占子）、曾觉、曾肇（易占子）八人到元丰年间也都已中进士。

分宁黄氏：黄庭坚家族，祖孙四代人，从大中祥符八年（1015年）至宣和三年（1121年）的105年间，进士蝉联不辍，现在知道名字的进士33人。黄中理筑书馆于芝台、樱桃洞，长子黄茂宗才高笃行，致力教授于两馆，故诸子10人之中，有进士6人。黄家这两所书馆还接纳外族士子，"四方游学者尝数千百人"。黄氏富而重教，子弟读书出仕的事迹，带动了分宁县四方，"凡分宁世家学问之原，盖皆出于黄氏"①。

高安刘氏：刘涣、刘恕、刘羲仲祖孙三代人，博学而特立，高节尚义气，称高安三刘。刘涣，天圣八年（1030年）登进士第。恕，皇祐元年（1049年）进士。恕之弟恪，虽然乡举不第，却"以文学显"，黄庭坚说他"胸中峥嵘书万卷"。恕长子羲仲，从小随侍，继承家学，读书数千卷，无不贯穿。因《资治通鉴》书成，赐官郊庙斋郎，后入史馆为检讨，人们评他"志操文义，早知名于士大夫"②。

新喻刘氏、孔氏、萧氏：刘氏的一支由庐陵迁新喻，其家开创读书中举传统的人是刘式，他在南唐后主时去庐山借书苦读，五六年不归，考中明经科第一；其子刘立之，中大中祥符元年（1008年）进士；孙刘敞、刘攽，庆历六年（1046年）同时中进士；曾孙刘奉世，嘉祐六年（1061年）进士，与其父敞、叔攽合称"三刘"。

孔氏故居地在今峡江县罗田乡，先祖自唐末避乱定居于此，其后代到宋仁宗时接连中进士。嘉祐元年（1056年）孔文仲中进士，嘉祐八年（1063年）孔武仲中进士，治平二年（1065年）孔平仲中进士，兄弟三个皆以文名于世，人称"三孔"。黄庭坚赞曰："二苏上联璧，三孔立分鼎；天不堕斯文，俱来集台省。"

---

① 同治《义宁州志》卷一九《选举·进士》。又，《山谷别集》卷八，《叔父给事行状》。
② 晁补之：《漫浪阁辞》，见《三刘家集》。刘涣寓居星子三十余年，而且他们祖孙身后均安葬星子，实际已是星子人。

萧氏从宋初至神宗时期,家族中不断有人中举,载入进士名录的有:萧贺、萧方、萧贯、萧贲、萧固、萧贽、萧泳、萧注、萧从、萧褒等。其中萧贯、萧贲是兄弟;萧贽,后改名焕。

所有这大批进士人才,都来自平民,或者说普通富裕户,他们没有世袭的政治特权,全凭个人才学上进。由出身低微这个特点,再生发出数量多、来源广、更新快等优点。一科又一科的新进士,来自许多州县,各有自身的个性与品位,催化出知识交流的活力,造成了对朝廷的巨大向心意识,使北宋统治日益稳定。另一方面,科举取士官僚制度使这批新生的进士——官僚,谁都没有世袭特权遗留下来,于是,不见"四世三公"的门阀贵族,倒是有不少大起大落之家,如临川晏殊、王安石,新喻王钦若,庐陵欧阳修,永新刘沆……他们官至宰执,寿终正寝,而子孙却很快低落,失去父辈尊显的政治地位。这大概就是黄庭坚《家诫》中所说豪族很快衰败的景象。这种富贵与贫贱的和平衰变,有利于激发后辈"千万强学自爱"的志气,使人才处于生生不息,后浪推前浪的活水之中。

二、进士的地域分布

北宋时代江西进士的地域分布很不平衡,多数集中于赣江中下游地区,周边县份除分宁之外,都很稀少,大致上和经济水平一致,凡是生产兴盛的地方,科举文化就有明显的优势。现据《选举表》标明的乡贯,按前后期两段,分类统计各州军的进士人数如下:

表 8.2　　　　　　　　　北宋江西进士地域分布表

州军名	前期进士	后期进士	合计	州军名	前期进士	后期进士	合计
饶州	69	261	330	虔州	23	53	76
吉州	115	161	276	南康军	18	39	57
建昌军	64	150	214	袁州	24	33	57
抚州	70	107	177	江州	31	23	54
洪州	65	106	171	筠州	11	21	32
临江军	57	100	157	南安军	2	10	12
信州	16	100	116	总计	565	1164	1729

注:表中的前后期分界,仁宗嘉祐八年科以前的进士划在前期,以后的划归后期,即北宋建立100年间的进士数当前期科考状况看待。

第八章
科举人才的涌现

上表说明,北宋百年以后的进士人数大增,在约60年内得1,161名,占总数的67.1%,换句话说,在约1/3之时间内,涌现了2/3的进士。分地段看,前6名的饶州、吉州、建昌军、抚州、洪州、临江军,即是赣江中下游地区占绝对多数,共计1,315名,占总数的76%。各州军相互比较,饶州、吉州、建昌军三地进士最多,都超过200名,明显处于优势;赣南的虔州、南安军相对落后,13县共计得进士88人,平均每县6.77,远远低于江西平均数(26.6)。依道光《宁都州志》、同治《赣州府志》、《南安府志》所载,赣南13县共为92人,而三分之一集中于虔州治所的赣县(32),其下依次为虔化(今宁都,13)、兴国(10)、南康(9)、雩都(7)、石城(7)、信丰(5)、会昌(3)、龙南(2)、大庾(2)、瑞金(1)、上犹(1),安远(0)[①]。

深入到县一级,进士多寡悬殊的状况更厉害。前三名都超过一百,比一个州军还要多。前20个县的次序是:南城(148)、临川(121)、德兴(106)、乐平(72)、庐陵(66)、南丰(66)、清江(62)、贵溪(57)、吉水(57)、新淦(54)、鄱阳(52)、分宁(50)、浮梁(49)、南昌(44)、永丰(44)、宜春(42)、新喻(41)、宜黄(37)、德安(36)、太和(33)。另一头,是科举文化落后的诸县。前期不见有进士的14县:进贤、靖安、上饶、永丰(今广丰)[②]、万安、上高、新昌(今宜丰)、分宜、万载、瑞昌、瑞金、龙南、安远、上犹。后期没有进士的县还有4个:永丰(今广丰)、上高、德化(今九江)、安远。通北宋一代来看,无人中进士的县3个:永丰(今广丰)、上高、安远;仅得1名进士的县8个:靖安、新昌(今宜丰)、分宜、万载、瑞昌、瑞金、龙南、上犹。

南城、临川、南丰三县连在一片,居于尖端位置,比各州军之中进士人数最多的饶州还多,这是当地农耕经济振兴、土地开发早已比较充分的最好证明。所以,前后期的人数差别不大,有均衡而快速的优势。从所列出的姓名看,这里的曾氏、王氏、吴氏进士相对更多,但并不是集中于少数家族,而是分散在许多个姓氏之中,例如政和五年南城13个进士,分别为童、邓、黄、陈、朱、周、姚、李、刘9姓,呈现出科举文化的群体水平高的态势。因而,评议才子之乡,不宜停留在高官显宦层面。

饶州德兴县在赣东北地区,表现凸出。该县与乐平、浮梁连成一片,组成一

---

① 分别据道光《宁都州志》卷二〇、同治《赣州府志》卷四六、《南安府志》卷一二资料统计。
② 信州的永丰县,与吉州的永丰县,在《江西通志》中均写"永丰人",未注所属的州,有可能混淆二县,现统计时都作吉州永丰计算。1988年版《广丰县志》第63章《人物表》列出元丰至宣和年间有进士8人。又,原注"袁州人"、"瑞州人",可能不仅是宜春县人、高安县人,现统计时都计入此二县。

个经济文化单元,德兴的农耕虽然差一些,但铜矿的开采冶炼早已发达,又都处在赣皖交接的边沿地带,是唐末五代以来避难民众乐于安身之地,故而书院与科举勃兴,有后来居上的劲头。前期百年中仅得14名,后来的六十年却夺得92名,跃居领先之列。其中以张氏、董氏两族最多,分别得29、28名[①]。德兴的科举文化前后差别如此明显,正是汪藻所论宋兴百年而后群豪竞起的典型地区。

洪州分宁县地处赣西北角上,是周边县份中的佼佼者。其进士人数不仅远非邻境可比(萍乡13,武宁8,万载1),甚至超过江西首府南昌县。分宁地当赣湘鄂三地的交通交叉点上,人文交流比较活跃,农耕种植中的茶叶生产素来兴盛。大家族中的黄氏,重视书院教育,以出色的科举人才影响乡邻。县内的漫江乡是茶业中心基地,不少人因茶致富,也能富而重教,从乾德三年(965年)至政和二年(1112年),这个乡出了16名进士。

庐陵、清江、吉水、新淦四县也是一个经济文化区,它们在赣江中游两岸,农业基础好,航运交通便捷,商贸活跃,是江西全境开发历史最早的一个区域。这里的科举文化兴起比较早,基础厚实,进士人数增长前后期比较平衡。其进士数量虽然不是最多,但解试及格的举人却是一大群。例如,嘉祐三年(1058年)以后连续19次解试,全江西的举人共计573名,其中洪、饶、信等州得19名,情况不明者24名,余下的530名全部是吉州人,几乎是吉州人包场的局面。

吉水县的进士人数,1989年版《吉水县志》的统计,从淳化三年(992年)至宣和六年(1124年)的132年间,共为95名,比光绪《江西通志》记录的58名多了一大截。其中董氏一族尤多,占15名;景祐元年(1034年)一次,董家5人俱中,皇祐元年(1049年)又是4人登科,十分火爆[②]。县志与省志相差的这37名,究竟是什么原因造成?是《江西通志》漏登,抑或是行政区划变异所致,还是统计口径不一,都有待查考。

虔州、南安军的进士人数明显更少,科举事业比较落后,然民间习文重教的风气不弱。赣县曾氏,一门皆文学之选。曾准,刻励嗜学,登嘉祐八年(1063年)进士,子弼、楸、开、几四人,皆为名臣。赖克绍,会昌人,咸平三年(1000年)进士,不仕,以文教为己任,买书贮东门"会秀楼",置鼓楼上,每次招集邑人讲学,鼓声四达,从游弟子甚众。王鸿,雩都人,皇祐中累试不中,在家耕田种桑,

---

[①] 1993年版《德兴县志》卷二九《人物表一》所记进士人数为114名(前期20,后期94)。

[②] 《吉水县志》第六编附"历代进士录"。新华出版社1989年版,第397—398页。

以足养亲,间或推其所学,以教乡间子弟①。阳孝本,上犹人,后徙居赣。学博行高,与苏轼、蒲宗孟交游。熙宁中,为宗孟家馆师,只求买书为酬。宗孟遂以二年俸金市书千卷相送。他归隐通天岩读书20年。崇宁中,虔州知州评他"经行优异"荐之于朝,以直秘阁归。他拊儿头顶曰:"吾无以遗汝,惟有书数千卷。"田辟,南康人,嗜学能诗。嘉祐间游上庠,20年无成,浩然归乡,自号"大隐居士","子九人,各授一经,教法甚严,登第及特恩者七人。南康称义方者,必曰田氏"②。这些事例皆属他们的个人行为,但其嗜学、讲学活动,超出了家族范围。尤其是会昌赖克昌,击鼓聚众,公开讲学,其文化影响完全不是人数衡量得了的。

三、状元简介

在江西的进士群体中,有一批才华横溢者,名列进士甲等,即"高科"行列,尤以状元居最,从尖端锋芒点上反映了江西士子的儒学水准。北宋状元总计69名(其中6名乡贯不明),其中江西地区得5名③,即:

马适(925?—955年),湖口县人,太祖建隆三年(962年)榜状元④;

刘煇(1030—1065年),铅山县人,仁宗嘉祐四年(1059年)榜状元;

彭汝砺(1041—1094年),鄱阳人,英宗治平二年(1065年)榜省元、状元;

何昌言(?—1127年),新淦人,哲宗绍圣四年(1097年)榜状元;

何涣(?—1131年),余干人,徽宗宣和三年(1121年)榜状元。

此外,会试第一名的省元有四人:欧阳修,天圣八年(1030年);黄庠,景祐元年(1034年);孔武仲,嘉祐八年(1063年);彭汝砺,治平二年(1065年)。

还有几位进士与状元失之交臂。一是新喻萧贯,大中祥符八年(1015年)考

---

① 此三例见同治《赣州府志》卷五四《人物志·儒林》。
② 此二例见同治《南安府志》卷十六《隐逸》。
③ 此据《续资治通鉴长编》、《宋会要辑稿》、《宋史》诸史籍。另皇祐五年(1053年)状元郑獬,湖北安陆人,新编《宁都县志·人物篇》为他立传,称他"祖籍宁都城关西门。其祖父郑建中往湖北安陆经商,遂寄籍安陆。其子郑宣义迁回宁都,并将獬以上三代骸骨迁归,葬城西蒻背岭'美人献花',与祖坟同茔"。道光《宁都直隶州志》人物志采两说并存做法,既写小传,又出"按语"提否定的意见。这个疑案,我未进行专题研究,难于取舍,特写出,待考。又,吴宗慈《江西省历代文武科鼎甲考表》中,将太平兴国三年(978年)状元渤海人胡旦,记为德安人。不知何据?德安车桥乡的"义门"陈氏宗谱中,载有胡旦写的《义门记》,其中丝毫没有表示他是德安人的意思,故不录。
④ 此据同治《湖口县志》卷七《进士》、卷八《儒林传》。

试中,最后一关殿试,已列入前三四名。真宗正在把他与蔡齐比较,枢密使寇准说:蔡齐是山东人,萧贯的乡贯为临江军新喻县,为"南方下国人,不宜冠多士"。真宗听了寇准意见,定蔡齐为状元。寇准走出殿门喜形于色地对同僚说:"又与中原夺得一状元。"①真宗与寇准这次在状元人选上的决策,是轻视江南观念的再一次流露。早在北宋初年,赵匡胤即写下"南人不得坐吾此堂"八字训条,刻石政事堂上,借以警示后继者。然而,"自王文穆(钦若)大拜后,吏辈故坏壁,因移石他处,后寖不知所在。既而王安石、章惇相继用事,石为人窃去"②。此段笔记的可靠性无须深究,它反映出人们观念随着形势而变化,是有参考价值的。宰相与状元,是士大夫的两个不同层次的最高奋斗目标,这两项桂冠戴在谁的头上,显示着皇权的倾向。经过50余年的演变,赵匡胤的禁令已经不起作用。此次选拔状元以乡贯为取舍,是残存旧观念的最后一次得逞。

二是分宁黄庠,博学强记,聪敏过人,在景祐元年(1034年)考试中,夺得国子监、开封府、礼部三次考试第一名,名震汴京,他的应试文章,"传诵天下,闻于外夷,近世布衣罕比也"。人们认定他已是状元了。但是,他体质虚弱,最后的殿试前夕病倒,无力起床,仁宗特为他推迟一天殿试,并派内侍送药,表示慰问。可惜无济于事,他仍然不能上场,结果状元被山东人张唐卿夺得。黄庠归家五年,病卒③。

三是临川王安石,他在庆历二年(1042年)殿试之后,已是宰执大臣商定的第一名。但试卷送仁宗钦定时,他见王安石赋中有"孺子其朋"一句,脑子里马上联系到朝中官僚争论的"朋党"问题,认为"朋"有"朋党"之意,不能魁天下,遂将他放下,更换后面的。然而第二、三名都是现任官员,按规定不能为状元,于是把第四名杨真提出,与王安石换位。对被调为第四名,王安石终生不谈。他气量高大,把科考名次看得很淡,不想以此来增加自己的分量④。

四是新喻刘敞,庆历六年(1046年)殿试过后,主考大臣拟定他为第一名。可是在仁宗最后决定时,编排官王尧臣说自己是他的表兄,应避嫌,坚持请求将刘敞降下来。"仁宗不得已,以为第二",把预定的第二名贾黯升为状元⑤。按

---

① 《续资治通鉴长编》卷八四,大中祥符八年三月癸卯。
② 《宋人轶事汇编》卷一,辑自王玮《道山清话》,中华书局1981年版。
③ 《宋史》卷四四三《黄庠传》。
④ 叶梦得:《石林燕语》,卷八,中华书局1984年版,第112页。
⑤ 王铚:《默记》,卷下,中华书局1981年版,第38页。

第八章
科举人才的涌现

考试制度,编排官的职责,只是将主考官所定的等第,依次排列甲乙,受成而已,无预于等第予夺,完全不用避嫌。

上述四人,虽然都是与考试本身无关的细事,丢掉状元桂冠,但他们的名声都很高。例如萧贯,《宋史》为他立传,褒其"临事敢为,不苟合于时"。他在京东转运使任上,敢惩治"恃功为不法"的捕盗官吏;在知饶州任上,接受审理抚州的冤案,把杀人犯抚州司法参军孙某刑之以法,为民除害。

科举在朝廷的政治体制之内,是选拔官僚的关键措施,故而正史将科举写在"选举志"中。与唐代相比,宋代的状元尤为荣耀。蔡齐为进士第一,真宗诏"令金吾司给七人导从,听引两节。著为令"①。从此以后,状元都享受这等优待。对此,不少有才学的人不服气,说这比将兵数十万收复幽、蓟16州,"凯歌劳还,献捷太庙"还要光荣。不过,考试的优等不等于任官施治也是优等,中状元时的荣耀只是一时,留在人们记忆中的是其对社会的回报,是其一生的德行与业绩。

马适等状元的事迹概况是:

马适,字至达,江州湖口县人。《续资治通鉴长编》卷三记曰:"权知贡举王著奏进士马适等合格者十五人";《文献通考·选举考五》:"(建隆)三年,进士十五人,榜首马适"。都没有说明马适的乡贯,无任何事迹介绍。同治《湖口县志·人物志》则写马适祖居在湖口县治南面的钟子矶,说他聪颖嗜学,以文学高等状元及第,"乾德五年(967年)与窦公仪等并官翰林"。马适是个孝子,不愿为官,"性笃孝,曰:吾束髪读书,幸不愧科名足矣,安能忘老母温情耶?致官归养,朝夕问侍。母丧,庐场恸瘠。太平兴国间,诏起不赴,北面瞻祝而已。以寿卒于家"。我们对马适的了解仅此而已。《湖口县志》的记述很具体,但有一个情节与《宋史·窦仪传》不符,窦仪在建隆元年(960年)以"宿儒"被太祖招为翰林院学士,后升礼部尚书,乾德四年冬卒,明显与《湖口县志》所说不同。此外,马适建隆三年(962年)参加北宋的科举考试,让人生疑。开宝八年(975年)北宋才灭南唐,这时的北宋才刚第三年,没有对南唐直接用兵,江西湖口县还在南唐有效的管辖之下,不知马适是怎样到汴京去的?

刘煇,字之道,信州铅山县人。原名刘几,字子道,好学有才气,在国子监读书经常考第一,作文喜欢用险怪之语,不少人起而仿效,形成风俗。欧阳修深感厌恶,决意痛惩,改变这种文风。嘉祐二年(1057年)欧阳修知贡举,见一举子写

---

① 《宋史》卷一五五《选举一》。

道:"天地轧,万物茁,圣人发。"佶屈聱牙,辞意隐晦。他一见此文,即说"此必刘几也!"挥笔批"大纰缪"三字,并张贴示众。启封后,果为刘几之文。被黜落的刘几没有泄气,及时改正文笔,更换名字,于嘉祐四年(1059年)第二次应举。这次欧阳修是殿试主考,表示"除恶务力,今必痛斥轻薄子,以除文章之害。"当时试题为《尧舜性仁赋》,欧阳修看到一士人写道:"主上收精藏明于冕旒之下",生涩别扭,毫不犹豫地刷了它,对同僚说:我又逮着了刘几!接下去他读到一份试卷曰:"故得静而延年,独高五帝之寿;动而有勇,刑为四罪之诛。"平实自然,紧扣题意,他大加赞赏,遂评为第一。唱名时见此人是刘煇,有认得的人告诉欧阳修:他即是刘几,改了名。欧阳修惊愕了很久①。刘煇不愧为状元,有才学,更有见识,善于克服缺点,彻底改变文风,终于走到潮流前头,夺得文魁。

刘煇初任河中府(今山西永济县西南)节度判官,不久,因祖母不服水土,请求归养。获准移任建康(今南京)。嘉祐七年(1062年)他祖母去世,归葬铅山,回家守孝。居丧期间,四方来求学者众多,他特筑学舍接待。又买田数百亩作"义田",供贫穷族人耕种。由于哀伤与操劳过度,治平二年(1065年)三月,他守丧未满便去世了。民众感激刘煇的义行,将其故里改名"美荣社",学馆名为"义荣斋"。人们议论说,范仲淹、吴奎置义田,是在官居宰执之后,而刘煇的义举行于出仕之初,"家无余资,能力为之",尤为难得②。惜其年仅36岁,未能有更多的建树。

彭汝砺,字器资,饶州鄱阳人。自小立大志,行大义,为世所重。治平二年(1065年)中状元后,初为几任地方官,后为国子监直讲,大理寺丞。神宗命为监察御史里行,他首先上奏十事:正己,任人,守令,理财,养民,赈救,兴事,变法,青苗,盐事。他指摘利害,多人所难言者。神宗命宦官统兵,他直言"不当以兵付中人",并以汉、唐宦官之祸为戒。元丰初年(1078年)出任江西转运判官,向神宗辞行,又说:"今不患无将顺之臣,患无谏诤之臣;不患无敢为之臣,患无敢言之臣。"

元祐二年(1087年),召为起居舍人,宰相问他对熙丰新法的意见,他答:"政无彼此,一于是而已。"认为"取士及差役法,行之而士民皆病,未见其可"。迁中书舍人。吴处厚等人将蔡确的一首诗"附会解释,以为怨谤",欲治其罪。汝砺曰:"此罗织之渐也"。有谏官指他搞"朋党",遂落职,逐出朝廷,为徐州知州。

---

① 沈括:《梦溪笔谈》,卷九,胡道静校注本,中华书局1958年版,第98页。
② 王闢之:《渑水燕谈录》,卷四。吴奎,山东潍州北海人,宋仁宗、英宗时枢密副使、参知政事,"以钱二千万买田北海,号曰义庄,以赒亲戚、朋友之贫乏者"。

第八章
科举人才的涌现

汝砺辩救蔡确,是以直报怨,毫无"朋党"干系。十多年前,汝砺任监察御史的时候,辩论吕嘉问的事情,与蔡确意见不合,被蔡确攻击,从朝中赶出,在地方呆了十年。这次为救蔡确,又得罪,"人以此益贤之"。此后,加集贤殿修撰,拜吏部侍郎,进权吏部尚书。还是因争论熙丰新法而受牵连,出知成都府,未行,改知江州,将行之时对哲宗说:"政唯其是,则无不善;人唯其贤,则无不得矣。"在江州数月,病卒。遗表中有言:"土地已有余,愿抚以仁;财用非不饶,愿节以礼。佞人初若可悦,而其患在后;忠言初若可恶,而其利甚博。"①他是怀着对朝政的深切关注离开人世的。

彭汝砺一生读书为文,志于大者,言动取舍,必合于义。平素与人交往,必尽诚敬,亲朋师友中孤贫者,他始终全力照顾。

何昌言,临江军新淦县人,《宋史》无传,《哲宗纪》记了绍圣四年(1097年)赐609人进士及第出身,却没有点状元人名。南宋人赵与时《宾退录》中则有如下记录:

> 绍圣四年殿试,考官得胡安国之策,定为第一。将唱名,宰执恶其不诋元祐,而何昌言策云:"元祐臣僚,不知君臣之义,父子之恩。"擢为首选。……昌言,新淦人,仕至工部侍郎。张邦昌之僭,昌言为事务官。既又改名善言,以避邦昌名。南都中兴,昌言已死,遂追贬。②

据此,知道何昌言为状元是因紧跟朝廷政治斗争需要,对哲宗元祐的九年时间内,司马光等人全面否定神宗熙丰改革,明确表示反对,批评他们"不知君臣之义,父子之恩"。在金兵灭北宋,扶起张邦昌傀儡政权的时候,他又去当"事务官",而且改名,表示对张邦昌尊敬,故而被追究从伪之罪。这个何状元人品不佳,尤其是国难当头之时失节,不能不被后人鄙夷。

何涣,饶州余干县人,宣和三年(1121年)中状元以后,官承事郎、太学博士,绍兴元年(1131年)或建炎间卒③。同治《余干县志》卷十二记何涣"以文章名

---

① 《宋史》卷三四六《彭汝砺传》。洪迈《容斋随笔》卷四《浮梁瓷器》条,记彭汝砺写诗表彰在饶州、浮梁当州县官的人不贪瓷器、不谋私利。
② 赵与时:《宾退录》,卷十,上海古籍出版社1983年版,第126页。
③ 据李心传《建炎以来朝野杂记》甲集卷九《状元特任子》:"绍兴元年六月,利州通判何洙言其弟涣死于承事郎、太学博士,请予一子官。许之。"故知何涣大约的卒年。

世,著有《四书注解》"。其他事迹不详,待考。

四、《宋史》列传中的江西人物

登显仕的人士很多,名列《宋史》列传的计86人,完全改变了前代正史中江西人寥寥无几的落后情状。他们绝大多数是进士出身,个别少数人不是。按其活动的主要朝代次序分布如下:

太宗朝3人:陈恕(南昌)、魏羽(婺源)、刘式(袁州);

真宗朝7人:王钦若(新喻)、陈彭年(南城)、李谘(新喻)、袁抗(南昌)、乐黄目(宜黄)、曾致尧(南丰)、曾叔卿(南丰);

仁宗朝17人:晏殊(临川)、夏竦(德安)、子安期、陈执中(南昌)、刘沆(永新)、欧阳修(永丰)、子发、棐、刘敞(新喻)、弟攽、子奉世、曾巩(南丰)、弟肇、李觏(南城)、萧贯(新喻)、黄庠(分宁)、彭思永(庐陵);

神宗朝13人:王安石(临川)、子雱、王安礼、王安国、王韶(德安)、子厚、子寀、刘瑾(永新)、余良肱(分宁)、刘恕(高安)、王无咎(南城)、吕南公(南城)、刘彝(安福);

哲宗朝14人:徐禧(分宁)、熊本(鄱阳)、萧注(新喻)、邓润甫(南城)、吴居厚(进贤)、李常(建昌,今永修)、孔文仲(新喻)、弟武仲、弟平仲、彭汝砺(鄱阳)、弟汝霖、弟汝方、黄廉(分宁)、黄庭坚(分宁);

徽宗朝15人:萧服(庐陵)、张汝明(庐陵)、洪彦昇(乐平)、陶节夫(鄱阳)、王寓(德化,今九江)、聂昌(临川)、许几(贵溪)、董敦逸(永丰)、郭知章(龙泉,今遂川)、张根(德兴)、弟朴、程振(乐平)、阳孝本(赣县)、邓考甫(临川)、曾布(南丰)。

编入"孝义"的有17人:许祚(德化)、李琳(信州)、俞隽(信州)、胡仲尧(奉新)、弟仲容、陈兢(德安)、洪文抚(建昌,今永修)、易延庆(上高)、江白(建昌)、瞿肃(南城)、彭瑜(安福)、毛洵(吉水)、李筹(吉水)、杨沛(吉水)、申世宁(铅山)、王珠(龙泉,今遂川)、颜诩(永新)[①]。

以上名列国史者,皆因其政治地位较高,社会名望与影响较大,受到朝野

[①] 《宋史》"列女"中的人没有标出。标出了子、弟的,均为附传;王安礼等没有标的,是自有传。不知县名的只注州军名,一般作州军官衙所在县理解。"孝义"中的江白乡贯"建昌",可能是建昌县,但难以确定,故不注。杨沛至颜诩四人生活在南宋。

第八章
科举人才的涌现

关注。不计"孝义"诸人,仅从选入国史的69位官员分析,占进士人数1,729的3.99%。这批官员登上政治舞台的时间,大多数在宋仁宗以后,此前为10人,占14.7%;此后有59人,占85.3%。这种人才发展形势,恰恰与宋兴约百年,豪杰相与出耕、富而重教的潮流相适应。在这批官员之中,位居宰执大臣的18人①,占26.5%。按《宋史·宰辅年表》统计,北宋居相位者总计72人,江西得6人,占8.3%。他们是:新喻王钦若(真宗朝枢密使、同平章事)、临川晏殊(仁宗朝同平章事)、南昌陈执中(仁宗朝同平章事)、永新刘沆(仁宗朝同平章事)、临川王安石(神宗朝同平章事)、南丰曾布(徽宗朝尚书右仆射兼中书侍郎)。

为执政者总计238人,江西得12人,占5%。他们是:南昌陈恕②(太宗朝为参知政事)、南城陈彭年(真宗朝参知政事)、德安夏竦(仁宗朝枢密使)、新喻李谘(仁宗朝知枢密院事)、庐陵欧阳修(仁宗朝参知政事)、德安王韶(神宗朝枢密副使)、临川王安礼(神宗朝尚书左丞)、新喻刘奉世(哲宗朝签书枢密院事)、南城邓润甫(哲宗朝尚书左丞)、进贤吴居厚(徽宗朝为中书门下侍郎,知枢密院事)、临川聂昌(钦宗朝同知枢密院事)、江州程寓(钦宗朝为尚书左丞42天)。

江西这些执政大臣,有的父子接连执政,如陈恕、执中;有的兄弟前后高居相位,如王安石、安礼,闪现出耀眼的才智光芒。但是,他们显赫过后,既没有演化成豪霸与世袭门第,也没有交结为"朋党"。宰执之外的其他51人绝大多数是中下级官僚,然而他们中不少杰出学者的学术造诣,远在其官爵之上,如李觏、刘恕、曾巩、黄庭坚;还有几位既不是进士出身,也没有官位,如吕南公、阳孝本、曾叔卿,却以其优秀人品,高风亮节,让世人永志不忘。(个别仅以官大而名列其中者,另当别论。)

---

① 据《宋史·宰辅年表》统计。按宋代官制,文官在中书位任参加政事,武官在枢密院为签书、同签书枢密院事,都是"执政"官,即为副相级的朝官。

② 关于陈恕的乡贯,此从他的儿子陈良器《神道碑》及《宋史·陈恕传》的记载。乾隆《石城县志》据陈羽庆《系谱》云:恕曾祖父葬石城迎恩石下,生三子,长嵩,次禅,幼胜。嵩即恕祖父,嵩子光嗣生恕,后徙居南昌,但未言何时迁居南昌。王安石为恕幼子良器写《司农卿分司南京陈公神道碑》说:陈氏"世居洪州之南昌县,当唐末五代之乱不仕者,魏公(按,指陈恕)布衣起闾巷,明敏谅直称天下"。陈恕卒后葬河南祥符县,陈良器亦葬"祥符县西韩村皇考魏公之茔"(见《王安石全集》卷八八)。据此,陈恕应是南昌人,《宋史》卷二六七陈恕传即写他为"洪州南昌人"。乾隆《石城县志》该是注意到王安石写的史事,故又说:"陈恕者,籍则留南昌,而人故本邑人,不妨各载其志也。"后来的道光《宁都直隶州志》也说:陈恕"其果为石城人南昌籍,正不妨两处各载也。"人口处在迁徙的历史长河之中,只能以其户籍所在地为主要依据,既然承认陈恕"世居洪州南昌县",则远追先代来历,便只有人口迁徙流变的意义。

将这69位名流摆在江西13州军之中,其分布状况和进士分布相同,也很不均衡。各州军的数据是:

临江军10人:新喻;

建昌军10人:南城5、南丰5;

吉州11人:永丰4、庐陵3、永新2、安福1、龙泉1;

洪州9人:分宁5、南昌3、进贤1;

饶州9人:鄱阳5、乐平2、德兴2;

抚州8人:临川7、宜黄1;

江州6人:德安5、德化1;

南康军1人:建昌;

筠州1人:高安;

虔州1人:赣县;

信州1人:贵溪;

袁州1人;

婺源1人;

南安军0人。

上列分布数字说明,绝大多数集中在赣江中游的中心州县,人数在5名以上的县7个,新喻最多(10人),其次临川(7人)。将临江军与吉州合一,建昌军与抚州合一,人才密集的倾向更加明显。首府洪州的优势不突出,总数虽不算少,但远在西北角的分宁县却独得一半以上,超过南昌。

一般说来,选入了国史的官员都是进士中的佼佼者,他们是具有很高文化素质的人才,进入官僚队伍以后,参与国家以及州县的管理,在广泛的范围中发挥作用,其功利性价值大大超出了江西地域界限。把握这批科举精英人才的政治业绩,以及他们在学术领域作出的贡献,有助于了解北宋历史的整体进程,由此也可以看出江西士大夫的才艺,他们在国家舞台上所扮演的角色。下面按宰执大臣和中下级官僚两组,依时序择要介绍这批入传者的社会政治活动。

第二节
推动朝政的宰执大臣

一、北宋前期

这里所指的北宋前后期,以仁宗朝为分界,太祖至仁宗为前期,英宗开始为后期。这样处理,不涉及对北宋政治与社会的发展阶段性判断,只是从江西人物状况来考虑,便于按年代顺序叙述而已。宰执大臣,位于权力中枢,参与朝廷大政决策,他们的才识品德,对北宋政局的演进,有直接的影响。所以,总体上看,凡是官居宰执高位者,都是推动朝政的一份子。

通常政坛出现前所未见之事,必定有人诧异。当真宗赐晏殊同进士出身的

第八章
科举人才的涌现

时候,寇准谏阻说"殊江外人"。此话虽是这位陕西官僚的偏见,却反映出国家政治、经济重心南移以后,文化与人才的优势也在跟着转移,旧观念指导下的政策不得不抛去。细看江西显宦的出身,绝大多数"起州县凡流,无阀阅勋庸"[①]。他们没有世代传承的家族势力可以依赖,没有皇亲国戚关系做靠山,也没有借师友同道之谊结成"朋党"以谋私利,全凭着自身的学识才干竞争上去。在北宋的朝政决策之中,他们虽然出场稍晚,不久便接踵而来,扮演着重要角色,大力推动社会车轮向前滚动。太宗时期财权的集中、财政制度的全面整顿;真宗蠲免五代以来的旧欠赋税,以及大搞天书迷信、崇奉道教的系列活动;仁宗时期州县学校的兴办,庆历改革与"朋党"论争的剧烈较量;神宗支持的熙丰变法全面推行,以及此后反复出现的党派倾轧;还有学术文化领域,贯穿整个北宋时代的诗文革新运动,经学抛弃繁琐注疏转而阐释义理的儒学新阶段的开创,以及史学、科技等方面,无不有江西士大夫的一份劳绩,在史册上留下了他们的印记。

陈恕(946—1004年),字仲言,洪州南昌县人,以精于吏治、善于理财著称。出身县吏,刻苦读书,太平兴国二年(977年)考中进士,任大理评事,通判澧州(今湖南澧县)。那时正值削藩镇的时代,而澧州自唐末以来为藩镇兼领,吏多借簿书吞没钱财。陈恕到任摘发其弊,誉为"强明",以能干闻名。召入朝中,充度支判官,升度支员外郎。再迁工部郎中,知大名府。召入为户部郎中、户部副使,又出知澶州、代州。再入朝为盐铁使。他素有心计,注意清除财政宿弊。太宗对他格外器重,于殿柱亲题"真盐铁陈恕"。淳化二年(991年)四月升参知政事。不久,出知江陵府,大治群吏奸脏,使郡内惕息。

淳化四年(993年),分三司为十道,置左右计使,召陈恕为工部侍郎,充总计使,判左右计之事。陈恕认为官署分置,政令互出,难以经久,极言于事不便。一年之后,采纳他的意见,罢左右计使,复以恕为盐铁使。当时太宗留意金谷,召三司官员议财赋利害,陈恕参与议决19件事可否。至道二年(996年),又命分析勾院、磨勘、理欠、凭由、支收、行帐、提点等司的存留利弊,多从陈恕所奏。太宗命宰相召集陈恕和刘式等人制定茶叶专卖政策,他们向数十个茶商征询利害,陈恕归纳众人意见为上、中、下三等,奏请采取中等措施,让公私皆获利。颁行之后,货财流通(又见下节"刘式")。迁礼部侍郎。真宗咸平二年(999年),充行在转运使,拜吏部侍郎。

---

① 《宋史》卷三四三《吴居厚传》。

咸平五年(1102年),陈恕知贡举,"自以洪(州)人避嫌,凡江南贡士悉被黜退"①。古有举贤不避亲,陈恕特谨慎,不免过于偏激。

陈恕因母亡而哀伤致病,请求改任清闲馆职,并举荐寇准以自代。寇准任三司使之后,检出陈恕前后改革兴立之事,分类成册,请陈恕判押。恕亦不让,一一押之,"自是计使无不循其旧贯。至李谘为三司使,始改茶法"。陈恕定下的财政大计沿用了二十多年,至仁宗以后才适时改变。陈恕颇涉史传,多识典故,前后执掌财权十余年,强力干事,胥吏畏服,有称职之誉。

王钦若、陈彭年两人,是真宗时期的执政大臣,有相同的际遇与作为。王钦若(962—1025年),字定国,临江军新喻县人。淳化三年(992年)中进士甲科,三任判三司理欠凭由司,清理出五代以来赋租欠款,奏报真宗蠲免逋欠一千余万,释囚三千余人。升任西川安抚使,巡历所至审系囚,为死罪以下者减刑;凡当办之事,多所施行。咸平四年(1001年)为参知政事。景德年间,与判史馆杨亿一同总修《册府元龟》②。大中祥符初(1008年),为封禅经度制置使,兼判兖州,为天书仪卫副使。真宗"密谕钦若",梦见神人"赐天书于泰山",他遂精心安排封禅泰山,祭祀汾阴,崇奉道教,而天下争言符瑞,充分满足真宗借神权提高威望的需求。大中祥符五年(1912年)升枢密使、检校太傅、同中书门下平章事。几年后,拜左仆射兼中书侍郎,同平章事。他奏请让张君房编撰《云笈七签》,又从《道藏》中搜集到赵姓神仙40人事迹,绘于景灵宫壁上。后出判杭州等地。

仁宗即位,王钦若复拜司空、门下侍郎、同平章事、玉清昭应宫使、昭文馆大学士,监修国史。《真宗实录》修成,进司徒。以郊祀恩,封冀国公,兼译经使。天圣三年(1025年)病卒,谥"文穆",其亲属、亲信得恩荫者20余人,北宋建立以来"宰相恤恩,未有钦若比者"③。

王钦若自以深达道教,多所建明,领校道书,凡增600卷。所著书有《卤簿记》、《彤管懿范》、《天书仪制》、《圣祖事迹》、《翊圣真君传》、《五岳广闻记》、《列宿万灵朝真图》、《罗天大醮仪》。

王钦若死后,宰相王曾对仁宗说,王钦若、丁谓、林特、陈彭年、刘承珪五人是"五鬼";《宋史·王钦若传》写"天下争言符瑞,皆钦若与丁谓倡之",这些评议失之公允。王钦若顺从真宗旨意办事,朝中大臣无人异议,事后追究罪责,板子

---

① 《宋史》卷二六七《陈恕传》。
② 据《宋史·杨亿传》,《册府元龟》的"序次体制,皆亿所定;群僚分撰篇序,诏经亿窜定方用之"。
③ 《宋史》卷二八三《王钦若传》。

第八章
科举人才的涌现

怎能只打臣下？所谓"五鬼"之说，是狭隘的地方偏见。丁是长洲（今江苏苏州）人，林是顺昌（今福建顺昌县）人，陈是抚州南城人，皆属寇准等北方官僚歧视的江南士人。刘承珪是楚州山阳（今江苏淮安）人，才德俱佳，是宦官中的杰出者，《宋史·刘承珪传》无一字批评。真宗接连说梦见神仙的时候，双方同为执政，都参与佞道活动，事后却说南方人是鬼。各人的行事，均具优劣两面。醉心于造神迷信，大量蛀耗资财，制造了社会灾难，理应抨击，但罪责不在王钦若一人身上。《宋史》不将王钦若列入《奸臣》《佞幸》传，是恰当的。

陈彭年（961—1017年），字永年，抚州南城县人。年幼好学，篝灯于密室，夜读不休。13岁，著《皇纲论》万余言，为江左名家赞赏。后来拜徐铉为师，学习作文，在士林中"颇有隽名"。雍熙二年（985年）中进士。出任地方官不久，被举荐为大理寺详断官。坐事谪监湖州盐税，寻又停官。真宗即位，复为秘书郎。咸平三年（1000年），召试学士院，迁秘书丞，知金州（今陕西安康市）。上疏言五事：置谏官、择法吏、简格令、省冗员、行公举，认为"此五者，实经世之要道，致治之坦途也"。景德初，直秘阁，大臣荐其该博，命直史馆兼崇文院检讨，修起居注。又预修《册府元龟》①。景德三年（1006年）迁右正言，充龙图阁待制，加刑部员外郎。奉命与戚纶参定考试条例，多革旧制，专务防闲，杜绝请托。编次《阁门、客省、御史台仪制》。

大中祥符年间，他建议封禅，参与详定仪注。三年（1010年），迁右谏议大夫兼秘书监。因奏事之间，请真宗写《崇儒术》《为君难为臣不易》二文，刻石立碑于国子监。六年（1013年），召入翰林，充学士兼龙图阁学士，同修国史。真宗称赏他的词笔优长，说彭年"平居日写万余言，复精详典礼，深明法令。人或请益，应答如流，皆有依据。常令检讨典故，质正文义，每一事必具载经史子集所出，备而后已"②。大中祥符九年（1016年）拜刑部侍郎、参知政事，判礼仪院，充会灵观使。在真宗封泰山、祀汾阴、造天书期间，他应答咨问，无有疑滞，皆合真宗旨意。奉诏与人同编《景德朝陵地里记》《封禅记》《汾阴记》。由于事务丛聚，他形

---

① 据《四库全书总目提要》在《册府元龟》一千卷提要中写道："张耒《明道杂志》称：'杨亿修《册府元龟》数卷成，辄奏之；每进本到，真宗即降付陈彭年。彭年博洽，不可欺毫发，故谬误处皆签贴，有小差误必见，至有数十签。亿心颇自愧，乃盛荐彭年文字，请与同修。'其言虽不可尽信，然亦足见当时校核讨论，务臻详慎，故能甄综贯串，使数千年事，无不条理秩然也。"由此，可见陈彭年在《册府元龟》编修中的重要作用。

② 《续资治通鉴长编》卷八〇，大中祥符六年六月甲戌。

神皆耗,劳瘁而卒,年57岁。真宗亲临其家吊唁,见所居陋弊,叹息数四。谥曰"文僖"。《宋史》评彭年性敏给,博闻强记,详练仪制,"贵至通显,奉养无异贫约。所得奉赐,惟市书籍"①。比较那些豪侈享乐的同僚,人们对陈彭年不能不肃然起敬。他学问渊博,不仅熟谙礼仪沿革,刑名之学,还精通音韵训诂之学,有《重修广韵》5卷、《重修玉篇》30卷传世。又受诏编御集及宸章,集历代妇人文集。所著《文集》100卷,《唐纪》40卷。

夏竦(985—1051年),字乔年,江州德安县人。父夏承皓,太平兴国初,上平晋策,补右侍禁,在大名府地方抵抗契丹兵的战斗中,力战阵亡,赠崇仪使。因此,录夏竦为丹阳县主簿。景德四年(1007年)他应制举,中贤良方正,得进士资格。擢光禄寺丞,通判台州。召直集贤院,累迁右正言。未几,同修起居注,再迁礼部郎中。因家庭纠纷,降为职方员外郎,出知黄州、邓州、襄州。在襄州任内,正值饥荒,他大开官仓,粮不足,又劝大姓富室出粟,得二万斛,由此全活者40余万人。夏竦在州郡有治绩,喜好作条教,于闾里立保伍法,使盗贼不敢发。

仁宗朝,夏竦先是迁户部郎中,知寿州、安州、洪州。治洪州巫觋,大见成效,致使仁宗下诏江、浙以南悉禁绝之。天圣五年(1027年)迁谏议大夫,为枢密副使、修国史,迁给事中。七年(1029年)改参知政事。提请开制举,增设贤良方正等六科;恢复百官转对;置理检使。宝元元年(1038年)以户部尚书入为三司使。西夏赵元昊反叛时期,夏竦出知永兴军、泾州,后改判永兴军,兼陕西经略、安抚、招讨使。他分析宋夏双方形势,反对发兵追讨,提出十条强化边防的对策:教习强弩以为奇兵;羁縻属羌以为藩篱;诏唃厮啰父子并力破贼;度地形险易远近、砦栅多少、军士勇怯,而增减屯兵;诏诸路互相应援;募土人为兵,州各一二千人,以代客兵;增置弓手、壮丁、猎户,以备城守;沿边小砦毋积刍粮,贼攻急则弃小砦,入保大砦,以保全兵力;关中民许入粟赎罪,以赡边计;减损沿边冗兵、冗官及裁减骑军,以舒馈运。对这十条对策,"当时颇采用之"②。

庆历三年(1043年)任枢密使。仁宗本欲任为宰相,因台谏官反对而作罢。封英国公。后因京师"同日无云而震"五次,翰林学士张方平上言"夏竦奸邪,以致天变如此,宜出之"。遂罢知河南府,进郑国公。皇祐三年(1051年)病卒,谥"文庄"。

---

① 《宋史》二八七《陈彭年传》。
② 详见《续资治通鉴长编》卷一二三,宝元二年六月丙子。

第八章
科举人才的涌现

夏竦好学博览,自经史、百家、阴阳、律历、佛老之书,无不通晓,文章典雅藻丽。以文学起家,有名一时,朝廷大典策屡以属之。治军尤严,敢诛杀,于疾病死丧者,"拊循甚至"。然性贪,数商贩于州郡中,积家财累巨万,自奉尤侈。多识古文,学奇字,至夜以指画肤。熟谙音韵,著有《古文四声韵》5卷。

李谘(968—1036年),字仲询,唐太宗第三子之孙李峘之后。李峘,于代宗宝应二年(763年)贬死袁州,因家新喻,遂为新喻人。李谘幼年以孝道闻名,中进士,宋真宗表彰其孝行,擢第三名,任大理评事、通判舒州。三次召入朝廷,又多次出为地方官,任开封府判官、淮南转运副使、江东转运副使等。再入为翰林学士。

仁宗即位以后,李谘权知开封府,数月后权三司使。他向两宫①奏言裁减冗兵浮费,遂与御史中丞刘筠等同议冗费,以景德(1004—1007年)比较天禧(1017—1021年)裁减十分之三。天圣元年(1023)正月,因陕西缘边军食不给,而度支的钱不足支月俸,章献太后命李谘与参知政事吕夷简等人经度其事。李谘派人去西北调查,发现"(陕西)镇戎军入粟直二万八千,(河北)定州入粟直四万五千,给茶皆直十万。蕲州市茶本钱视镇戎军粟直,反亡本钱三之一"。即是商人运去边境的粮食,与其从官府得到的茶价值相差太大,比官府向园户购茶本钱还少三分之一。为此,他奏请变更茶法,改为"使茶与边籴各以实钱出纳,不得相为轻重,以绝虚估之弊"②。新法执行之后,商人失厚利,怨谤蜂起,逐渐复旧。不久,李谘因病出知洪州、杭州、永兴军(治今西安),依法惩治豪强,对"衣冠子弟恃荫无赖者,谘悉杖之,境内肃然"。由于他周知世务,州吏不敢欺谩。

明道二年(1033年)李谘进礼部侍郎,拜枢密副使。景祐二年(1035年)二月,加户部侍郎,知枢密院事。这时,茶叶专卖与边粮入中的弊病重新严重,李谘受命与参知政事蔡齐等合议,再次实行他上次的实钱出纳法。李谘说:"今一旦复用旧法,恐豪商不便,依托权贵,以动朝廷,请先期申谕。"仁宗遂下诏戒敕③。枢密院内早有滥赏现象,李谘专务革除,抑制侥幸,大家赞赏他称职。景祐三年(1036年)十二月病卒,谥"宪成"。

---

① "两宫"指仁宗皇帝、章献皇太后。乾兴元年(1022年)二月,真宗崩,遗诏十一岁的太子继位,即仁宗;尊皇后为皇太后(即章献皇太后),权处分军国事。章献太后崩于明道二年(1033年)三月,主持朝政将近十年。

② 《续资治通鉴长编》卷一〇二,天圣二年七月壬辰。

③ 《宋史》卷一八四《食货下六》。

晏殊、陈执中、刘沆三人，是仁宗朝的宰相，地位显赫，都留下了重大影响。晏殊(991—1055年)，字同叔，抚州临川县(今为进贤县)人。7岁能属文。景德元年(1004年)，他14岁，以神童应考，真宗赐同进士出身，升至翰林学士。仁宗即位，迁右谏议大夫，兼侍读学士，加给事中。天圣三年(1025年)迁枢密副使。因事以笏撞人折齿，出知宣州。数月后，改应天府。延请范仲淹教府学生徒，"自五代以来，天下学校废，兴学自殊始"①。明道元年(1032年)复为枢密副使，旋除参知政事。翌年，罢知江宁府。改亳州，徙陈州。后召入为三司使。康定元年(1040年)三月，自三司使升知枢密院事。这时陕西正与西夏交战，晏殊上言"罢内臣监兵，不以阵图授诸将"，让前线将领能及时灵活应战；请募弓手训练，以备战斗；清理宫中多余物资，资助边境军费。这些建议，皆获批准施行。庆历二年(1042年)自枢密使加同平章事，明年再加同中书门下平章事、集贤殿大学士，兼枢密使。晏殊一贯好贤才，善于奖掖年轻人，位居宰相以后，益务举荐俊彦，文学如欧阳修，功业如范仲淹、富弼、韩琦，气节如孔道辅，咸出其门。

庆历四年(1044年)九月，谏官孙甫、蔡襄弹劾晏殊写李宸妃墓志，不说她是仁宗生母，又论殊"役官兵治僦舍以规利"，即役兵建房出租牟利。因此被降知颍州。对此，朝臣多不赞同。《宋史·晏殊传》称：当年章献皇后无子，取李宸妃之子为己子；现在章献太后垂帘听政，"殊以章献太后方临朝，故(墓)志不敢斥言；而所役兵，乃辅臣例宣借者，时以谓非殊罪"。既然"非殊罪"，为何受罢黜？据苏辙记载，这是仁宗对晏殊所写墓志心存怨恨，授意谏官发难，至于宋祁起草的谪词说"广营产以殖货，多役兵而规利"，是有意避重就轻，好让"殊免深谴"②。

此后，晏殊一直在地方，历知陈州、许州、永兴军、河南府。后以病重请归京师访医药。他奉养清俭，虽病仍笃学不倦。至和二年(1055年)正月病卒，谥"元献"。范蜀公为作挽词云"生平欲报国，所得是知人"。

关于晏殊广营资产之事，宋代人已提出怀疑。吴曾得到晏殊一封家信，据此信得出结论："晏元献节俭。"晏殊的信是写给十一哥、嫂的，内中说：

> 知置得宅子。大抵廉自守分为官，须随宜作一生计。且安泊亲属，不必待丰足。……果置得一两好庄及第宅，免于茫然，此最良图。况宦游有何尽

---

① 《宋史》卷三一一《晏殊传》。
② 详见苏辙《龙川别志》卷上："章懿之崩……殊免深谴，祁之力也"。

第八章
科举人才的涌现

期,兼官下不可营私(原注:魏四工部可为戒也)。然须内外各具俭啬为先,方可议此。殊家间仆使等,直至今两日内,破一顿猪肉。此持久之术,是以常为宗亲及相知交游言之。……殊一生不曾干求,且不能效人干请结托。……古今贤哲有识知耻者,量力度德,常忧不能任者,不妄当负,以重愧责,是以终无侥求。其更识高者,非亲耕不食,非亲蚕不衣,孺子(徐稚)之类是也。盖功利不能及人,而坐受窃其膏血,纵无祸,亦须愧赧也。殊从来多介僻者,理在此。

对这封晏殊亲笔信,吴曾读后很是感慨:"大抵善观人者,不于其显,必于其幽;不于其外,必于其内。以书规兄嫂,守官必曰廉,曰官下不可营私,当以魏四工部为戒,首尾大约本于节俭。"吴曾又联系到另外两件事:东坡跋欧阳公与其子书,戒其在官欲附致朱砂,"乃知欧阳公所养,不无所自";曾巩元丰间被命史馆,写晏殊传,云:"虽少富贵,奉养若寒士"。吴曾将曾巩所写传文与晏殊家信合勘,说"则曾传可谓得实"。可是为什么谪词那样说呢?吴曾提出:是否执笔人"当时有不得已"之苦衷?他又引证沈括笔记:晏殊"对章圣语:臣非不乐游燕,直以贫,无可为之具;臣若有钱,亦须往。"最后,吴曾说:"予乃知小说不足信类如此。"①

晏殊是否豪富,还有一个事例可以说明。他的墓在阳翟(今河南禹县),二十多年后其墓和近旁的张侍中墓同时被盗,"张墓得金宝珠玉甚多",而殊墓椁中"无所有,供设之器皆陶甓为之",内棺之中"惟木胎金裹带一条,金无数两,余皆衣服,腐朽如尘矣"。盗墓贼非常气恼,打碎了尸骨。人们说:"张以厚葬完躯,晏以薄葬碎骨,事有不可知如此者!"②

陈执中(990—1059年),字昭誉,陈恕之子,以父荫官秘书省正字,知梧州。真宗晚年,未立太子,大臣莫敢言,而执中进言"早定天下根本",受真宗赏识,擢右正言。后迁三司盐铁判官、三司户部副使。明道中(1033年),累迁同知枢密院事。西夏元昊攻掠延州,执中奏上攻守方略,认为"今贼势方张,宜静守以骄其

---

① 吴曾:《能改斋漫录》,卷十二《记事·晏元献节俭》。沈括所记见《新校正梦溪笔谈》卷九《人事一》,第146条。沈括记晏殊是对真宗说,前面还有6行文字,大意是当时侍从文馆之人各为燕集,而殊"是时贫甚,不能出,独家居,与昆弟讲习"。恰值选东宫官,中批除晏殊,执政不解所因,真宗说:馆阁皆嬉游,唯殊杜门读书,如此谨厚,正可为东宫官。召对,殊说完,"上益嘉其诚实"。

② 魏泰:《东轩笔录》,卷七。

志,蓄锐以挫其锋,增土兵以备守御,省骑卒以减转饟。然后徐议荡平"①。遂被命为陕西同经略安抚招讨使,后改知青州。执中请筑沿海州城,朝廷以工役繁重不许。他不奉诏,坚持筑起青州城墙。庆历三年(1043年),沂州军卒王伦反叛,所向莫敢当,青州幸赖有城,寇不得入。陈执中受命为京东安抚使,遣都巡检傅永吉追至淮南,制置发运使徐的督诸道兵合击,于和州历阳县将王伦捕杀。

庆历四年(1044年),拜参知政事。第二年拜同中书门下平章事、集贤殿大学士兼枢密使。皇祐初(1049年)八月,因足疾辞位,以兵部尚书出知陈州、判大名府。商胡河堤溃决,前任判大名府的宰相程琳,也曾想修堤,但是失败而去。执中乘丰年食足,调丁夫筑起河堤二百里,挡住了洪水泛滥。皇祐五年(1053年)七月,加吏部尚书复拜同平章事、昭文馆大学士。执中对三司勾当公事及监场务官,凡"权势所引者,皆奏罢之,内外为之肃然"。既而御史赵抃劾陈执中宠妾笞小婢致死等八事,谏官范镇又言执中"不病而家居",遂于至和二年(1055年)六月罢判亳州。逾年,封英国公,改岐国公致仕。嘉祐四年(1059年)卒,谥曰"恭",仁宗篆其墓碑曰"褒忠之碑"。

陈执中在中书八年,"人莫敢干以私,四方问遗无及门者"②。其女婿求官,他断然拒绝说:"官职是国家的,非卧房笼箧中物,婿安得有之。"竟不与。仁宗对他的感觉是:"不昧我者,唯陈执中耳。"礼官韩维论他"因缘一时之言,遂至贵显",为宰相不能"秉道率礼以弼天子,正身齐家以仪百官"。其子陈世儒,官至国子博士,妻李氏与群婢杀世儒所生母,世儒参与合谋,"皆弃市"。此为执中治家无足言者之一例。官居一品而不能治家,给后世留下一个深刻的教训。

刘沆(995—1060年),字冲之,吉州永新县人,是长于吏治,勇于作为的宰相。其父不仕,以财富称雄乡里。天圣八年(1030年)刘沆中进士第二,为大理评事、通判舒州(今安徽舒城)。州内有大案几年未决,刘沆数日审结。景祐二年(1035年),知衡州(今湖南衡阳),他注重教育,修建石鼓书院,竣工之后,奏请赐额。仁宗写"石鼓书院"匾赐之,石鼓书院由此名声振起③。庆历三年(1043年)十月,刘沆累迁至龙图阁直学士、知潭州,兼湖南安抚使。当时爆发桂阳瑶人叛乱,杀官吏,朝廷允许刘沆便宜从事,以求迅速镇压。庆历四年十月,他大发官

---

① 《宋史》卷二八五《陈执中传》。

② 《续资治通鉴长编》卷一八九,嘉祐四年四月癸未。关于陈执中一生清谨廉洁事迹,参见黄长椿《陈执中》,载《江西历代名人传》,百花洲文艺出版社2002年版,第111—118页。

③ 光绪《湖南通志》卷六七《学校》。

第八章
科举人才的涌现

兵,分八路进攻,破荡挑油坪、能家源等巢穴,斩杀甚众,招降二千余人,把他们分散居住①。又募土兵分捕其余党,对投降的酋领皆奏请授官。后有瑶贼复出,在兰山县华阴峒隘口杀礼宾副使胡元、右侍禁郭正、赵鼎等,庆历五年十二月,责罚原主要长官,刘沆坐降知鄂州。后改徙知洪州、知永兴军、权知开封府。

皇祐三年(1051年)除参知政事。至和元年(1054年)八月,拜同中书门下平章事、集贤殿大学士。他奏言朝政三弊:一是近臣保荐之弊,大臣保荐动逾数十,皆浮薄权豪之流交相荐举,遂使"华资要职"多出私门;二是近臣乞请亲属之弊,近臣亲属务得京城美官,当入川、广,务求近地,当在近地,又求进京;三是叙劳干进之弊,官僚们叙劳请赏之际,侥幸实多,依法则赏轻,沿例则赏重,执政者不能持法,多沿例给予。他建议按制度办,不能沿例。施行不久,朝中官僚不悦,又恢复旧的做法。刘沆又言:"自庆历后,台谏官用事,朝廷命令之出,事无当否悉论之,必胜而后已。"他坚持执行御史满二年即出任知州的轮迁制度,招致御史中丞张昇等人反对,说他挟私排挤御史,并接连论奏不已。嘉祐元年(1056)底刘沆罢相,知应天府,又徙陈州。嘉祐五年(1060年)病卒。知制诰张瓌草词诋毁刘沆,其家因此不敢请谥。仁宗篆其墓碑曰"思贤之碑";所作挽诗有曰:"立朝无党势,为国尽公忠。"仁宗最看重的是臣下"无党",此外的都可以权宜处之,如庆历新政一晃而过。

刘沆墓在永新县埠前乡三门前村后,与其夫人合葬,据1963年冬江西省文物管理委员会发掘得知,墓室券顶结构简陋,东西两个墓室,西室早已倒塌,没有清理。东室保存完好,随葬品多为女性装饰品,计有:带状饰品2对,金质,长短各一对,长的重19.2克,短的重6.3克。耳环1件,金质,重4.9克。发簪1对,银质。水晶坠1对。水晶饰品1件。木梳3件。铜镜1件。小陶罐1件。铜钱56枚②。如此简约的宰相墓葬,当时少见。

---

① 《续资治通鉴长编》卷一五二。这次桂阳瑶民的叛乱规模很大,与湖南、江西两地官府"非礼配率人户钱物上供,以图进用"有直接关系。江西吉州人巫师黄捉鬼兄弟往来期间,他们盗贩盐,杀官军,逃匿峒中,暴乱延续六七年,波及的地域达湖南、江西、广东、广西交界州县。这次受命前往镇压的官员不少,主要的还有潭州提点刑狱杨畋、知衡州陈执方、广勇副都头夏吉等,刘沆奏请奖赏的达八百多人。刘沆调离湖南以后,又命别人取代其事。《长编》卷一四三至一六一陆续有记载。

② 江西省文物管理委员会《江西永新北宋刘沆墓发掘报告》,载《考古》1964年11期。

欧阳修(1007—1072年),字永叔,晚年号六一居士,吉州永丰县人。①四岁父死,母郑氏守节自誓,必将幼子抚育成人,她教子认字读书,因贫困,"至以荻画地学书"②。自励苦学,天圣八年(1030年)省试第一,殿试擢甲科,调西京推官。与尹洙、梅尧臣交游,作古文议论当世事,写诗歌相唱和,遂以文章名冠天下。召入朝,为馆阁校勘。景祐三年(1036年),知开封府范仲淹以言事忤逆了宰相,谪降知饶州。朝中官员多论救,司谏高若讷独以为当黜。欧阳修写信责备高"不复知人间有羞耻事"。权贵们指欧阳修为"狂邪",高若讷将其信交给仁宗,遂被贬知夷陵(今湖北宜昌市)。后复为校勘,进集贤校理。庆历三年(1043年),知谏院。欧阳修、尹洙、余靖等论救范仲淹之事,被指为结成"党人","树党背公"、"显露朋奸之迹"。庆历四年(1044)四月,仁宗问富弼、韩琦、范仲淹等辅臣:"自昔小人多为朋党,亦有君子之党乎?"其潜台词是你们不应该结党。范仲淹对曰:君子也有,"苟朋而为善,于国家何害也!"大约为了将这个问题说透,欧阳修写《朋党论》上奏,其略曰:

  君子与君子以同道为朋,小人与小人以同利为朋,此自然之理也。然臣谓小人无朋,惟君子则有之。其故何哉?小人所好者禄利也,所贪者财货也,当其同利之时,暂相党引以为朋者,伪也。及其见利而争先,或利尽而而交疏,则反相贼害,虽兄弟亲戚,不能相保,故臣谓小人无朋。其暂为朋者,伪也。君子则不然,所守者道义,所行者忠信,所惜者名节。以之修身,则同道而相益,以之事国,则同心而共济,终始如一,君之朋也。故为人君者,但当退小人之伪朋,用君子之真朋,则天下治矣。③

仁宗欣赏欧阳修论事切直,对所谓君子之党却依然存有戒心。当年十一月己巳,下诏戒朋党相讦:"朕闻至治之世,元、凯共朝,不为朋党,……而承平之弊,浇竞相蒙,人务交游,家为激讦,更相附离,以沽声誉,至或阴招贿赂,阳托荐贤。"熟谙帝王统治术的宋仁宗,就是要紧抓"朋党"这个话题,随心所欲的制

---

① 欧阳修生于绵州(今四川绵阳),长于随州(今湖北随州),父祖故里为吉州吉水县泷冈。至和元年(1054年)割吉水县报恩镇置永丰县。泷冈改隶永丰县,他自称"庐陵欧阳修",是用古郡名。吴充《欧阳修行状》作:"本贯吉州永丰县明德乡。"
② 《宋史》卷三一九《欧阳修传》。
③ 《续资治通鉴长编》卷一四八。又,《欧阳修全集·居士集》卷一七《朋党论》。中国书店1986年版。

第八章
科举人才的涌现

约臣下①。

"朋党论"开启了宋代政坛上的大话题,"朋党"斗争长期贯穿在宋朝权力集团之中。继欧阳修之后,苏轼说:"君子不得志则奉身而退,乐道不仕;小人不得志则侥幸复用,唯怨之报,此所以不胜也。"将君子之退,与小人的进,说得更直白。秦观也说:"君子小人,不免有党,人主不辨邪正,必至两废;或言两存,则小人卒得志,君子终受害。"②点出"人主不辨邪正"在朋党问题中的决定性作用。仁宗、神宗两朝是皇帝把握"朋党"驾驭臣下比较顺畅的时期,哲宗、徽宗两朝则是朋党闹得最凶,绍圣指元祐为党,崇宁指元符为党,朝政于是闹得最糟糕,"始以党败人,终以党败国",北宋灭亡,朋党之祸遗留至于南宋。究其祸根,问题出在"人主",正像尹洙所说:"公论之与朋党,常系于上意,不系于忠邪。"在君主绝对专制体制内,才德低下,乃至小人的皇帝,必然"不辨邪正"。以"朋党"当帝王之术,"此御臣之大弊也",符合宋朝实际。

庆历以后十多年时间内,欧阳修都在地方任职,先是奉使河东(今山西一带),奏罢赋敛过重、民所不堪之事十数件。继为河北都转运使,及时制止富弼屠杀保州兵乱中2000名胁从者的决定。这时期,杜衍、韩琦、范仲淹、富弼相继以"朋党"罢去,修又上疏说:自古小人"欲广陷良善,不过指为朋党,欲动摇大臣,必须诬以专权",因为,指以为党,"则可一时尽逐","唯有专权是上之所恶,必须此说,方可倾之"。于是,小人益嫉恨他,致使欧阳修不能回朝廷。他继任涂州(今安徽涂县)、扬州、颍州(今安徽阜阳)、同州(今陕西大荔)知州,以及南京(今河南商丘)留守。然后迁翰林学士,主修《唐书》。

嘉祐二年(1057年)权知礼部贡举,黜落用词险怪奇涩的举子,扭转崇尚此种文体的"场屋之习",以及"论卑气弱"的文风。三年,知开封府。五年(1060年),欧阳修拜枢密副使,与曾公亮一起考核兵籍、屯戍、地理,重新编制图籍。六年,为参知政事,与韩琦同心辅政,尤其是妥善调解英宗和皇太后之间的矛盾。

欧阳修平生与人尽言无所隐。及执政,士大夫有所干请,必当面直说可否;虽台谏官论事,必以是非论争。因此,怨诽益多。一贯以风节自持的欧阳修,在污蔑不时出现以后,连乞谢事。治平四年(1067年)出知亳州(今安徽亳县),一年后改知青州(今山东益都),后迁蔡州(今河南汝南)。熙宁四年致仕,归颍州。

---

① 《续资治通鉴长编》卷一五三。当时尹洙上疏说:"今世所谓朋党,甚易辨也","或谓之公论,或谓之朋党,是则公论之与朋党,常系于上意,不系于忠邪,此御臣之大弊也。"

② 《宋史》卷三五六《刘昺等传论》。

五年(1072年)七月卒,年66。赠太子太师,《制词》称修"以文章革浮靡之风,以道德镇流竞之俗;挺节强毅而不扰,当官明辩而莫夺"。谥"文忠"。葬开封府新郑县旌贤乡①。

欧阳修平日对求教的学者,多谈吏事,注重教人关心民间疾苦,消除弊政,体现了"以天下为己任"意识。他晚年对友人说:

> 大抵文学止于润身,政事可以及物。吾昔贬官夷陵,彼非人境也。方壮年,未厌学,欲求《史》《汉》一观,公私无有也。无以遣日,因取架阁陈年公案,反复观之。见其枉直乖错,不可胜数,以无为有,以枉为直,违法徇情,灭亲害义,无所不有。且以夷陵荒远偏小,尚如此,天下固可知矣。当时仰天誓心:自尔遇事,不敢忽也。……今日以人望我,必为翰墨致身;以我自观,亮是当年一言之报也。②

欧阳修贬为夷陵县令,时年三十,从案牍文书中学到了《史记》《汉书》中学不到的知识,知道了应该怎样为官做人。所谓"仰天誓心",是激发了"先天下之忧而忧"的情怀。他的前言往行,在世人心目中留下了深远的印记。宋人传颂说"欧阳文公,本朝第一等人也"。让人铭记不忘的,不仅是他的文学,首先是他为政仁恕,多活人性命。他曾讲:汉法惟杀人者死,后世死刑多矣;故凡于死,非已杀人者多活之。他在河北都转运使任上制止杀人即是典型事例。先是,保州屯兵闭城叛乱,朝廷命田况、李昭亮等讨之不克,遂命招抚。屯兵出降之后,田况等把作乱的二千余人处死,投于八口井中;胁从的二千余人不杀,分隶河北诸州。事已定,而宣抚使富弼怕他们再叛,密令诸州同日诛之。欧阳修来,富弼告知其事,他大以为不可:"祸莫大于杀降,朝廷已降敕榜,许以不死而招之,八井之戮已不胜其冤。此二千人者本以胁从,故得不死,奈何一旦无辜就戮?"两人争至最后,欧阳修说:"今无朝旨而公以便宜处置,若诸郡有不达事机者,以公擅杀,不肯从命,事既参差则必生疑,是欲除害于未萌,而反趣其为乱也。且某至镇必不从命。"富弼不得已放弃原议。一场大屠杀就这样消除于无形。

---

① 《欧阳修全集·年谱》。
② 吴曾:《能改斋漫录》,卷一三《欧阳公多谈吏事》。

第八章
科举人才的涌现

二、北宋后期

仁宗以后的英、神、哲、徽、钦五朝,共计63年。期间英宗病重,只在位四年;神宗大有作为,继承庆历革新之客观需求,推进改制浪潮汹涌发展;哲宗、徽宗两朝,延续着熙丰变法招致的政治纷争,官僚集团之间的倾轧厉害,而徽宗在崇信道教同时,过"丰亨豫大"日子,朝政急剧衰败,终于连同钦宗一起被金人俘虏,北宋灭亡。在这六十多年期间,各地涌现的士大夫增多①,江西人士也不甘示弱,继续有一批杰出者在权力中枢效力。

王安石(1021—1086年),字介甫,抚州临川县人。父王益,任至都官员外郎。安石少好读书,过目终身不忘。属文动笔如飞,众皆服其精妙。庆历二年(1042年)中进士,初任签书淮南判官,再知鄞县(今浙江宁波),精心"起堤堰,决陂塘,为水陆之利;贷谷于民,立息以偿,俾新陈相易;兴学校,严保伍,邑人便之"②。继为通判舒州(今安徽潜山)。宰相文彦博推荐他,建议朝廷"不次进用",即破格提拔;欧阳修又举荐他为谏官。这两次他都辞了,仍在地方任职,知常州,嘉祐三年(1058年)二月,移提点江东刑狱(衙署在饶州鄱阳)。十月,命为度支判官。这时,王安石已有十五六年州县官的实践经验,体察到北宋统治积累起来的问题与弊端,结合自己读书治学、经世致用的志向,向仁宗呈献了《言事书》。在长达万言的奏疏中,历陈苟且因循之弊,建议施政应合于当世之变,展示出了他的政治改革理想。他指出当时局势非常严峻,并点明局势严峻的根源:"顾内则不能无以社稷为忧,外则不能无惧于夷狄;天下之财力日以困穷,而风俗日以衰坏。四方有志之士諰諰然常恐天下之久不安。此其故何也?

图18 王安石像

---

① 据何忠礼《宋史选举志补正》附录一《宋代科举一览表》统计:英宗至徽宗时期共计进士10805名,按64年计,平均每年168名余;太祖至仁宗共计进士8261名,按164年计,平均每年50名余。进士、诸科、特奏名三项合计,前者为18472名,年平均312名余;后者合计30852名,年平均299名余。

② 邵伯温:《闻见录》,卷十一。《宋史》卷三二七《王安石传》转引此文,但删去了"兴学校,严保伍"。

患在不知法度故也。"(图版18)

接着,提出改革法度:"今朝廷法严令具,无所不有,而臣以谓无法度者何哉?方今之法度多不合乎先王之政故也。……然臣以谓今之失,患在不法先王之政者,以谓当法其意而已。"

要使法度符合先王之意,关键是人才。他说:"今以一路数千里之间,能推行朝廷之法令,知其所缓急,而一切能使民以修其职事者甚少,而不才、苟简、贪鄙之人至不可胜数,其能讲先王之意以合当时之变者,盖阖郡之间往往而绝也。""方今之急,在于人才而已。"

为此,他提出解决人才缺乏的四个方面:教之之道,养之之道,取之之道,任之之道。教、养、取、任四个方面是依次推进的四个步骤,每个方面的具体改革措施,他都提出了要求,这实际上就是对现行教育、科举与官僚体制的改革方案。

在《言事书》中还特别表述了他的"理财"主张。即是:"因天下之力以生天下之财,取天下之财以供天下之费。自古治世未尝以不足为天下之公患也,患在治财无其道耳。今天下不见兵革之具,而元元安土乐业,人致己力以生天下之财。然而公私常以困穷为患者,殆以理财未得其道,而有司不能度世之宜而通其变耳。诚能理财以其道而通其变,臣虽愚,固知增吏禄不足以伤经费也。"①这个以调动所有劳动者发展生产来增加财富的思想,适合社会发展要求,是唯物主义哲学观的体现。

最后,他以汉、唐政权灭亡的教训来警醒仁宗:"社稷之托,封疆之守,陛下其能久以天幸为常而无一旦之忧乎?"

这份《言事书》是王安石矫世变俗志向的一次集中表现。联系他以后大力推行变法的实际,看出他的思想特色是"尚变",故而反复强调:"尚变者,天道也"②;圣人"因其变而制之法"③;"圣人所以贵乎权时之变者也"④。《言事书》流传开之后,人们给予他极高的赞誉,但没有受到仁宗及宰辅大臣的重视,故而没有引发出实际的改革行动。

嘉祐五年(1060年)冬,王安石在推辞七次而未获准之后,受命为同修《起

---

① 《王安石全集》卷三九,《续资治通鉴长编》卷一八八,熙宁三年十月甲子也有摘要。
② 《王安石全集》卷六三《河图洛书义》。
③ 《王安石全集》卷六七《夫子贤于尧舜》。
④ 《王安石全集》卷六七《非礼之礼》。

第八章
科举人才的涌现

居注》。六年七月,为知制诰,承担为皇帝起草诏诰之类的文字工作。八年(1063年)八月,他母亲去世,遂辞官,奉母柩归葬金陵①。治平二年(1065年)十月,王安石守丧期满,复命为知制诰,但他未去上任,留在金陵讲学、著述。

治平四年(1067年)正月英宗逝世,19岁的儿子继位,是为神宗。神宗了解并信任王安石,闰三月以王安石知江宁府,九月命他为翰林学士,召回汴京。第二年四月,王安石向神宗奏《本朝百年无事札子》,概述"累世因循末俗之弊",人君未尝"与学士大夫讨论先王之法以措之天下",劝告神宗立志做"大有为之君"。对神宗的要求,也是王安石自己的设想,若能有神宗支持,自己的改革意图就可能实施。稍后,他们又有对话,神宗说:"此非卿不能为朕推行,朕须以政事烦卿。"安石答:"臣所以来事陛下,固愿助陛下有所为。"神宗问"所施设以何为先?"安石答:"变风俗,立法度,方今所急也。"②他们二人在变法改制的目标下,志向完全一致。

熙宁二年(1069年)二月,为参知政事,开始政治改革。设置"制置三司条例司"(简称条例司)作为改革指挥机关,安石与知枢密院事陈升之为长官,苏辙、程颢等为属员③。为了把握社会实情,分遣刘彝、苏辙、程颢、侯叔献等八人到各路调查,"相度农田、水利、税赋、科率、徭役利害",力求使变革符合社会实际,去除弊端④。三年十二月,王安石拜同中书门下平章事,变法改革进入高潮。变法的最终目标是富民、富国、强兵,改革的主要内容是经济与财政、强兵与国防两大方面。通过条例司,陆续制订颁布农田水利、均输、青苗、免役、市易、方田均税、保甲、保马、将兵等诸种新法,强力推行于天下⑤。新法实施结果,在一定程度上收到了富国强兵之效。

富国、强兵,是国家两件大政,孰先孰后,关系巨大。强兵必须以充实的财

---

① 王安石父亲王益,宝元二年(1039年)二月卒于通判江宁府任上,葬在江宁牛首山,故王安石奉母柩至金陵,与其父合葬。
② 《续通鉴长编记事本末》卷五九《王安石事迹(上)》。
③ 制置三司条例司运行一年另几个月。《宋史》卷一六一《职官一》称:条例司"掌经划邦计,议变旧法以通天下之利。熙宁二年置……三年,判大名府韩琦言:'条例司虽大臣所领,然只是定夺之所。今不关中书而径自行下,则是中书之外又一中书也。'五月,罢归中书。"
④ 《宋会要辑稿·职官》五之一。
⑤ 关于各项新法的具体内容、实施的效果、存在的问题及对其评价,专门研究的论著极多,有代表性的专著如梁启超《王安石传》(商务印书馆,1930年;海南出版社1993年版)、漆侠《王安石变法》(河北人民出版社2001年增订版)、邓广铭《北宋政治改革家王安石》(人民出版社1997年版)。

力作后盾,而财力来自生产。当神宗认为"先措置得兵乃及农",王安石即予纠正,他说:"农亦不可以为在兵事之后,前代兴王知不废农事乃能并天下。兴农事自不废国财,但因民所利而利之,则亦因民财力而用也。"①所以,新法中如兴修农田水利,推行青苗、免役等政策,都是为发展农业生产,增加社会财富,既富民又富国,决非司马光所说"善理财者不过头会箕敛耳"。这些新政策的贯彻,较好地解决了兴修农田水利所需的劳动力和经费问题。当时动用了一部分常平钱、方场钱、免役钱;也采取以工代赈、按户等出钱、鼓励富户出资以及政府低息或无息借贷等办法筹措。这体现了"因民所利而利之,则亦因民财力而用"的原则。在河北,由于主管官员尽力,因而收到了"自秦以来水利之功,未有及此"的建设成效②。

熙宁新法的内容很全面,有的项目开创了历史先例。胥吏过去没有官俸,全由他们自己设法谋取,故而敲诈民众的劣迹层出不穷。王安石力主革除此弊。熙宁六年(1073年)十二月壬申,三司言:"新法所增吏禄,除旧请外,岁支钱一十七万一千五百五十三缗有奇。诏以熙宁四年后坊场税钱拨还,不足则以市易、市例等钱补之。"十几天以后,神宗和大臣们谈起此事:"异时吏不赋禄,而受赇辄被重劾,今朝廷赋禄而责人,可谓忠恕矣。"参知政事冯京曰:"太宗时尝宣谕州县官,有道理少取訾钱,无道理莫取。"神宗曰:"当是时接五代财用不足。"王安石曰:

> 纵财用不足,吏亦人,非不衣不食而治公事,既衣食即必有所出,自可以法收敛,以此赋给。③

凡人都要衣食,胥吏应该得薪俸,今人看来这是一个极为普通的常识,但在北宋兑现这个道理的时候,却是经过一场颇不容易的斗争,既是行政制度的创置,也是观念习惯的更新,如果没有王安石"执拗",这点进步就不能得到。曾任三司使的沈括说:"天下吏人素无常禄,惟以受赇为生,往往有致富者。熙宁三年始制天下吏禄,而设重法以绝请托之弊。"给了俸禄,然后治请托之弊,这就是神宗所言的"忠恕"之法。支付吏禄的钱从何而来?李焘告诉我们:"皆取足于坊场、

---

① 《续资治通鉴长编》卷二一三,熙宁三年七月丙申。
② 《续资治通鉴长编》卷二六三,熙宁八年闰四月乙巳。
③ 《续资治通鉴长编》卷二四八,熙宁六年十二月乙酉。

第八章
科举人才的涌现

河渡、市例、免行、役剩、息钱等,而于县官岁入财用,初无少损,且民不加赋,而吏禄以给焉。"①这,就是王安石所称的"以法收敛,以此赋给"的改革措施。

关于熙宁新法的优劣,实施过程之中的利弊,评议者意见纷繁,莫衷一是。司马光在哲宗继位以后执政,全盘否定新法,恢复旧制。元祐五年(1090年),苏辙根据社会实际予以反驳:嘉祐以前,衙前差役使乡民常有破产的祸患,"熙宁以后,出卖坊场,以雇衙前,民间不复知有衙前之苦。及元祐之初,务于复旧,一例复差"。虽然官府依然收取坊场钱,却不用来雇役,还是要民户承担衙前重役。又,熙宁免役法规定,三等人户都要出役钱,上户以家产高强,出钱很多;下户原来不派差役,现在也要出钱,"故此二等人户不免咨怨。至于中等,昔既已自差役,今又出钱不多。雇法之行,最为其便。及元祐罢行雇法,上下二等欣跃可知,惟是中等,则反为害"。苏辙对畿内地区中等人户的前后负担调查发现,在熙宁雇役之时,大约一年出钱3贯,经十年为30贯;现今当差,诸县"手力",最为轻役,每天最少用100钱,一年便是36贯。"二年役满,为费七十余贯。罢役而归,宽乡得闲三年,狭乡不及一岁。以此较之,差役五年之费,倍于雇役十年所供。赋役所出,多在中等。如此,安得民间不以今法为害,而熙宁为利乎?"基于无可辩驳的事实,苏辙总结性地说:"故天下皆思雇役而厌差役,今五年矣。"②

为什么王安石以知县身份在鄞县推行新政,能获得显著成效,后来有宰相大权,在各路实施新法,却困难重重?关键是在鄞县他能全权作主,且一县之中人少地小,社会情况比较趋同,容易做到政策划一,管理到位。而一国的地区差别大,社会情况复杂,政策的适宜程度大为不同;更因官僚众多,良莠不齐,贪求利禄者从中作梗。他偏信了吕惠卿等人,拒绝了不少正确建议和批评。诚如司马光所说:"皆吏不得人,故为民害";③王安石门生陆佃也说:"法非不善,但推行不能如初意,还为扰民,如青苗是也。"④这种情况,绝不只是青苗法一项而已。还有,在改革之中受损的权贵,其反抗的力度,远大于王安石推行变法的努力。于是,对王安石及其变法的称赞和责骂并起。

"安石本楚士,未知名于中朝",陡然成了权力顶峰人物,已经招致猜疑;更由于他强力推行变法,官僚们因利害关系不同,见解各异,故而对他的非议与

---

① 《续资治通鉴长编》卷二四八,熙宁六年十二月壬申。
② 苏辙:《三论分别邪正札子》,《三苏全书·苏辙集》卷四八。
③ 《续资治通鉴长编拾补》卷六,熙宁二年十一月壬午。
④ 《宋史》卷三四三《陆佃传》。

纷争蜂起。虽然王安石博引经义,别出己意,"辩论辄数百言,众不能屈"。他对神宗说:"陛下欲以先王之正道胜天下流俗,故与天下流俗相为重轻。"①大力宣传"一道德",统一思想议论,推动神宗坚持变法,不为"流俗"阻挠而动摇。但是,新法本身的缺陷,变法官员中乘机牟利者的存在,加剧了反变法者抗争的力度,也增加了平民百姓的负担。神宗对王安石支持的态度日见动摇,熙宁七年(1074年)四月,罢王安石知江宁府,又诏"依旧提举详定国子监修撰经义"。经义局随他去江宁,故此他请求"以经义检讨官余中等往江宁府,吏人给食钱外,依例与大将驿料",得到批准②。明年二月复相位。九年十月,再罢判江宁府,此后未再起用。

王安石退居江宁,建宅于半山(自城至钟山在此得路之半,因以得名),自号"半山老人"。所居之地甚是荒凉,"四无人家,其宅仅蔽风雨,又不设垣墙,望之若逆旅之舍。有劝筑垣,辄不答"③。屋后有谢公墩,是晋代谢安石所居之地。他因人而及地,戏作诗云:"我名公字偶相同,我屋公墩在眼中;公去我来墩属我,不应墩姓尚随公。"后来他舍宅为报宁寺④。

他十年隐居,旁观世态,思索人生,创作诗文。生平著述除诗文以外,还有《周官新义》16卷、《老子注》2卷、《字说》24卷等。元丰元年(1078年)正月,封舒国公,三年九月改封荆国公。

元丰八年(1085年)三月,神宗病逝。九岁的太子继位,是为哲宗,太皇太后高氏权同处分军国事。高太后本就反对变法,现在她召回司马光为宰相,随即废罢新法。至元祐元年(1086)三月,保甲、方田均税、市易、保马、青苗、免役诸法,全都被废除。熙宁变法到此完全结束。四月癸巳,王安石在病痛和忧愤中去世。墓葬金陵。赠太傅,谥"文"。

苏轼起草的《王安石赠太傅制》曰:"其名高一时,学贯千载。智足以达其道,辩足以行其言。瑰玮之文,足以藻饰万物;卓绝之行,足以风动四方。用能于期岁之间,靡然变天下之俗。""少学孔孟,晚师瞿聃。网罗六艺之遗文,断以己意;糠秕百家之陈迹,作新斯人。属熙宁之有为,冠群贤而首用;信任之笃,古今

---

① 《宋史》卷三二七《王安石传》。
② 《续资治通鉴长编》卷二五三,熙宁七年五月癸卯。
③ 魏泰:《东轩笔录》,卷十二。
④ 张邦基:《墨庄漫录》卷四。

第八章
科举人才的涌现

所无。"清代金溪学者蔡上翔认为"此皆苏子由衷之言,洵为王公没世之光"①。王安石的道德文章,受到世人普遍颂扬。

王安石变法,是北宋也是中国历史上的大事,对王安石及其变法的研究、评议,是宋史也是中国历史领域的大题目。900多年来有关的论著极多,而又始终是褒贬、毁誉莫衷一是,在相当大的程度上反映着各个时代的"社会气候"②。人们由此得到的启迪,仁者见仁,智者见智。近代政治家文廷式的见解,别有新义,他说:

> 荆公论治,洞见本原之处多,荆公行事,能得本原之意少。然中国政党之风,惟于荆公一见之,非唐之牛李,明之齐楚浙党,徒以恩怨相报复者可同日而语也。③

《宋史·王安石传》写他将《春秋》看作为"断烂朝报",这是误解。当时人周麟之为孙觉《春秋经解》写的《序》中说:荆公弟子陆佃、龚原治《春秋》,各有撰述,凡遇疑义,辄以为有缺文,荆公笑曰:"缺文如此之多,则《春秋》乃断烂朝报矣。"可见,此话本是对陆、龚之文的批评,非是贬损《春秋》,不应曲解。

王安石在中国文化上的贡献是多方面的。尽管他的改革实践受到多种批评,但是他在学术文化上的造诣,仍然为社会普遍重视,即便是不同政见者也不例外。据朱熹记述,程颐对王安石的评论是:"伊川最说得公道,云'介甫所见,终是高于世俗之儒'"④。这是针对朝廷众官关于礼制的议论而发的。程颐还就读书之事对门人说:"《易》有百余家,难为遍观。如素未读,不晓文义,且须看王弼、胡先生(瑗)、荆公三家。"⑤他如书法亦享誉很高,南宋初张邦基说:"王荆公书,清劲峭拔,飘飘不凡,世谓之横风疾雨。黄鲁直谓学王濛,米元章谓学杨凝式,以余观之,乃天然如此。"⑥

王韶(1030—1081年),字子纯,江州德安县人。善谋略,留意兵家著作。嘉

---

① 蔡上翔:《王荆公年谱考略》,卷二四,上海人民出版社1959年版。
② 详见李华瑞《王安石变法研究史》,人民出版社2004年6月版。
③ 《文廷式集》卷六《罗霄山人醉语》。中华书局1993年版,第815页。
④ 朱熹:《朱子语类》,卷一〇七《内任·宁宗朝》。岳麓书社1997年版。
⑤ 《二程遗书》,卷一九《伊川先生语五》。上海古籍出版社1992年版。
⑥ 张邦基:《墨庄漫录》,卷一。

祐二年（1057年）进士及第，调新安县主簿，建昌军司理参军。参加制科考试，不中，遂游历陕西，采访边事，了解宋与西夏交战经历，体验边境前线的社会民情。

西夏，是在今宁夏一带的地方政权，由羌族党项部的跖跋氏所建立。唐五代时期，他们属于割据一方的藩镇势力，受唐朝皇帝赐姓李。北宋建立以后，趋附于辽、宋两边，利用宋辽之间的矛盾，对北宋时战时和，逐步扩张势力。宋真宗"姑务羁縻，以缓争战"，于景德三年（1006年）与西夏订立和约，封其首领李德明为西平王，赐姓赵。宋仁宗宝元元年（1038年），赵德明之子元昊称帝，建都兴州（今宁夏银川市），国号大夏，史称西夏。庆历初年，元昊连续攻宋，在延州（今陕西延安）三川口、镇戎军（今宁夏固原）好水川、定川砦三次大败宋军，但自己也死亡相半，只好休战。英宗治平年间，西夏当权者又接连侵扰宋境。神宗继位以后，边境形势依然严峻。

王韶在宋夏边境实地考察之后，于熙宁元年（1068年）进京献《平戎策》三篇，主旨是"西夏可取。欲取西夏，当先复河、湟，则夏人有腹背受敌之忧"。河，指河州（今甘肃临夏）；湟，指湟水两岸地区（今青海东北部），地当西夏右侧，为众多羌人部落的生活区域，夏人控制了这里，就可威胁秦、陇、蜀郡；若归宋朝管辖，则斩断西夏右臂，对宋"有肘腋之助，且使夏人无所联结，策之上也"[①]。神宗赞赏其策，认为符合变法改革之中制服辽夏的"强兵"大目标，于是命他为管干秦凤经略司机宜文字，参与对西夏的军事指挥。

王韶上任以后，了解到青唐地方蕃族部落众多，势力最大的是俞龙珂部，决定对他采取招抚政策。王韶到他的营帐中开导说服，使其明白了成败厉害，他遂率属下12万口内附。王韶又建议在边境设置市易司，开放商贸，取其赢利作屯田开支。这个以商补农、实边强兵的策略，得到神宗和王安石的支持。于是筑古渭城，设通远军，以王韶知军事。熙宁五年（1072年）七月，王韶领兵破蒙罗角、抹耳水巴等族，筑武胜城，建为镇洮军。大败羌人瞎征，降其部落2万人。改镇洮军为熙州，以熙、河、洮、岷州、通远军置熙河路。升王韶龙图阁待制、知熙州。六年三月，王韶率军行54日，涉1800里，力战瞎征等部，斩首数千级，获牛、羊、马以万计，取得河、宕、岷等五州。熙宁七年（1074年）入朝，加资政殿学士，赐第崇仁坊。还回熙州。得知瞎征围攻河州，王韶用打援救围的策略，出其不

[①] 《宋史》卷三二八《王韶传》。

第八章
科举人才的涌现

意,直击定羌城,切断瞎征与西夏的通路,瞎征失去后援,撤围而去。王韶挥兵追击,迫使瞎征穷蹙投降。神宗大喜,七年十二月升王韶观文殿学士、礼部侍郎,召为枢密副使。

熙河路在沿边荒凉之区,军食皆仰给别地。大臣对此有异议,王韶辩解说:"臣本意不费朝廷而可以至伊吾卢甘,初不欲令熙河作路,河、岷作州也。"①将"勤兵费财"的责任归咎朝廷,神宗岂能高兴?熙宁十年(1077年)二月,遂罢职,出知洪州。他在谢表中又流露"怨慢"情绪,改知鄂州(今湖北武昌)。元丰二年,复知洪州。元丰四年(1081)病卒,谥"襄敏"。

王韶以书生起家,孤单无援,踏实研学军事,用兵有机略,精于决策,部署完毕,不复更问,每战必捷。"不著名于近,乃显效于远"。他在战事之后,注意建设,《宋史·兵志》记载,王韶招纳沿边蕃部,"自洮、河、武胜军以西,至兰州、马衔山、洮、岷、宕、叠等州,凡补蕃官、首领九百三十二人,首领给餐钱、蕃官给俸者四百七十二人,月计费钱四百八十余缗,得正兵三万,族帐数千"。拓建熙河路,所辖"地千二百里,招附三十余万口"。又扩建军队,募蕃兵弓箭手,每砦三指挥或五指挥,每指挥250人,人给田百亩,蕃官200亩,大蕃官300亩,"仍募汉弓箭手为队长,稍众则补将校,暨蕃官同主部族之事"。这些制度性的建设,有利于蕃部社会进步。所以,王安石进一步解释说:"今以三十万之众,渐推文法,当即变其夷俗。……且什伍其人,奖劝以武艺,使其人民富足,士马强盛,奋而使之,则所向可以有功。"②一时的战事胜负事小,影响浅近,而文化风俗的转变事大,具有长远的价值。《宋史》论王韶为"一时良将",不是虚词。

其子王厚,字处道,少年即随父生活,熟悉兵情、羌事。在哲、徽两朝经营河、湟,多次领兵战败羌人,官至武胜军节度观察留后。卒谥"庄敏"。《宋史》论他"降陇拶、瞎征,取湟、鄯、廓州,功足继韶"。

王安礼(1034—1095年),字和甫,安石之弟。嘉祐六年(1061年)进士。熙宁中,在河东帅府为幕僚,正值征调4万农民运输粮饷,支援鄜延路筑啰兀城,陕西宣抚使韩绛不习兵事,下令民夫随军前进。王安礼提出反对:"民不习武事,今殴之深入,此不为寇所乘,则冻饿而死尔,宜亟罢遣。"继任的宣抚使吕公弼接受他的意见,让民夫回去,"而他路遇敌者,全军皆覆"。一言而救了4万人命,

---

① 《宋史》卷三二八《王韶传》。
② 《宋史》卷一九一《兵志五》。

吕公弼拉着安礼手说:"果有阴德,相与共之。"公弼推荐安礼于朝,神宗欲骤用他,他以安石执政,辞,只为著作佐郎、崇正殿校书。迁直集贤院,出知润州、湖州,开封府判官。召为同修起居注。

苏轼因言事获罪,没有人敢救援,安礼独言:"自古大度之主,不以言语罪人。"神宗听从他的劝告,苏轼因此得从轻发落。安礼进官知制诰。又以翰林学士知开封府,事至立断,有积案牵连约万人,他剖决二月余,将府属19县滞讼全部审结,系囚皆出。辽国使者得知,叹息而赞异。神宗以安礼"能勤吏事,骇动殊邻",特给他升一级官阶。

元丰五年(1082年)拜中大夫、尚书右丞。六年升尚书左丞。朝议重新发动对西夏战事,安礼以为准备不足,将兵不强,不能战。神宗采纳了他的意见。安礼平素议论时政,明辨切实,但疏于细谨,数遭御史诋言。元丰七年,罢出知江宁府。元祐中,历知扬、青、蔡、舒州。绍圣初,知永兴军。二年(1095年),知太原府,不久,病风痹,卧帐中决事,下属不敢欺。卒,年62。

邓润甫、刘奉世、曾布、吴居厚四人,执政于北宋朝廷"党争"祸乱时期,起落多变,是非不一。

邓润甫(1027—1094年),字温伯,建昌军南城县人。皇祐元年(1049年)进士,为上饶县尉、武昌县令。熙宁中,为编修中书条例、检正中书户房事。神宗阅览其文,除集贤校理、知制诰,擢御史中丞,他对神宗说:变法之初,排斥异论,势必当然,但塞了言路,出现"论恤民力,则疑其违道干誉;论补法度,则疑其同乎流俗;论斥人物,则疑其讦以为直",导致天下发生事变,不能全部知道。"今法度已就绪,宜有以来天下论议"①。又谏阻用宦官李宪统兵,去负责处理熙河路边境战事。他反对蔡确借复议相州命案之机,大肆株连,毒刑逼供。元丰元年(1078年)四月,邓润甫独奏:"相州狱事甚冤,大理(寺)实未尝纳贿,而蔡确深探其狱,枝蔓不已。窦苹等皆朝士,榜掠身无完肤,皆衔冤自诬。乞早结正。"权监察御史里行上官均也奏:蔡确"不考情实,以必得奸弊为事"。神宗命人勘查,只有大理寺详断官窦苹一人翻供,验拷掠之痕则无;其他30余人"畏吏之酷,不敢不承"。神宗于是不满意邓润甫等所说,蔡确"从而攻之,故皆坐贬"。润甫遂

---

① 《宋史》卷三四三《邓润甫传》。

第八章
科举人才的涌现

以"奏事不实,奉宪失中,言涉诋欺,内怀顾避",落职出知抚州。①后移杭州,知成都府。元丰末,召复翰林学士,兼掌皇子阁牋记,"一时制作,独倚润甫"。

哲宗继位,邓润甫进为翰林学士承旨,修撰《神宗实录》。后以起草制诏用辞不准确,出知亳州。移蔡州、永兴军。元祐末,召为兵部尚书。绍圣元年(1094年),哲宗亲政,润甫首先陈述"武王能广文王之声,成王能嗣文、武之道",首开"绍述"神宗新政之议,改变了宣仁太后(神宗母亲)垂帘听政的元祐期间全废新法的政局。遂拜尚书左丞。然而,他坚持反对章惇过分惩治元祐大臣。"无何,暴卒",年68。谥"安惠"。

刘奉世(1041—1113年),字仲冯,史学家刘敞的儿子,优于吏治,文辞雅赡,最精《汉书》学。嘉祐六年(1061年)进士。熙宁三年(1070年),以太子中允为枢密院吏房检详文字,神宗称其"奉职不苟",加集贤校理、检正中书刑房公事。元丰元年(1078年)正月,进直史馆、国史院编修官。相州抢劫杀人案,大理寺详断官请奉世"检正",奉世曰:"君为法官,自图之,何必相示。"因此受罚,于当年六月落直史馆,免勒停,监陈州粮料院②。多年以后,为吏部员外郎。元祐初(1086年),为度支左司郎中,渐升至枢密都承旨、权户部尚书。元祐七年(1092年),拜枢密直学士,签书枢密院事。他说服哲宗,放弃用内侍为押班的任命。后不满章惇当政,求外任,于绍圣元年(1094年)出知定州,一年后,知成都府。曾布说:"元祐变先朝法,无一当者",刘奉世出了力,"最为漏网";御史中丞邢恕又弹劾他参与"倾害大臣"。于是,责居郴州,再贬隰州(山西隰宁)团练副使。徽宗继位,尽还刘奉世原有官职。崇宁元年(1102年)十月,"刘奉世等二十七人坐元符末党与变法,并罢祠禄"③,再责居沂、兖等地,后"以赦得归"。刘奉世处于如此困顿打击之中,心态安静,常说:"家世唯知事君,内省不愧怍,士大夫公论而已。得丧(失),常理也,比如寒暑加人,虽善摄生者不能无病,正须安以处之。"④政和三年(1113年),复为端明殿学士。病卒,年73。

曾布(1036—1107年),字子宣,曾巩之弟。13岁时父去世,学于曾巩,嘉祐

---

① 《续资治通鉴长编》卷二八九。相州杀人案情及其复议过程,情节复杂,涉案官吏众多,蔡确借以打击宰相吴充等人,抓住当时法官希图解脱、怕因更改结论而受罚的侥幸心理,大搞刑讯逼供,因为此案而起落的办案官吏也不少。相关文字很长,不具录,详见《长编》卷二八七等处。

② 《续资治通鉴长编》卷二八七、二九〇。

③ 《宋史》卷十九《徽宗纪》。

④ 《宋史》卷三一九《刘敞传附刘奉世》。

二年(1057年)兄弟俩同时中进士。熙宁二年(1069年),由怀仁县令徙开封,上书言为政之本有二:厉风俗,择人才;其要点有八:劝农桑,理财赋,兴学校,审选举,责吏课,叙宗室,修武备,制远人。神宗召见,论说合意,授崇政殿说书,加集贤校理,判司农寺,检正中书五房。与吕惠卿共创青苗、助役、保甲、农田水利等法。一批大臣议论反对新法,曾布上疏建议神宗"奋威断以屏斥小人而消其萌,使四方晓然皆知主不可抗,法不可侮,则何为而不可,何欲而不成哉!"擢为修起居注、知制诰,为翰林学士兼三司使。韩琦上疏极论新法之害,曾布逐条反驳,坚持新法,全力赞襄王安石变法改革。

熙宁七年(1074年),曾布揭露京师市易法执行中的弊端,由此可见他对新法的基本态度。该年大旱,诏求直言,曾布于是对判官吕嘉问盘剥商人的劣迹进行批评。大意是:财源匮乏,由于货不流通;货不流通,因商贾不行;商贾不行,是受兼并之家摧抑。

> 故设市易于京师以售四方之货,常低昂其价,使高于兼并之家而低于倍蓰之值,官不失二分之息,则商贾自然无滞矣。今嘉问乃差官于四方买物货,禁客旅无得先交易,以息多寡为诛赏殿最,故官吏、牙驵惟恐衷之不尽而息之不够,则是官自为兼并,殊非市易本意也。①

对这次争论,魏泰《东轩笔录》卷四也记曰:"曾布为三司使,极论京师市易不便。"在这个争议中,显然曾布坚持了市易法本意,而吕嘉问等乘机舞弊,极大地污损了新法的信誉。然而,王安石信任的吕惠卿又借此排挤曾布,于是,当年八月,曾布出知饶州,后徙潭州,再知广州。元丰初年,改知桂州,又历知秦、陈、蔡、庆等州。元丰末,复翰林学士,迁户部尚书。

哲宗继位,司马光主政,令曾布修改役法,他辞绝:"免役一事,法令纤悉皆出己手,若令遽自改易,义不可为"。曾布不趋炎附势,拒绝做出尔反尔的事,是

---

① 此见《宋史》卷四七一。《续资治通鉴长编》卷二四九~二五五的记事中有多处叙述此事,涉及神宗初以布言为是,已而中变,改为支持吕惠卿;吕惠卿又与曾布有隙,乘此挤布;王安石在此争议中请求罢相,出知江宁。当时,判西京留守司御史台司马光上疏集中论新法之害,将青苗、免役、市易、保甲等作为六大朝政阙失来抨击。这次市易法利弊之争,实际上是熙宁改革中各种政治势力的一次大较量。又,关于曾布批评市易法等问题,俞兆鹏教授有精到的研究,见《论所谓曾布"反对市易法"的问题》,原载《中国史研究》1985年第4期,后收入俞兆鹏《求真集》,江西教育出版社2004年版,第135—155页。

第八章
科举人才的涌现

坚持熙宁变法初衷,把免役法本意与执行之中的偏差区别开来。于是,他又离开朝廷,出知太原府,再徙真定、河阳、青、瀛等府州。

绍圣元年(1094年),哲宗命曾布为翰林学士承旨兼侍读,拜同知枢密院,进知院事。曾布赞赏章惇"绍述"主张,提出"甄赏元祐臣庶论更役法不便者,以劝敢言"。鼓励议论研讨,期使政策趋于完善,这本是真诚而务实的好事。可是,章惇却"兴大狱,陷正人",排挤打击异己。在这场政治倾轧之中,《宋史·曾布传》写"布多阴挤之",但未说事实。

元符三年(1100年)正月,徽宗即位,罢去章惇,拜韩忠彦为左仆射,曾布为右仆射,所谓"东西分台,左右建辅"。君臣们认为元祐全盘否定新法,绍圣全盘否定元祐,都有偏执,声言要"大公至正,消释朋党",定年号为"建中靖国"。不久,"绍述之说"又起,改年号为"崇宁",表示要贯彻神宗的变法方针。崇宁元年(1102年)五月,韩忠彦罢去;六月,曾布与尚书左丞蔡京政见不合,亦被罢知润州。七月,蔡京为右仆射,一人独相。蔡京对曾布"积憾未已,加布以赃贿,令开封吕嘉问逮捕其诸子,锻炼讯鞠。诱左证使自诬而贷其罪。"于是,曾布一再责降,连续四年之后,才复太中大夫,提举崇福宫。大观元年(1107)八月,卒于润州,年72。后谥"文肃"。《宋史》以其赞助章惇惩办元祐党人,将他列入《奸臣传》。

吴居厚(1035—1113年),字敦老,抚州临川县人①,嘉祐八年(1063年)进士。熙宁初为潭州武安军节度推官,在湖南奉行新法,尽力核查闲田,均给梅山瑶人耕作。记劳积,迁大理丞。元丰间,在河北提举常平仓,增损役法措施51条,使徭役征派合符民情。升为京东转运副使。居厚精心于财计,钩稽筹措,收羡余息钱数百万。在莱芜监、利国监铸铁钱,岁得10万缗。神宗褒扬其能,擢天章阁待制、都转运使。与河北塞周辅等议定盐法,"搜剔无遗"。又请以盐息钱买绢,资助河东买马;支拨大铁钱20万贯,佐陕西军费;并募民养保马。元祐年间废除新法,居厚被治罪,安置黄州。"安置",是活动受监视限制的处罚。绍圣以后,重提熙丰新法,居厚复起为江淮发运使。他主持疏通支家河,以便漕运,使楚州(今江苏淮安市)、海州(今江苏连云港市)地区获益。

崇宁二年(1103年)由开封府尹拜尚书右丞,进中书门下侍郎。以老避位,再出为亳州、洪州,徙太原府。复还京,迁知枢密院。政和三年(1113年)知洪州,卒。《宋

---

① 崇宁二年(1103年)析建进贤县,故新修《进贤县志》将晏殊、吴居厚都定为进贤人。又,据光绪《江西通志》选举表,吴居厚原名居实,后改名。

史》评居厚"起州县凡流,无阀阅勋庸,徒以言利得幸","在政地久,以周谨自媚,无显赫恶,唯一时聚敛,推为称首"。平心而论,吴居厚出身凡流,凭才干与谨慎,为政府理财税,为社会办实事,全都应予肯定,不能以"聚敛"、"最为掊克"贬损他。

聂昌(1079—1127年),抚州临川县人,本名聂山。为人疎隽,喜周人之急。大观三年(1109年)由太学上舍出仕,为相州教授,荐为秘书郎,擢右司员外郎。以直龙图阁为湖南转运使,还为户部侍郎,开封府尹。为王黼所劾,安置衡州。钦宗立,聂昌以猛厉径行,遇事敢为,拜兵部侍郎,进户部尚书,领开封府。靖康元年(1126年)八月,拜同知枢密院事。李纲罢相,太学生陈东等抗议,"士庶十余万人,挝鼓伏阙下,经日不退,遇内侍辄杀之,(开封)府尹王时雍麾之不去"。聂昌出面劝说,群众听命散去。他还制止王时雍捕治陈东等人。京城恶棍乘乱抢劫,聂昌悉弹治正法,维护社会秩序。钦宗称赞他"有周昌抗节之义",乃更其名曰"昌"。靖康二年(1127年)正月,聂昌奉命往河东割两河之地与金人,昌言:"两河之人忠义勇劲,万一不从,必为所执,死不瞑目矣。傥和议不遂,臣当分遣官属,促勤王之师入卫。"①事实正是"民坚守不奉诏,凡累月"②。他爬绳索登上绛州城,被愤怒的军民杀害,"抉其目而脔之",时年49。其父聂用之,年90,忧伤而死。建炎四年(1130年)追赠观文殿大学士,谥"忠愍"。

王寓,生卒年不详,字元忠,江州人。父易简,资政殿大学士兼侍讲。王寓在徽宗时官至中书舍人兼蕃衍宅直讲。钦宗立,升礼部尚书、翰林学士。靖康元年(1126年)九月,康王赵构赴金军营中谈判,丁丑,命王寓为尚书左丞、副使。他害怕,假托得噩梦,凶兆,求免,易简亦上书以请。钦宗怒,十月戊午,追毁左丞任命,降新州(今广东新兴县)安置,并黜易简。建炎四年(1130年)流寇马进破江州,易简等三百人俱被害。王寓得尚书左丞任命仅42天,官高人卑,该为历史唾弃。

第三节
实干的中下级官僚

名列《宋史》列传的人,主要是在朝廷或州县任职的各级官员,其次是比较

---

① 《宋史》卷三五三《聂昌传》。
② 《宋史》卷二三《钦宗纪》。

第八章
科举人才的涌现

闻名的学者(包括道学、儒林、文苑三类)等。以下选择其中政治事迹比较突出的,依次表述。

一、北宋前期

刘式(949—997年),字叔度,袁州新喻县(北宋改隶临江军)人。在庐山借书阅读,专治《左传》《公羊》《谷梁》,兼顾其他经籍,积五六年不归,故学业益精,于南唐后主李煜时期以明经考第一。归北宋以后,曾经监通州(今江苏南通市)利丰监,主管煎海盐。在太宗时期久居财计官署,配合陈恕着力进行财政制度建设。为求健全对财政官吏的业绩考核,端拱二年(989年)十二月,诏置三司都磨勘司,以左赞善大夫刘式主之①。他任此职十余年,称其任,人皆以其官名其家。所谓"磨勘",即是审查资历,稽核功过,以勘验官员簿籍档案作为主要考核手段,后来发展成为对所有文武官员的考绩法。又建议设置主辖支收司,严谨财赋出纳。至道中(996年),合并三勾院为一,命刘式主管。再迁刑部员外郎。由于他深究簿籍账册之中的弊病,揭发出江、淮地区旧有的横赋、积欠的旧税,奏请豁免,人皆称便。"然多所条奏,检校过峻,为下吏所讼,免官,卒"②。真宗追录刘式劳绩,赐其子刘立本学究出身。其孙辈有刘敞、刘攽。

曾致尧(947—1012年),字正臣,抚州南丰县人③。太平兴国八年(983年)进士,初仕符离主簿、梁州录事参军,三迁著作佐郎、直史馆,改秘书丞,出为两浙转运使。他上言:"去岁所部秋租,惟湖州一郡督纳及期,而苏、常、润三州悉有逋负,请各按赏罚。"④太宗认为江淮频年水灾,苏、常特甚,致尧所言刻薄,不可行。徙知寿州,转太常博士。

咸平初,迁主客员外郎、判盐铁勾院。西夏入寇,灵武危急,张齐贤为泾、原等州安抚经略使,选致尧为判官,迁户部员外郎。既受命,上疏不愿接受章绂之赐,词旨狂躁,被黜为黄州副使。未几,复旧官,改吏部员外郎,历知泰、泉、苏、扬、鄂五州。

大中祥符初,迁礼部郎中。坐知扬州日冒请一月俸,降为监江宁府酒税。转

---

① 《续资治通鉴长编》卷三十,端拱二年十二月辛亥。
② 《宋史》卷二八七《陈恕传附刘式》。
③ 南丰县于淳化二年(991年)从抚州割属建昌军,故曾致尧在太平兴国八年(983年)考进士填报的乡贯,仍只能是抚州南丰县。
④ 《宋史》卷四四一《曾致尧传》。

户部郎中。五年（1012年）卒，年66。遗嘱"无以佛污我"，家人如其言①。平生好撰著，有《仙凫羽翼》30卷、《广中台记》80卷、《清边前要》30卷、《西陲要纪》10卷、《为臣要纪》15篇，均不存。其子易占，其孙巩。

袁抗，字立之，南昌人，真宗大中祥符元年（1008年）考进士，得同学究出身。调阳朔县（今广西阳朔）主簿，荐补桂州（今广西桂林市）司法参军。西南地区少数部族中的抚水蛮兴兵寇融州（今广西融安一带），袁抗受命权融州推官，督兵粮并参谋军事。

乐黄目（972—1027年），字公礼，抚州宜黄县人。乐史之子，淳化三年（992年）进士，补伊阙尉，迁大理寺丞、知寿安县。咸平中，徙知壁州（今四川通江县附近），未行，上章言边事，召对，拜殿中丞。后为直史馆、知浚仪县（今河南开封市），上言选拔州县官制度曰："从政之原，州县为急；亲民之任，牧宰居先。今朝官以数任除知州，簿尉以两任入县令，虽功过易见，而能否难明。"建议参照唐朝开元年间的经验，今后审官院差知州，铨曹注县令，候各及三二十人，一次引见，"试时务策一道，察言观行，取其才识明于吏治、达于教化者充选；其有不分曲直、罔辨是非者，或黜之厘务，或退守旧资"②。真宗颇为嘉赏。历度支、盐铁判官，迁太常博士、京西转运使。大中祥符中（1012年），出使契丹，回来以后改广西转运使、陕西转运使。永兴军（今陕西西安市）知军陈尧咨骄恣不法，诏黄目检察，得实上奏，尧咨坐罢知邓州。八年（1015年），黄目入判三司三勾院。事繁，"职事不举"，遂分三勾院，以三人掌之。迁知制诰，但他文思不敏，属辞淹缓，改权知开封府。再改知荆南府（今湖北江陵），徙潭州。天圣五年（1027年），召还，知审官院，自以患风疾辞，改知通进银台司兼门下封驳事。数月后，出知亳州。黄目为人，面柔简默，为吏处剧，亦无败事。闻幼子死，恸绝而卒，年56。

夏安期，生卒年不详，字清卿，夏竦之子，以父任为将作监主簿，召试，赐进士出身。他才干出色，凭自己的政绩而迁升，仁宗时期西北边防紧张，在处置当地军政事务中，夏安期出力不少。历任太常博士，提点湖南刑狱，开封府推官、判官，判三司盐铁勾院，京西转运使。庆历三年（1043年），京西路发生盗贼剽劫州县，而光化军（今湖北西北部）戍卒相继叛乱，与盗贼将联通呼应，夏安期果断指挥，督将吏进剿，"捕斩殆尽"③。改河东转运使，江、淮发运使，入为三司户

---

① 《欧阳修全集·居士集》卷二一《尚书户部郎中曾公神道碑》。
② 《宋史》卷三〇六《乐黄目传》。
③ 《宋史》卷二八三《夏竦传附安期》。

第八章
科举人才的涌现

部副使。庆历四年(1044年)六月,西夏与北宋议和,元昊以"夏国主"的名义向宋称臣,边境罢兵,安期受命往陕西与诸路经略安抚司议损边费,奏省吏员及淘汰边兵之不任役者五万人。擢为天章阁待制,进兵部郎中。当时夏竦为枢密使,安期避嫌辞去所迁官,出为江、淮发运使。再进为吏部郎中、知渭州(今甘肃平凉一带)。他在这里简练弓箭手,得骁勇者为步兵1万,骑兵5千;又教以战阵兵法,于是这里的土兵胜过其他路分。此外,他登记边塞闲田,募人耕种,岁得谷数万斛,储存以备赈发,名曰"贷仓"。再以龙图阁学士复知延州(今陕西延安)。延州东北面阻山,无城郭,往往为西夏骑兵进犯所利用,夏安期了解此情之后,即大举筑城。时方暑热,士卒有怨言,他更要增广城墙数百步,并命令:"敢言者斩"!安期亲自督工,不逾月而筑完。"暴得疾,卒。"

萧贯,生卒年不详,字贯之,临江军新喻县人。大中祥符八年(1015年)进士。他俊迈能文,尚气概,临事敢为,惩治奸豪,伸张正义。初任大理评事,通判安州、宿州,迁太子中允、直史馆。仁宗即位,进太常丞、同判礼院。历吏部南曹、开封府推官、三司盐铁判官,为京东转运使。有善于捕盗的提举捉贼刘舜卿,外号"刘铁弹",恃功骄傲,多为不法,长吏畏其凶悍,都不敢依法惩治他。萧贯到任后,揭露他的罪过,把他废为民[①]。

徙江东转运使,再改知洪州,累迁尚书刑部员外郎。这时江东官吏收受贿赂之事被揭发,而时间正是萧贯为江东转运使任内,坐不察,降知饶州。他在这里审结了一桩抚州官吏骗人杀子的案件。抚州司法参军孙齐,以明法得官,却知法犯法,他把妻杜氏留在家,骗娶周氏,带入蜀。后周氏知道了实情,欲诉于官,孙齐断发为誓,定要"出杜氏"——离婚。后来,他又纳倡陈氏,携周氏所生子至抚州。不到一月,周氏来了,孙齐将她打倒在地,拿出伪券曰:"若佣婢也,敢尔耶!"并杀周氏所生子。周氏到知州、转运使衙门去控诉,都不受理。有人对她说:到江南东路饶州萧知州那里去,冤案将能申雪。周氏将冤情写在布衣上面,沿路乞讨至饶州。抚州隶江南西路,不属饶州管,但萧贯特例外受理此案,虽然遇到赦令,仍将孙齐编管濠州。

迁兵部员外郎,将试知制诰,遇营建二位皇太后陵,未及试而卒。

刘敞(1019—1068年),字原父,号公是,临江军新喻县人,不仅是经学家,也是有胆识,敢于主持正义,能为民办事的中级官僚。父刘立之(985—1048

[①] 《宋史》卷四四二《萧贯传》。

年),大中祥符元年(1008年)进士,历官泸州通判,对西南夷人"明约束,止侵欺",树立了官府的诚信形象。为福建路提点刑狱,察知狱囚有冤死者,奏黜泉州知州、通判,福建七州全都震慄。选为荆湖路转运使,体察辰、鼎、澧三州蛮人民情,没有轻易"加兵","蛮亦卒无事"。庆历八年(1048年)迁益州路转运使,其年十一月卒于官,年64。

刘敞中庆历六年(1046年)进士,通判蔡州,历迁至三司使。一再对朝廷礼乐事宜直言谏诤,规劝仁宗"收揽威权,无使聪明蔽塞"。同修起居注,未一月,擢知制诰。仁宗以宦者石全彬为观察使,刘敞封还除书,不草制。嘉祐中,出使契丹,契丹伴使领着走弯路,"自古北口至柳河,回屈殆千里,欲夸示险远"。刘敞素习山川道里,于是质问:自松亭趋柳河,甚径直且易走,不数日可抵契丹京城,为何故意这样走?契丹人既骇又愧,承认是实情,"但通好以来,置驿如是,不敢变也"①。使还,求知扬州。

扬州有雷塘,旧为民田,后官府潴水以为漕渠,但不补偿其他田,致使26户田主失业,200余口备受饥寒。然而塘堤破决,不可漕运,复变成田。刘敞查对旧田契,将塘田悉归还原主。发运使反对,刘敞仍坚持还民。徙郓州(今山东郓城),召为纠察在京刑狱。营卒桑达等人酒醉争斗,指斥乘舆(按,指皇帝),开封府将桑达不审就处死,弃尸。刘敞质问:为何不经审讯?开封府回报:"近例,凡圣旨及中书、枢密所鞫狱,皆不虑问。"刘敞遂奏请一律按法律审判,枢密院不肯,他力争,终于按他的意见,"著为令"。

嘉祐四年(1059年)六月,宰相率百官五次上表要为仁宗加尊号,刘敞则三次上奏反对,他说:陛下已有12个字的尊号,尽善极美了,再加"大仁",不足增光;曰"至治","则有若自矜"。实况是:"今百姓多困,仓廪不实;风俗未清,贤否混淆;狱讼繁多,盗贼群辈;水旱继有;虽四夷初定,然本以重赂厚利羁縻而服之,非畏威慕义者也。未可谓至治。"②正当畏天命,深自抑损,岂可于此时以虚名为累。仁宗遂不受。同年八月,刘敞上疏论龙昌期学术乖僻,则是绝对维护宋朝皇帝尊严的。龙昌期,陵州(今四川仁寿)人,白首穷经,诲人甚广的老教书先生,由于文彦博等人举荐,得到"益州州学讲说"的位置,在年将九十的时候,他

---

① 《宋史》卷三一九《刘敞传》。
② 刘敞:《公是集》,卷三二《上仁宗乞固辞徽号》。据《续资治通鉴长编》卷一八九,嘉祐四年六月己巳记事,当时刘敞知制诰兼领礼部名案,应起草表文,先劝宰相富弼不宜为此事,"弼怃然曰:适已奏闻,乃是上意欲尔,不可止也。敞不得已为撰五表,仍密奏三疏罢之。"

第八章
科举人才的涌现

向朝廷献出所著书百余卷,官员们看后上言"昌期诡诞穿凿,指周公为大奸,不可以训。乞令益州毁弃所刻板本"。欧阳修、刘敞等劾他"异端害道,当伏少正卯之诛"①。现在学者研究发现,龙昌期"指周公为大奸",有影射赵普伪造凭据、替宋太宗赵匡义篡夺皇位之事遮掩的用意,而仁宗是赵匡义的孙子。故此,刘敞说惩处龙昌期,"断天下之疑义,毋使有识之士,窥朝廷之浅深"②。看来,刘敞等人的话是有深意,但能够公开说的只能如此。

由于多次议论与众人相背,刘敞求出朝廷,拜翰林侍读学士、知永兴军(今陕西西安市)。有大姓范伟牟取奸利,冒同姓户籍50年,纠缠府县短长,多次犯法。刘敞穷治其事,范伟服罪,长安人欢喜。

英宗继位,刘敞召还朝,每次侍讲读,必据经论事,因以讽谏,调解英宗与皇太后之间的矛盾。多年苦学,病"眩瞀",可能是很重的大脑与眼睛疾病,屡次告假,复求外出,遂知汝州,旋为判南京御史台。熙宁元年(1068年)卒,年50。

萧注(1010? —1070?),字岩夫,临江军新喻县人。磊落有大志,平日喜谈兵事,尝言:"四方有事,吾将兵数万,鼓行其间,战必胜,攻必取,岂不快哉!"日后的经历,居然与其戏言大致吻合。庆历六年(1046年)中进士。

皇祐四年(1052年)四月,广南西路西南边境山区的侬智高复入寇,攻破邕州(今广西南宁),执杀知州、官兵千余人。"岭南州县无备,一旦兵起仓卒,不知所为,守将多弃城遁。"侬智高连破9州,沿西江东下,以数百舟船攻广州城南。当时,萧注摄广州番禺令,自城中出,募土丁及海滨壮士,得二千人,乘大船于上流,候飓风起,纵火而下,焚贼舟,破其众。随即开城门接纳援兵,乡民携牛酒、刍粮相继入城,城中人气大振。"转运使王罕亦自外至,益修守备。智高知不可拔,围五十七日,七月壬戌,解去。"③以功擢礼宾副使、广南驻泊都监。侬智高西退,复占邕州,啸诱诸峒少数族人。安抚使余靖遣萧注处置诸峒事,他挺身进入山砦,"施结恩信"。宣抚使狄青率诸将进讨侬智高,闻萧注广州破敌之功,即以他知邕州。侬智高败走大理国,其母与二弟入据特磨地区,收集残众得三千余人,企图再入寇。至和初(1054年),萧注率兵往讨,将他们"悉擒送阙下"。又

---

① 《续资治通鉴长编》卷一九〇。
② 《公是集》卷三二《上仁宗论龙昌期学术怪僻》。吴天墀《龙昌期——被埋没了的'异端'学者》,见《宋史研究论文集》,河北教育出版社1989年版,第414—440页。
③ 《宋史》卷四九五《蛮夷三》。同书《萧注传》作"围州数月",但都没有具体月日,不确实。

招募死士"入大理取智高,至则已为其国所杀,函首归献"①。升为西上阁门使(此为官阶,非"差遣"——官职)。

萧注在邕州数年内,"阴以利啖广源群蛮,密缮兵甲",上疏攻取交阯:"交阯虽奉朝贡,实包祸心,常以蚕食王土为事。……臣已尽得其要领,周知其要害。今不取,异日必为中国忧。愿驰至京师,面陈方略。未报。"他的请求没有获准,却又发生蛮人入寇,谏官认为是萧注"不法致寇",遂罢为荆南钤辖、提点刑狱。还有人劾他"略智高阖民为奴,发峒丁采黄金,无籍账可考。中使按验颇有实"。贬泰州团练副使。泰州属淮南,淮南转运使说萧注擅长"招集游士,部勒为兵",要求将他"徙大州以縻之"——害怕这位有军事才能的人。于是,改为镇南军节度副使。大臣中有人再次提起萧注广州破敌之功,遂起为右监门将军、邠州(今陕西邠县)都监。

熙宁初,移知宁州(今甘肃东北宁县)。三年(1070年)八月②,西夏侵犯大顺城,环庆路李信兵败,附近"列城皆坚壁",萧注"独启关夜宴如平时"。于是,命他管干麟府军马。他辞谢,说:"身本书生,差长拊纳,不闲战斗,惧无以集事。"这时传说"交人挫于占城,众不满万,可取也"。遂再命萧注知桂州。神宗问如何攻取交阯?他答:"昔者臣有是言。是时溪峒之兵,一可当十,器甲坚利;亲信之人皆可指呼而使。今两者不如昔,交人生聚教训十五年矣,谓之'兵不满万',妄也。"他否定目前攻取交阯的主张。到了桂州之后,酋领们皆来拜谒,他"延访山川曲折,老幼安否,均得其欢心"。因此,他对交阯主李乾德的动静都知道,但是,"有献征南策者,辄不听"。恰逢沈起以平蛮自任,正合神宗心意,即以沈起代萧注。萧注从桂州归来,卒于半途,年六十一。

萧固,生卒年不详,临江军新喻县人,天圣五年(1027年)进士。他在《宋史》中无传,生平事迹在《宋史·蛮夷三》中看到的两点,足以引起人们注意。

皇祐元年(1049年)九月,广源州蛮侬智高③既怨恨交阯侵害,又企图北向

---

① 此据《宋史》卷三三四《萧注传》。同书《蛮夷三》所记则完全不提萧注,只说"余靖督部吏黄芬、黄献珪、石鉴、进士吴舜举发峒兵入特磨",获智高母、弟、子等,槛至京师;"然智高卒不出,其存亡不可知也。"但是,《续资治通鉴长编》嘉祐二年五月戊戌日曰:"广西转运使王罕言,右江丁壮随萧注击贼而未经赏者,乞特免夏税一年,从之。"这是萧注至和初击贼的确证。

② 据《宋史》卷一五《神宗二》、卷四八六《外国二》,这次夏人犯边均作熙宁三年。《萧注传》则在"熙宁初"之后记录一连串的事情,难于判别。

③ 广源州,在广西郁江源头,地峭绝深阻,产黄金、丹砂,颇有邑居聚落。侬氏割据其地,号为邕州羁縻之地,实际役属于交阯。

第八章
科举人才的涌现

扩张,遂入寇邕州。明年,交阯发兵讨智高,不克。广西转运使萧固遣邕州指挥使丌赟去"刺候",是要他去侦探情报,但他擅自发兵攻打,却被俘,智高"问中国虚实,赟颇为陈大略,说智高内属"。侬智高放还丌赟,"奉表请岁贡方物,未听。又以驯象、金银来献,朝廷以其役属交阯,拒之。后复赍金函书以请,知邕州陈珙上闻,不报。智高既不得请,又与交阯为仇,且擅山泽之利,遂招纳亡命"。皇祐四年,他发兵内侵,暴残两广,最后为狄青所灭。

至和二年(1055年)正月,萧固从吉州知州徙为广东转运使。

嘉祐二年(1057年),广源州火峒蛮侬宗旦,是侬智高的族人,也比较桀黠,他据险聚众,尝入寇。时任邕州知州萧注要大发峒丁击之,而桂州知州萧固"独请以敕招降"①。结果以侬宗旦为忠武将军,补其子为三班奉职。几年后,宗旦父子以所领诸峒"属县官","永为王民"。仅此两次事件看出,萧固在广西处理少数族事务,开明得体,有利于社会进步。皇祐年间仁宗对待侬智高政策不当,一再失误,导致厮杀,城乡破坏,民众遭殃。

彭思永(1000—1070年),字季长,吉州庐陵人。中进士,知南海县、分宁县,通判睦州。值台州大水,毁坏城墙,人多溺毙,他往摄治,即以代理知州的身份,尽葬死者,作文祭奠,并砍伐树木,帮助贫民修建居室。几个月后,台州公私房屋皆已修建,修复了城墙,比前加高,而坚固如旧。改知潮州、常州。入为侍御史。他对仁宗在内廷降授官赏的做法,提出批评,又抗议仁宗祭祀明堂之时,滥赏外戚、宦官,说"陛下覃此谬恩,岂为天下孤寒哉!""外戚秉政,宦侍用权,非社稷之福也"。仁宗恼怒,将他出为湖北转运使。

思永巡按湖北州军,威服下溪蛮彭仕羲,使其不敢作乱。加直史馆,为益州路转运使。成都府吏盗公钱,虽已入狱三年,却出入自由。思永摄府事之第一天,即将其拘系于狱。成都民使用交子(楮券),藏在衣带中,偷者置刀刃于手指间,敏捷窃取,总能得手。思永捕得一小偷,审知其情,将其同伙经黥面配隶兵间。中使(宦官)每年来祭祀峨眉山神,都在成都索取珍玩,值数百万钱,皆百姓负担。思永削去其三之一,使者恼怒,却不能对他如何。改为河北都转运使,知瀛州。当地民众以桑麻为产业,却因怕加赋不敢多种,故日益贫穷,思永上奏更改这种政策。徙知江宁府。

---

① 《续资治通鉴长编》卷一八五,嘉祐二年四月甲戌。夹注"王安石铭固墓亦云,固招宗旦补西头供奉官。补官不同,不知孰是。"今查《王安石文集》,不见此墓铭。

治平中(1065年),召为御史中丞。朝中大臣争议濮王礼仪,皆被英宗斥去,思永仍论曰:"濮王生陛下,而仁宗以陛下为嗣,是仁宗为皇考,而濮王于属为伯,……"英宗欲听其意见,而中书大臣争议厉害,卒不果。神宗即位之后,御史蒋之奇纠弹欧阳修个人私事,要思永相助,他不愿谈此"帷薄之私",但认为欧阳首建"濮议",犯众怒,不宜留在朝中。神宗问他事情由来,思永不肯回答,转而论大臣朋党问题。神宗乃将其出知黄州,改知太平州。熙宁三年(1070年)以户部侍郎致仕,卒,年71。

思永为人仁厚廉恕。少年时,早晨去上学,在门外拾得金钗,他默坐原地,待失主前来认领。其人感谢,付给钱,思永笑曰:我若要钱,就藏匿金钗了。参加科考之日,他带数个钏(手镯)作旅费,同时参加考试的人在他那里玩,一起观赏钏子,有人不慎跌落一个于袖筒内,众人相互寻找。思永曰:只有这几个,不要找。朋友散去,挥手告别,钏子坠于地,大家恍然,佩服思永宽宏度量。儿子彭卫,忠厚孝谨,以父年老,弃官家居十余年,族间无不称赞。

二、北宋后期

余良肱,生卒年不详,字康臣,本名贯,洪州分宁县(今修水)人。天圣二年(1024年)进士,初任荆南司理参军。属县捕得杀人者,已自诬服,良肱验尸与刀生疑:岂有刃长一尺余而伤不及寸?他向荆南府说明情况,须自捕凶犯,未几,果获真杀人者。有失窃逾十万者,逮捕平民数十人,时值盛夏,搒掠惨烈,呼号闻于狱外;良肱见有附吏耳语者,疾捕诘审,尽得贼赃。改大理寺丞,再出知湘阴县。县积欠税粮数千石,每年责令里胥代输,良肱提出论诉,遂予蠲免。通判杭州,累石筑江堤20里,以障江潮泛溢,官民庐舍无漂溺之害。

知虔州,士大夫死岭外者,丧车北返过虔州,多弱子寡妇,良肱悉力赈护,孤女无依靠者,出俸钱嫁之。以母老,移知南康军。丁母忧后,召为三司使判官。朝议向京城居民贷钱,以供关陕军费,良肱以为不可,力争之。大臣亦以为言,贷钱之议遂格。

朝廷方治汴渠,命良肱提举汴河司。执政以汴渠岸阔水漫,滞缓漕运,主张束狭河面,限以60步阔,植木桩筑堤,扼束两岸,令水深流速;桩木则伐岸树为之①。良肱提议:善治水者不与水争地,只需在冬季浚治河床,使水复行地中;沿

---

① 《宋史》卷九三《河渠三》,此事记于嘉祐六年,依照狭河之议,"遂下诏兴役,而众议以为未便"。

第八章
科举人才的涌现

渠树不能伐,"江淮漕卒接踵,暑行多病暍,藉荫以休。又其根盘错,与堤为固,伐之不便"①。他屡争不能得,乃请不与其事,出知润州、宣州。以年老,提举洪州玉隆观。卒,年81。

刘瑾(1023—1086年),字元忠,吉州永新县人,刘沆之子。皇祐五年(1053年)进士。为人素有操尚,遇事抗争。瑾初为馆阁校勘,嘉祐五年(1060年)父亡,得褒赠,但知制诰张瓌起草的制词中却有讥贬之语,瑾哭泣忧愤,穿着孝服找宰相诉说。朝廷为之改写,黜降张瓌,而他也以穿孝服入官署被罢职。后端明殿学士王素替他请求,以伸孝子之志,得复职,历为淮南转运副使、河北转运使。熙宁八年(1075年)十二月,知广州。因争论戍兵问题,与枢密院意见不合,九年二月改江南西路安抚兵马钤辖、知虔州。战棹都监杨从先奉旨来虔州募兵,无人应募,擅自遣其子杨懋纠集诸县巡检兵充数。瑾怒责之,激愤中说出"悖谬语",被懋告于朝,遂废瑾于家。一年后,复知江州。元丰四年(1081年)正月知福州、兼本路兵马钤辖,后改秦凤路经略安抚使、知秦州。元丰七年(1084年)为真定府路安抚使、马步军都总管、兼知成德军府事。元祐元年(1086年)闰二月卒于任所,年64。

刘瑾出身相门,然知晓民间利病。执政曾问他:捕盗官有巡检、县尉,而县尉获盗常多,巡检获盗常少,这是为什么?瑾答:县尉所领的弓手土人,熟习地理险易,耳目相通,非巡检更戍之兵可比。倘若招土人隶巡检,则其获盗将与县尉相等。按其议施行,果如其言。知虔州日,有安南之役,虔为过兵要道,而赣水湍悍,渡舟多覆溺,瑾亟建浮梁,官兵赖以速济。在福州,遇巡检康诜以所部兵叛,航海而南,闽广震恐。瑾即遣押队程建率牙兵追击,并告诫曰:诜乃首乱者,所部皆胁从,疾趋而攻,则众溃而诜擒;如若慢行逗留,必斩你。程建日夜兼行,不择夷险,果如所料,擒诜归②。平日多周济贫乏,四方士人之困顿失职者,多往归之。其施治刚方不挠,视恌巧人不宽贷。《宋史》称刘瑾"所莅以能称。然御下苛严,少纵舍。好面折人短,以故多致訾怨"③。

曾巩(1019—1083年),字子固,建昌军南丰县人,嘉祐二年(1057年)进士。任地方官12年,所到除害兴利,多办实事。熙宁变法时期,他于四年(1071年)通判越州(今浙江绍兴)。当地过去取酒场钱募人充"衙前"。钱不足,向乡户派钱

---

① 《宋史》卷三三三《余良肱传》。
② 吕惠卿:《刘瑾墓志铭》,见陈柏泉《江西出土墓志选编》,江西教育出版社1991年版,第48页。
③ 《宋史》卷三三三《刘瑾传》。

助役,以七年为期。后酒场钱有余,但应募者图多得钱,到期了照旧向乡户要钱。曾巩知道后,立即免除出钱者200余户。遇春季饥荒,考虑常平仓储粮不足赈济,而乡民不能都进城,且饥民群聚,可能发生疫病,他发公文给所辖各县,劝富人出粮,得15万石,以稍高常平价卖,让农民不出田里能买到粮;又出钱粟5万贷给农民为种粮,秋收后偿还,使春播不受影响。

五年(1072年)知齐州(今山东济南市),以锄强暴、治盗贼、宽贫弱为治本。他说:"为人害者不去,则吾人不宁。"官绅周氏,以财雄里中,其子周高素来横纵,贼杀平民,污人妇女,服器僭越,势力能动权贵,州县衙门不敢干预。曾巩到任,首先将他法办。历城、章丘两县有人结伙号称"霸王社",横行乡里,"椎埋盗夺,纂囚纵火,无敢正视者"。曾巩将其首恶31人发配充军,同时实行保伍制度,使民众互相稽察,来往住宿者皆登记,有盗则击鼓声援。对自首者给予一定的优待,使其同伙各怀贰心,不能复合。"齐俗悍强,喜攻劫。至是豪宗大姓敛手莫敢动,寇攘屏迹,州部肃清。"①河北疏浚河道,要征调齐州民工2万名,县衙按籍须三丁出一,曾巩清理隐漏人口,结果九而取一;又节省无名渡钱,用于建桥;又调整驿站传舍,减少6驿,人皆获益。

六年(1073年)秋,徙知襄州(今湖北襄樊市)。州内有大案久不决,囚有当论死者,曾巩审阅其案状,曰:"是当勿论,何得留此。"吏不能对。即释放当死者,缘此而释者百余人。民众得悉,叩头曰:"吾州前坐死者众矣,宁知非冤乎!"②

八年(1075年)九月,知洪州。时值大饥,疫病流传,曾巩下令自州至县、镇、亭、传,皆备药以给病者。穷民、军卒无力自养者,住于官舍,供给饮食衣被,派医诊治,并记录其治愈状况、人数多寡,评定殿最。熙宁九年初,交阯侵陷邕州(今广西南宁),神宗命郭逵为安南道招讨使,率军进讨,诏所过州准备一万人马的供应。别地官吏闻讯,急征暴敛,刍粟涌贵,百姓不堪。曾巩独能预先筹办,安排好房舍井爨器皿,计划周到而有条理,兵过而市里不扰。

十年(1077年)春,授直龙图阁、知福州、兼福建路兵马钤辖,八月到任。福建负山濒海,有铜盐之利,故大盗数起。曾巩来时,南剑州将乐县盗魁廖恩获赦出降,但其余众观望,十百为群,既溃复合,阴相推附,连接数州。其尤桀骜者,

---

① 曾肇:《亡兄行状》,见《曾巩集》附录一、传记资料。中华书局1984年版,第792页。
② 林希:《中书舍人曾巩墓志铭》,见陈柏泉编《江西出土墓志选编》,江西教育出版社1991年版,第39页。

第八章
科举人才的涌现

仍聚于将乐县,有继廖恩而起之势,居民大恐。曾巩想,对此余党从缓则其势滋大,急了将促其作乱,遂用智取。前后出降或自归者约200人,自杀者5人,老奸宿偷相继缚致者数十人,又擒海盗8人。吏士以此受赏。同时奏请加强海防,在沿海增加巡检员,以便壮大声威。此后毋敢窃发者,商民山行海宿,如在郛郭。

福州多佛寺,寺皆多田产,为僧者利其富饶,争着当住持,为此贿请公行。为杜绝寺僧舞弊,曾巩要僧众互相推举,登记其名,依次替补。在公堂颁给文书,却其私谢,消除左右徼求之弊。过去对出家者3年登记一次,每次近万人,全福州的贿赂约得钱数千万,现在住持僧选补公开,这些徼贿也不禁而自止。对"囊橐为奸"的两座佛寺,下令禁废。同时,禁止妇女走进寺舍,以防不测。福州无职田,每年向卖蔬菜的人收钱,常有三四十万的收入,曾巩独不取,认为:"太守与民争利,可乎?"他把这些钱用佐公费,开了先例,后来者亦不敢取。

元丰二年(1079年),改知明州(今浙江宁波)。主持修筑城墙,仔细审核原定工程计划,节省工料费用甚多,"而力出于役兵、佣夫,不以及民。城成,总役者皆进官,而公不自言"①。再移亳州、沧州。曾巩所任六州,多号难治,然巩令行禁止,巨细毕举,庭无留事,囹圄屡空。吏民初或惮其严,已而皆安其政。

元丰三年(1080年)冬,过京城,神宗召见,留判三班院。上疏议经费,神宗曰:"巩以节用为理财之要,世之言理财者,未有及此。"四年七月,为史馆修撰。五年(1082年)四月,拜中书舍人。六年(1083年)四月,卒于江宁,年65。南宋理宗时,追谥"文定"。

徐禧(?—1082年),字德占,洪州分宁县人。少年而有大志,气度不凡,力学而不事科举,博览周游,求知古今事变、风俗利病。以学识超卓,受到破格任用。熙宁初,王安石行新法,禧作《治策》24篇以献,获赏识,以布衣充经义局检讨。神宗见徐禧所上《治策》,曰:"禧言朝廷用经术变士人,十已八九变矣,然盗袭人之语而不求心通者,亦十八九。此言是也。观禧文学,晓政事,宜试之于有用之地。"王安石建议,于中书五房分别配置见习官员,以便今后选用人才,神宗以为然。于是,以徐禧为中书户房习学公事。中书五房设习学公事,从此开始。

岁余,召对良久,神宗曰:"朕多阅人,未见有如卿者。"擢监察御史里行。与御史中丞邓绾、知谏院范百禄共审赵世居狱。术士李士宁与世居有交往,以仁宗写的诗赠世居之母,而王安石也与士宁友善。范百禄劾士宁以妖妄惑世居,

---

① 曾肇:《亡兄行状》。

而徐禧奏：士宁给世居母之诗实仁宗制，"今狱官以为反，臣不敢同"。范百禄说徐禧在"媚大臣"（指王安石）。神宗命御史杂知、枢密承旨参治此案，结果范百禄坐报上不实，贬；徐禧进集贤校理、检正礼房。

  王安石与吕惠卿关系恶化，徐禧阴右惠卿，出为荆湖北路转运副使。元丰初，召知谏院，再试知制诰兼御史中丞。新官制颁行，专为御史中丞。因疏劾邓绾，左迁给事中。元丰四年（1081年）秋冬，鄜延经略使沈括、副使种谔率兵击败西夏，得银、夏、宥三州，但难于防守，沈括欲沿横山筑城，在永乐建筑寨城。五年（1082年）五月，遣徐禧与内侍李舜举节制鄜延边事，沈括总兵随从，陕西转运判官李稷负责馈饷。徐禧至边境巡视后上言：永乐形势险扼，在此筑城可使银、夏、宥三州处于腹心，已与沈括议筑寨堡各六座。永乐城筑完后，徐禧与沈括、李舜举还驻米脂。夏人数千骑兵来至新城，禧与李舜举、李稷前往巡视，沈括独守米脂。副使种谔极言城永乐非计，禧怒，奏他"跋扈异议"，朝命谔守延州。九月，夏人20万来攻永乐城①。徐禧得报，曰："彼若大来，是吾立功取富贵之秋也。"大将高永亨曰："（永乐）城小人寡，又无水，不可守。"禧以为沮众，将他械送延州狱。他执刀自率士卒拒战。永亨兄永能请乘夏人未及站稳时出击，禧反对，曰："王师不鼓不成列。"鄜延副总管曲珍率兵与夏人战，败奔入城，"死及弃甲南奔者几半"。永乐城被围，"士卒渴死者太半"。从丁亥至戊戌，仅12日，城陷，徐禧、李舜举、李稷俱死，高永能战没于阵。神宗闻徐禧等死，涕泣悲愤，赠禧金紫光禄大夫、礼部尚书，谥"忠愍"，官其家20人。

  《宋史》评论徐禧"疎旷有胆略，好谈兵，每云西北可唾手取，恨将帅怯尔。"他这次"狂谋轻敌，猝与强虏遇，至于覆没。"永乐全军覆没之后，神宗深自悔咎，遂不复用兵，无意于西伐夏人。

  黄廉（1030？—1088？），字夷仲，洪州分宁县人。嘉祐六年（1061年）进士，历任州县官。熙宁初，受举荐至朝廷，王安石和他谈役法事，他对旧役法说得很详细。安石认为此人熟悉实情，必能执行新法，上奏神宗。召对，他答："陛下意在便民，法非不良也，而吏非其人。朝廷立法之意则一，而四方推举（行），纷然不同，所以法行而民病，陛下不尽察也。河朔被水，河南、齐、晋旱，淮、浙飞蝗，江南疫疠，陛下不尽知也。"②一番平实真切的言论，博得神宗对他的信任，即命为

---

① 《宋史》卷三三四《徐禧传》。
② 《宋史》卷三四七《黄廉传》。

第八章
科举人才的涌现

体量赈济京东道,除司农丞。他的巡察报告神宗满意,擢利州路转运判官,召为监察御史里行。黄廉上言:"成天下之务,莫急于人才",请令大臣及转运使各自举荐,由中书审核其能力而后任用。又言:近几年水旱,民众得到减免宽缓赋税的恩惠,今幸岁丰,有关官司都要去催缴;久饥之民,刚有收获,就要交纳累年欠赋,是使民遇丰年而仍过灾年,请令各地逐渐催欠。

黄河决堤,京东曹村一带冲毁农田30万顷,民庐舍38万家,诏黄廉安抚京东。他发廪赈饥,远处饥民分派吏员去办理;选择高地建房舍安顿饥民;凡有流民的地方不征税,经过的流民给粮,租用私人耕牛的给其租钱,收养被遗弃的男女,丁壮年人则派其劳作,"凡所活二十五万"。

加集贤校理、提点河东刑狱。辽朝要求割给代北之地,黄廉认为这将使雁门关暴露,失去地理之险,不该割。王中正调发西部驻兵,用一调二,双倍征取,黄廉反对。后战事失败,王中正归咎转饷,黄廉去辩析,坐贬秩。

元祐元年(1086年),召为户部郎中。奉命按察蜀中茶法。他奏罢过于有害的措施,建议熙、秦二州仍由官府禁榷,东路则放开通商,禁江南茶进入陕西,以利蜀茶销售;确定博买马年额18000匹。朝廷批准其议,并命他以直秘阁官衔提举此事。明年,还朝,迁集贤殿修撰、枢密都承旨。被论曾附和蔡确,改陕西都转运使。卒,年59。

孔文仲(1038—1088年),字经父,临江军新喻县(今峡江县罗田乡)人。嘉祐六年(1061年)进士①。礼部考试时,考官吕夏卿称其辞赋赡丽,策论深博,文势似荀卿、扬雄,建议主司擢第一。初任余杭县尉,转台州司户参军。熙宁三年(1070年),集贤殿修撰范镇举荐文仲参加制举,写对策九千余言,力论王安石理财、训兵之法为非是。主考官宋敏求列他为第三等。王安石反对,神宗批:"大抵意尚流俗而后是非,又毁薄时政,援正先王之经而辄失义理。"神宗"读文仲试卷,至'专任德',上曰:'德、刑不可偏'"②。遂罢归故官。详定官韩维等皆力言不当黜,不听。范镇又言:文仲"小官疏外,不识忌讳。且以直言求之,而以直言罪之",恐为圣明之累。亦不听。

熙宁九年(1076年)宰相吴充欲将文仲召入馆阁,又有忌之者,仅得国子直

---

① 据光绪《江西通志》卷二一《选举表二》。1995年版《峡江县志》人物传记在孔文仲名下作"嘉祐元年(1056年)进士"。但查宋代科举年表,嘉祐元年不开科,前一科为皇祐五年,后一科为嘉祐二年。

② 《续资治通鉴长编》卷二一五。

讲。是时学者正用王安石三经新义立进取,而文仲不习其书,换为三班主簿,出为保德军(在今山西岚县一带)通判。元丰后期,与西夏交战,军民数十万经由境上,久不解,边民厌苦。文仲上言三不便:"大兵未出,而丁夫预集;河东雇夫,劳民而损费;诸路出兵,首尾不相应。"他建议对夏人采取怀柔政策。

元祐初年,哲宗召为秘书省校书郎,进礼部员外郎。迁起居舍人,擢左谏议大夫。日食,他上言察五事以消灾祥:邪说乱正道,小人乘君子,远服侮中国,斜封夺公论,人臣轻国命。前两条是对熙宁变法而言,第三条说与西夏等王朝的关系,第四条是指朝廷制度混乱(凡不经中书或三省,径由内廷批授官职称"斜封"),第五条是强调朝廷权威,不能让臣民轻视朝命。他坚持全面否定熙宁新法,说:"青苗、免役,首困天下,保甲、保马、茶盐之法,为遗蛰留蛀。"①改中书舍人。三年(1088年),同知贡举。他原有寒疾,现又昼夜不废职事,于是病加重,由贡院还家,卒,年51。

孔文仲与弟武仲、平仲皆以文声起江西,时号"三孔"。武仲,字常父,嘉祐八年(1063年)进士。元祐初,官秘书省正字,迁升秘书省校书、集贤校理、著作郎、国子司业。他评议科举之弊,诋毁王安石新学,请求恢复诗赋取士。在否定熙宁变法的环境中,他与其兄都是激进的。进起居郎兼侍讲迩英殿,除起居舍人,拜中书舍人,直学士院。再升给事中,迁礼部侍郎,以保文阁待制知洪州。徙宣州。绍圣以后,被定为反对神宗改制的元祐党人,夺职,居池州。卒,年57。

平仲,字义甫,治平二年(1065年)进士,又应制科。用吕公著荐,为秘书丞、集贤校理。其兄文仲卒,归葬南康军,朝廷命他为江东转运判官护葬事。提点江浙铸钱,京西提点刑狱。绍圣中,以其在元祐时附会当权者,"讥毁先烈",削去校理,知衡州。湖南提举常平董必弹劾平仲不推行常平法,陷失官米价值60万。平仲疏辩:"米贮仓五年半,陈不堪食,若非乘民阙食,随宜泄之,将成弃物矣。倪以为非,臣不敢逃罪。"妥善处理开始变质陈米,减少官府损失,不该受罚。乃徙知韶州。后被贬惠州别驾,安置英州(今属广东)。徽宗即位,复为朝散大夫,为户部郎中、金部郎中,出为永兴路(今陕西西安)提点刑狱,鄜延路、环庆路安抚使。元祐党论再起,平仲罢官,主管兖州(今山东曲阜)景灵宫,卒。

李常(1027—1090年),字公择,南康军建昌县(今永修县)人,黄庭坚的舅父。皇祐元年(1049年)进士。曾在庐山五老峰下白石庵读书,举进士后,将所抄九千

---

① 《宋史》卷三四四《孔文仲传》。

第八章
科举人才的涌现

卷书留庵中,供人阅读,苏轼撰文赞之。初任江州判官,再为宣州观察推官。发运使杨佐将推荐他提升,他谦让其友刘琦,杨佐说:"世无此风久矣。"遂都推荐。

熙宁初,为秘阁校理。王安石变法以李常为三司条例检详官,改右正言、知谏院。熙宁三年(1070年)四月,他对新法的内容提出不同意见,主张青苗不要收息,说"条例司始建,已致中外之议。至于均输、青苗,敛散取息,附会经义,人且大骇,何异王莽猥析《周官》片言,以流毒天下"。王安石托人给他解释,不听。又疏言:"州县散常平钱,实不出本,勒民出息。"神宗为了"行遣违法官吏",五六次要李常说出官吏姓名,他以不合谏官体例,"终不肯分析"。曾公亮曰:台谏官许风闻言事,难令分析。王安石曰:"许风闻言事者,不问其言所从来,又不责言之必实……今所令分析,止欲行遣官吏,何妨风闻。"①于是,降李常通判滑州。一年多后,复升鄂州知州,徙知湖州、齐州。齐州多盗,案情报告无虚日,属重法统治的区域。李常将一黠盗黥刺为兵,安置在麾下,由此得知盗贼窝点,于是"发屋破柱,拔起根株,半岁间,诛七百人,奸无所匿"②。李常以非常的手段打击了齐州盗贼,迁官淮南西路提点刑狱。元丰六年(1083年),召入为礼部侍郎。

哲宗即位,改吏部侍郎,再进户部尚书。有人怀疑他不熟悉财政,恐怕不胜任,司马光认为正是看中他这点:"用常主邦计,则人知朝廷不急于征利,聚敛少息矣。"然而李常勤于职事,编撰了《元祐会计录》30卷(已佚)。当时对役法政策未定,有人要复行差役,有人坚持免役,李常提出差、免两用的役法方案,他说:"法无新陈,便民者良;论无彼己,可久者确。今使民俱出资则贫者难办,俱出力则富者难堪,各从其愿,则可久尔。"哲宗下诏蠲免市易逋负不满200缗者,李常提请息过其数亦勿取。

拜御史中丞,兼侍读,加龙图阁直学士。他对科举提出修正意见。先是,熙宁四年初罢诗赋及明经诸科,以经义、论、策考试进士。现在,他请分诗赋、经义为两科,以利士人各尽所长。谏官刘安世以蔡确的诗中有"谤讪"词语,排击蔡确。李常反对,上疏说:"以诗罪确,非所以厚风俗。"刘安世于是将李常、蔡确一并弹劾。元祐四年(1089年)五月,李常与侍御史盛陶"坐不论蔡确,改官"。李常改为兵部尚书,他辞不拜,出知邓州。徙成都,行至陕,暴卒,年64。

熊本(1026—1091年),字伯通,饶州鄱阳县人。庆历六年(1046年)进士,为

---

① 《续资治通鉴长编》卷二一〇。
② 《宋史》卷三四四《李常传》。

抚州军事判官。治平元年(1064年)遣知建德县。熙宁初,上书言事,颂扬神宗重用王安石变法,擢为提举淮南常平、检正中书礼房公事,改户房。六年(1073年),泸州(今四川泸州市)罗、晏夷叛,诏熊本察访梓州路、夔州路,以便宜治夷事①。熊本曾任戎州通判,熟习夷俗,王安石言熊本仔细,必能了事,遂命他体量措置。神宗赞同王安石的见解,认为汉户到夷地居住佃种,可能变夷为汉。五月,下诏废除"汉户不得典买夷人田土"旧令,自今听自便②。

  熊本认为:对蛮夷"不当盛兵讨之,蛮急则恃山林,官军不能入也。然有田以为生,若以兵扰之,使不得田,即亦自困"。彼能扰边,是借十二村豪为向导。因此,熊本设计捕到百余人,"枭之泸川,其徒股栗,愿矢死自赎"。十月,他上书言羁縻夷人酋领,请宠以刺史、巡检官爵,明示劝赏。诸夷听命,独柯阴一个酋领不至。十一月,他集合晏州十九姓兵众,调发黔南义军强弩,共约5000人,遣大将王宣、贾昌言率以进讨。七年正月底,柯阴兵败乞降,"尽籍丁口、土田及其重宝善马,归之公上,受贡职。于是,乌蛮罗氏鬼主诸夷皆从风而靡,愿世为汉官奴"③。当时熊本入夷界"荡平"46村,于其地设置2砦、4堡,"平治险隘,开修道路,建置桥阁、里堠"。得所献地240里,已募人耕种,并在夷人中推行保甲。神宗褒奖熊本"一旦去百年之患",赐三品服,迁刑部员外郎、集贤殿修撰、同判司农寺。此后,为秦凤路都转运使,熊本鉴于刚收复的熙、河地区法禁阔略,蓄积不支岁月日用,奏省冗官140员,一年减浮费数十万。

  熙宁八年(1075年),渝州(今重庆)南川獠木斗叛,诏熊本为体量安抚使。他率兵进入南川县铜佛坝,击败木斗,焚其积聚,木斗举其地500里来归,设置4砦、9堡,以铜佛坝建为南平军,以渝州南川县、涪州隆化县为其辖区。熊本升为知制诰,判司农寺。针对变法改革中的激烈纷争,他上疏劝神宗别退缩:"天下之治,有因有革,期于趣时适治而已。……陛下出大号,发大政,可谓极因革之

---

① 罗、晏夷,是西南诸夷之一种。庆历初,泸州言:"管下溪峒十州,有唐及本朝所赐州额,今乌蛮王子得盖居其地。部族最盛,旁有旧姚州,废已久,得盖愿得州名以长夷落。"诏复建姚州,以得盖为刺史,铸印赐之。得盖死,其子窃号"罗氏鬼主"。鬼主死,子仆射袭其号,寝弱不能令诸族。乌蛮有二酋领,曰晏子,曰斧望个恕,常入汉地鬻马。二酋寝强大,擅劫晏州山外六姓及纳溪二十四姓生夷。详见《宋史》卷四九六《蛮夷四·西南诸夷》。

② 《续资治通鉴长编》卷二四七,熙宁六年五月辛未。

③ 《宋史》卷三三四《熊本传》。生卒年据1978年鄱阳出土彭汝砺所作《熊本墓志铭》:元祐六年九月卒,年六十六。故为1026-1091年。

第八章
科举人才的涌现

理。然改制之始,安常习故之群嚣视四起,交骧而合谋,或争于廷,或谤于市,或投劾引去者,不可胜数。陛下烛见至理,独立不夺,今虽少定,彼将伺隙而逞。愿陛下深念之,勿使谋骧之众有以窥其间,而终万世难就之业,天下幸甚。"后因治河之争,分司西京,又为提举江州太平观。元丰四年(1081年),起知涂州,改广州。

元丰五年(1082年),召为工部侍郎,从广州回归,不带海外一物。半途中被命龙图阁待制、知桂州(今广西桂林)兼广西经略使,处置宜州(今广西宜州市)蛮扰边战事。熊本开谕溪峒酋长,切戒边吏勿辄生事;同时,请选将练兵,市马以足骑兵,增强戍守力量。土人蔡宝铨煽惑龙蕃与峒户相仇杀,然后想引兵攻讨以为功。熊本质审蔡宝铨得实,当即将他投入江中。蛮夷畏服,敬以为神,宜州遂无事。

六年(1083年)交阯国主李乾德,以追捕侬智会为辞,进犯归化州,侵掠勿阳地;又遣其臣文盛来广西办理顺安、归化边界。熊本一方面"传檄问状",责问其不该侵犯,李乾德"敛兵谢罪";另一方面遣左江巡检成卓与文盛会议,"文盛称陪臣,不敢争执"。于是,神宗准"以八隘之外保乐六县、宿桑二峒予乾德"。南徼局势转危为安①。

召入为吏部侍郎。哲宗即位,出知洪州。有人弹劾熊本弃宿桑八峒为失策,被降一官。元祐三年(1088年)徙杭州、江宁府。以病乞知洪州,不听。召还,六年(1091年)九月行至真州,卒,年66。

熊本坚持熙宁改革的表现,获得宋人好评:"公不复顾内事,罄尽于公家,……方熙宁更定法令,以饬蛊革弊,而君臣聚精会神,趋时赴功,维日不足。睿圣之主,德义之相,一时经纶之杰如银青者(指熊本),才三数人耳。公虽不克至辅弼而终焉,然论世尚贤者,不敢稍贬。"②

董敦逸(1034?—1102年?),字梦授,吉州永丰县人。嘉祐八年(1063年)进士,调连州(今广东连州市)司理参军。知穰县(今河南邓县),正值推行农田水利法,提举官调民凿马渡港,预计可灌田200顷。敦逸上奏,以为利不补害。朝廷核实,如他所言。工不兴,免了役夫16万,保存原有田3600顷。徙知信州弋阳县,县有宝丰场开采铜矿,"役卒多困于诱略,有致死者",敦逸查其原因本末,放还

---

① 《宋史》卷四八八《外国四·交阯》。顺安、归化在广西西南边境山区。
② 刘正夫:《龙图阁待制熊本妻施氏墓志铭》,见陈柏泉《江西出土墓志选编》第68页。

役卒数百人回乡务农。迁梓州路(今四川梓潼一带)转运判官。

元祐六年(1091年)召为监察御史,进入"党争"中心。元祐八年(1093年)五月,他同御史黄庆基合言:"苏轼昔为中书舍人,制诰中指斥先帝事,其弟辙相为表里,以紊朝政。"宰相吕大防奏曰:"敦逸、庆基言轼所撰制词,以为毁谤先帝。臣窃观先帝圣意,本欲富国强兵,鞭挞不庭,一时群臣将顺太过,故事或失当。及太皇太后与皇帝临御,因民所欲,随事救改,盖事理当然尔。"接着列举汉朝昭帝、章帝以及宋真宗、仁宗改变前朝政策事例,"凡此皆因时施宜,以补助先朝阙政,亦未闻当时士大夫有以为谤毁先帝者也。比惟元祐以来,言事官用此以中伤士人,兼欲动摇朝廷,意极不善"①。苏辙也上奏申辩,举出苏轼制词原文,表明不是谤毁神宗,并说"臣闻先帝末年,亦自深悔已行之事,但未暇改尔。元祐改更,盖追述先帝美意而已"。宣仁后(即太皇太后)、吕大防都申述神宗"追悔往事",宣仁后并教训尚未亲政的哲宗:"皇帝宜深知。"于是,敦逸、庆基并罢,敦逸出为湖北转运判官,改知临江军。

宣仁后卒,哲宗亲政,改年号"绍圣",表示要继承神宗朝政。绍圣元年(1094年),贬苏轼、苏辙,董敦逸复为监察御史。他论常安民为二苏之党;凡在元祐间批评熙宁新法的人,都遭论诉斥逐。迁殿中侍御史、左司谏、侍御史。哲宗鼓励他恪尽"纠弹之责":"卿能言,无患朕之不能听;卿言而信,无患朕之不能行也。"复审"瑶华秘狱",敦逸发现有冤情,握笔不敢书。狱既成,约两旬后,他上疏说:废黜瑶华,"天为之阴翳,是天不欲废之也;人为之流涕,是人不欲废之也"。哲宗感到这是事后指责,遂以其他事将敦逸降为兴国军知军,徙江州。徽宗即位,召为左谏议大夫,他极言蔡京、蔡卞过恶。迁户部侍郎。卒,年69。

《宋史·董敦逸传》批评他开启绍圣、力排元祐的言行:"董敦逸于元祐末与黄庆基诬二苏,以开绍圣之祸;及绍圣则肆诋元祐诸臣,甚至瑶华之冤不能持正,虽终悔而谏,亦何及焉。及见蔡京、蔡卞稔恶,乃论其过恶以自文,杯水不足以救车薪之火也。"

曾肇(1045—1105年),字子明,曾巩幼弟。治平四年(1067年)进士。熙宁初年,再迁知太常礼院,对残缺的礼制文献,多所厘正。元丰元年(1078年),迁国史编修官,后为《神宗实录》检讨。元祐初年,为中书舍人。在围绕熙宁变法而反复出现的官僚党争、相互倾轧的哲宗、徽宗时期,曾肇周旋其间,直率地议论朝

---

① 《宋史》卷三五五《董敦逸传》。

第八章
科举人才的涌现

政。谏议大夫王觌以论事受罚,曾肇上言:"陛下寄腹心于大臣,寄耳目于台谏,二者相须,缺一不可。今觌论执政即去之,是爱腹心而涂耳目也。"帝悟,加觌直龙图阁。元祐四年(1089年)春旱,朝廷准备春宴,曾肇与彭汝砺上疏谏阻:"天灾方作,正君臣侧身畏惧之时,乃相与饮食燕乐,恐无以消复天变。"次日,朝旨罢宴。不久,出知颍、邓、齐、陈州、应天府。七年(1092年),入为吏部侍郎,又出知徐州、江宁府。哲宗亲政,召入对,他奏言"宜于此时选忠信端良之士,置于近班",不能只听亲近者之言。为贵近所恶,外出为知州。因追查《神宗实录》中"讥讪"之罪,肇降为知涂州。后复知秦州、海州。

徽宗即位,复召为中书舍人,迁翰林学士兼侍读。曾肇鉴于元祐、绍圣之偏失,建议徽宗"消弭朋党,须先分别君子小人,赏善罚恶,不可偏废"。以兄曾布现为宰相,请退避,出知陈州等地。他写信给曾布:"兄方得君,当引用善人,翊正道,……比来主意已移,小人道长。进则必论元祐人于帝前,退则尽排元祐者于要路。异时(章)惇、(蔡)卞纵未至,一蔡京足以兼二人,可不深虑。"[1]后来的形势演变,证实了曾肇的预见,蔡京当权,他们兄弟俱遭打击。肇贬濮州,安置汀州。崇宁四年(1105年)归润州,卒。年61。绍兴初,谥"文昭"。

欧阳棐(?—1111年?),字叔弼,欧阳修中子,广览强记,能文辞。用父荫,为秘书省正字,登进士乙科,调陈州判官,以亲老不仕。欧阳修卒,棐代草遗表,神宗读而爱此文,意谓修自己所作。丧期满,始出仕,为审官主簿,累迁职方员外郎、知襄州(今湖北襄阳)。绍圣元年(1094年),曾布升同知枢密院事,其儿媳之兄魏泰住在襄州,倚仗声势规占公私田园,强买平民货物,郡县不敢干预制止。欧阳棐到任后,魏泰又要州衙东偏官邸旧址,说那是天荒地。欧阳棐驳斥曰:"孰谓州门之东偏而有天荒乎?"予以拒绝。州吏诉说:魏泰横行已久,他要地,给慢了都不行,还能拒绝吗!棐坚持不给。因此,棐徙知潞州(今山西潞城),旋又罢去。元符末(1100年)以直秘阁知蔡州(今河南汝南)。蔡州地薄赋重,京西北路转运使下令纳赋税要折变,"多取于民,民不堪命"。朝廷诏禁止,而州吏怕上司,不敢按诏旨行事。棐认为:州郡对不利于民众的事,本应奏请革除,今天子下诏制止,"若有惮而不行,何以为长吏!"命即日执行[2]。崇宁元年(1102年),惩治"元祐党人",欧阳棐被牵连而罢废,十余年后卒。

---

[1] 《宋史》卷三一九《曾巩传附曾肇》。
[2] 《宋史》卷三一九《欧阳修传附欧阳棐》。

郭知章,生卒年不详,字明叔,吉州龙泉县(今遂川县)人,治平二年(1065年)进士。知浮梁、分宁县。改知海州、濮州,提点梓州路刑狱。荐为监察御史。绍圣初,上书建议增加谏官、提高监司官阶:"馆职无所用,朝廷设之不疑;谏官最急,乃常不足。是急于所无用,缓其所当急也。"地方官以监司最紧要,而近年任命者不过知县资序,应是"转运判官择实任通判者,提点刑狱择实任郡守者,然后考其治理,简拔用之"①。

黄河决口,河水改道,历来是朝野关注的大事。庆历八年(1048年)河决澶州商胡,洪水北流入海。嘉祐五年(1060年)北流再决口,自大名府往东流向大海,黄河遂分为东、北二股。二股分流三十多年之后,郭知章经过河北,"见水趋东者,河甚阔而深","水之趋北者,才十之二三"②,于是上言"今水之趋东者已不可遏,顺而导之,闭北而行东,其利百倍矣"。迁殿中侍御史。知章上言:神宗在西北开辟的疆土,扼制着西夏咽喉,而元祐用事诸臣委而弃之,对他们应"显行黜罚"。绍圣恢复制举,知章言:先朝已用策论取士,即已废除制科,现在复置,"诚无所补"。于是再罢。又请复行元丰免役法。

进左司谏,为中书舍人。坐赞同导河东流之议,以集贤殿修撰知和州。徽宗立,曾布用为工部侍郎。知太原府。召拜刑部尚书、知开封府,为翰林学士。又因论河事,罢知邓州,旋入党籍。数年后,复显谟阁直学士。政和初(1111年),卒。

张根(1061—1120年),字知常,饶州德兴县人。少入太学,甫冠,于元丰五年(1082年)第进士。调临江司理参军,遂昌令。当改京秩,以祖父母、父母在堂,遂致仕,时年31。屏处十年,曾布、曾肇等奏其行义超卓,徽宗召对,张根规劝徽宗不要"累于物","愿陛下清心寡欲,以窒祸乱之源"。并请罢去钱塘制造局。徽宗以他为亲贤宅教授。未几,通判杭州,提举江西常平。

在江西的走马承受(由宦官充任)弹劾江西"一路以钱半给军衣,非是"。自转运使、郡守以下皆罢。张根提出异议:"东南军法与西北殊,此事行之百五十年矣。帅守、监司,分朝廷忧,顾使有罪,犹当审处,岂宜以小阉尺纸空十郡吏哉?"诏众官皆复还。又言:江西去年"蠲租四十万,而户部责偿如初。祖宗立发运上供额,而给本钱数百万缗,使广籴以待用,比希恩者乃献为羡余,故岁计不足,至为无名之敛。"这是两个涉及江西全体民众的大问题,给予是虚,榨取是

---

① 《宋史》卷三五五《郭知章传》。
② 《宋史》卷九三《河渠三》。

第八章
科举人才的涌现

实。经张根揭出,诏令"贷所蠲租,而以籴本钱还之六路"①。洪州丢失锡,而锡为官府禁榷、不准买卖的矿产,官府严厉追索,被捕按治的兵卒胥吏达千人。张根上言:这是官署失于稽察保管之过,"今罗取无罪之人,责以不可得之物,何以召和气?"毫无道理地惩治无辜,民众必然有反抗情绪。遂罢其狱。

大观三年(1109年),对"元祐奸党"的惩治表面上有所松动,张根入对言:"陛下毁石刻,除党籍,与天下更始,而有司以大臣仇怨,废锢自如。"可见,实际并未改善。命张根为江西转运副使,改淮南转运使,加直龙图阁。他对"常平"等政策提出修正意见:"常平只听纳息,以塞兼并;下户均出役钱,以绝奸伪;市易惟取净利,以役商贾。"这样做名义上似乎不正,但若与"和买"比较,就有差别了,因为"和买不仇其十一,而使之倍输额外无名无数之敛"。又以水灾多奏请蠲租赋,散洛口(仓)米、常平青苗米,赈贷流民。徽宗褒谕张根,改为两浙转运使。张根辞不行,仍在淮南,但写疏文直言统治危机,付驿递上奏,大略曰:"今州郡无兼月之储,太仓无终岁之积,军须匮乏,边备缺然。东南水旱、盗贼间作,西、北二国窥伺日久,安得不预为之计。""为今之计,当节其大者,而莫大于土木之功。今群臣赐一第,或费百万。臣所部二十州,一岁上供才三十万缗耳,曾不足给一第之用。……其次如田园、邸店,虽不若赐第之多,亦愿日削而月损之。如金帛好赐之类,亦不可不节也。又其次如赐带,其直虽数百缗,亦必敛于数百家而后足,今乃下被仆隶,使混淆公卿间,贤不肖无辨。"这份历数时弊的奏疏,让权幸奸贪们不舒服,不断找事中伤他。

不久,张根对花石纲的祸害上奏说:运花石占用了漕舟,买一根竹耗费50缗,而多进入官僚之家。益加深了权幸对他的恼怒,乃摘出他奏疏中难字的反切注音写得草略,是傲慢不恭敬,责监信州盐酒税。既而又说张根诋毁常平法,摇动了绍述大政,再贬为濠州团练副使,安置郴州。不久,念其在淮南讨贼之功,让其自便。遂以朝散大夫终于家,年60②。

张根之弟张朴,字见素,中进士,任州学教授多年,后入朝为侍御史,上奏曰:"朋党分攻,非朝廷福,若不揃其尤,久则难图。"徽宗要他论列,于是将16个庸缪官僚贬斥出朝。不久,徽宗崇信道教,蔡攸举荐张朴为道史检讨官,召试中

---

① 《宋史》卷三五六《张根传》。发运使职掌东南六路(淮南、两浙、江南东西、荆湖南北)上供粮额,故籴本钱归还六路。

② 1972年德兴县出土《张潜墓志铭》,知张根为张潜之孙,其父张盘。张氏历世为德兴巨族,以孝友立门户,兄弟同居,后因监司檄令异籍,乃各自独立为家。

书舍人,卒。

徽宗、钦宗时期,还有萧服、洪彦昇、陶节夫、许几、程振等人,也有不同的政绩。

萧服,生卒年不详,字昭甫,庐陵人,元丰五年(1082年)进士,调望江县令,以教化为治本。知筠州高安县,审慎治狱,县尉获凶盗,他复审,见其刀匣与刀不合,因而不决。不久得真杀人者,疑犯乃平民也。徙提举淮西常平,召为将作监少监。入对,论人主听言之要。徽宗说他有诤臣之风,擢监察御史。奉诏作《崇宁备官记》,徽宗称善,对辅臣曰:"朕爱其鲠谔,顾台谏中何可阙此人。"①张商英为相,引他为吏部员外郎。送辽使者,中途得疾归,请知蕲州,卒,年56。

洪彦昇,生卒年不详,字仲达,饶州乐平县人,元丰八年(1085年)进士,初任常熟县尉,历郴州判官,签书镇东军(绍兴府)节度判官。召为监察御史,迁殿中侍御史。彦昇在朝孤立,无亲朋基础,久任言责,长达五年。他直言权贵奸贪劣迹,条撅其过,毫不回隐。如:论蔡京假绍述之名,败坏先朝法度,朋奸误国,使公私困弊;劾何执中缘潜邸之旧,德薄位尊,殊不事事,见利忘义,惟货殖是图;弹吕惠卿与妖人张怀素厚善,为其所注《般若心经》作序云:"我遇公为黄石之师",自比张良师黄石公之策,为汉高祖定天下。又审断右仆射张商英与给事中刘嗣明争曲直罪,商英罢去;抨击郭天信以谈命得宠,要求徽宗禁止士大夫信命术、习释教②。

徽宗即位之初,曾诏诸道监司上言法令欠缺、未便于民的事项,久而无人执行。对此,彦昇说:官吏狃于形势,随时俯仰,因缘为奸者众多,各地存在"有因追科而欲害熙宁保伍之法,因身丁而故摇崇宁学校之政"等事,都该劝阻。须遣官汇集此类弊病,辨其邪正,以行赏罚。他的建议得到认同。迁给事中。出知涂州加右文殿修撰,进徽猷阁待制。知吉州。卒,年63。

陶节夫,生卒年不详,字子礼,饶州鄱阳县人,"晋大司马侃之裔"。绍圣四年(1097年)进士。起家为广州录事参军,知新会县。崇宁初,进虞部员外郎,迁陕西转运副使,徙知延安府。以招降羌人有功,加集贤殿修撰。筑石堡等四城,使夏人丧失适宜窖藏粟米的地区。擢显谟阁待制、龙图阁直学士。议筑银州城,谍告夏人东去,节夫料敌必西趋泾原,官属不肯从。他命裨将耿端彦疾驱至银州,五日内城筑成。夏人果从泾原至,见城已完固,遂遁去。节夫进枢密直学士。

---

① 《宋史》卷三四八《萧服传》。
② 《宋史》卷三四八《洪彦昇传》。

第八章
科举人才的涌现

他久驻延安,熟习边境形势,朝廷遂命为经制环庆、泾原、河东边事。他建议乘势攻取西夏:"今既得石堡,又城银州,西夏洪、宥皆在吾顾盼中。横山之地,十有七八,兴州巢穴浅露,直可以计取。"朝廷给他加龙图阁学士,然罢去环庆经制司,而且放弃所得城地。陶节夫计取西夏的宏愿破灭,请求回内地。大观初,徙洪州,改江宁府,历青、秦二州,太原府。他设计擒获辽州群盗李勉,却因乞留本道兵勿移戍,犯忌,降为待制、知永兴军。数月后,卒,追复龙图阁学士①。

许几,生卒年不详,字先之,信州贵溪县人。以诸生谒韩琦于魏(今河北大名),韩琦勉励他入太学。擢进士。调高安、乐平主簿,知南陵县,清退寺僧隐蔽乡民数百人。提举京西常平、开封府推官,进为将作监。监吏与工匠纠结为奸,凡斫削、涂墍、丹臒等工序按规定必需先后进行,他们刚开工就支取全部廪给,耗费无边而报酬不均。许几坚持按工程进度核算,杜绝冒领廪给之弊,节省了费用而功效倍增。迁太仆卿、户部侍郎,以显谟阁待制知郓州(今山东郓城)。州近梁山泊,多盗,皆渔者窟穴。许几在渔民中十人籍为一保,命晨出夕归,不归者报告,穷治不轨,无有脱者。

许几有吏治才干,善于理财,由是四入户部,官至尚书。曾以动摇钱币政策而罢,又以处理染院之事失实,出知婺州。进枢密直学士、河北都转运使,徙知太原府。宰相张商英裁减吏禄,许几参与商议;后张商英罢黜,他也贬永州团练副使,安置袁州。遇赦,复中大夫,卒②。

程振(1071—1127年),字伯起,饶州乐平县人。少入太学,从游者多名辈。徽宗视察太学,以诸生右职除官,程振得辟雍学录,升博士。《江西通志》作崇宁四年(1105年)进士③。后迁太常博士,提举京东、西路学事。再迁监察御史、辟雍国子司业、左司员外郎兼太子舍人。他对太子说:昨天子祭祀明堂,太子你不参

---

① 《宋史》卷三四八《陶节夫传》。
② 《宋史》卷三五三《许几传》。据传文,许几参与张商英裁减吏禄之事,则在朝任官至宣和年间,最迟活到1120年左右。前述他"谒韩琦于魏,琦勉入太学,擢第",则擢第时间当在熙宁初,或嘉祐前后,因韩琦以使相判大名府在熙宁元年(1068)七月;此前的至和年间(1054—1056年),韩琦曾任相州知州,嘉祐元年(1056年)召入为三司使。故许几为进士的时间最早不能超过1056年。由此算到1120年,他已65岁,再加上举进士以前的岁月,他将近90岁。然而,光绪《江西通志》选举表将许几列在宝元元年(1038)榜内(新版《贵溪县志》照录),按此,则许几仕宦80多年,长寿100多岁。故存疑,特此写出,待考。
③ 据光绪《江西通志》卷二一《选举表二》。该表将程振列在"崇宁四年乙酉余楠榜"内,但该志写出按语曰:"宋登科记崇宁四年不列贡举,终宋代状元有何㮚,为政和五年进士,无余楠名,旧志不知何据。"本书姑且照旧抄出,待考。

与,这不是"尊宗庙、重社稷"的表现,也不符合《礼经》和元丰祀典的规定。太子矍然曰:"宫僚初无及此者"。由是对程振特加奖异①。又对太子言,不该大办崇道的活动,必须"固根本于无事之时"。他日,太子向徽宗转述此意,徽宗欲有抑制,而宦官杨戬等人从中谗毁,作罢。

宣和二年(1120年)十月,两浙路睦州青溪县爆发方腊起义,程振对宰相王黼说:宜乘此时建议革除弊政,"以上当天意,下顺人心"。王黼很不高兴,曰:"上且疑黼挟寇,奈何?"太子荐举程振,遂擢给事中。王黼对徽宗说程振资历浅,改为中书舍人。侍郎冯熙载出知亳州,王黼要程振在草拟制诰中诋毁冯熙载,他不肯。黼遂指使言者劾程振为元祐党人,罢振提举冲佑观。闲居三年,复还故官。

靖康元年(1126年),程振进吏部侍郎。他向钦宗直言权臣争斗的祸害:"柄臣不和,论议多驳,诏令轻改,失于事几。金人交兵半岁,而至今不解者,以和战之说未一故也。裁抑滥赏,如白黑易分,而数月之间,三变其议,以私心不除,各蔽其党故也。"当时政局已经失控,钦宗不可能整顿朝政。金兵至河北,程振请纠诸道兵掎角击之,钦宗牵于外廷,不能用。拜开封府尹,他反对屠杀京城内数千亡命者,将他们尽予释放。改刑部侍郎。金兵入城,遇难,年57。高宗即位,赠端明殿学士。理宗端平初年,追谥"刚愍"。

以上在朝廷与州县任官者的人数,在进士总体中的比重比较轻,然而其作用与影响则不是人数所能局限的。这批人在北宋政治、经济、军事、文化诸方面都发挥了重要作用,是社会舞台上不可或缺的一群。他们的政治业绩与思想品行,即便是他们的阙失,都已载入国史,融于传统文化之中,构成中华民族历史遗产的一部分,是全中国人民共同的宝贵财富,具有历史借鉴意义。就江西地域来看,他们的作为基本上不是直接针对本地,然而与家乡的关系仍是十分紧密的。至少在以下几方面值得重视:

首先,晏殊、欧阳修、王安石等宰执大臣参与朝政决策,规范着全局发展大势;数十上百的中下级官员奔走四方,既带着家乡的生活情状与风俗民意表达意见,又以权威性身份将朝廷旨意不断传递到乡里,江西州县不能不随着大潮起伏波动,洪、饶、虔、吉等13州军的兴衰演变,都与朝政的取舍更改息息相关。

其次,江西士大夫普遍出身寒微,"无阀阅勋庸","未知名于中朝",他们争先涌

---

① 《宋史》卷三五七《程振传》。

第八章
科举人才的涌现

现于政坛,不仅是他们个人品德才智的展示,也是乡邦经济水准与人文精神的体现,换来的评议除他们个人之外,还包含对江西地方的整体估量。轻视"江外人"观念的最终消失,就是他们的身影始终不离朝廷的结果。第三,这大批人的先后辉映,他们的政治业绩、学术地位与社会名望,给家乡带来的积极效益是全方位、持久释放着的,尤其是对子弟后辈的成长,始终是一个榜样,对人的启迪与熏陶作用,不可限量。文天祥少年时,在白鹭洲书院面对欧阳修等先贤画像,默默立下誓愿:"没不俎豆其间,非夫也。"这个事例显示,精神遗产的传承,比物质财富的拥有,更加宝贵。第四,这批科举精英人才的学术论著、奏章文牍、书信笔札、诗词歌赋等作品,无不是传统文化宝库中的珍品,对认识历史,品味人生,陶冶性情,传播文化……都有重要的价值,他们的家乡人阅读起来,观书见人,步其脚印,进入他们的生活场景,咀嚼其甜酸苦辣,自然格外亲切,别有一番新滋味。

第九章
经学、史学、文学与科技新成果

北宋是我国传统文化学术发展的高峰时期,多个学科领域都取得空前的新成果。在一百六十多年的历程中,江西先后有一千七百余名进士,他们中的杰出者在经学、史学、文学诸领域,或开宗立派,或被拥戴为旗手,以敏锐而严谨的创造精神,承前启后,推陈出新,各自创作著述,卓有建树。经历六百余年的流传淘汰之后,清朝人收入《四库全书》的,仍有经、史、子、集各类著述84种、2755卷(详见附录1)。一些关注农耕、矿冶的人士,精心总结农工生产经验,写出了相关的科技著作,现今仍能知晓的有《禾谱》《浸铜要略》两种。人们阅读现存的这些文化典籍,不仅能加深对历史文化宝库的了解,也将更加看清北宋江西人士在学术殿堂中的位置。

随着农业、手工业生产的发展兴旺,各地活跃着许多能工巧匠,建造了众多的屋宇、桥梁、舟船……制作出无数的精美的器皿、装饰品、艺术品……对这许多手工制造的物质性的劳动成果,有的(如瓷器)已在生产的章节中作了介绍,更多的限于客观条件,我们难于在科技层面上予以叙述,本章只着重介绍现存的建筑精品。

一、经学家及其著作

宋代的经学,是以义理之学代替两汉以来的章句之学,治经不再是从章句训诂方面入手,不是从细微处着眼,转而关注儒经的要旨、大义,从宏观的、义理的角度探索,揭示经典的含义,达到通经致用的目的。在此同时,儒学家们更

第九章
经学、史学、文学与科技新成果

多地吸收佛道二家思想资料,发展自己。儒佛道三家相互为用,彼此兼容的关系完全确立。儒家学者治经方法的这种大转变,开辟了传统儒学的新局面,形成"宋学"。宋学是传统儒学的新阶段,在这个阶段中儒家"内圣外王"、"经世致用"的要求更为突出,学者们与社会实际结合,将理论思维付诸实践,演变为政治上的变法改革。我们应当把宋学与理学区别开来。它们的关系是,宋学可以包容理学,而理学是宋学发展过程中的一个阶段;北宋是宋学的兴旺发展阶段,而南宋则是理学占统治地位的时期。

在宋学的形成发展过程中,李觏、王安石、欧阳修、曾巩、刘敞等江西学者作出了显著的贡献,尤其是王安石的"新学",集中体现了宋学的基本特征。《四库全书·经部》收入的江西学者著作有14种,分别是刘敞、欧阳修、王安石等8人撰述。内容以对《春秋》的阐释居多,其中又以刘敞的成就最突出。

北宋学者读经解经,不重推敲文字训诂,着力于阐发微言大义,借以抒发见解,发挥经义的借鉴作用,收到古为今用的效益。这种学风起于唐中朝的啖助、陆淳,盛于北宋孙复、刘敞诸儒。然而,孙复解经,过于深求苛议,颇遭非议。刘敞则依经立义,少主观臆断之弊,摆脱了传统章句注疏的束缚,开启宋儒批评汉儒的先声。

刘敞,博闻强记的经学家。他继承家学渊源,学问赅博,视野开阔,"自六经、百氏,古今传记,下至天文、地理、卜医、数术、浮图、老庄之说,无所不通,其为文章,尤敏赡"①。深研礼制,朝廷每有礼乐之事,必就其家以取决。作文尤敏捷而丰赡,曾立马执笔,顷刻写成追封皇子、公主九人的制诰。欧阳修每遇读书有疑,折简来问,刘敞对着来人挥笔回答不停手,修赞服其博。

刘敞博通六经,尤精《春秋》,认为"《春秋》者,五帝之所以化,三王之所以治,礼可以起,义可以制者也。一之于仲尼则得之,一之于左氏则失之"②。以孔子贯穿于《春秋》之中的礼义为标准,是他所主张的"学者贵其为道"。他写有《春秋权衡》17卷,《春秋传》15卷,又《春秋意林》2卷,《春秋传说例》1卷等书,都坚持贯彻"正名分,别嫌疑"的宗旨,从微言中揭示圣人的大义。在立论之时,他根据三传(《左传》《谷梁传》《公羊传》)中的事迹,而褒贬则多取于公羊、谷梁。与另一位精研《春秋》的名家孙复比较,孙上承唐代学者啖助的作风,几乎废三

---

① 欧阳修:《集贤院学士刘公墓志铭》,见《欧阳修全集·居士集》卷三五。
② 刘敞:《公是集》,卷三五《送江邻几序》。四库全书本。

传,而刘敞则"不尽从传,亦不尽废传",故所训释远胜于孙复。但刘敞偶而有改窜三传字句的做法,则是开创出南宋人臆断说经的不良先例。

刘敞善于独立思考的学风,表现非常明显,他著文说:《春秋》记事之中,存在"饰纵横之诈,挟反复之辩"的内容,然而"学者信而不论,论者昏而不谕","其始也出乎信,而今也成乎伪"。他列举出七个事例,证明经传中的"传闻不考实"、"传闻而讹"、"美之过实"、"言远而伪,道散而惑"等谬误①。再如他对《礼》经的批评:"今之礼,非纯经也。周道衰,孔子没,圣人之徒,合百说而杂编之,至汉而始备。其间多六国秦汉之制,离文断句,统一不明。唯《曾子问》一篇最详而又不信。"②接着对曾子所提问题的孔子答词,进行逐层分析,结论是"吾疑非仲尼之言","今之礼,非纯经,审矣"。

刘敞敢于独立思考,大胆怀疑经典的研究作风,没有停止在书本上,而且贯彻到现实生活之中。仁宗中期,各种社会矛盾凸现出来,朝野正愁盗,刘敞写文章表达自己的看法:

盗可除,关键是止其源。"请问盗源?曰:衣食不足,盗之源也;征赋不均,盗之源也;教化不修,盗之源也。一源漫,则探囊发箧而为盗矣;二源漫,则执兵刀劫良民而为盗矣;三源漫,则攻城邑掠百姓而为盗矣。……盗非其自欲为之,由上以法驱之使为也。"欲使无盗,必反其本,去盗源,不能只是发兵督捕,"令州郡,盗发而不辄得者,长吏坐之,欲重其事,予以谓未尽于防"③。

刘敞另著《七经小传》3卷,杂论经义,不拘于注疏。他这里所说的七经,指《尚书》《毛诗》《周礼》《仪礼》《礼记》《公羊传》《论语》。元祐年间,史官认为庆历以前的士人,多尊章句注疏之学,至刘敞《七经小传》问世,便不同于前辈儒者,而是注重阐释经义。欧阳修在刘敞墓志铭中说:他侍英宗讲读,"不专章句解诂,而指事据经,因以讽谏,每见听纳,故尤奇其才"。这是刘敞运用其经学见解于政治的表现。又说刘敞的"七经小传,今盛行于学者",可见其影响之大。可见,着重阐发经典大义的宋代经学,发展至仁宗庆历年间,已经确立起来,而刘敞是大家公认的一个代表者。

萧楚,庐陵人,著《春秋辨疑》4卷。他在徽宗绍圣中(1094—1097年)游太学,贡礼部,不第。愤蔡京擅权,立誓不仕,居家著书讲学,胡铨等皆拜楚为师。其书

---

① 《公是集》卷四七《启疑》。
② 《公是集》卷四六《疑礼》。《曾子问》篇见《礼记》第七。
③ 《公是集》卷四十《患盗论》。

第九章
经学、史学、文学与科技新成果

阐扬《春秋》之义,持论正大。主张统制大权归帝王,深戒威福下移于权臣。显然,他这是因权奸窃国柄而发。陈振孙《书录解题》称:胡铨以《春秋》登第,归拜其师,萧楚告之曰:"学者非但拾一第,身可杀,学不可辱,毋祸我《春秋》乃佳。"后来胡铨"以孤忠谠论震耀千秋,则其师弟之于《春秋》,非徒以口讲耳受者矣!"①

王安石《周官新义》16卷,是北宋社会特别关注的经学著作。王安石顺应仁宗以来革新政治的社会潮流,精心辅佐神宗实行改制变法,在制定新政,消除时弊的同时,紧抓儒学思想宣传,于熙宁年间设置经议局,撰著三经新义。三经,指《尚书》《诗》《周礼》。《尚书新义》,主要由王安石之子王雱以及吕惠卿、吕升卿完成;《诗经新义》由其子"训其辞",他自己"释其义";《周礼新义》则为安石"眛冒自竭,而忘其材之弗及"写成的。

对三经重新作注释,是要在古典儒经之中引申出变法改制的理论依据,为新法的推行清除思想障碍。王安石《周礼义序》说:"制而用之存乎法,推而行之存乎人",他主持训释经义,就是要将新思想"播之学校",使在位的和未来的官僚们能按此"立政造事"。然而,他的变法"用之不得其人,行之不得其道"。但是,变法为政治行为,解经属学术研究,二者各为一事。王安石对文字的训诂虽有牵强附会之处,而其依经诠义,皆具有发明,无"舞文害道"之病。朱熹虽然批评王安石变法,然而对三经新义则指出"有不必辨者",他对门人说:"'王氏新经尽有好处,盖其极平生心力,岂无见得著处?'因举书中改古注点句数处,云:'皆如此读得好。此等文字,某尝欲看一过,与摘撮其好者而未暇'。"②朱熹对王安石经学成就的推崇,可以让我们明白:不能把三经新义简单解释为政治意识形态的产物,只注意它有为变法提供经典根据的一面,勿视三经新义具有独立于政治之外的学术价值。遗憾的是,人们对它在经学史上的地位研究得还很不够。

熙宁、元丰变法时期,三经新义颁之学官,为士人必读必考之书,"天下号曰新义"。通过三经新义,王安石"趣时应变"的思想在年轻士人中得到推广。当时程颢从评议变法的危害着眼,说介甫之学"化革了人心,为害最甚。其如之何!"③从程氏的惊呼中,可见三经新义的社会影响巨大,证明王安石的儒学思

---

① 《四库全书总目提要》卷二六《经部·春秋类一》。
② 《朱子语类》卷一三〇《自熙宁至靖康用人》。
③ 《二程遗书》卷二下。上海古籍出版社1992年版,第45页。

想,产生了"同道德、一名分"的指导作用。令人遗憾的是,三经新义中的《毛诗义》20卷、《尚书义》13卷,以及他的《字说》24卷,在清朝乾隆时均已失传。

由于三经新义的巨大影响,遂有王安石"新学"的说法。《宋元学案》有《荆公新学略》,即是以有三经新义而定,但却说它"累数十年而始废",又说"荆公欲明圣学而杂于禅",故将它贬为"杂学","列之学案之后,别谓之学略"①。这是从反对熙丰改革的政治立场出发,否定"新学",贬抑其地位。就王安石对宋代学术思想领域的贡献而言,所谓"新学",实即"宋学"。宋学是在唐后期兴起而大盛于北宋的儒家新学派,体现着北宋儒学思潮的主流,而王安石在建立宋学进程中是最突出的人物之一。前辈宋史学家邓广铭指出:"宋学是汉学的对立物,是汉学引起的一种反动。"北宋儒学家们共同的特点是,"1.都力求突破前代儒家们寻章摘句的学风,向义理的纵深处进行探索;2.都怀有经世致用的要求。"②漆侠继续把宋学这个题目做大,写出了专著《宋学的发展和演变》③,他在肯定王安石对建立宋学的重大贡献之同时,还指出了欧阳修在宋学形成阶段中的先锋作用,以及李觏、王雱两位杰出思想家的作用。

王雱著《南华真经新传》20卷、《老子注》(一作《老子训传》)。王雱(1044—1076年),字元泽,安石次子,自幼聪敏,"未冠,已著书数万言"。治平四年(1067年)中进士,此后精心研讨佛道思想,深于道德性命之学,写出了《南华真经新传》、《老子注》,这是他融儒佛道三家于一炉的著作。由于《老子注》"明微烛隐",揭示出了《老子》旨意,受到人们赞赏,神宗于熙宁四年(1071年)召他为崇正殿说书。王雱进入这个侍从之臣的行列以后,全身心投入变法活动之中。熙宁六年(1073年)三月开始,参与《诗》《书》《周礼》三经义的撰写,升天章阁待制兼侍讲。知情人记载说:"《诗》《书》盖出元泽暨诸门弟子手,至若《周礼新义》,实丞相亲为之笔削者。"④书写成,迁龙图阁直学士,以病辞。据漆侠研究,在《道藏》中收集的北宋梁迥《道德真经集注》内,王雱的《老子注》题名为《道德真经注》。王雱注《老

---

① 《宋元学案》卷九八《荆公新学略》序录。
② 邓广铭:《略谈宋学》,《邓广铭治史丛稿》,北京大学出版社1997年版,第165页。
③ 漆侠:《宋学的发展和演变》,河北人民出版社2002年版。
④ 蔡絛《铁围山丛谈》卷四,四库全书本。王安石"笔削"的事实,洪迈记了一件:"王荆公《诗新经》'八月剥枣'解云:'剥者,剥其皮而进之,所以养老也。'毛公本注云:'剥,击也。'陆德明音普卜反。公皆不用。后从蒋山郊步至民家,问其翁安在?曰:'去扑枣。'始悟前非。即具奏乞除去十三字,故今本无之。"见《容斋随笔·续笔》卷十五《注书难》。

第九章
经学、史学、文学与科技新成果

子》的"道",将着眼点置于儒家理想的治世高度,很精到,他说:

"道者,万物之所道,在体为体,在用为用,无名无迹,而无乎不在者是也。"

"道本无体,非器所盛,用则有余,求之不得,故有道者未尝盈,而其用不穷也。"

"无物我之殊,何私之有?内公则外王。王者,人道之至极,极人之道乃通于天。因有道乃与天侔,侔天乃所以尽道。道,则莫知其天乎,人乎。"①

《南华真经新传》是对《庄子》的诠释。他以精练流畅的语言,"标举大意,不屑屑诠释文句"。在不受前人注疏束缚的前提下,就《庄子》解《庄子》,以道家之言还之道家,使读者能更真切地理解《庄子》旨意,这确属可贵。值得注意的是,他并没有因此偏离儒家立场,而是从儒家观念出发去理解庄子,说庄子"彼非不知仁义也,以为仁义小而不足行已;此非不知礼乐也,以为礼乐薄而不足化天下。"他认为庄子知道圣人之道,是"有意于天下之弊而存圣人之道"。四库馆臣在《南华真经新传》提要中写道:"史称雱睥睨一世,无所顾忌,其狠愎本不足道,顾率其傲然自恣之意,与庄周之滉漾肆论,破规矩而任自然者,反若相近,故往往能得其微旨。"这是只认为王雱的品性和庄周思想一致,却贬低其为人与其精湛的学识。王雱把老庄之道与儒家学说融会贯通起来,非明智者不能及此。《老子》《庄子》是道教徒尊奉的首要经典,然而它们本身并非宣扬宗教的文字,王雱对老庄的诠释,也不是侈谈道教,不是宣扬宗教,而是与先秦诸子置于同一个平台上,考察其思想精髓。王雱堪称是"一个早慧的、才华四溢的思想家"②。另有《佛经义解》(已佚)。

张根《吴园易解》9卷,是北宋江西学者关于《易经》的唯一存世的著作。张根在徽宗朝官至淮南转运使,因一再批评"花石纲"等弊政而遭贬。祖父张潜,为浸铜专家。其子焘,南宋孝宗时为参知政事。他诠解《易》义,不谈象数,没有因袭"河图"、"洛书"之言。在《序语·杂说》篇中,他议论系辞,于经义颇有发明;在《泰卦论》中,于人事天道,倚伏消长之机,尤为注重。这些言论的进出,实际上是他针对徽宗朝政之弊而发的。

关于《诗经》,有欧阳修《毛诗本义》16卷,段昌武《毛诗集解》25卷。欧阳修以文章名世,其经学亦复湛深。自唐以来,解说《诗》义的老儒宿师,都谨守成

---

① 梁迥:《道德真经集注》,卷一、三。转引自漆侠:《宋学的发展和演变》第351、353页。
② 漆侠:《宋学的发展和演变》,第341页。

说,至北宋才新义日增,其开创者即欧阳修。他认为,《诗》涵盖着诸经的旨意,是圣人对道的运用,"易、书、礼、乐、春秋,道所存也,诗关此五者,而明圣人之用焉"①。那种将《诗》看作"淫繁之辞",不必深学精研的认识是错误的。所以,欧阳修解《诗》,着眼于探寻其政治性含意,阐述其中蕴涵的六经大义。清雍正帝说:"岂得谓(欧阳)修于六经无羽翼,于圣门无功乎?"

对于六经,欧阳修总体上取研究的态度,提倡创新思考,反对墨守先儒陈言。他经常对人说:

> 自孔子殁而周衰,接乎战国,秦遂焚书,六经于是中绝。汉兴盖久而后出,其散乱磨灭,既失其传,然后诸儒因得措其异说于其间,如河图洛书,怪妄之尤甚者。余尝哀夫学者知守经以笃信,而不知伪说之乱经也。屡为说以黜之,而学者溺其久习之传,反骇然非余以一人之见,决千岁不可考之是非。

又说:

> 六经非一世之书,其传之谬,非一日之失也。其所以刊正补缉,亦非一人之能也。使学者各极其所见,而明者择焉。十取其一,百取其十,虽未能复六经于无失,而卓如日月之明,然聚众人之善以补缉之,庶几不至于大缪。②

欧阳修表扬"刊正补缉"六经的廖称、宋咸等学者,自己也努力实践这个主张。在实践儒经宗旨方面,他强调"治道",注重圣贤对"善恶是非"的评判,不赞同侈谈"人性"。他给李诩写的信中说:

> 修患世之学者多言性,故常为说曰:夫性非学者之所急,而圣人之所罕言也。《易》六十四卦不言性,其言者,动静得失吉凶之常理也。《春秋》二百四十二年不言性,其言者,善恶是非之实录也。《诗》三百五篇不言性,其言者,政教兴衰之美刺也。《书》五十九篇不言性,其言者,尧、舜三代之治乱也。《礼》、《乐》之书虽不完,而杂出于诸儒之记,然其大要治国修身之法

---

① 欧阳修:《诗解统序》,见《欧阳修全集·居士外集》卷十。
② 《欧阳修全集·居士集》卷四三《廖氏文集序》;卷四七《答宋咸书》。中国书店1986年版。

第九章
经学、史学、文学与科技新成果

也。六经之所载皆人事之切于世者,是以言之甚详。至于性也,百不一二言之,或因言而及焉,非为性而言也,故虽言而不究。①

这段平实的论述,历数六部经典的言性与不言性之事实,具有极强的说服力。这封信再一次表明欧阳修对经学的独到见解,以及他对治经的态度。从《大学》修身、齐家、治国、平天下的要求来检验,他最看重治国、平天下。他读经论学如此,编撰《新五代史》也是为此。

段昌武,庐陵人,毕生读《诗》,"以诗经两魁秋贡"。他写的《毛诗集解》分"学诗总说"、"论诗总说"两部分,依章疏解,而词义比较浅显。

李觏(1009—1059年),字泰伯,建昌军南城人,虽然没有经学著作入《四库全书》,但却是著名的思想家,对经学有独到的研究心得。他注意联系现实,与庆历革新相呼应。觏出身低微,两次应试不中,皇祐初年(1049年)范仲淹等人推荐为试太学助教,后升直讲。嘉祐中,用国子监奏,召为海门县主簿、太学说书,即卒。熙宁七年(1074年)六月,知制诰许将、邓润甫言:"觏早以文学知名,治古文,通经术,四方从学者常数百人。参知政事范仲淹论荐,尝授一官,赴太学说书,子孙零落无缀仕籍者。今以其文十七卷进呈,乞依王回例官其一子。"②神宗诏以其子李参鲁为郊社斋郎。所奏上的文章是《退居类稿》《皇祐续稿、后稿》。

李觏一生以教书为业,在家乡创建盱江书院,故又称"盱江先生"。他勤学博览,精研儒经,关心时政。写有《礼论》7篇、《易论》13篇、《删定易图序论》6篇、《周礼致太平论》51篇。这些论著表明,他是"夙夜讨论文、武、周公、孔子之遗文旧制",而又"兼明乎当世之务"③;他阐发先儒旨意,是以"康国济民为意"。故又写出《富国策》《强兵策》《安民策》《平土书》等30余篇政论文章。对庆历改革,他给予理论上的支持,写了《庆历民言》30篇,每篇一个议题,首先是《开讳》,其中说:

身莫不恶死,而未尝有不死;国莫不恶亡,而未尝有不亡。……闻死而愠,则医不敢斥其疾;言亡而怒,则臣不敢争其失。"疾不治则死,失不改则

---

① 《欧阳文忠公文集·居士集》卷四七《答李诩第二书》。
② 《续资治通鉴长编》卷二五四,熙宁七年六月癸巳。
③ 祖无择:《直讲李先生文集序》,见《李觏集》,中华书局1981年版。

亡。所以开广言路,让臣民批评统治过失,使君王经常听到谏诤之言,"尚何从(纵)欲之有乎?"

正是从"愤吊世故,警宪邦国"的立场出发,李觏揭露官吏的贪弊,写农民生活苦痛,喊出"薄赋"、"平土"、"均徭"的呼号。他主张"因时制宜",在解释《易经》之时,强调"救弊之术,莫大乎通变"的观点①。

李觏提倡《周礼》,在仁宗时期是出了名的。他写《周礼致太平论》51篇,序曰:《周礼》是周公致太平之迹,但"今之不识者,抑又诡诡,将使人君何所取法?"本着使人君有所取法的动机,他分内治7篇、国用16篇、军卫4篇、刑禁6篇、官人8篇、教道9篇以及明堂定制图序、五宗图序(此二序合作一篇)七大部分阐述。"噫!岂徒解经而已哉!唯圣人君子知其有为言之也。"李觏诠释《周礼》,是"有为言之",即要使君王获得治国的成功经验。例如,他首先讲"内治",说"天下之理,由家道正,女色阶祸,莫斯之甚",即戒淫乱为君王第一要务。关于"国用",他指出"苟不量入以为出,节用而爱人",则是乱世之政。"官人",即选拔任用官僚,进贤、退不肖,很难。"彼色厉内荏,言行不相顾者,滔滔皆是也,非久与居,胡能睹其真伪耶?久与居者,非邻里乡党而谁邪?"必须让"邻里乡党"——基层民众来鉴别官僚的贤与不肖②。如此明确地表述其致太平的观点,是要以《周礼》为依据,重建和改善政治生活秩序。他的这篇《周礼致太平论》与其《庆历民言》都是庆历三年写成的,也正是范仲淹发动改革之时。尤为可贵的是,他对革新政治的愿望不仅是著文立说,还执著地祈求变理论为实践,将《周礼致太平论》抄寄朝中大臣,争取得到采纳。其《寄周礼致太平论上诸公启》说:"惟大君子有心于天下国家者,少停左右,观其意义所归","庶有补于万一也"③。余英时先生说得好:李觏"这股精神的动力比雄辩的议论感人更深。王安石似乎便是受到这种精神感染之一人"④。

李觏对圣人经典不盲从,善于独立思考,区分是非。例如,他说:利、欲是人生正当需求,都应明讲,"人非利不生,曷为不可言?欲可言乎?曰:欲者人之情,曷为不可言?言而不以礼,是贪与淫,罪矣。不贪不淫而曰不可言,无乃贼人之

---

① 《李觏集》卷第三《易论第一》第29页。
② 《李觏集》卷第五、第六、第十一,第68、75、103页。
③ 《李觏集》卷第二六,第276页。
④ 余英时:《朱熹的历史世界——宋代士大夫政治文化的研究》,第312页。

第九章
经学、史学、文学与科技新成果

生,反人之情"。他指出孔、孟也都讲利、欲,"孟子谓何必曰利,激也。焉有仁义而不利者乎?其书数称汤武将以七十里、百里而王天下,利岂小哉?孔子七十,所欲不逾矩,非无欲也"①。

《礼记》第四一《儒行》篇,宋代以前认作是孔子制定的儒者的行为规范,至北宋才遭到质疑,李觏即是第一人。他说:"《儒行》非孔子言也,盖战国时豪士所以高世之节耳。其条虽十五,然指意重复,要其归不过三数途而已。……其施于父子兄弟夫妇,若家,若国,若天下,粹美之道则无见矣。圣人之行如斯而已乎?或曰:哀公轻儒,孔子有为而言也。曰:多自夸大以摇其君,岂所谓孔子哉?"②大胆诘问古人是非之理由,是李觏思想的特色。

李觏关注着社会实际,写作的诗文具有求实的特点,有很强的针对性。他一生居住乡间,布衣为民,故而充满为下层民众呼喊的情怀,期待他们能从贫困中摆脱出来,盼望自己的国家富强起来,不愧是一个杰出的平民思想家。李觏的诗文著作,汇辑为《盱江集》(见《四库全书·集部·别集》),现为王国轩校点,中华书局1981出版的《李觏集》。

周敦颐(1018—1073年),道州(今湖南道县)人,与江西有极密切的关系,其业绩与思想值得在此简介。

周敦颐少孤,养于舅父家,以舅父恩补为试将作监主簿。始官江西分宁县(今修水)主簿,有疑案不得决,敦颐一审立辨,邑人惊诧曰"老吏不如也"。继任南安军(治今大余县)司理参军,狱囚依法不当死,江西转运使王逵要加以重罪,他力争依法量刑,不听,乃丢下司理参军告身,曰:"如此,尚可仕乎!杀人以媚人,吾不为也。"③王逵感悟,囚卒不得死。兴国知县程珦兼任南安军副职,命儿子程颢、程颐向周敦颐求学,二人遂慨然有求道之志。至和元年(1054年)为南昌知县,士民欢喜:"是初仕分宁即能辨疑狱者,吾属得所诉矣。"奸豪为之畏服,不独以得罪为忧,又以污善政为耻。嘉祐六年(1061年)周敦颐45岁,赴任虔州通判,经过江州,爱庐山之胜,生卜居之志,遂筑室于莲花峰下,屋前有溪,水清绀寒,如其老家之濂溪,遂称其屋为濂溪书堂。至虔州,巡行到雩都县,邀知县沈希颜等同游罗田岩(在城南约5里处),题名刻诗《游罗田岩》于石:

---

① 《李觏集》卷二九《原文》。
② 《李觏集》卷二九《读儒行》。
③ 蒲宗孟:《周敦颐墓碣铭》,见《周敦颐全书》卷一。江西教育出版社1993年版,第23页。

闻有山岩即去寻,亦跻云外入松阴。
虽然未是洞中境,且异人间名利心。①

十年后,周敦颐官升虞部郎中,任广东提点刑狱,巡历瘴疠之乡,不惮劳瘁。不久,染疾,又惊闻润州丹徒县(今江苏镇江)母墓被水侵蚀,需改葬,遂奏请知南康军。熙宁四年(1071年)八月至星子,十二月中改葬母墓于德化县庐阜清泉社三起山。其友潘兴嗣在《郑氏墓志铭》中写道:"虞部君语子曰:吾后世子孙遂为九江濂溪人,得岁时奉夫人祭祀,亦无憾矣。"②事毕,周敦颐辞官,退居濂溪之书堂,"自嘉祐六年筑书堂于庐山之麓,至是始定居焉"③。然而沉疴不起,于熙宁六年(1073年)六月病逝,年57。其子遵遗命,葬其于郑太夫人墓之旁。由此可知,庐山脚下的濂溪书堂,是周敦颐卧病不到两年的居室,不是教学性质的书院;他遗嘱子孙为九江濂溪人,故此后这里有了一支周氏家族。周敦颐的行藏旨趣,在江西留下了深远的影响。

周敦颐博学力行,以名节自高,任官必行其志,屠奸剪弊,如快刀健斧,落手无留。他在雩都写《爱莲说》④,爱其"出污泥而不染,濯清涟而不妖"的品格;写《养心亭说》,发展孟子"养心莫善于寡欲"的观点,认为"圣贤非性生,必养心而至之"。他严明执法,依法量刑,是强化统治基础;而廉勤志高,则是他任官行政、维护权威的必备条件。他的《太极图说》《通书》,是后代学者反复研读的经典著作。

在《太极图说》中,他从"万物生生,而变化无穷"的基点上,阐明"立人之道曰仁与义"和圣人必须坚持"中正仁义"的道理。

《通书》四十章,简明而全面地强调君子修身与治国的纲要,进一步发挥了《太极图说》的论点。他说"诚者,圣人之本"。"纯粹至善"是"五常百行之本,之源"。但不易真正做到,故"行难",所以"君子慎动",必须特别注重自己的行为实践。慎动,不是"主静",而是行动必须经过谨慎思考,不可轻举妄动,与"慎

---

① 《雩都县志》卷二十第五章第二节《散文、韵文》,新华出版社1991年版。明代李涞,在此留下《追和罗田岩周元公韵》一首:"天外幽奇不厌寻,紫苔黄菊正岩阴。山僧窃听匡时话,也识生平报国心。"可证周诗是真。
② 潘兴嗣:《仙居县太君郑氏墓志铭》,见《周敦颐全书》卷一,第25页。
③ 度正:《周敦颐年谱》,《周敦颐全书》卷一,第19页。
④ 《周敦颐全书》卷五,第274页。以下《养心亭说》、《太极图说》、《通书》的引文,均出自《周敦颐全书》,不具注。

刑"是同一种意思。然后,他着重说教育,为了达到"中正仁义"目标,必须"先觉觉后觉","师道立则善人多,善人多则朝廷正而天下治"。

他认为,一个能够明了自己过失的人,是幸运的;若是"无耻",则是大不幸。"必有耻,则可教"。要立大志,学圣贤。需务实,"实胜,善也;名胜,耻也"。接下来,他将君子的进德修业,延伸至当政治民。他说:"十室之邑,人人提耳而教,且不及,况天下之广,兆民之众哉!"他强调各级官僚必得"纯其心",做到仁、义、礼、智,并且是公而明,慎用刑,百姓才不会生疑怨。

《通书》通篇教诲君子——官僚们修身治民之要领,任官执法之准则。这本《通书》,与其说是周敦颐的哲学著作,不如说是他对士人的忠告,培训官僚的教材。

二、史学家及其著作

儒家学者素来将经学与史学相提并论,《春秋》《左传》是史书,亦入于经书之列。宋代是史学特盛的时代,这不仅是因为疑古惑经思潮所致,更因继唐末五代大动乱之后,亟需重整统治秩序,总结经验教训,强化思想统治基础。在北宋时代成长起来的江西学者,对史学表现出浓厚的兴趣,取得了丰硕的成果。收入《四库全书》的有9人12部书,包括纪传体、编年体、地理类、金石类等多种。

欧阳修,是北宋诸儒之中治学最广,贡献最大的学者。他的史学著作列入"二十四史"有两部:《新唐书》、《新五代史》。《新唐书》225卷,为欧阳修、宋祁等人奉敕修撰,其中列传为宋祁所撰,本纪、选举志、仪卫志等,则欧阳修撰,其他的志及表分别由范镇、吕夏卿编写,最后总其成的工作由欧阳修完成。与《旧唐书》比较,《新唐书》事增于前,文省于旧。为求贯彻经学主旨,进行"忠奸顺逆"的褒贬,欧阳修写了赞、序,集中反映出他的历史观与政治趋向。《新唐书》的体例也有所不同,在人物传部分,增添了《卓行》《奸臣》《叛臣》《逆臣》等传目,更直白化地体现着对传主功罪的评判。

欧阳修受命负责编写《新唐书》,是最后定局的人,只专写纪、志,列传则是宋祁所修。朝廷以一书出于两手,体例文笔不一,命欧阳修删改列传,统一文体。他虽受命,却退而叹曰:"宋公于我为前辈,且人所见多不同,岂可悉如己意。"于是一无所改。书成上奏,吏员告诉说:旧例只写书局中官高者一人姓名,作"某等奉敕撰",你官高当写。欧阳修说:"宋公于列传亦功深者,为日且久,岂可掩其名而夺其功。"于是奏表上在纪志部分写欧阳修,列传部分写宋祁。这是前所未有的,欧阳修开了先例。宋祁闻而喜曰:"自古文人不相让,而好相陵掩,此事前所未闻也。"①

《新五代史》75卷,欧阳修私著,最充分地展示了他的史学主张。他声言:"史之为书,以记朝廷政事得失及臣下善恶功过,宜藏之有司。"②意为史书乃统治经验的总结,以供官僚阶层使用。他编撰五代历史的时候,给尹师鲁的信中说:"史者国家之典法也",史书记载"君臣善恶,与其百事之废置",目的在于"垂劝戒,示后世"。他十分强调以《春秋》"义例"为准则,简要地编纂出五代历史,对所论人事进行严格的褒贬,以期达到"明善恶,别是非"、劝诫后世的目的。欧阳修认定五代是"君君臣臣父父子子之道乖,而宗庙朝廷人鬼皆失其序"的乱世③,根源是道德的败坏。所以,他在书中写了许多以"呜呼"带起的序、论。由于他认为五代是"礼崩乐坏","制度文章扫地而尽"的衰败朝廷④,没有值得说的制度文物,故书中除了简单的《司天考》、《职方考》以外,没有编写其他的典章制度。幸而先有王溥《五代会要》30卷传世,可补其缺。

欧阳修反对在史书中夹杂谶纬的内容,主张学者应去除"惑于灾异"的弊病。他说"予述本纪,书人而不书天","人之贪满者多祸,其守约者多福。鬼神,吾不知,吾见人之祸福者矣"⑤。对于资料取舍,他效法《春秋》,主张写史必须秉笔直书,"不没其实","各传其实而使后世信之"⑥。陈寅恪评论《新五代史》的理论意义时说:

> 欧阳永叔少学韩昌黎之文,晚撰五代史记,作义儿、冯道诸传,贬斥势利,尊崇气节,遂一匡五代之浇漓,返之淳正。故天水一朝之文化,竟为我民族遗留之瑰宝。孰谓空文于治道学术无裨益耶?⑦

《新五代史》卷三六《义儿传》,记李嗣昭、李存信等8人事迹。他们是朱温收养的义子中突出者,欧阳修《义儿传·序》说:50年间五个朝代为八姓,"其三出

---

① 张邦基:《墨庄漫录》,卷八。
② 《续资治通鉴长编》卷一九〇,嘉祐四年九月甲寅。
③ 《新五代史》卷一六《唐家人传论》。中华书局1974年标点本。
④ 《新五代史》卷一七《晋家人传论》。
⑤ 《新五代史》卷五九《司天考第二》。
⑥ 《欧阳修全集·居士集》卷十七《魏梁解》。
⑦ 陈寅恪:《寒柳堂集·赠蒋秉南序》,三联书店2001年版,第182页。

第九章
经学、史学、文学与科技新成果

于丐养。盖其大者取天下,其次立功名、位将相,岂非因时之隙,以利合而相资者邪!""其有天下,多用以成功业,及其亡也亦由焉。"从家天下来评量,依赖干儿子打天下,是"因时之隙,以利合而相资",证明了"世道衰,人伦坏"。收养干儿子打天下,依然没有脱离家天下的篱藩。然而,这些义子"俱皆一时雄杰虓(同暴)武之士",故能借以取天下,或被取而代之,这又是对家天下的一种叛逆,透露出家天下的致命伤。

《冯道传》在卷五四,记述他在五代剧烈动乱之世,"事四姓十君",不忠于一姓一帝,总能处在朝廷上层,那时百姓之命,急于倒悬,而他却是"长乐老",不倒翁。冯道全靠厚颜献媚,还是别有其他能耐,让"四姓十君"都看中他是有用之材?冯道祖上本是务农田家,有人说他只会背诵《兔园册》①。《兔园册》是"乡校俚儒教田夫牧子之所诵"的课本,以此讥笑冯道文化水平粗浅。欧阳修为"义儿"、冯道立传,既以儒家价值观衡量他们,借以"贬斥势利,尊崇气节",又叙述历史过程,论人事,不没其实际作为,读者自可从中得到启迪和教益。

修长子欧阳发,字伯和,也酷爱古史。他师事经学家胡瑗,得古乐钟律之说,不治科举文词,独探远古史事,"自书契以来,君臣世系,制度文物,旁及天文、地理,靡不悉究"。以父恩,补将作监主簿,赐进士出身,累迁殿中丞。卒,年46。苏轼评欧阳发之学,继承乃父,能够"网罗幽荒,掎摭遗逸,驰骋百世。有求则应,取之左右,不择巨细。如汉伯喈,如晋茂先"②。

写五代历史的还有陶岳。陶岳,字介立,浔阳人。他嫌薛居正《五代史》内容阙略,用力搜集五代累朝创业事迹,于大中祥符五年(1012年)编成《五代史补》5卷。此书行文如小说,然而"叙事首尾详具,率得其实",故欧阳修《新五代史》、司马光《资治通鉴》,"多采用之"③。

刘恕、刘羲仲,父子史学家。刘恕(1032—1078年),字道原,高安人。其先世为陕西万年县人,六世祖刘度为临川令,卒于任所,遇兵乱不能归,遂葬高安钧山,并安家落籍,遂称钧山刘氏。父刘涣,字凝之,天圣八年(1030年)进士,为颍上(今安徽)令,以刚直不能曲事上官,弃官去,安家于庐山下的落星湾(星子县内)。欧阳修与他同年进士,赞赏他的气节,于皇祐三年(1051年)写《庐山高歌》表彰他。歌中说涣能够"宠荣声利可以不苟屈",而社会上"丈夫壮节似君少"。

---

① 《新五代史》卷五五《刘岳传》。
② 苏轼:《祭欧阳伯和父文》,见《三苏全书·苏轼文集》卷一四九。
③ 《四库全书总目提要》卷四九《史部杂史类》。

涣居庐山三十余年,家贫以粥为食,超然不忧。他乘黄犊去庐山游观,尤爱宝峰西涧之胜,宝峰寺僧特辟一屋接待,遂自称"西涧居士"。元丰三年(1080年)九月,以81岁高龄谢世。当时,苏辙《哀西涧先生辞》中概述刘涣、刘恕父子的行事与品德,曰"若凝之之为父,与道原之为子兮,洁廉而不扰,冰清而玉刚"。"冰玉"二字是对他们最恰当的评价,晁补之认为:"冰玉之名,非乡人故旧者之言也,天下之言也。"黄庭坚对刘涣非常景仰,写《拜西涧遗像》曰:"弃官清颍尾,买田落星湾。身在菰蒲中,名满天地间。谁能四十年,保此清净退。往来涧谷中,神光射牛背。"①

皇祐元年(1049年),刘恕刚到十八岁,中进士。初任邢州钜鹿县(今河北)主簿,再调晋州和川县(今山西)令。他行政执法,公正严明,不避权贵,敢于"发强摘伏",揭露豪强的恶行、遮隐着的违法事件,能干的老吏都自认不及。求学极为刻苦,博学强记,自太史公所记,下至周显德末,经传之外至私家杂记无所不览,上下数千载间皆熟记于胸。治平三年(1066年)四月,司马光奉诏编修《资治通鉴》,英宗命他自择馆阁人才协助,光对曰:"馆阁文学之士诚多,至于专精史学,臣得而知者,唯刘恕耳。"从此,刘恕成了司马光三个助手之一(另二人为江西新喻刘攽、四川成都范祖禹),迁官著作佐郎。熙宁三年(1070年),司马光出任永兴军(今西安)安抚使,刘恕亦以父母年老,请准归南康军监酒税以就养,神宗命他不要去书局,即在南康修书;改秘书丞,赐五品服。熙宁四年四月,司马光判西京(今洛阳)留守司御史台,以书局自随。熙宁九年(1076年),刘恕赴洛阳与司马光商讨修书问题,留数月而归,未至家,遭母丧,悲哀愤郁,遂中风瘫痪,右手、右足残废。然而他苦学、编书如故,手不能握笔,口授儿子羲仲代写。殆病已危,乃收拾书稿寄归书局。元丰元年(1078年)九月,先于其父而卒,年47。葬星子县母墓旁。范祖禹为作《墓碣》。元祐八年(1093年),黄庭坚作《秘丞迁葬墓志铭》,记刘恕尝著书自讼平生有二十失、十八蔽,"自攻其短,不舍秋毫,可谓君子之学矣"。

刘恕在书局十余年,对《通鉴》的编撰出力极多。《宋史》写道:司马光"遇史

---

① 见《三刘家集》,四库全书本。黄庭坚的叔父黄廉,是刘涣的二女婿。刘涣的政绩,在魏泰《东轩笔录》卷四记曰:"治平间,河北凶荒,继以地震,民无粒食,往往贱卖耕牛,以苟岁月。是时,刘涣知澶州,尽发公帑之钱以买牛。明年,震摇息,逋民归,无牛可以耕凿,而其价腾涌十倍。涣复以所买牛依原值卖与,是故河北一路惟澶州民不失所。"这桩事迹值得传扬,但其时间为"治平间",距欧阳修写《庐山高》已十五六年,是否为另一个刘涣,颇有怀疑,故抄存待考。

第九章
经学、史学、文学与科技新成果

事纷错难治者,辄以诿恕。恕于魏、晋以后事,考证差缪,最为精详"①。司马光上奏说:"臣修上件书(按,指通鉴),其讨论编次,多出于恕。至于十国五代之际,群雄竞逐,九土分列,传记讹谬,简编阔落,岁月交互,事迹乖舛,非恕精博,他人莫能整治。所以(刘)攽等众共推先,以(恕)为功力最多。"②刘恕编撰了魏晋南北朝至五代十国期间的长编;通鉴全书的义例,也多出于刘恕。

《资治通鉴》只从周威烈王23年开始,刘恕对此深感遗憾,乃独自编写此前的史事。原计划将战国以前的历史编为前纪,宋朝108年事编为后纪,可是患病偏瘫,至其卒时只编成前纪,即《通鉴外纪》。他在《通鉴外纪后序》称:"因取诸书,以《国语》为本,编《通鉴前纪》。家贫,书籍不具,南徼僻陋,士人家不藏书。……不可得国书(许按,指宋朝官修会要、国史),绝意于《后纪》,乃更《前纪》曰《外纪》……他日书成(许按,指通鉴编成),公(指司马光)为前后纪,则可删削《外纪》之烦冗而为《前纪》,以备古今一家之言。"③由此可知,《通鉴外纪》是古史长编,储材备用。

《通鉴外纪》10卷,其中夏以前1卷,夏商1卷,周8卷。记事下接《资治通鉴》,年经事纬,与司马光《通鉴目录》体例相同。书中对上古史事作了鉴别剪裁,凡可信者,大书;凡异同舛误,以及荒远茫昧者,或分注,或细书。

另有《十国纪年》42卷,《通鉴外纪目录》5卷。司马光应刘恕临终前嘱托,作《十国纪年序》,详述自己所知"道原之美",将刘恕生平事迹如实记录了下来。《通鉴外纪目录》则是简明的年谱,西周共和元年(公元前841年)皆谓之疑年,不标岁名,不列其数;共和以后则据《史记·年表》编年,特为审慎。当时公卿士大夫中,对刘恕的史学评价很高,绍圣年间(1094—1098年),张耒《冰玉堂记》中说:"世以比(司马)迁、(班)固、(刘)歆、(刘)向,公亦自以不愧。自范晔以降不论也。当时司马君实、欧阳文忠号通史学,贯穿古今,亦自以不及而取正焉。"④

元丰七年(1084年),《资治通鉴》写成,追记刘恕之劳,官其子羲仲为郊社斋郎。司马光《乞官刘恕一子》札子云:"臣往岁初受敕编修《资治通鉴》,首先举恕同修。……其讨论编次,多出于恕。至于十国五代之际,群雄竞逐,九土分裂,传记讹谬,简编缺落,岁月交互,事迹差舛,非恕精博,它人莫能整治。"所以刘

---

① 《宋史》卷四四四《刘恕传》。
② 司马光:《乞官刘恕一子札子》,见《三刘家集》,四库全书本。
③ 刘恕:《外纪后序》,见《三刘家集》,四库全书本。
④ 张耒:《冰玉堂记》,见《三刘家集》,四库全书本。

攽等共推刘恕"功力最多"。元祐七年(1092年)《资治通鉴》于杭州镂版成,诏以一部赐刘恕家。

《通鉴问疑》,刘羲仲编撰。羲仲,恕长子,字壮舆,自号漫浪翁。性慧敏,好读书,每日能记五六千字。羲仲继承父业,专精史学,他编撰的《通鉴问疑》,即其父与司马光往复讨论三国至南北朝史事的言辞辑录。他在书中记道:"君实访问先人遗事,每卷不下数条,议论甚多,……君实始成《通鉴》,以先人遗言,求《通鉴》定本,乃录其本以付其家,而告羲仲曰:先君子临终时遗言,恨不见书成;而此书之成,先君子力居多,他日须有从足下求之者。若欲传录,但传予之。"书末附羲仲与范祖禹信一篇,称其父在修通鉴时只写长编,"是非予夺之际,一出君实笔削"。而羲仲本人未及见司马光,不知其删削的理由。故记录二人相互论难的书信,使后世有考焉。可见《通鉴问疑》一书,对阅读《资治通鉴》有重要的参考价值。羲仲尝又摘欧阳修《新五代史》之讹误,作《纠谬》。

刘攽(1023—1089年),字贡父,人称公非先生,新喻人。其兄敞,兄弟二人于庆历六年(1046年)同登进士第。攽在州县任官二十年后,入为国子监直讲,升至中书舍人。熙宁改革时期,对新法有不同见解。曾对改革学校与科举制度提出反对意见。他认为:历代将相名卿,皆由科举出,不能说未尝得人,"毋庸轻变选举之法,不如因旧法,而慎选有司之为愈也。"①关于学校,他认为"士修于家,足以成德",不须在学校接受学官课程的督促。同时,他建议增加"从政科",以便那些善于判狱讼、治财赋,而文辞欠佳者进入仕途。具体做法是须由三人推荐,使用三年,好的正式授官;不行的复为民,并处罚其举荐者。显然,他的观点与当时的改革思潮相抵触;而其建议却别具创意,超出同辈水平。

王安石提出,为皇帝讲解儒经应该有坐位,透露出君臣之间为师友关系的见解,以及提倡师道尊严之意。对此,刘攽断然反对,他说:"侍臣讲论于前,不可安坐,避席立语,乃古今常礼。君使之坐,所以示人主尊德乐道也;若不命而请,则异矣。"②刘攽这是在维护皇帝独尊的绝对统治地位,朝中其他礼官皆赞同其议,站着讲遂没有变。熙宁四年(1071年)罢诗赋及明经诸科,以经义、论、策考试进士,考官吕惠卿将对策中阐扬改革好的列在高等,批评新法的居下。刘攽复考时,完全倒过来。又给王安石写信,论新法不便。于是出为泰州(今江苏泰州)通

---

① 刘攽:《彭城集》,卷二十四《贡举议》。四库全书本。
② 《宋史》卷三一九《刘攽传》。

第九章
经学、史学、文学与科技新成果

判,改知曹州(今山东曹县)。当时曹州划为用重法统治的多盗地域,刘攽认为,"民不畏死,奈何以死惧之"。他实施"宽平"的政策,"盗亦衰息"。哲宗初年,由监衡州盐仓起为知襄州。召还秘书省,刘攽自以疾病,请求出守蔡州。苏轼等人上奏建议留他在朝:"谨按,攽名闻一时,身兼数器,文章尔雅,博学强记,政事之美,如古循吏,流离困踬,守道不回,此皆朝廷之所知,不待臣等区区诵说",如若让刘攽在地方,是"有志之士所宜为朝廷惜也"①。不久,召拜中书舍人。

英宗读《后汉书》,见垦田的垦字皆作"恳",诏下国子监刊正。刘攽承命校正《后汉书》,纠其谬误极多,遂写成《东汉刊误》(后代刊印时称《东汉书刊误》)4卷奏上。同时,又奉诏编成《后汉书精要》②。他与兄敞、兄子奉世,皆以博识能文见称,时号"三刘"。奉世继承父辈学业,"最精《汉书》学"。他们著有《三刘汉书标注》6卷,对《汉书》多所辩证发明,其中以刘攽用力为多。《汉书标注》与《东汉书刊误》合称"两汉刊误",为史家所称道。司马光修《资治通鉴》,继刘恕之后,又奏召刘攽为助手,专门负责《史记》及两汉历史部分。晁公武《郡斋读书志》载刘攽著作又有《编年记事》11卷,注曰:"因司马温公所撰编次。"则此当为对《通鉴》的一种节写本。此外,他还有《五代春秋》15卷,《内传国语》20卷,《经史新义》7卷。但大多散失,今存者只有《东汉书刊误》4卷,诗文集《彭城集》40卷,《中山诗话》1卷。

《东汉书刊误》历来受到学者重视,明代国子监重印《后汉书》,即将《东汉书刊误》分别注入《后汉书》正文之中。民国初年,罗振玉编辑《宸翰楼丛书》,据宋本《东汉书刊误》4卷影印,收入1914年重刊的《宸翰楼丛书》。以后中华书局编《史籍丛刊》,即以《宸翰楼丛书》本重印《东汉书刊误》。现行的中华书局标点本《后汉书》,将《东汉书刊误》的可用成果,分别写进了校勘记。

刘攽博学能文章,尤邃史学。曾巩总结性地说他"强学博敏,超绝一世。肇自载籍,孔墨百氏,太史所录,俚闻野记。延及荒外,阴阳鬼神。细大万殊,一载以身。下至律令,老吏所疑。故事旧章,盈廷不知。有问于子,归如得师。直贯傍穿,水决矢飞。一时书林,众俊并驰。满堂贤豪,视子尘挥"③。充分赞扬刘攽博学多识,受人尊敬的导师地位。

---

① 苏轼:《乞留刘攽状》,见《三苏全书·苏轼文集》卷二一。
② 刘攽:《彭城集》,卷三十四《后汉书精要序》。刘攽在该序中写道:"乃诏臣等以尝所进读《汉书》,剟其精义与夫善谋,别为短书,概见大略。"可见有此书。
③ 转引自《四库全书·集部·别集类》《彭城集》提要。

刘攽治史,坚持据实直书,不为尊者讳,继承传统史学中的"实录精神"、"传信"原则,抨击不敢触动君主、不敢直书当权者罪恶的史官。他指出孔子是避讳的始作俑者,但不该把它当作通例,况且孔子只是遮隐、化小,但都有文辞带起,非藏匿使不可知。后来的史官却以尊圣人为借口,写史总要避讳,对事实既改又换,"悦生者而背死人,不顾是非"。他给友人王深甫的信中说:

> 古者为史,皆据所闻见实录事迹,不少损益有所避就也,谓之传信。惟仲尼作《春秋》,乃讳国恶耳。夫《春秋》,圣人所特作,以见一王之法,不当引为史例。然其讳国恶,犹但使显者隐之,大者微之,率皆有文以起焉,不昧昧都为藏匿使不可知也。
>
> 后之史官不达此意,猥自托于圣人,以是为史,未尝直书。上则顾时君忌讳,退而又恶斥言当世权势大人罪过。改之、易之,以就美好,悦生者而背死人,不顾是非。顾贤士大夫之事业,有不记者焉。仆不自料,常欲矫正此弊,是以窃作《丞相莱公传》……
>
> (太史公、班固等几不免诛)为史之祸乃至此,所谓尽言以招人之过者欤。然仆非敢如此以自取直名,欲正史法,明《春秋》之指,以趣圣人耳。①

刘攽的"实录"史观,体现了他独立思考的理论勇气和以史为鉴的社会责任感,这比他强调皇帝至高独尊的专制观念更进步,至今不失其启迪意义。他治学严谨,做人亦极谨慎,曾写《续座右铭》自警,亦以警人,其中说:"短不可护,护则终短;长不可矜,矜则不长。"他为人疏俊,不修威仪,喜谐谑,常因此招怨,然终不能改。

乐史《太平寰宇纪》200卷。乐史(930—1007年)抚州宜黄县人,字子正,历史地理学家。乐氏在南唐已出仕,中主李璟后期,乐史至临川,在齐王景达府中,任草拟奏表之事。进入北宋,为平原县主簿。太平兴国五年(980年)以现任官举进士。先后知陵州、舒州、黄州、商州,分司西京(洛阳),遂卜居于此。景德四年(1007年)卒,年78。乐史博学好著述,所著书甚多。雍熙三年(986年)献所著《贡举事》等6种,共143卷,太宗嘉赏其勤劳,迁官著作郎、直史馆,转太常博士。淳化四年(993年)又献《广孝传》等2种,共191卷,太宗命秘阁抄写藏于内

---

① 刘攽:《彭城集》,卷二十七《与王深甫论史书》。四库全书本。

第九章
经学、史学、文学与科技新成果

府。咸平初年，复献《广孝新书》等2种，共90卷。真宗见其矍铄不衰，又笃学，尽取所著书藏秘府，命他掌西京磨勘司，再改为判西京御史台。所著书还有《坐知天下记》、《掌上华夷图》等11种，共479卷，其中以《太平寰宇记》最著。

《太平寰宇记》200卷，成于太宗后期，旨在实现"华夷大一统"的宏图。他以盛唐时代的"道"为依据，写出全"寰宇"的沿革概况。后晋割让给契丹的燕云十六州，他仍列出其名，借以表达恢复之志。北宋辖区内的州县，他详尽记载，举凡山川、风俗、胜迹、物产、户口、人物、艺文等均在记录之内。全书具有采摭繁复、考据精核的特色。四库馆臣指出"地理之书记载至是书而始详，体例亦自是而大变"①。他所引用的古代文献都标注书名，读者由此得知，此后失传的古地理书达百数十种，而后人赖有乐史之书才看到这些古籍的零篇断简。该书原有200卷，乾隆时只见到192卷（缺第4、第113—119卷），光绪九年（1883年）杨守敬在日本东京发现宋刻残本，补辑到5卷半书，尚缺2卷半②。

欧阳忞《舆地广记》38卷。陈振孙《书录解题》称：忞，欧阳修从孙，书成于政和中。该书前4卷写历代疆域，后34卷为北宋各州县，体例清晰，端委详明，也是地理书中的佳作。

曾巩，是善于吏治，也精于史学、文学的名家。他任外州12年后入朝判三班院，神宗诏中书门下曰："曾巩以史学见称士类，宜典五朝史事。"③元丰四年（1081年）七月曾巩充史馆修撰。神宗之前的五朝已撰有《三朝国史》（太祖、太宗、真宗）、《两朝国史》（仁宗、英宗），是各自为书，神宗要求合而为一，命曾巩专门编撰，不以大臣监总。十一月，他奏上《太祖总论》。神宗阅后不满所论，遂罢去。北宋人写赵匡胤之事总是以失败告终，太宗淳化年间，李至等修《太祖国史》，只写了1卷即止；真宗咸平年间宋白等人修《太祖国史》，亦终不成。神宗寄希望于曾巩，又因"南丰上《太祖纪叙论》，不合上意，修五朝史之意寖缓"而作罢④。这是为什么？赵匡胤继藩镇军将之后，由"黄袍加身"上台，不免有篡夺之嫌，不忠之讥；他没病无灾的"崩"，流传出"烛光斧影"的谜团，这对太宗赵匡义

---

① 《四库全书总目提要》卷六八《史部·地理类》《太平寰宇记》提要。
② 详见许怀林《乐史与太平寰宇记》，载《争鸣》1981年第2期。
③ 《曾巩集·附录》，曾肇《（曾巩）行状》。
④ 陆游：《老学庵笔记》，卷七，又卷三："淳化中，命李至、张洎、张佖、宋白修《太祖国史》，久之，仅进《帝纪》一卷而止。咸平中，又命宋白、宋湜、舒雅、吴淑修《太祖国史》，亦终不成。元丰中，命曾巩独修《五朝国史》，责任甚专，然亦仅进《太祖纪叙论》一篇，纪亦未及进，而巩以忧去，史局遂废。"

的形象极为不利。如此两件大事,必须言明却又最难交代,怎样才算说得适度,如何秉笔直书? 可能这就是李至、宋白、曾巩等史官劳而无功的死结。

  曾巩对宋朝政治、经济、军事、教育,以及宗教等社会各方面都有思考,写了《本朝政要策五十首》,对北宋百年统治的历史经验进行反思。关于宋以前历史的深入研究,集中反映在《梁书目录序》等11篇史书目录序文中,他借往昔的兴衰治乱史实,阐述其史学思想,以及"一道德,同风俗"的治国见解。《梁书目录序》说:"史学者将以明一代之得失。"《战国策目录序》说:"法者所以适变也,不必尽同;道者所以主本也,不可不一。"《南齐书目录序》说:史书应写明"是非得失、兴坏理乱之故而为法戒",然必赖胜任之人,即"良史者,其明必足以周万事之理,其道必足以适天下之用,其智必足以通难知之意,其文必足以发难显之情"。曾巩揭示的史学家在明、道、智、文四方面的要求,是对历史经验的总结,至今仍有其重要的借鉴意义。

  曾巩有《隆平集》20卷,该书记太祖至英宗五朝史事,以26目分记,后有284名官员传记。四库馆臣考证该书非曾巩所写,是别人"出于依托"。但北宋末年已流行社会,《续资治通鉴长编》等史书间或取其说,故不能轻易否定此书。

  金石学,是史学的重要分支。史学在北宋受到高度重视的背景中,学者对古碑铭所蕴涵的古人古事发生兴趣,意识到它们印证文献资料的价值,遂着力搜集与研究,于是发展成专门的新学问。欧阳修的《集古录》10卷,是现存最早的金石学著作。该书集录古代的钟鼎碑刻铭文,在每一铭文之后,写出跋文,各叙其书撰之人,事迹之始终,及所处之时世。嘉祐八年(1063年)七月,欧阳修写"序言"称:全书上自周穆王以来,下更秦汉隋唐五代,约400余篇,"乃撮其大要,别为录目,因并载夫可与史传正其阙缪者,以传后学"[①]。其中不少碑刻现已不存,全赖该书录存的拓片文字,后人才得知其内容。

  精于《春秋》经学的刘敞,因儒经而探究历史,故于上古历史尤有研究心得;并因探究古史而重视对古器物的鉴定研究,"尝得先秦彝鼎数十,铭识奇奥,皆案而读之,因以考知三代制度"[②]。刘敞将金石资料纳入历史研究轨道,开启了古史研究的新途径。他研读古器物的体会是:"礼家明其制度,小学正其文

---

① 欧阳修:《集古录自序》,见《欧阳修全集·居士集》卷四一。
② 《宋史》卷三一九《刘敞传》。刘敞《先秦古器记》与传文有异,他说"先秦古器十有一物,制作精巧,有款识,皆蝌蚪书,为古学者莫能尽通,以他书参之,乃十得五六"。

第九章
经学、史学、文学与科技新成果

字,谱牒次其世谥,乃为能尽之。"①即是辨识古器物,必须具备礼制、小学、谱牒学等多学科知识,这是关于考古研究的经验之谈。

曾巩也有金石录的著述。1970年出土的林希《曾巩墓志铭》称"为金石录又五百卷,出处必与之俱"②。而中华书局1984年版《曾巩集》只有"金石录跋尾14首"。数量虽少,但资料价值大,其中有考研史事的跋文,如《襄州偏学寺禅院碑》,钟绍京书,跋文说:武后时,宫殿、明堂、九鼎上的字皆绍京书,"其字划妍媚遒劲有法,诚少与为比。然今所见,特此碑尚完,尤为可爱也"。又如《尚书省郎官石记序》,张颠书,跋文评介了张颠的楷书:"张颠草书见于世者,其纵放可怪,近世未有。而此序独楷字,精劲严重,出于自然,如动容周旋中礼,非强为者。书一艺耳,至于极者乃能如此。其楷字盖罕见于世,则此序尤为可贵也。"再如《唐安乡开元寺卧禅师净土堂碑铭》跋,辩证对羌人的认识,跋文说:自河陇没于羌夷,州县毁废,唯佛寺多在,"世皆以为"羌人"不知礼义,出于天性,故夷之。然其于佛皆知信慕,以其有罪福报应之说"。曾巩批评说:"余以谓四夷虽恣睢甚者,及晓之以曲直是非,悦且从也,固不可谓其天性无欲善之端。是以虞夏之世,东渐于海,西被于流沙,朔南暨,声教则能令其信慕者,亦非特有佛而已也。"

还有校正前人误差的跋文,如《襄州兴国寺碑》跋,欧阳永叔说"碑不知所在",只见模本,曾巩则说明了碑的所在,碑阴还有18个人的官号、姓名,"其字尤可喜,得之自余始,世盖未有传之者也"。再如《桂阳周府君碑并碑阴》跋,欧阳永叔说《图经》没写周府君的名字,而曾巩在熙宁八年从知韶州王之材处得到拓本,之材并写信告诉《曲江图经》写了周府君名昕、字君光。还寄给碑阴拓本,这是永叔没看到的。"碑阴曲江字皆作曲红,而苍江字、江夏字,亦作红,盖古字通用,不可不知,此学者所以贵乎博览也。"该跋文还说,古人碑文中常有把一个字重叠写的,如二、亦、人之类,欧阳修、刘敞、蔡襄"皆博识,而亦有所未达,学者又不可不知"③。

---

① 刘敞:《公是集》,卷三六《先秦古器记》。
② 曾肇:《亡兄行状》,称曾巩"又集古今篆刻,为《金石录》五百卷"。
③ 以上所引跋文,并见《曾巩集》卷五〇《金石录跋尾十四首》。

三、文学家及其著作

北宋是我国文学史上的繁荣时代,不论是散文、诗词创作,都达到一个新的高峰。文坛上不断涌现出大批杰出人才,优秀作品纷纷问世,形成百花齐放的景象。在这个日益壮大的文学群体之中,有许多江西学者,他们或者举旗革新,成为文坛领袖;或者开宗立派,被拥为效法的宗师;或者以作品名世,是公认的一代大家。这里列举尤为著称的几位。

晏殊(991—1055年),字同叔,临川人(故里在文港,今属进贤县)。七岁能作文,以神童荐于朝,与千余人并试于殿廷,神气不慑,提笔疾书。一举中进士,真宗特异之,让他在秘阁尽量读书,名声已经传扬。仁宗时为宰相,执掌朝政,重视奖掖后进。平日性格刚峻,而诗词有情思。他贵为"太平宰相",所作文章赡丽,尤工诗词,是北宋词坛婉约派的代表,"倚声家初祖"。存世的作品只《珠玉词》1卷,收词134首。他的词写得活泼轻快,婉约清丽,在闲雅有情思的韵味中,写出蕴含哲理的意境,如《浣溪沙》"无可奈何花落去,似曾相识燕归来",《玉楼春·春恨》"天涯地角有穷时,只有相思无尽处"两联。他的词有思想境界,如《蝶恋花》:"昨夜西风凋碧树,独上高楼,望尽天涯路"一段,王国维《人间词话》用来比喻古今之成大事业、大学问者必经的三境界之第一境界:确立奋斗目标。

晏殊写作勤奋,作品极多。宋祁评论晏殊的词作说"晏相国,今世之工为诗者也。末年见编集者乃过万篇,唐人以来所未有"①。他和欧阳修前后接力,文学与德业具显,且文忠家庐陵而元献家临川,遂发展成"江西词派",风靡于士大夫之中,形成了北宋的"正宗词风"。

晏殊幼子几道(1038—1110年),字叔原,号小山,被誉为宋词小令大师。他出生相门,却秉性刚介,负才不拘,只做得几任通判、推官等小官,家道渐见中落,晚年更有饥寒之忧。特定的世情人生体验,使他的诗词擅长抒情,写杯酒间闻见之际,记悲欢离合之事,寄寓对人生的感悟,如《玉楼春》唱道:"古来多被虚名误,宁负虚名身莫负。劝君频入醉乡来,此是无愁无恨处。"黄庭坚《小山词序》说几道"文章翰墨,自立规模",为人"不能一傍贵人之门",论文"不肯一作新进士语"。存世有《小山词》1卷,收词265首②。

---

① 宋祁:《宋景文笔记》,卷一。四库全书本。
② 《珠玉词》与《小山词》所收词数量,均据吴林抒校笺本,见江西人民出版社1986、1987年版。

第九章
经学、史学、文学与科技新成果

欧阳修,北宋古文运动领袖,倡导以文章革浮靡之风,强调文章的思想志趣是主帅,"大抵道胜者,文不难而自至也"①。他在仁宗、英宗、神宗三朝数十年间,"以文章道德为一世学者宗师"。吴充这样描述他的宗师地位:"公之举进士,学者方为时文,号四六,公就视之,曰:此不足为。然切于养,勉为之,而人亦不能及。故屡试有司,皆第一,名声籍甚。及景祐中,与尹师鲁偕为古学,已而有诏戒天下学者,为文使近古,学者尽为古文,独公古文既行,世以为模范。……盖公之文备众体,变化开阖,因物命意,各极其工。其得意处,虽退之(指韩愈)未能过。笔札精劲,自成一家。当世士大夫有得数十字,皆藏以为宝。"②(图版19)

苏轼说了一段自己对欧阳修的仰慕之情:"轼七八岁时,始知读书,闻今天下有欧阳公者,其为人如古孟轲、韩愈之徒。……其后益壮,始能读其文词,想见其为人,意其飘然脱去世俗之乐,而自乐其乐也。"③后来,苏轼综合性的评议欧阳修文学特长,说:"论大道似韩愈,论事似陆贽,记事似司马迁,诗赋似李白。"又说:"此非余言也,天下之言也。"④这"四似"恰当地说明了欧阳修集大成的文学形象。

在欧阳修的引领下,学界争自磨砺,形成"以通经学古为高,以救时行道为贤,以犯颜纳说为忠"的风尚。他奖引后进,如恐不及,先后荐举出大批杰出学者,如王安石、曾巩、苏洵、苏轼、苏辙等人。《宋史·欧阳修传》论其振起文风之功曰:"挽百川之颓波,息千古之邪说,使斯文之正气,可以羽翼大道,扶正人心。"

图19 欧阳修画像

王安石、曾巩是文章大家。安石"以文章节行高一世,而尤以道德经济为己

---

① 《答吴充秀才书》,见《欧阳修全集·居士集》卷四七。
② 吴充:《(欧阳修)行状》,见《欧阳修全集·附录》卷一。
③ 苏轼:《上梅直讲书》,见《三苏全书·苏轼文集》卷四二。
④ 苏轼:《居士集序》,《苏轼文集》卷十。

任"(朱熹语),其诗文言辞简洁,道义明达,以义理征服人心,"众不能屈",是其宣传变法革新思想的犀利工具。他强调"文者,务为有补于世";文与道的关系,应如器物之有刻镂绘画,"要之以适用为本,以刻镂绘画为之容"①。退居金陵以后,他的状物写景之诗很是精妙,黄庭坚评曰:"(荆公)暮年小语,雅丽精绝,脱去流俗,不可以常理待之也。"②如《书湖阴先生壁》,清新朴实,读其诗如观赏画,其一曰:

茅檐长扫净无苔,花木成畦手自栽;
一水护田将绿绕,两山排闼送青来。

曾巩之文简朴雄浑,本原六经,斟酌于司马迁、韩愈,当时工文词者少有能胜过者,而阐扬义理,率先于二程。刘克庄说:"曾子固发明理学,在伊洛之先,与欧齐

图20 曾巩画像

图21 曾巩用过的铜灯

① 《王安石全集》卷七七《上人书》。
② 《跋王荆公禅简》,见刘琳等校点《黄庭坚全集·正集》卷二六,四川大学出版社2001年版,第696页。

第九章
经学、史学、文学与科技新成果

名,为宋儒宗。"①刘埙认为:曾巩"议论文章根据性理,论治道则必本于正心诚意,论礼乐则必本于性情,论学必主于务内,论制度必本于先王之法"②。此"五论",实是欧、王、曾诸人共创之学风。《宋史·曾巩传》论曰:曾巩"立言于欧阳修、王安石之间,纡徐而不烦,简奥而不晦,卓然自成一家,可谓难矣"。(图版20、图版21)

  黄庭坚(1045—1105年),字鲁直,号山谷道人,晚号涪翁,洪州分宁(今修水县)人(图版34)。父黄庶,工诗,有《伐檀集》传世。舅李常,官至御史中丞。黄庭坚于治平四年(1067)中进士,初为汝州叶县尉,再为北京(今河北大名)国子监教授。元丰三年(1080年)为吉州太和(今江西泰和)县知县,不满于高价抑配食盐,加重对百姓剥削。哲宗继位,召为秘书省校书郎。不久,改神宗实录院检讨官,加集贤校理。元祐二年(1087年),迁著作佐郎。此时高太后临朝听政,司马光为相,全盘否定熙丰新法,史称"元祐更化"。朝野对王安石一片贬斥,而庭坚独能辨识"真是真非",肯定刘敞与王安石为本朝经学之代表③,赞扬王安石为"视富贵如浮云,不溺于财利酒色,一世之伟人也"④。哲宗亲政,改元绍圣,元祐大臣尽遭斥逐,他因参与修《神宗实录》,被指控失实,诋毁变法,也遭贬责,先贬涪州(今重庆涪陵)别驾,安置在黔州(今重庆彭水县)。元符元年(1098年)再移至戎州(今四川宜宾)安置。徽宗继位初年,放松对旧党的迫害,黄庭坚复为宣德郎,监鄂州盐税。改知舒州。再改太平州。崇宁元年"绍述"风起,他领太平州刚九天即被罢免,列入"元祐党人碑",于崇宁二年(1103年)十一月除名勒停,流放到宜州(今广西宜山)羁管。崇宁四年(1105年)九月病逝,终年61。建炎四年(1130年),追赠直龙图阁。德祐元年(1275年)追谥"文节"(图版22)。

  黄庭坚的诗文创作,是他毕生经历的提炼与反映,具有"不俗"的精神境界,严格的艺术追求。所谓"不俗",即是达到"临大节而不可夺"的品格。他主张文章"但当以理为主,理得而词顺,文章自然出群拔萃"⑤。他教导外甥洪刍说:"孝友忠信是此物(指学问文章)之根本,极当加意,养以敦厚醇粹,使根深蒂固,然后枝叶茂尔。"⑥所以,他写了不少反映国事民生之作,如在太和知县任上

---

① 刘克庄:《后村先生大全集》,卷一一一《恕斋平心录》。
② 刘埙:《隐居通议》,卷十四《南丰先生学问》。
③ 《山谷别集》卷三《杨子建通神论序》:"夫六经之旨深矣,而有孟轲、荀况、两汉诸儒,及近世刘敞、王安石之书读之,亦思过半矣。"
④ 《山谷集》卷三十《跋王荆公禅简》。
⑤ 《与王观复书》三首之一,见《山谷集》卷十九。
⑥ 《与洪甥驹父》六首之一,见《山谷外集》卷十。

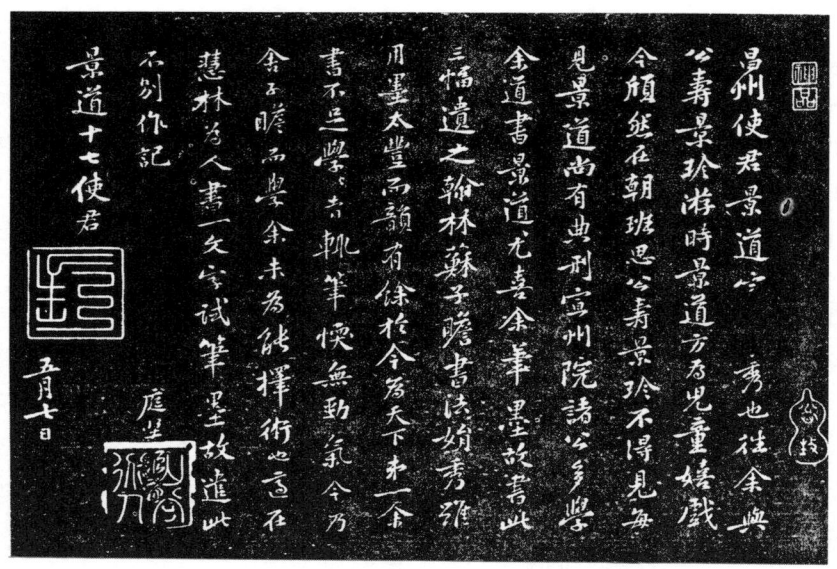

图22　黄庭坚作品

写的《劳坑入前城》等诗,表现出忧国爱民,忠义正直的气节。在强调文章的思想品格同时,他十分讲究深厚的学术功底,"更须治经,深其渊源,乃可到古人耳"。他提倡作诗文"无一字无来处",是要求多读书,他说:

> 老杜作诗,退之作文,无一字无来处,盖后人读书少,故谓韩、杜自作此语耳。古之能为文章者,真能陶冶万物,虽取古人之陈言入于翰墨,如灵丹一粒,点铁成金也。

显然,"点铁成金"的意思,是要能"化",而要有融会贯通的本领,就必须学识渊博。正因为追求陶冶"陈言",不是生搬硬套,他又告诫学者"词意高胜,要从学问中来";还要创新,"不可守绳墨"。对自己追随的师长苏轼,他也持分析的态度:"东坡文章妙天下,其短处在好骂,慎勿袭其轨也。"[1]至于写作技巧,他指出"凡作一文皆须有宗有趣,终始关键,有开有阖"[2],"每作一篇,辄须立一大

---

[1] 《答洪驹父书》三首之三、二,见刘琳等校点《黄庭坚全集·正集》卷十八。四川大学出版社2001年版,第475、474页。

[2] 《答洪驹父书》三首之一,见《山谷集》卷十九。

第九章
经学、史学、文学与科技新成果

意,长篇须曲折三致焉,乃为成章耳"①。

黄庭坚的诗文影响极大,发展成"江西诗派",其甥洪刍、洪朋、洪炎皆在内中,而派中之人不仅是江西学者。苏轼认为,黄庭坚诗文"超轶绝尘,独立万物之表,世久无此作"②。陆九渊评其诗"包含欲无外,搜抉欲无秘,体制通古今,思致极幽眇,贯彻驰骋,工夫精到,虽未极古之源委,而其植立不凡,斯亦宇宙之奇诡也"③。

黄庭坚也是大书法家,善行、草书,楷法亦自成一家。

北宋后期,新喻孔文仲、孔武仲、孔平仲兄弟三人,皆以文声起江西,时称"临江三孔"。

列入《宋史·文苑》的还有数人,他们是:

曾致尧,南丰人,是曾巩祖父。太平兴国八年(983年)进士,历官直史馆、两浙转运使、户部郎中等。好撰著,有《仙凫羽翼》《广中台志》《清边前要》《西陲要纪》《为臣要纪》等,然皆不传。

萧贯,新喻人(简介见前)。

黄庠,分宁人(简介见前)。

王无咎(1024—1069年),字补之,南城人,曾巩妹夫。嘉祐二年(1057年)进士。曾任天台令、南康主簿,不久弃官,从王安石学。终生"好书力学,寒暑行役不暂释,所在学者归之,来去常数百人"④。王安石写其墓志铭说:"当熙宁初,所谓质直好义,不为利势回,而学不厌,予独知君而已。"⑤无咎所作文章,声誉紧追欧、王、曾之后。他学识渊博,于书无所不读,于圣人微言奥旨精思力索,于历代是非得失之理,必详稽而谨择之,于乡民生活疾苦必关注而呼号。故其为文,致力贯通古今,反复辩驳,而归于典要,其志"盖将著书立言以羽翼六经"⑥。其针砭时弊的诗文写得中肯,如《别离》诗曰:

---

① 《论作诗文》,《黄庭坚全集·别集》卷十二。四川大学出版社2001年版,第1684页。
② 《宋史》卷四四四《黄庭坚传》。
③ 罗大经:《鹤林玉露·丙编》,卷三,《江西诗文》。
④ 《宋史》卷四四四《王无咎传》。
⑤ 《台州天台县令王君墓志铭》,《王安石全集》卷九二。
⑥ 曾肇:《王补之文集序》,《曲阜集》卷三。

> 东家卖儿价何卑,西家弃妇声更悲。得钱未足三日饱,既别岂有归来时。山如高城路如线,回首难言泪盈面。蝼蚁沟渠处处同,短长不复能相见。

——悲切惨痛,如同身受,溢于言表。

《请见韩签判书》云：

> 今天下之所知者势而已矣。……上自王公,下至乎一命之吏,权在则门如炽炭,权去则门可张罗。……儒生学士,平居放语非德胜己未肯以一辞为人屈者,比其行之,则常缪戾,视当时之事苟有毫发可冀,则不暇顾其人之如何。

——对时弊的揭露,入木三分。读其文,可更全面地看到北宋社会众生相。

吕南公(？—1086年),字次儒,南城人。于书无所不读,自言于庄子、列子、六经、百家、十八代史皆潜心阅读,因文见道；于文不肯因袭陈言,力追秦汉,"若及场屋诡伪劫剽、穿凿猥冗之文,则某之所耻者"。他参加礼部考试,被黜,即不再从事科举,安居家乡,筑室名"灌园",读书作文其中,借史笔以褒善贬恶。有《灌园集》传世,多反映社会生活实况的诗文。

刘弇(1048—1102年),字伟明,安福人。元丰二年(1079年)进士,又中博学宏词科。徽宗朝官至著作佐郎,实录院检讨官。弇自幼警颖,博学能文,周必大称："庐陵自欧阳文忠公以文章续韩文公正传,遂为一代儒宗,继之者弇也。"① 有《龙云集》32卷传世。

杨亿(974—1020年)字大年,建州浦城(今福建浦城)人,然而与信州玉山有深切的关联。他为祖父写的《神道表》称,其先祖"占籍上饶凡十余世",唐上元中(761年)刘展兵乱,"避地建安",遂落籍建州。浦城位福建北端,紧挨信州的上饶、永丰(今广丰)两县。南唐末,其祖父文逸为玉山令,"其孙亿始生"②。杨亿出生于玉山县官署,其祖宗与自身,都与信州有割不断的地缘与人缘联系。

杨亿幼年,母亲口授其经文,他随即成诵。七岁能属文,十一岁被太宗召见,试诗赋5篇,下笔立成,太宗深加赏异,即授秘书省正字。淳化中(约992年),试翰林赐进士第,迁光禄寺丞。至道二年(996年)迁著作佐郎。朝中公卿写表疏,多请他代笔。真宗即位,超拜左正言,预修《太宗实录》,全书80卷中,他一人

---

① 《宋史》卷四四四《刘弇传》。
② 杨亿：《武夷新集》,卷八《故信州玉山令府君神道表》,四库全书本。

第九章
经学、史学、文学与科技新成果

写56卷。景德初(1004年),判史馆,诏修《册府元龟》,与王钦若同领其事,"其序次体制,皆亿所定,群僚分撰编序,诏经亿窜定方用之"①。天禧二年(1018年),拜工部侍郎。四年,复为翰林学士,判史馆。因素来体弱多病,是年12月病卒,年47。

杨亿天性颖悟,自幼及终,不离翰墨,才思敏捷,对客谈笑,挥翰不辍,一幅数千言,不加点窜。博览强记,尤长于典章制度,时人多请教正。平日喜诲诱后进,重交游,而生性耿介,重名节。多周给亲友,故廪禄亦随而尽。留心佛学,好与禅僧交往。北宋前期,文治日起,杨亿率先以辞章魁天下,为时所宗,其清忠鲠亮之气,悉发于言词,尽显雄伟而浩博之气象。《宋史》本传称杨亿"所著括苍、武夷、颍阴、韩城、退居、汝阳、蓬山、冠鳌等集、内外制、刀笔,共一九四卷",今存只《武夷新集》20卷(内诗5卷,杂文15卷)。

宁宗嘉定初年(1208),蜀人李道传对江西人才之盛,作了一个总结性评价,他说:

> 窃观国朝文章之士,特盛于江西,如欧阳文忠公、王文公、集贤殿学士刘公兄弟、中书舍人曾公兄弟、李公泰伯、刘公恕、黄公庭坚。其大者古文经术足称当世,其余则博学多识,见于议论,溢于词章者,亦皆各自名家,求之他方未有若是其众者。
>
> 然尝论之,此八九公所以光明俊伟、著于时而垂于后者,非以其文,以其节也。盖文不高则不传;文高矣,而节不能与之俱高,则虽传而不久。是故君子惟其节之为贵也。此八九公者,出处不同,用舍各异,而皆挺然自立,不肯少贬以求合。有如王公,学术政事虽负天下之责,而高风特标,固有一时诸贤所不敢望以及者。以如是之节,有如是之文,此其所以著于时而垂于后也。②

这是李道传在朝廷讨论给杨万里怎样的谥号时说的一段话,他列举北宋时代欧阳修、王安石、刘敞、刘攽、曾巩、曾肇、李觏、刘恕、黄庭坚九人。借以证明做人的道理,只有品学兼优——文章与气节俱高,才能够在历史上留下深远而积极的影响。

---

① 《宋史》卷三〇五《杨亿传》。
② 杨万里:《诚斋集》,卷一三三《谥议》。

四、训诂、音韵学著作

训诂、音韵知识,是学习儒家经籍与传统文化的必备基础,在科举文化大盛的北宋时代,对文字的辨识与释义格外受到重视。真宗时期,开始重新编撰音韵书籍。

《重修广韵》,陈彭年等修。北宋以前,隋朝陆法言、颜之推等八人撰有《切韵》5卷,收字12,158个。唐朝仪凤二年(677年)长孙讷言对《切韵》作注,以后又有学者为之增补。天宝十载(751年)重为刊定,改名《唐韵》,此后还有人对它添加了一些文字。随着儒学文化更广泛而深入的传播,科举考试受到全社会重视,各方人士在频繁来往之中,语言交流随之增加,于是,对音韵的进一步考订凸现了起来。景德四年(1007年),真宗以旧本韵书偏旁有差讹,传写有脱漏,注解不完备等问题,命陈彭年、邱雍等重修。大中祥符四年(1011年)书成,赐名《大宋重修广韵》,亦作《重修广韵》,简称《广韵》,共5卷。该书仍依陆法言《切韵》规模,定韵目206个,所收字达26,194个,比《切韵》新增14,036字。字之下多有注释,计有191,692字。有的将形同而音义俱别,或义同音异的字一并注明;有的写了姓氏族望,以及支分派衍的内容。后来的音韵学者,对《广韵》褒贬不一,批评者说它过于枝蔓,不合韵书的体例;赞扬者则主张繁复为可贵。《四库全书提要》的作者则认为,注文冗漫,是将韵书作丛书对待了,删其谱牒式的姓望族系是恰当的,而其字下的音义互注,有利于判别疑难,不能省去。现代语言学者对《广韵》分析发现,这是一部按韵查字的大字典。它引用的典籍超过270种,涵盖的资料信息广泛。全书206韵之中,上平声28韵,下平声29韵,上声55韵,去声60韵,入声34韵。详明地记录了中古汉语的语音系统,对原有的韵书作了修订,并补充了上古音、地方音。《广韵》一书,为我们了解中古汉语语音,探索上古语音和下证近代语音,都是极重要的研究资料。

《重修玉篇》30卷,陈彭年与吴锐、邱雍等人修。此前,南朝梁武帝大同九年(543年),太学博士顾野王等人撰著《玉篇》,至唐高宗上元元年(674年),富春人孙强对它增补了一些字。几百年过去,下延至北宋,学者们感到问题不少,"今古殊形,或字各而训同,或文均而释异,百家所谈,差互不少,字书卷轴,舛错尤多,难用寻求,易生疑惑"[①]。大中祥符六年(1013年)九月,真宗命陈彭年等

---

① 陈彭年等《重修玉篇》之《玉篇序》。四库全书本。

第九章

经学、史学、文学与科技新成果

重加刊定。彭年进书表称:"肃奉诏条,俾从详阅,讹谬者悉加刊定,敷浅者仍事讨论。"《玉篇》重修以后,仍分542部,部之下原有158,641字,新增51,129字,新旧合计209,770字;各字的注解共计407,530字。《重修玉篇》比原书大有增改,已非孙强增字之后的《玉篇》。

《古文四声韵》5卷,夏竦著。他在真宗时期,任官史馆,大中祥符年间,各地献上不少古代文物,器身上多有认不得的蝌蚪文,担心皇帝提问,于是拜访长者遗老,请教内行学者,并广泛搜求断碑蛀简。历十余年之功,把篆书、籀书(亦称大篆)都基本掌握,比同辈更为精通。庆历四年(1044年)二月,夏竦在自序中说:因怕搜集到的资料散失,"遂集前后所获古体文字,准唐《切韵》,分为四声,庶令后学,易于讨阅。仍条其所出,传信于世"①。夏竦此时的官职已是开府仪同三司、行吏部尚书、知亳州军州事,仁宗知道其书后,"特令进御"。其书定名《古文四声韵》,即因按《切韵》韵目顺序,每个隶书字之下,写出该字的小篆、大篆体,略微解释,并注明出处,有的来自古书,如《古孝经》、《道德经》,有的来自古碑,如《华岳碑》、《南岳碑》等。依韵分四声,可知该字读音;在隶书下面列出篆体,则易于识别古文,所以比较易于检阅。但书中也有某些不确切的疵病,如有一字为二,二字合为一,或不求出典,随所见而捃摭之类现象。

《字说》,王安石著。他耗精力解说文字,和他主持解释经义一样,也是要在阐明儒学精髓的过程中,传播其变法革新思想。同时,他对文字结构、含义与演变的见解,在这里得到充分的体现。王安石认为:"字者,始于一,一而生于无穷,如母之字子,故谓之字。其声之抑扬开塞,合散出入,其形之衡从曲直,邪正上下,内外左右皆有义,皆出于自然,非人私智所能为也。与伏羲八卦,文王六十四,异用而同制,相待而成《易》。"②他把字的笔画结构,各种读音,以及所含意义,理解为出于自然,不是人的"私智"造成的,就像演八卦而成《易》。文字的笔画和卦、爻之于《易》,是同样的,"异用而同制",都蕴涵、承载着像《易》所表述的政治道德理想。《易经》是儒家所尊的最高典范,因而是统帅一切的,"同者,所以一道德也"。道德归一,是王安石追求的理想目标。在当时的社会背景里,"一道德"便是要归结到变法革新思想的指导下。从字皆有义、皆出自然的原则出发,就放弃了班固、许慎以来确立的"六书"法,主要只用"会意"之法来

---

① 夏竦:《古文四声韵·序》。四库全书本。
② 《王安石全集》卷八十四《熙宁字说》。四库全书本《临川文集》的《熙宁字说》,文字与此小异。

分析文字。其次,也从形声字的声符中探讨字义,解释得名由来。

定下了文字与道德一致的基点之后,王安石接着说,许慎的《说文》即是将"经义附之",但做得不好,"多舛",所以他重新来做。因此,从这个角度来理解教学必从识字开始,"则于道德之意,已十九矣"。这就是王安石写《字说》的动机和目的。黄庭坚记载说:"荆公晚年删定《字说》,出入百家,语简而意深,常自以为平生精力尽于此书。好学者从之请问,口讲手划,终席或至千余字。金华俞紫琳清老,尝冠秃巾,衣扫塔服,抱《字说》,追逐荆公之驴……"①。著名画家李伯时将此情景描模了下来,传之于世。

《字说》已经失传,现在只能在其他人的著述中得到一点片断②,如陆佃《埤雅》引述了《字说》27处;罗愿《尔雅翼》引述了11处;杨时《龟山集》中有《王氏字说辨》,转述了《字说》29条;陈自明《妇人大全良方》也援引《字说》6条。如:

1."空,无土以为穴,则空无相;无工以穴之,则无作。无相无作,则空名不立。"

2."同,彼亦一是非也,此亦一时非也,物之所以不同。门一口,则是非同矣。"

3."义,敛仁气以为义,散义气以为和。"

4."除,有阴有阳,新故相除者,天也;有处有辨,新故相除者,人也。"

5."崇高,高言事,崇指物,阴阳之义。"③

6."羔":《字说》曰:羔从羊从火。羊,火畜也。羔,火在下,若炎,始然可进而大也"。

7."鹦鹉:《字说》曰:婴不能言,已而能言母,从人而后能言。"

8."蜘蛛:《字说》曰:设一面之网,物触而后诛之,知诛义也。"④

第1至5词条,证明王安石的这部书具有强烈的思想性。"空"的解释,明显吸收了佛教思想资料,让你对"空"有了一种新异感觉。"同"的解释,是其追求"一道德"理想的另一种说法。关于"义"的含义,他将"仁"、"和"的概念包容进来,比较"义者,宜也"的解说,更丰富了。对"除"的分析,富有哲理,把自然与社

---

① 《书王荆公骑驴图》,见《黄庭坚全集·正集》卷二七。

② 上海师大朱瑞熙教授有《王安石"字说"钩沉》、《王安石"字说"钩沉续》,对残存的《字说》条文进行了比较全面的搜集整理,分别载《抚州社会科学》1987年第3期、《抚州学刊》1990年第12期。

③ 以上见杨时《龟山集》卷七《王氏字说辨》。

④ 以上见陆佃《埤雅》卷五、九、一一。

会的发展,概括为"新故相除"的过程,这是很高明的见解。"崇高"词组,二字分开解,不无新意,然套上"阴阳",则不免牵强。王安石《字说》之见解,尽可讨论,但它作为新出的学说,却是值得重视。

第6至8词条,是拆字分析,找出其义。羔字分为羊、火来解释,与《说文解字》的训释相近:"羔,羊子也,从羊、照省声。"鹦鹉、蜘蛛是双音节联绵词,把它们拆开来作字义解释,显得牵强附会。

《字说》不同于通常的字典,没有反切读音,没有应用实例,解释其意也并非都是简明直白,常常是载有哲理性的分析或拆解,充溢着他的变革思想倾向。因而,有理由将它当理论性的著述,不把它看作字典。虽然如此,也不妨将它看作字典中的特例。许慎《说文解字》,也没有离开经义,他开创的体例被尊为范式,却不等于偏离不得。在解说字的意义之中,着力宣传学术观点,省去通常必有的反切,仍属说"字"。《字说》仍然是按字写意,一字一说,因字而异,不是内容连贯的整篇文章。其中穿凿附会的部分,则应予扬弃。

五、科技著作与水利专家

在儒学经术居绝对统治地位的时代,人生价值特重读书中举,走上仕途,农工耕织乃乡民之事,士大夫是不屑一顾的。就是在这种社会背景下,仍有一批儒者关注生产技艺,将才学智慧贡献于实用科技,取得了可喜的成果,其精神可嘉,其人尤为可敬。

曾安止及其《禾谱》。曾安止(1048—1098年),字移忠,号屠龙翁,吉州太和县人。熙宁九年(1076年)进士,初任洪州丰城县主簿,后改江州彭泽县令。因目疾离任返乡,不再出仕。安止十分关心农事,认为"农者,政之所先",故尽心致力于水稻栽培。他走向田间,咨问农民,考察禾苗生长实际,并参阅前人著述,写出《禾谱》5卷。其《禾谱·序》说其写作动机与吉州农业优势曰:

> 独吉之民,承凋敝之余,能不谬于所习,盼盼然惟稼穑之为务。凡龆龀之相与嬉,闾井之相与言,无非耰、锄、钱、镈之器。……自邑以及郊,自郊以及野,峻岩重谷,昔人足迹所未尝至者,今皆为膏腴之壤。……近时士大夫之好事者,尝集牡丹、荔枝与茶之品,为经及谱,以夸于市肆。予以为农者,政之所先,而稻之品亦不一,惜其未有能集之者。

曾安止在重农思想指导下，不追时髦风气，力求填补农书中的空缺，将太和县农村的水稻品种逐一分类记录，进行品种鉴别，名称辨识，得到早禾籼品14个，糯品11个；晚禾秔品13个，糯品12个，合计50个品种。这样多的品种在一个县内栽培，由此可以看出泰和农民注重选种，不断培育出适宜本地水土环境的稻种，求得更好的收成。如占城稻，传入当地"才四五十年"，已有了"早占禾"、"晚占禾"之别。

绍圣元年（1094年），苏轼贬惠州（今广东惠阳），路经太和，见《禾谱》"文既温雅，事亦详实"，同时"惜其不谱农器"，作《秧马歌》相赠，附其书后。

《禾谱》在《宋史·艺文志》、《文献通考·经籍志》均有著录。但原书已佚，现在只是泰和县石山乡匡原村的光绪三十四年版《匡原曾氏重修族谱》中，见到转录的部分内容，但已可看出，它不仅是泰和农村的稻种专志，而且是"中国第一部水稻品种专志，它是北宋时期江西水稻农业高度发展的产物。""对中国水稻栽培史的研究具有重要的意义"[①]。

张潜及其《浸铜要略》。张潜（1025—1105年），字明叔，饶州德兴人。其家为德兴望族，"内外数千指，宾客憧憧，饮食宴乐无有虚日"[②]。张潜善于治家理财，"其治生，得与之为取之之术，故积而能散，散而复来"。在田地广、仓廪实的基础上，他家因地利之便，经营铜矿业。张潜"尝读神农书，见胆矾水可浸铁为铜，试之信然，曰：此利国术也。命其子甲献之，朝廷下其法，诸路岁收铜数百万"[③]。张甲，是张潜第四子，献出的即《浸铜要略》，朝廷给予的回报是授张甲"三班差使，减三年磨勘"。

张潜写成《浸铜要略》以及张甲献出此书，是在哲宗绍圣年间（1094—1098年）。南宋的赵蕃说："布衣张甲，体物索理，献言以佐圜法，宋绍圣间，诏经理之。"[④]元末危素也说："当宋之盛时，有三司度支判官许申能以药化铁成铜，久之，工人厌苦之，而事遂寝。今书作于绍圣间，而其说始备。"[⑤]

元朝至正十二年（1142年）张潜之孙张理，"献其先世《浸铜要略》于朝"，同

---

① 曹树基：《〈禾谱〉及其作者研究》，载《中国农史》1984年第3期。又，尹美禄《从〈禾谱〉看北宋吉泰盆地的水稻栽培》，也转述了《禾谱》的部分内容，见《农业考古》1990年第1期。
② 《将仕郎张由墓志铭》，见陈柏泉《江西出土墓志选编》，第92页。
③ 《通直郎张潜行状》，见陈柏泉《江西出土墓志选编》，第85页。
④ 赵蕃：《章泉稿》，卷五。
⑤ 危素：《危太朴文集》，卷一〇《浸铜要略序》。

第九章
经学、史学、文学与科技新成果

时拿副本给危素看,请其写序。可见序中所说往事是真实的。许申以铁化铜的试行,据《宋史·食货志》在景祐年间(1034—1038年)。由景祐至绍圣,经过约半个世纪,该是又有无数个热心冶铜事业的人反复试验改进其法,至张潜写出《浸铜要略》,"其说始备",浸铜技术已经成熟,能够推广应用了。张潜是浸铜生产的实际经营者,其"化铁成铜"技术在绍圣之前已在运用之中。故危素又说,"其父子祖孙遹于一事,其讲之精,虑之熟",终于写出总结性技术成果《浸铜要略》,把我国人民在世界冶金技术和化学史方面的重大贡献,正式宣告于天下。

《浸铜要略》在元代以后失传,有关的文字只有危素的《浸铜要略序》,全文不足600字,其中说德兴县兴利场有胆泉32处,整理成浸铜沟138处,依胆泉浓度区别为五日,七日,十日"举洗一次"三类。"政和五年(1115年)雨多泉溢,所浸为多。"时至20世纪末,我去德兴铜矿采访,仍见有胆水浸铜设施,只不过产量甚微,已退居无足轻重的地位。

水利专家侯叔献、余良肱。侯叔献(1023—1076年),字景仁,抚州宜黄人。庆历六年(1046年)进士,任开封府雍丘县尉,境内多盗贼,他将捕获的盗贼押送开封府,府尹李珣对他说:你的才能我非常清楚,我将率同僚举荐你。叔献辞谢曰:"本以公事至府,事毕归邑。若投谒以求荐,非我志也。"竟不面推官、判官而去[1]。再任桐庐县(今安徽)令。王安石变法时,调任制置三司条例司,拟议新法。他上言:汴河沿岸沃壤千里,而夹岸公私废田略计二万余顷,多用牧马;计马而牧,不过用地一半,故常年荒地一万余顷,"观其地势,利于行水,欲于汴河两岸置斗门,泄其余水,分为支渠,及引京、索河并三十六陂,以灌溉田"[2]。神宗同意这个建议,命叔献提举开封府界常平,实施引汴水灌田工程。

熙宁三年(1070年)八月,叔献为权都水监丞,提举沿汴淤田。六年十月升同判都水监,主管水利事。他巡察河北、京东二路,疏浚了白沟、乃马、自盟三条河道,辟大湖,立新堤,开直河二千余里,使当地农田灌溉条件获得改善。他访问乡间耆老,得知黄河淤泥可治理盐碱地,遂奏请在汴京附近实施,被命兼提举沿汴淤田。侯叔献仔细"相地形,度河势",引河水淤灌开封府地区闲田。一次引水淤田,汴水暴至,堤防将毁。他了解到上游数十里有一旷废的古城,急命掘开彼处堤岸,使水注入空城。下流于是浅涸,使人抢修堤防。次日,古城水满,汴

---

[1] 魏泰:《东轩笔录》,卷八。
[2] 《宋史》卷九五《河渠五》。

流复行,而塌陷处的新堤已筑完。再从容地塞古城处的决口,因内外水面趋平而不流,容易施工,缺口很快阻住,"众皆服其机敏"①。几年间,共溉田40万顷。侯叔献在农田水利中的实绩,是对熙宁新法的有力支持。神宗夸奖说:"古人所谓勤于邦,尽力乎沟洫,于卿无愧。"②熙宁八年,诏令京西路运粮去河北,侯叔献于是建议:因丁字河故道凿堤置闸,引汴水入于蔡河,以通舟运。九年(1076年)侯叔献在扬州光山寺一带治水,"以勤感疾",病卒。

余良肱(事迹见前)。

六、建筑技术成果

北宋的建筑技术发展到一个崭新的高度,产生了杰出的建筑匠师喻皓及其《木经》、杰出的工程师李诫及其《营造法式》。喻皓是北宋前期最负盛名的能工巧匠,精于建造佛塔,在开封建筑的开宝寺塔,预留倾斜度,以便抗击西北风。欧阳修说:"国朝以来,木工一人而已,至今木工皆以喻都料为法。"③李诫是北宋后期的将作监丞,奉朝命编修《营造法式》,元祐六年(1091年)修成,崇宁二年(1103年)正式刊行,作为法定的建筑规范。《营造法式》规定的材料高宽比例为3比2,这比现代科学验算的截面最强抗弯强度只低0.23%,极为逼近,早于17世纪伽利略的类似结论5个世纪,在世界建筑史上远居领先地位。李约瑟在《中国科学技术史》中说"西方是无法可与《营造法式》相较量的"。《营造法式》是官颁建筑法规,对推行标准设计,严格工料定额,保证工程质量,都有积极影响④。在这个优越的建筑环境中,江西工匠技师建造了一批优质建筑物,有的经受住八九百年的考验,保留至今。现在仍能见到的有:

房屋:

西阳宫,在永丰县沙溪乡沙溪街西南1公里处,位磨盘山东南麓。原为唐代西阳观。因欧阳修父亲名欧阳观,与西阳观之"观"音异而字同,为避讳,至和二年(1055年)宰相韩琦奏请于朝,将西阳观改称西阳宫。该宫坐北朝南,为三层阁

---

① 《梦溪笔谈》卷一三《权智》。胡道静校注本,第243条,中华书局1958年版,第148页。
② 同治《宜黄县志》卷二八《人物·名臣》。又光绪《抚州府志》卷四九《人物·宦绩》。
③ 欧阳修:《归田录》,卷一。关于开宝寺塔以及《木经》的详情,见河南省博物馆《祐国寺塔》(《文物》1980年第7期)、夏鼐《梦溪笔谈中的喻皓木经》(《考古》1982年第1期)。
④ 关于李诫《营造法式》的专题研究,参见管成学《宋代的科技与改革初探》(《中日宋史研究会中方论文选编》,河南大学出版社1991年版)、刘克明《宋代工程图学的成就》(《文献》1991年第4期)。

图23 永丰县沙溪西阳宫

楼式,门坊宽9.1米,高6.24米,摆高4.50米;门高2.80米,门宽1.58米,墙厚0.40米,地面以特制大型正方形砖铺砌,上部飘檐,两边伸摆门上部横书"西阳宫"三字,门楣内有"柱国冢宰"四字刻石。西阳宫拱门后正中是文忠公祠堂,左为泷冈阡表碑,右有泷冈书院、文儒读书堂。1957年公布为省级文物保护单位[1]。(图版23)

难禅阁,在宜春市区重桂路南侧口,绍圣年间(1094—1097年)袁州司理李仲元建造,为参禅悟道之所,黄庭坚为其书名。阁呈正方形,边长14.2米,檐高11米,总面积400米。庑殿式,四坡顶,重檐,琉璃瓦。中轴线左右对齐,对称布局。抬梁式木构架,四柱围一间,面阔三间,进深三间。雀替、斗拱、驼峰、穿插枋、天花板、藻井皆备,装点有花、鸟、麒麟等文饰。1984年列为宜春市重点文物保护单位[2]。

马祖塔亭,在靖安县宝峰镇宝峰寺内,元丰八年(1085年)建。由花岗石榫接而成。通高5.5米,亭深5.17米,柱间宽1.9米,对角径长4.5米。柱枋上置仿木斗拱,六角攒尖顶亭盖。亭刹已失。梁上刻"圣宋元丰岁次乙丑五月癸巳朔廿八日庚申琢石重新建造□□"。

城墙:

---

[1] 《永丰县志》第五编第九章"文物胜迹"。新华出版社1993年版。
[2] 《宜春市志》卷三三《文物名胜》。南海出版公司1990年版,第719页。

虔州城墙始建于东晋永和五年（349年），五代后梁扩建，奠定了后来重建的基础。北宋重建。嘉祐年间（1056—1063年），知州孔宗翰鉴于城墙濒临章水、贡水的冲击，"岁为水齧"，命工匠"伐石为址，冶铁锢之"。开始用石为墙基，上层再砌以砖；同时以铁水浇注基石缝隙，使其联结牢固成整体。于是，城墙"由是屹然"，获得朝廷"褒美"①。熙宁间（1068—1077年），知州刘彝再次维修城墙，因州城三面临水，遇江水暴涨，辄灌城内，遂在龟角尾城墙处新开水窗12间，"视水消长而启闭之"，消除了水患②。如今在城墙上仍能找到有"熙宁"铭文的城砖。该城墙是江西省现存规模最大的古代城墙，也是全国少有的北宋城墙之一，1987年列为省级文物保护单位。

佛塔：

西塔（红塔），在浮梁县旧县城西侧。道光《浮梁县志》载："西塔寺在西隅，唐太和六年（832年）僧度创。塔高十三丈，宋建隆二年（961年）县民黎文表倡造。明万历三年（1575年）塔重修。"1970年实测此塔时，发现塔顶覆盆铸铭文为："浮梁县太平坊清信弟子黎文聪，自舍钱一百贯文足，铸造大圣塔上覆盆一所，永彰不朽者。康定元年（1040年）岁次庚辰四月二十八日。"③依旧志所载，该塔建于北宋建隆二年（961年），现存者为明万历重修。据铭文，有两种可能，一是康定元年重修过，将"大圣塔"的覆盆移置过来；二是万历重修之时，把"大圣塔"覆盆安装了上去。1984年对西塔进行了维修。该塔七层，正六边形，底层边长5.2米，逐层

图24　浮梁县红塔

---

① 《宋史》卷二九七《孔道辅附孔宗翰传》。孔宗翰知虔州时间据同治《赣州府志》卷三四《官师志》。

② 同治《赣州府志》卷四二《府名宦·刘彝》。

③ 据1999年版《浮梁县志》第25篇第6章第2节。该志据旧志及铭文说："由此可见，西塔建于建隆二年至康定元年。"

第九章
经学、史学、文学与科技新成果

收紧,顶层边长3.7米,塔高从地面至覆盆顶为37.8米。全塔以青砖砌成,底层墙厚3米,塔心中空,不设钩栏。因砌筑时以红壤泥作灰浆,长年累月,泥浆外溢,把全塔染成红色,遂称为红塔(图版24)。

慈云塔,又名舍利塔,在虔州城内东南隅慈云寺旁,天圣元年(1023年)建。此塔为阁楼式,高42米,六面九级,下有须弥座。每层外壁作四柱三间式,上砌斗拱、菱角牙子,内设佛龛。穿过塔心可以登至顶层。壁绕平座,叠涩出檐用青砖砌成。塔内砌有铭文砖,文曰:"天圣元年弟子鲍俊舍塔砖一千五百口"、"舍利塔砖僧□"、"天圣二年女弟子陶一娘舍钱二十吊"等。黄庭坚题《慈云寺》诗云:

图25 赣州慈云寺塔

城南宝坊金碧重,道人修惠翦蒿蓬。
一瓶一钵二十载,琼榱碧瓦上秋空。

该塔原有木结构外檐回廊,光绪三十二年被雷击毁。塔刹不存[1]。列为全国重点文物保护单位(图版25)。

嘉祐寺塔,在大庾县南安镇狮岭下,建于嘉祐元年(1056年)。塔下原有嘉祐寺,已圮。为五级六面楼阁式砖塔。塔高19米,塔基每边长2.1米,中有角背。梁枋斗拱系仿木结构,与天籁阁所藏《王勃滕王阁对客挥毫图》中所绘者相同。塔内空心,内有壁龛,可攀登到第五层。每层各面有凸出的门框、壸门,有塔座。第一层至第二层之间塔身外壁装饰独特,在倚柱间有两根普柏枋,各枋下饰有

---

[1] 《赣州地区志》第二四篇《文化艺术·古建筑》。新华出版社1994年版。

图 26　大余嘉祐寺塔

一朵斗拱。从第二层平台起有菱角牙砖砌直,至第五层共用167块菱角牙砖。塔顶有三层菱角牙砖组成的小飞檐,塔的覆盆上有三级宝葫芦。列为全国重点文物保护单位①(图版26)。

大圣寺塔,在信丰县嘉定镇县人民政府后院,治平元年(1064年)建。1954年发现在塔的木雕佛像上刻有"大圣寺"三字,故名。该塔6面9层。每层两级,明暗相间,共18级。每层有6门(3真,3假),是穿壁绕平座楼阁式砖塔。覆盆以下高51.78米,底座外边长5.9米,壁厚3.65米,内空对角距3米,占地90平方米。塔壁外部有斗拱,角柱支撑平台栏杆,腰檐筒瓦。第九级为重檐塔顶,使塔显得更秀丽壮观。国家文物局专家于1953、1954年两次考察,在塔上发现木雕佛像1尊,上有"朱叶民及妻来大圣寺,在搭上充供养,乙丑岁十一月□日题"的铭文,以及"开元"、"大观"铜钱。1986年重修,在第七层壶门墙上发现有铭文塔砖,文曰"治平元年"、"元祐元年",因而认定,此塔始建或重修年代为北宋治平元年。1987年对塔基进行地质钻探后发现,塔基地层深7米,宽径21米,采用一层黄泥,一层鹅卵石铺筑,每层相隔约15公分,夯实为坚硬的塔基。在清基工程中发现大会廊伏石、麒麟浮雕石栏板、莲瓣纹望柱等。1990年重修工程竣工,重修了平台腰檐,重新安装了塔刹,现塔通高66.45米。列入全国重点文物保护单位。

---

① 《赣州地区志》第二四篇《文化艺术·古建筑》,新华出版社1994年版。又,《大庾县志》"文物·古建筑",三环出版社1990年版。

（图版27）。

江仕澄塔，在吉安市西街水巷口南端，元丰五年（1082年）兴建，天启六年（1626年）重修。塔为7级，方形，塔顶有铁刹呈三个葫芦形。全塔通高22.8米。第四层中有《妙法莲华经》第五卷。第四、五、六级的壁龛中，有佛像6尊，其一为木质，五尊均为瓷质，头部波状发，高肉髻，面相方正典雅，衣褶柔软流畅，眼半开而下视，嘴露微笑欲言的表情。整体烧制得比例匀称，饱满自然，富有世人的真实感。瓷塑佛身，省外少见，而江西屡见出土，这是佛教兴盛与瓷业发达的综合表证。该塔捐建者是谁？二层南门嵌有方砖一块，上刻"临江军清江县钟秀门外居住江仕澄砌此宝塔元丰五年十月日记"[①]。据此铭文，江仕澄似是砌塔工匠，但理解为捐建者，可能更妥，因通常是认真的镌刻捐建人姓名与时间，不会只刻工匠而不管出资人。

图27　信丰大圣寺塔

无为塔，在安远县城西北200米处的红岩上，绍圣四年（1097年）邑人杜鉴主持，七望族合建。该塔6面9级，每面有1扇真门或假门，相互间隔。每级有回廊、平座、栏杆和飞檐，檐角吊挂铜铃。有明、暗楼17层，暗楼设有佛龛。步阶梯穿楼廊可登至塔楼顶层。属穿壁绕平座的楼阁式砖塔。因风化严重，国家文物局拨款17万元，于1981—1984年进行了抢救性维修。该塔有塔基座和平台，底层有回廊，回廊大门朝北，廊宽3.9米。底层墙厚3.35米，各面宽5.9米，各角均有八棱倚柱，中间设壶门，门两侧设槏柱，将每面分为三间，槏柱与角柱间用单层蓝额，每间有补间铺作一朵，为单杪四铺作。第二层平座，构造比较简单，仅用菱角牙子3层，平座之上为第二层门（窗）及腰檐。再往上各层塔外壁制作与第

---

① 彭适凡、刘林：《吉安北宋江仕澄塔出土文物》，载《江西历史文物》1982年第1期。1966年9月因将倒塌，经省文物管委会批准拆除该塔。

图28 安远无为塔

二层相同。塔外壁的木走廊和腰檐,原已烧毁,维修时改用钢筋混凝土复制,并恢复了塔刹和底层回廊。今塔身高55.米,塔刹高6.5米①。列入全国重点文物保护单位(图版28)。

宝福塔,在石城县琴江镇琴江东岸宝福寺后院,崇宁元年(1102年)始建,大观四年(1110年)竣工。6面7级,竹节钢鞭形,属穿壁绕平座楼阁式砖塔。通高50米,底座外边长5.6米,塔壁厚3.7米,内空对边距10米。各级均有明暗层之分,每级有门6扇,三开三闭。平座和檐下均有砖砌的额枋、斗拱等仿木结构,檐角挂铜铃。外壁有多处彩绘。塔砖上铭文有"崇宁壬午"、"僧道符立"以及捐赠塔砖者的姓名,底层有"应可"砖记。塔顶有塔刹,铁覆盆外壁上,铸有捐奉者姓名。该塔楼栏毁于元末,后多次遭兵燹,损坏较重,塔身已向东北方倾斜②。上世纪90年代国家已拨款维修。列入全国重点文物保护单位(图版29)。

此外,还有南塔,在永新县禾川镇,又称茅塔,用砖砌成,九层四角,各层四面设龛,塔顶有铁刹。高17米,塔基正方,边长4.1米。铁刹铭文写明塔建于至道元年(995年)。观音堂塔,在鄱阳县城内,又称永福寺塔,建于天圣二年(1024

---

① 《赣州地区志》第二四篇《文化艺术·古建筑》新华出版社1994年版。1993年版《安远县志》第二四篇第一章第四节作"江西省文化厅和安远县人民政府合计拨款17万元。"

② 《赣州地区志》第二四篇《文化艺术·古建筑》,新华出版社1994年版。参见1990年版《石城县志》第五卷第三八章第一节《古建筑》。

第九章
经学、史学、文学与科技新成果

图29　石城宝福塔

年),九层八角砖砌而成,高49米。

桥梁：

观音桥,又名栖贤桥、三峡桥,在星子县白鹿乡的白鹿洞西2.5公里处,位栖贤寺之下方,建于大中祥符七年（1014年）。此处山谷汇纳数十条溪涧之水,每逢春夏,山洪奔泻,水石相击,汹涌轰鸣。该桥横跨山涧之上,为单孔券拱结构,长20.45米,宽4.33米,高10.67米。桥面铺以大石板,两侧砌有石栏杆,人行其上,毫无惊险感觉。拱券结构沿袭了河北赵县隋代赵州桥的纵向并列券的做法,桥拱内圈呈弧形自然弯曲,石块排列为七行,共105块各重约1吨的长方形花岗石砌成。相互凿出子母榫联结,不用泥浆黏结。桥西左侧有石级可通桥东。整体结构严密坚固,至今仍可通行载重汽车,是充分利用拱形力学原理建桥的杰作。因其坚致壮奇,民间乃传"鲁班造"。桥拱底面石块铭文依然清晰可辨,文曰："维皇宋祥符七年,岁次甲寅,二月丁巳朔建桥。上愿皇帝万岁,法轮常转,雨顺风调,天下民安,谨题。福州僧智朗勾当造桥,建州僧文秀教化造桥。江州匠陈智福、弟智汪、智洪。"①观音桥是我国北宋单拱石桥的珍贵遗产,它利用山谷岩石架桥,既有利于交通,又减少山洪冲击,是古代桥梁建筑史的实证资料,对佛教史,尤其是佛教在庐山传播历史的研究也有重要的参考价值。该桥为江西省级重点保护文物(图版30)。

逢渠桥,在新昌县(今宜丰)同安乡洞山水口,建于绍圣五年(1098年)。为单孔券拱石桥,凌驾于葛溪之上。此处两岸为砂土,缺乏承担拱桥外向推力的

---

① 参见《星子县志》卷十二《名胜古迹》。江西人民出版社1990年版。

图30 星子观音桥

地形、地质条件,所以,建桥者采用大于180度的拱圈设计,将负重压力只传递于桥墩,而不会传至两岸。为了增大桥墩承重面积,克服桥基地质比较松软的缺点,特将墩座做得很宽大,底下再用松木打桩,构成一块垫座底层。至今桥墩与桥基仍很坚固,尚未发现沉陷。券拱采用7个单券纵向并列组成,不多见。每券有矩形花岗石11块,共计77块排列整齐,每列的纵向与横向石缝皆相通,组成如半圆形的承重券拱。桥面长15米,宽4.7米,桥拱净宽4.2米,拱矢高2.1米,矢跨比2∶1,属斗拱型。左右拱肩各嵌有一个石雕武士,与真人一般高大,左执赶山鞭,右握开山斧,酷似佛寺中的护法韦驮。石雕的手法和风格,细腻而有条理,形态威严而又姿态自然,是北宋浮雕与宗教艺术中的优秀作品。桥石铭文曰:"绍圣戊寅岁,同安张仲舒妻雷四十三娘、男裕禧捐石桥,住持沙门梵言勾当惠耸题"。桥名"逢渠",是为纪念良价禅师于此悟道而建[①]。逢渠桥的外观特色,与曹洞宗良价祖师的事迹密切相连,所以也是有佛教禅宗气息的宗教建筑。在建筑结构上,逢渠桥也是特色鲜明,除超大弧度的券拱设计、宽大桥墩的构筑之外,其拱券的发拱形式也不一般,它采用正方形的楔形石砌结,增加了桥的横向并联强度[②](图版31)。

---

① 《五灯会元》卷十三:良价得法于云岩禅院(在修水县)昙晟。史传记载:良价辞别昙晟时,问曰:若有人问您的面貌如何,该怎样回答?昙晟答:即遮个是。良价似懂非懂,离开云岩山门。一日,来到宜丰葛溪岸边,见水中身影,顿悟"遮个是"的道理,吟偈曰:"切忌从他觅,迢迢与我疏。我今独自往,处处得逢渠。渠今正是我,我今不是渠。应须凭么会,方得契如如。"此即"睹影悟道",把握自心佛性,不假外求的典故。

② 李放:《逢渠桥》,载《江西历史文物》1982年第1期。

图 31 宜丰逢渠桥

鸣水桥，在樟树市阁山乡的阁皂山，建于政和元年（1111年）。该桥坐落在凌云峰峡山口，横卧阁水之上。据《阁皂山志·八景记》："阁水源出九龙，依势西流，至凌云峰口，冲崖直泻，咆哮如雷。水上横卧一石拱桥"。该桥东西向建于水声如雷的阁水之上，故名"鸣水桥"。此桥利用山峡崖石，凿崖为桥基，以长条石砌桥墩。拱圈采用赵州桥的纵向并列法砌筑，桥长7.3米，宽6.8米，由17道拱圈并列筑成，每道拱圈由7块长0.58、宽0.44、高0.34米的拱石砌成弧形桥拱，置于高94厘米的桥台之上。石桥内空高2.5米，宽2.6米，拱

图 32 樟树鸣水桥

圈之间安放"腰铁"以相联结,使17道拱圈结成为坚固整体。拱石之间的接触面均凿出细密斜纹,再以石灰浆砌筑,加强拱石相互之间的结合,提高了拱圈的抗压强度。桥面用等边方石呈对角菱形铺砌,两侧装置石栏,由望柱、栏额、华板、地栿构成。南宋开禧年间,孙方丈在桥面上增建一亭,曰"鸣水台"(该亭于清初焚毁)[①]。左右桥台石刻有"大宋政和元年辛卯岁,閤皂山道众,化缘信人财物,建此石桥,至四年冬至日毕工。谨题。"该桥既是道教圣地的名胜古迹,閤皂山道教历史的实物见证,又是古代桥梁建筑的宝贵遗产。列入全国重点文物保护单位(图版32)。

此外,还有玉涧桥,在星子县白鹿乡,皇祐六年(1054年)建造,是单孔石拱桥,高2.5米,长、宽各3.7米。拱内刻有"宋皇祐六年甲午岁正月望日建"。

[①] 《清江县志》(1989年版)第二十六编《文物胜迹》。参见李玉林《宋代鸣水桥维修竣工》,载《江西历史文物》1980年第3期。据县志,民国十年重修此桥,二十三年閤皂山住持欧阳明性再建鸣水亭,1958年修公路,拆亭以通汽车。

第十章
佛道宗教的传播

儒佛道在争斗之中相互渗透，三教思想从激烈排斥到平静合流，是客观存在的文化趋势。"以儒治国，以佛治心，以道治身"，这是封建统治者逐渐领悟到的宝贵经验，北宋君臣尤能身体力行。

唐高祖李渊于武德七年(624)春，在太学召集儒、释、道三家学者，命国子博士徐文远讲《孝经》，沙门惠乘讲《般若经》，道士刘进喜讲《老子》。然后，命博士陆德明诘难讲评，他们各自维护本宗之教义，但"众皆为之屈"[①]，陆德明占了上风。李渊此举，有调解三教的用意，让他们在同堂演讲争辩之中，各自明了彼此的优劣长短，以利相互取长补短。然而，终唐一代，三教之间的矛盾斗争，尤其是儒、释之间的斗争剧烈，中国历史上著名的"三武一宗"（即北魏太武帝拓跋焘、北周武帝宇文邕、唐武宗李炎，称为三武；后周世宗柴荣，为一宗）灭佛事件，一半发生在李渊召开"三教论坛"之后。可是，"灭佛"只是短期的事件，过后佛教又重振起来。争斗有利于知己知彼，借鉴对方，完善自身教义，并促进融合。结果是，当年东林寺慧远力主的"沙门不敬王者"原则，逐渐被淡化，至北宋最终抛弃，萍乡杨岐宗方会庄重地祝愿"今上圣寿无穷"，已经完全臣服于"王者"。

从公然"不敬"到当众喊万岁，都由江西僧人承担，这是巧合，也是自然。慧远是东晋时代中国高僧的杰出代表，"博综六经，尤善老庄"的学问修养，使他具有极大的理论勇气，阐明"沙门不敬王者"的深刻含义，让桓玄等军政首脑信

[①] 《旧唐书》卷一八九上《陆德明传》。

服：佛教对己无害，于统治有益。经过儒佛道三家长期反复的争论驳难，浮屠们不断吸收中国传统文化，补充并改造自己。"三武一宗"对佛教的打击政策，更使僧众意识到：与其保守外来宗教的面孔，注重形式，遭受"法难"的折磨，不如脱却外表，将"阴助教化"变为公开拥戴。何况当年道安曾对慧远等弟子们交待："不依国主，则法事难立"，而且慧远的"不敬"是以不争夺为内含，实际上是最好的礼敬。这种不敬之敬，维护着佛教的生存地位。

佛教在中国日益本地化过程的完成，是以禅宗的确立为标志。禅僧将"心中佛"推向极致，而把修炼形式置于次要末位。惠能以后的"五宗七家"，以江西为主要传播基地，而杨岐宗正是北宋时代最活跃的禅宗一家，作为该宗的开山祖师，方会率先对皇帝祝寿，庐山观音桥镌刻"皇帝万岁"，便是顺理成章的了。另一方面，君王们在注意管理宗教的同时，更看重佛教对统治的思想支撑作用，而把他们在财富与劳动人手方面的占有看轻，不再沿用"三武一宗"的剥夺政策，也是促成佛僧实现这种转变的重要因素。

三教走向和平共处的趋势在发展，进入北宋以后继续广泛地展开。宗教必须依赖皇权，而皇权也需要借助宗教。佛道的兴衰主要决定于朝廷政策。唐朝皇帝姓李，格外尊崇道教。宋朝诸帝，对佛道二教的政策基本一致，既推崇，又限制，始终将它们控制在对统治有利的范围内。宋太祖以"现在佛"自居，太宗以治人为修行之地，视为普度众生之举；更多的官绅在念佛坐禅，习学佛理，吸收其思想资料。"灭佛"的事件不再出现，同时又限制其过度泛滥。正是在北宋的政治环境中，佛教日益世俗化，佛僧既出家又入世，既说空又宣扬忠君，完全和世俗士大夫走着同一条路子，相互诗文唱和，学问切磋，非常融洽。士大夫们非常熟谙佛禅教义，学兼佛老，与名僧为友，已是普遍时尚。开国宰相赵普，定下了"以尧舜之道治世，以如来之行修心"的原则，后继者甚至只与说禅者游，如吕公著：

> 素喜释氏之学，及为相，务为简净，罕与士大夫接，惟能谈禅者，多得从游。于是好进之徒，往往幅巾道袍，日游禅寺，随僧斋粥，讲说性理，觊以自售，时人谓之禅钻。①

---

① 徐度：《却埽编》，转录自丁传靖辑《宋人轶事汇编》卷六《吕夷简》附子公著。中华书局1981年版第269页。

第十章
佛道宗教的传播

除了跑官而好说禅者之外,还有不少士人学者也喜欢交僧人朋友,苏轼自言"独念吴、越多名僧,与予善者常十九"①。众多的儒家"居士",在自己的儒学著作里溶入佛教的观点与术语,或者径直著述佛老之书;而僧侣们也有更深的儒学修养,《传灯录》之类不断问世,儒佛双修的学问僧随处可见。其中的一个代表者智圆,即在理论上对合流做了精辟的阐述,他说:

> 儒、释者,言异而理贯,莫不化民,俾迁善远恶也。儒者饰身之教,故谓之外典。释者修心之教,故谓之内典也。蚩蚩生民,岂越于身心哉!非吾二教,何以化之乎?嘻!儒乎,释乎,其共为表里乎!……非仲尼之教,则国无以治,家无以宁,身无以安,释氏之道何由而行哉!②

智圆论述的观点,不仅将儒释两家的治民功效做了区分:儒饰身,释修心;而且强调了释对儒的依从关系,即佛教的传播必须以国治、民安为前提,必须儒道先行。换句话说,佛教必须调整与皇权的关系,放弃"不敬"的口号,改为在顺从中合作的态度。

道教在北宋时期有很大的发展,在得到与佛教一样的待遇之同时,更有高级官僚提举宫观的制度,还出现过真宗、徽宗两朝特别崇道的发展高潮,将道教的传播推向新阶段。

三教思想合流,是强化统治的需要,也是士大夫生活内容中常有的一部分。屡遭贬降的苏辙深有感慨地说:"夫多病则与学道者宜,多难则与学禅者宜"。既与僧道们出入相从,跟着练气功,习养生,或者坐禅,参学悟空,遂能病少安,忧自去,"洒然不知网罟之在前,与桎梏之在身,孰知夫险远之不为予安,而流徙之不为予幸也哉!"③人生疾病,谁能避免?仕途上的灾难,更是难料。当网罟与桎梏降临之时,到空无之中寻求解脱,自然是最可行的办法。佛道抚慰人生苦痛,解答世间疑难,让你有平安与幸运的感觉,儒生们怎么能不与之交游?苏辙谪官筠州,经常与佛僧交游,接受了不少佛教思想,又写《老子解》(一作《道德经解》)2卷,当时他每写出一章,都拿给道全禅师看,互相商榷。该书

---

① 苏轼:《东坡志林》,卷二《付僧惠诚游吴中,代书十二》,见《三苏全书》子部。
② 智圆:《闲居编》,卷十九《中庸子传》。
③ 苏辙:《筠州圣寿院法堂记》,见《三苏全书·苏辙集》卷八三。

"大旨主于佛老同源,而又引中庸之说,以相比附"①。苏轼对此书的评议居然是:"使战国有此书,则无商鞅、韩非;使汉初有此书,则孔、老为一;使晋宋有此书,则佛、老不为二。不意老年见此奇书。"②

诸种社会因素的集合,促成寺观遍布于城乡山村,大片山田成为寺观产业,生活中随处可见释迦与老君的痕迹。现实生活中的依存共处,与思想上的渗透融合,相互推动,佛道宗教已是民众生活中常见的内容。作为精神寄托与信仰的载体,佛道宗教在百姓心目中更注重的不是教,而是神,是能为民众消灾来福,保佑安康的神灵,中国民间逐渐形成信神多元化的宗教信仰特色。

非常有意思的是,正是到了北宋出现了儒佛道三教造像石窟。在此以前,遍布中国13省100余座大中型石窟之中,都不见"三教"同在的雕刻造像,可是到了元丰年间,四川大足县(今重庆市辖)的雕像中发现9处,其中最富代表性的是石篆山、妙高山两处的石窟造像,是儒佛道三教发展至宋代已经合流的最好物证③。

江西各地继唐、五代以后,佛教和道教的传播进一步扩大开来。随着农业经济的兴旺,生产开发地区扩展,佛道寺观散布的地域相应扩展。科举教育的振起,儒学的社会价值空前受到重视,而宗教与皇权之间的相互为用也同步跟进,科举和佛道宗教并未相互排斥。禅宗的黄龙宗、杨岐宗开宗于江西,书院与官学又以江西为盛,佛禅与儒学彼此靠拢、互相渗透的形势,在江西得到生动的反映。因而,在儒生士子趋集江西求学之时,僧侣们也不甘落后,纷纷来居祖庭,参禅悟道。与此同时,以贵溪龙虎山为核心的天师道,从北宋开始,逐步树立起它的政治地位,在社会上扩大其影响。

---

① 《四库全书总目提要》卷二八《子部·道家类》。
② 苏辙:《老子解·叙录》,见《三苏全书》子部。
③ 陈明光:《初探大足石刻是宋史研究的实物史料宝库》,载《社会科学研究》1994年第4期。后汇集在《大足石刻考古与研究》一书中,重庆出版社2001年版,第34页。

第十章
佛道宗教的传播

第一节
佛教的广泛传播

一、朝廷对佛教的提倡与管理

1.北宋对佛教的提倡

北宋朝廷一开始就强调以儒立国,声言"经术者,王化之本",同时重视佛教,在驾驭佛教的前提下,发挥着佛教的资治效益。太祖至相国寺佛像前烧香,"问当拜与不拜",僧录赞宁答:不拜,"现在佛不拜过去佛"!机敏乖巧的赞宁,猜透了"今上"的心思,故其答"适会上意"——借僧人之口说出了帝王的旨意。"遂以为定制,至今行幸焚香,皆不拜也。议者以为得礼。"[①]皇帝入寺烧香而不下拜,既待佛以礼,又不失帝王的崇高身份,儒士们认可这种行为合乎礼制。赵匡胤于不经意中为后继者定下了对待佛教的规矩,这正是他统治的高妙一着。

太宗对佛教的资治作用,以及皇权与佛教的关系,作了十分直白的理论阐述。他在朝堂上对宰相大臣们说:

> 浮屠氏之教有裨政治,达者自悟渊微,愚者妄生诬谤。朕于此道,微究宗旨。凡为君治人,即是修行之地,行一好事,为天下获利,即释氏所谓利他者也。庶人无位,纵或修行自苦,不过独善一身。……佛经虽方外之说,亦有可观者,卿等试读之。盖存其教,非游于释氏也。

赵普回应说:"陛下以尧、舜之道治世,以如来之行修心,圣智高远,动悟真理,固非臣下所及。"[②]这段旨意明确的谈话,实为宋朝统治方针的敲定,"儒治世,佛修心"的国策,从此一定不变。太宗对"浮屠氏之教有裨政治"的宗旨,不是"微究",而是有深究;他号召官僚读佛经,是站在帝王的高度上着眼:治人即是"利他"。梁武帝舍身同泰寺为奴的做法根本不可比,唐武宗会昌排佛的政策也显得低级。尔后僧俗名流有关的文字言说,简直都是对太宗此论的注脚。佛

---
① 《归田录》卷一,见《欧阳修全集》。
② 《续资治通鉴长编》卷二四,太平兴国八年十月甲申。

教在朝廷的指挥下发展起来,太宗继位后七年,已剃度僧人17万余人①。

真宗统治时期,既崇信道教,也扶植佛教。财政大臣陈恕曾以激烈的言辞,请求废除译经院,真宗答:"三教之兴,其来已久,前代毁之者多矣,但存而不论可也。"②所谓"存而不论",是遏制臣僚发表排佛的言论。他接连颁行提倡佛道的诏令,大中祥符元年(1008年)十二月癸卯诏:"天下有名在地志,功在生民,宫观陵庙,并加崇饰。"③二年九月,诏普度天下童子(每十人度一人);三年,诏天下设戒坛72处(京东4,京西6,河北3,河东5,淮南9,江南14,两浙15,荆湖6,福建3,川陕7)④。淮南、江浙、荆湖、福建共47处,占65.3%,显然是重心区域。朝廷大规模发放为僧的证书,其人数迅速上升,天禧五年(1021年)为458,854人,达官府统计数最高点。此后不断有官员建议减少剃度僧尼数量,统计的人数减少,景祐元年(1034年)为434,262人,熙宁十年(1077年)为232,564人⑤。这个统计数仅仅是领有度牒的僧人,并不包括在寺院中的无度牒出家人和还未剃度的童行。

刊印佛教典籍,对传播佛教关系重大,既能更多的满足僧俗各界颂读佛经,也有利于对这些典籍的保存,最好地显示了宋朝对佛教的尊重。开宝四年(971年)我国历史上第一部大藏经正式开雕,太平兴国八年(983年)完工,称为《开宝藏》。《开宝藏》的目录主要由杨亿编制,初时定为5000卷,后来陆续增至6600多卷,共计13万版,成为当时内容最完备的佛教丛书。

2.加强管理的政策

在行政管理方面,佛道宗教统由礼部的祠部掌管,"凡宫观、寺院、道释,籍其名数,应给度牒,若空名者毋越常数"⑥。道教的宫观,佛教的寺庙,一般都需经官府允准,在名额内者为合法,否则为非法。著名的大寺院受到保护与支持,民间小寺院则限制其自由发展。北宋前期的禁令很严,认定"诸处不系名额寺院多聚奸盗,骚扰乡间,诏悉毁之,有私造及一间以上,募告者论如法"。真宗天禧二年(1018年)四月开始放宽,"寺院虽不系名额,屋宇已及三十间,有佛像,

---

① 《佛祖历代通载》卷十八。
② 《宋史》卷二六七《陈恕传》。
③ 《宋大诏令集》卷一七九。
④ 《宋会要辑稿》道释二。
⑤ 《宋会要辑稿》道释一。
⑥ 《宋史》卷一六三《职官三》。

第十章
佛道宗教的传播

僧人住持,或名山胜景,高尚庵岩,不及三十间者并许存留;自今无得创建"①。景祐元年(1049年)六月,政策又一度严厉起来,诏"毁天下无名额寺院"②。从后来各地佛寺众多的实际考虑,不在名额之内的寺院仍有相当的发展。

北宋寺院总数,"景德中天下二万五千寺,今三万九千寺"③。此处的"今",指仁宗嘉祐年间。由此可知,在约50年内,增加14,000所。

官府颁行度牒,是将剃度权控制在朝廷,在一定程度上限制着佛寺的泛滥。同时从中又看出敛财的机会,于是标价出卖。太宗时期一般每张度牒需纳钱100贯,英宗末年上涨至130贯。徽宗一朝滥放度牒,价格下跌,每张只50~60贯,有时低至20余贯。遇到特定需要,官府还会将度牒变换钱币使用,例如:熙宁六年(1073年)八月,熊本处置泸州蛮夷扰边事件,梓州路转运使陈忱奏请以度牒买军粮,说"泸州昨以夷贼扰边,屯戍稍广,配率飞挽,数州为之骚然。乞计会熊本以所赐夔路度僧牒二百,于淯井监安夷、宁远二寨募人入中粮斛,以备军储。从之"④。再如:绍圣四年(1097年)二月十一日,"诏降度牒百道,付洪州鬻钱,以募阙食小民,开治本州内外湖港。从江西转运钤辖司请也"⑤。以支付度牒的方式,作为官府经费开支,地方提出要求,朝廷就予批准,看来已是平常事了。

买度牒出家是宋人为僧尼的一大途径,此外,参加朝廷或地方官府的考试,合格者也可领得度牒;遇特殊庆典时,如皇帝生日大典,也会赐予度牒。但人数都比较少。

将佛教限制在宋朝统治利益之内的政策,还有禁止僧道参加科举,堵塞僧人、道士入仕之路。太平兴国八年(983年)十二月,太宗诏:"朝廷比设贡举,以待贤才,如闻缁褐之流多弃释老之业,反袭褒博,来窃科名。自今贡举人内有曾为僧道者,并须禁断。"⑥现今的僧道不能赴考,曾是僧道而后来还俗了的人也不准考进士。这条禁令持续执行了下来,避免了佛道势力进入官府,干扰政治,断绝了"弃释老之业"者出仕的期望,在实践上也有稳定寺僧的作用。

凡正式出家的佛徒,须经官府严格考核。对出家人规定了读经的数量,并

---

① 《续资治通鉴长编》卷九一。
② 《续资治通鉴长编》卷一一四。
③ 孔平仲:《谈苑》,卷二。四库全书本。
④ 《续资治通鉴长编》卷二四六,熙宁六年八月庚寅。
⑤ 《宋会要辑稿》方域十七。
⑥ 《宋会要辑稿》选举三之四。

需考试,以免猥滥。雍熙二年(985年)十月诏:"剃度僧尼,自今须读经及三百纸,差官考试,所业精熟,方许系籍。"①州县官府考试僧尼掌握佛经的程度,定下"系籍"——合格的标准,有利于遏制佛寺的泛滥。

还有禁止习学天文地理,禁止水陆斋会夜集士女等。凡是利用佛教反对政府的僧人,则定为妖僧,严厉镇压。

3.禅宗灯录的编撰

佛教诸宗派之中,禅宗的发展得到更多的支持。例如,太平兴国二年(977)将庐山东林寺改名为太平兴国寺,元丰三年(1080年)诏改为禅寺,这里的第一代禅宗祖师是常总禅师。萍乡宝积寺,本是律宗寺院,元符二年(1099年)十二月"敕破律为禅",县令黄大临请来宗禅和尚为住持,他"破六律院为一丛林"②,使禅宗在当地很快发展起来。

禅宗得宠,禅宗的《灯录》接踵而来,主要有:

《景德传灯录》30卷,释道原撰,翰林学士杨亿等参与"刊削"。

《天圣广灯录》30卷,李遵勖编。遵勖为太宗驸马,笃信佛法,聚僧府中,谈论通宵。书成后,仁宗为作序。

《建中靖国续灯录》30卷,释唯白集。唯白淹通佛儒,为云门宗师。

《灯录》,是一种史论并重的传记文体,它把禅宗高僧的前后师承关系,他们倡言的思想论说,逐一汇集了起来,成为弘扬本宗的历史资料。所谓"灯录",意为"以心传心"的师承,犹如佛前灯火续焰,代代不绝。《灯录》的问世,表明以教外别传的禅宗,其不立文字,以心传心,直指心性为特色的口头禅,已变成文字禅。这是由于禅寺经济实力增强,大寺院日益兴起,禅僧的文化水准普遍提高,他们与官僚士大夫的交往增多,于是悄然转变宗风。禅宗已具有知识群体宗派的形象,而好佛喜禅,又已是士大夫们的一种风尚。禅风大盛于北宋,既是宋朝传统政策所推动的结果,反过来又使这个政策更持续地执行下去。

二、杨岐宗、黄龙宗的崛起

从唐中期开始,禅宗演化发展为沩仰、临济、曹洞、云门、法眼五大宗派,其中沩仰、临济二宗发端于江西,曹洞宗则由宜丰而宜黄,师徒合力,全在江西生

---

① 《宋会要辑稿》道释一之十四。
② 黄庭坚:《萍乡县宝积禅寺记》,见《山谷别集》卷四。

第十章
佛道宗教的传播

发壮大,盛传天下。进入北宋以后,曹洞宗继续流行,临济门下仍来江西发展,再繁衍为杨岐、黄龙二宗,与前五家并列,合称"五家七宗"。杨岐、黄龙祖庭一在萍乡,一在分宁(今修水),促使四方佛门信众竞趋江西。

杨岐宗

杨岐宗开山祖师方会(992—1049年),俗姓冷,袁州宜春县人。(图版46)因经手管理钱粮出事,逃往邻县上高九峰山出家为僧,后徙萍乡西部(今萍乡市上栗县)杨岐山北麓之南源寺,得法于临济七传祖师石霜山楚圆。因僧俗迎请,方会往萍乡杨岐山广利寺,开堂说法,启迪学者,四方弟子聚集,形成新的宗派,史称"杨岐宗"。庆历六年(1046年)方会应邀住潭州云盖山海会寺,皇祐元年(1049年)卒,即建塔其地。

楚圆(986—1040年),俗姓李,广西全州人。住山西汾州太平寺,师事临济六传祖师善昭。往汴京拜见翰林学士杨亿、驸马李遵勖,质疑论道,过从甚密。后南下江西,先后住宜丰洞山、宜春仰山。因杨亿推荐,于乾兴元年(1022年)住持萍乡南源寺,开堂说法。三年后离去,入主湖南浏阳石霜山崇胜寺,弘传临济宗风,弟子四集,名重禅林,仁宗赐号"慈明",世称"石霜楚圆"。方会从楚圆在南源寺说法开始,一直随侍而学,承办寺务,众僧称善。楚圆卒,方会归九峰山,再至杨岐,学人拥戴,誉传东南。

杨岐山素来是佛门圣地,唐天宝年间,禅宗北派祖师神秀弟子乘广禅师云游到此,得黎氏兄弟献地捐款,建广利寺传扬佛法。其后不久,禅宗南派的怀海祖师弟子甄叔禅师又至,与乘广禅师合力经营,光大法门,广利寺日见繁盛,渐成"丛林"。乘广、甄叔二僧卒后,其塔均建在此。方会执掌法席之后,远承乘广、甄叔余绪,近接楚圆临济宗风,兼采众家之长,形成自己"随方就圆"的说法特色。庆历六年后,普惠禅师来主杨岐,将"广利寺"改名为"普通寺",沿用至今。

方会传扬临济宗风,在重申原有教义禅规基础上,再向前走,有了创新。他厉行百丈怀海制定的"百丈清规",身体力行,坚持过艰苦的农禅生活。他说:"杨岐无旨的,栽田博饭吃"。他记述当日的生活感受:"杨岐乍住屋壁疏,满床皆布雪珍珠。缩却颈,漫嗟吁,翻忆古人树下居!"在异常清苦的深山环境之中,没有异常坚定的精神追求,决不可能甘苦如饴,以"树下居"自况。

方会继承马祖道一的"即心即佛"观点,倡言:"只个心,心是佛,十方世界最灵物";"一即一切,一切即一";"一尘才举,大地全收"[①]。将自身修行的重要

[①] 颐藏主编集《古尊宿语录》卷十九,《袁州杨岐山普通禅院会和尚语录》。

性,以不同的文字,不同的表达方式,强调得更加明白。为着达到成佛的境界,方会认为"欲行千里,一步为初",看重行为的动机与开端。而且主张"河里失钱河里摝",将自我省悟发展到即时行动,不仅是内省的"身心清静",而且要求与随时随地的修行实践结合。方会从"心是佛"观点出发,提出"河里失钱河里摝"的知行结合主张,是十分可贵的思想进步。

方会的"心是佛"思想又衍生出"随方就圆"灵活态度,主张走出山外,进入社会世俗环境。他说:"杨岐一言,随方就圆","有马骑马,无马步行"。他的随机应变与官府人事连接,便是最媚俗的奉承。例如,潭州僧人请他住云盖山,他升堂说法的首段"法语",其弟子记录如下:

> 遂升堂拈香云:此一瓣香,祝延今上皇帝圣寿无穷。又拈香云:此一瓣香,奉为知府龙图、驾部诸官,伏愿常居禄位。复拈香云:……奉酬石霜山慈明禅师法乳之恩。某此次荣幸,伏遇知府龙图、通判驾部,洎诸官僚,请住云盖道场,可谓诸官愿宏深广,为国忠臣,建立法幢,上严帝祚。然愿诸官寿齐山岳,永佐明君,作大股肱,为佛施主。①

方会首先祝福的是皇帝,其次为地方长官,末尾才是传法恩师,表明了他忠顺的政治态度,与官府紧密配合的意向。当然,这也是他清醒地认识到,只有和朝廷保持一致——"随方就圆",才可能壮大自身,使宗门发展获得政治保障。官府对佛教僧寺来说,不仅是"施主",更是监护人。由此可以得到一点认识,方会等禅僧为求"出世",必先"入世",是在以"入世"的方式谋求其"出世";换句话说,他们的"出世"是一种生活形式,而其特有的"入世"也是必须的实际内容。方会的祝"皇帝圣寿无穷",以及庐山观音桥铭文的"上愿皇帝万岁",充分证明了一个事实,即佛教在中国已经由"沙门不敬王者"式的"阴助教化",发展为恭顺于皇帝、"明神政治"的宗教团体。

方会就职云盖山典礼上的祝颂词,表示了一种新的动向,即佛教内部也同样强调世俗秩序的首要性,他们在思想上肯定儒家伦常之后,进而落实到丛林生活制度之中。于是,寺院的日常秩序与官府的政治秩序之间已趋一致。正如陈垣所说:"当宋室全盛及南渡,君相皆崇尚三宝,其时尊宿,多奉敕开堂,故有

---

① 《古尊宿语录》卷十九《(方会)住潭州云盖山海会寺语录》。

第十章
佛道宗教的传播

祝颂之辞,帝王之道,祖师之法,交相隆重。"①

方会及其杨岐宗的世俗化修行方式,传到其徒弟们那里,已渗入生活的每个方面。例如,杨岐第三代传人法演(?—1104年)对寺院田庄的管理非常严格,他传给徒弟的秘诀是:"福不可受尽,福尽则必致祸殃";"势不可使尽,势尽则定遭欺侮";"语不可说尽,说尽则机不密";"规矩不可行尽,行尽则众难住"四端。这四端是对封建统治的权变法术的精辟总结,并熟练地运用到禅家僧侣的生活之中了。

唐朝惠能在七世纪下半叶开创的禅宗南派,传承演化二三百年后,理论上陈陈相因,少有创新,后继者费尽心机于传承方式,讲"公案",逗"机锋",以示高深。惠能强调心悟,宣扬本性是佛,不立文字,追求心印。然而后嗣支分派衍,师弟心印之间,各人领悟差异不同,自然出现分歧争讼,便又求助于文字记录。于是,唐后期已有《语录》,入宋更有大量的《灯录》,由不立文字的"内证禅",变而为依赖机锋、禅语的"文字禅"。

积累的"公案"多了,逗"机锋"的词语太虚玄了,其真实意思难以理解,极不利于传授,于是出现注解式的"颂",进而有对"颂"作评议兼疏通的"评唱"、"击节"等形式的文字,兴起"专尚语言以图口捷"的传承风气,掩盖了苦学深思,出现了不求甚解的粗浅流弊。杨岐宗第四代传人克勤(1063—1135年),写了注疏"公案"的《碧岩录》,被徒弟宗杲(1089—1162年)烧掉,以示根除弊端,然而宗杲自己却编辑出同样的《正眼法藏》。明朝圆澄《重刻〈正眼法藏〉序》说:

> 讵意人根浸劣,法久弊生,或承虚接响,以盲枷瞎棒,妄号通宗;或守拙抱愚,以一味不言,目为本分;或仿佛依稀,自称了悟;或摇唇鼓舌,以当平生。如是有百二十家痴禅,自赚赚人,沦溺狂邪。

禅宗在整体上的衰败,于此可见一斑。若论宗门信徒之众,传承岁月之久,则杨岐宗居于首位。禅宗内部各派除临济之外,发展至宋代均先后衰败,与杨岐同出的黄龙宗,也只兴盛过数代。方会有大弟子12人,以守端(1025—1072年)为上首。守端传法演(?—1104年),法演传克勤(1063—1135年)。克勤住镇江金山寺,南宋初入对称旨,高宗赐号"圆悟"。于是,杨岐名声大起,一枝独秀,无

---

① 陈垣:《清初僧诤记》,中华书局1962年版,第90页。

须再以杨岐与黄龙相区别,遂直接称为临济宗,流传出"临济临天下"的话语。

2. 黄龙宗

开宗祖师慧南(1002—1069年),俗姓章,信州玉山县人。少习儒业,通经史,负气节。十七岁出家。先依洪州靖安县宝峰寺泐潭寺怀澄禅师,再至湖南石霜山楚圆门下,并得其"印可"。辞别楚圆回江西,住筠州新昌(今宜丰县)黄檗山。治平二年(1065年),应洪州知州程师孟之请,住持分宁(今修水)黄龙山崇恩禅院,称黄龙慧南禅师。慧南"遍历丛林,皆推上首",四方学侣趋至,"法席之盛,追媲马祖、百丈"①。熙宁二年(1069年)三月十七日,慧南端坐而逝于寺,墓塔在寺前山。(图版47)

哲宗绍圣四年(1097年)张商英出任江西转运使,他写《黄龙崇恩禅院记》云:慧南"传石霜之印,行临济之令,预砌三桥以陷虎,坐断十方",来居崇恩禅院之后,得到地方官府敬重,更是"黄龙宗派横被天下"。大观年间,徽宗追赐号"普觉"。现存慧南墓塔为清朝乾隆年间重建。

黄龙山崇恩禅院,在分宁县西幕阜山脉主峰黄龙山东麓白桥乡。唐乾宁年间(894—898年)超慧禅师创寺,五代时期因战乱废为民居,北宋以后逐渐恢复,大中祥符八年(1015年)敕赐崇恩禅院。寺前有黄庭坚手书"灵源"、"法窟"、"黄龙山"等石刻。

慧南发挥"即心即佛"的观点,说"智海无性,因觉妄而成凡;觉妄原虚,即凡心而见佛"②。他主张"凡心见佛",将成佛的门槛降低,这就增强了人们修行的信心。由此,慧南劝导学人说:"道不假修,但莫污染;禅不假学,贵在息心。"对客观世界的认识,他发现大小之间的同一性:"极小同大,忘绝境界;极大同小,不见边表。"关于修行,他提倡放任自然,"祖不云乎:执之失度,必入邪路;放之自然,体无去住";认为棒打与说教二者之间无好坏之分,"说妙谈玄,乃太平之奸贼;行棒行喝,为乱世之英雄"③。这些辩解式的论说虽不是佛理上的创新,却直率明白,有一定的道理。尤具特色的是,他接纳弟子的方式,每当新人到来,在了解乡关来历,为何出家之后,忽然问曰:"那个是上座生缘处?"在你尚未转过神来,又问:"我手何似佛手?"又问:"我脚何似佛脚?"据传他"三十余

---

① 《禅林僧宝传》卷二二。

① 《续古尊宿语录》卷一。

② 《联灯会要》卷十三。

第十章
佛道宗教的传播

年示此三问,往往学者多不凑机,丛林共目为三关"①。"三关陷虎,坐断十方",是黄龙禅逗"机锋"的新鲜手法,比棒打、吆喝更机敏文明一些。在禅家文字已显繁多的情况下,慧南的三问简单直捷,能"悟"即可过关。他的三问虽是固定的,但其答案却是任意的,因人而异,随宜可否,故而能够在几十年间产生效力,形成宗门优势。

黄龙三世的从悦禅师(克文弟子),学兼内外,能诗文,居住分宁渣津乡龙安山的兜率禅院,通称兜率悦,亦称兜率和尚。他仿慧南的"黄龙三关",新创"兜率三关":"一曰拨草瞻风,只图见性,即今上人性在什么处?二曰识得自性,方脱生死,眼光落地时怎么生脱?三曰脱得生死,便知去处,四大分离,向什么处去?"此三问连环相扣,逻辑紧密,是着重从佛学义理上考查对方。从悦勘验学人更具理性,受到远近赞仰。

慧南之后,一传常总(1025—1091年),常总先居靖安宝峰寺,再迁庐山东林寺。二传克文(1025—1102年),克文初住新昌(今宜丰)洞山,继在上高九峰山,再往靖安宝丰寺。三传文准(1061—1115年),仍居宝丰寺。黄龙四代祖师都坐镇江西,与杨岐并立而盛,带来佛门香火旺盛的景象。

克文,俗姓郑,阌乡(今河南灵宝县)人,得法后开堂说法,把慧南的基本观点解说得更通俗,在僧俗大众之中名声大振。王安石罢居江宁时,于元丰七年(1084年)将屋宇施舍佛僧为报宁寺,延请克文住持。为此,他和弟安礼先后写《请疏》礼请。

克文倡言:"目前森罗万象,……同是一真法界","情与无情共一体,处处皆同真法界"。他由万物皆出"一真法界"的世界观立论,进而宣称"法法本然,心心本佛。官也私也,僧也俗也,智也愚也,凡也圣也,天也地也,悟则事同一家,迷乃万别千差"②。克文把社会的一切差别,归结到"悟"与"迷"一点,化解了复杂的矛盾,对佛教的传播与宋朝的统治都有利。他这样的说"法",与儒家学者的思想已没有多少差别,佛儒二者的共同语言正是思想相互渗透的结果。

克文向僧俗民众解说道:佛法与官府统治是同一的,"明王治化,有君有臣,有礼有乐,有赏有罚;佛法住世,有顿有渐,有权有实",二者"殊途同归,一一无差"。因此,他故意把哲宗的生日错后一天,说释迦成道和哲宗出生同在腊

---

① 《建中靖国续灯录》卷七。
② 《古尊宿语录》卷四十三克文《住洞山语录》、《住庐山归宗语录》。

月初八,是"前圣后圣,圣德共明;人王法王,王道同久。应千年之庆运,绕万国之欢心。伏惟皇帝陛下万岁、万万岁!"①如此将佛法与王法等同,实属罕见;如此逢迎皇帝,高喊万岁,曲尽献媚之态,堪称禅僧中的典型。

禅宗走向衰落的事实,由临济宗俗家弟子张商英描述了出来。临济宗选择法嗣——继承人,是在"选佛堂"进行,张商英看到的事实是这样的:

> 吾宗之论,禅宗也。凡与选者,心空而已矣。弟子造堂有问,宗师踞坐而有答。或示之以玄要,或示之以料拣,或示之以法镜三昧,或示之以道眼因缘,或示之以向上一路,或示之以末后一句,或示之以当头,或示之以平实,或扬眉瞬目,或举拂敲床,或画圆相,或画一划,或拍手,或作舞。契吾机者,知其心之空,则佛果可选矣。
>
> 余曰,世尊举花,迦叶微笑,正眼法藏,如斯而已矣。后世宗师之所指,何纷纷之多乎!吾恐释氏之教,衰于此矣。②

张商英所写的"选佛堂",在江西靖安县宝丰寺,是唐朝马祖道一的驻锡之地,马祖之塔也在寺中,被尊为洪州宗的祖庭。故该寺常有选佛大典举行。

张商英在徽宗朝官至宰相,此前曾到庐山东林寺谒见常总禅师,至兜率禅院向从悦禅师请教,反复诘难,互相赠颂。他虔诚信佛,得到临济禅师的"印可",写《护法论》捍卫佛教,与韩愈、欧阳修等人的排佛论点相诘难,坚持了佛教的一系列基本理论,尤其是其中的因果报应说。他认为"三教之书,各以其道善世砺俗,犹鼎足之不可缺一也"。但是仅有儒家的"世间法",是远远不够维护统治的,还必须有佛教的"出世间法",才能使人与人之间"无侵凌争夺之风"③。他的这篇《选佛堂记》,则是针砭宗门弊端,期待拯救佛教之作。他目睹现场,列举出了选择继承人时采用的14种方式,其或然的多样,滑稽的丑态,令人啼笑皆非,与佛门的宗旨已有天壤之别。对后继者的繁多考选方式,早在唐代已经出现,入宋以后更加多而滥了,故张氏发出"释教衰于此矣"的叹息。人们从选佛堂上看到,百丈怀海的"禅门清规",所谓的佛法庄严,只不过是"口里说空,

---

① 《古尊宿语录》卷四十三克文《住宝丰禅院语录》。
② 光绪《江西通志》卷一二一,宝丰寺夹注。
③ 《中国佛教思想资料选编》第三卷第三册,第120—139页。中华书局1989年版。

行在有中"。由"扬眉瞬目"判定的"其心之空",只不过是对已握权柄者的承认,所谓"心空"的信念,已经为现实的利益所取代。兴衰起伏,本是世间法则,宣称"出世"的佛教,也逃脱不了这个法则。佛教正是盛衰多变,才屡屡出现大德高僧发大誓愿,重整宗门。

杨岐、黄龙二宗的勃兴,推动禅宗传播进入新高潮,江西继唐朝之后,仍然维持南派禅的重要基地的优势,四方僧侣趋集于此,寺庙遍布州县,禅学意识与儒家思想更广泛地交流,一批学问僧活跃于社会各处,留下了不小的影响。

三、惠洪与佛印

惠洪(1071—1128年),又名德洪,字觉范,号冷斋,筠州新昌县(今宜丰)人。俗姓彭,14岁父母双亡,为生计所迫,削发出家。他刻苦自学,有一定的儒学底蕴。19岁赴汴京天王寺参加佛经考试,领得度牒,成为合法僧人。他学兼佛儒,博览子史奇书,书一过目终生不忘,落笔万言了无停息。知晓佛经中的唯识论奥义,是禅僧中的著名学者。崇宁中,主持临川北禅寺,后迁金陵清凉寺。未得一月,有僧控告其讪谤,被捕入狱拷问,后得张商英等救助,获免。在黄龙宗内,他是克文的再传弟子。惠洪工诗文,誉为诗僧。

惠洪主张僧人学文,肯定文字对参禅的中介作用,他说:"心之妙不可以语言传,而可以语言见","借言以显无言,然言中无言之趣,妙至幽玄"①。他认为写诗文参禅,不仅能悟得佛理,而且饶有趣味。反对者将他的这个主张名为"文字禅"。惠洪倡言,儒佛应该兼容,他认为释迦与孔子是统治工具的两种表现形式。他的《礼嵩禅师塔》诗说:"吾道比孔子,比如拳与掌,展握故有异,要之手则然。"手掌与拳头,伸展与握紧,各有不同的功用,这个比喻很形象,体现宋代佛僧的普遍观念,同时也是儒家士大夫的看法。王禹偁说:"禅者,儒之旷达也。"②黄庭坚《赠惠洪》诗曰:

> 吾年六十子方半,槁项顶螺忘岁年。
> 韵胜不减秦少虡,气爽绝类徐师川。
> 不肯低头拾卿相,又能落笔生云烟。

---

① 惠洪:《石门文字禅》,卷二五。
② 王禹偁:《小畜集》,卷十七《黄州齐安永兴禅院记》。

> 脱却衲衫著蓑笠，来佐涪翁刺钓船。①

由此可以看出，惠洪是一个旷达的禅僧，也是一个出家的儒者。

聪慧而旷达的惠洪，其行迹往往超出戒律之外。他经常来往于官绅之间，出入权贵之门。徽宗崇宁间，他在临川县北禅院，不久迁居金陵清凉寺。与黄庭坚经常诗歌唱和，又以医术结识张商英，过从甚密。政和元年(1111年)张商英遭蔡京打击，惠洪受牵连，被脊杖二十，刺配朱崖(今海南琼崖)军牢。三年后，遇赦放还，归住九峰山、洞山，以文章自娱。其著述很多，收入《四库全书》的有5种：

《冷斋夜话》10卷。杂记见闻，而论诗的文字占十之七八，多有精当之说。

《僧宝传》32卷。缀辑禅宗曹洞、云门、法眼、临济、沩仰五家高僧81人的轶闻故事，撰为传记，并各写"赞"语予以品评。

《林间野录》2卷，后集1卷。对赞宁《宋高僧传》等书的讹误有所订正，有一些是他自立议论，阐发禅理。

《石门文字禅》30卷。是他的诗文集，为其门人觉慈编集，被收入《大藏》，普济《五灯会元》多所采摘。

《天厨禁脔》3卷。该书专谈写诗技法，上卷列"近体三种颔联法"等15条，中卷列"比物句法"等8条，下卷列"古诗押韵法"等15条，分别从前人诗中选例句逐一说明。四库仅存其目，不录原书。明朝人黎尧卿在该书重刻本"跋"中认为它"颇得三昧法"，对自学写诗者有帮助，不至于"堕落外道"②。

后人对惠洪的诗文多有评议，南宋陈振孙《书录解题》评曰："其文俊伟，不类浮屠氏语。"明朝人毛晋认为："宋僧能工诗文者不少，辄有所附托以名天下，……求如雷霆发声，万国春晓者，惟洪觉范一人而已。"③四库馆臣写道：惠洪"虽僧律多疏，而聪明特绝，故此禅宗微义，能得悟门。又素擅词华，工于润色，所述禅门典故，皆斐然可观，殊胜粗鄙之语录，在佛氏书中，故犹为有益文章者

---

① 黄庭坚：《山谷集》，卷六。四库全书本。

② 关于《天厨禁脔》的内容，我在上世纪90年代初写《江西史稿》，把它写作"是对《金刚经》、《楞严经》、《圆觉经》、《法华经》的注疏"(见1993年版第406页，1998年版第384页)，完全错了！这是未见原书，转录他人文字，不识真伪，以讹传讹。今查得《四库全书存目丛书》集部第415册，看到《天厨禁脔》原书全文，方知真相，特此更正，并向读者致歉。

③ 毛晋：《石门题跋·题识》。《丛书集成初编》本。

第十章
佛道宗教的传播

矣"①。

惠洪还擅画梅竹,《图画宝鉴》载:"惠洪作画,每用皂子胶绘于生绢扇上,灯月下观之,宛然影也。"

佛印(1032—1098年),小名了原,出家后名了元,字觉老,神宗赐法号佛印。饶州浮梁县林氏子。幼小识字,能背诗千余首,誉为神童。及长,读佛书,有悟,入城北宝积寺为僧。他出入儒佛善用禅机,言行多出人意料。

佛印好云游,前后凡40年,遍历江南名寺。他到庐山,谒开先寺暹禅师,受到称赏;见圆通寺衲禅师,补为书记。后住江州承天寺,游学于淮南斗方寺,润州镇江金山寺、焦山寺,袁州大仰山寺、庐山归宗寺,建昌(今永修)云居山真如寺等。曾奉诏入内廷讲佛经,神宗听得十分满意,赐号"佛印",并赐磨衲金钵,以旌其德②。据《五灯会元》称,佛印为青原法系云门宗,得开先寺暹禅师"印可"为法嗣,成为云门宗的一代祖师。

佛印与苏轼、彭汝砺、黄庭坚、秦观等名士交往密切。元丰中(1078—1085年)他在金山寺,苏轼多次过往晤谈,留下许多佳话。至今寺中镇寺之宝有:佛印兴建的妙高台、苏轼写《楞伽经》的楞伽台、苏轼赠佛印的玉带。在苏轼《书楞伽经后》文中,可以看出他们对禅宗衰败的忧虑。当时佛印建议苏轼抄写出《楞伽经》,以便刻印,广为施赠流传。因为他意识到"近岁学者各宗其师,务从简便,得一句一偈,自谓了证,致使妇人孺子抵掌嬉笑,争谈禅悦。高者为名,下者为利,余波末流,无所不至,而佛法微矣"。之所以推出《楞伽经》,因它是"先佛所说,微妙第一,真实了义,故谓之佛语心品"。"如医之有《难经》,句句皆理,字字皆法,后世达者,神而明之"③。正是在这种共识下,遂有了写《楞伽经》之事与楞伽台的建筑。

佛印对人生际遇的感悟,从彭汝砺《送云居佛印禅师诗五首并偈》中可见一斑。诗之一云:"稍涉诸方问所归,自怜三十七年非。师言本自无非处,浑是真如第一机。"说不清的无奈,只能归之于虚玄的"真如"佛意。既已为僧,便在释教中遨游。其"偈"称赞佛印:"心已了达诸佛相,酬酢纵横无滞碍。以大慈悲为演说,登闸沉幽度众生。至第一义而不传,而无一义不传者。……"④说佛印已是得道高僧了。

---

① 《四库全书总目提要》卷一四五《林间录提要》语。
② 道光《浮梁县志》卷二十《释老》。
③ 《三苏全书·苏轼文集》卷六六。
④ 彭汝砺:《鄱阳集》,卷十二。四库全书本。

作为聪颖超脱的禅僧,佛印对苏轼屡遭贬斥给予同情。绍圣元年(1094年),苏轼又一次被贬,以垂老之身去往广东惠州,不免郁闷。佛印得知,寄书劝慰说:"三十年功名富贵,过眼成空,何不猛与一刀割断。……子瞻胸中有万卷书,笔下无一点尘,为何于自己性命,便不知下落?"[①]将功名富贵如实地看空,是对待浮沉的最聪明办法。

佛印生性诙谐,滑稽多智,超俗出格,平生事迹未入正史与高僧传,但散见于野史小说,广为流传。20世纪20年代,吴瀛在故宫所藏宋元墨宝中发现佛印书《李太白传》一幅,书法朴茂、古拙,一望可知非宋以后人之笔。佛印的书法未见传世品,此为海内奇珍。书末题"绍圣丙戌",绍圣元年为甲戌,四年后改年号为元符,他即病逝,故"丙戌"为"甲戌"笔误无疑(图版33)。

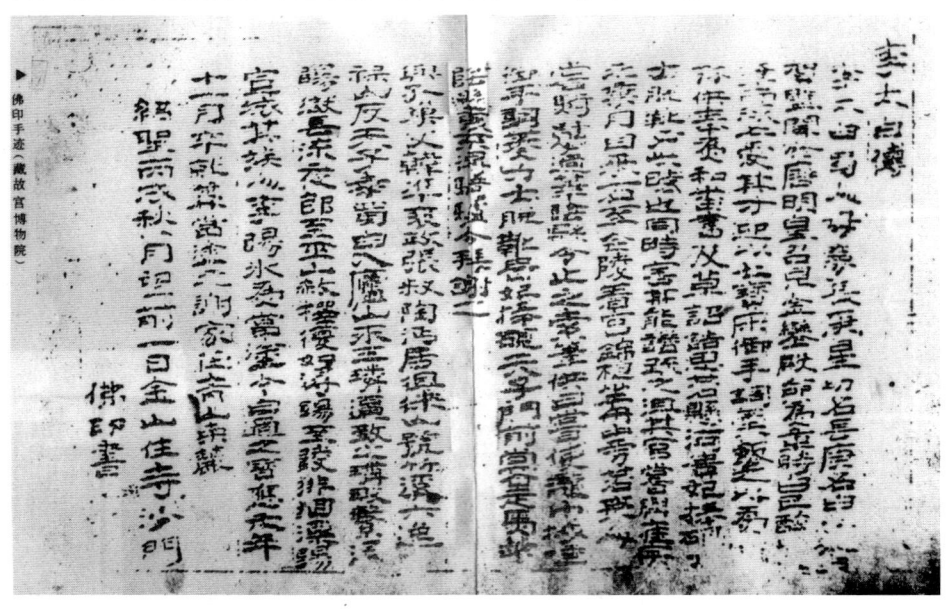

图33　佛印:李太白传

四、众多的寺院

1."江右丛林甲天下"

禅宗佛教盛行,寺院遍及城乡。农业经济发达的洪、饶、吉、袁集中,江湖交

---

① 《云居山志》卷十八袾宏《跋云居佛印帖》,江西人民出版社2002年版,第438页。

第十章
佛道宗教的传播

汇的庐山依旧是僧侣云集佛寺林立之区。赣南也不示弱,绍圣二年(1095年)五月,苏轼在虔州与通守俞括游崇庆禅院,观赏宝轮藏,俞括对他说:这所宝轮藏"于江南壮丽为第一,其费二千万"①。赣东抚州金溪县的疏山寺,是名寺之一,"江右大丛林甲天下,隆楼桀阁相望以百数,疏山盖其一也"②。这里所谓的"甲天下"、"第一"之说,都只是一种形容与夸饰,不必拘泥。

民国《庐山志》卷五写道:"由五乳峰东北行二里许至卧龙岗,……卧龙庵南下有'多一庵',宋时庐山寺庙共计三百六十所,后增斯庵,故以'多一'为名。"这是耳食传言,不足为据。熙宁三年(1070年年)六月,山阴县知县陈舜俞,坐违诏旨,不散常平钱,谪监南康军盐酒税。他比较清闲,与隐居此处的刘涣结伴游山,以60日工夫游完山南山北诸胜景,写出了《庐山记》。其"前言"说:

> 余始游庐山,问山中塔庙兴废及水石之名,无能为予言者;虽言之,往往袭谬失实。因取九江之图经,前人杂录,稽之本史,或亲至其处,考验铭志,参订耆老,作《庐山记》,其湮泯芜没不可复知者,则阙疑焉。③

又,刘涣《庐山记序》曰:

> 予雅爱庐山之胜,弃官南归,遂得居于山之阳,游览既久,遇景亦多,或赋或录,杂为一篇,将欲次之,未暇也。熙宁中,会陈令举(按,舜俞字)以言事斥是邦,山林之嗜既同,相与乘黄犊,往来山间。岁月之积,遂得穷探极观,靡所不究。令举乃采予所录,及古今之所记,耆旧之所传,与夫耳目之所经见,类而次之,以记其详,盖足以传后。④

观此序言,《庐山记》是在刘涣的底本上写成的,应视为刘涣、陈舜俞两人合著。经他们实地考察之后,逐一点出名称,书其始末,得知"山北,老子之宇二,佛之宇五十有五;……山南,老子之宇九,佛之宇九十有三"。合计佛寺148,道观11。北宋一代,没有其他人像陈舜俞、刘涣这样调查庐山寺观,他们的调查

---

① 《三苏全书·苏轼文集》卷一二一《虔州崇庆长远新经藏记》。
② 乾隆:《疏山志略》,卷十二孙觌《疏山寺大藏阁记》。
③ 陈舜俞:《庐山记》。四库全书本。
④ 《三刘家集》。四库全书本。

结果应是具权威性的。

　　赣西北的筠州、袁州,是另一个佛寺集中的地区。苏辙贬居高安时期,为城西的圣寿院写《法堂记》说,"高安虽小邦,而五道场在焉"。北宋筠州只辖3县:高安、上高、新昌(今宜丰),故曰小邦。所谓五道场,指"洞山有价,黄檗有运,真如有愚,九峰有虔,五峰有观",即是曹洞宗开山祖师良价的新昌洞山,临济宗创始人希运的新昌黄檗山,马祖道一再传嗣法弟子大愚(守芝)的高安真如寺,石霜楚圆嗣法弟子道虔的上高九峰山,怀海嗣法弟子常观的新昌五峰山。从唐朝以来的这些宗门祖庭集中于此,因而"诸方游谈之僧接迹于其地,至于以禅名精舍者二十有四"①。对赣西北一带寺院之盛,黄庭坚也有同感,他的《送密老住五峰山》诗中说:"我穿高安过萍乡,七十二渡绕羊肠。水边林下逢衲子,南北西东古道场。"北宋时期萍乡著名的大寺院有杨岐山普通禅寺、县南约一里的宝积寺、县西金源里的五峰寺。这些文字描述的生动情景,足以反映出佛教在赣西北风靡传播的事实。

　　黄龙宗祖庭所在的分宁县(今修水),地处江西的西北端,在行政区划中虽然隶属洪州,但是经济、文化与地缘关系却更近袁州,这里的佛教传播异常深广。据曾巩说:"分宁县郭内外,名为宫者百八十余所。"②著名的六大禅院是:黄龙崇恩禅院、城东云岩禅院、渣津兜率禅院、赤江法昌禅院、土龙兴化禅院、南峰宝山禅院。黄庭坚曾与地方士绅一道,敦请黄龙三世高僧死心禅师,入主云岩禅院。熙宁元年(1068年)云门宗五世倚遇禅师来法昌禅院住持,香火大盛。倚遇卒后,"由徐禧作序之宋刻《洪州分宁法昌院倚遇禅师语录》孤本,今存于美国哈佛大学"③。兴化禅院原名澄心院,庆历中赐今名,绍圣三年(1096年),黄龙三世以弼禅师(漳州人)来主持,苦心经营七年之后,"大厦弥山",又栽杉10万株,呈一片兴盛气象。宝山禅院始于唐代,入宋以后日益振起,大中祥符年间改赐宝山禅院。

　　虔州、南安军,社会发展总体上比北半部滞后,而宗教传播却属广泛。据同治《赣州府志》、同治《南安府志》、道光《宁都直隶州志》记载,事迹比较清楚的北宋佛寺有景德寺、崇庆禅院、开元寺、慈云寺、丰乐寺、寿量寺、天竺寺、合龙山寺(以上赣县)、明觉寺、慧明禅院(以上雩都)、南山寺、东禅寺(以上信丰)、

---

① 苏辙:《筠州圣寿院法堂记》,见《三苏全书·苏辙集》卷八三。
② 《曾巩集》卷十八《兜率院记》。他这里说的"宫",是指佛寺。"百八十余所",可理解为一百八十余,也可作八十至一百之间的约数理解。
③ 《修水县志》卷三十一,第560页。海天出版社1991年版。

第十章
佛道宗教的传播

三檀寺、灵山寺(以上兴国)、南禅寺(会昌)、慈云寺、祖印寺、净业寺(以上安远)、演教寺、玉迹寺(以上龙南)、宝界寺、嘉祐寺、广化寺、宝积寺、兴教寺、护法寺、常乐院(以上大庾)、传法寺、大中祥符寺、寿昌寺、灵岩院、法寂院、圣安院、显圣院(以上南康)、崇福寺(宁都)、南塔寺(瑞金)、宝福院、海藏寺、永福寺、大梵院(以上石城)等40座,其中多数集中在赣县、大庾两个州军所在地。赣江——章水航道是沟通中原与岭南的交通干线,因而名人行迹多,例如,苏洵、苏轼父子相继游天竺寺;苏轼有《景德寺荣师湛然堂》诗、《崇庆禅院经藏记》,在大庾广化寺千佛阁下画竹,将南康县六祖院改名为传法寺;黄庭坚有《慈云寺》诗;江西提刑蔡挺将丰乐寺改建为学宫等。

仅就庐山、分宁两地的佛寺而论,已达两三百所,江西13州军全境佛寺之多,不难想见。

在总体兴旺的前提下,也有处于衰败之中的寺庙,如青原山寺。这里本是禅宗祖师行思的驻锡之地,在唐代香火鼎盛,然而到了北宋却走下坡路。黄庭坚看见的情景是:"残僧四五辈,法筵叹尘埋。石头麟一角,道价值九垓。庐陵米贵贱,传与后人猜。"[①]久盛必衰,本是事物常情。由行思至黄庭坚时代,已过去三百年之久,该寺跌入低谷也不足为奇。

2.佛寺众多的原因

众多的佛寺,首先是朝廷与州县官府保护与支持的结果,其次是乡绅富室的慷慨施舍。黄庭坚曾对学校与佛寺二者作比较,"今夫浮屠之舍非传先王之道也,而所居如林;其堕废不守,凡有官之君子,必左右经营,复之而后已",但对县学的兴办却不用心。州县官们对佛寺的兴趣超过了学校。不少僧人以勇猛精进的意志,选择幽雅环境,建起宏壮庄严的屋宇,更加增强了对民众的吸引力,儒生士子多去寺院居留读书,参禅悟道;高门大户则捐施田产,"广积善缘",祈求福报。例如:

庐山万杉寺,原为唐代的庆云院,景德二年(1004年),寺僧太超恪守戒律,保护山林,坚持种树,累积种杉万株,"有为之言于朝者,乃赐钱建院,仍赐土地、佛像、供器"。天圣年中(1023—1031年)仁宗敕改万杉寺[②]。

庐山罗汉禅院,咸平三年(1000年)禅僧广济法坚创建,真宗"赐田以养其

---

① 《山谷外集》卷三《次韵周法曹游青原山寺》。
② 陈舜俞:《庐山记》,卷三。

徒,名曰圣惠庄"。皇帝给的田庄,不仅是财富,更是政治地位。故此后继者持续扩建,并培植树木,祖印禅师于大中祥符三年(1010年)植松覆官道,长十里而达南康军城①。

分宁县崇恩禅院,在今修水县白桥乡之幕阜山脉黄龙山麓。唐朝时先后为双峰庵、永安寺,至五代时废弃。北宋重建,大中祥符八年(1015年)赐额"崇恩禅院"。后来洪州知州程师孟礼请慧南前来住持,开堂说法,"于是黄龙宗派被天下"。由此看来,黄龙之盛,也有皇恩与州官器重的因素。慧南之后经三四代住持,渐趋衰微。绍圣四年(1097年),张商英任洪州知州,得悉奉新县百丈山元肃禅师是黄龙宗高足,特聘他去崇恩禅院,并"檄遣县令佐敦请"。元肃禅师到后,"建佛牙大阁,东西方丈,扩建寺院堂库厨寮,石桥水亭,二百间有奇"②。在州县两级官府的扶持关照之下,崇恩禅院再度辉煌起来。

黄龙宗的另一个弘法道场是分宁的兜率禅院,位县西渣津镇龙安山东麓。该寺在元祐年间(1086—1094年)从悦禅师住持期间大盛,很多僧徒来此参学。僧人们建筑兜率禅院"悉力以侈之",不断增大其规模,于是"斋宫、宿庐、庖湢之房,布列两序。厩圉囷仓,以固以密。资所以奉养之物,无一而外求"③。该寺院如此富足,也是曾巩难以解释的事例。

人心向佛,走进寺庙,祈求庇佑,有非常复杂的原因,涉及社会环境、家庭关系、经济水平、健康状况等诸多方面。民众希望社会安定,家庭和睦,丰衣足食,身体健康,然而现实总不如愿,战乱与苦难,仇怨与挫折,贫穷与疾病……从来是与生活纠缠不解,人间的力量无法改变现状,必然转向对神灵的诉求,寻觅精神的自我寄托。豪富们都企求佛祖保佑,以便今生来世,永远富贵享乐,故而捐赠田地钱财,毫不吝啬。苦难者渴望解脱,也不得不施舍以求报偿。德兴张氏家族,殷富而仁义,但不能没有老病,张潜50岁时,父母都已谢世,每到父母忌日,必预先吃素,做佛事。他父亲病重时曾说:若是病好了,"当遍游庐阜诸山门,随缘供施,吾愿塞矣"。张潜每想此言,辄流泪,"乃鼎新其里之西林寺,堂殿楼庑,门室厨寝,塑绘设饰,钟鼓道具,迨于什物,靡不必具,以为荐严之所。又即故居之北资福院,建轮藏,以奉皇妣(指母亲)。工既告毕,遂径诣庐山,饭僧凡数千人"④。

---

① 《庐山记》卷三。
② 光绪《江西通志》卷一二一张商英《黄龙崇恩禅院记》。
③ 《曾巩集》卷十八《兜率院记》。
④ 《通直郎张潜行状》,见陈柏泉《江西出土墓志选编》,江西教育出版社1991年版,第84页。

第十章
佛道宗教的传播

　　高安县圣寿院,省聪禅师住持,富人吴智讷"治生有余,辄尽之于佛,既为僧舍之后室,又为聪治其法堂,皆极壮丽,凡材甓、金漆皆具于智讷"①。
　　南丰县大觉寺,北宋中期"生员刘万年妻毛氏捐资八百两建造",寺中"佛殿僧舍极其宏壮,僧人三百余",是当地的大刹②。
　　分宁县云岩禅院,绍圣初年建成藏经楼,据黄庭坚说:"四方来观者乃曰:江东西经藏乃十数,未有盛于云岩者也。"该楼建造所需皆来自捐赠,"有山者献木,有田者献谷,如此且阅三岁"③,方才竣工。
　　萍乡县宝积禅寺,元符三年(1100年)经县令黄大临之请,宗禅和尚来主持该寺,他尽拆去低矮小屋,连续六年,建起方丈、三门、世尊之庙,乐静、室德、味厨、法堂诸殿。黄庭坚作文记其事,文中说"凡率有钱之家,为五百万"。宝积寺富丽堂皇起来,吸引来更多的信徒,"使嚚讼者口谈般若,鄙吝者心悦檀施"④。息讼、乐施二者,实际效益只能是乐施一项,息讼则是虚情,现实中的欺压与争斗何曾停歇过。
　　众多的平民小户,施舍供僧的钱物数额不多,但人数浩大,为佛教的传播提供了最广泛的群众基础,因而大大小小的寺庙得以遍布城乡,历久不衰。
　　3.佛寺的影响
　　众多的大寺庙散布于州县,对社会产生了广泛的影响。就国计民生来说,批评的言论很值得注意。曾巩说:

> (佛教)今为尤盛,百里之县,为其徒者,少几千人,多至万以上。官庐百十,大抵穹墉奥屋,文衣精食,舆马之华,封君不如也。……有司常锢百货之利,细若蓬芒,一无所漏失,仆仆然其劳也。而至于浮图,人虽费如此,皆置不问,及倾府空藏而弃与之……愚不能释也。⑤

　　寺庙豪华,僧侣奢侈,官府这方面尽力搜刮民财,那方面却空府藏地资助佛寺,这是曾巩所不能解释的社会矛盾。黄庭坚也针对庐山开先禅院的"穷壮

---

① 《三苏全书·苏辙集》卷八三《筠州圣寿院法堂记》。
② 同治《广昌县志》卷六《仙释·寺观》。绍兴八年,由南丰析建广昌县,大觉寺转隶广昌。
③ 《山谷集》卷十八《洪州分宁县云岩禅院经藏记》。
④ 《山谷别集》卷一四《萍乡县宝积禅寺记》。
⑤ 《曾巩集》卷十八《兜率院记》。

极丽"质问：

> 今也毁中民百家之产,而成一屋,夺农夫十口之饭,而饭一僧,不已泰夫？夫不耕者燕居而玉食,所在常数百,是以有会昌之籍没；穷土木之妖,龙蛇虎豹之区化为金碧,是以有广明之除荡,可不忌耶！①

黄庭坚在开先禅院看到有屋约400楹,"虽千人宴坐,经行冬夏,无不得其所愿"；庐山的开先、栖贤、归宗、圆通四所禅院,都是"饭游客常居饭僧之半"。所以,他提出两个历史教训：唐武宗会昌年间的"灭佛"与僖宗广明元年(880年)黄巢打进长安,这种全局性的危险难道不会再次重演吗？开先的行瑛禅师回答说：会昌灭佛不会重演,因为朝廷保护佛教,今上与释迦"同转道枢"；广明之乱是"一切共业影响",即是统治危机的总爆发,怎能归咎佛门一家？对此,黄庭坚无言反驳。

尽管佛教与寺庙受到儒者批评,但是禅僧与士大夫仍然是好友。他们或诗文酬唱,或畅谈悟道,或寺中供学者读书备考,或名士为寺院作文记事。例如李觏,态度坚定地排佛,却也有十五六篇记述佛道业绩的文章。他一方面批评南朝刘宋的周续之、雷次宗向慧远学佛,另一方面又感叹"佛以大智慧,独见情性之本,将驱群迷,纳之正觉,其道深至,故非悠悠着可了"。诸种事实说明,佛教及其教义,僧侣及其作为,已经融入社会生活,儒学中已充分吸收佛家思想资料,佛教已然是中华文化大系中的重要组成部分。

第二节
道教的广泛传播

一、朝廷对道教的提倡与利用

北宋崇道,特别是真宗、徽宗两朝对道教崇信,空前提高了各地道士的社会政治地位,为道教的深入传播提供了极大便利。

宋朝皇帝姓赵,不能以老子为祖,乃新造一个道教教祖,即赵玄朗。为避赵

---

① 《山谷集》卷十八《南康军开先禅院修造记》。

第十章
佛道宗教的传播

玄朗名讳,改孔子封号"玄圣文宣王"为"至圣文宣王"。"澶渊之盟"以后,真宗以"契丹既通好,天下无事",于是精心谋划,借神权提高威望。他多次宣称梦见天神宣示旨意。一则于大中祥符元年(1008年)正月说:神人告诉"将降天书《大中祥符》三篇",遂制造出"天书",定年号为"大中祥符";再则于大中祥符五年(1012年)十月说:神人传玉帝之言,赵之始祖是"人皇"九人中之一人,他于后唐时出生寿丘,"总治下方,主赵氏之族,今已百年"[1]。宰执大臣使劲捧场,大造舆论,议定礼仪,接连封禅泰山,祭祀汾阴,迎天书、敬圣祖,崇奉迭兴。空前浓烈的造神闹剧,延续了十多年,使道教传播进入新的高潮。道徒活动的场所更加庄严,京师新建玉清昭应宫、会灵观,命宰相兼管;各路主要宫观,以侍从诸臣退职者提领,号称"祠禄"。设置"祠禄"官的制度由此开始,至南宋未改。

大中祥符八年(1015年),真宗赐信州贵溪县道士张正随为"真静先生",王钦若为他奏请在山中设立授箓院、上清观(后称大上清宫),并蠲其田租。自这时开始,凡后继者皆得赐号,"实为信州张天师所自始"[2]。于是,有了江西张天师名号世次的编排,据张天师《谱牒》,张正随被列为第24代天师。

天圣八年(1030年)五月,仁宗赐张乾曜(第25代天师)为"虚静先生",其孙见素为试将作监主簿,"仍令世袭先生号,蠲其租课"[3]。名号、官位、租课三者并得,一时倍增荣耀。同年九月,临江军玉笥山道士朱旦,以医术被召见,获赐"善济处士",其子焕授为临江军助教。

神宗熙宁年间,进一步利用祠禄官制度,既安顿衰老者,又和善地"处异议者",新增一批宫观让他们去管干、提举、提点。凡得此名位者,可以领取俸禄,"从便居住",不需到宫观中去。熙宁三年(1070年)五月,新增宫观中江西有三所,它们是建昌军仙都观、江州太平观、洪州玉隆观。加上原已是此种规格的信州龙虎山、临江军玉笥山,共计为5所。这些钦定的著名大宫观,因为获得朝廷派官提举的待遇,建筑规模遂相应扩大,香火更趋旺盛。

徽宗崇信道教,自称"教主道君皇帝",在京城设道箓院,命州县设道学,在太学置《内经》、《道德经》、《庄》、《列》博士二员,培训道士。道士学员的升贡及三岁大比,照依科举办法进行。又参照政府官员品级,定道阶26级,有先生、处士等名;又定道官26等,有诸殿侍宸、校籍授经等名。又颁《金箓灵宝道场仪

---

[1] 《宋史》卷一〇四《礼七》。
[2] 傅勤家:《中国道教史》,第六章第四节"张天师世系考",第83页。商务印书馆1998年影印本。
[3] 《续资治通鉴长编》卷一〇九。

范》,统一各地做道场斋醮的仪式制度。在这股浓厚的神仙道术的气氛中,第37代天师张继先于崇宁四年(1105年)五月被召进京晋见,赐号"虚靖先生"。政和三年(1113年)升上清观为"上清正一宫"。徽宗问张继先:"卿居龙虎山,曾见龙虎否?"继先答:"虎则常见,今日方睹龙颜。"①徽宗听了很高兴,特别留他在内廷歇息。由此可见,投靠朝廷,献媚皇帝,道士和僧侣一样,都很擅长。禅僧大力揉儒入佛,道士则提倡三教合流。道教南宗祖师张伯端说:"教虽分三,道乃归一"。道教北宗创始人王哲,号重阳子,立三教平等会,以《孝经》、《心经》、《老子》三书,教人诵读。三教归一的观点,符合社会潮流,道与佛在维护封建统治、腐蚀劳动者的反抗意识方面,并没有任何差别。

洪州道士王仔昔,在徽宗时期也受到赞赏。他自言遇见许真君,得其秘法,能预见人间未来之事。出游河南嵩山,于政和五年(1115年)十月得徽宗召见,赐号"冲隐处士"。他借天旱祈雨的机会,秘进药方,为后妃治愈赤眼病,徽宗特封他为"通妙先生",居上清宝箓宫。不久,遭林灵素妒忌,又兼自己言语不逊,被囚死狱中②。

二、道书的继续编辑

真宗大兴道教活动之时,不忘搜集各种道教书册。王钦若推荐张君房对原有的道藏重新编校,于天禧三年(1019年)编完,定名《大宋天宫宝藏》,共4565卷,比太宗时徐铉等人编校的道藏新增622卷。张君房又选取其中精要,撰成《云笈七签》122卷。凡涉及道家的资料,都摘录编入,共计一万余条,道藏精华,大都在此。徽宗在政和三年(1113年),下诏访求天下道教仙经,编撰成《政和万寿道藏》5481卷,比张君房编的增多了916卷。又听蔡京奏言,集古今道教事迹写为纪、志,赐名《道史》。至此,道教经籍共有25类,即《老子》、《庄子》、诸子、《阴符经》、《黄庭经》、《参同契》、日录、传、记、论、书、经、科仪、符箓、吐纳、胎息、内视、导引、辟谷、内丹、外丹、金石药、服饵、房中、修养。把这25类内容归纳起来是五大类,即清静、炼养、服食(饵)、符箓、经典科教。马端临《文献通考》记述完道教书目之后评议曰:"道家之术,杂而多端,先儒之论备矣。"道教人士编辑其书,不嫌其多,是要与佛藏相抗衡,然而数量不及佛教的三分之一,"为世

---

① 光绪《江西通志》卷一七九。
② 《宋史》卷四六二《王仔昔传》。

第十章
佛道宗教的传播

患蛊,未为甚巨"。对社会危害最大的,马氏认为,在五大类之中"独服食、符箓二家,其说本邪僻谬悠,而惑之者罹祸不浅"[①]。

张君房《云笈七签》卷二七中,详细叙述了道教认定的"洞天、福地"。洞天分大小二类,大洞天十处,"处大地名山之间,是上天遣群仙统治之所"。小洞天三六处,"在著名山之中,亦上仙所统治之处"。福地七二处,"在大地名山之间,上帝命真人治之,其间多得道之所"。在这118处名山之中,大洞天没有江西地区的。小洞天之中江西地区有5处,它们是:

第八,庐山洞,名曰洞灵真天,在江州德化县,真人周正时治之。

第十二,西山洞,名曰天柱宝极玄天,在洪州南昌县(按,实为新建县),真人唐公成治之。

第十五,鬼谷山洞,名曰贵玄司真天,在信州贵溪县,真人崔文子治之。

第十七,玉笥山洞,名曰太玄法乐天,在吉州永新县(按,实为峡江县),真人梁伯鸾主之。

第二十八,麻姑山洞,名曰丹霞天,在抚州南城县,属王真人治之。

七十二福地之中属江西地区的12处,它们是:

第九,郁木洞,在玉笥山南,是萧子云侍郎隐处,属地仙赤鲁班主之。

第十,丹霞洞,在麻姑山,是蔡经真人得道之处,属蔡真人治之。

第三十二,龙虎山,在信州贵溪县,仙人张巨君主之。

第三十三,灵山,在信州上饶县,北墨真人治之。

第三十五,金精山,在虔州虔化县,仇季子治之。

第三十六,阁皂山,在吉州新淦县,郭真人所治处。

第三十七,始丰山,在洪州丰城县,尹真人所治之地。

第三十八,逍遥山,在洪州南昌县,徐(许?)真人所治之地。

第三十九,东白源,在洪州新吴县(今奉新县)东,刘仙人所治之地。

第四十七,虎溪山,在江州彭泽县南,是五柳先生隐处。

第五十一,元晨山,在江州都昌县,孙真人安期生治之(按,都昌县应属南康军)。

---

① 马端临:《文献通考》,卷二二五《经籍五二》按语。

第五十二，马蹄山，在饶州鄱阳县，真人子州所治之处①。

以上共计17处洞天福地，其中兼具洞天、福地二者的名山，有玉笥山、麻姑山。道书中对洞天福地的认定，可能只是一个时期、一家门派之说，不同的道书、山志中的记载并不一致，无须拘泥。这些名山之地被载入"洞天福地"之列，表明该处是那个时代人关注的道教名胜基地，则是可信。朝代与时势处在变异之中，道教的传播也是曲折缓进的，某座名山的某处宫观，不会是只盛不衰。上列福地中的好几个名山宫观，便是后世不显、知名度很低的；即便是久享盛名的几处，也无不处在起落变化之中。因此，这份洞天福地名单，有着北宋的时代性。

在道书编著中，建昌军南城县陈景元占有一席之地。陈景元（1024—1094年），字太初（一作太虚），号碧虚子。他的著述颇丰，正在整理出版的道藏书目中有他的《西昇经集注》、《度人上品妙经四注》、《上清大洞真经玉诀音义》、《庄子阙误》四种；《道藏举要》第一类中有他的《道德真经藏室纂微》10卷、开题1卷。他在《道德真经藏室纂微》中说："此经以重渊（渊即玄，因避宋圣祖赵玄朗讳而改）为宗，自然为体，道德为用，其要在乎修身、治国。"又认为，道教之道是道之体，为"常道"，儒家的仁义礼智信是道之用，为"非常道"，把道教置于儒家之上。对个人来说，陈景元认为"身之元气与天道相通，不假窥牖瞻望而天道自明"，但必须虚静、独悟，"虚静则吉祥至而妙道生，恬淡则神气王而虚白集，寂寞则灵府宽而真君宁，无为则和理全而性命永"②。他既谈修身、治国，又提倡虚静、恬淡、寂寞、无为，看重个人的道德性命修养功夫，表现出儒释道相参互补的思想倾向。

三、主要宫观简介

江西的道教传播很广泛，各州县都有道徒活动，而大宫观集中在所谓的洞天福地，赣北地区比较多些。下面介绍几个著名的道观概况。

江州太平宫　在庐山北麓，原是唐开元十九年（731年）建的九天采访使者

---

① 张君房：《云笈七签》，卷二七《天地宫府图》。我在《江西史稿》中写唐代的道教活动时，根据《天台山志·名山洞天福地记》列出江西的洞天福地18处，与《云笈七签》所记有出入，其中原因待考，亦供读者参考。

② 陈景元：《道德真经藏室纂微》，见《道藏举要》第一类。转引自张其凡《宋代史》第四章第四节，第579页。澳亚周刊出版有限公司2004年版。

第十章
佛道宗教的传播

庙,南唐改名通玄府,北宋太平兴国中改为太平兴国观,简称太平观。熙宁中,置祠官提举。宣和六年(1124年)升格为"宫","其时道流常三数千人,崇轩华构,弥山架壑。……其田散在旁县,有三十六区"①。其内部的华丽景象,从四十多年之后陆游的介绍中,依然能见一斑。乾道五年(1169年),陆游入蜀,途经江州,游庐山,见太平宫壮丽非凡,"门庭气象极闳壮,正殿为九天采访使者像,衮冕如帝者,……至太宗皇帝时,尝遣中使送泥金绛罗云鹤帔,仍命三年一易。神宗皇帝时,又加封'应元保运真君',及赐涂金殿额。两壁图十真人,……采访殿前有钟楼,高十许丈,三层,累砖所成,不用一木,而槛楯翚飞,虽木工之良者,不能加也。但钟为砖所掩蔽,声不甚扬,亦是一病。观主胡思齐云:此一楼为费三万缗,钟重二万四千余斤。又有经藏,亦佳,扁曰'云章琼室'。太平规模,大概类南昌之玉隆,然玉隆不经焚,尚有古趣为胜也"②。本是九天采访使者之像,与宋太宗继位联系起来,便有了黄金头帔;神宗时又获得"应元保运真君"封号,身价一增再增。然而,这又成了窃贼的目标。天圣四年(1026年)四月壬子,江州奏报神像金冠被盗,请求重做。仁宗说:"观僻在山谷间,而以金为冠,是诲人为盗,使陷重辟,宜代以铜而金涂之。"这是一个开明而仁恕的诏令,涂金铜冠降低了制作成本,但其豪奢气派依旧。太平宫在南宋初年遭兵燹之灾,但重建之后,与没有遭灾的玉隆观一样"极闳壮"。

洪州玉隆观 在新建县西山乡。此地本为南昌辖区,北宋初析建新建县,遂改隶。该地在《天台山志·名山洞天福地记》中列为第12洞天,相传为许逊故宅,称许仙祠。南北朝时改名游帷观,祀许逊。北宋大中祥符三年(1010年),真宗赐名"玉隆观",拨款扩建。神宗时期定为祠禄官提举之一。曾巩知洪州,对玉隆观又一次重建,竣工后,请王安石作文记其事。元丰三年(1080年)八月既望,王安石写出《重建旌阳祠记》,其中说民众崇祀许逊的原因是:

> 许氏者尝为旌阳令,有惠及于邑之民。……暨后斩蛟,而免豫章之昏垫。……公有功于洪,而洪人祀之虔且久。祥符中,升其观为宫,而公亦进位于侯王之上。……今师帅南丰曾君巩慨然新之。巩,儒生也,殆非好尚老氏之教者,殆曰能御大灾,能捍大患,则祀之,礼经然也。国家既隆其礼于

---

① 桑乔:《庐山记事》,见〔民国〕吴宗慈《庐山志》纲之二《山北第二路》。
② 《陆游集·渭南文集》卷四六《入蜀记》。

公,则视其陋而加之以丽,所以敬王命而昭令德也。①

王安石在这里指出,许逊"能御大灾,能捍大患",对地方有大功,所以国家才给予隆重的礼仪。洪州地方长官修缮玉隆观,使其更为壮丽,是"敬王命而昭令德",即遵从朝廷诏命,光大许逊的功德。强调的是社会实际功效,完全不去理会它的道教成分,并且明确指出曾巩"非好尚老氏之教者"。显然,这也正是民众"祀之虔且久"的根本原因。

苏辙也认为民众崇祀许真君,是敬重他的功德。元丰三年,苏辙"以罪"谪居高安,与筠、袁二州人士有很多交往,亲身体验了当地的民情风俗,他写的《筠州圣寿院法堂记》说:

> 昔东晋太宁之间,道士许逊与其徒十有二人散据山中,能以术救民疾苦,民尊而化之,至今道士比他州多,至于妇人孺子亦喜为道士服。

筠、袁之民对许逊"尊而化之"的唯一原因,是他能"救民疾苦",为民除害。王、苏二位的个人见解,在宜丰县元康观铁钟的铭文中得到回应。这座铁钟的铭文说:"高明许仙,功利无边。曩经行地,真祠屹然。化民遗址,靡虔祀事。徙宫郊东,肇惟蔡氏。巍殿修廊,金碧辉煌。仍晋故实,是名元康。"②这段简括的文字,让后人知道宜丰士民认定许逊是"功利无边"的神仙,早在晋代就建造了元康观崇祀他,后来旧观坏了,蔡氏又重新迁建,观名还是"元康"③。民众将一个人"化"而为神,祈望继续得到他的庇佑。正因为许真君在世人心目中是神圣的,故而道士成了当地人钦羡的生活方式,乃至其服装也为妇人孺子所喜好。元康观钟铭非达官权贵所作,乃民间社会观念的反映。可见,能否"救民疾苦",是普通百姓把凡人神化的动因,即是民间对州县官评判的升华。

政和六年(1116年)徽宗诏依嵩山崇福宫规格对玉隆观进行修缮,并升格为宫,赐"玉隆万寿宫"匾额。八年(1118年)敕封许逊为"神功妙济真君",从此称许真君。经过大规模扩建之后,有了大小殿阁23座,楼7座,堂36座等建筑物,形成庞大的建筑群,气势恢弘,显示出许真君的地位,已由江西民间奉祀的地

---

① 《续资治通鉴长编》卷一〇四。
② 光绪《逍遥山万寿宫志》卷十六《艺文》。
③ 转录自《宜丰县志》卷三十七《文物古迹》。中国大百科全书出版社1989年版,第679页。

第十章
佛道宗教的传播

方神,上升为朝廷崇敬的在籍神仙,有了全国性的意义。

江西民众虔诚地礼敬许真君为"江西福主",祈望得到他的保护,与自己永远在一起。民间流传许逊带着家人一起飞升上天的故事,该是颂扬许逊不但独善其身,而且兼善群众,带动家人,熏陶弟子,使他们均能超越凡俗,进入仙界。百姓虔诚而且久远地敬许逊为神,理所当然是彰显他为惠泽一方、表率乡民的典范,绝不是将他作为"一人得道,鸡犬升天"的贪鄙邪道者看待。

同是纪念许逊的道观,在南昌城内还有铁柱观。传说晋朝时江西有蛟为害,许逊与其徒吴猛壮仗剑杀之,并作大铁柱镇压其地。临川谢逸赋诗曰:"豫章城南老子宫,阶前一柱立积铁。云是旌阳役万鬼,夜半舁来老蛟穴。插定三江不沸腾,切莫撼摇坤轴裂。……西山高处风露寒,兹事恍惚从谁语?安得猛士若朱亥,袖往横山打狂彪。"①诗人对铁柱镇蛟之事不以为然,而对北宋在西北边防上的被动表示担忧。

建昌军仙都观 在南城县麻姑山。原名丹霞山,有麻姑仙女的传说,唐开元间建麻姑庙。道书中列为第28洞天,第10福地。麻姑山道教发展至北宋,正处于高峰阶段。咸平二年(999年)真宗赐御书百余轴给麻姑庙,并改其名为"仙都观",赋予它神仙在此聚会、修真炼丹之都的美妙意境。皇祐三年(1051年)仙都观得到一份仁宗御书的"明堂"、"明堂之门"匾。元丰六年(1083年)神宗封麻姑仙女为"清真夫人"。元祐元年(1086年)哲宗封她为"妙寂真人"。宣和六年(1124年)徽宗再将她升为"真寂冲应元君"。随着封号的升级,仙都观的建筑日益壮丽。庆历六年(1046年)观主凌齐晔认为整体建筑都很好,唯独仪门卑小一些,"不足以称吾法与吾力"。于是改建加大,变成三门三道。曾巩为之作《记》,觉得这超越了礼制,遂委婉地说:

> 其旁三门,门三涂,惟王城为然。老子之教行天下,其宫视天子或过焉,其门亦三之……(仙都观)距城六七里,由绝岭而上,至其处,地反平宽衍沃,可宫可田。其获之多,与他壤倍,水旱之所不能灾。……其田入既饶,则其宫从而侈也宜。②

---

① 吴曾:《能改斋漫录》,卷十一《许旌阳作铁柱镇蛟》。
② 《曾巩集》卷十七《仙都观三门记》。现今麻姑山的"绝岭"已为汽车路取代,但其上"平宽衍沃"依旧,水稻丰产依旧,仍有山中仙境的影像。

曾巩从麻姑山优良的地理条件中,指出其稻米产量比别处倍增,遂有仙都观建筑违制的事实。人们看到,不论是道教还是佛教,不论是追求成仙还是成佛,都实在地把物质财富作基础,著名的佛寺宫观,首先都是田产广阔的大庄园,其次才是修身养性之地。僧道们都是在衣食充足之后,才得以静心修炼的。

麻姑山的宏壮建筑还有赖于富豪捐助。例如三清殿、麻姑殿的重修,是"肥遁州里"的陈策父子为"求善祥","乃出家赀以干厥事"。兴工期间,"工之巧者必至,材之良者必备";"斩木而山空,伐石而云愁";"或改以新,或完其旧"。竣工后,李觏于康定二年(1041年)为之写《记》云:

> 虽大道之要,本于澹泊,安在土木之华而后张显?然名山之景,列在图籍,非有游览之盛不足称述。……宫阙之侈,视珠玉不啻如土芥,世俗相承以为美谈。①
>
> 为富家者往往而是,内和亲戚,外礼乡党,余力乃以奉释老,求善祥。兹亦平时之盛观也,可无传欤?

道佛主张虚空淡泊,他们的寺观却都奢华,此中的矛盾,都因其"在籍"——是朝廷官办的,必须"有游览之盛"的理由,自然消解了。

龙虎山上清宫 在信州贵溪县,道书列为第29福地。自唐以来由于朝廷的尊崇,日益兴盛起来。唐会昌年间名为真仙观,宋大中祥符年间更名上清观。徽宗崇宁四年(1105年)张继先请准重修扩建,将祖天师炼丹处的正一观改名为演法观,增建天师府、真懿观等。张继先由京师返回,"四方从学者恒数十百人"②。

上清宫的田产众多,据宁宗嘉泰间《立长生局置庄田饭众帖文》称:崇宁间"朝廷拨赐弋阳县管下步口庄田计一万三千,与本宫以饭道流"。又,端平二年(1235年)王与权《上清正一宫碑》载:徽宗赐名"上清正一宫"的同时,"拨赐江东徐氏绝产计米万余斛"③。北宋时期,自天圣以后,上清宫田赋的"蠲免"与"勒纳"多次反复,说明地方政府对它的大笔田产高度重视,不论是蠲免或征收,都

---

① 《李觏集》卷二三《麻姑山重修三清殿记》、《重修麻姑殿记》。此处所称之"陈策",有可能是本书第五章提到的南城商人陈策,但还需有更多的旁证,才能最终认定。
② 乾隆《龙虎山志》卷六《天师世家·三十代继先》。江西人民出版社1996年版,第52页。
③ 乾隆《龙虎山志》卷九《田赋》,卷十二《艺文·碑文三》。江西人民出版社1996年版,第113、173页。

第十章
佛道宗教的传播

对财政影响很大。

阁皂山崇真观 在临江清江县,以其"山形如阁,山色如皂"而得名,道书列为第33福地。据传是葛玄等人修道炼丹之地。唐朝时为阁皂观,南唐改名玄都。宋真宗大中祥符五年(1012年)改名景德观。后经两次火灾,再次重建。徽宗时更名崇真,并升观为宫,颁给"元始万神"铜印。葛玄为道教灵宝派的祖师,该派与茅山上清派、龙虎山天师派鼎足而立。灵宝派以传授《灵宝经》得名,首先在阁皂山传播,故又名阁皂派。灵宝道人率先构建起神仙体系,制定斋醮仪式,同时重视以符箓作传达神仙旨意的手段。阁皂山中的事迹多与葛玄有关,崇宁三年(1104年)封葛玄为"冲应真人"。

熙宁五年(1072年)新喻县杨申《阁皂山景德观记》称:真宗改其观名时,赐书120卷,良田20顷。此后发展趋盛,至熙宁时"学道之士五百人,为屋一千五百间"①。山中建筑,当时除崇真观之外,还有御书阁,阁后有传箓坛,专供接纳新道徒之用,大江以南,仅有此处与金陵茅山、龙虎山三个。还有祖师殿、藏经殿正一堂、玉像阁等。

1988年四月底,江西考古专家在阁皂山抢救清理了一座道教画像石墓,墓砖铭文为"宋甲戌绍圣元年"。甲戌绍圣,宋哲宗开始亲政,是公元1094年。此墓为单室砖石结构,坐西朝东,东西长3.80米,南北宽1.82米。曾经被盗,随葬品很少,但南、西、北三面的石刻画像尚好,还有一块墓志铭断碑。石刻人物画像整个长7米,高1米,西壁端坐墓主人,坐席旁站立3人,南北两壁各立7人。北壁诸人头上一条虎头龙身的飞翔物(道徒所说的白虎),其头向西;南壁人头上部也有一条飞龙(道徒所说的青龙),头亦向西。这些人物的芙蓉冠、巾帽、发髻、朝笏、道袍,以及青龙、白虎等物,显示出浓厚的道教气氛。特别是南北两厢的14个人,神态各异,身份有别,袍服飘逸舒展,容颜气度庄重肃穆,体现出他们与端坐者的礼仪关系。

残存的大半截碑文,是墓主人两个儿子请人写的《行状》,由此可知墓主人"讳知在,字子中,淦邑登贤之长乐里人,世为大族"。然而从小失去父母,"每惋叹少孤",可能即因此当道士,"景祐二年(1035年)入山"。他为人"风韵洒落,器量宏远,酷爱老庄书,而能损己益众,谦光孝道,乐善泛(施?)"。他上山以后最大的功德是重建道观。"熙宁丙辰观经灰却",即熙宁九年(1076年)观被烧毁

---

① 康熙《阁皂山志·记文》,江西人民出版社1996年版,第23页。

(后来周必大《崇真宫记》有"天禧庚申、熙宁丙辰,再焚再葺"之言),他将院宇从"原居御书阁前","迁于天师坛之西南隅",建成一系列屋宇,呈现"瑶坛绿阙,离宫别馆,中外毕葺"气象。因此,他先获赐"紫衣",为副道正;后来"拜公充传教威仪",朝廷又"特赐灵宝大师敕牒"。此残碑开头"……仪,道职之首称也"一句中的缺文,当即"传教威仪"。由于他位居传教威仪之尊,有灵宝大师之誉,故而壁画中他一人端坐中央,众道长侍立两旁,青龙、白虎朝他飞舞。可以断定,这位知在道人,正是阁皂山灵宝派道教鼎盛时期的代表者,该墓的建筑结构、其中的残碑和石刻画,对了解阁皂山这段历史有重要价值,为研究江西乃至我国道教史,提供了一份珍贵的考古资料①。

玉笥山承天宫 在临江军新淦县(明朝析建峡江县,此后玉笥隶峡江)。自秦汉以来,即为道教圣地,至唐宋两代达到鼎盛阶段。唐人杜光庭《洞天福地记》把它列为第17法乐洞天、第7郁木福地。北宋时全山有承天宫、大秀宫,以及冲虚、开明等21观。在此修道者来自各地,都信奉正一派道教。大中祥符元年(1008年)赐改玉梁观为承天观,道士已达500余人。宣和元年(1119年),诏升承天观为承天宫。

上述名山宫观,由于朝廷赐号,规格提高,名望煊赫,既是寺观原有香火旺盛的结果,又反过来促进了这些寺观的趋于鼎盛。在此过程中,有人乘机在地方妄作威福,危害乡民。仁宗时期,祠部长官谢绛奏报说:"近岁不逞之徒,托言数术,以先生、处士自名,秃巾短褐,内结权倖,外走州邑,甚者矫诬诏书,傲忽官吏。请严禁止。"②道士之中"不逞之徒"的劣迹,在江西也有,如:

龙虎山道士王守和,寄居开封寿星观,于至和元年(1000年)被指控纠集一二百人,"以授箓神兵为名,夜聚晓散","希求金帛,惑乱风俗",被开封府赶出京城,"押归本州"③。

仁宗时期,吉州安福县令林绩,曾惩办过龙虎山道士张嗣宗。此人自称第33代天师,率徒从龙虎山到安福,"挟妖术作符箓,谓能却祸邀福"。林绩验其印文为"阳平治都公",认为是东汉"以鬼道教民"、割据汉川的张鲁之印文,由此林绩指张嗣宗为"妖贼苗裔",不容许他诬罔害民,"于是收治之,闻于朝,毁印。

---

① 本段所用考古资料,均见江西省文物考古研究所、樟树市博物馆《江西樟树北宋道教画像石墓》,载《江西文物》1991年第3期。

② 《续资治通鉴长编》卷一〇九,天圣八年九月丙子。

③ 赵抃:《清献集》,卷六《乞断勘道士王守和授箓惑众》。四库全书本。

第十章
佛道宗教的传播

而江左妖道遂息"①。所谓"妖道遂息",只是一时一地之事。张道士宣扬符箓"却祸邀福",而县衙视符箓为"妖术"、"鬼道",这说明符箓派道士的信誉不好。如此社会性的评判,非常值得注意。

道家倡言清心寡欲,清静无为,出天地,超万物,长生不老,变化飞升,其人生追求与权势财利不相容,故修道持正的道士,无意混迹官场,不屑于争权夺利。新淦县祥符观道士何得一,可谓名副其实。他自守清净,不阿权贵。宣和年间,徽宗说梦见一个道士,名叫何得一,下令各州县在免纳丁税人中寻找,结果在临江军"道籍"中找到。他被召进京,徽宗赐住太乙宫,赐号"冲妙太师",给丹林郎官品,任京城右街签议的职务。当时,凡得官位的道士,多半横行州县,骚扰民众。何得一对此很反感,遂向徽宗建议:"道家以清静无事为贵,不应与州县事,请一切罢之。"②这条建议,使"贵近用事者"惊恐,深惧失去权势,于是对何得一进行攻击。何得一因此被夺官职,回归新淦,仍然当一个普通道士。道士有道,何得一是个代表。

---

① 吴曾:《能改斋漫录》卷十三《林绩毁张嗣宗妖术印》。按,乾隆《龙虎山志》卷六《天师世家》第33代天师名张景渊,时当南宋高宗朝。仁宗时有第26代天师张嗣宗,此天师该不是林绩所惩治者。

② 光绪《江西通志》卷一七九《仙释二》。

主要参考文献

一、历史典籍

〔唐〕姚思廉:《陈书》,中华书局标点本。

〔后晋〕刘昫等撰:《旧唐书》,中华书局标点本。

〔宋〕欧阳修、宋祁:《新唐书》,中华书局标点本。

〔宋〕薛居正等撰:《旧五代史》,中华书局标点本。

〔宋〕欧阳修:《新五代史》,中华书局标点本。

〔清〕吴任臣:《十国春秋》,四库全书本。

〔宋〕龙衮:《江南野史》,豫章丛书本。

〔宋〕马令:《南唐书》,四库全书本。

〔元〕脱脱等撰:《宋史》,中华书局标点本。

〔宋〕司马光:《资治通鉴》,中华书局标点本。

〔宋〕李焘:《续资治通鉴长编》,中华书局1980年标点本。

〔清〕徐松辑:《宋会要辑稿》,中华书局影印本,1957年。

《宋大诏令集》,中华书局。

〔宋〕章如愚:《山堂考索》,四库全书本。

〔宋〕杨亿:《武夷新集》,四库全书本。

〔元〕马端临:《文献通考》,四库全书本。

〔宋〕乐史:《太平寰宇记》,光绪金陵书局本。

〔宋〕王存等:《元丰九域志》,中华书局1984年版。

主要参考文献

〔宋〕王象之:《舆地纪胜》,四库全书本。

〔宋〕包拯:《包孝肃奏议》,四库全书本。

〔宋〕沈括:《梦溪笔谈》,中华书局1958年版。

〔宋〕司马光:《涑水记闻》,四库全书本。

〔宋〕吕祖谦:《历代制度详说》,四库全书本。

〔宋〕吕祖谦:《皇朝文鉴》,四库全书本。

〔宋〕李心传:《建炎以来系年要录》,四库全书本。

〔宋〕李心传:《建炎以来朝野杂记》,中华书局2000年版。

〔宋〕吴曾:《能改斋漫录》,上海古籍出版社1979年版。

〔宋〕叶梦得:《避暑录话》,四库全书本。

〔宋〕洪迈:《容斋随笔》,上海古籍出版社1976年版。

〔宋〕赵汝愚:《宋名臣奏议》,四库全书本。

〔宋〕普济:《五灯会元》,中华书局1984年版。

〔宋〕颐藏主:《古尊宿语录》,中华书局1986年版。

〔宋〕契嵩:《镡津文集》,宋人小集42种。

〔宋〕陈舜俞:《庐山记》,四库全书本。

〔宋〕曾敏行:《独醒杂志》,四库全书本。

〔宋〕方勺:《泊宅编》,中华书局1983年版。

〔宋〕庄绰:《鸡肋编》,中华书局1983年版。

〔宋〕赵佶:《大观茶论》,《说郛》本。

〔宋〕刘斧:《青琐高议》,上海古籍出版社1983年版。

〔宋〕魏泰:《东轩笔录》,四库全书本。

〔宋〕文莹:《湘山野录》、《玉壶清话》,中华书局1984年版。

〔宋〕张世南:《游宦记闻》,四库全书本。

〔宋〕罗大经:《鹤林玉露》,中华书局1983年版。

《名公书判清明集》,中华书局1987年版。

〔宋〕王铚:《默记》,中华书局1981年版。

〔宋〕叶梦得:《石林燕语》,中华书局1984年版。

〔宋〕陶谷:《清异录》,四库全书本。

〔宋〕朱彧:《萍洲可谈》,四库全书本。

〔宋〕周煇:《清波杂志》,四库全书本。

〔宋〕王应麟:《玉海》,四库全书本。

〔宋〕赵蕃:《章泉稿》,四库全书本。

〔宋〕惠洪:《石门题跋》,丛书集成初编本。

〔宋〕周密:《齐东野语》,中华书局1983年版。

〔宋〕王柏:《鲁斋王文宪公文集》,续金华丛书本。

〔明〕王世懋:《饶南九三府图说》,丛书集成初编本。

〔明〕朱国桢:《涌幢小品》,笔记小说大观第二集。

〔明〕黄淮、杨士奇:《历代名臣奏议》,四库全书本。

〔明〕《东昌古迹志》(抄本)。

〔清〕顾祖禹:《读史方舆纪要》,中华书局本。

二、文集

〔宋〕晏殊:《珠玉词》,江西人民出版社1986年版。

〔宋〕欧阳修:《欧阳修全集》,中国书店1986年版。

〔宋〕王安石:《王安石全集》,吉林人民出版社1996年版。

〔宋〕夏竦:《文庄集》,四库全书本。

《周敦颐全书》,江西教育出版社1993年版。

《二程遗书》,上海古籍出版社1992年版。

〔宋〕李觏:《李觏集》,中华书局1981年版。

〔宋〕韩琦:《韩魏公集》,四库全书本。

〔宋〕曾巩:《曾巩集》,中华书局1984年版。

〔宋〕王禹偁:《小畜集》,四库全书本。

〔宋〕苏洵、苏轼、苏辙:《三苏全书》,语文出版社2001年版。

〔宋〕晏几道:《小山词》,江西人民出版社1987年版。

〔宋〕彭汝砺:《鄱阳集》,四库全书本。

〔宋〕孔平仲:《朝散集》,四库全书本。

〔宋〕黄庭坚:《山谷集》,四库全书本。

《黄庭坚选集》,上海古籍出版社1991年版。

〔宋〕张方平:《乐全集》,四库全书本。

〔宋〕范纯仁:《范忠宣公全集》,四库全书本。

〔宋〕赵抃:《清献集》,四库全书本。

〔宋〕张载:《张载集》,中华书局1978年版。

〔宋〕王阮:《义丰集》,四库全书本。

〔宋〕吕南公:《灌园集》,四库全书本。

〔宋〕孔文仲等:《清江三孔集》,四库全书本。

〔宋〕张孝祥:《于湖居士文集》,上海古籍出版社1980年版。

〔宋〕石介:《徂徕集》,四库全书本。

〔宋〕陆九渊:《象山全集》,四库全书本。

〔宋〕杨时:《龟山集》,四库全书本。

〔宋〕朱熹:《晦庵集》,四库全书本。

〔宋〕《朱子语类》,岳麓书社1997年版。

〔宋〕朱熹、吕祖谦:《朱子近思录》,上海古籍出版社2000年版。

〔宋〕陆游:《陆游集》,中华书局1976年版。

〔宋〕李纲:《梁溪全集》,四库全书本。

〔宋〕姚勉:《雪坡舍人集》,豫章丛书本。

〔宋〕汪藻:《浮溪集》,四部丛刊本。

三、地方志

《明一统志》。

康熙《西江志》。

光绪《江西通志》。

正德《建昌府志》。

乾隆《建昌府志》。

道光《宁都州志》。

同治《南昌府志》。

同治《赣州府志》。

同治《南安府志》。

同治《吉安府志》。

康熙《金溪县志》。

乾隆《浮梁县志》。

乾隆《龙泉县志》。

乾隆《疏山志略》。

同治《义宁州志》。

同治《星子县志》。

同治《龙泉县志》。
同治《南昌县志》。
同治《临川县志》。
同治《南城县志》。
同治《广昌县志》。
同治《德安县志》。
同治《湖口县志》。
《白鹿洞书院志五种》,中华书局1995年版。
《龙虎山志》,江西人民出版社1996年版。
《閤皂山志》,江西人民出版社1996年版。
《云居山志》,江西人民出版社2002年版。
《赣州地区志》,新华出版社1994年版。
《上饶地区志》,方志出版社1997年版。
《南昌市志》,方志出版社1997年版。
《景德镇市志略》,汉语大词典出版社1989年版。
《景德镇市志》(第一卷),中国文史出版社1991年版。
《新余市志》,汉语大词典出版社1993年版。
《萍乡市志》,方志出版社1996年版。
《鹰潭市志》,方志出版社2003年版。
《南昌县志》,南海出版公司1990年版。
《新建县志》,江西人民出版社1991年版。
《丰城县志》,上海人民出版社1991年版。
《修水县志》,海天出版社1991年版。
《余干县志》,新华出版社1991年版。
《乐平县志》,上海古籍出版社1987年版。
《浮梁县志》,方志出版社1998年版。
《婺源县志》,档案出版社1993年版。
《德兴县志》,光明日报出版社1993年版。
《上饶县志》,中共中央党校出版社1993年版。
《弋阳县志》,南海出版公司1991年版。
《铅山县志》,南海出版公司1990年版。

主要参考文献

《贵溪县志》,中国科学技术出版社1996年版。
《九江县志》,新华出版社1996年版。
《德安县志》,上海古籍出版社1991年版。
《星子县志》,江西人民出版社1990年版。
《都昌县志》,新华出版社1992年版。
《彭泽县志》,新华出版社1992年版。
《宜春市志》,南海出版公司1990年版。
《高安县志》,江西人民出版社1988年版。
《宜丰县志》,中国大百科全书出版社1989年版。
《临川县志》,新华出版社1993年版。
《金溪县志》,新华出版社1992年版。
《宜黄县志》,新华出版社1993年版。
《南城县志》,新华出版社1991年版。
《广昌县志》,上海社会科学出版社1994年版。
《南丰县志》,中共中央党校出版社1994年版。
《清江县志》,上海古籍出版社1989年版。
《新淦县志》,中国世界语出版社1990年版。
《吉安市志》,珠海出版社1997年版。
《吉水县志》,新华出版社1989年版。
《泰和县志》,中共中央党校出版社1993年版。
《安福县志》,中共中央党校出版社1995年版。
《永丰县志》,新华出版社1993年版。
《遂川县志》,江西人民出版社1996年版。
《永新县志》,新华出版社1992年版。
《赣县志》,新华出版社1991年版。
《宁都县志》(内),1986年编印。
《雩都县志》,新华出版社1991年版。
《兴国县志》(内),1987年编印。
《大庾县志》,三环出版社1990年版。
《南康县志》,新华出版社1993年版。
《安远县志》,新华出版社1993年版。

《石城县志》,书目文献出版社1990年版。
《永新县地名志》(内),1983年编印。
《高安县地名志》(内),1984年编印。
《德兴县地名志》(内),1984年编印。
《宁都县地名志》(内),1984年编印。
《宜丰县地名志》(内),1984年编印。
《南城县地名志》(内),1984年编印。
《资溪县地名志》(内),1985年编印。
《金溪县地名志》(内),1986年编印。
《黎川县地名志》(内),1987年编印。
《景德镇市地名志》(内)1988年编印。

四、现代论著

专著：

傅勤家:《中国道教史》,商务印书馆1937年第1版,1998年影印第1版。

陈垣:《清初僧诤记》,中华书局1962年版。

中国硅酸盐学会:《中国陶瓷史》,文物出版社1982年版。

王曾瑜:《宋朝兵制初探》,中华书局1983年版。

陈柏泉:《江西出土墓志选编》,江西教育出版社1991年版。

龙吉昌、王宝珍:《江西历代钱币》,江西美术出版社1991年版。

沈兴敬主编:《江西内河航运史》(古、近代部分),人民交通出版社1991年版

何忠礼:《宋史选举志补正》,浙江古籍出版社1992年版。

许怀林:《江西史稿》,江西高校出版社1993年版。

吴水存:《九江出土铜镜》,文物出版社1993年版。

李才栋:《江西古代书院研究》,江西教育出版社1993年版。

邓广铭:《邓广铭学术论著自选集》,首都师范大学出版社1994年版。

杜信孚、漆身起:《江西历代刻书》,江西人民出版社1994年版。

冯先铭主编:《中国陶瓷》,上海古籍出版社1995年版。

游修龄:《中国稻作史》,中国农业出版社1995年版。

邓广铭:《邓广铭治史丛稿》,北京大学出版社1997年版。

龚延明:《宋代官制词典》,中华书局1997年版。

《庆祝邓广铭教授九十华诞论文集》,河北教育出版社1997年版。

余家栋:《江西陶瓷史》,河南大学出版社1997年版。
杨厚礼、范凤妹:《宋元纪年青白瓷》,庄万里文化基金会1998年版。
漆侠:《中国经济通史·宋代经济卷》,经济日报出版社1999年版。
许怀林主编:《江西历史研究论集》,江西人民出版社1999年版。
郭东旭:《宋代法制研究》,河北大学出版社2000年版。
高聪明:《宋代货币与货币流通研究》,河北大学出版社2000年版。
陈寅恪:《寒柳堂集》,三联书店2001年版。
漆侠:《王安石变法》(增订本),河北人民出版社2001年版。
《宋学的发展与演变》,河北人民出版社2002年版。
李华瑞:《王安石变法研究史》,人民出版社2004年版。
余英时:《朱熹的历史世界:宋代士大夫政治文化的研究》,生活·读书·新知三联书店2004年版。
彭涛、石凡:《青白瓷鉴定与鉴赏》,江西美术出版社2004年版。
王菱菱:《宋代矿冶业研究》,河北大学出版社2005年版。
曹家齐:《唐宋时期南方地区交通研究》,华夏文化艺术出版社2005年版。
李裕民:《四库提要订误》(增订本),中华书局2005年版。
石峻等:《中国佛教思想资料选编》第三卷,中华书局1989年版。

论文:

杨厚礼:《临川县白浒窑调查》,《文物工作资料》1960年第2期。
江西省文物管理委员会:《江西彭泽宋墓》,《考古》1962年第10期。
薛翘:《江西南城、清江和永修的宋墓》,《考古》1965年第11期。
唐昌朴:《彭泽北宋墓》,《文物工作资料》1973年第3期。
余家栋:《江西新建发现宋代官印》,《考古》1973年第5期。
刘新园等:《景德镇湖田古瓷窑各期碗类装烧工艺考》,《景德镇陶瓷》1976年第1期。
程应麟:《星子县发现北宋墓一座》,《文物工作资料》1973年第5期。
余家栋:《江西鄱阳宋墓》,《考古》1977年第4期。
德安县文艺站:《德安县北宋墓又发现精瓷》(执笔:周迪仁),《江西历史文物》1979年第1期。
唐昌朴、梁德光:《遂川发现北宋郭知章墓》,《江西历史文物》1980年第1期。
周振华:《都昌县发现北宋墓葬》,《江西历史文物》1980年第2期。

李玉林:《宋代鸣水桥维修竣工》,《江西历史文物》1980年第3期。

彭适凡、刘林:《吉安北宋江仕澄塔出土文物》,《江西历史文物》1982年第1期。

李放:《逢渠桥》,《江西历史文物》1982年第1期。

江西文物工作队、吉安县文物管理办公室:《吉州窑遗址发掘报告》,《江西历史文物》1982年第3期。

陈柏泉:《吉州窑烧瓷历史初探》,《江西历史文物》1982年第3期。

许怀林:《北宋转运使制度略论》,《宋史研究论文集》(1982年年会),河南人民出版社1984年版。

陈柏泉:《宋代铜镜简论》,《江西历史文物》1983年第3期。

王立斌、陈定荣:《铅山县莲花山宋墓》,《江西历史文物》1984年第1期。

姚澄清、张天岳:《广昌县出土北宋瓷俑》,《江西历史文物》1984年第1期。

寻乌县文物普查队:《寻乌县上甲村发现宋代窑群》,《江西历史文物》1984年第2期。

许怀林:《江西历史人口状况初探》,《江西社会科学》1984年第2期。

曹树基:《〈禾谱〉及其作者研究》,《中国农史》1984年第3期。

江西省文物工作队:《江西南丰白舍窑调查记实》,《考古》1985年第3期。

江西省文物工作队、南丰县博物馆:《南丰县桑田宋墓》,《江西历史文物》1986年第1期。

琴邑:《南丰宝岩塔出土宋代文物》,《江西历史文物》1986年第2期。

邓广铭:《略谈宋学》,《宋史研究论文集》(1984年年会编刊),浙江人民出版社1987年版。

张学文:《宋代刻划花艺术》,《景德镇陶瓷》1987年第2期。

黄颐寿:《铜鼓发现唐代窑址》,《江西历史文物》1987年第2期。

许怀林:《宋代江西的铜矿业》,《宋史研究论文集》(1984年年会),浙江人民出版社1987年版。

许怀林:《饶州永平监——宋朝的铸钱中心》,《中国钱币》1988年第2期。

邓广铭:《关于周敦颐的师承和传授》,《纪念陈寅恪先生诞辰百年学术论文集》,北京大学出版社1989年版。

江西省文物考古研究所、赣州地区博物馆、赣州市博物馆:《江西赣州七里镇窑址发掘简报》,《江西历史文物》1990年第4期。

邓广铭:《王安石在北宋儒家学派中的地位——附说理学家的开山祖问

题》，北京大学学报1991年第2期。

江建新:《景德镇窑业遗存考察述要》，《江西文物》1991年第3期。

赣州地区文化局文物科等:《江西寻乌县上甲村古瓷窑址调查》，《江西文物》1991年第3期。

邓道炼:《江西永平铁冶遗址初探》，《江西文物》1991年第3期。

江西省文物考古研究所、赣州市博物馆:《江西赣州七里镇木子岭窑址发掘简报》，《南方文物》1992年第1期。

许怀林:《唐宋铜钱之比较——宋钱不比唐钱轻薄》，《钱币研究》1994年第1期。

许怀林:《民俗"好讼"——江西民俗文化研究之一》，《南昌大学学报》1995年增刊。

许怀林:《财产共有制家族的形成与演变——以宋代江州义门陈氏、抚州义门陆氏为例》，(台)《大陆杂志》1998年第2、3、4期。

许怀林:《宋代民风好讼的成因分析》，《宋史研究论文集》(2000年)，河北大学出版社2002年版。

许怀林:《槎滩陂——千年不败的灌溉工程》，《漆侠先生纪念文集》，河北大学出版社2002年版。

黄长椿:《陈执中》、《王钦若》，《江西历代名人传》，百花洲文艺出版社2002年版。

许怀林:《唐末五代时期江右豪杰的浮沉与影响》，《江西师大学报》2003年第4期。

后 记

　　这本北宋的江西历史,尽管有我原来的《江西史稿》作基础,用了三年多时间,中间经过一次大的修改,仍然是粗糙的。由于写作时间有限,不容许再拖延下去,也就只有这样交付印刷,静待读者的批评指教了。

　　北宋的江西历史,大概的说一说,好办。真要过细的论述,不说空话,不凭臆断,经得住推敲,做到"无一字无来历",让远去了的人和事都活起来,就会心虚,就可能退却。如此力不从心,是因为既有资料不足的困难,又有许多问题不知答案,许多关系不知如何处理。简单的说,是相关的专题研究做的不多,而总体研究又不深入细致。例如,主要州县的区域状况,著名人物的生平事迹,民间社会的生活样式,任职朝廷的江西士大夫与家乡的关系,任职江西的名宦其政绩的作用与影响,朝廷重大决策在江西的体现,北宋江西地区社会进步的动力与原因,等等。要弥补这些缺陷,一方面必须全面而深入地掌握北宋时期的国史,彻底明了大局的发展脉络;另一方面要做细致的地方调查,尽可能把握各州县的历史轨迹,走过看过主要的山川地貌,知道带有代表性的民情风俗,积累了足够的文献、实物、民间传说中的各种资料。然后对这两方面的资料与认识作综合比较分析,才有望再现历史生活过程,获得接近客观实际的结论。真要能做到这一点,除了继续下工夫学习,没有其他的捷径可走。我能否在有生之年实现这个愿望,无法断言,只能边做边看。

　　在这几年的写作过程中,由于得到多方面的帮助,我才能比较顺利地完成任务。首先是经过《江西通史》编写组全体同仁的认真研讨,才确定了宋代分作

后 记

北宋、南宋两本写的大章结构,这个决策的正确性是毋庸置疑的。开始撰稿以后,来自各方的援助,让我逐一克服了多种困难。如省博物馆的许智范、黄平先生,帮助收集图片资料;省委党校的周榜师博士,帮助解决社会调查中的问题;江西师大的吴小红、黄建安、杜玉玲三位年轻教师既帮助借阅图书资料,又多次替我排除电脑操作中出现的故障。为了学会使用电脑编辑修改文稿,我既耗费了子女的时间与精力,也多亏上小学的外孙女给我做启蒙辅导。初稿写出之后,又得到宋史专家朱瑞熙、俞兆鹏先生负责任的审阅,他们非常认真细致地通读全稿,提出了许多中肯的意见,使我的修改工作有了明确的目标,书稿才能相对地完善起来。在编辑出版中,江西人民出版社的诸位编辑先生付出了大量劳动。

最后,我能坚持将书稿写下来,更离不开老伴的理解和支持、照顾和帮助。年届七十的退休日子,还要夜以继日的伏案,在"欠债"的紧迫感中度过,没有精神上的坚定,情绪上的安宁,必然会垮台的。

总之,没有大家的真诚无私的帮助,我这本书是写不出来的,让我在这里向大家致以衷心的谢意。

许怀林
2006.8.5

图书在版编目(CIP)数据

江西通史·北宋卷/许怀林著.—南昌:江西人民出版社,2008.12(2017.8重印)
(江西通史/钟起煌主编)
ISBN 978-7-210-04024-8

Ⅰ.江... Ⅱ.许... Ⅲ.江西省—地方史—北宋 Ⅳ.K295.6

中国版本图书馆CIP数据核字(2008)第212958号

江西通史·北宋卷

许怀林　著

责任编辑:彭新元
封面设计:同异文化传媒
出版:江西人民出版社
发行:各地新华书店
地址:江西省南昌市三经路47号附1号
学术出版中心电话:0791-86898330
发行部电话:0791-86898815
邮编:330006
网址:www.jxpph.com
E-mail:swswpublic@sina.com　web@jxpph.com
2008年12月第1版　2017年8月第3次印刷
开本:787毫米×1092毫米　1/16
印张:29.25　插页:4
字数:480千字
ISBN 978-7-210-04024-8
版权所有　侵权必究
定价:100.00元
承印厂:江西华奥印务有限责任公司印刷